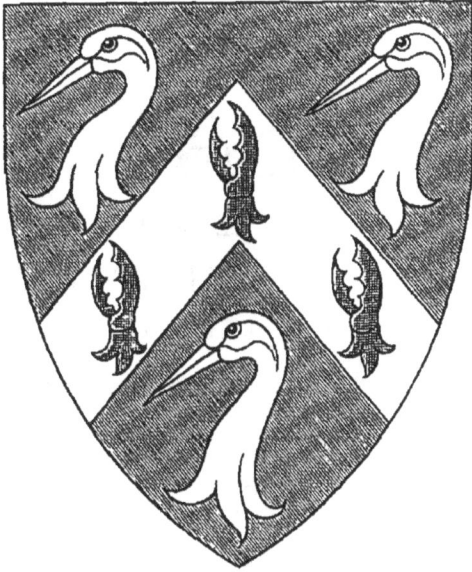

NOBILIAIRE

UNIVERSEL

DE FRANCE

OU RECUEIL GÉNÉRAL

DES GENÉALOGIES HISTORIQUES

DES MAISONS NOBLES DE CE ROYAUME

PAR

M. DE SAINT-ALLAIS

AVEC LE CONCOURS

DE MM. DE COURCELLES, L'ABBÉ DE L'ESPINES, DE SAINT-PONS
ET AUTRES GÉNÉALOGISTES CÉLÈBRES

———

TOME SECOND

PREMIÈRE PARTIE

PARIS

LIBRAIRIE BACHELIN-DEFLORENNE
3, QUAI MALAQUAIS, 3

MDCCCLXXIII

NOBILIAIRE UNIVERSEL

DE FRANCE

IMPRIMERIE DE E. CORNILLAC

A CHATILLON-SUR-SEINE (CÔTE-D'OR)

NOBILIAIRE UNIVERSEL

DE FRANCE,

OU

RECUEIL GÉNÉRAL

DES GÉNÉALOGIES HISTORIQUES

DES MAISONS NOBLES

DE CE ROYAUME,

Par M. DE SAINT-ALLAIS, auteur des Généalogies
historiques des Maisons souveraines de l'Europe.

*(Ce volume contient, outre les généalogies de plus de cent vingt familles, les
noms des Personnes des deux sexes qui ont été admises aux honneurs de la
Cour, et présentées au Roi depuis l'an 1779 jusqu'en 1789.)*

Dieu et les Bourbons.

TOME SECOND.

A PARIS,

Au Bureau du NOBILIAIRE UNIVERSEL DE FRANCE,
rue de la Vrillière, n° 10.

Réimprimé en 1872,
A LA LIBRAIRIE BACHELIN-DEFLORENNE,
3, Quai Malaquais.

A LA

NOBLESSE FRANÇAISE

MESSIEURS,

La noblesse est, par la nature de son institution, l'honneur de la patrie, l'ornement du trône et le plus ferme appui du roi.

Elle compose la première classe de la nation, et c'est de ce rang élevé qu'elle donne au peuple l'exemple de toutes les vertus sociales et politiques sur lesquelles repose la solidité des empires.

Notre histoire offre des périodes qui jettent le plus grand éclat sur la noblesse française ; mais, Messieurs, sans replacer sous vos yeux ces époques qui sont loin de nous, je me contenterai de retracer à votre mémoire ce qui s'est passé de nos jours, pendant le malheureux interrègne qui vient de finir.

Des milliers de gentilshommes, fidèles à la voix de l'honneur et à l'exécution de leurs devoirs, n'ont-ils pas signalé d'une manière ineffacable leur amour et leur dévouement pour NOS PRINCES ? Privations de toute espèce, ruine entière de leur fortune, délaissement de leur famille, le danger même de perdre la vie, rien ne leur a coûté pour se rapprocher, de corps et d'esprit, de l'auguste chef de la famille de leur dernier souverain.

Cet illustre chef est devenu aujourd'hui notre roi; et si, dans des circonstances marquées par le malheur, ce prince chéri a su apprécier tous les sentiments de la noblesse française, combien n'aimera-t-il pas à la voir se ranger autour de sa personne sacrée, dans un moment où il vient de se rasseoir sur un trône dont elle forme naturellement les premiers degrés!...

Je me suis fait un devoir, dans le cours de cet ouvrage, de rappeler au respect et à la reconnaissance de la nation les actes éclatants qui se sont multipliés, depuis vingt ans, de la part des gentilshommes français; c'était une justice d'autant plus grande à leur rendre, qu'ils sont autant de monuments élevés à la gloire et à l'illustration de leurs familles.

Si la noblesse a essuyé des pertes irréparables depuis nombre d'années, il faut au moins qu'elle retrouve, dans un ouvrage qui forme ses *archives*, les moyens de retracer au souvenir du peuple tous les faits qui doivent servir d'exemple à la génération présente et à la postérité; il faut que chaque famille puisse dire à ses neveux : *Nous avons tout fait pour l'honneur et le roi, c'est à vous de nous imiter;* et votre cri d'armes ne doit jamais cesser d'être : *Dieu et les Bourbons.* Voilà le seul moyen d'assurer de nouveau le bonheur de la France et de cicatriser les plaies ouvertes par notre funeste révolution.

Je m'estimerai infiniment heureux, Messieurs, si, en continuant des travaux auxquels je me suis entièrement consacré depuis dix-huit ans, je réussis à mériter vos suffrages et votre estime; c'est le seul but de mon ambition : et si parfois je me suis montré trop rigoureux, trop exigeant, pour l'exhibition des titres qui constituent la noblesse, il ne faut pas croire que j'aye été mû par aucune autre passion que celle de l'amour de la vérité et des devoirs de mon état. L'ouvrage que je vous présente ne doit même en avoir que plus de prix à vos yeux.

J'ai l'honneur d'être,

MESSIEURS,

Votre très-humble et très-obéissant serviteur,

SAINT-ALLAIS,

Auteur des Généalogies historiques des maisons souveraines de l'Europe.

NOBILIAIRE UNIVERSEL,

OU

RECUEIL GÉNÉRAL

DES GÉNÉALOGIES HISTORIQUES

DES MAISONS NOBLES

DE FRANCE,

Formant les matériaux du DICTIONNAIRE UNIVERSEL
de la NOBLESSE.

UHART (D'), maison d'ancienne chevalerie du royaume
de la Navarre française, où sont situés les château et baronnie de ce nom. Elle est, ainsi que celles de Gramont et de
Luxe, une des quatre premières de la basse Navarre. Son
ancienneté remonte aux siècles les plus reculés.

Raymond-Arnaud D'UHART, le premier connu de cette
famille, fut témoin de la ratification faite, en 1193, par
Guillaume-Raymond du Sault, vicomte de Labour, de la
donation faite à Bertrand du Sault, évêque d'Acqs, son
oncle, par Bertrand du Sault, son aïeul.

Manant D'UHART est rappelé dans une procuration passée
le 11 février 1362, par Bertrand et Guillaume-Arnaud
D'UHART, ses neveux.

Bertrand D'UHART - SUZON passa procuration, conjointement avec Guillaume-Arnaud son frère, le 11 février
1362, pour réclamer la succession de Manant d'UHART,
leur oncle. Jean D'UHART est rappelé dans une quittance,
donnée, en 1455, par Angerot d'Uhart son fils, bailli de
la seigneurie d'Uhart. La filiation suivie de cette famille
remonte à

I. Bertrand D'UHART - SUZON , damoiseau , seigneur et
baron d'Uhart-Suzon et de l'hôtel d'Esquios-Juzon, tint
les assises de la cour d'Uhart, le 8 mars 1434. Il épousa

Estive de Balausun, dame dudit lieu, et de l'Abbadie Maslac, dont il eut :

II. Angerot D'UHART, seigneur d'Uhart, vivant en 1425, eut de sa femme, dont le nom n'est pas connu :

    1.º Arnaud-Guillaume, qui suit ; ·
    2.º Eléonore d'Uhart.

III. Arnaud-Guillaume D'UHART, damoiseau, seigneur d'Uhart-Suzon et de Sorhapuru, paya, le 23 octobre 1463, à Éléonore sa sœur, la légitime qui lui revenait sur l'hôtel de la Salle d'Uhart-Suzon. Il épousa Marguerite Domezaing, fille d'Arnaud Guillaume Domezaing, seigneur dudit lieu, et de Jeanne Beyrie. Il eut de ce mariage :

    1.º Angerot, dont la postérité n'est pas connue ;
    2.º Pierre-Arnaud, qui continue la lignée :
    3.º Marie, mariée le 5 août 1505, à N..., seigneur de la Salle de la Deybarbeyty.

IV. Pierre-Arnaud D'UHART, seigneur d'Uhart-Suzon et de Sorhapuru, fut présent à la dotation faite le 2 juin 1483, par Arnaud-Guillaume son père, à Angerot son frère aîné. Il eut de son mariage avec Marie du Luc :

V. Jean D'UHART, seignenr d'Uhart-Suzon et de Sorhapuru, qui servit en qualité d'homme d'armes du comte de Foix en 1499. Il épousa, le dernier juin 1507, Catherine d'Ursux, de laquelle il laissa :

VI. Jacques D'UHART, Iᵉʳ du nom, seigneur et baron d'Uhart-Suzon et de Sorhapuru, vivant en 1563, qui épousa Hélène de Domezaing, Il eut pour fils :

VII: Gabriel D'UHART, Iᵉʳ du nom, seigneur et baron d'Uhart et de Sorhapuru, reçut, le 19 janvier 1566, une lettre de Jeanne d'Albret, reine de Navarre, par laquelle cette princesse l'invitait à secourir le capitaine la Lanne, qu'elle avait envoyé dans la ville de Garris. Il en reçut une autre, le 14 octobre 1577, de Henri, roi de Navarre, depuis Henri IV, qui lui eujoignait de se rendre à l'Isle-Jourdain, où lui-même il devait se rendre avec la reine sa belle-mère, et la reine son épouse. Il épousa Florence de Belsunce, fille de Jean, seigneur de la Salle de Belsunce, et de Marie d'Armendaritz, et veuve de Bertrand de Harambure, seigneur de Picassarri, écuyer du roi. Il eut de ce mariage :

    1.º Bertrand, seigneur et baron d'Uhart, dans la postérité n'est pas connue ;
    2.º Jacques, qui suit.

VIII. Jacques D'UHART, II° du nom, seigneur et baron d'Uhart et de Sorhapuru, fut pourvu, en 1633, de la charge de bailli d'Ostabarès. Il testa le 19 février 1639, et laissa de son mariage, contracté le 2 septembre 1597, avec Elisabeth d'Urtubie, fille de Tristan d'Urtubie, seigneur du Sault et de Barens, baron de Monneing, seigneur de Domezaing :

1.º Arnaud, dont l'article suit ;
2.º Claude ;
3.º Aimée, mariée à Christoval de Soccarro ;
4.º Catherine.

IX. Arnaud D'UHART, chevalier, seigneur et baron d'Uhart et de Sorhapuru, fut pourvu de la charge de bailli d'Ostabarès le 10 février 1642. Il épousa, le 26 novembre 1634, Jeanne-Marguerite de Maytie, fille de N.... de Maytie, chevalier de l'ordre de Saint-Lazare, et de Madeleine d'Arbide, et nièce d'Arnaud de Maytie, évêque d'Oleron. Il eut de ce mariage :

1.º Arnaud-Louis, seigneur et baron d'Uhart et de Sorhapuru, qui épousa, le 13 avril 1657, Madeleine de Moneins, sœur de Jean-Jacques, marquis de Moneins. Il eut pour fils :
   a. Jean-Jacques ;
   b. Arnaud desquels la postérité n'est pas connue ;
   c. N.... d'Uhart ;
2.º Clément, dont l'article suit ;-
3.º Marie d'Uhart, mariée à Jean d'Etchegorry.

X. Clément D'UHART, Ier du nom, chevalier, seigneur et baron d'Uhart et de Sorhapuru, Larribar et autres places, grand-bailli d'Ostabarès, épousa, le 7 février 1680, Louise de Moneins, fille de messire Clément de Moneins, marquis de Moneins, et de Madeleine de Lagor. De ce mariage sont issus :

1.º Gabriel, dont l'article viendra ;
2.º Arnaud ;
3.º Jean ;
4.º Autre Gabriel ;
5.º Louise d'Uhart.

XI. Gabriel d'UHART, IIe du nom, chevalier, seignenr et baron d'Uhart, Sorhapuru et autres places, grand-bailli du pays d'Ostabarès, épousa, le 31 mai 1710, Madeleine Sauguis, fille de messire Dominique, seigneur de Sauguis, et de Marguerite de Saint-Martin-d'Echaux. Il eut pour fils :

    1.º Clément dont l'article viendra ;

    2.º Armand-Jean d'Uhart, seigneur d'Arbouet, qui a épousé Marie de la Place, dame d'Arbouet, dont, Alexandre-Marie d'Uhart.

    3.º Jean-Bernard d'Uhart, archidiacre et grand-vicaire des Couserans, abbé de Saint-Vincent-du-Bourg, au diocèse de Bordeaux.

XII. Clément d'Uhart, IIe du nom, chevalier, seigneur et baron d'Uhart et de Sorhapuru, seigneur de Sauguis, lieutenant du roi, et commandant au pays de Soule, pourvu le 13 novembre 1750, de la charge de grand-bailli d'Osta-bares, épousa, le 3 août 1763, Dorothée de Caupenne-d'Amou, fille de messire Henri de Caupenne-d'Amou, vi-comte d'Echaux, et de Marthe de Saint-Martin. Il eut de ce mariage :

    1.º Jean-Bernard, dont l'article viendra ;

    2.º Armand-Jean d'Uhart, capitaine au service d'Es-pagne, et sous-lieutenant au régiment des Gardes-walonnes ;

    3.º Bernard ;

    4.º Marie-Henriette d'Uhart, mariée à Pierre Sation-nin de la Barthe ;

XIII. Jean-Bernard d'Uhart, chevalier, marquis des Deux-Siciles, par diplôme du roi d'Espagne, marquis d'Uhart, baron de Sorhapuru, seigneur de Sauguis, capi-taine au régiment de Chartres, dragons, lieutenant-com-mandant pour le roi au pays de Soule, grand-bailli du pays d'Ostabares, né au mois de juin 1765, a été nommé député de la noblesse du pays de Soule aux états généraux de 1789. Il a épousé, le 25 novembre 1788, Pétronille-Etiennette d'Estornés d'Angosse, fille de Jean-Paul d'Es-tornés, marquis d'Angosse, maréchal des camps et armées du roi, grand-sénéchal d'Armagnac, et de Louise-Pétro-nille d'Usson-de-Bonnac, décédée au mois d'octobre 1793. Il a de ce mariage :

    1.º Clément-Barbe-Gustave d'Uhart, né en juillet 1791 ;

    2.º Jean-Paul-Henri d'Uhart, né le 30 mars 1793, offi-cier dans le 6e régiment de cuirassiers.

Armes : « d'argent à trois tourteaux de gueules, chargés » d'un croissant d'argent. »

GIBON ou GIBON-PORHOET (de), en Bretagne,
Les seigneurs de Gibon, Kernelorec, du Grisso, Ques-
sial ou Coetzial, Coetlagat, des Forges, du Menguyo,
Quehélec, Deran, Rue-Neuve, Beaulieu, Lesvellec,
Coetec, Keralbeau, Kerès, la Pipelaie, Roguedaz, du
Pargo, Beaumont, la baronnie de Ker, Kerisouet et
autres lieux, étaient appelés comtes de Gibon.

Cette généalogie a été rédigée sur le certificat de M. Chérin, généalogiste de la cour et des ordres du roi, pour
procurer l'honneur de monter dans les carrosses, et sur les
documents et titres produits, qui tous ont été vérifiés et
timbrés de la marque particulière du cabinet des ordres,
d'où a résulté la preuve que la maison de Gibon descend
des comtes de Porhoet, princes issus, selon tous les historiens, de Guervand, successeur de Salomon III, roi
de Bretagne. En effet, les trois gerbes d'or que la maison
de Gibon porte pour armes, et que l'on va voir prouvé
qu'elle a portées depuis plus de cinq cents ans, sont pré-
cisément celles que portaient les anciens princes de Bretagne, avant qu'ils eussent adopté les hermines; encore
ces princes, après cette adoption, ne quittèrent pas les
trois gerbes, et les conservèrent pour leurs scels secrets;
il est même dit que l'ordre de l'épi fut créé par analogie
avec leurs anciennes armes.

La maison de Penthièvre, dont l'origine est commune
avec celle des comtes de Porhoet, portait aussi de gueules
à trois gerbes d'or; et quand elle eut pareillement adopté
les hermines, elle continua à écarteler de ces mêmes
armes.

Même, dans la suite, ces anciennes armoiries se per-
pétuèrent dans les lieux les plus considérables de leurs
domaines, notamment à Lamballe, qui porte encore les
trois gerbes d'or, de même qu'à Vannes, où la maison de
Gibon a, depuis cinq cents ans, sa sépulture dans l'église
de Notre-Dame du Mné. Ces armes s'y sont conservées;
elles sont aussi dans l'église cathédrale et dans celle des
Jacobins, aux Carmes du Bondon, et de Sainte-Anne
près Vannes.

Par une enquête que fit faire à Vannes, le 18 octobre
1448, Jean Gibon, seigneur du Grisso, il fut constaté que
la maison de Gibon, en sa qualité de seigneur de Coetzial,
était seigneur fondateur de l'église de Notre-Dame de Mné,
et qu'elle y avait eu, de temps immémorial, ses armes,
qui étaient celles des anciens princes de Bretagne, *sur-*

montées, est-il dit, d'*un pourtrait d'ange tenant la gerbe suzeraine.*

Indépendamment de ce titre et de tous les documents à l'appui de l'origine de la maison de Gibon, un autre acte porte avec lui la démonstration la plus évidente, et achève la preuve de sa descendance des anciens princes de Bretagne.

C'est un acte de Vannes, du 17 mai 1226, par lequel Eudon III, dernier comte de Porhoet de cette branche, régla la pension viagère qui revenait à Jocelin, dit *Gibon*, son puîné, conformément à l'assise du comte Geoffroy pour le partage des puînés, dans les fiefs de baronnie et chevalerie. Il est au surplus à remarquer que cetre manière de partager, qui caractérise en Bretagne l'ancienne noblesse de chevalerie, a été maintenue constamment dans la maison de Gibon.

Cet acte prouve incontestablement que Jocelin, puîné d'Eudon III, prit le surnom de Gibon, qu'il transmit à ses descendants, tout comme un autre puîné d'Eudon II avait précédemment pris le surnom de la Zouche, qui s'est aussi perpétué en Angleterre, où il se fixa.

L'identité de nom, d'armes, de lieu, ne peut assurément laisser aucun doute à cet égard.

C'est donc avec raison que la maison de Gibon est reconnue avoir Jocelin pour son véritable auteur, lequel est issu des anciens princes de Bretagne.

I. Jocelin Gibon, qu'on trouve marié en 1231 avec Havoise de Beaufort, fille d'Alain, seigneur de Dinan, eut pour fils :

II. Barthélemy Gibon, dit aussi *Griçon* (nom qu'à ces époques les seigneurs de Gibon ont pris quelquefois seul, comme seigneurs de Griçon, depuis Griczon et Grisso, terre de haute-justice dans la paroisse de Grandchamp, près Vannes, qui n'est point sortie de la maison); lequel on voit marié, en 1298, avec Raoulette de Coëtquen, fille de Guillaume, chevalier, et qui signa et scella de ses armes, en 1276, le bail à rachat établi par le duc de Bretagne. Il laissa :

III. Simonet ou Simon Gibon, écuyer, qui comparut à deux montres ou revues, en 1339, et donna quittance de ses gages militaires et de ceux d'un homme d'armes de sa compagnie, le 18 septembre, 12, 20 et 28 octobre de la même année. Il est cité, en 1310, comme étant marié avec Gervaise de Coësme, fille de Robin, chevalier. Il fut père de :

IV. Jean Gibon, Ier du nom, qui fut amiral de la flotte armée en 1355, pour soutenir le parti de Jean de Montfort, qui triompha de Charles de Blois, son compétiteur. Le vainqueur fonda, en reconnaissance de sa victoire, la maison dite des Chapelains du Camp, devenue depuis celle des Chartreux près d'Auray; et il existe, dans les archives de cette maison, plusieurs actes d'échanges faits avec Jean Gibon, seigneur du Grisso, dans lesquels il est question des piliers de la justice de cette terre. Il est mentionné, comme ayant épousé, en 1338, Raoulette de Cornouaille, fille de Guillaume, chevalier, qui tenait également le parti de Jean de Montfort. Il eut :

V. Guyomare Gibon, que l'on trouve marié, en 1366, à Isabeau de Dresnay. Lui et Olivier de Dresnay eurent leurs terres saisies en 1383, suivant un acte existant à la chambre des comptes de Nantes. On ignore la cause de cette saisie; mais ne fut-elle pas l'effet d'une opposition à un parti puissant, dont ces temps désastreux fournissent des exemples si fréquents? C'est à Guyomare Gibon qu'est rapporté le trait dont l'histoire de France du père Daniel indique à peu près l'époque. Le roi de France, ayant envoyé au secours du pape Clément VII, en 1381, six mille Bretons, sous la conduite de Sevestre Bude, ce fut en mémoire de la valeur qu'ils déployèrent dans le combat livré entre Florence et Pise, et singulièrement aux faits d'armes éclatants de Guyomare, l'un de leurs chefs, que ce lieu porta depuis le nom de Pont Gibon, *Ponte Gibone.* Il eut, entre autres enfants:

VI. Noël Gibon, seigneur du Grisso, qui naquit vers l'an 1370. Il fut compris dans un rôle des nobles de la paroisse de Plescop, en 1400; assista, le 15 janvier 1422, au contrat de mariage de Jean Gibon, son fils, et à l'assiette noble de la dot de sa femme, faite le 15 avril 1424 (cette dot fut de cent écus d'or, somme très-considérable pour ce temps); fit, en 1426, des acquisitions et échanges dans les paroisses de Grandchamp et Plumelen, où sont les terres du Grisso et de Gibon, et mourut avant 1453. Sa succession fut partagée noblement, selon l'assise du comte Geoffroi, entre ses petits-fils, le 29 novembre 1467. Il est cité comme marié, dès 1393, à Marguerite Eder, fille de Guillaume, chevalier, et qu'on croit sœur ou proche parente de Pierre Eder, chambellan et maître d'hôtel du duc de Bretagne en 1415 ; et de Raoulet Eder, président des comptes en 1417. Il fut père de :

1° Jean Gibon, dont on va parler ;

2° D'un autre Jean Gibon, qui servit, en 1438, en qualité d'archer dans la compagnie de monseigneur de Faucomberge et dans celle de messire Simon Morhier, dont la montre fut faite le 16 septembre de la même année. On le croit père de Guilbert et Guillot Gibon, lesquels servirent, le premier en qualité d'archer de la compagnie du comte Dunois, dont la montre fut faite à Harfleur, les 26 septembre 1452 et 27 août 1461 ; et le second en qualité d'homme d'armes dans celle du maréchal de Loheac, passée en revue à Honfleur le 7 septembre 1456.

VII. Jean GIBON, II* du nom, seigneur du Grisso. président des comptes de Bretagne, fut commissaire avec les Coëtlogon, les Carné, et autres gentilshommes, à la réformation de la noblesse de l'évêché de Vannes, en 1440, 1441, 1442, 1443, 1444 et 1447, et fut compris lui-même dans la réformation des années 1441 et 1447, à cause de ses manoirs de Kernelorec et du Grisso en Plumelen et en Grandchamp. Il rendit de grands services au duc de Bretagne, qui, pour l'en récompenser, le fit président des comptes, charge alors de la plus grande importance, et qui n'était confiée qu'à des personnages de la plus grande distinction, et même à des princes du sang, ainsi qu'on peut s'en convaincre par l'exemple de Jacques de Bourbon, qui fut président des comptes en 1397. Tous les officiers des comptes étaient alors des plus qualifiés de la province, commensaux de la maison des ducs, et chargés des missions les plus importantes. Par un acte d'échange du 14 janvier 1438, il acquit une tenue en fief noble, contiguë aux fiefs du Grisso, qu'il possédait, est-il dit, par héritage. Il mourut avant le 27 janvier 1453, après avoir formé trois alliances : la première, par contrat du 15 janvier 1422, avec Olive de Cleguenec, fille de Jean et de Marion Madiou ; la seconde avec Guyonne de Cressolles, dont il n'eut point d'enfants ; et la troisième avec Isabeau Rolland.

De la première vinrent :

1° Amaury Gibon, qui continue la postérité ;

2° Charles Gibon, dont le sort est ignoré :

3.º Louise Gibon, mariée par contrat du 27 janvier 1453, avec Jean de Gouezizac,

Et de la troisième :

1.º Guillaume, qui, d'une alliance inconnue, eut un fils et deux filles, Jean, Marie et Raoulette, qui partagèrent noblement la succession d'Isabeau Rolland, leur aïeule, le 22 février 1508, et dont le sort est d'ailleurs ignoré, si ce n'est que Raoulette épousa Prigent d'Aurai,

2.º Margot *aliàs* Marguerite Gibon, mariée à Jean Boscher par contrat du 12 février 1463.

VIII. Amaury GIBON, seigneur du Grisso, servit en personne dans la guerre que le duc de Bretagne eut à soutenir contre les Anglais, pour le recouvrement de la ville de Fougères et de plusieurs autres places de son duché. Ce fut en considération des services qu'il rendit dans ces circonstances, et de ceux de ses pères, que ce prince le nomma secrétaire de son conseil, et qu'il lui en fit expédier, le 20 novembre 1449, des lettres qui renferment les témoignages les plus flatteurs de sa satisfaction, et obtint encore, le 23 mai 1460, la remise d'une somme de 250 liv. dont Noël Gibon, son aïeul, était demeuré débiteur envers ce prince. Il fut aussi réformateur de la noblesse. Il assista au contrat de mariage de Louise Gibon, sa sœur, du 27 janvier 1457; et outre la dot qu'il lui constitua, il promit de la vêtir honorablement de bonnes robes, tissus, chaperons d'or et autres habillements, ainsi qu'il appartenait à damoiselle de sa qualité; assista aussi à celui de Marguerite, son autre sœur, du 12 février 1453, traita, le 12 février 1462, avec Marguerite Gibon, sa sœur consanguine, comme héritière principale et noble, et il fut reconnu que les richesses et succession de son père devaient être partagées noblement et avantageusement, lui et ses prédécesseurs s'étant de tous temps gouvernés selon l'assise du comte Geoffroy; donna aveu, le 12 octobre 1462, de ses héritages du Grisso, dans la paroisse de Grandchamp; partagea noblement, suivant l'assise du comte Geoffroy, avec Guillaume Gibon, son frère puîné, le 29 novembre 1467, et mourut vers le mois d'avril 1478, laissant de l'alliance qu'il avait contractée avec Amice ou Anne Rolland, fille d'Éon Rolland et de Jeanne Dubois :

1.º Jean Gibon, qui continue la descendance;

2.º Gilles Gibon, écuyer, seigneur de la Chenaye, mort sans postérité;

3.º Bertrand Gibon, qui paraît être également mort sans postérité;

4.º Eléonore Gibon, qui épousa, par contrat du 27 janvier 1469, Pierre de Gouelo, fils aîné et héritier principal et noble de Jean de Gouelo, seigneur de Kermestre;

5.º Jeanne Gibon, femme de Jean Chainel, seigneur de Kerguenhonant;

6.º Perrine Gibon, mariée, le 2 octobre 1594, a Louis de la Tour, fils de Gilles, seigneur de Kergouello;

7.º Isabeau Gibon, femme de Robert Dréan.

IX. Jean GIBON, IIIe du nom, écuyer, seigneur du Grisso, Menguyo et autres lieux, qualifié monseigneur dans les lettres qui lui furent écrites par des gentilshommes de la province, servit dans les guerres de son temps, ainsi qu'on le voit par deux montres des années 1478 et 1483; fut fait deux fois prisonnier, et eut son château du Grisso brûlé, et les tours en furent abattues : il fut ensuite successivement procureur général des comptes, maître des requêtes de la duchesse Anne de Bretagne, sénéchal d'Auray et de Vannes, charges qui n'étaient possédées que par des personnes de la plus haute distinction, et dont la dernière donnait le droit de convoquer la noblesse et d'en passer les revues. Il jouit de l'estime particulière de cette princesse, à laquelle il rendit de grands services dans les diverses ambassades où elle l'envoya, d'abord auprès de Maximilien, roi des Romains, pour traiter de son mariage avec ce prince, et l'informer de la prise de Nantes par le roi Charles VIII. On lit, dans une ancienne chronique bretonne, que Maximilien, ayant demandé à Jean Gibon de lui faire le portrait de la duchesse Anne, et s'il était vrai qu'elle fût *un peu clochette*, il lui avait répondu : *Oui, elle est vraiment un peu clochette; mais elle est très-blanchette, et elle a dans son corset moult trésors bien durets.* Elle l'envoya ensuite vers Henri VII, roi d'Angleterre, pour lui demander du secours. C'est de ce dernier prince qu'il obtint, l'an sixième de son règne, un passeport pour lui et douze personnes de sa suite. Il reçut en don, le 3 avril 1489, tous les meubles et héritages qui avaient été confisqués sur Guillaume de Kergoet. Après le mariage de Charles VIII avec la duchesse Anne, il fut confirmé, par lettres du 19 avril 1498 et 29 décembre 1499, dans la charge de sénéchal d'Auray et de Vannes. Il fit cession, le 23 mai 1493, à Jeanne Gibon, sa sœur, et à Jean Chainel, seigneur de Kerguenhonant, son mari, du manoir et métairie de Talenhay, située dans la paroisse de Baud, pour l'assiette de la rente qu'il leur avait promise par leur contrat de mariage ; assigna, conjointement avec Jeanne de Fresnay, sa femme, par un acte en forme de partage, du 6 août de la même année, à Jeanne Gibon, leur fille aînée, la terre et seigneurie des Forges, que Jean de Fresnay, chevalier et seigneur de Lezot et de Quinhoet, frère de ladite Jeanne, avait donnée à cette dernière, par accord du 28 mars 1475, pour sa portion dans les successions de Guillaume de Fresnay et de Jeanne Perrien, ses père et mère ; et le 13 mai 1500, constitua en dot à Michelle Gibon, leur autre fille, la somme de 400 liv. et 40 liv. de rente, pour ce qui leur revenait sur leurs successions, suivant l'assise du comte Geoffroy. Leurs enfants furent :

1.º Jean Gibon, dont on va parler ;
2.º Pierre Gibon, écuyer, seigneur de Kerbescont, qui épousa Guillemette de Tribara, fille de Jean, seigneur de Penhoet ;
3.º Jeanne Gibon, dont on a parlé ci-dessus, et qui épousa noble Guillaume de Bahuno, seigneur de Lamiville ;
4.º Michelle Gibon, mariée, par contrat du 17 mai 1500, à noble Ivon Pinart, seigneur du Val.

X. Jean Gibon, IVᵉ du nom, chevalier, seigneur du Grisso, Coetlagat et autres lieux, successivement, ainsi que son père, procureur général des comptes de Bretagne, sénéchal de Vannes et d'Auray, fit rétablir les quatre piliers de justice de sa terre du Grisso, en conséquence de la permission qui lui en fut accordée par le roi François Iᵉʳ ; obtint, conjointement avec Henriette de Kermérien, sa femme, des lettres d'évocation au conseil, le 7 juillet 1501, et après le décès de cette dame, d'autres lettres pareilles, au nom de Françoise Gibon, leur fille unique, dont il était tuteur naturel ; transigea, en qualité de fils aîné, héritier principal et noble de son père, avec Isabeau Gibon, sa tante, les 10 novembre 1505 et 18 septembre 1508 ; reçut, conjointement avec Jeanne de Lan-

nion, sa seconde femme, la cession que leur fit, le 28
mars de la même année, Jean de Lannion, seigneur de
Cruguil et de Lobraye, frère de cette dame, de la terre et
seigneurie de Kergueguen, pour les droits dans les successions de ses père et mère; passa un accord, le 20 septembre suivant, avec Gilles Gibon, son oncle, par lequel
les droits de ce dernier furent réglés suivant l'assise du
comte Geoffroy. Il fit son testament le 9 novembre 1521,
dans lequel il parle d'un voyage qu'il avait fait à la Terre-
Sainte; mais il ne dit point le sujet de ce voyage. Il avait
contracté, ainsi qu'on l'a vu plus haut, deux alliances;
la première avec Henriette Kermérien, fille de Henri, de
laquelle il n'eut que Françoise Gibon, dont la destinée
est demeurée inconnue; et la seconde avec Jeanne de
Lannion, fille de Jean, écuyer, et de Jeanne de Lan-
guenoës, et sœur de Jean de Lannion, seigneur de Cruguil et de Lobraye, mari d'Hélène de Clisson. Elle le rendit père de :

    1.° Jean Gibon, qui continue la postérité;

    2.° Guyonne Gibon, mariée à François de Goullaine,
       écuyer, seigneur de la Touche, *alias*, la Touche-
       Raguenel, dont elle eut René et Yvonne de Goul-
       laine.

XI. Jean GIBON, V⁰ du nom, écuyer, seigneur du
Grisso, Coetlagat et autres lieux, fut mis, avec Guyonne
sa sœur, sous la tutèle de Pierre Gibon, leur oncle, le
3 décembre 1521, conformément au testament de Jean,
leur père, du 9 novembre précédent; fit cession, le 16
octobre 1530, à ladite Guyonne, alors mariée à François
de Goullaine, écuyer, seigneur de la Touche, de la maison, manoir, terre et seigneurie de la Lambarderie, et
autres biens-fonds, pour tous les droits dans les successions de leurs père et mère; fit constater, par une enquête
juridique du 26 septembre 1535, que le gouvernement et
le partage noble, suivant l'assise du comte Geoffroy,
avaient été de temps immémorial dans sa famille; passa
une transaction, le 26 juillet 1539, avec René et Yvonne
de Goullaine, ses neveu et nièce, dans laquelle ce même
gouvernement noble fut reconnu, et mourut l'an 1555,
laissant d'Adelice de Carné, fille de Tristan, chevalier,
seigneur de Carné et de Crémeur, et de Jeanne, dame de
la Salle, qu'il avait épousée par contrat du 8 août 1524:

    1.° François Gibon, qui suit;

2.º Jean Gibon, dont le sort est inconnu.

XII. François GIBON, écuyer, seigneur du Grisso, Coetlagat et autres lieux, fut mis, en 1555, sous la tutèle de sa mère; donna partage le 18 août 1567, à Jean Gibon, son frère, dans les successions de leurs père et mère, dont le gouvernement fut reconnu noble de temps immémorial, suivant l'assise du comte Geoffroy. Il mourut avant le 9 décembre 1558. Il avait contracté alliance avec Gilette de Trécesson, fille de René, seigneur de Trécesson, et sœur de Prigent, seigneur de Trécesson, Croyat et Talcouesmeur. Il eut de ce mariage :

XIII. Philippe GIBON, Iᵉʳ du nom, écuyer, seigneur du Grisso, Coetzial, Coetlagat, Gibon, et autres lieux, lequel fut mis sous la tutèle de sa mère, le 9 décembre 1568, puis sous celle d'Abel de Kéralbeau, seigneur de Malville, second mari de cette dame, au mois de décembre 1579, et eut pour curateurs les seigneurs de Rohan-Guéméné, d'Aradon et du Bois-de-la-Salle, tous trois chevaliers de l'ordre du roi. Il épousa, le 17 janvier 1585, Roberde le Forestier, fille de noble et puissant Jean le Forestier, seigneur de Kerhuis, Callac, la Touche et autres lieux, et de Louise de Coetlogon, de laquelle il n'eut point d'enfants ; 2.º Julienne de Lantivy, veuve d'Olivier Champion, écuyer, seigneur du Las, et fille de Guillaume de Lantivy, écuyer, seigneur de la Haye, et d'Ysabeau Maydo, dame de la Haye-d'Erian. Celle-ci le rendit père de :

1.º Philippe Gibon, qui suit;

2.º Jérôme Gibon, écuyer, seigneur de Couédic, Quehellec et autres lieux, qui épousa, par contrat du 28 novembre 1619, Jacquette de la Coudraye, fille de Yves, seigneur de la Villeon, et de Jacquette Chodame, dont il eut Yves Gibon, dont il sera parlé;

3.º François Gibon, écuyer, seigneur de Déran, dont la destinée est inconnue;

4.º Jeanne Gibon, religieuse à Notre-Dame de Nazareth de Vannes;

5.º Renée Gibon, femme de Jacques Rogon, seigneur de Caumartin ;

6.º Jacquette Gibon, dame de Rue-Neuve, femme de Benjamin de l'Age, écuyer;

7.º Et Françoise Gibon, qu'on croit être morte sans alliance.

XIV. Philippe Gibon, II⁰ du nom, écuyer, seigneur du Grisso, Coetzial, le Couédic, Coetlagat et autres lieux, était âgé de seize ans lorsqu'il fut mis sous la tutèle de sa mère, le 27 décembre 1612. Il fit procéder, conjointemeut avec ses frères et sœurs, à l'inventaire des biens de cette dame, le 12 janvier 1637, et mourut avant le 24 avril 1638, laissant de Nicole Salmon, sa femme, fille de Julien Salmon, seigneur de Kerbloys, et de Marie Cillart, qu'il avait épousée par contrat du 5 juin 1621 :

    1.º Julien Gibon, qui suit :

    2.º Françoise Gibon, femme de Julien de la Bourdonnaye, seigneur de Keroset;

    3.º Et une autre fille, dont le nom de baptême est ignoré.

XV. Julien Gibon, chevalier, seigneur du Grisso, le Couédic, le Gibon, Coetlagat, Kerisoüet, Beaulieu, Lesvellec, Keralbeau, le Pargo et autres lieux, fut exempt de la compagnie des gardes-du-corps du roi, commandée par M. le duc Duras. Il y passa deux revues au camp de Piéton, en Italie; partagea, comme héritier principal et noble de ses père et mère, Françoise Gibon, sa sœur, femme de Julien de la Bourdonnaye, le 7 juillet 1654, et par cet acte, ils reconnurent que le gouvernemènt noble et avantageux avait été pratiqué de temps immémorial entre leurs prédécesseurs, et fut maintenu dans sa noblesse d'ancienne extraction, et dans sa qualité de chevalier, conjointement avec Philippe Gibon, son fils aîné, et Yves Gibon, seigneur de Couédic, son parent, dont la postérité est éteinte, par arrêt de la chambre de la réformation de la noblesse en Bretagne, rendu le 6 avril 1769. Du mariage qu'il avait contracté le 18 octobre 1654, avec Anne de Kerboutier, dame du Pargo, fille de Pierre Kerboutier, chevalier, seigneur de Coetec, du Pargo et autres lieux, et Bertranne de Livec, sa femme, vinrent :

    1.º Pierre Gibon, chevalier, qui fut maintenu dans sa noblesse, avec son père, en 1669, et mourut jeune;

    2.º Olivier Gibon, dont on va parler;

    3.º Jean, *aliàs*, Jean-Pierre Gibon, chevalier, seigneur de Kérisouet, capitaine de cavalerie, qu'on dit être mort sans enfants;

    4.º Catherine-Louise Gibon, mariée, par contrat du 3 février 1691, avec François-Anne de la Bourdonnaye, chevalier, seigneur de Kéroset

XVI. Olivier GIBON, chevalier, seigneur du Grisso, du Pargo, de Loheac et de Kérisouet, d'abord major du régiment de la noblesse de l'évêché de Vannes, puis nommé, le 10 octobre 1720, capitaine général garde-côtes de la capitainerie d'Auray, fut convoqué aux états de Bretagne par lettres du roi, du 12 août 1724. Par un acte passé entre lui et monseigneur l'évêque de Vannes, le 23 avril 1739, il fut reconnu qu'en 1665, le droit qui était attaché au manoir noble de Coetzial, avait été transféré à la seigneurie du Grisso. Ce manoir n'existe plus, mais une rue qui en porte le nom.

Le maison de Gibon a eu encore un autre hôtel à Vannes, récemment vendu à M. de Bavalan. Il mourut au château du Pargo en 1740, après avoir contracté deux alliances; la première, par contrat du 28 avril 1691, avec Thérèse de la Bourdonnaye, dame de Kéroset, fille de Julien, chevalier, seigneur de Kéroset, et dame Rénée de Bois-de-la-Salle; la seconde, le 14 mai 1702, avec Hermine-Moriette, *aliàs*, Hermine Botterel-de-Quintin, dame de Saint-Denac, fille de Jerôme Botterel, chevalier, comte de Saint-Dénac, et de Françoise de Sérent, sa première femme. Il eut de la première de ces alliances :

1°. Anne-Julien dont l'article viendra :

Enfants du second lit.

1°. Louis, qui succède au précédent, et dont l'article suivra;

2°. Louis-Jérôme, qui a formé une branche qu'on rapportera plus bas;

3°. Claude, *aliàs*, Claude-Gui Gibon du Pargo, chevalier, capitaine au régiment de Bresse, infanterie, major de Huningue, chevalier de l'ordre royal et militaire de Saint-Louis, qui s'allia avec Marguerite Chambre, le 14 octobre 1741, et mourut sans enfants le 24 janvier 1754;

4°. Vincent, *aliàs*, Vincent-Jérôme Gibon, dont la postérité sera rapportée ci-après;

5°. Jeanne Gibon, qui épousa Pierre-François de Tremereuc, chevalier, seigneur de la Villerio.

XVII. Anne-Julien Gibon, chevalier, seigneur du Pargo, du Grisso, de Kéralbeau, de Lohéac, de Beaulieu et autres lieux, conseiller au parlement de Bretagne, qui eut d'une alliance inconnue trois fils; le premier, dit le comte du Pargo, après son père, a aussi été conseiller au parlement de Bretagne, et est mort sans postérité; le second, dit le chevalier du Pargo, capitaine au régiment Colonel général de dragons, est aussi mort sans postérité; et le troisième, Julien Gibon, abbé commendataire de Pornid, vicaire général de Rennes et commissaire des états de Bretagne, et une fille mariée à Joseph-Avoye de la Bourdonnaye, conseiller au parlement de Bretagne, dont est issu l'abbé de la Bourdonnaye, vicaire-général du diocèse de Nantes; et trois filles, dont une est mariée à M. de Menardeau, et en a des enfants.

XVII. Louis Gibon, frère du précédent, chevalier, appelé de Kéralbeau, premier fils d'Olivier Gibon et de Hermine-Moriette, *aliàs*, Hermine Botterel-de-Quintin, rapportés ci-dessus, a épousé Thomasse de Travers (qui depuis s'est remariée à M. d'Essonville, capitaine de vaisseau) et dont il a eu deux fils :

 1°. Paul, dont l'article viendra;
 2°. Jérôme, chevalier de Kéralbeau, mort sans postérité.

XVIII. Paul Gibon, chevalier, marquis de Kéralbeau, lieutenant de vaisseau, chevalier de l'ordre royal et militaire de Saint-Louis, a épousé en premières noces N.... de la Chapelle, et en secondes noces N...... de Castagnies. De la première est née demoiselle Anastasie Gibon, et de la seconde, demoiselle Pauline Gibon.

Deuxième branche prise au seizième degré.

XVII. Louis-Jérôme, *aliàs*, Jérôme Gibon, frère d'Anne-Julien et de Louis, chevalier, seigneur de Lesvellec et autres lieux, naquit le 28 septembre 1708; reçut conjointement avec ses frères et sa sœur, le partage qui leur fut donné dans les successions de leurs père et mère, par Anne-Julien Gibon, comte du Pargo, leur frère aîné, le 18 décembre 1744; épousa, par contrat du 9 juillet 1749, Françoise-Rénée-Pauline de la Landelle, fille de René Vincent, chevalier, seigneur de Roscanvec, et de Marguerite-Pauline d'Andigné-de-la-Chasse, qui le rendit père de :

 1°. Anne-Paul-Louis-Emmanuel Gibon, chevalier, seigneur de Lesvellec et autres lieux, baron de Ker,

lieutenant au régiment royal de la marine en 1775 ;
lequel a épousé, par contrat du 26 avril 1779,
Louise-Françoise-Marie de Saint-Denis, fille de M.
de Saint-Denis, chevalier, seigneur de Vieux-Pont,
alors capitaine de vaisseau, depuis chef d'escadre,
et de Marie-Scholastique de Marqués, dont il a eu
Julien-Vincent Gibon, né le 19 novembre 1783 ;
Hyacinthe-François-Louis-Jacques Gibon, né le 21
septembre 1786 ; Clément Gibon, né le 7 mars 1790 ;
et trois filles, Eulalie, Marie et Zoé Gibon ;

2.º Armand-Sidoine-Népomucène-Louis-Marie Gibon,
né en 1754 ;

3.º Eulalie-Vincente-Marie-Louise, née en 1752.

Troisième branche prise au seizième degré.

XVII. Vincent, *aliàs*, Vincent - Jérôme Gibon,
chevalier, comte de Kérisouet, quatrième fils d'Olivier
Gibon, chevalier, seigneur du Pargo, et d'Hermine-Moriette, *aliàs*, Hermine Botterel-de-Quintin, sa seconde
femme, rapportée ci-dessus, naquit le 19 mai 1715, et fut
baptisé le lendemain dans l'église paroissiale de Saint-Sa-
lomon de la ville et diocèse de Vannes ; fut successivement
capitaine au régiment Rosnivinen, en 1741 ; capitaine de
cent volontaires lors de la descente des Anglais à Lorient
en 1746 ; officier-major de l'arrière-ban, et major de la
capitainerie garde-côtes de Vannes, en 1757 ; reçut, conjointement avec ses frères et sœur, le partage qui leur fut
donné dans les successions de leurs père et mère, par
Anne-Julien Gibon, comte du Pargo, leur frère aîné, le
18 décembre 1741. Il épousa en premières noces demoi-
sélle Pélagie de la Goutte-de-la-Poujade, fille de Jacques
de la Goutte-de-la-Poujade, chevalier, seigneur de la Pou-
jade, capitaine de cavalerie, et dame Julienne de Boisgelin, d'où vint N.... Gibon, mort officier de marine ; et en
secondes noces, par contrat du 27 janvier 1750, demoiselle Eulalie-Scholastique Mauduit-de-Querleau, fille d'An-
toine-Hyacinthe Mauduit, écuyer, seigneur de Querleau,
et de Scholastique Bigeaud de Secmaisons ; de ce mariage
est issu :

XVIII. Hyacinthe-Vincent-Marie Gibon, chevalier,
comte de Kérisouet, d'abord enseigne de vaisseau, puis

capitaine au régiment d'Artois, cavalerie, chevalier de l'ordre royal et militaire de Saint-Louis, lequel est né le 11 mars 1751, et a été baptisé dans l'église paroissiale de Saint-Avé, au diocèse de Vannes; a liquidé, le 27 avril 1785, la succession de madame la comtesse de Choiseul-Pluvant, sa parente, avec MM. de Serent, de Levis, de l'Aubespin, de Moreton-de-Chabrillant et MM. de Gibon, ses cousins. Il a épousé, en 1780, par contrat du 30 septembre, demoiselle Françoise-Anne-Jeanne le Bonhomme-de-Tressé, dame de Tressé, fille unique de Joachim, seigneur de Tressé, et de dame Jeanne de Tregouet, dont il avait en 1788:

1.º Hyacinthe-Jacques-Marie Gibon;
2.º Auguste-Louis-Marie Gibon;
3.º Eulalie-Françoise-Marie Gibon;
4.º Sidonie-Thomase-Marie Gibon;
5.º Hermine-Marie Gibon.

Il a fait constater par un acte de notoriété, du 27 octobre 1787, l'existence, dans l'église de Notre-Dame de Mné, à Vannes, du tombeau et de l'épitaphe d'Olivier Gibon, seigneur de Grisso et du Pargo, son aïeul, décédé au château du Pargo, le 21 mai 1740, ainsi qu'on l'a dit plus haut, et enterré le 22 du même mois dans sa chapelle particulière : ses armes y sont placées, ainsi que sur les lieux les plus éminents de cette église. Son épitaphe est conçue en ces termes :

« Ci-gît haut et puissant Seigneur messire Olivier
» Gibon, chevalier, seigneur du Grisso, du
» Couédic, du Pargo, Lesvellec, Kérisouet, et
» Keralbeau, Loheac, Coetec et autres lieux; en
» son vivant, major de la noblesse de Vannes,
» capitaine général garde-côtes d'Auray et Qui-
» beron, seigneur fondateur de cette église. »

Sur l'un des vitraux, les armes sont écartelées de celles des maisons de Cleguence, Fresnay, Trecesson et Lantivy.

On les voit aussi surmontées d'un portrait d'ange.

On les trouve enfin ailleurs écartelées de plus, des armes des maisons de Lannion et de Botterel-de-Quintin, et de même surmontées d'un portrait d'ange portant la gerbe suzeraine, au-dessus des trois autres gerbes, tout comme il est dit dans l'enquête de 1448, déjà mentionnée, où il fut reconnu que la maison de Gibon, comme seigneurs fondateurs de l'église de Notre-Dame de Mné, les y avait eues placées de temps immémorial.

On y voit la devise : *Semen ab alto.*

Tous les noms ci-dessus sont ceux de différentes mères.

C'est M. le comte de Gibon qui a fait ses preuves de noblesse au cabinet des ordres du roi, au mois de janvier 1788, pour monter dans les carrosses de Sa Majesté et la suivre à la chasse, honneur dont il a joui le 26 du même mois, d'après le certificat de M. Cherin, généalogiste des ordres du roi, et qui a reçu de monseigneur le duc de Penthièvre une lettre, en date du 1ᵉʳ février 1788, pour donner, au nom de Sa Majesté, à M. le comte de Gibon de Kerisouet, la permission de faire faire l'habit d'équipage du roi.

Dans l'envoi de ce certificat à Sa Majesté, M. Chérin cite aussi, comme preuves de la pureté de la maison de Gibon, qu'on la voit se livrer à la profession des armes, occuper des charges honorables, contracter de belles alliances, partager selon l'assise du comte Geoffroy, et qu'enfin elle est comprise dans la première réformation de Bretagne.

Armes : elles sont semblables aux anciennes armes des princes de Bretagne.

De Gueules à 3 Gerbes d'or, posées 2 et 1. Devise : *Semen ab alto.*

MYRE (DE LA). D'après les historiens et des titres authentiques, cette famille tenait, dès l'an 1031, un rang distingué dans la haute noblesse des bailliages de Laurac et de Châteauneuf en Guyenne, et son nom se trouve honorablement placé parmi ceux des plus illustres maisons de Guyenne, de Languedoc et de Quercy. Son nom existait avant l'introduction des fiefs, et ceux de cette maison étaient qualifiés *chevaliers* dans les temps où ce titre ne s'acquérait que par des services militaires.

Le premier de ce nom que l'on connaisse, est Pons DE LA MYRE, qui fut présent, avec plusieurs autres seigneurs, à un acte du 6 des kalendes d'octobre 1031, la 35ᵉ année du règne du roi Robert, par lequel Ermengaud, par la grâce de Dieu comte et marquis, et Bélaschitte sa femme, vendent à Arnaud Spire un alleu situé dans le comté d'Urgel.

Bernard de la Myre, surnommé *de Toréna*, et sa femme Salmadrine, firent, par acte du 4 des ides de mai 1160, don à Dieu, à la sainte Vierge et aux prieur et religieux de Campagnia, pour l'amour de Dieu et le salut de leurs âmes, de tous les droits de directe qui leur appartenaient dans le territoire de Villelongue au diocèse de Carcassonne. Le même, sa femme et leurs enfants firent, en l'année 1171, et au mois de janvier 1189, différentes donations à l'abbé et aux religieux de Bonnefont et de Campagnia.

Hugues de la Myre, Raymond de la Myre, et Augier de la Myre, furent du nombre des chevaliers qui, *in castro de Carcassonâ-sub-Ulmo*, prêtèrent serment de fidélité à Raymond Roger, fils de Roger, vicomte de Béziers.

R. de la Myre, chevalier, fut député avec l'archidiacre de Villemur, par lettres du roi Louis VIII, du mois de juin 1226, vers le consul et l'université d'Alby, pour recevoir leurs hommages. En la même année, R. de la Myre, chevalier, reçut la soumission des villes de Béziers, de Nismes et de Carcassonne, à l'église et au roi. Saint Louis prenant, par lettres du mois de juin 1228, les habitants de la ville d'Alby sous sa protection, leur mande de lui faire le serment de fidélité entre les mains de l'évêque d'Alby; de R..., prévôt de cette église; et de R. de la Myre, chevalier.

I. Pierre DE LA MYRE, chevalier, le premier dont la descendance soit bien connue, né vers l'an 1220, fut, au rapport de la Faille, dans ses *Annales de Toulouse*, ainsi que ses trois fils, du nombre des barons, chevaliers, nobles et consuls du bailliage de Laurac, qui, les 9, 10, 11, 12 et 13 des kalendes de janvier 1271, firent serment de fidélité au roi Philippe III, dit *le Hardi*.

On ignore le nom de sa femme et l'époque de sa mort. Il a eu trois enfants :

1.º Sicard de la Myre, chevalier, qui suit;
2.º Guillaume de la Myre, damoiseau;
3.º Pons de la Myre, damoiseau.

II. Sicard DE LA MYRE, chevalier, né vers l'an 1245, fils aîné de Pierre de la Myre. Il prêta serment de fidélité au roi Philippe III avec son père et ses frères. On ne connaît ni le nom de sa femme, ni les alliances de ses frères, s'ils en ont contracté. Il eut pour fils :

Pierre de la Myre, qui suit.

III. Pierre DE LA MYRE, second du nom, seigneur de la

Motte-Séguier, près de la ville de Saint-Porquier en la sénéchaussée de Toulouse, et de Bartombal en Quercy. Il vivait en 1310, et, dans la transaction passée entre ses enfants, en 1378, pour le partage de sa succession, il est qualifié nobilis *Myri dominus* de la Motte-Séguier et de *Bartombal*. Il eut pour fils :

1°. Jacques de la Myre, qui suit ;

2°. Philippe de la Myre, seigneur de Bartombal, mort sans postérité, dont les biens passèrent à Isaac de la Myre, son petit neveu.

IV. Noble Jacques DE LA MYRE, seigneur de la Motte-Séguier, père de :

Jean de la Myre, qui suit.

V. Jean DE LA MYRE, seigneur de la Motte-Séguier, chambellan du roi d'Arménie. Il obtint, en date du 27 septembre 1391, un passeport du roi d'Angleterre lui permettant, ainsi qu'à François de la Myre, grand sénéchal d'Arménie, de passer en Angleterre avec six écuyers de leur compagnie, leurs armes, artillerie, et autres choses prohibées. Il eut pour femme demoiselle Marie de la Fare, fille de Raimond, damoiseau, seigneur de la Fare, et d'Isabeau de Pelebarbe d'Iserne ; comme il conste par la quittance de la dot de ladite demoiselle, en date de l'avant-dernier jour de mars 1390. De ce mariage sont nés :

1°. Isaac de la Myre, qui suit ;

2°. Pierre de la Myre, marié à Jeanne de la Mina, mort sans postérité.

VI. Isaac DE LA MYRE, damoiseau, seigneur de la Motte-Séguier, de Bartombal, des Bordes, de Fitte et de Baranet. Dans son testament fait en 1476, il est qualifié *nobilis et venerabilis vir Isaac Myri domicellus*. Il avait épousé Jeanne de Montbrison, dont il eut pour fils :

1°. Robert de la Myre, qui suit ;

2°. Philippe de la Myre ;

3°. Jacob de la Myre.

VII. Robert DE LA MYRE, Ier du nom, chevalier, seigneur de la Motte-Séguier, Douazac, Manaut, de Moutet et de Montbrison, capitaine de cinq cents hommes de pied, gascons. Il avait servi d'abord sous son père, et passa toute sa vie dans le métier des armes. Il suivit Charles VIII en Italie, lors de la conquête de Naples, et le 6 juillet 1495, à la mémorable bataille de Fornoue, étant à la tête de cinq cents hommes de pied, gascons, et Guillaume de la Myre son fils en commandant cinquante, il se fit remarquer entre les plus braves, donna, malgré son âge, des preuves de la plus rare valeur, et fit prisonnier un des princes ligués d'Italie qui portait en son écu trois aigles d'or au champ d'azur, que le roi lui permit, à lui et à sa postérité, de porter en écartelure avec ses armes (1).

Robert de la Myre avait épousé Flore de Biran, fille de Bernard de Biran, seigneur de Roquefort, et de Françoise de Montesquiou. Il en a eu deux enfants, tous deux du même nom :

1°. Guillaume de la Myre, qui a continué la branche aînée sous le nom de la Myre de Douazac;

2°. Guillaume de la Myre, auteur de la branche connue long-temps sous le nom de la Myre de la Motte, et dont est sortie celle de la Myre Mory.

Branche de la Myre de Douazac, prise au septième degré.

VIII. Guillaume DE LA MYRE, chevalier, seigneur de Douazac, du Moutet et de Merle, fils aîné de noble Robert de la Myre, et de Flore de Biran. Il est né en 1462, et de son mariage avec demoiselle Marie Boucher, il a laissé douze enfants :

1°. Robert de la Myre, qui suit;

2°. Raymond de la Myre, mort sans alliance;

3°. Jean de la Myre, mort sans alliance;

4°. Autre Jean dit Jeannot de la Myre, mort sans alliance;

5°. Pierre de la Myre, prêtre, licencié en droit, chanoine de l'église collégiale de Beaumont;

6°. Abraham de la Myre, sans alliance;

7°. Denise de la Myre, mariée à noble Jean de Cédeil;

---

(1) Lachenaye des Bois, suivant en cela l'Armorial de France, t. 9, attribue par méprise ce fait à Guillaume de la Myre, qui, à la vérité, avait partagé avec son père les dangers et la gloire de cette journée; mais M. d'Hozier a rectifié cette erreur dans le procès-verbal qu'il dressa, en 1730, des preuves de la noblesse de Luc de la Myre, l'un des descendants de ce valeureux chevalier. Ce trait historique est encore rapporté en l'épitaphe apposée en 1678 sur la tombe de Jean de la Myre, dans l'église de Sainte-Godeberthe de Noyon, et rappelé, par le roi Louis XIV, dans les provisions qu'il donna, en 1714, de la charge de son lieutenant en la province de Picardie, à Antoine de la Myre.

8.º Anne de la Myre, mariée au seigneur de Garrigéa;

9.º Marguerite de la Myre, mariée à noble Bernard de Nepveu ;

10.º Marie de la Myre, mariée à noble Pierre Rantier, seigneur de Castelfranc ;

11.º Jeanne de la Myre, sans alliance;

12. Rose de la Myre, sans alliance.

IX. Robert DE LA MYRE, IIᵉ du nom, seigneur de Douazac, du Moutet, et de Merle en partie. Il est né en 1518, et a épousé, en 1550, demoiselle Catherine de la Tapie, dont il a eu :

1.º Jean de la Myre, marié en 1578, à demoiselle Isabeau d'Arbieu, fille de noble Antoine d'Arbieu, seigneur de Poupas, et de demoiselle Isabeau de Garmisière. Il mourut en 1618, laissant de son mariage :

a. Jean-Louis de la Myre, mort au service, sans alliance;

b. Philippe de la Myre, seigneur de Merle, marié à demoiselle Marguerite Rey, mort sans postérité;

c. Jean de la Myre, seigneur de Bosc, mort au service en 1625, sans alliance;

d. Marie de la Myre, mariée à noble Bérard de Voisins, seigneur du Sendat, d'une branche de la maison de Voisins, établie en Armagnac par le mariage de Guillaume de Voisins avec Jacquette de Montaut, fille unique d'Odon, baron de Montaut en Armagnac, et de Bellegarde de Montesquiou.

2.º Abraham de la Myre, qui suit;

3.º Jean-Louis de la Myre, homme d'armes du roi en 1597, mort sans postérité.

X. Abraham DE LA MYRE, écuyer, seigneur de Douazac, capitaine d'une compagnie de gendarmes, second fils de Robert de la Myre et de demoiselle Catherine de la Tapie. Il est né en 1557. Il a épousé, en 1604, demoiselle Marguerite Dufour, et en 1642, en secondes noces, demoiselle Anne de Vigneaux, qui ne lui a pas laissé d'enfants. De sa première femme il a eu :

Josias de la Myre qui suit.

XI. Josias DE LA MYRE, seigneur de Douazac, gouverneur de Lavit, et commandant dans la Lomagne. Il est né en 1609, et fut, le 8 mai 1667, maintenu dans sa noblesse d'extraction, par jugement contradictoire de la commission nommée par le roi pour faire, en la généralité de Montauban, la recherche des faux nobles. En 1647, il avait épousé demoiselle Armoise de Petit, fille de noble Daniel de Petit, seigneur de Montbrison, et de demoiselle Armoise de Luppé. De ce mariage sont nés :

1.° Henri de la Myre, qui suit ;
2.° César de la Myre, dit *le chevalier de Douazac*, mousquetaire de la deuxième compagnie de la garde du roi, successivement brigadier et maréchal-deslogis dans la même compagnie, chevalier de Saint-Louis et mestre-de-camp de cavalerie, mort sans alliance ;
3.° Armoise de la Myre ;
4.° Marie de la Myre;
5.° Marguerite de la Myre ;
6.° Olympe de la Myre;
7.° Pauline de la Myre;
Toutes mortes sans avoir contracté d'alliances.

XII. Henri DE LA MYRE, seigneur de Douazac, mousquetaire dans la deuxième compagnie de la garde du roi. Il est né en 1649, et a épousé, en 1688, demoiselle Suzanne de Saint-Sardos, fille d'Isaac de Saint-Sardos et de demoiselle Suzanne de la Porte. Il en a eu :

1.° Bernard de la Myre, chevalier de Saint-Louis, mousquetaire de la deuxième compagnie;
2.° Henri, dit *le chevalier de la Myre,* mousquetaire en la même compagnie, morts l'un et l'autre sans alliances;
3.° Jean-François de la Myre, qui suit.

III. Jean-François DE LA MYRE, seigneur de Douazac, troisième fils de noble Henri de la Myre et de demoiselle Suzanne de Saint-Sardos, capitaine de grenadiers au régiment de Beauvoisis, et chevalier de l'ordre royal et militaire de Saint-Louis. Il est né en 1706, et mort en 1765. Il avait épousé, en 1758, demoiselle Marie-Anne de Lautron, dont il n'a eu qu'une fille :

Marie-Bernardine, née en 1759; mariée, en 1778, à messire Godefroy de Secondat, baron de Rocquefort, capitaine de cavalerie.

C'est en la personne de ladite Marie-Bernardine de la Myre, baronne de Rocquefort, qu'a fini la branche de la

Myre de Douazac, et que ses biens ont passé à la famille de Secondat de Rocquefort, branche aînée de celle de Secondat de Montesquieu.

Branche de la Myre de la Motte, prise au septième degré.

VIII. Guillaume DE LA MYRE, Ier du nom dans sa branche, chevalier, seigneur de la Motte-Séguier de Bartombal, et de Manant, capitaine de cinquante hommes de pied, gascons, second fils de Robert de la Myre, chevalier, et de Flore de Biran, seigneurs de la Motte-Séguier. Il est né en 1464, et servit avec son père les rois Louis XI et Charles VIII. Sous ce dernier prince il se distingua à la célèbre journée de Fornoue, en qualité de l'un des capitaines de cinquante hommes faisant partie des cinq cents commandés par son père, dont il partagea la gloire en cette occasion. Il a épousé en premières noces demoiselle Marie Bertier de la Tapie, et en secondes noces, par contrat du 17 mars 1510, demoiselle Jeanne de Villemur, dont il n'a pas eu d'enfants; mais du premier lit il a eu :

IX. Robert de la Myre, second du nom, seigneur de la Motte-Séguier et de Merle, capitaine d'une compagnie de gens de pied, gouverneur de Saint-Porquier, fils unique de Guillaume de la Myre, et de Marie Bertier de la Tapie, sa première femme. Il est né en 1505 : à l'exemple de ses ancêtres, il embrassa dès sa première jeunesse la profession des armes, fut fait capitaine d'une compagnie de gens de pied, et ensuite commandant avec titre de gouverneur de la ville de Saint-Porquier, où il fut tué en 1566 pour le service du roi d'un coup qui lui perça la langue en défendant cette ville contre les religionnaires. En 1531 il avait épousé Louise de la Serre, dame de la Salle et de Merle, fille unique de feu noble Jean de la Serre, et de noble dame Florette de Biran. Il laissa de ce mariage :

1.º Guillaume de la Myre, qui suit;

2.º Antoine de la Myre;

3.º Jean de la Myre.

X Guillaume DE LA MYRE, second du nom, seigneur de la Motte-Séguier. Il est né en 1532, a servi sous son père dès ses plus tendres années, et le remplaça en la charge d'une compagnie de gens de pied, et en celle de commandant en la ville de Saint-Porquier, qu'il maintint sous l'autorité du roi contre les protestants, et à la défense de laquelle il perdit la vie : il est cité dans les mémoires du maréchal de Montluc pour s'être conduit avec distinction au siége de Thionville sous le duc de Guise en 1558, et s'être jeté des premiers dans une tour dont la prise décida celle de la ville. Il avait épousé en 1578 demoiselle Catherine de Marty, fille de noble Jean de Marty, dont il a eu :

    1.° Jean de la Myre, mort en bas âge;
    2.° Autre Jean de la Myre, qui suit.

XI. Jean DE LA MYRE second du nom, seigneur de la Motte-Séguier du petit Barois et d'Eterpigneul; il est né en 1601, a embrassé dès l'âge de treize ans la profession des armes dans laquelle il s'acquit de la réputation : il fut successivement lieutenant au régiment de Brézé, capitaine dans celui d'Hocquincourt, et capitaine des portes des ville et citadelle d'Arras; ce fut dans cette ville qu'il épousa en 1630 Catherine de Mory, dame d'Ermain et du Metz en Flandres, fille de Jean de Mory, seigneur d'Ermain et du Metz et de Catherine Broude. Il mourut à Noyon en Picardie le 3 septembre 1678, et il fut inhumé dans l'église de Sainte-Godeberthe, et sa femme dans celle d'Argenteuil, dans l'île de France, près Paris. Il a laissé de ce mariage :

    1.° Gabriel de la Myre, qui suit;
    2.° Catherine-Marie-Suzanne de la Myre;
    3.° Elisabeth de la Myre.

XII. Gabriel DE LA MYRE, chevalier, seigneur de la Motte-Séguier, d'Eterpigneul, de Boucly, etc., baron, châtelain de Hangest et Davenescourt, lieutenant du roi et commandant pour Sa Majesté dans les ville et citadelle de Pignerol, directeur des fortifications de delà et deçà les monts, etc. Il est né en 1632; il fit ses premières armes dans la seconde compagnie des mousquetaires de la garde du roi; fut fait en 1665 capitaine dans le régiment de Rambures, et depuis incorporé avec le même garde dans le régiment des gardes de M. le Dauphin; donna au siége de Lille en 1667, des marques d'une valeur distinguée, suivant un certificat du prince Eugène de Savoie, qui dit « qu'il avait conduit et avancé les travaux de l'attaque « avec tant de vigueur et de diligence, qu'il ne se pou- « vait davantage jusqu'à ce que..., traçant un loge-

» ment sur la contr'escarpe du fossé de ladite ville, après
» y avoir reçu plusieurs blessures..., il se serait enfin
» retiré, ne pouvant plus agir...., à cause de la grande
» perte de son sang, ayant, en tous ces travaux conduits
» par ledit sieur de la Motte la Myre, été remarqué un
» grand courage, et ferme résolution dans le service du
» roi. » Il s'était effectivement livré, dès sa première jeunesse, à l'étude des fortifications, et y avait eu de grands
succès. Après avoir rendu de grands services dans cette
partie, il fut fait ingénieur du roi au département de Picardie, et fut aussi chargé de diriger la construction de
différentes fortifications dans d'autres provinces. Il fut successivement, sergent-major, lieutenant du roi et commandant des ville et citadelle de Pignerol en Piémont,
étant en même temps directeur des fortifications de delà
et deçà les monts. Il est mort en 1685 à Pignerol, où
son corps est inhumé dans l'église des Dominicains, et
son cœur à Davenescourt en Picardie. Il avait épousé en
1669 Marie de Folleville, de Beaumartin, fille de Paul de Folleville, seigneur de Beaumartin, et de Marie de Warluzel : il a eu de ce mariage :

1.º Charles-Gabriel de la Myre de Boucly, né a Pignerol, mort en bas âge, enterré dans l'église des
   Dominicains ;

2.º Pie de la Myre de Boucly, mort à quatre jours,
   enterré dans la même tombe ;

3.º Françoise de la Myre, religieuse professe au monastère de la Visitation Sainte-Marie, en la ville de
   Pignerol en 1687, morte dans ledit monastère en
   1724 ;

4.º Lucie de la Myre de Boucly, née en 1670, mariée en 1685 à Pierre-François de Cardevac, chevalier, seigneur de Gouy, second fils d'Antoine-
   François de Cardevac, baron d'Havrincourt, seigneur des Hauts-Bois, et de Anne de Thieulaine.

Marie de Folleville étant morte en 1673 à Pignerol où
elle est inhumée avec ses deux enfants, Gabriel de la
Myre a épousé en secondes noces en 1675 demoiselle Marie l'Argentier, de la maison de Chappelaine, en Champagne, fille de messire Jean l'Argentier, conseiller secrétaire du conseil de la reine, et de Anne Berruyer. Il a eu
de ce mariage :

1.º Antoine de la Myre, qui suit ;

2.° Gabriel-Michel de la Myre, dit l'abbé de la Motte, prêtre, seigneur d'Éterpigneul, chanoine de l'église cathédrale de Noyon;

3.° François-Gaspard de la Myre, dit le chevalier de la Motte, qui a servi dans le régiment du roi, et est mort sans alliance;

4.° Marie-Lucrèce de la Myre, mariée en 1604 à Etienne-François Boynet, chevalier, seigneur du Pin et de la Fremaudière, généralité de Poitiers; fils de Louis-François Boynet, chevalier, seigneur, etc., et de Anne Boynet, son épouse et sa parente.

XIII. Antoine DE LA MYRE, comte de la Motte, seigneur de Hainnecour, baron châtelain d'Hangest, Davenescourt, etc., lieutenant pour le roi en la province de Picardie, chevalier de l'ordre royal et militaire de Saint-Louis, fils aîné de Gabriel de la Myre, et d'Elisabeth-Marie Largentier, sa seconde femme. Il est né à Pignerol en Piémont en 1676. Il embrassa très-jeune la profession des armes, et fut, dès l'âge de dix-neuf ans, capitaine au régiment du roi. En 1704, il fut fait l'un des aides-majors généraux de l'armée du Rhin sous les ordres du maréchal Tallard, et eut, la même année, l'honneur de recevoir la croix de Saint-Louis de la main du roi. En 1714, sur la démission de M. le duc de Chaulnes, il fut pourvu de la charge de lieutenant pour le roi en la province de Picardie, au département de Péronne, Montdidier et Roye. Dans les provisions qui lui en furent expédiées, il est dit : « En mémoire des services à nous » rendus par Antoine de la Myre, dans lesquels et autres » il a donné des preuves de valeur, bonne conduite et » capacité, s'étant trouvé aux siéges de Mons, Namur, » Landaw, Brisach et plusieurs autres, et aux batailles » de Spire, de Hochstet, Ramillies, etc., où il a été si » grièvement blessé, que se trouvant hors d'état de suivre » nos armées, nous lui aurions accordé une pension, » pour lui marquer la satisfaction qu'il nous reste de ses » services dans lesquels il a imité l'affection et le zèle de » Gabriel de la Myre la Motte son père, en comman- » dant pour nous dans Pignerol... comme ont fait ses ancê- » tres, sous les rois nos prédécesseurs, notamment Guil- » laume de la Myre, tué en défendant la ville de Saint-Por- » quier pendant les guerres civiles de religion : Robert » de la Myre, lequel fit, à la bataille de Fornoue, prison-

» nier un des princes ligués d'Italie, portant pour armes
» trois aigles d'or, dont le roi Charles VIII lui permit
» d'écarteler celles de sa famille, etc. » Ledit Antoine
et ses frères furent maintenus dans leur noblesse d'extraction, en 1713, par M. de Bernage, maître des requêtes, commissaire départi dans la généralité d'Amiens ;
il est mort en 1747. Il avait épousé en 1705 Marie-Anne
de Marc, fille de Charles de Marc de la Ferté, seigneur,
châtelain de Reux et de la Salle Canonville, conseiller
du roi en son grand conseil, et de Marie-Françoise Amyot
son épouse; il a eu de ce mariage :

1.º Charles-Antoine de la Myre, lieutenant au régiment du roi, né le 3 février 1713, mort le 29
avril 1728 ;

2.º François-Luc de la Myre Mory, né le 13 février
1715. Le nom de MORY D'HONNEINGHEM lui fut
donné en vertu de la substitution établie par le
testament de messire Philippe-Pierre-Dominique
de Mory. Il est entré dans le régiment du roi en
1730. Il fit toute la guerre d'Italie, et fut tué d'un
boulet de canon en 1745, à la bataille de Fontenoy, étant l'un des plus anciens capitaines de son
corps. Il avait eu l'année précédente l'honneur de
recevoir au siége de Fribourg la croix de Saint-
Louis, des mains du roi Louis XV. Il avait fait
en 1730 ses preuves pour être page du roi dans
la grande écurie; mais il préféra alors entrer au
régiment du roi qui partait pour l'armée. Il est
mort sans avoir contracté d'alliance;

3.º Gabriel-Melchior de la Myre, qui suit;

4.º Charles-Henri, dit le chevalier de la Myre, né
le 25 mars 1717, chevalier de Malte en 1731,
mort à Malte le 25 janvier 1742, après y avoir
fait ses vœux, ayant toujours servi la religion
sur les vaisseaux ou les galères, et s'être distingué
par sa valeur en plusieurs occasions;

5.º François-Jean de la Myre, comte de Mory, dont
l'article suivra celui de la postérité de son aîné;

6.º Marie-Anne de la Myre, née le 11 août 1709,
religieuse cordelière de l'abbaye du Moncel, à Pont-
Sainte-Maxence;

7.º Anne-Charlotte-Françoise de la Myre, née le 26
janvier 1716, mariée en 1753 à Charles-François-
Joseph, marquis de Rune, exempt des gardes-du-

corps du roi de Pologne, fils de messire Jacques-Antoine de Rune, seigneur de Warcy, et de dame Marie de Boufflers, sa seconde femme;

8.° Geneviève-Alexandrine de la Myre, née le 10 janvier 1721, mariée en 1764 à messire Pierre *Boucher de Flogny*, comte de Carisey, chevalier de Saint-Louis, premier capitaine au régiment Mestre de camp de cavalerie, fils de messire Charles-Nicolas Boucher, comte de la Chapelle, seigneur de Flogny, et de Suzanne Bazard.

XIV. Gabriel-Melchior, comte DE LA MYRE, chevalier, baron d'Hangest, châtelain de Davenescourt, seigneur et patron de Tiberminil, Pimont, Yerville, Vibeuf, Lindebeuf, le Torps, Frainville, Boinville et autres lieux, lieutenant pour le roi au gouvernement de Picardie, troisième fils d'Antoine DE LA MYRE LA MOTTE, et d'Anne de Marc, comte et comtesse de la Motte. Il est né le 6 janvier 1717, reçu chevalier de Malte en 1730, et la même année page du grand-maître. Il a été ensuite cornette de cavalerie au régiment de Condé, et a fait toute la seconde guerre en Bavière et sur le Rhin. Il est mort le 16 mars 1777. Après la mort de ses deux frères aînés, il avait quitté l'ordre de Malte, et épousé en premières noces en 1749 demoiselle Marie-Christine de Cardevac d'Havrincourt, fille du marquis d'Havrincourt, de son vivant sous-lieutenant des chevau-légers de la reine au corps de la gendarmerie, brigadier des armées du roi, gouverneur de la ville d'Hesdin, et de demoiselle Anne-Gabrielle d'Osmond, marquise d'Havrincourt. De ce mariage sont nés :

1.° Anne-Louis-Chrétien de la Myre, né le 7 mai 1752, mort en 1757;

2.° Alexandre-Chrétien de la Myre, né le 15 février 1760, mort en 1769;

3.° Gabrielle-Louise de la Myre, née le 7 janvier 1751, religieuse professe à l'abbaye royale de Montreuil-sous-Laon, ordre de Citeaux, en 1774, successivement coadjutrice et abbesse de la même abbaye en 1783, morte le 28 août 1809;

4.° Anne-Charlotte-Christine-Gabrielle de la Myre, née le 22 juillet 1754, mariée par contrat du 22 novembre 1777 à messire Louis-Charles, comte de Noue, chevalier de St.-Louis, mestre de camp de dragons, lieutenant-colonel du régiment de Languedoc, chevalier, seigneur de Villers en Prayères, la Malmaison, Ventheuil, et en partie de Merval; veuf de dame Louise-Albertine Tarteron de Monstiers, fils de Louis-Charles de Noue de la Grange, et de demoiselle Marie-Madeleine de Ronty de Suzy;

5° Anne-Françoise-Thérèse de la Myre, née le 5 octobre 1757, mariée par contrat du 27 novembre 1785, à messire Jacques-François-Charles de *Lancry de Rimberlieu*, capitaine de cavalerie au régiment de Royal-Étranger, lieutenant de roi en survivance, des ville et château de Compiègne, fils de messire Charles de Lancry de Rimberlieu, chevalier de l'ordre de Saint-Louis, lieutenant de roi des ville et château de Compiègne, et de demoiselle Marie-Suzanne des Fossés.

Ladite dame Marie-Christine de Cardevac, comtesse de la Myre, est morte le 14 avril 1761; et par contrat du 14 février 1764, le comte de la Myre a épousé, en secondes noces, demoiselle Lucie-Philippine-Josèphe de Cardevac de Gouy, sa nièce à la mode de Bretagne, et cousine issue des issus de germain de sa première femme, fille de messire Chrétien-Pierre de Cardevac, chevalier, seigneur, de Gouy en Artois, chevalier de l'ordre royal et militaire de Saint-Louis, et de dame Marie-Catherine-Henri-Joseph Desucre de Bélain. De ce mariage, sont nés :

1.° Alexandre-Joseph-Gabriel de la Myre, qui suit;

2.° Antoine-Louis-Gabriel, vicomte de la Myre, né le 5 juin 1773, officier au régiment de Conti, dragons, marié, en 1801, à demoiselle Louise-Camille de Goussancourt de Grivenne, dont il n'a eu que des filles;

3.° Anne-Charlotte-Christine-Gabrielle-Lucie de la Myre, née le 12 décembre 1764; brevetée en 1779, au chapitre noble des Dames comtesses de Neuville; mariée, par contrat du 19 juin 1783, à Antoine-Gilles-Marie vicomte de Louvel, capitaine de dragons, fils de Charles-Gilles-Marie, comte de Louvel, ancien capitaine de cavalerie, vicomte d'Auterêche, chevalier, seigneur de Warvillé, Arviller, Prunurval, l'Echelle et autres lieux, et de dame Marie-Anne-Antoinette-Nicolle de Guillon;

4.º Françoise-Henriette de la Myre, née le 13 février
1769; admise au chapitre de Neuville en 1779;
mariée, par contrat du 27 novembre 1785, à Mᵗᵉ
Marie - Marguerite - François - Firmin Desfriches,
comte Doria, marquis de Payen, seigneur de
Cayeux, Cernois, Bettancourt et autres lieux, ancien capitaine de cavalerie, chevalier de l'ordre
royal et militaire de Saint-Louis, veuf, en premières noces, de demoiselle Marie-Geneviève Desfossés
de Wateville; et en secondes noces, de demoiselle
Catherine-Julie-Alexis de Rougé;

5.º Gabrielle-Alexandrine-Julie de la Myre, née le 4
juin 1776; admise en 1779, au chapitre de Neuville, et mariée, en avril 1795, à monsieur Alexandre d'Aarjavel.

XV. Alexandre - Joseph - Gabriel comte DE LA MYRE,
baron d'Hangest, châtelain de Davenescourt, seigneur,
patron de Tiberminil, Pimont, Yerville, Vibeuf, Lindebeuf, le Torps, Batteville, Châteauroux, Heudières, la
Ferté, le Rosay, Hausselaine, Beautot, Rémaugis, Nour-
viller, grand et petit Gruchet, et autres lieux; lieutenant
pour le roi, en la haute Picardie; fils aîné de Gabriel
Melchior de la Myre, et de Lucie-Philippine-Josèphe de
Cardevac, sa seconde femme. Il est né le 23 avril 1771,
est entré, en 1788, au régiment du Roi, infanterie, et a
épousé, par contrat du 10 octobre 1795, demoiselle Elisa-
beth-Françoise-Aglaé le Pelletier d'Aunay, fille de messire
Charles-Louis-David le Pelletier, comte d'Aunay, maréchal
des camps et armées du roi, chevalier des ordres de Malte
et de St-Louis, et de Louise-Elisabeth-Flavie de Chastenet-
Puységur. De ce mariage, sont nés :

1.º Charles - Philippe - Gabriel de la Myre, né le 19
avril 1802;

2.º Marie-Antoinette-Elisabeth de la Myre, née le 29
mai 1804.

Branche de la Myre-Mory, prise au treizième degré.

XVI. François-Jean DE LA MYRE, comte de Mory d'Honneinghem (cinquième fils du comte et de la comtesse de la
Motte), chevalier, seigneur de Congis, Villers-les-Rigault,
la Tartèrelle, la Salle Canonville, Montjay, Hainnecourt,
Catrix, le châtel d'Ocquerre, Viron, et autres lieux; seigneur et patron de la châtellenie de Reux, mestre-de-camp
de cavalerie, capitaine des gardes de S. A. S. monseigneur

le prince de Conti, prince du sang, ci-devant chevalier de Malte, conservé aux honneurs dudit ordre. Il est né le 14 septembre 1723; le 13 juin 1737, il fut reçu chevalier de Malte, et fait le même jour page du grand-maître; a servi onze ans, et fait vingt-deux campagnes sur les vaisseaux et galères de la religion, en qualité d'enseigne de vaisseau et de major des galères par intérim, quoique cette place ne fût ordinairement remplie que par des profès. Ayant fait dans cet intervalle un voyage en France, par congé, il y a fait la campagne de 1744, sur le Rhin, en qualité de cornette de cavalerie au régiment de Condé. Après la mort de son père, il prit le nom et les armes de Mory, se trouvant par la mort de deux de ses frères devenu le second fils, et comme tel, appelé à la substitution des biens, noms et armes de Mory, suivant le codicille de Philippe-Pierre-Dominique de Mory, seigneur de Hainnecourt, fait à Cambray, le 1er septembre 1703. En quittant l'ordre de Malte, il a eu, par un bref particulier, la permission de continuer à en porter la croix, en considération des services importants qu'il avait rendus à l'ordre. Par contrat du 9 mai 1753, il a épousé demoiselle Marie-Anne-Thérèse de Chamborant de la Clavière, fille de messire Claude de Chamborant, comte de la Clavière, chevalier de l'ordre royal et militaire de Saint-Louis, seigneur de la Clavière, Eguson, Villemandeur, et autres lieux; lieutenant-général des armées du roi; gouverneur de Montmédy, et de la personne de S. A. S. monseigneur le comte de la Marche, et de dame Marie-Anne Moret de Bournonville, son épouse. La comtesse de Mory a été successivement dame pour accompagner, et ensuite dame d'honneur de S. A. S. madame la comtesse de la Marche, depuis princesse de Conti. De ce mariage, sont nés :

   1.º Claude-Madeleine de la Myre Mory, né le 17 août 1755; abbé commendataire de Preuilly, en Touraine, en 1784; prieur d'Oysé, au diocèse du Mans, en 1786; successivement vicaire général de Carcassonne, de Bourges et de Paris;

   2.º André-Jérôme de la Myre, vicomte de Mory, qui suit;

   3.º Claude-Gabriel-François, dit le chevalier *de la Myre Mory*, chef de la seconde branche qui suit, après celle de son frère;

   4.º Claude-Marie-Louise de la Myre Mory, née le 28

juin 1754; brevetée, le 1ᵉʳ août 1765, au noble chapitre des dames chanoinesses-comtesses de Neuville;
mariée, par contrat du 29 décembre 1772, à messire Jean-Dominique, comte de Cassini, chevalier,
noble Siennois, mousquetaire de la deuxième compagnie de la garde du roi, membre de l'académie
royale des sciences de Paris, directeur en survivance de l'observatoire royal ; fils de messire César-
François Cassini de Thury, chevalier, noble Siennois, conseiller du roi, maître ordinaire en sa chambre des comptes, membre de l'académie royale
des sciences de Paris, de la société royale de Londres, de l'institut de Bologne, etc., et de dame
Charlotte-Jeanne Drouyn de Vaudeuil;

5.° Louise-Fortunée de la Myre Mory, née le 20 juillet
1759 ; brevetée au chapitre de Neuville, le 2 août
1765 ; morte le 16 février 1766 ;

6.° Alexandrine-Emilie de la Myre Mory, née le 28 août
1764, brevetée au chapitre de Neuville le 2 août 1765,
installée chanoinesse-comtesse, titulaire audit chapitre, le 27 novembre 1785 ; religieuse au monastère
des Carmélites déchaussées de la réforme de Sainte-
Thérèse, à Chambéry en Savoie, le 13 avril 1791;
décédée au monastère de Turin, le 29 janvier 1795;

7.° Pauline-Marie de la Myre Mory, sœur jumelle de
la précédente; brevetée au même chapitre, le 1ᵉʳ
août 1765; chanoinesse-comtesse titulaire le 26 novembre 1783 ;

8.° Antoinette-Louise-Marie-Edesse de la Myre Mory,
née le 1ᵉʳ novembre 1773 ; brevetée au chapitre de
Neuville, le 6 février 1774 ; mariée, par contrat du
25 février 1797, à messire Anne-Charles-Frédéric-
Ambroise, comte de Beauclerc, chevalier honoraire
de l'ordre de Malte, et auparavant enseigne des
vaisseaux de la religion, fils de messire Charles de
Beauclerc, baron d'Achères, chevalier de l'ordre
royal et militaire de Saint-Louis, capitaine au régiment d'Harcourt, dragons, et de Marguerite-Lau-
rence Rocheron de Voisins.

XV. André-Jérôme DE LA MYRE, vicomte de Mory,
membre de l'association de Cincinnatus d'Amérique, chevalier de l'ordre royal et militaire de Saint-Louis, maréchal
des camps et armées du roi. Il est né le 8 avril 1762, a été fait,
le 9 avril 1777, cadet gentilhomme au régiment d'Auxer-

rois, infanterie, avec lequel il a fait la guerre en Amérique; s'est trouvé à la prise de la Dominique, en 1778; à
celle de la Grenade, en 1779, a reçu plusieurs blessures
au combat naval qui en a été la suite; s'est encore trouvé,
en 1780, à l'assaut de Savanah, après lequel il a eu les
jambes gelées dans la baie de Chesapeach. De retour en
France, il a été fait capitaine de cavalerie au régiment de
Royal-Etranger, le 12 juillet 1781; et le 30 octobre 1785,
mestre-de-camp lieutenant en second du régiment d'infanterie de S. A. S. monseigneur le prince de Conti. Il a fait ensuite toutes les campagnes de l'armée de Condé, en qualité
de lieutenant et de capitaine de compagnies de chasseurs
nobles; y a été fait chevalier de l'ordre royal et militaire
de Saint-Louis, le 30 avril 1794; y a été grièvement blessé
le 13 août 1796, au combat de Kamlach; et a été fait, par
le roi, maréchal de ses camps et armées, le 1er décembre
1797; il est mort le 18 septembre 1807; par contrat du 19
février 1786, signé ledit jour par le roi et la famille royale,
il avait épousé demoiselle Bernarde - Françoise Bertier,
fille de messire Louis-Bénigne-François Bertier, chevalier,
conseiller du roi en ses conseils, maître des requêtes ordinaire de son hôtel, intendant de justice, police et finances
de la généralité de Paris; surintendant des finances, domaines et affaires de la maison de la reine, et de défunte
dame Marie-Josèphe Foullon, son épouse. De ce mariage
sont nés :

1.º Alfred de la Myre Mory, né le 11 octobre 1790,
mort la même année;

2.º Arnold-Pierre-Aimé de la Myre Mory, né le 17
janvier 1793, mort le 25 avril 1814;

3.º Auguste-Jacques-Anne de la Myre Mory, qui suit;

4.º Ernestine-Marie-Louise de la Myre Mory, née le
30 juillet 1787, mariée, par contrat du 30 août 1809,
à messire Edme Seguin de Broin, fils de messire
Nicolas Seguin de Broin, et de dame Claudine-Hu-
guette Cochet de Savigny;

5.º Albine-Anne-Françoise de la Myre Mory, née le
24 avril 1789, morte en 1790;

6.º Albine-Antoinette-Madeleine de la Myre Mory,
née le 28 juin 1796;

7.º Athanaïs-Albine-Eusèbe de la Myre Mory, née le
26 janvier, morte le 15 décembre 1800;

8.º Zéphirine-Louise-Ferdinande de la Myre Mory,
née le 26 juin 1801;

9.ᵉ Pulchérie-Claudine-Marie de la Myre Mory, née le 16 mai 1805.

XVI. Auguste-Jacques-Anne, comte DE LA MYRE MORY, troisième fils d'André-Jérôme de la Myre, vicomte de Mory, né le 11 septembre 1794.

Seconde branche issue de la Myre-Mory, prise du quatorzième degré.

XVII. Claude-Gabriel DE LA MYRE-MORY, troisième fils de François-Jean de la Myre, comte de Mory. Il est né le 18 avril 1767, reçu, le 2 mai suivant chevalier de Malte, est entré au service de la marine en 1782, l'a quitté, en 1787, avec le grade de lieutenant de vaisseau, a été fait capitaine de cavalerie au régiment de Royal-Normandie en 1788, et est mort le 15 janvier 1808. Par contrat du 24 mars 1796, il avait épousé demoiselle Auguste-Geneviève-Françoise-Claire de Mauperché, fille de messire Auguste de Mauperché, conseiller de grand'chambre au parlement de Paris, dont il a eu :

Alphonse-François de la Myre-Mory, qui suit.

XVIII. Alphonse-François, vicomte DE LA MYRE-MORY, fils unique de Claude-Gabriel de la Myre-Mory et de Auguste-Geneviève-Françoise-Claire de Mauperché, son épouse, est né le 30 mars 1797; mousquetaire de la première compagnie de la garde du roi, en 1814.

Armes : Écartelé au premier et quatre d'azur à trois aigles d'or, au vol abaissé, diadêmées, becquées et membrées de gueules, posées deux et un : au deux et trois d'or à la bande de gueules, surmontée de trois merlettes de sable et accostée de deux tourteaux d'azur, aux angles de l'écu à sénestre en chef, et à dextre en pointe.

BONARDI (DE), famille noble, originaire de la ville de Mondovi dans les Etats de Piémont, transportée en Provence dans le quatorzième siècle.

La branche aînée subsiste encore dans le Piémont, et y occupe un rang distingué de temps immémorial. Le premier auteur de la branche établie en France, dont la postérité suit, est :

I. Noble Jacques DE BONARDI, qui vivait en la ville de Digne dans le quatorzième siècle, ainsi qu'il est prouvé par actes du 25 août 1385, du 17 décembre 1419, des 20 mars, 4 juillet et 4 août 1430. Il épousa demoiselle Hugua, dont il eut :

II. Noble Antoine DE BONARDI, qui épousa noble Marguerite Malisang, dont il eut Jean, ainsi qu'il appert par plusieurs des actes précédemment cités, et par un autre du 20 juin 1482.

III. Noble Jean DE BONARDI épousa noble Catherine Richaudi, fille de noble Claude Richaudi. De ce mariage est né Claude Bonardi, ainsi qu'il appert par des actes du 14 juillet 1484, du 29 juin 1489, du 26 janvier 1497.

IV. Noble Claude DE BONARDI, écuyer, épousa noble Antonine Bremond, dont il eut Gaspard, ainsi qu'il appert par actes du 19 mars 1503, du 19 mars 1504, du 16 novembre 1537, du 30 septembre 1547.

V. Gaspard DE BONARDI, écuyer, épousa, le 24 mai 1587, noble demoiselle Suzanne de Trognon, fille de Jacques de Trognon, écuyer, et de demoiselle N..... des comtes de Vintimille, dame en partie du lieu de Saint-Laurent. De ce mariage sont nés :

    1.° Gaspard, qui suit ;
    2.° Pierre, prieur de Saint-Martin de Bromes ;
    3.° Jean, chevalier de l'ordre de Saint-Jean de Jérusalem ;
    4.° Charles.

VI. Gaspard DE BONARDI, écuyer, eut, de son mariage contracté le 18 avril 1624 avec noble demoiselle Marguerite Morel, fille de Domange Morel, écuyer, et de Marguerite Taxil :

    1.° Melchior, qui suit ;
    2.° Catherine, mariée, le 18 novembre 1656, à François des comtes de Vintimille, fils de Gaspard, coseigneur de Montpezat et de Marguerite de Pontevez.

VII. Melchior DE BONARDI, écuyer, épousa, en 1674, le 29 septembre, demoiselle Anne de Fresse, fille de François de Fresse, seigneur de Monval et de Lineau, et de dame Catherine Gibaudy. De ce mariage naquit :

VIII. Balthazar DE BONARDI, écuyer, lieutenant d'infanterie en 1712, mousquetaire dans la deuxième compagnie en 1714, capitaine de cavalerie en 1724, eut, de son mariage contracté, le 1er décembre 1726, avec Marie-Anne de Roux de Feissal, fille de Jean-François de Roux d'Alaric, seigneur de Feissal et de la Javie, et de dame Marguerite de Barras du Castelard :

> 1.º Augustin de Bonardi, officier au régiment de Languedoc, dragons, mort sans postérité ;
> 2.º Louis, officier de la marine royale, mort sans postérité ;
> 3.º Jean-Baptiste, qui suit ;
> 4.º Ursule, religieuse.

IX. Jean Baptiste DE BONARDI, baron du Menil-Lieubray, seigneur de Saint-Sulpice, surnuméraire à l'Ecole royale d'artillerie de Grenoble en 1754, lieutenant au régiment royal, infanterie, en 1755, maître des comptes à Paris en 1764, honoraire en 1784, épousa, en 1759, demoiselle Marie-Jeanne Chevallier de Sourivière, fille de Jean-Baptiste Chevallier de Sourivière, chevalier, auditeur à la chambre des comptes de Paris. Il eut, de ce mariage :

> 1.º Jean-Balthazar-Hector-Amédée, dont l'article suit ;
> 2.º Raymond-Gaspard de Bonardi, comte de Saint-Sulpice, auteur de la branche rapportée plus loin.

X. Jean-Balthazar-Hector-Amédée DE BONARDI, marquis du Menil, ancien officier de carabiniers, membre du collége électoral du département de la Seine-Inférieure, a épousé, en 1788, demoiselle Marie-Françoise Boula de Mareuil, fille de M. Alexandre-Jean Boula de Mareuil, ancien premier avocat général à la cour de Paris, et conseiller d'honneur à cette cour, et de dame Marguerite-Josèphe de la Haye de Bazinville. De ce mariage sont issus :

> 1.º Alexis de Bonardi, baron du Menil, marié, le 10 juin 1813, à demoiselle Clémentine-Sophie Morin de Sainte-Colombe, fille de M. André-Marie-Julien Morin de Sainte-Colombe, écuyer, et de dame Lucile de la Foville, de laquelle il a :
>> a. Jean-Ernest de Bonardi du Menil, né le 27 avril 1814 ;
> 2.º Euphrasie de Bonardi du Menil, épouse de Charles, baron de la Borde, colonel de cavalerie, commandant de la légion d'honnenr, ancien aide de camp du général de Bonardi Saint-Sulpice, dont l'article va suivre ;
> 3.º Eugénie.

Branche de Bonardi Saint-Sulpice, prise au neuvième degré.

X. Raymond-Gaspard DE BONARDI, comte de Saint-Sulpice, chevalier, lieutenant général des armées du roi, chevalier de l'ordre royal et militaire 'de Saint-Louis, commandant de la légion d'honneur, grand-croix de l'ordre du mérite militaire de Bavière, a épousé, en 1795, demoiselle Antoinette Poursin de Grand-Champ, fille de M. Poursin de Grand-Champ, écuyer, et de demoiselle Piard. De ce mariage sont issus :

1°. Eugène de Bonardi, baron de Saint-Sulpice, chevau-léger de la garde du roi ;

2°. Camille de Bonardi Saint-Sulpice.

Armes : « De gueules à trois bandes de sable, liserés » d'or. »

VITTU (DE), famille de Bretagne, originaire de Sicile, où elle portait le nom de *Vito*. Une de ses branches s'établit en Allemagne vers le quinzième siècle; elle y est encore connue de nos jours sous le nom de *Vitus*. Une autre s'est réfugiée en partie dans le nord de la France, vers le milieu du dix-septième siècle, par suite des révolutions politiques qui l'avaient privée de sa fortune et de tous ses titres.

I. Nicolas DE VITTU, épousa Jacquette de Labré, de laquelle il laissa :

II. André-Charles DE VITTU né à Arras en 1664, officier de la marine royale. Il épousa Françoise Œil-de-bout, dont il eut :

III. Jean-Louis DE VITTU-KERSAINT, né au mois de février 1693, créé conseiller et secrétaire du roi, maison et couronne de France, en la chancellerie établie par le parlement de Bretagne, prévôt de la connétablie et maréchaussée de France, maire en titre de la ville et communauté de Saint-Brieux, etc. reconnu pour noble et déclaré tel par arrêt de S. M. du 11 avril 1743, en considération des services éminents rendus à la marine et à l'Etat par André-Charles de Vittu son père. Cet arrêt fut enregistré

au greffe du parlement de Bretagne, le 8 mai 1743. Il avait
épousé Françoise Legoff, dont sont issus :

    1.º N.... de Vittu-Correc, officier de marine, mort à
       l'âge de vingt-trois ans;

    2º. Armand-Joseph, qui suit ;

    3º. Jean-Pierre de Vittu-Ronxière, écuyer, fit toutes
       les guerres de Hanovre. Il épousa, en 1752, Jeanne
       de Bédée Clos-Rouault, dont il eut : 1.º François de
       Vittu-Ronxière, marié, en 1771, à Victoire le
       Bouetoux de Beauçais, dont sont issus un fils et
       deux filles morts sans postérité ; 2.º Jeanne, mariée,
       en 1770, à Guillaume-Louis, son cousin, men-
       tionné plus bas;

    4º. N... de Vittu-Ker-rac, jésuite, décédé en Angle-
       terre ;

    5º. Pétronille de Vittu-Kersaint, épouse de M. de Bé-
       dée Boisbras.

    IV. Armand-Joseph DE VITTU-KER-RAOUL, écuyer,
chef de nom et d'armes, avocat au parlement de Rennes,
épousa, an mois de novembre 1748, Marianne de Geslin-
Bourgogne. Il mourut en 1775, laissant, entre autres enfants :

    1º. Guillaume-Louis, qui suit ;

    2º. N.... de Vittu, mariée à M. Hay de la Rougerais;

    3º. N... de Vittu, mariée à N.... Keruzec Gouastineau.

    V. Guillaume-Louis DE VITTU KER-RAOUL, écuyer,
chef de nom et d'armes, épousa, en 1770, Jean de Vittu-
Ronxière, sa cousine-germaine, et mourut en 1804, au
retour de son émigration, pendant laquelle il avait servi
jusqu'au licenciement dans la compagnie des gentilshommes
bretons, et ensuite dans un corps franc à la solde de l'Angleterre. Il laissa :

    1º. Jean-Louis-Prosper, dont l'article viendra;

    2º. Jean-Pierre de Vittu, écuyer, né en 1780, marié
       en 1805, à Marie de Bédée-Villeginglin, sa cousine ;

    3º. Jeanne-Mauricette, née en 1777;

    4º. Anne-Perrine-Marie-Adélaïde, née en 1785 ;

    5º. Victoire-Louise, née en 1789.

    VI. Jean-Louis-Prosper DE VITTU-KER-RAOUL, né en
1774, a émigré en 1791, et a fait la campagne de 1792
comme officier, à la suite du régiment de Royal-Vaisseau,
et les deux suivantes, dans la même qualité au service de

l'Autriche; décoré du lys par S. M. en juin 1814, comme ayant eu l'honneur de lui·être présenté avec d'autres gentils-hommes bretons.

Armes : « D'argent, à deux massues de sable en sau-
» toir; alezé et cantonné en chef d'un croissant de gueules;
» en flanc et en pointe, de trois quintefeuilles de gueules. »

COMBES (de,) famille noble, originaire du Languedoc.

I. Bertrand de Combes, vivant en 1580, habitant à Mau-léon-Barouse, comme il conste par un acte du 19 décembre de la même année. Il était mort en 1613, et avait épousé Marie de Sapène, dont il eut :

1.º Simon, dont l'article suit ;
2.º Pierre de Combes, docteur ès droits;
3.º Marie de Combes, mariée à N... de Jasse;
4.º Jeanne de Combes, mariée, le 17 février 1599, avec Jacques de Ramond.

II. Simon de Combes, vivant en 1613, épousa Fran-çoise de Cazeaux. Il existe un accord du 14 décembre 1618, entre messire Michel de Cazeaux, chanoine de Comminges. Jacques de Ramond, capitaine de Mauléon, oncles de Jac-ques et Jean de Combes, fils de Simon de Combes; et noble Antoine Sac, seigneur de Pryremilla. Simon eut pour fils :

1.º Jacques, mort sans postérité;
2.º Jean, qui suit.

III. Jean de Combes, Ier du nom, docteur ès droits en 1637, lieutenant principal en la sénéchaussée des quatre Vallées en 1655, avait épousé, en 1634, Catherine de Pu-jols. Il testa, le 26 mars 1656, laissant :

1.º Jean, qui suit ; ·
2.ª Pierre.

IV. Jean de Combes II, magistrat royal et juge de la vicomté de Nébousan, épousa, le 8 mai 1667, Gabrielle d'Agien, de laquelle il laissa :

V. Pierre de Combes, magistrat royal et juge de la vallée de Barouse, qui épousa, le 11 février 1698, Jacquette Du-pac. Il testa le 12 février 1726, laissant de son mariage :

VI. Frix de Combes, juge royal de la vallée de Barouse, conseiller du roi en 1737, épousa demoiselle Brigitte d'Aspeçt-de-Lez, et testa le 30 septembre 1741. Il eut pour fils :

    1.º Jean-Jacques, dont l'article suit ;

    2.º Jean-François de Combes.

VII. Jean-Jacques DE COMBES, écuyer, épousa en 1770 Marie-Christine-Agnès d'Albignac de Montal, dont il eut :

    1.º Louis-Antoine-Marie-Etienne de Combes, garde du corps du roi, mort à l'armée commandée par le prince de Condé ;

    2.º Brigitte-Gabriel de Combes, chanoine de Bayeux ;

    3.º Frix-Aimard, qui suit.

VIII. Frix-Aimard DE COMBES épousa Thérèse-Marguerite-Eulalie du Puy-Montbrun, dont il a :

    Aimard de Combes.

Armes : De gueules à la tulipe d'argent, au soleil d'or à senestre, dardant sur une croix pattée d'argent.

PIN DE LA GUÉRIVIÈRE (DU). La maison DU PIN DE LA GUÉRIVIÈRE dans les titres latins *de Pino* vel *del Pinu*, originaire de Normandie, où elle possédait la terre du Pin à laquelle elle a donné son nom ou de qui elle l'a reçu, y est très-ancienne, et d'une noblesse de chevalerie.

Connue dans cette province où elle tenait un rang distingué avant 1100, elle prouve par l'histoire plusieurs faits d'armes glorieux au temps de Guillaume le Bastard, duc de Normandie, et de la conquête de l'Angleterre, en 1066, par ce même prince, toujours attachée et à la suite des comtes Roger de Beaumont et de Meulent, dont elle servit et suivit toujours le parti, tant en Normandie qu'en Angleterre, associant son nom à plusieurs donations, chartes, fondations pieuses de ces seigneurs ; elle produit elle-même une charte de l'an 1130, par laquelle, du consentement et de l'avis du comte de Meulent son seigneur, Morin du Pin ausmône à perpétuité sa terre de Cateby en Angleterre, à l'Eglise et aux chanoines de Saint-Pierre-de-Dunstaple, qui l'ont reçu chanoine avec eux ; témoins Valeran, comte de Meulent ; Roger, comte de Warwick ; Hugues de Meulent, frère du comte, etc., etc.

L'histoire de la maison d'Harcourt qui compte au nombre de ses illustres ancêtres, les anciens comtes de Meulent et de Beaumont-le-Roger, est pleine de titres qui associent à son illustration la maison du Pin, tant en Normandie qu'en Angleterre.

Jusqu'au temps de la troisième croisade, l'an 1190, époque où Jourdain du Pin, croisé et l'un des chefs de la flotte de Richard Cœur-de-Lion, duc de Normandie, partit pour la Terre-Sainte, la maison du Pin portait pour armes « d'azur à trois coquilles de gueules semé de douze larmes, cinq en chef, six en bordure et une en pointe; depuis lors, elle porte d'argent à trois bourdons, de gueules, mis en pal, et pommetés de même. Devise : *Fidem peregrinans testor.*

Gilbert du Pin, vaillant capitaine, lieutenant de Roger, sire de Beaumont, assisté d'un grand nombre de ses amis, conduisit les troupes de Pontaudemer, de Préaux et de Montfort-sur-Risle, de la dépendance de Roger, au siége et à la prise de Briosne, place que Robert, duc de Normandie, lui avait ôtée, pour la donner à Robert, fils de Beaudouin de Meules, l'an 1090.

Les titres latins disent : *Gislebertus de Pino princeps militiæ erat, et obsidentium turmas ut assaltum darent audacter incitabat.*

Gilbert du Pin reçut, à ce siége, un coup de flèche en la tête.

Odoart du Pin (que l'abbé de Vely appelle Odart), présumé fils de Gilbert, fut l'un des chefs de la conjuration de la Croix de Saint-Leufroy ès années 1121, 1122. Il eut les yeux crevés, en 1123, avec Georges de Tourville et Luc de la Barre, par ordre de Henri Ier, roi d'Angleterre et duc de Normandie, qui emmena avec lui en Angleterre, une partie des familles des conjurés. Le comte Valeran de Meulent se ressentit aussi de la colère de Henri; ayant été fait prisonnier au bourg Touroude, le roi fit brûler Briosne, conquise en 1090, par Gilbert du Pin, ainsi que Montfort, Pontaudemer, et la ville et les églises d'Evreux.

Morin du Pin, écuyer-tranchant du duc de Meulent, en 1124, fut son gouverneur dans Beaumont le Roger, qu'il tarda tant à rendre aux sommations du roi Henri, duc de Normandie, qu'il en fut banni à perpétuité et ses biens acquis au domaine ducal, toutes les forteresses du comte de Meulent, remises en la main du duc, et lui et

ses beaux-frères conduits en Angleterre..... Morin du Pin
donna par charte, de l'an 1130, sa terre de Cateby, en
Angleterre, à l'église et aux chanoines de Dunstaple, dans
le comté de Bedfort; témoins Waleran, comte de Meulent; Roger, comte de Warwik; Hugues de Meulent,
frère du comte, etc., etc. Cette charte est adressée à ses
très-chers frères, Guillaume du Pin et Gilbert de Bones-
bor, son gendre.

Jourdain du Pin, croisé, fut un des chefs de la flotte
de Richard Cœur-de-Lion, duc de Normandie et roi d'Angleterre, avec l'amiral Margarit, l'an 1190. Réuni à Messine à Philippe Auguste, roi de France, Richard donna à
Jourdain du Pin la garde de la ville de Messine; il fut
employé à apaiser les différends avec Tancrède, roi de Sicile,
au sujet de la dot de la reine Jeanne, sœur de Richard,
concurremment avec les archevêques de Messine, de Mon-
tréal et de Rise, et l'amiral Margarit, lesquels amenèrent
pour les seconder, le roi de France, Renaud, évêque de
Chartres, Manasses, de Langres, Hugues, de Bourgogne,
Pierre, comte de Nevers, Geoffroy, comte du Perche,
Gautier, primat de Normandie. Girard, archevêque d'Auch,
et quelques Anglais......

Ce fut à l'occasion de ce voyage à la Terre-Sainte que
Jourdain du Pin quitta ses armes pour prendre « d'argent
» à trois bourdons, de gueules, mis en pal, et pommetés
» de même. » Armes conservées depuis lors, jusqu'à nos
jours, dans cette famille, avec la devise : *Fidem peregrinans testor.*

Robert et Henry du Pin vivant en 1213 et 1214, com-
paraissent, le 1er, en l'échiquier de Rouen, avec une foule
de seigneurs normands; et le 2e, dans les devoirs nobles
du fief de Beaumont, pour un quart de chevalier.

Au catalogue des seigneurs renommés en Normandie,
depuis Guillaume le Conquérant, jusqu'en l'an 1212, sous
Philippe Auguste qui confisqua le duché de Normandie,
sont inscrits :

> Fouques du Pin ;
> Gislebert du Pin ;
> Oudart du Pin;
> Henry du Pin.

Gauthier du Pin, dont le père avait préféré venir s'établir dans le Bourbonnais, plutôt que de suivre en Angle-

terre sa famille de Normandie proscrite par la conjuration d'Odoart et le bannissement de Morin, était, en 1250, un des seigneurs recommandables du Bourbonnais, où il possédait les terres d'Aigues-Mortes, la Chalusse, la Collebeyère, Lassalle, Colombier, près St.-Amand et Montraud. Il est cité dans une assise tenue par Thibaud de Neuviz, recevant les plaintes de la comtesse de la Marche, contre plusieurs autres seigneurs et chefs religieux et leur imposant plusieurs condamnations, savoir : celle « de monseignor » Gauthier Doupin XV, I. 6, et le faucon et le chien et le » rez. »

Ce Thibaud de Neuvy, dit M. d'Hozier, en la généalogie de Chamborant, était sénéchal du Poictou, es années 1263, 1265.

Jehan du Pin (qualifié *miles*), chevalier seigneur d'Aigues-Mortes en Bourbonnais, avait épousé Marguerite Guyot ; ils eurent pour enfants :

Peyrot du Pin qui suit :

Eutesse du Pin qui épousa, le 25e dimanche après la Pentecôte de l'an 1329, Olivier d'Aubigné, fils d'Aimery d'Aubigné et de dame Honorine de la Haye.

I. Peyrot *ou* Pérot du Pin, auteur de la branche de ce nom établie en Poitou, vers le milieu du 14e siècle, et souche des seigneurs de la Garivère, Guarivère et Guérivière, fief et ville de Courgé, paroisse de Saint-Martin de Vançais, près Lusignan, était fils de Jehan du Pin (*miles*), chevalier seigneur d'Aigues-Mortes en Bourbonnais, et de Marguerite Guyot.

D'après les plus anciens mémoires et vieilles chroniques conservés au château de la Guérivière, près St.-Sauvant et Lusignan, Pérot du Pin est le premier du nom qui soit venu s'établir en Poitou, vers l'an 1359.

Il soutint le siége de St.-Junian en Limousin, contre les Anglais, l'an 1356, lesquels s'étaient déjà emparés des forteresses de Briantes, du Chassin et du Lys, après la journée de Crécy.

Il paraît que le roi Jean, déterminé à combattre les Anglais, et ne craignant aucune agression de leur part, dans le Berry et Limousin, emmena avec lui tout ce qu'il put réunir de bandes et que Pérot du Pin le suivit avec toute la noblesse sous les murs de Poitiers, où se donna cette fatale bataille dans laquelle le roi Jean fut fait pri-

sonnier, et plus de 800 chevaliers et écuyers tués, sans
les gens de cheval et de pied qu'on ne connut entre les
morts. Peyrot épousa une femme dont le nom ne nous est
pas connu, laquelle lui donna les chastellenies de la Garivère et de Courgé appellé Villa, dans les anciens titres,
aujourd'hui village considérable, auprès duquel se voient
encore les vestiges d'enceinte d'un château fortifié, lequel
rebâti un peu plus loin, flanqué de tours, entouré de fossés
pleins d'eau avec deux ponts levis, a toujours, depuis
lors, été la propriété et la résidence de cette famille jusqu'à nos jours,

Peyrot du Pin eut deux enfants :

    1.° Catelin, qui suit ;

    2.° Raoul qui comparut à la monstre de Henry de
    Tilly avec sept autre écuyers de sa compagnie,
    desservis et à desservir en ces présentes guerres,
    ou voyage fait par ledit seigneur roi, en la ville du
    Mans ou ailleurs, où il lui plaira, sous le gouver-
    nement de M. Jehan le méingre dit Boucicault,
    maréchal de France, en date du 28 juillet 1292.

II. Catelin du Pin, écuyer, fils aîné de Peyrot du Pin et
de N.... de la Garivère, devint par elle seigneur de ladite
terre et fief et ville de Courgé, d'après un aveu rendu à
Charles V et à son frère Jean, duc de Berri et comte de
Poitou, l'an 1375... Plusieurs autres titres de 1378, 1379,
et d'après la montre de Tristan de Rouhaud, vicomte de
Thouars, dans la compagnie de M. Gyrard de Maulmont,
en qualité d'écuyer, à Poitiers le 16 février 1386 sous les
ordres du maréchal de Sancerre.

On ignore le nom de sa femme.

On sait seulement qu'il fut père de Colin qui suit ;
    De Pierre et de Jehan Ier.

III. Colin du Pin, fils aîné de Catelin, écuyer, seigneur
de la Garivère et ville de Courgé, épousa le 7 août 1422,
par devant Ducat, notaire, Catherine-Brachienne Vasselot,
fille de Guillaume de Vasselot, chevalier, seigneur de Dane-
marie, du Chateigné, de l'Eterpe, Beaulieu, etc., capitaine de quarante hommes d'arquebusiers aux ville et
château de Lusignem en 1420, et de dame Marguerite de
Rochefort-Dally;

Colin du Pin se trouva à l'armée de Guyenne, au siége
de Castillon enlevé aux Anglais par le seigneur de Culant,

maréchal de France l'an 1453. Il mourut peu de temps après la reddition de la place, de la suite de ses blessures.

Pierre et Jehan Ier comparurent :

> Le premier à la montre de Thomas Fortin, écuyer, avec neuf autres écuyers de sa compagnie desservis et à desservir au service du roi notre seigneur et de Monseigneur le duc de Guyenne, en date de l'an 1415 ;

> Le deuxième comparut à la montre d'Antoine de La- pelle, écuyer et dix autres de sa compagnie au service du roi, notre sire et seigneur, sous le gouvernement de messire Tangui du Chastel, le premier mai 1416 ;

Colin eut de son mariage Mathurin, qui suit.

IV. Mathurin DU PIN, fils de Colin et de dame Catherine Brachienne-Vasselot, fut seigneur de la Garivière, Courgé, Dubreuil-Cartais du chef de sa mère, du Vigier et Aniè- res, paroisse de Sainte-Souline.... Il épousa demoiselle Jacqueline Pigace (alias) Picace, fille de Jacques Pigace, écuyer, seigneur de Nouzières près Ruffec, et de dame de Rechignevoisin, par contrat en date du 7 octobre de l'an 1453, par devant Alars, notaire à Lusignem.

> Différents titres.... comme

> Contrat de rente noble, perpétuelle,

> Du 15 janvier 1479, signé Blanchard, notaire de l'ar- chiprêtré de Rom,

> Du 15 juin   1484, signé Bertolier, notaire;

> > 1485, signé G. Poiguet et Joynau, no- taires.

Contrat d'acquets

> 12 mars   1488, signé Alars, notaire à Lusignem ;

Dénombrement et aveu au roi notre sire à cause de son chastel de Lusignem, de son château noble, terres et seigneurie de Garivière, du 6 mai 1499.

Hommage à la comtesse d'Angoulème pour son héberge- ment du Vigier, en date de l'an 1501.

Ses enfants furent:

1.° Jean du Pin, qui suit;

Formation de la branche Du Pin de Saint-Barban
près Belac.

2.° Pierre..... écuyer, seigneur d'Anière, comme
appert par le dénombrement qu'il en rendit au roi,
à cause de son chastel de Civray, après la mort de
Mathurin son père, en date du 10 avril de l'an
1505 ;

Il épousa noble dame Philippe de Lavaud Bussières-
Boiffi, par contrat du 23 mars 1482 passé pardevant
Trichard et Charles Prosat, notaires à Montmorillon.
Il est la souche de la branche cadette des du Pin
de Saint-Barban. Par ce mariage il fut seigneur
de Lavaud et Bussières-Boffi, et a continué cette
branche jusqu'à nos jours qu'elle existe, possédant
la terre de Saint-Barban près Belac en Basse-Marche, terre que le fils du susdit Pierre du Pin a eue
en mariage en 1514 avec damoiselle-Françoise de
Guyot-d'Asnieres.

3.° Michelle du Pin. Comme appert par une donation
mutuelle avec son frère aîné tant qu'ils ne se ma-
rieront pas, en date du 7 mars 1481, signé à Pineau notaire à Luzignem avec paraphe.

V. Jehan du Pin Ier, fils aîné de Mathurin et de dame Jacqueline Pigace, écuyer, fut seigneur Dubreuil-Cartais et
fief de Courgé que lui abandonna son père, par son contrat de mariage avec demoiselle Catherine de Saint-
Martin, fille de Jehan de Saint-Martin des seigneurs de
Bagnac et de Sarzay dont était Pierre de Saint-Martin,
sénéchal de la Basse-Marche, et l'un des cent gentilshommes de la maison du roi en 1541, par contrat passé à
Champagné Saint-Hilaire le 9 décembre 1482.

A la mort de Mathurin son père, en 1503, Jehan du
Pin devint seigneur de la Garivière.

Ses enfants furent :

1.° Etienne du Pin, mort en 1559 sans enfants de
son mariage avec damoiselle Jacquette Boylesve qu'il
avait épousée le 19 novembre 1531.... Jehan du
Pin deuxième, son frère, continua la lignée ;

2.° Jehan.... deuxième, qui continuera la lignée :

3.° Perrette du Pin, mariée à messire Jacques Brun,
écuyer, seigneur de la Forêt-Meriget, paroisse de

Chaunay selon son contrat de mariage passé à Civray le 24 décembre 1533;

4.º .... Hugues, l'un des gentilshommes de la compagnie du seigneur de la Roche du Maine, tué au siége de Pavie l'an 1524;

5.º Charlotte du Pin, mariée à noble Jean de Couhé, écuyer, seigneur de l'Estang, d'après un adveu et dénombrement que ladite Charlotte veuve rendit à noble Louis Bonin, chevalier, seigneur de Messignac, Marsay, etc., en date de l'an 1504, signé de Mi, et par son testament de l'an 1507, signé Vignon et G. Villefaug.

VI. Jehan DU PIN, IIᵉ du nom, second fils de Jehan Iᵉʳ et de Catherine de St.-Martin, fut seigneur d'Asnières, de Courgé et Dubreuil - Cartais, après la mort de son frère aîné Estienne, décédé sans enfants, lequel aliéna en 1556 la terre de la Garivière à messire Georges de Boylesve son beau-frère; il épousa le 25 janvier 1529; damoiselle Marguerite Levesque, fille de Hugues Levesque, écuyer, seigneur de la Courmorant et de Boisgrolier et de dame Perrine de Rechignevoisin.

Il a été produit :

1.º Dénombrement à très-haute et excellente princesse MADAME mère du roi François Iᵉʳ, duchesse d'Angoulême et d'Anjou, comtesse de Civray à cause de son chastel de Civray, de la maison noble d'Asnières tenu à foi et hommage plein, etc., en date du 22 juillet 1531, signé Rivois, notaire de la princesse;

2.º Transaction noble entre frère et sœur, du 22 juillet 1531;

3.º Quittance de retour de partage noble entre les mêmes, du 2 novembre 1532;

4.º Certificat de comparution, au ban de la noblesse par Antoine Després de Montpezat, capitaine du château de Poitiers, donné à Poitiers le 26 juin 1533;

5.º Autre certificat du même messire Antoine Després, chevalier de l'ordre du roi, maréchal de France, sénéchal du Poitou et gouverneur de Châtellerault sous les ordres de messire de Lorges, capitaine général de tout le ban et arrière-ban du royaume, du 30 mars 1544.

Ses enfants furent :

1.º François du Pin Iᵉʳ, dont l'article suit;

2.º François.... II....

3.º Estienne II..... connu seulement par une transaction en parchemin passée le 15 octobre 1559 entre ces trois frères et damoiselle Jacquette de Boylesve, leur tante; femme et veuve de noble Etienne du Pin Iᵉʳ ci-dessus; mort sans enfants.

VII. François du Pin I, fils aîné de Jehan II et de dame Marguerite Levesque ou l'Avesque, fut seigneur de Courgé, Asnières, les Boissonnières, etc.; il épousa le 6 avril 1551, par contrat passé devant Foucaud et Despinchard, notaires à Celles-Levescaut, damoiselle Louise de Boylesve (nièce de Jacquette ci-devant), fille de messire Antoine de Boylesve, chevalier, seigneur de Forson, et de dame Louise de Goulard, fille elle-même de haut et puissant Anne de Goulard, chevalier, seigneur de Beauvois, de Boispouvreau, etc., gentilhomme ordinaire de la chambre du roi.

Il a été produit :

1.º Acte de présentation de dénombrement en parchemin au roi, notre sire et seigneur, à cause de son château de Civray, pour raison de la seigneurie d'Asnières, du 3 mai 1552, signés Pontenier et Vincent, notaires à Civray;

2.º Autre foi et hommage en parchemin rendu au roi, notre sire, pour le fief de Courgé, mouvant de Sa Majesté, à cause de son château de Lusignan. Du 16 juin 1561, signé Hubert;

3.º Autre dénombrement et hommage rendu à messire François du Pin, écuyer, seigneur d'Asnières et Courgé, par le vénérable chapitre de Menigoute, à cause de son fief de Courgé de l'an 1570;

4.º Attestation de service militaire dans l'armée de Poitou où il passa la revue en armes au camp devant Lusignan, le 16 octobre 1574;

5.º Partage noble du 10 février 1579;

6.º Sentence de maintenue de noblesse par Claude Malon, écuyer, seigneur de Bercy, Conflans, etc., greffier criminel au parlement de Paris et préposé par Sa Majesté pour la recherche des usurpateurs

de la noblesse en la généralité du Poitou en faveur
de noble François du Pin, écuyer, seigneur de
Courgé, Asnières, les Boissonnières, etc. De l'an
1584.

François du Pin mourut en 1585.

Ses enfants furent :

1.º Guichard du Pin qui suit ;

2.º Antoine, dont l'article vient après celui de son
frère, et qui continua la lignée ;

3.º François, écuyer, seigneur d'Asnières et des
Boissonnières, mort en 1595, gentilhomme servant
le roi de Navarre depuis Henri IV, et attaché à
sa maison comme appert par son contrat de mariage en date du 15 avril 1575, signé J. Pineau
et J. Gueny, notaires à Civray, avec damoiselle
Anne Blanchard, fille de messire N. Blanchard,
écuyer, seigneur du Boust, et par la lettre de Henry-
le-Grand, à Duplessis-Mornay, dont voici la te-
neur.

Lettre du roy Henry IV à Duplessis-Mornay.

Monsieur Duplessis je vous fay ce mot à ce que vous ne
faysiez acune dyfyculté de vyser le brevet que j'ai fet
expédyer à Vycose de l'état et de la pansyon que feu du
Pyn avoyt en ma meson de Navare, ses servyces et sa
fiydélyté mérytent myeux que cela, aynsi il ce peut
asseurer que ce nes quen attandant. Vous savez que je
layme et quen ai sujet, ces pourquoy je ne vous en dyray
davantage. Adieu M. Duplessys.

Le 30 juin, à Dreux, 1596. Signé HENRY.

Il était secrétaire des commandements de Henri, roi de
Navarre.

4.º Louis du Pin, tué au service du roi, et qui a laissé
de monseigneur le prince de Montbazon un certificat de service dans une compagnie de cent gentilshommes d'armes. Donné au camp devant Moulins
le 16 octobre 1587, signé le prince de Montbazon
pour le roi Henry.

VIII. Guichard DU PIN, fils aîné de François du Pin et de
dame Louise de Boylesve, écuyer, fut seigneur de Courgé
et de Luché et de Prin, du chef de damoiselle Jeanne d'Orfeuille qu'il épousa le 30 août 1573, par contrat en par-

chemin passé pardevant Billard, notaire à Ste-Souline, fille de messire Louis d'Orfeuille, écuyer, seigneur de Luché, de Prin et de Longes, etc.

Il fut maintenu dans sa noblesse sur la présentation de ses titres, conjointement avec son frère Antoine, pardevant les sieurs Jean Lejeay, conseiller du roi, maître des requêtes de son hôtel, Gauthier de Ste.-Marthe, trésorier de France et général des finances en la généralité de Poitiers, et Philippe de Herré, conseiller du roi et son général en la cour des aides, commissaires départis pour la vérification des usufruitiers de la noblesse, en date du 26 novembre 1588, signé les trois commissaires et par ordonnance de SELLES.

Ce Guichard du Pin n'ayant point eu d'enfants, son frère Antoine seul continue la lignée masculine.

IX. Antoine DU PIN (frère puîné de Guichard, ci-devant mort sans enfants) et deuxième fils de François du Pin, écuyer, seigneur de Courgé, Asnières et les Boissonnières, et de damoiselle Louise de Boylesve, rentra dans sa seigneurie de la Guarivière, terre que lui avait donnée Georges de Boylesve, oncle de sa mère Louise de Boylesve, après la mort de ses père et mère à qui l'usufruit était réservé; il épousa le 3 juin 1584, contrat passé pardevant P. Berland et J. Villeneufve, notaires à Champagné-St.-Hilaire, damoiselle Jeanne du Val, fille de feu messire François du Val, écuyer, seigneur de Grandchamps et de Montbeton, gentilhomme ordinaire de la chambre de monseigneur François, duc d'Alençon, d'Anjou et de Brabant, frère unique du roi Henri III, et de damoiselle Jeanne des Ages, des seigneurs de Maulmont et de Bagnac en Berry.

Jugement rendu contre noble Antoine du Pin par les sénéchaux de Poitou, pour fournir dans deux mois les aveux et dénombrement au roi pour la seigneurie et château de la Guarivière et fief de Courgé. Du 19 mai 1598.

Ses enfants furent :

    1.º Gabriel du Pin, dont l'article suit ;

    2.º Renée.... mariée en 1614 à messire Gaspard Sabouraud, écuyer seigneur de Lage-Pariole près St.-Savin en Poitou ;

    3.º Jacqueline.... mariée en 1610 à messire Baptiste d'Arcemale, écuyer, seigneur Dubreuil-Langon,

paroisse de S.-Pierre de Langon en bas Poitou ;
4.° Catherine.... mariée en 1611, à messire N. Dela-
lande, écuyer, seigneur de l'Agé-Cautand, paroisse
de Mauprevoir en Poitou.

X. Gabriel DU PIN, fils aîné de noble Antoine du Pin,
écuyer, et de demoiselle Jeanne du Val, fut seigneur
de la Guérivière, fief et ville de Courgé, Asnières, Grand-
champ, etc.; il épousa le 16 juin 1617 par contrat passé
par devant J. d'Appelvoisin, notaire royal à Lusignan,
demoiselle Louise de Maunoury, fille de feu messire Philippe de Maunoury, chevalier, seigneur du Murault, paroisse d'Enjambes, près Lusignan, de la Plaigne, paroisse
de Vasle et de Boisgrollier, paroisse de Rouillé, et de
dame Adrienne Claveusrier de la Rousselière.

Au milieu des troubles qui éclatèrent à la majorité de
Louis XIII, réuni à la noblesse du Poitou restée fidèle
à la couronne contre le parti des mécontents sous le prince
de Condé..., il se retira à Poitiers en 1614.... Il était en
1615 et 1616 dans l'armée du roi commandée par le duc
de Guise qui de Bordeaux conduisit à Poitiers le roi et
Anne d'Autriche, sa nouvelle épouse, lesquels y restèrent
jusqu'après les conférences tenues à Loudun et la paix signée entre les deux partis.

Il reçut dénombrement et hommage du vénérable chapitre de Menigoute à cause de son château de la Guérivière, le 22 mai 1620.

Dénombrement au roi pour la seigneurie de la Guérivière, fief de Courgé, tenus à foi et hommage-lige
de Sa Majesté à cause de son château de Lusignan, le
18 août 1626, signé F. Biget et G. Garnier, notaires de
la cour de Brejeuil.

Sentence de maintenue du 28 juin 1634, signé Doriou,
greffier.

Congé du comte de Parabère, chevalier des ordres du
roi, lieutenant-général pour Sa Majesté du haut et bas
Poitou, permettant au sieur de la Guérivière, malade
au logement de Covanton près Châlons, de se retirer en
mettant en sa place et sous le bon plaisir du roi pour le
servir dans le ban et l'arrière-ban de ladite province,
Louis de Goret, écuyer, seigneur de la Brosse. Du 11
septembre 1635.

Ses enfants furent :

1.° René du Pin, mort sans se marier en 1643, et

qui est cité dans un acte de partage de son frère
avec ses sœurs;

2.º François.... qui a continué la lignée;

3.º Marguerite.... mariée à messire Jacques Beslivier,
écuyer, seigneur de Fontmorte, de Prin, etc., du
4 août 1645;

4.º Jacqueline.... mariée en 1647 à messire Pierre de
Beauregard, chevalier, seigneur de Channoir;

5.º Catherine..... mariée en 1650 à messire Gabriel
de Réchignevoisin, chevalier, seigneur de Guron,
de Pairé et de Gurat, près Sauzé en Poitou, capitaine au régiment royal artillerie.

XI. François du Pin II, fils de défunt messire Gabriel,
chevalier, seigneur de la Guérivière, de Courgé, Grand-
champ et autres lieux, et de dame Louise de Maunoury,
fut après la mort de son père et de son frère aîné René,
mort sans se marier, seigneur des mêmes lieux et de la
Bretonnière; il épousa le 5 janvier 1652, par contrat passé
pardevant Gaultier et Roy, notaires de la cour de Parthenay, demoiselle Isabeau de la Court, fille de messire
Michel de la Court, chevalier, seigneur de la Bretonnière,
de la Chaignelière et du fief du petit Vernay, et de dame
Louise de Coustière.

Entré en 1636 au régiment de la marine infanterie,
commandé par M. le marquis d'Aubigné, il fut blessé le
15 juillet de la même année au passage de l'armée espagnole sur la rivière de Serre, près le village du Sart en Artois.

Détaché pour une reconnaissance avec cinquante hommes de son corps qui faisait partie de l'armée de Picardie
sous les ordres du duc de Chaulnes, il fut entouré par
un gros d'Espagnols en embuscade, sur lesquels s'étant
précipité comme s'il les surprenait lui-même, et appelant
à son secours comme s'il était suivi d'un autre corps, il
porta une telle épouvante que l'ennemi s'enfuit et le laissa
maître du village où il fut grièvement blessé au haut du
bras gauche avec douze de ses gens. Cependant il rejoignit
son régiment et rendit compte de sa rencontre à M. de
Rambures et au duc de Chaulnes qui l'en louèrent extrêmement.

L'année suivante il faisait partie du corps d'armée qui
investit la Capelle. En 1638 il se trouva au siége du Catelet, que prit M. du Hallier; servit, aux années 1639,
1640, 1643, aux armées sous Guise et la Capelle.

· Sentence de maintenue de noblesse par messire Jacques-Honoré Barentin, intendant de la génér'alité de Poitiers, énonçant que les armes de la maison du Pin sont d'argent, à trois bourdons de gueules, pommetés de même et mis en pal, du 10 décembre 1667.

Dénombrement au roi à cause de son château de Lusignan, des seigneuries et château de la Guérivière et Courgé, tenu de Sa Majesté à hommage-lige à 60 sous de devoir, etc., du 17 juin 1669.

A la suite dudit dénombrement est réception d'icelui au bureau des finances de la généralité de Poitiers du 7 août 1669.

Ses enfants furent :.

1.º René du Pin, qui suit;

2.º Pierre, surnommé le chevalier de Soussigny, tué le 11 août de l'an 1674, à la bataille de Senef près de Nivelle en Flandres, étant porte-enseigne à l'âge de 18 ans, au régiment de Navarre, infanterie;

3.º Henri...., mort le 28 janvier 1694, à Charleroi, des suites de plusieurs graves blessures reçues à la bataille de Nerwinde le 29 juillet 1693, servant comme capitaine dans le régiment de Grammont, dragons;

4.º Marguerite...., mariée à messire Pierre-Simon, écuyer, seigneur de la Brosse, comme appert par son contrat de mariage du 14 avril 1693, pardevant Ribaud et Peronet, notaires à Poitiers.

XII. René du Pin, fils aîné de feu messire François du Pin, chevalier, seigneur de la Guérivière, Courgé, la Bretonnière, etc., et de dame Isabeau de la Court, épousa, par contrat passé à Poitiers le 16 mars 1689, pardevant Cailler et Béguier, notaires royaux, demoiselle Marie Texier, fille de Louis Texier, seigneur de la Font, de Russay et de Lirec, et de défunte dame Marie Gobeil.

René du Pin entra en 1670 au régiment de Bourgogne commandé par M. le comte de Chamilly. Il se trouva aux siéges de Burick, de Wesel et de Zwol.

·Certificat de M. le maréchal d'Estrées, commandant pour Sa Majesté ès provinces de Poitou et d'Aunis, au sieur de la Guérivière, prouvant qu'il servait en 1693 dans l'escadron des gentilshommes du Poitou, du ban et arrière-ban de la province, du 7 juillet 1693.

Sentence de maintenue de noblesse de Charles-Bona-venture Quentin, chevalier, seigneur de Richebourg, intendant de la généralité de Poitiers, sur la présentation de ses titres en date du 28 avril 1715.

Il eut :

·   René-Louis du Pin, qui suit.

XIII. René-Louis DU PIN, fils unique et majeur de messire René, chevalier, seigneur de la Guérivière, Courgé, la Bretonnière, etc., capitaine au régiment de Bourgogne, et de feue Marie Texier de la Font, entra lieutenant au régiment de Laval, infanterie, par commission du 10 septembre 1709, contresigné Voisin. Il se trouva à la reprise du château d'Arleux sur les alliés, le 23 ou 25 juillet 1711, sous les ordres du maréchal de Montesquiou; fut commissionné capitaine dans le même régiment le 5 janvier 1713, contresigné Voisin.

Il se trouva, après la prise de Landau par le maréchal de Bezons le 20 août 1713, au passage du Rhin, à la défaite du général Vaubonne le 20 septembre, lequel couvrait Fribourg; au siége de Fribourg, si long et si meurtrier, à la tête des grenadiers il marcha à la fameuse attaque de la Lunette, où il fut légèrement blessé à l'épaule, de la même balle qui perça la mâchoire du comte de Laval, son colonel, sous les ordres du maréchal de Villars.

Messire René-Louis du Pin quitta le service du roi en 1715, un an après la paix de Rastadt, signée le 6 mars 1714.

Par contrat de mariage du 27 février 1718, passé par-devant J. Sureau et Drouineau, notaires royaux à Civray, messire René-Louis du Pin épousa demoiselle Catherine-Elisabeth des Gittons, qui lui apporta les terres et seigneuries du Plessis et Grand-Cerzé, fille de messire Gabriel des Gittons, chevalier, seigneur de Cerzé, de la Baronnière, paroisse de Saint-Martin de Vançais, et du Plessis, paroisse de Caunay, et de feue dame Elisabeth de Fleury, fille de haut et puissant messire François de Fleury, chevalier, seigneur, châtelain du Vert, et de haute et puissante dame Gabrielle Maron de la Bonardelière près Civray en Poitou.

Dénombrement au roi, du 24 décembre 1740, pour ses fiefs de la Guérivière et de Courgé, château et dépendance tenus à hommage-lige à 60 sols de devoir envers le

seigneur roi, à cause de son château de Lusignan, en
conformité des mêmes dénombrements rendus par ses
aïeux; par messire François II du Pin, son aïeul, le 17
juin 1669; par Gabriel, son bisaïeul, le 28 août 1626; par
Antoine, son trisaïeul, le 19 mai 1598; par François Ier,
son quartaïeul, le 6 juin 1561; par Jehan II, son quin-
taïeul, le 22 juillet 1531; par Estienne (mort sans enfants), le 10 avril 1539; par Mathurin, son septième
aïeul, le 6 mai 1499; par Colin, son huitième aïeul, du
5 mai 1433, et du 17 août 1443; par Catelin, son neuvième aïeul, en 1375.

Ses enfants furent :

    1.º Pierre-Louis, dont l'article suit;
    2.º Jean-Robert, prêtre, seigneur de la Jarge, Ma-
       raisseau, Petitbouin et Anfrenet, titulaire de la
       chapelle des Balsans de Juspatronat, paroisse de
       Chenay, et à la nomination des seigneurs de la
       Guérivière;
    3.º Catherine-Madeleine, morte sans être mariée;
    4.º Elisabeth...., mariée le...., à messire Jérôme
       Maisonneuve, écuyer, seigneur de Venours, pa-
       roisse de Rouillé, capitaine au régiment de la Reine,
       cavalerie, chevalier de l'ordre militaire de Saint-
       Louis;
    5.º Marie...., religieuse hospitalière à Poitiers;
    6.º Marie-Françoise, religieuse à l'abbaye royale de
       Sainte-Croix à Poitiers;
    7.º Marie-Radegonde, religieuse à l'abbaye royale de
       Sainte-Croix à Poitiers, et ayant suivi en 1761,
       Marie de Beaudéan da Parabère, son amie, nom-
       mée abbesse de l'abbaye royale de Saintes.

XIV. Pierre-Louis DU PIN, fils aîné de messire René-Louis
du Pin, chevalier, seigneur de la Guérivière, Courgé,
le Plessis, Grand-Cerzé, etc., et de feue dame Catherine-Elisabeth des Gittons-Baronière, fut, après la mort
de son père, seigneur des mêmes lieux.

Par contrat de mariage passé devant Mérigot et Mon-
taubin, notaires royaux à Chatellerault, en date du 18
février 1759, il épousa demoiselle Marie-Anne Couraud,
fille aînée et mineure de messire François-Gabriel-César
Couraud, cadet de la maison de la Roche-Chevreux près
le Blanc, en Berry, chevalier, seigneur de Salvert, Mont-
couart, les Bordes, Pineau près Châtellerault, et le fief

de Dresge, et de dame Françoise-Marguerite de Douat, fille de feu messire Augustin Douat, chevalier, seigneur de Jeu et de dame Suzane le Cocq de Saint-Vertunien.

Messire Pierre-Louis du Pin de la Guérivière entra cornette au régiment de Penthièvre, cavalerie, commandé par M. le comte de Castellane par commission en date du 26 février 1748, contresignée de Voyer d'Argenson.

Il fut fait lieutenant en commençant la campagne de 1756 sur le Mein avec son régiment commandé par M. le comte de Saluces, dans l'armée de M. le prince de Soubise; il se trouva à l'affaire de Rosback en 1757; il fut commissionné capitaine le 22 décembre 1757, signé Louis, contresigné de Voyer d'Argenson.

Deux dénombrements au roi : le premier, à cause de son château de Lusignan, pour son château noble de la Guérivière et fief de Courgé, consistant en cens, rentes, dîmes, terrages, moyenne et basse juridiction, aveux et hommages particuliers rendus à ladite seigneurie tenue de Sa Majesté, à hommage-lige à 60 sols de devoir envers le seigneur roi, en date de l'an 1755; le deuxième, à cause de son château de Civray, pour la seigneurie du Plessis et Grand-Cerzé, tenue de Sa Majesté, à hommage-lige au devoir de 25 sols à muance de seigneur et d'homme, du 15 mai 1755.

Certificat du ban de la noblesse du haut Poitou, assemblée à Saint-Jean d'Angély, délivré par M. de Chasteigner, de l'an 1759. Il mourut à Poitiers en 1777, laissant ses enfants sous la tutèle de leur mère.

Ses enfants furent :

1.º François-Louis-Gabriel du Pin, né le 10 mai 1760, élevé au collége militaire de Pont-Levoy, dont l'article suit;

2.º Jean-François du Pin, né le 24 mars 1761; lequel s'étant marié a formé une seconde branche, dont il sera question après l'article de la branche aînée;

3.º Pierre-Louis du Pin, surnommé le chevalier de Courgé, né le 15 décembre 1763, élevé au collége de Magnac, fut reçu au rang des chevaliers de justice de l'ordre de Saint-Jean de Jérusalem au grand prieuré d'Aquitaine, à Poitiers; le 3 février 1776, à l'âge de douze ans, en qualité de page de son altesse éminentissime monseigneur le grand-maître de Malte. Au sortir des pages, il entra au service de l'ordre sur ses vaisseaux, où il obtint les gardes

successifs d'enseigne, de lieutenant et de capitaine
des vaisseaux de la Religion; il se trouva au bombardement d'Alger en 1785, sur le *Saint-Zacharie*.
Il fit ses vœux en 1791, officier autant distingué de
son ordre que du grand-maitre; il fut le premier
chevalier choisi pour faire armer les côtés de l'île,
lorsque l'ordre crut devoir se mettre en mesure de
défense en 1793, et fut nommé commandant au
port de Saint-Paul. A la prise de Malte, au mois de
juin 1798, il était à la défense du bastion de France.
Après sa reddition, il fut du nombre des chevaliers
qui, en vertu de leur résidence à Malte, antérieu-
rement à la révolution, eurent, au terme quatre de
la capitulation, la permission de rentrer en France,
mais ce ne fut qu'à Antibes seul point où il leur fut
enjoint de se réunir par ordre du Directoire qui ne
voulut pas ratifier la capitulation du général en chef
Buonaparte. Trainés de là au château de Perpignan,
ils n'eurent la liberté de rentrer dans le sein de
leurs familles désolées qu'au 18 brumaire, époque
où le général en chef, Buonaparte se fit premier
consul; il est mort à Poitiers en 1806;

4.° Marie-Françoise-Radegonde-Rosalie, née le 13
février 1762, mariée le 10 février 1809, à messire
Joseph Texier, chevalier, vicomte d'Hautefeuille,
né le 17 mars 1738, reçu chevalier de Malte, ayant
d'abord servi dans la marine qu'il a quittée en 1772,
par raison de santé, étant lieutenant de vaisseau;
entré lieutenant-colonel dans le régiment de Normandie, commandé par M. le marquis d'Hautefeuille, son frère, reçu chevalier de l'ordre royal
et militaire de Saint-Louis en 1774, breveté colonel un an après, nommé colonel en second du même
régiment en 1781, nommé colonel-commandant du
régiment de l'Ile de France, infanterie, maréchal
de camp en 1788, inspecteur en 1790, demeurant
au château de Rouhet, près Châtellerault;

5.° Magdeleine-Julie, surnommée mademoiselle de
Courgé, née au château de Guérivière, comme ses
frères et sœurs, en 1765, entra à seize ans à l'abbaye royale de Fontevrault, dont Marie Couraud
de Salvert, sœur de sa mère, était sous-prieure;
elle y est restée, sans y faire ses vœux, jusqu'à la
dissolution de tous les couvents, époque où elle est

rentrée près de sa mère à Poitiers, et où elle est
morte le 10 janvier en 1799.

XV. Francois-Louis-Gabriel du Pin, né le 10 mai 1760, au
château de la Guérivière, fut élevé à l'école militaire de
Pont-Levoy, d'où il sortit, en 1775, pour entrer cadet-gen-
tilhomme dans le régiment de Foix, infanterie, dont était
colonel M. le comte Poulte de Nieuil, cousin de sa mère.
Il y fut successivement sous-lieutenant et lieutenant. Dans
la guerre de 1778, il fut détaché de Béziers avec un détachement de trois cents hommes, commandés par M. De-
montal, pour venir s'embarquer à Brest; à la paix, en
1783, il rejoignit avec sa troupe son régiment à Phalsbourg
et de là à Strasbourg.

Le 17 août 1787, messire François-Louis-Gabriel du Pin,
déjà par son émancipation de 1782, chevalier, seigneur
de la Guérivière, Courgé, etc., épousa mademoiselle Marie-Louise de Coué de Lusignan, fille unique de messire
Réné-Vincent de Coué de Lusignan, chevalier, seigneur
de Foix, près Maillé-les-Berthonières, etc., ancien capitaine au régiment royal, infanterie, et de dame Marie-
Constance du Cher, née le 26 juillet 1722, fille de messire
Amable du Cher, chevalier, seigneur de Foix, servant au
régiment de Vermandois, et de dame Marie-Magdeleine
d'Arnac.

A l'époque de la révolution, le sieur de la Guérivière,
fidèle à son roi, n'écouta que son dévouement et sacrifia
tout pour se joindre aux défenseurs de sa cause; il quitta
la France, et se rendit au mois de septembre 1791 à Binch,
où se formait la coalition du Poitou. Admis dans l'escadron
noble commandé par M. le chevalier Dechouppes, compagnie de M. de Breüillac, après quelques mois de canton-
ment à Trèves et à Castelane, au duché de Deux-Ponts, il
se réunit avec son escadron au corps d'armée, commandé
par les princes français, M. le vicomte de Chasteigner,
maréchal-de-camp commandant l'escadron, sous les ordres
de M. le maréchal de Broglie. Après avoir fait toutes les
campagnes de ce corps d'armée, et lors de la retraite de
Champagne et le licenciement, il se retira à Maëstrick, où
il est resté faisant le service dans la place pendant le bombardement jusqu'au dernier jour en 1793.

Il parvint à se retirer à Saint-Tron, d'où, au mois de mai
1794, il prit le parti d'aller rejoindre ses deux frères à Malte,
l'un colonel en second des chasseurs, l'autre capitaine en

second des vaisseaux de la Religion ; il y arriva par Trieste, à la fin de juillet, et le grand-maître Rohan lui accorda la croix et le brevet de major à la suite du régiment de chasseurs de son frère.

Le 11 juin 1798, époque de la prise de Malte, n'y ayant point une résidence antérieure à la révolution et ne pouvant par conséquent pas rentrer en France, il obtint du général en chef Buonaparte, un passeport pour Livourne, où il se rendit avec beaucoup d'autres chevaliers émigrés comme lui. Laissant à Malte ses deux frères, dont les droits à plus d'indulgence reposaient sur l'article quatre de la capitulation, qui les déclarait non émigrés.

Au mois de juin 1800, forcé par une position désolante de tâcher de rentrer en France, il s'embarqua lui dixième sur un pinque génois; un forban les rencontre sur la côte de France, les dépouille et les maltraite horriblement ; cependant il daigna condescendre à leurs prières, et il les débarqua de nuit sur la pointe d'un rocher, dans la commune de Saint-Raffeau ou Raffael, près Fréjus, où la pitié publique les accueillit et les secourut de tout. Après sa quarantaine à Cassis, et par permission du ministre de la police, il se retira dans sa commune de Maillé, sous la surveillance et responsabilité de la municipalité; rendu par la providence à sa famille désolée, à sa femme, à ses enfants au désespoir, il y trouva pour prix de son dévouement et de sa fidélité à son roi, toute sa fortune particulière anéantie, tous ses biens vendus. Ainsi a fini pour cette maison la possession de la terre de la Guérivière, conservée depuis plus de quatre cents ans, et plusieurs autres depuis moins de temps.

Ses enfants sont :

1.º Réné-Louis Frédéric, né le 22 juillet 1788, adjoint aux commissaires des guerres ;

2.º Jean-Adolphe, né le 22 août 1789, élevé à l'école militaire de Saint-Cyr, placé sous-lieutenant dans le trente-sixième régiment de ligne qu'il a rejoint en Espagne, et où il a été fait prisonnier à la retraite de Madrid et conduit en Angleterre, où il est depuis deux ans prisonnier à Bishops-Castle-Salop au pays de Galles, près de Montgomery ;

3.º Alphonse-François-Gilbert, né le 6 février 1802 ;

4.º Réné-Louis, né le 6 septembre 1805.

Branche cadette, prise au treizième degré.

XVI. Jean-François du Pin, dit le chevalier de la Guérivière, né le 24 mars 1761, au château de la Guérivière, second fils de messire Pierre-Louis du Pin, chevalier, seigneur de la Guérivière, Courgé, le Plessis, Grand-Cerzé, et de dame Marie-Anne Couraud de Salvert, passa sur les preuves faites au grand prieuré d'Aquitaine, le 12 novembre 1775, de son frère (ci-dessus) Pierre-Réné, et fut reçu chevalier de justice de l'ordre de Saint-Jean de Jérusalem, le 9 mai 1777.

Il entra de suite aspirant garde de la marine à Rochefort, fut fait garde de la marine le 7 novembre 1778, et partit pour Brest, où il s'embarqua pour Boston, à la Nouvelle Angleterre où il a fait une partie de cette guerre;

Fut fait enseigne de vaisseau le 9 mai 1781. En 1785, d'après un congé de la cour, il passa à Malte pour y faire ses caravanes, et rentra en France continuer son service.

Le 1er mai 1786, il fut fait lieutenant de vaisseau.

Le 20 décembre 1788, il retourna à Malte.

Le 20 mars 1789, fut nommé aide-major des gardes du grand-maître Rohan.

Le 25 juin 1790, il fit ses vœux entre les mains de M. le commandant de Rechignevoisin de Guron, son parent et commandant ladite compagnie des gardes.

Le 1er février 1792, par brevet signé Rohan, il fut nommé lieutenant-colonel des chasseurs de l'ordre.

Le 20 février 1793, lorsque l'ordre alarmé des projets, menaces et armements de la France république, et menacé de voir son existence politique compromise, arma ses côtes et ses forts et ses tours, le chevalier de la Guérivière fut nommé, comme son frère, pour commander au port, rade et fort de Marsascirrocco, appelé depuis fort Rohan, il y établit un système de service régulier de signaux et de communication avec la cité Valette; des chevaliers de toutes les langues firent tour à tour, sous ses ordres, un service de quinze et de huit jours dans chacune des tours ou petits forts dépendants du fort Rohan, avec des détachements de canonniers, matelots ou soldats des vaisseaux.

Le 10 mars 1793, il fut nommé colonel du même régiment des chasseurs, sous le commandeur baron de Neveu de la langue d'Allemagne, grand fauconnier et inspecteur. Jusqu'au moment de l'invasion des Français, sous les ordres du général en chef Buonaparte, les 9, 10 et 11 juin 1798, le chevalier de la Guérivière ne cessa de commander au fort Rohan, et toutes les batteries de l'est de la côte depuis le fort Ricasoli. A cette époque, les Français informés que ce poste de Marsascirocco était mieux armé que beaucoup d'autres; que le fort Rohan avait des fourneaux à réverbère et des grils pour tirer à boulets rouges, d'après plusieurs essais et exercices qu'on y avait faits, ne risquèrent point d'y faire entrer aucun bâtiment de guerre; ils débarquèrent sur les points intermédiaires, entre la tour Saint-Thomas et Marsascirocco, et mirent à terre sans difficulté, prenant par là à revers toutes les petites batteries qui ne défendaient que la rade, et dans lesquelles il n'y avait point de chevaliers.

Le 10, à huit heures du soir, le fort Rohan fut investi, hors de la portée du canon; toutes les batteries de la rade abandonnées par les Maltais, sans enclouer les pièces, quoique cela eût été ordonné, furent dirigées contre lui et ne cessèrent de tirer; le fort Rohan dans lequel étaient renfermés avec le chevalier de la Guérivière, huit autres chevaliers, eut à riposter à ce feu croisé, et à se défendre contre l'approche des troupes qui, par un coup de main, eussent pu enlever sa batterie basse qui consistait en neuf canons de dix-huit ne battant que la rade; à dix heures, vu l'extrême facilité de se jeter dans le petit fossé qui couronnait cette batterie et de l'enlever l'épée à la main, vu surtout son inutilité, puisqu'elle ne pouvait tirer que sur la rade sur laquelle il n'y avait rien, et voulant concentrer son monde sur le haut de la tour, (sur laquelle étaient neuf canons de huit, et d'où on dominait, et la rade et la plaine, le chevalier de la Guérivière, fit enclouer cette batterie basse, et se retira avec tout son monde sur la plate-forme de la tour. Un feu bien nourri sur les batteries prises de la rade et sur les troupes en face qui étaient formées dans la plaine, maintint les distances respectives, et faisant juger ce poste plus fort et plus essentiel qu'il ne l'était, il décida le commandant des troupes françaises à le faire sommer de se rendre. A minuit, un officier se présente en parlementaire à la tête des premiers petits retranchements. Il est reçu, mais prié de se retirer de suite; à deux heures il revient, et annonce avoir à offrir au commandant une capitulation honorable, vu, dit-il, qu'une plus longue résistance serait inutile, et ne servirait qu'à rendre le sort des vaincus plus fâcheux.

Depuis deux jours le fort Rohan n'avait pu tirer de la Valette les vivres qu'on envoyait tous les jours ; il n'y en avait par conséquent plus ; en vain le chevalier de la Guérivière avait demandé plusieurs fois qu'on approvisionnât son fort d'une réserve de biscuit restant au retour des campagnes des vaisseaux et des galères ; jamais il ne put rien rien obtenir : chaque jour amenait sa distribution.

Dans cet état de choses, et prévoyant que du moment qu'il ferait jour ce poste, qui avait pu en imposer la nuit, ne paraîtrait plus digne d'aucun égard, et qu'il serait enlevé de vive force, le chevalier de la Guérivière, de l'avis des chevaliers qui étaient avec lui, dut consentir à écouter les propositions que lui apportait au nom du général Desaix, M. le capitaine du génie Garbé, de sorte qu'il y eut un échange de signatures pour la capitulation, au nombre des conditions de laquelle la troupe française se présenterait à quatre heures du matin, et l'officier recevrait la remise du fort Rohan, ce qui fut exécuté.

Copie des deux Sommations et de la Capitulation.

PREMIÈRE SOMMATION.

Le commandant du fort de Marsascirrocco est sommé de la part du général français de remettre au soussigné ledit fort ; il est cerné de toutes parts, et une plus longue résistance ne servirait qu'à rendre la condition des défenseurs plus malheureuse. J'engage ma parole d'honneur que tous ceux qui sont dans le château seront libres de se retirer où bon leur semblera, sous la protection de l'armée française, après avoir déposé les armes.

Sous le château, le 22 prairial an 6 :

> Le capitaine du génie, commandant la troupe française :
>
> *Signé*, GARBÉ.

DEUXIÈME SOMMATION.

Je vous envoie, M. le commandant, la rédaction de la capitulation à laquelle, d'après les instructions de mon général, je ne puis changer un mot. C'est à vous de l'accepter pure et simple, ou de vous réduire à une nouvelle défense. Si vous l'acceptez telle qu'elle est, je vous prie de la signer, de la faire copier ; je signerai le double, que vous garderez en même temps que vous me remettrez l'autre. A la pointe du jour, la troupe française se présentera devant le fort, où elle sera introduite; il sera à propos que votre garnison remette aussitôt ses armes; je m'y trouverai, et nous conviendrons ensemble des derniers arrangements pour la sûreté de vos personnes et des choses qui vous appartiennent. Vous pouvez compter sur la bonne conduite de la troupe française à votre égard. Quoiqu'il soit question, dans la capitulation, du désarmement de la garnison, cela n'empêche pas que vous ne conserviez votre épée.

Je vous prie de m'envoyer de suite la capitulation signée de vous, avec la copie que je signerai pour vous être remise.

Je suis, avec la plus grande considération,

Le capitaine du génie, commandant la troupe française :

Signé, GARBÉ.

Capitulation pour le fort Rohan, passée entre le capitaine de génie Garbé, au service de la République française; et M. le chevalier de la Guérivière, commandant pour l'ordre de Malte.

ART. Ier. Le fort Rohan sera remis entre les mains de la troupe française, le 23 prairial (11 juin v. s.), à cinq heures du matin, avec toutes les munitions de bouche et de guerre, et généralement tout ce qui servait à sa défense.

II. La garnison dudit fort déposera les armes, et sera conduite avec sûreté et protection où elle demandera à se retirer; elle ne pourra emporter avec elle que les objets appartenant individuellement aux personnes qui composent ladite garnison.

III. S'il se trouve, parmi les individus de la garnison, des habitants de l'île de Malte qui désirent se retirer paisiblement dans leurs demeures, la permission leur en sera donnée, ainsi qu'un passeport.

Fait et conclu sous le fort Rohan, le 25 prairial an 6 (11 juin 1798.)

Le capitaine du génie, chargé, par le général, de la capitulation.   *Signé*,   GARBÉ.

Le colonel des chasseurs, commandant pour l'ordre de St.-Jean de Jérusalem, au fort Rohan, port de Marsascirrocco :

Signé, Le chevalier DU PIN DE LA GUÉRIVIÈRE.

A cinq heures du matin, le 11 juin 1798, un détachement s'étant présenté, le fort lui fut remis, et de suite le chevalier de la Guérivière avec les chevaliers qui étaient avec lui se dirigèrent sur la cité Valette, en passant au Casal Zeitun, quartier général du général Desaix.

Le général, aux termes de la capitulation, ayant consenti à faire accompagner jusqu'aux portes de la Cotoner, le chef et la petite troupe du fort Rohan, pour les faire respecter, le chevalier de la Guérivière eut la douleur, en arrivant, de voir qu'on démurait la porte de la première enceinte de la Cotoner, et, à quelques minutes de là, il y entra pêle-mêle avec un gros de troupes françaises qui y étaient reçues, d'après la convention que le grand-maître Hompech avait osé signer la nuit.

Ce fut dès lors, au milieu des flots de Français, vainqueurs sans avoir débarqué une seule pièce de canon, que le chevalier de la Guérivière arriva aux portes de la Valette encombrées de troupes, et de là au palais du grand-maître, qui en était rempli; il arriva avec beaucoup de peine jusqu'à Son Altesse qu'il trouva seule, en larmes, sur un canapé; il s'approche d'elle, lui baise la main, et, déposant à ses pieds le pavillon de l'ordre, il lui dit qu'il lui avait été impossible de le défendre plus longtemps, s'étant même refusé de le rendre sur un prétendu ordre de sa part, qu'un officier de cavalerie lui avait apporté, mais sans être signé d'elle. « Je sais, lui dit le grand-maître, que » vous avez fait tout ce que vous avez pu; il ne dépend » plus de moi de le reconnaître, le ciel vient de nous ac- » cabler. Ses pleurs étouffant ses paroles, le commandant » lui demanda s'il avait quelque ordre à lui donner; je n'en » ai plus le droit, lui dit Hompech, soyez, mon cher che- » valier, plus heureux que moi. » Dès lors tout fut consommé et chacun ne songea plus qu'à se soustraire, par la plus prompte sortie de l'île, à la honte et au déshonneur imprimé à cet ordre illustre, par l'impéritie et la lâcheté de son chef, et par l'infamie de la trahison et de la corruption de quelques-uns de ses membres. Quarante-trois jeunes chevaliers, ayant servi à l'armée de Condé, et dès lors sans asile, sans patrie, suivirent Buonaparte en Egypte; le plus grand nombre résidant à Malte, avant la révolution, put et dut se rendre à Antibes; quelques vieillards restèrent, et tous les chevaliers des autres nations rejoignirent leur patrie.

Le chevalier de la Guérivière quitta Malte un des derniers, vint à Paris, où il se tint caché jusqu'au 18 brumaire, époque où Buonaparte, premier Consul, ratifia sa convention avec l'ordre.

Cinq ans après, ayant sollicité, près du légat, le cardinal Caprara, la dissolution de ses vœux, l'ambassadeur de France à Rome, M. Cacault, voulut bien se charger de poursuivre cette demande près du Saint-Siége, et le 29 avril 1803, il présenta au cardinal Michael de Petro, la demande du légat, et la supplique motivée, dont il l'accompagna; le 30 avril, le cardinal E. Consalvi répondit à l'ambassadeur que sa Sainteté : « Quatunque l'istanza del » cavaliere fra Joanni Francesco du Pin de la Guérivière, » portasse seco molta difficoltà, esigesse una grazia specia- » lissima, cio non ostante, per veramente dismostrare al » excellenza vostra il suo particolar riguardo si e indotto il » santissimo padre ad accordare, al médesimo l'implorata » dispensa, da non addur si in esempio....... » Ce bref fut adressé au légat Caprara qui le notifia au ministre des Cultes, Portalis, le 29 juin 1803, en lui adressant un rescrit particulier, signé J. B. cardinal légat; contresigné Vincentius Ducis, secrétaire, et muni du sceau dudit seigneur légat.

Le 5 juin 1805, il épousa demoiselle Marie-Claude-Christine de Coucy, née le 11 février 1780, au château de Mersuay, canton de Favernay, près Vesoul en Franche-Comté, fille aînée de messire Antoine-Nicolas de Coucy, ancien capitaine au régiment d'Artois, infanterie, chevalier de l'ordre royal et militaire de Saint-Louis, et de dame Marie-Gabrielle de Maignien, fille elle-même de messire Pierre-Claude Maignien, seigneur de Mersuay, et de Bourguignon, ancien major de la légion de Fischer, cavalerie, et chevalier de l'ordre royal et militaire de Saint-Louis; contrat passé à Vitry-le-Français, pardevant Addenet, notaire.

Ses enfants sont :

Odoart-Florian-Alphonse-Edmond du Pin, né le 25 mars 1806;

Louis-Joseph Arthur, né le 19 mars 1811;

Les alliances de cette maison sont avec celles

D'Aubigné.	Boylesve.
Arnoud de Nieuil.	Brillac.
Aycellin-Montagu.	De Céris.
Bastard.	De Chasteigner.

De Claveusrier.

Couraud de la Rocheche-
vreux.

Couhé de l'Etang.

Coué de Lusignan.

Coucy.

D'Alloue.

D'Arcemale.

Des Gittons.

Des Ages.

Dexmier de Chenon.

De Favereau.

De Fleury.

Frottier.

Goulard.

Guiot d'Anières.

Guinot de Monconseil.

Lachesnaye.

Le Cocq.

Lévesque de Boisgrollier.

Maron de la Bonardelière.

Maulnourry.

Neucheze.

Naillac.

Pigace.

Poulte de Nieuil.

Rabenne.

Rechignevoisin de Guron.

Rochefort-Dally.

Secondat Montesquieu.

Tusseau de Maisontiers.

Vasselot d'Anne-Marie.

Verthamond.

Armes : « D'argent, à trois bourdons de gueules mis
» en pal et pommetés de même. Supports, deux lions.
» Devise : *Fidem peregrinans testor.* Couronne de mar-
» quis. »

CORDOUE, *Cordova* en espagnol, *Corduba* en latin,
Cordes par corruption, en idiome provençal.

Cette famille, noble de sang et d'armes, originaire d'Espagne, est établie en Provence depuis l'année 1493, que
Jean Ferrier, aussi espagnol de nation, fut fait archevêque d'Arles, et amena avec lui en France les deux familles espagnoles de Cordova et de Retz.

Tout ce qui atteste l'origine et l'ancienneté de cette famille est extrait :

1° De la Chronique de Provence recueillie par Jean
Nostradamus, et imprimée, en 1613, par son neveu César,
sur un décret des Etats du pays assemblés à Aix en octobre
1603 ;

2° De l'Etat de la Provence, par l'abbé Robert, imprimé en 1693 ;

3° De l'Etat de la France, par M. le comte de Boulainvilliers ;

4° De l'Histoire héroïque de la Noblesse de Provence ;

5° Du Dictionnaire de la Noblesse de France, deuxième
édition de 1772 ;

6.° Des preuves faites par les chefs des diverses familles nobles de Provence, pour l'assemblée de la Noblesse en 1789.

I. Ferrand DE CORDUBA, en français DE CORDOUE, venu d'Espagne avec ledit archevêque d'Arles Jean Ferrier, établit sa famille à Salon, petite ville de Provence, et fut père d'Antoine, Ier du nom.

II. Antoine Ier épousa, le 9 avril 1518, Antoinette de Cadenet, dont il eut Antoine, IIe du nom.

III. Antoine II, seigneur d'Aurons, gouverneur de la forteresse et de la ville d'Entrevaux, alors place frontière de Provence, reçut, en 1571, du roi Charles IX, le collier de son ordre, non tant en raison de ses services précédents, qu'en considération de ce qu'il était issu d'une famille noble d'Espagne (Chronique de Provence précitée.) Il se signala dans les guerres de la Ligue, et mourut en 1589, dans son château d'Aurons, où il fut assassiné, avec partie de ses serviteurs, par les gens de guerre de la ville de Salon.

Il avait épousé, le 14 mai 1553, Jeanne de la Roque, de laquelle il eut deux fils :

> 1.° Jean, qui succéda à son père dans le gouvernement de la place d'Entrevaux, et mourut au siége de Montpellier. Il avait épousé, en 1574, Isabeau de Paul, des seigneurs de Lamanon, dont il eut des fils qui moururent célibataires;
>
> 2.° Jacques, dont l'article suit (1).

IV. Jacques, seigneur d'Aurons, fut marié le 2 février 1598, à Marguerite le Roux des seigneurs de Lamanon, de laquelle il eut plusieurs enfants. Le seul qui ait fait souche fut Honoré, dont l'article suit :

---

(1) Ce fut durant leur vie que Melchior du Puget, fils aîné d'Antoine du Puget, baron de St.-Marc, Gaspard Mirzarlier, seigneur de Bédéjui, et Antoine Maleinbui, tous trois gentilshommes provençaux revenant d'Italie, déclarèrent par acte reçu Baudouin, notaire à Aix, le 26 février 1611, qu'étant à Naples au mois de juin précédent, ils avaient été priés, par les seigneurs de Cordova, marquis de Sainte-Croix, et dom Loys de Cordova son frère, chevalier de l'ordre de St.-Jean de Jérusalem, de donner à leur retour à Salon, de leurs nouvelles à leurs proches parents y établis, étant issus d'un cadet de leur maison, qui alla habiter en ladite ville de Provence.

(La Chronique de Provence précitée, fait mention de ce seigneur de Cordova, marquis de Sainte-Croix).

V. Honoré, seigneur d'Aurons, épousa, le 16 septembre 1653, Blanche de Rosset, des seigneurs de Tourvieille, dont il eut pour fils :

    1.º André-Paschal, dont l'article viendra;
    2.º Louis, qui n'a pas fait souche.

VI. André-Paschal, seigneur d'Aurons, épousa, en premières noces, Madeleine d'Hugues, dont il eut un fils mort célibataire;

Et, en secondes noces, il épousa, le 21 décembre 1688, Gabrielle de Sobiras, fille de Pierre-François de Sobrias et de Marguerite Rémond de Modène. De ce mariage sont issus :

    1.º Louis-André, seigneur d'Aurons, lieutenant-colonel du régiment de la Feronnais, dragons, chevalier de Saint-Louis, mort célibataire;
    1.º Joseph-Gabriel, dont l'article viendra, qui a fait une branche devenue l'aînée;
    3.º Philippe-François, qui a fait souche en Poitou, en Normandie et en Amérique;
    4.º Jacques, dont la souche s'est éteinte en Provence;
    5.º Auguste-Joseph-Jacques, mort chanoine du chapitre de Saint-Sauveur d'Aix;
    6.º Rose, mariée, en premières noces, à N... de Milani; et, en secondes noces, à N... de Sannazard;
    7.º Marie-Thérèse, morte abbesse de Sainte-Catherine d'Avignon.

VII. Joseph-Gabriel, Iᵉʳ du nom, officier de dragons, épousa, le 30 janvier 1728, Marie de Merez, fille d'André de Merez et de Marianne de Chambaud de Bavas, dont il eut, outre plusieurs enfants célibataires :

    1.º Joseph-Gabriel, IIᵉ du nom, dont l'article viendra, qui a continué la branche aînée;
    2.º Philippe-Dominique, capitaine dans le régiment de MONSIEUR, infanterie, chevalier de Saint-Louis, s'étant marié, mais n'ayant point eu d'enfants.

VIII. Joseph-Gabriel, IIᵉ du nom, marquis DE CORDOUE, seigneur d'Aurons, comme héritier de feu Louis-André son oncle, chef d'escadron, commandant au régiment de Languedoc, dragons, chevalier de Saint-Louis, marié, en

1775, à Geneviève-Claudine le Bault, fille de Jean-Gabriel le Bault, président au parlement de Dijon, et de Jacquette-Jeanne Burteur, n'a laissé, en mourant, que deux fils :

1.º Louis-André, dont l'article suit ;

2.º Joseph-Gabriel, marié, en 1805, à Camille-Eugénie-Charlotte Ringharde de Montboissier Beaufort-Canillac, fille de feu Charles-Philippe-Simon de Montboissier Beaufort-Canillac, colonel du régiment d'Orléans, dragons, et de Françoise-Pauline de Lamoignon de Malesherbes, existants.

IX. Louis-André-Jean-Raphäel, marquis DE CORDOUE, marié, en 1799, à Marie-Anne-Julie-Victoire-Caroline Jacquemet de Saint-Georges, fille de feu Jean-Baptiste Jacquemet de Saint-Georges, d'abord officier de dragons, ensuite conseiller au parlement de Grenoble, et de Marie-Antoinette de Chabrières de Peyrins.

Armes : « D'azur, à l'ours d'argent, debout, tenant » dans ses deux pattes un monde croiseté d'or. Sa devise » est : *Ferme dans l'adversité.* »

LE PRÉVOST D'IRAY, famille noble, originaire de Bretagne, et établie en Normandie dans le quinzième siècle. Elle remonte en ligne directe à :

I. Henri LE PRÉVOST, écuyer, marié à Jeanne de Villiers, dont est issu :

II. Jean LE PRÉVOST, Iᵉʳ du nom, écuyer, qui épousa, en janvier 1500, Louise de Villeray, et en eut :

1.º Jean, qui suit ;

2.º Gilles le Prévost.

III. Jean LE PRÉVOST, IIᵉ du nom, épouse, en février 1524, Hélène Poulain. Leurs enfants sont :

1.º Lubin, dont l'article suit ;

2.º Hector.

IV. Lubin LE PRÉVOST, écuyer, gendarme, épouse, le 16 novembre 1565, Madeleine Legrand, dont vient :

V. Raoul LE PRÉVOST, écuyer, seigneur des Espalles, chevau-léger, marié, en février 1598, à Catherine Courtin. Ils ont pour enfants :

1.º Emmanuel, qui suit ;

2.º Paul le Prévost, seigneur de la Fillonnière.

VI. Emmanuel LE PRÉVOST, écuyer, seigneur de Belleperche, maréchal des logis des chevau-légers, épouse, en 1637, Anne du Bosc, dont vint :

VII. Gédéon LE PRÉVOST, écuyer, seigneur d'Iray et de Belleperche, officier de cuirassiers, épouse, le 3 février 1688, Marie-Claude de Berment, fille de Jean de Berment, seigneur de la Martinière, devenu maréchal de bataille sous Louis XIV, en récompense de ses hauts faits d'armes, de laquelle il eut :

    1.º Jean-Charles, qui suit ;
    2.º Roch-Léon, qui fait la deuxième branche rapportée ci-après.

VIII. Jean-Charles LE PRÉVOST, écuyer, seigneur d'Iray et de Belleperche, épouse, le 15 juin 1733, Anne Mahot de la Poitière, dont :

    1.º Jean-Jacques, qui suit ;
    2.º Quatre filles, dont deux sont mortes en bas âge, et deux ont été mariées et ont postérité. La dernière est morte en 1765.

IX. Jean-Jacques LE PRÉVOST, chevalier, seigneur d'Iray de Chauvigny, présentateur de la chapelle Saint-Jacques-de-Chauvigny, né le 31 mars 1743, reçu garde-du-corps de S. M., compagnie de Villeroi, en 1758, chevalier de l'ordre royal et militaire de Saint-Louis, émigra, et fit la campagne de 1792, à l'armée des princes français, en qualité de maréchal des logis des gardes-du-corps, où il est aujourd'hui (septembre 1814) sous-lieutenant avec rang de colonel. Il a épousé, le 17 mai 1762, Anne-Françoise-Geneviève de Berment, de laquelle il a :

    1.º Louis-Jacques, mort garde-du-corps, émigré à Leipsick en 1800 ;
    2.º Chrétien-Siméon, dont l'article suit ;
    3.º Toussaint-Alexandre, élève de l'école militaire de Tiron, officier au régiment de Soissonnais en 1789, émigré, servant en 1792 dans l'armée de monseigneur le prince de Condé, ayant fait trois campagnes ;
    4.º Geneviève-Julie, chanoinesse d'Arras ;
    5.º Marie-Anne-Françoise, aussi chanoinesse d'Arras ;
    6.º Henriette-Scholastique, née en février 1773 ;
    7.º Marie-Félicité, née en septembre 1778,
      toutes les deux mariées.

X. Chrétien-Siméon LE PRÉVOST D'IRAY, chevalier, né le 13 juin 1768, inspecteur-général de l'université, vivant en 1814; marié, 1.º à Marie Charlotte Martin des Fontaines, fille d'un auditeur des comptes; 2.º à Marie-Alexandrine le Bouyer de Monhoudou, fille de messire le Bouyer de Monhoudou, ancien mousquetaire du roi. Il a eu, *du premier lit* :

1.º Antoinette-Marie-Christiane le Prévost d'Iray;

2.º Alexandre-Hector-Edmond, mort en août 1809;

Et *du second lit* :

Julie-Athanasie le Prévost d'Iray.

Deuxième branche prise au sixième degré.

VII. Roch-Léon LE PRÉVOST, deuxième fils d'Emmanuel, nommé *le chevalier de Belleperche*, a épousé, en 1732, Marie de l'Aumone, de laquelle sont issus :

1.º Louis-Léon-Charles, qui suit;

2.º Une fille.

VIII. Louis-Léon-Charles LE PRÉVOST du bois de la Haie, chevalier, né en 1735, reçu garde du corps en 1757, et retiré lieutenant de cavalerie en 1768. Il avait épousé, en 1764, demoiselle Françoise-Elisabeth-Henriette du Mellet de Maillebos. De ce mariage est issu et vivant :

Louis-François-Roch; chevalier, garde du corps du roi, né en 1765.

Armes : « De gueules, à deux fasces d'argent, accom-
» pagnées de trois croissants montants de même en chef,
» et en pointe de trois bezans aussi d'argent. »

CONTE, (LE) famille noble, originaire de Normandie.

I. Laurent LE CONTE, écuyer, seigneur des Floris, élection de Coutances, reçut des lettres de noblesse de François Ier, roi de France, en date du mois de septembre 1543. Il épousa Gillette David d'Aufreville, dont il eut :

II. Jean LE CONTE, écuyer, seigneur des Floris, qui épousa Marie d'Outresoul. Il eut pour fils :

III. Antoine LE CONTE, écuyer, seigneur des Floris. Il épousa Marie de Boisivon, dont il eut :

IV. Henri-Marc-Antoine LE CONTE, écuyer, seigneur des Floris, marié à Marie-Esther de la Gonivière. Il eut de ce mariage :

V. François LE CONTE, écuyer, seigneur des Floris, qui épousa Catherine le Mouton, de laquelle il laissa :

VI. Jacques LE CONTE, écuyer, seigneur des Floris, qui laissa de son mariage contracté avec Madeleine d'Ancel de Vaudreville :

VII. Jacques-Gabriel LE CONTE, écuyer, seigneur des Floris, marié à Charlotte-Françoise-Pérette d'Alidan. Il eut pour fils :

VIII. Clair-Prosper LE CONTE, juge de paix du canton de Montebourg, marié à Marie - Josèphe - Madeleine-Jacqueline d'Ancel de Pierreville. Il a de ce mariage :

Charles-Antoine-Prosper le Conte, né en 1797.

Armes : « D'argent chargé d'un écusson d'azur à une » bande d'or chargée de trois merlettes de sable, accompa- » gnées de trois cœurs de gueules. »

————

DU PUY, famille noble d'extraction, originaire du Lyonnais, qui s'est divisée en deux branches, l'une établie en Languedoc et l'autre en Normandie.

I. Jean DU PUY quitta la ville de Lyon vers le commencement du quinzième siècle et vint s'établir à Paris, où il se maria. Il laissa de sa femme, dont on ignore le nom :

    1.º Guillaume, qui suit ;

    2.º Du Puy, duquel la postérité n'est pas connue.

II. Guillaume DU PUY, eut pour fils :

    1.º N..... du Puy, greffier en chef de la cour des aides de Paris ;

    2.º Jérôme, dont l'article suit ;

    3.º Deux garçons, dont la postérité n'est pas connue.

III. Jérôme DU PUY, Iᵉʳ du nom, épousa Claude de Commeaux. De ce mariage sont issus, entre autres enfants :

    1.º Jérôme, dont l'article viendra ;

    2.º N... mariée à N... de Mesmes ;

    3.º N... mariée à Guillaume l'Escalopier, conseiller à la chambre du trésor ;

    4.º N...... mariée à N... de Morenne ; elle fut mère de Claude de Morenne, un des plus savants hommes de son temps, qui contribua par ses entretiens éloquents et persuasifs, à la conversion de Henri IV.

Ce prince, en récompense de son zèle, le nomma peu de temps après à l'évêché de Séez en Normandie, où il mourut en 1606.

IV. Jérôme DU PUY II, écuyer, seigneur de Choisy des Bergeries et des Ormeteaux, servit pendant plus de vingt ans en qualité d'archer, puis d'homme d'armes dans la compagnie de don Francisco d'Est, prince italien, au service de France. Il obtint sa retraite en 1576, et le roi en récompense de ses services, le nomma au gouvernement militaire de la ville de Muret, dans la province de Languedoc. Il se retira dans la ville de Castel-Sarrasin, qui depuis a toujours été, jusqu'à ce jour, le domicile de la branche aînée de cette famille. Il y épousa, le 30 janvier 1581, Anne de Rochefort, de laquelle il laissa :

 1.° Pierre, dont l'article viendra;

 2.° Jean, mort sans postérité mâle;

 3.° Gabrielle, mariée à N... de Bouloc, seigneur de Dieupentale et de Pautagnac.

V. Pierre DU PUY, appelé à Paris, par M. de Morenne, évêque de Séez, son oncle, s'y maria avec Marguerite de Bochetal. Il mourut à Castel-Sarrasin, après y avoir longtemps exercé la charge de commissaire des guerres. Il laissa :

 1.° Etienne, dont l'article suit;

 2.° Deux demoiselles religieuses, au couvent de Sainte-Ursule de Castel-Sarrasin.

VI. Etienne DU PUY, épousa, le 28 janvier 1653, N..... de Verdier, fille de noble de Verdier, sieur de Cabasse et de Marie de Malgasc. De ce mariage sont issus :

 1.° Jean-Etienne, dont l'article suit;

 2.° Jean du Puy, auteur de la branche établie en Normandie, rapportée ci-après.

VII. Jean-Etienne DU PUY, épousa, le 23 février 1702, Louise de Molinier, de laquelle il laissa :

VIII. Antoine-Joseph DU PUY, mousquetaire du roi dans la seconde compagnie, le 6 juin 1728, servit long-temps dans ce corps, où il fit deux campagnes en Allemagne et se trouva au siége de Philisbourg. Il obtint son congé de M. de Montboissier, et se maria avec Claire de Pages de Beaufort. Il eut de ce mariage :

 1.° Alexis-Louis, dont l'article viendra;

2.ᵃ Alexis-Joseph du Puy, chevalier de l'ordre royal et militaire de Saint-Louis, capitaine en premier au Corps royal, artillerie, au régiment d'Auxonne commandant l'arsenal de Narbonne, émigra en Espagne en 1795, et périt à l'affaire de Pierres Stortes, en défendant une batterie;

3.° Etienne du Puy, chevalier de l'ordre royal et militaire de Saint-Louis, capitaine en premier au Corps royal, artillerie, au régiment de Metz. Il passa plusieurs années à la Martinique, avec un détachement de son corps qu'il y commandait, et fit la même traversée deux ans après sous les ordres de M. le comte d'Estaing. Il arbora, le premier, les armes de France sur les arsenaux des tours de la Grenade, et mourut peu de jours après des suites de ses blessures. Par égard pour sa mémoire, il fut inhumé sous une batterie qu'il avait établie, et qui portait son nom.

IX. Alexis-Louis DU PUY DE GOYNE, né à Castel-Sarrasin, a été convoqué à l'assemblée de la noblesse de la sénéchaussée de Toulouse au mois de mars 1789. Il a obtenu, le 26 septembre 1788, un arrêt du conseil d'état du roi, qui le maintient dans toutes ses prérogatives de noblesse.

Branche cadette prise au sixième degré.

VII. Jean DU PUY, second fils d'Etienne du Puy, et de N... de Verdier, s'établit à Paris. Il se distingua dans plusieurs missions importantes, et fut nommé secrétaire d'ambassade au traité de paix de Riswick; il y épousa, le 6 août 1691, sous le nom de *noble du Puy la Chapelle*, Jeanne de Carrüel, fille de Charles de Carrüel, écuyer. Il eut de ce mariage :

1.° Antoine, dont l'article suit;

2.° Louise du Puy, mariée à N... L'huillier de Precy, chevalier de l'ordre royal et militaire de Saint-Louis.

VIII. Antoine DU PUY, lieutenant de cavalerie dans le régiment de Brissac, fut maintenu dans ses titres et priviléges de noblesse par arrêt de la cour des aides de Normandie, du 9 août 1766. Il avait épousé, le 13 février 1731, Anne de Crevecœur, fille de Louis de Crevecœur, écuyer, seigneur de Gerville, de laquelle il laissa :

1.° Jean-Etienne du Puy, écuyer, seigneur de Gurard, de Bray, et autres lieux, ancien officier d'infanterie;

2.° Louis du Puy, écuyer, seigneur de Gerville, qui a émigré en 1791, et a fait les campagnes de l'armée des princes;

3.° Grégoire du Puy, qui a été pourvu, le 31 décembre 1775, de la charge de lieutenant des maréchaux de France au département de Vernon;

4.° Jeanne du Puy, morte sans alliance.

Armes : « De sable au chevron d'or accosté de deux
» étoiles de même, un croissant d'or en pointe, au chef
» d'argent chargé de deux lions affrontés de gueules; pour
» supports deux griffons. »

BURGUÈS MISSIESSY (DE). La famille des Burguès, est originaire du village d'Estagnol, juridiction et évêché de Girone, dans la principauté de Catalogne, royaume d'Espagne; elle y est reconnue sous le titre de *Casa-Solar*, qui indique une maison noble de toute ancienneté; elle y a conservé son établissement dans le même arrondissement de la ville de Girone.

Le premier aura pris le nom de la terre qu'il y acquit, et par suite il devint celui de la famille : depuis 1100, on la trouve inscrite d'une manière constante et permanente dans les archives du comté souverain de Barcelone. Des documents ou titres plus anciens et grande partie de modernes ayant été brûlés dans les guerres ou révolutions que chaque siècle produit, ceux que cette famille a conservés constatent depuis l'année 1249 sa généalogie et ses degrés de succession, par des actes authentiques déposés dans les archives de cette terre, dont elle conserve toujours la propriété.

Il conste par les archives de la ville de Montpellier, que la famille des Burguès existant en France, vint d'Espagne avec celles des Suarés et des Sanchés s'établir dans la ville de Montpellier, lors de l'invasion que firent les Maures dans ce royaume; elle est qualifiée dans ces archives du titre de famille distinguée, qualification qu'elle a toujours soutenue, puisqu'il paraît par le jugement rendu par M. Claude Bazin, chevalier, seigneur de Bezons, intendant du Languedoc, que la maison de Ranchin ne fut maintenue dans sa noblesse qu'en prouvant, qu'en 1557, Jean de Ranchin avait succédé à Jean de Burguès dans la charge de conseiller général à la cour des aides de Montpellier.

Il conste par les archives de la famille de Burguès, établie en Espagne, que

I. Ramon DE BURGUÈS, seigneur allodial et chef-propriétaire de Burguès, paroisse de l'Estagnol, vivait en 1249; qu'il se maria, le 2 septembre 1261, avec Ramona, et qu'il eut de ce mariage :

II. Bérenguer DE BURGUÈS, seigneur allodial, etc. : lequel eut de son mariage, célébré le 12 des calendes d'avril 1304, avec Saurina :

III. Marguerite DE BURGUÈS, Ier du nom, seigneur allodial, etc. : héritière de la famille et propriété, laquelle eut de son mariage, célébré le 2 des ides de février 1331, avec Bernard, à la charge de prendre et conserver le nom de Burguès :

IV. Bernard DE BURGUÈS, seigneur allodial, etc. : lequel eut de son mariage avec Catalina :

V. Bérenguer II DE BURGUÈS, seigneur allodial, etc., lequel eut pour fils,

VI. Pierre DE BURGUÈS, seigneur allodial, etc. : lequel eut de son mariage avec Catalina :

VII. Marguerite DE BURGUÈS, IIme, seigneur allodial dudit lieu, etc. : unique héritière de la famille, laquelle par son mariage avec Pierre de Salvagnes, maison très-ancienne, célébré le 28 octobre 1471, à la charge de prendre et conserver le nom de Burguès, eut pour fils :

1.º Jean, seigneur allodial de Burguès et de Salvagnes;
2.º Narcisse de Burguès, qui continue la lignée, qui eut de son mariage avec Catalina Garangon, Jean II de Burguès, seigneur allodial, etc., qui a continué la branche existante aujourd'hui en Espagne.

VIII. Narcisse DE BURGUÈS, vint s'établir à Valence, en Espagne, et fut père de : .

IX. Jean DE BURGUÈS, Ier du nom, qui passa en France, s'établit à Montpellier, et eut de son mariage, avec Claire Cassagne :

X. Antoine DE BURGUÈS, Ier du nom; celui-ci eut de son mariage, avec Eléonore de Saint-Jean :

1.º Gabriel de Burguès, qui suit;
2.º Jean de Burguès, qui vint s'établir à Toulon, y

remplit la place de Viguier et commandant pour le roi, et y rendit des services très-distingués.

XI. Gabriel DE BURGUÈS, Ier du nom, eut de son mariage, avec Jeanne Sanches :

1.º Gabriel, qui continua la branche établie à Montpellier, laquelle s'est éteinte par deux filles qui ne se marièrent point; beaucoup de titres antérieurs qu'elles avaient, comme étant la branche aînée, furent perdus;

2.º Antoine de Burguès, qui suit.

XII. Antoine DE BURGUÈS II, appelé à Toulon par son oncle Jean de Burguès, qui y était établi, forma, par son mariage avec Suzanne de Noble, la branche qui existe encore dans cette ville. Ce fut en sa faveur et en récompense des services que lui et son oncle avaient rendus à l'État, que Louis XIV, dans son voyage en Provence, érigea en fief et seigneurie la terre de Missiessy. Il avait acquis la baronie d'Orgon, que les héritiers du prince de Joinville reprirent. Il eut de son mariage, avec Suzanne de Noble : 1.º Gabriel de Burguès, qui suit; 2.º Antoine, et 3.º Pierre de Burguès. Antoine, lieutenant de vaisseau du roi, se noya sur le vaisseau *le Sage*, commandé par M. le chevalier de Guiche, qui se perdit au passage du détroit de Gibraltar, en 1692. Pierre mourut aussi lieutenant de vaisseau.

XIII. Gabriel DE BURGUÈS II, seigneur de Missiessy, eut de son mariage, avec Gabrielle Depebre :

1.º Jean de Burguès, qui suit;

2.º Marthe de Burguès, mariée à Charles Augustine, chevalier, seigneur de Septemes.

XIV. Jean DE BURGUÈS II, seigneur de Missiessy, eut de son mariage, avec Anne-Marie de Bernard :

XV. Jacques-Gabriel DE BURGUÈS, seigneur de Missiessy, et de Lhéry, chevalier de l'ordre royal et militaire de Saint-Louis, chef d'escadre des armées navales de Sa Majesté; eut de son mariage, avec Anne de Monier :

1.º Claude-Laurent de Burguès, dont l'article viendra;

2.º Jean-Frédéric-Claude de Burguès, enseigne des vaisseaux du roi, tué au bombardement de Souza, en Afrique;

3.º Joseph-Marie de Burguès, chevalier de l'ordre royal et militaire de Saint-Louis, capitaine de vaisseau, chef de division, marié avec Anne-Julie Gineste, sa nièce, dont il a :

    a. Alexandre-Gaston de Burguès, officier de la marine royale ;

    b. Joseph-Marie-Auguste-Benoît ;

    c. Jules-Emilie de Burguès ;

    d. Adèle-Emilie de Burguès ;

4.° Thomas-Edouard de Burguès, chevalier de l'ordre royal et militaire de Saint-Louis, vice-amiral des armées navales de Sa Majesté ;

5.° Suzanne-Catherine de Burguès, mariée à Félix-Madelon de Gineste, chevalier de l'ordre royal et militaire de Saint-Louis, capitaine de vaisseau, chef de division.

XVI. Claude-Laurent DE BURGUÈS, chevalier de Missiessy et de Lhéry, chevalier de l'ordre royal et militaire de Saint-Louis, capitaine des vaisseaux du roi, chef de division, épousa Marie-Anne Suffret de Villeneuve, de laquelle il laissa :

1.° Joseph-Marie de Burguès, dont l'article viendra ;

2.° Césarine de Burguès, mariée à M. de la Penne, chevalier de l'ordre royal et militaire de Saint-Louis, lieutenant de vaisseau ;

3.° Joséphine, mariée à Edouard de Burguès, son oncle ;

4.° Alexandrine de Burguès, mariée à M. de Fayet, gentilhomme de la chambre du roi.

XVII. Joseph-Marie de Burguès, seigneur de Missiessy et de Lhéry, lieutenant des vaisseaux du roi.

Armes : « Les armes de la maison de Burguès, sont : » gueules, à une forteresse fermée de murs avec trois tours » en or ; sur celle du milieu est une grue tenant une pierre » dans une patte, comme le symbole de la vigilance et » du zèle qu'elle a toujours manifesté pour la défense et » l'utilité de l'Etat ; il paraît que la branche de cette maison » établie en France, n'avait pas généralement adopté la » grue dans ses armes.

DESVERGERS DE MAUPERTUIS, famille d'une ancienne noblesse, originaire de la Brie, dont les derniers rejetons passèrent à la Martinique vers la fin du règne de

Louis XIV. Ses titres enregistrés, et conservés au conseil souverain de cette colonie, prouvent que Nicolas Desvergers de Maupertuis, et Pierre de Sanois son frère, fils de messire Pierre Desvergers, chevalier, seigneur de Maupertuis, capitaine d'une compagnie de cent hommes d'armes, suivirent à Saint-Christophe le commandeur de Poincy, leur oncle, qui y avait été envoyé comme gouverneur par le roi.

Après la prise de cette île par les Anglais, les deux frères qui s'y étaient mariés, et y jouissaient d'une fortune considérable qui leur fût enlevée, vinrent s'établir à la Martinique. De leurs mariages sont issues les différentes branches de Maupertuis et Sanois existant encore à la Martinique et la Guadeloupe.

Suivant leurs preuves généalogiques, qui font foi de leurs alliances avec plusieurs maisons illustres de France, et des services de leurs ancêtres, ils descendent en ligne directe et sans aucune interruption de messire Pierre Desvergers, chevalier, seigneur de Maupertuis, Sanois, Chambry, et autres lieux, qualifié, en 1400, de haut et puissant seigneur. Lors de l'incendie qui consuma, à cette époque, la chambre des comptes à Tours, où étaient déposés les titres de grand nombre de gentilshommes, le roi Charles VI, qui régnait alors, accorda aux seigneurs de Maupertuis par lettres-patentes enregistrées à la grande chancellerie les droits et priviléges des anciens nobles et barons du royaume.

Armes : « D'azur à la bande d'or, couronne de comte; » deux lions affrontés pour supports. »

MOREAU DE LA ROCHETTE, famille ancienne, originaire de Bourgogne.

Jean-Baptiste-François MOREAU D'OLIBON, *baron* DE LA ROCHETTE, né le 5 novembre 1751. En 1778, maître d'hôtel de la reine, et lieutenant des chasses de la capitainerie de Fontainebleau; fils de François-Thomas Moreau, seigneur de la Rochette (1), inspecteur-général des pépinières de France en 1767, créé en 1769 chevalier de l'ordre de Saint-Michel, en récompense de plantations et de défrichements

---

(1) Voir le Dictionnaire universel, historique, critique et bibliographique, 9ᵉ édition, d'après MM. Chaudon et Delandine, tome 12, pages 210 et 211.

considérables qu'il effectua, tant dans l'intérieur de la France,
que dans sa terre de la Rochette, près Melun, où il fonda
une école d'agriculture et de vastes pépinières.

Son titre est transmissible, à défaut d'enfants, à Armand-
Bernard Moreau de la Rochette, son neveu, né le 21 avril
1787, auditeur au conseil d'état en 1810, nommé sous-
préfet de l'arrondissement de Provins (Seine et Marne),
par ordonnance du roi, du 26 juillet 1814; petit-fils de
François-Thomas Moreau de la Rochette, et dont l'aïeul
maternel, Jean Gauthier (1), chirurgien ordinaire du roi,
de MONSIEUR, chirurgien-major en chef et inspecteur des
départements de la guerre, de la marine, des affaires étrangères, et fut également décoré, en 1775, de l'ordre de
Saint-Michel, pour prix des services qu'il rendit dans la
campagne de 1761, et la distinction particulière avec laquelle il exerça son art.

Armes : « Ecartelé au premier et quatre d'argent, à trois
» têtes de maures de sable, ayant leur bandeau aussi d'ar-
» gent, et posées deux et une; au deux et trois coupé d'or
» et d'azur, à trois roses posées deux et une; ces deux
» premières de gueules sur or, et la troisième d'argent
» sur azur. »

LAMBILLY (DE), ancienne famille noble de Bretagne.

I. Guillaume DE LAMBILLY, Ier du nom, seigneur dudit
lieu, en 1379, qualifié *monseigneur* dans un aveu qui lui
fut rendu en 1407, épousa Marguerite ou Margot de la
Motte, héritière principale de la maison et de la terre de la
Motte, dont il eut entre autres enfants :

II. Jean Ier du nom, seigneur de Lambilly, grand chambellan et premier gentilhomme de la chambre de Jean V,
duc de Bretagne, par lettres du 16 décembre 1415. Il eut
d'Olive de la Soraie, son épouse :

III. Jean DE LAMBILLY II, marié avec Isabelle de Castel,
de laquelle vint entre autres enfants :

IV. Robert DE LAMBILLY, écuyer, seigneur de Lambilly,
capitaine-général des Francs-archers, par lettres de François, duc de Bretagne, du 28 mai 1484, par lesquelles ce
prince lui donnait ordre d'aller abattre les châteaux de ceux

---

(1) Voir le supplément du Dictionnaire universel, historique, etc.

de ses sujets qui s'étaient révoltés. Il laissa de sa femme, dont on ignore le nom :

V. Yvon DE LAMBILLY, marié, le 17 septembre 1509, à Jeanne Giffart, fille de Robert Giffart, seigneur du Feil, dont :

VI. René DE LAMBILLY, écuyer, seigneur de Lambilly et de la Soraie. Il épousa Rolande du Houx, dont il eut entre autres enfants :

VII. Claude, seigneur de Lambilly et de la Soraie, marié avec Anne Brehault, dont est issu :

VIII. François DE LAMBILLY, écuyer, seigneur dudit lieu et de Quengo-Bréant, mort le 6 janvier 1632, laissant de son mariage accordé, le 2 février 1609, avec Jeanne Gatchair, dame de Lezerneau et de Vauguais :

IX. Guillaume DE LAMBILLY, II, chevalier, seigneur de Lambilly, de Kergrois et de la ville de Naché, qui, par lettres du mois de novembre 1667, obtint du roi la permission d'établir au bourg de Remongol, évêché de Vannes, un marché tous les mardis de chaque semaine et deux foires par an, l'une le 28 avril et l'autre le 27 août. Les habitants de Bretagne s'étant soulevés, quelques années après, en plusieurs endroits de cette province, il signala, en cette occasion, son zèle et sa fidélité pour le service du roi. Les états de la Bretagne s'étant assemblés en la ville de Saint-Brieux, en 1687, l'ordre de la noblesse le choisit pour son président. Il avait épousé, en 1644, Susanne Rogier, fille unique de Pierre Rogier, seigneur du Crevist, de laquelle il laissa entre autres enfants :

X. Pierre DE LAMBILLY, seigneur de Lambilly, de Kergrois et de la ville de Naché, reconnu avec son père, comme *nobles et issus d'ancienne extraction noble,* dès l'année 1380, par arrêt des commissaires de Bretagne, du 17 novembre 1668. Il avait épousé, le 11 août 1666, Jeanne de Rollée, fille de Thomas de Rollée, seigneur de la Moennerie. De ce mariage vint :

XI. Pierre-Joseph, seigneur de Lambilly, du Broutai et de la ville de Naché, né en 1679, reçu page du roi, dans la grande écurie, le 20 mai 1695, puis conseiller au parlement de Bretagne, et gentilhomme du roi d'Espagne, par brevet du mois de mars 1720. Il avait épousé, en 1701, Hélène-Céleste Magon, fille de Jean Magon, écuyer, seigneur de la Lande. Il eut de ce mariage :

1.º Pierre-Laurent, dont l'article viendra ;

2.º Marie-Jean-Louis, né le 2 janvier 1705, reçu page

du roi, dans sa grande écurie, le 10 juin 1720, puis
lieutenant dans le régiment des Gardes-françaises,
tué à la bataille de Dettingen ;

3.° Charles-Hyacinthe, né le 11 janvier 1706, reçu
page, dans la même écurie, le 20 mai 1721, puis
lieutenant de grenadiers au même régiment, tué à
la bataille de Fontenoy ;

4.° Jeanne-Céleste, mariée à Jacques le Pennec, chevalier, seigneur de Boisjoland ;

5.° Hélène-Modeste de Lambilly, femme de N....... de
Ruelan, seigneur de Tiercent.

XII. Pierre-Laurent DE LAMBILLY, seigneur dudit lieu,
épousa, en novembre 1734, Laurence-Thérèse Magon,
dont est issu :

XIII. Pierre-Laurent-Marie DE LAMBILLY, seigneur dudit lieu, marié avec Françoise-Jacquette de la Forêt d'Ar-
maillé, de laquelle il laissa :

1°. Pierre-Gabriel-François, dont l'article viendra ;

2°. Laurent-Xavier-Marlin, chevalier de Lambilly,
officier aux Gardes-françaises ;

3.° Robert-Guillaume-Joseph, chevalier de Lambilly,
du Broutai, etc., officier aux Gardes-françaises ;

4.° Auguste-Pierre-François, chevalier de Lambilly,
officier au régiment du Roi, infanterie, tué à l'armée des Princes ;

5.° Laurence-Thérèse-Gabrielle de Lambilly, épouse
de Claude-Augustin-Marie le Valois de Sérékc ;

6.° Marie-Félicité de Lambilly ;

7.° Marie-Victoire de Lambilly, épouse de Jean-Bap-
tiste-Mathurin de Monezun de la Villyrois ;

8.° Marie-Emmanuelle-Euphrosine de Lambilly, mariée
à M. de la Vigne-Dampierre.

XIV. Pierre-Gabriel-François DE LAMBILLY, seigneur
de Lambilly, Kergrois, Kerveno, etc. ; ancien lieutenant au
régiment des Gardes-françaises, a épousé Anne-Henriette-
Françoise de Rosily. Il a de ce mariage :

1.° Thomas Hyppolite de Lambilly ;

2.° Françoise-Victoire-Henriette-Isidore, épouse de
René-Joseph-Marie de Langlé ;

3.° Marie-Anne-Hermine de Lambilly, mariée à Jean-
Marie Robion de Troguindy ;

4.° Julie-Adélaïde de Lambilly, épouse d'Alphonse Aymar de Roquefeuil; .

5.° Marie-Olympe de Lambilly.

Armes : « D'azur, à six quintefeuilles d'argent, posées » trois, deux et un. »

LE ROY DE LA GRANGE, famille noble, originaire de Champagne, dont l'origine remonte bien au-delà de 1400.

I. Louis LE ROY DE LA GRANGE, écuyer, seigneur de la Couche, en Normandie, épousa, en 1443, N..... de Thiboutot, de laquelle il eut :

II. Jean LE ROY DE LA GRANGE, écuyer, seigneur de la Couche, qui épousa, en 1498, Antoinette de Beaumont, dont il eut :

1.° Claude, dont l'article suit ;
2.° Pierre le Roy de Longeville.

III. Claude LE ROY DE LA GRANGE, écuyer, seigneur de Longeville et de Chastres, lieutenant de cavalerie de la compagnie du comte de Nanteuil en 1541, épousa, en 1546, Marie de Francière. Il eut pour fils :

1.° Jean-Baptiste, qui suit ;
2.° Henri le Roy, seigneur de Mondreville et du petit Viaspre, mort sans postérité.

IV. Jean-Baptiste LE ROI DE LA GRANGE, Ier du nom, écuyer, archer des gardes du corps de Henri IV, épousa, en 1609, Simone d'Anière, dont sont issus :

1.° Antoine, dont l'article suit ;
2.° Bernard, auteur de la branche rapportée ci-après.

V. Antoine LE ROY DE LA GRANGE, Ier du nom, écuyer, seigneur de Grand-Maison, lieutenant au régiment de Saludie, épousa, en 1643, Marie du Pin, qui lui apporta la charge de chef de l'échansonnerie de la maison du roi. Il eut de ce mariage

1.° Antoine le Roy de la Grange, écuyer, seigneur de Grand-Maison, lieutenant au régiment de Dampierre, tué au siège de Candie ;
2.° Michel le Roy de la Grange, écuyer, seigneur de

Roussy, capitaine au régiment de Beaujolais, tué à Sainte-Brigitte en Piémont;

3.° Nicolas le Roy de la Grange, seigneur de Grand-Maison, lieutenant-colonel au régiment de Toulouse, chevalier de l'ordre royal et militaire de Saint-Louis;

4.° Jean-Baptiste, dont l'article suit.

VI. Jean-Baptiste LE ROY DE LA GRANGE, II° du nom, écuyer, seigneur de Grand-Maison, capitaine au régiment de Royal-des-Vaisseaux, épousa 1°, en 1677, Catherine Spirink de Wendevel de la maison de Clèves; 2°, en 1709, Louise-Geneviève le Noir, dont il eut :

1.° Augustin le Roy de Grand-Maison, écuyer, seigneur dudit lieu, lieutenant d'infanterie, marié, en 1737, à Marie-Elisabeth d'Orchemer, mort sans postérité;

2.° Thomas-Auguste le Roy de Grand-Maison, chevalier, vicomte de Bois-Herpin, lieutenant-colonel de cavalerie, maréchal des camps et armées du roi, chevalier de l'ordre royal et militaire de Saint-Louis, qui épousa 1°, et 1750, Louise-Geneviève-Marguerite de Bernard; 2° Marie-Madeleine Perrault de Lessard-Verdigny. Il mourut en 1799, n'ayant eu qu'une fille nommée Anide, mariée, en 1799, à N... de Pillot.

Branche des sieurs de la Grange prise au quatrième degré.

V. Bernard LE ROY DE LA GRANGE, second fils de Jean-Baptiste le Roy et de Simone d'Anière, chevalier, seigneur de Neuville, Sommeville, Fonteuil, etc., capitaine d'une compagnie de cavalerie du régiment du comte de Lillebonne, épousa, en 1658, Jeanne-Louise de Médard, fille d'Anselme de Médard, écuyer, seigneur de Villiers, et de Louise de Fresne. Il laissa, de son mariage :

1.° Bernard le Roy de la Grange, chevalier, seigneur de Sommeville, capitaine d'une compagnie de chevau-légers du régiment du cardinal Mazarin, puis capitaine au régiment de Limosin; tué à la tête de ce dernier régiment;

2.° Jean-Louis, dont l'article viendra;

3.° Claude le Roy de la Grange, chevalier, seigneur de Villiers-sur-Suize, capitaine au régiment d'Angoumois, qui épousa Barbe de Vial, fille de messire de Vial, écuyer, lieutenant-colonel de cavalerie au régiment du Luc, dont il eut : 1.° Antoine-Nicolas le Roy de la Grange, chevalier, seigneur de Villiers-sur-Suize, capitaine au régiment de Ségur, chevalier de l'ordre royal et militaire de Saint-Louis, qui épousa, en 1744, Claude-Pétronille Geoffroy, fille de Jean-Baptiste Geoffroy, subdélégué de l'intendance de Champagne, à Chaumont en Bassigny, mort sans postérité; 2.° Claude-François, capitaine au régiment de Ségur; 3.° Jean-Louis le Roy de la Grange, chevalier, chef d'escadre au port de Toulon, mort, en 1793, en Espagne, où il avait émigré; il avait épousé, en 1766, N... de Vialis, fille de M. de Vialis, chef du génie et brigadier des armées du roi. De ce mariage vinrent : 1.° Michel-Louis le Roy de la Grange, chevalier, capitaine de vaisseau au port de Toulon, qui émigra en Espagne, en 1791, avec son père, et mourut sans postérité, à Palma dans l'île de Majorque, en 1811 : 2.° Rose Geneviève, mariée, en 1787, à messire François-Gabriel Basterot de la Barrière, capitaine des vaisseaux du roi, mort victime d'un jugement révolutionnaire en 1792; Antoine-Nicolas avait pour sœur Louise-Antoinette, morte en 1798;

4.° Bertrand le Roy de la Grange, chevalier, seigneur de Saint-Amand, lequel a été tué étant lieutenant au régiment de Picardie;

5.° Ursule, dame de Châtillon, qui épousa messire Jean de Paillet, écuyer, seigneur du Petit-Serain;

6.° Louise.

VI. Jean-Louis LE ROY DE LA GRANGE, chevalier, seigneur de Sommeville, capitaine au régiment de Hainaut, épousa, en 1699, Anne de Pipault, fille de messire Antoine de Pipault, écuyer, seigneur de Lignol, et de Anne Dumont. Il eut pour fils :

1.° Hubert, dont l'article suit;

2.° Louis-Henri, mort sans alliance.

VII. Hubert LE ROY DE LA GRANGE, chevalier, seigneur d'Eigneville, épousa, en 1739, Elisabeth-Françoise de Vincent, fille de messire Nicolas-Francois de Vincent, écuyer, capitaine au régiment des gardes du duc de Lorraine. Il eut, entre autres enfants :

1.° Jean-Hubert, qui suit ;

2.° Anne-Elisabeth, élève de la maison royale de Saint
Cyr, et mariée à messire Joseph-Charles-Antoine
Boucher de Gironcourt, capitaine d'infanterie dans
les grenadiers royaux, chevalier de l'ordre royal et
militaire de Saint-Louis, dont un fils nommé Jean-
Hubert de Gironcourt,

VIII. Jean-Hubert LE ROY DE LA GRANGE, chevalier,
seigneur d'Oschey, fut page du roi, puis major des grenadiers royaux, et chevalier de Saint-Louis. Il émigra, et
mourut à l'armée de Loyal-Emigrans, où il servait en qualité de lieutenant-colonel. Il avait épousé, en 1772, Chris-
tine-Austrude-Céleste de Germay, fille de messire N... de
Germay, écuyer, seigneur de Germay et de Noncourt, et
de N... Bertrand. Il a laissé, de ce mariage :

1.° Florentin-Auguste, dont l'article viendra;
2.° Clémentine-Céleste, mariée, en 1798, à N... de
Saint-Georges; 3.° Marie-Amélie; 4.° Marie-Louise;
5.° Marie-Anide; 6.° N... Julie; 7.° N... Adélaïde.

IX. Florentin-Augustin LE ROY DE LA GRANGE, né en 1774,
ancien élève de l'Ecole royale militaire de Pont-à-Mousson,
aide-major à l'armée de Condé, officier-houlan de S. A. I.
l'archiduc Charles d'Autriche, chevalier de l'ordre militaire de Wurtemberg, s'est retiré du service étant capitaine
de première classe; il est en outre chevalier de l'ordre royal
et militaire de Saint-Louis.

Armes : « D'azur au chevron d'or, accompagné de trois
» merlettes de même, deux en chef, une en pointe, au chef
» d'argent chargé de trois gerbes de sinople. »

AVENNES (D'), famille noble, originaire du Hainaut.

Jacques d'AVENNES, issu des comtes de Hainaut (*voyez*
les Alliances de Paradin, page 800), épousa, en 1160,
Amélie de Guise. Il eut pour fils Bouchart D'Avennes, chantre
de l'église de Laon, qui fut chargé de la tutèle de sa parente
Marguerite, fille de Beaudoin VI, comte de Hainaut. La tradition rapporte que Jean devint amoureux de Marguerite
de Flandres, qu'il épousa, et en eut deux fils, Jean et
Baudoin d'Avennes. (Paradin, Alliances, pag. 800.). Ce
mariage, fait sans dispenses, leur attira l'excommunication
du pape et de l'évêque de Cambrai. Ils furent contraints de

se séparer, et Marguerite épousa en secondes noces Guillaume de Dampierre, dont elle eut plusieurs enfants. Bouchart d'Avennes étant décédé en 1243, les enfants des deux lits eurent un très-grand procès qui ne fut terminé en 1246, que par l'entremise du roi saint Louis. (*Voyez* Paradin, Alliances, pag. 800). Le comté de Flandres fut cédé aux enfants de Guillaume de Dampierre et de Marguerite de Flandres, et le comté de Hainaut à Jean et à Baudoin d'Avennes. Ces derniers s'étant emportés contre leur mère, qui favorisait les enfants de son second mariage, Louis IX les condamna à changer d'armoiries, comme on verra à la fin de cet article.

I. Baudoin d'Avennes céda tous ses droits sur le comté de Hainaut à Jean, son frère aîné, se réservant le titre de la seigneurie d'Avennes. Il se croisa plusieurs fois, et accompagna saint Louis en Palestine en 1263. A son retour de la Terre-Sainte, Philippe-le-Hardi, pour le récompenser de ses services, lui donna les terres et la seigneurie d'Hermonville, Clamecy, Villers-en-Prayères, Trucy, etc. Baudoin mourut à Hermonville en 1284, laissant, de son mariage contracté en 1280 :

II. Jean d'Avennes, seigneur d'Hermonville, qui eut pour fils :

III. Alexandre d'Avennes, Ier du nom, seigneur d'Hermonville. Il servit, en qualité d'hommes d'armes, sous les rois Louis XII et Charles VIII. Il mourut en 1524, laissant :

IV. Charles d'Avennes, Ier du nom, qui épousa, 1.º Perette de Cormery, fille de Pierre de Cormery, seigneur dudit lieu, et de Guillemine de Morienne; 2.º Antoinette du Guet, dame de Malouzin, dont il n'eut point d'enfants. Il servit sous les rois François Ier, Henry II, François II, et Charles IX, et mourut en 1567. Il laissa, de sa première femme :

1.º Alexandre, qui épousa, en 1570, Barbe de Montigny, fille de Benoît de Montigny, chevalier, seigneur de Cramoisette et de Vienne, et de Jeanne de Rambures. Il fut un des gentilshommes ordinaires de la chambre d'Henri IV. Dans les guerres civiles, son château de Trucy fut brûlé par les ligueurs, et les papiers de famille se trouvèrent perdus. Il laissa,

1.º Charles, marié à Louise de Bermondes, fille de Nicolas de Bermondes, écuyer. Il mourut jeune, ayant pour fils Philippe d'Avennes, né en 1597, qui fut tué en 1620, dans les guerres de Bohême; 2.º Paul d'Avennes, gentilhomme d'armes de la reine Marie de Médicis, marié, en 1610, à Marie de Piénnes, fille de Louis, seigneur de Piennes, et d'Anne de Montigny ; il mourut sans postérité : 3.º César d'Avennes, capitaine au régiment de Navarre, gentilhomme de la chambre de Henri IV, qui épousa, en 1600, Suzanne de Radingand, dont il eut quatre filles : N... mariée à Antoine de Chambry, seigneur de Chamouville; N... mariée à Charles du Hame, seigneur de Pilley ; Suzanne, mariée à Abel d'Athy, seigneur de Maisoncelle; et N... qui épousa Nicolas de Marguery, seigneur de Courtin et de Torricelly;

2.º Jean d'Avennes, mort sans postérité;

3.º Louis, dont l'article suit.

V. Louis d'Avennes, Ier du nom, marié à N... de Montigny, mourut en 1582. Il avait eu, de ce mariage :

    1.º Louis, qui servit dans la compagnie d'ordonnance de la reine de Navarre, dans les années 1590 et 1594, et sous le règne de Henri IV il épousa, en 1596, Madeleine des Armoises, fille de François, chevalier, baron des Armoises, seigneur de Suize et de Commercy, et de Charlotte de Maupan. Il eut, 1.º Marie, née en 1597, mariée à Nicolas du Fay-d'Athiers, seigneur de Suize; 2.º Marguerite, née en 1598, mariée à Nicolas de Bohan, vicomte du Bacq et seigneur de Nanteuil;

    2.º Eustache, dont l'article suit ;

    3.º Elisabeth, mariée, en 1606, à Pierre de Balayne, seigneur de Champhoudot.

VI. Eustache d'Avennes, né en 1567, fut d'abord enseigne dans le régiment de Champagne, et se trouva, en 1596, aux siéges d'Amiens et de Dourlens. Il servit dans une compagnie d'ordonnance du duc de Nevers, et accompagna Louis XIII à Bordeaux, lors de son mariage avec Anne d'Autriche. Il épousa, en 1602, Jacqueline de l'Enharré, fille de Pierre, seigneur de l'Enharré, et d'Antoinette de Radinguand. Il mourut en 1667, laissant de son mariage :

    1.º Louis, dont l'article viendra ;

    2.º François d'Avennes, né en 1611, capitaine d'un régiment de cavalerie, tué à la bataille de Rocroy;

    3.º Etienne-Claude d'Avennes, né en 1614, mort en 1690; qui servit dans la compagnie de colonelle du roi, eut ensuite la cornette des chevau-légers dans le régiment de Coaslin, et se trouva à la bataille de Rocroy. Il épousa, en 1646, Marie Trousset, dont il eut, 1.° Eustache d'Avennes, qui servit sous le maréchal de Créqui, et fut tué à l'armée de Catalogne en servant sous les ordres du maréchal de Noailles; 2.° Pierre-Marie d'Avennes, dit *le capitaine d'Hermonville;* il servit à l'armée de Catalogne, et mourut dans sa terre, en 1744, à la suite de ses blessures; 3.° Marie, morte sans alliance en 1703; 4.° Madeleine, morte fille en 1703; 5.° Marie d'Avennes, mariée, en 1704, à François de Morienne, seigneur de Ville-Moyenne, capitaine au régiment de Foix;

4.° Jean d'Avennes, né en 1625, capitaine dans le régiment de Condé, tué en 1652 au combat qui eut lieu à Paris, à la porte Saint-Antoine;

5.° Marguerite d'Avennes, mariée à Antoine de Laistre, seigneur de Beaufort;

6.° Marie, qui épousa, 1.° Pierre Habert, écuyer, 2.° N... de la Motte, lieutenant-colonel du régiment de Guyenne;

7.° Marie-Antoinette, morte sans alliance en 1672.

8.° Marguerite-Charlotte, mariée à Claude de Morel, seigneur de Saint-Amand.

VII. Louis d'Avennes, II° du nom, né en 1606, servit dans la compagnie d'ordonnance du duc de Nevers, se trouva au siége de la Rochelle, aux guerres contre les Huguenots dans le Vivarais, sous les ordres du duc de Rohan, et fut blessé au siége de Casal. Il fut envoyé à Clermont en qualité de major de la place, et mourut en 1650. Il avait épousé, en 1640, Madeleine de Combray, fille de messire Bouillard de Combray, seigneur de Romain, et de Marie d'Huyères, dame du Chesne. De ce mariage sont issus :

1.° Henri d'Avennes, qui entra, en 1666, dans la première compagnie des mousquetaires, et fut tué au passage dn Rhin;

2.° Paul d'Avennes, capitaine au régiment de Sault, tué au siége de Nimègue en 1672;

3.° Louis Joseph, dont l'article viendra;

4.° Anne-Philippine d'Avennes, tenue sur les fonts de baptême par la reine Anne d'Autriche et le duc d'Orléans. Elle fut mariée à Claude de Beaurepaire, seigneur de Croisart;

5.° Marie-Louise d'Avennes, mariée, 1.° à Alexandre de la Bruyère, seigneur de Caumont, major au régiment de Nanteuil; 2.° à Claude de Marmande de Tourville, chevalier de l'ordre royal et militaire de Saint-Louis, exempt des gardes du corps;

6.° Marie-Anne d'Avennes, mariée, 1.°, en 1673, à Robert Langlois, seigneur des Bouquetaux et de Juvigny; 2.° à François d'O, seigneur de la Robière.

VIII. Louis-Joseph d'Avennes, seigneur d'Hermonville, servit dans la compagnie écossaise de la garde. Il épousa, en 1699, Fabiolle du Quesnay, fille de messire Antoine de Collet du Quesnay, et de Nicole Bergeot, dame de la Motte-Fauconnière et de Vée. Il mourut à Hermonville, laissant :

1.° Charles-Florimond d'Avennes, mort en 1743, prieur de l'abbaye de Theil, diocèse de Sens;

2.° Claude, mort chanoine de la congrégation de Sainte-Geneviève;

3.° Hubert d'Avennes, mort jeune dans la première compagnie des gardes du corps;

4.° Louis, qui suit.

IX. Louis d'Avennes, III° du nom, vicomte de Cramaille, seigneur d'Hermonville, Toussicourt-le-Chesne, du Plessis en Vermandois, et autres lieux, officier dans le régiment de Puizieux, cavalerie, entra, en 1730, dans les gardes du corps, et se trouva au siége de Philisbourg. Il épousa, en 1747, Marie-Louise de Beuvry, fille de Remi de Beuvry, capitaine au régiment d'Aumale, seigneur du Plessis et de Grugy, etc., et d'Agnès d'Hédouville. Il eut, de ce mariage :

1.° Charles-François-Joseph, mort jeune et sans alliance;

2.° Marie-Louis-Remi d'Avennes, qui entra dans les chevau-légers, et mourut sans enfants;

3.° Jean-François-Florimond, dont l'article suit;

4.° Marie-Louise-Madeleine d'Avennes, mariée, en 1773, à M. le marquis de l'Espinay-de-Pancy, seigneur de Colligy, Pancy, etc., fils du colonel du régiment de Marteville.

X. Jean-François-Florimond d'Avennes, vicomte de Cramaille, seigneur d'Hermonville, Toussicourt, du grand hameau de Romain, du Plessis en Vermandois, etc., a servi dans les chevau-légers, puis dans les gardes du corps, compagnie de Grammont, et a été fait chevalier de l'ordre royal et militaire de Saint-Louis en 1791. Il avait épousé, en 1783, Marie-Hyacinthe de Jouenne d'Esgrigny-d'Herville, fille du chevalier d'Esgrigny, dont le père était colonel au régiment du même nom. Il a de ce mariage :

1.º Amédée-Louis-Charles d'Avennes ;
2.º Prosper d'Avennes, mariée, en 1811, à messire Casimir-Miron des Ormeaux, décédée ;
3.º Louise d'Avennes, mariée, en 1811, à Eugène Lescuyer d'Agnicourt, fils du marquis d'Agnicourt et de N-.. de Lamy, fille du baron de Lamy ;
4.º Françoise-Florimonde d'Avennes.

Armes : « De sable à trois fasces d'or, chargées de six
» besans de gueules, 3, 2, 1, pour supports, deux lions
» d'or, qui ne sont armés ni lampassés, c'est-à-dire dont
» les langues et les ongles sont coupés (à cause de la dis-
» grâce de Jean et de Baudoin d'Avennes), le tout sur-
» monté d'un casque d'argent grillé d'or, avec la couronne
» comtale, en-dessus de laquelle est un cimier représentant
» un lion d'or non lampassé, mais dragonné de sinople,
» tenant une devise avec ces mots : *Fortis simul et pru-*
» *dens.* »

TUDERT, famille originaire de la principauté de Galles en Angleterre, qui vint s'établir en Poitou, dans le treizième siècle.

I. Jean TUDERT Iᵉʳ du nom, natif de Mirebeau en Poitou, eut pour fils :

1.º Olivier, dont l'article viendra.
2.º Jean Tudert, qui fut élu et confirmé évêque de Châlons, et mourut avant d'être sacré. Il était né à Poitiers et avait été reçu conseiller au parlement de Paris en 1402. Il était doyen de l'église de Paris en 1422, et fut fait maître des requêtes la même année. Il obtint deux ordonnances, l'une du 23 décembre 1422, pour frais de deux voyages faits par ordre du roi Charles VII, vers les barons et seigneurs du Poitou, et en Lyonnais en la compagnie du chancelier de France, et autres ambassa-

deurs que ce prince envoyait vers le duc de Savoie :
la seconde du 13 décembre 1423, pour avoir traité
avec les habitants des villes de Blois et d'Orléans,
touchant les aides ordonnées par le roi pour l'en-
tretien de ses armées contre les Anglais. Il fut un
des principaux négociateurs de la paix faite avec
Philippe, duc de Bourgogne, et l'un des députés
qui conclurent le traité d'Arras en 1435. Il fut
élevé à l'évêché de Châlons en 1439, et mourut à
Paris le 9 décembre de la même année. Il fut inhumé dans le cloitre de l'église de Notre-Dame de
Paris près la porte du chapitre, sous une tombe
sur laquelle il est représenté en habits pontificaux,
avec une inscription autour.

II. Olivier TUDERT, mort avant l'année 1439, fut père
de :

 1.º Jean, qui suit;
 2.º Trois filles dont les noms sont ignorés ;

III. Jean TUDERT IIᵉ du nom, institué héritier par son
oncle, avait été pourvu de la charge de maître des requêtes, par lettres du 18 décembre 1438. Il plaida contre le
chapitre de Notre-Dame de Paris, comme exécuteur testamentaire de Jean Tudert son oncle, le 14 mars 1439. Il
fut ambassadeur vers le duc de Savoie en 1453, et fut
nommé par Louis XI premier président du parlement de
Bordeaux, lorsqu'il en fit l'institution au mois de juin
1462. Il se démit de cet office en 1471, et mourut le 13
septembre 1473, avec les honneurs de sa charge que le
roi lui avait conservés. Il avait épousé Catherine de Chan-
denier, dont il eut :

 1.º Léon Tudert, avocat au parlement et lieutenant
 du sénéchal de Poitou, qui épousa Catherine Louet,
 fille de Jacques Louet, trésorier des Chartes et général de la justice des aides de Paris, et de Marie de
 Merle. Il eut pour enfants : 1.º Jean, mort sans alliance, 2.º Radegonde, mariée au seigneur de la
 Sauvagère en Poitou, 3.º Jeanne Tudert;
 2.º Joachim Tudert, dont l'article viendra;
 3.º Jacques Tudert, prieur de Saint-André de Mirebeau, archiprêtre de l'église collégiale de Notre-
 Dame en la même ville. Il fonda une messe quoti-
 dienne dans ladite église en la chapelle dite des
 Tuderts, par acte du 30 janvier 1527.

IV. Joachim TUDERT, licencié ès lois, reçu avocat au châtelet, fut lieutenant particulier du siége de Poitiers, et maire de cette ville. Il fit bâtir le château de la BOURNALIÈRE, et une chapelle en l'église paroissiale de Sainte-Opportune à Poitiers, où il fut inhumé. Il avait épousé MARIE-ANNE CHAILLÉ, dame de Beruges et de Bernay, fille d'André Chaillé, seigneur de Beruges, échevin de la ville de Poitiers, et de Jeanne Rideau, dame de Bernay. Il eut de ce mariage :

    1.º Claude, dont l'article viendra;

    2.º Jean Tudert, seigneur de la Bournalière, prieur de Saint-André de Mirebeau en 1529, et chefcier de l'église collégiale de la même ville;

    3.º François Tudert, écolâtre de l'église de Saint Hilaire de Poitiers;

    4.º Joachim Tudert, homme d'armes des ordonnances du roi;

    5.º Anne Tudert, mariée en janvier 1528 à Paul de Jousseraut, écuyer, seigneur de Lairs.

V. Claude TUDERT, Iᵉʳ du 'nom, seigneur de la Bournalière, conseiller au châtelet de Paris, puis au parlement le 4 décembre 1534, fût président en la troisième chambre des enquêtes. le 9 juillet 1544, et maître des comptes à Paris par lettres du 17 mars 1551. Il épousa Marie Luillier, veuve de Raoul Aymeret, seigneur de Gazeau, maître des comptes, et fille d'Eustache Luillier, seigneur de Saint-Mesmin, aussi maître des comptes, et de Marie Cœur. Il laissa :

    1.º Claude, dont l'article viendra;

    2.º Eustache Tudert, seigneur de Beruges, mort sans postérité;

    3.º Jean Tudert, seigneur de Mazières, qui se retira à Genève où il se maria, laissant Jean Tudert, seigneur de Mazières, lequel se maria aussi à Genève, et eut plusieurs enfants;

    4.º Joachim Tudert, seigneur de la Chapelle dans la paroisse de Chouppes. Il épousa Marguerite Pidoux, sœur de René Pidoux, abbé de Valence, conseiller au parlement de Paris, de laquelle il laissa Claude Tudert, seigneur de la Chapelle, qui épousa le 19 janvier 1606 Claude de Chouppes, dont un fils et une fille;

    5.º Catherine Tudert, femme de François de Brillac,

seigneur de Nouzières, lieutenant criminel au siége présidial de Poitiers.

VI. Claude TUDERT, IIe du nom, seigneur de la Bournalière, conseiller au châtelet, puis au parlement le 29 novembre 1566, épousa Nicole Hennequin, fille de Jean Hennequin, seigneur de Dammartin, conseiller au parlement, et commissaire aux requêtes du palais, et d'Anne Molé. Il eut de ce mariage :

1.º Claude, dont l'article suit :

2.º Nicolas Tudert, doyen de l'église de Paris, abbé de Saint-Georges sur Loire, prieur de Saint-André de Mirebeau, et reçu conseiller au parlement de Paris, le 8 juillet 1604.

3.º Marie Tudert, femme de Jean Seguier, seigneur d'Autry, conseiller au parlement, maître des requêtes, ensuite lieutenant civil au châtelet de Paris. Elle était veuve le premier mars 1600, et mère de Pierre Seguier, qui fut chancelier de France. Elle se fit carmélite sous le nom de la *mère de Jésus*, et vivait en 1622 ;

4.º Isabelle Tudert, mariée 1.º à Lancelot Pidoux, seigneur de Rochefaton et du Coudrai : 2.º à René Picher, seigneur de la Roche-Picher.

VII. Claude TUDERT, IIIe du nom, seigneur de la Bournalière, épousa en 1605 Marie du Bois, fille de François du Bois, conseiller au présidial de Poitiers, et maire de cette ville en 1590, et de Renée le Sueur d'Osny. De ce mariage sont issus :

1.º Claude, dont l'article suit ;

2.º Marie Tudert, femme de Pierre Fumée Nignon de la Fois ;

3.º Geneviève Tudert, religieuse à la Trinité de Poitiers ;

4.º Catherine Tudert, religieuse aux filles de Notre-Dame de Poitiers ;

5.º Françoise Tudert, mariée à Etienne Maguenon, seigneur des Forges, conseiller en la sénéchaussée et siége présidial de Poitiers, assesseur et conservateur des priviléges de l'université de cette ville.

6.º Renée Tudert, religieuse à la Trinité de Poitiers.

VIII. Claude TUDERT, IVe du nom, seigneur de la Bournalière, conseiller au châtelet, puis au parlement, où il fut reçu le 26 août 1634; lieutenant-général du bailliage de Poitiers, puis chanoine de Notre-Dame à Paris en 1661. Il avait épousé Geneviève le Boulanger, fille de Charles le Boulanger, seigneur de Fontenay, secrétaire du roi et de Nicole l'Escuyer. Il eut de ce mariage :

1.° Pierre Tudert, seigneur de la Bournalière, reçu conseiller au parlement le 13 juin 1663, mort le 13 novembre 1666 ;

2.° Claude Tudert, mort sans alliance en septembre 1664, mousquetaire du roi ;

3.° Charles Tudert, enseigne au régiment des gardes, puis chanoine de l'église de Paris, mort en janvier 1665 ;

4.° Dominique Tudert, chanoine de Notre-Dame, mort le 16 octobre 1667 ;

5.° Nicolas, dont l'article suit ;

6.° Françoise Tudert, morte le 6 août 1669. Elle avait épousé Jean-Joseph le Tillier, seigneur de Salvert et du Plessis, conseiller au parlement le 3 septembre 1670, mort en février 1671.

IX. Nicolas TUDERT, seigneur de Saint-Etienne du Brillouet en Poitou, épousa le 25 avril 1680 Anne-Julie Fumée, fille de Pierre Fumée, conseiller au grand conseil, et de Claude Ridel. De ce mariage vinrent :

1.° François Tudert, dont l'article suit ;

2.° Claude Tudert, grand croix, commandant de l'ordre de Malte ;

3.° Jeanne Tudert, mariée a M. de Vassé, chevalier, seigneur de la Roche Faton.

X. François TUDERT, seigneur de la Bournalière, Loubigné, Gallardon, et autres lieux, lieutenant-colonel du régiment de Morreton, infanterie, chevalier de l'ordre royal et militaire de Saint-Louis, a épousé M. de la Couture-Renom. De ce mariage vinrent :

1.° N ... Tudert, mort page chez le roi ;

2.° Claude Tudert, prêtre chanoine de l'église de Paris, conseiller de grand'chambre au parlement de Paris, doyen de l'église métropolitaine de Paris, conseiller d'honneur au parlement de Paris, abbé commendataire des abbayes de Saint-Eloi, Fontaine et de la Chalade, mort et enterré dans le chœur de la cathédrale de Paris en 1779, au mois de novembre ou décembre ;

3.º N . . . . . Tudert, mort à Malte , reçu chevalier de minorité ;

4.º N . . . . Tudert, mort chevalier de Malte de minorité ;

5.º N . . . . Tudert, seigneur de la Bournalière, capitaine de dragons, chevalier de Saint-Louis, marié à demoiselle M . . . . de Nossay, famille du bas Poitou. De ce mariage une fille morte en bas âge.

6.º François-Geneviève de Tudert , seigneur de la Bournalière , Loubigné , Gallardon , etc., chevalier de Malte et de Saint-Louis , lieutenant-colonel d'Orléans, cavalerie, brigadier des armées du roi , gentilhomme de monseigneur le duc d'Orléans , marié, en 1775, à demoiselle Félicité-Louise Bonaventure de Thibaut de la Rochetulon. Il est mort sans postérité le 30 octobre 1792.

7.º N . . . . Innocent-Louis de Tudert , chevalier de Malte , capitaine des Galères , receveur de l'ordre , commandeur des commanderies de Beaune en Bourgogne , et du Guéléan dans le Maine , bailli, grand croix de l'ordre , mort en novembre 1790 ;

8.º Anne-Charles dont l'article viendra ;

9.º N . . . . de Tudert, mariée à N . . . . de Saint-Gelais Lusignan , morte sans postérité ;

10.º N . . . . de Tudert, mariée à Pierre de Vassé, capitaine de dragons , chevalier de Saint-Louis , seigneur de la Rochefaton , ayant laissé lignée.

XI. Anne-Charles DE TUDERT de Saint-Etienne, seigneur du Plessis , la Chapelle , capitaine de Dauphin dragons , chevalier de Saint-Louis , mort en 1790 , marié à demoiselle Marie-Julie-Constance Girault , vivante. De ce mariage :

1.º François Marie Claude de Tudert dont l'article viendra :

2.º Marie-Claude de Tudert, née en 1766 , reçue chanoinesse comtesse du noble chapitre de Salles en Beaujolais , vivante ;

3.º Anne-Marie-Geneviève de Tudert , vivante ;

4.º Sophie-Elisabeth-Louise de Tudert , chanoinesse, comtesse de Salles en Beaujolais, vivante , mariée en 1801 à Charles Hunault de la Chevalerie , capitaine commandant , ayant quatre enfants.

XII. François-Marie-Claude DE TUDERT né en 1768 ,

reçu avocat au parlement de Paris en 1787, officier au régiment de dauphin, cavalerie, en 1789, émigré en 1791, a fait la campagne des princes dans l'armée du centre, compagnie de commissaire général, cavalerie, rentré en 1800 à la suite de la dernière pacification de la Vendée, marié la même année à demoiselle Jeanne-Alexandrine Chabiel de Morière, morte le 28 décembre 1813. De ce mariage :

1.º Louis François-Aymar de Tudert né le 19 septembre 1812;

2.º Une demoiselle morte en bas âge.

Armes : « Cette famille portait anciennement d'azur a » une fasce denchée d'argent, surmontée de trois besans » d'or; et depuis 1551, elle porte d'or à deux losanges » d'azur, au chef d'azur chargé de trois besans d'or. »

MAULÉON (DE). Cette famille descend par mâles d'Haton ou Natonis, deuxième fils d'Eudes, duc d'Aquitaine. Hunolt duc d'Aquitaine (tige des rois de Navarre et dont descendent les Aranda et les d'Esclignac) son frère, lui fit arracher les yeux en 745. L'on sait que ce duc Eudes était fils de Boggis, lequel l'était de Caribert, roi de Toulouse et d'Aquitaine; et que ce roi Caribert était le deuxième fils de Clotaire II, roi de France et frère de Dagobert. Cette origine est constatée par tous les auteurs contemporains des premiers rois de la deuxième race, et par la charte de la fondation d'Alaon.

I. HATON, deuxième fils d'Eudes, duc d'Aquitaine, ainsi qu'il a été dit plus haut, laissa selon la charte de la fondation d'Alaon, les enfants qui suivent :

1.º Loup Ier, duc de Gascogne, dont la fille unique, Adèle, épousa son cousin germain le duc Vaifre;

2.º Altargarius qui suit;

3.º Icterius, fait comte d'Auvergne par Charlemagne, et qui n'eut pas de postérité.

II. ALTARGARIUS, comte des Marches de Gascogne; il fut donné en ôtage à Charlemagne avec son frère Icterius, par Loup, duc de Gascogne. Ils s'attachèrent dès lors à la famille carlovingienne et s'allièrent avec elle. Ses ossements furent portés avec ceux de son père, de Saint

Sauveur de Limoges au monastère d'Alaon en 835. Il eut :

    1.º Vandregisile ou Vandrille qui suit ;

    2.º Ermiladiüs, comte d'Agen, mort sans postérité.

III. VANDREGISILE comte des Marches de Gascogne. Il fonda le monastère d'Alaon dans le comté de Ribagorce en Espagne. Il fit bâtir le château de Vandres dans la vallée de Tena. Il eut de Marie, fille d'Aznar, comte de Jaca ou Aragon ;

    1.º Asinarius, qui suit ;

    2.º Bernard, tige des comtes de Ribagorce et de quelques familles espagnoles, telles que les Alagon et autres ;

    3.º Antoine, vicomte de Besiers, qui n'eut pas de postérité ;

    Athon, comte de Pallias, mort aussi sans postérité.

IV. AZINARIUS OU AZNAR, vicomte de Soule et de Louvigner, consentit à l'acte de fondation d'Alaon et y ajouta ses donations, entre autres l'église de Mauléon ; il passa la première confirmation avec sa femme Cerberge, fille du duc Burchard vainqueur des Mores de Corse (lequel on croit être de la maison de Montmorency) en 862. Ses enfants cités dans cet acte furent :

    1.º Azinarius, qui suit ;

    2.º Burchard ;

    3.º Arnold, tige des Mauléon, seigneurs de l'île de Rhé, la Rochelle, Bénon, Talmond et autres en Poitou, provenant de la succession d'Haton son aïeul, deuxième fils du duc Eudes. Les Savari, les Raoul, les Guillaume de Mauléon, fameux dans l'histoire de France du douzième et treizième siècle étaient descendants d'Arnold. Cette branche était alliée aux plus puissantes familles du Poitou, entre autres, aux illustres maisons de Thouars et de la Trémouille ;

    4.º Faquilène ;

    5.º Richense, enterrée à Alaon en 862.

V. Azinarius ou Aznar II, vicomte de Mauléon, de Soule et Louvigner, seigneur de Barrabès, Bénasque, Aran et Tena, confirme Alaon en 883 étant au château de Vandres. Il eut de son épouse :

    1.º Loup Azinarius, qui suit ;

2.º Artal, moine de Saint-Rémi de Rheims ;

3.º Centulle ;

4.º Athon, évêque de Toulouse ;

5.º Amita.

VI. Loup Azinarius, vicomte de Soule, confirme Alaon en 912 ; il eut de sa femme Audisende :

VII. Athon Ier, vicomte de MAULÉON DE SOULE, titré de comte de Ribagorce. Il confirma Alaon en 973. Il eut de la comtesse Marie son épouse :

    1.º Athon, qui suit ;

    2.º Garcia, tige des vicomtes de Louvigner (*Lupiniacensis* ou *Luperianensis*) dont il paraît que descend la famille de Lüppé.

VIII. ATHON II, vicomte de Soule, confirma Alaon en 1005 ; il eut de son épouse Raimonde, fille de Raimond Pons, comte de Toulouse, Guillaume vicomte de Soule, assassiné par embûches de Gaston, vicomte de Béarn, en 1015. Il fut père de :

    1.º Raimond Guillaume, surnommé Salamace, qui confirma Alaon étant au château de Mauléon en 1040. Les descendants de celui-ci changèrent avec Philippe-le-Bel, roi de France et de Navarre, la vicomté de Soule contre le marquisat de Rada et d'autres terres en Navarre ; cette branche s'allia avec la famille royale de France, qui régnait alors en Navarre, avec les Grammont d'Aster et autres des plus puissantes familles de ce royaume ; elle s'éteignit dans le seizième siècle et fondit dans les maisons des ducs de Grenade et marquis de Montéhermoso ;

    2.º Loup Athon, qui suit :

IX. Loup ATHON, seigneur de la vallée de Tena et de Jaca, fut assassiné en même temps que son frère le vicomte Guillaume. Il eut d'Irmengarde de Narbonne :

X. GARCIA LOUP, seigneur de Tena, qui confirma la fondation d'Alaon avec Eneca Lupi sa femme et leurs enfants en 1015. Leurs enfants furent :

    1.º Athon Garcia, qui suit :

    2.º Loup Garcia, vicomte d'Ortez ;

    3.º Guillaume Garcia.

XI. ATHON GARCIA, seigneur de Tena et de Jaca, confirma Alaon en 1034 avec Velasquette sa femme (nommée Ricarde en Bigorre). Leurs enfants furent :

1.º Asinarius Athon, qui suit ; 2.º Arnaud ; 3.º Louis ; 4.º Vandregisile ; 5.º Ricarde.

XII. Azinarius ou AZNAR ATHON III, seigneur de Tena ; il eut pour femme Galinde, fille de Pépin, comte de Comminges, qui prit l'habit monastique à Alaon en 1039. Ils eurent :

1.º Garcia Aznar, qui tua dans son château de Vandres, Centulle Gaston , vicomte de Béarn sous Sanche Ramirez, roi d'Aragon en 1090 ; poursuivi par les ordres de ce roi, il s'enfuit chez les Mores de Cordoue ;

2.º Fortunius Aznar continua cette branche de Téna qui s'éteignit dans le treizième siècle ;

3.º Galindo Aznar, qui suit.

XIII. GALINDO AZNAR , seigneur de Tena, de Lez et d'une partie utile du comté de Comminges. D'après une charte rapportée par M. de Marca (Histoire de Béarn.) , malgré que Galindo n'eût pas eu de part au meurtre commis par son frère , puisque dans ce temps il avait accompagné le roi Sanche Ramirez dans la guerre de Castille, ce prince l'obligea ainsi que sa mère et ses frères d'évacuer la vallée de Tena et ordonna que le château de Vandres fût rasé. Alors Galindo se retira avec sa mère dans la portion utile du comté de Comminges dont elle avait hérité. Il se maria à une demoiselle de la maison de Labarthe, seigneur des quatre vallées d'Armagnac qui lui porta la vallée de Barousse où le château de Mauléon fut bâti en souvenir de la capitale de la Soule. Il signa un acte de déguerpissement en faveur de l'abbaye de Peirissas , en concurrence avec le comte Bernard de Comminges et Compan de Benque de la même maison, comme copropriétaire du comté de Comminges. Cet acte rapporté en extrait par dom Vaissette est de 1100. La terre de Lez dont il prend le titre est restée dans la maison de Mauléon jusques au seizième siècle, ainsi que partie de celles qui avaient été démembrées du comté de Comminges en faveur de Galinde, fille et héritière du comte Pépin, son père et de Bernard, son frère, mort sans postérité. Galindo eut pour fils :

1.º Bernard de Mauléon, qui suit ;

2.° Robert de Mauléon qui adopte le nom de famille en même temps que son frère. Il fut grand capitaine, chevalier de l'ordre du lys et un des douze gentilshommes de Navarre à qui fut donné le commandement de la noblesse de ce royaume en 1138 (1).

XIV. Bernard DE MAULÉON, chevalier, seigneur de Lez, de St-Béat, Foz, des vallées de Bavartès et Frontignès, de Cazaril, Labarthe Isnard, Anners Sedillac, Gensac, la Bastide-Savès, Noillan, Montblanc, Pargesse et autres sises dans le Comminges et tenues sous l'hommage de ses comtes. D'après l'usage qui s'introduisit dans ce temps d'adopter des noms de famille, il prit avec ceux des siens existant à cette époque, celui de la capitale de la Soule. Il fit une donation à l'abbaye de Berdoues en 1134. Il est cité dans des actes de 1161, 1164, 1167, 1170, dans lesquels il est dit oncle de Raimond Emeric de Montesquiou, ainsi que Bernard de Montesquiou, évêque de Tarbes, et Géraud de la Barthe, archidiacre, puis archevêque d'Auch, et cousin d'Arnaud de la Barthe (2). Il eut :

XV. Géraud DE MAULÉON, chevalier, baron de Barousse, seigneur des terres plus haut citées, en Comminges, bienfaiteur du monastère de Nisors en 1209. Il eut pour fils :

1.° Bernard qui continua la branche des barons de Barousse; (Il fut rico-hombre d'Aragon.) Il fit une donation à Nisors en 1228. Sa postérité est continuée dans les Mauléon Nébias. Il y a eu plusieurs branches éteintes dans les siècles passés descendantes de Géraud qui furent établies en Languedoc et Gascogne; elles fournirent nombre de sujets illustres cités par les historiens du Languedoc, du Dauphiné et de la Provence. Géraud de Mauléon, seigneur de Gourdan, gouverneur de Calais, fut chevalier du Saint-Esprit dans la promotion de 1585;

2.° Géraud, cité avec ses frères en 1254 (3);

3.° Azémar, qui suit.

(1) Voyez André Favin, histoire de Navarre, T. 204.
(2) Voyez le père Anselme, t. 1, pag. 10, 11 et 12, et aux preuves, pag. 95.
(3) Histoire du Languedoc.

XVI. Azémar DE MAULÉON, chevalier, seigneur de Lez , Gensac; St.-Béat, etc. ; il hérita de son père de toutes les terres qu'il avait en Comminges. Il fut présent avec Bernard de Mauléon, son frère aîné, à la donation que fit Géraud leur frère à l'abbaye de Nisors en 1228. Il jouissait par indivis de la terre de Gensac et de plusieurs autres avec Bernard, comte de Comminges, par acte de 1252. Donation à Nisors avec sa femme Honnor et Géraud son frère, 1253. Son testament en 1272; autre acte en 1273. Procureur fondé du comte de l'Ile Jourdain avec Roger de Mauléon son fils, 1288. Ses fils furent :

    1.º Géraud;
    2.º Roger ;
    3.º Bernard, qui suit :

XVII. Bernard II DE MAULÉON, damoiseau, seigneur de Gensac, Lez, St.-Béat, etc.; il jouissait d'une partie de ces terres par indivis avec le comte de Comminges; mais sous son hommage; ce qui est prouvé par un acte de 1284 et un de 1304. Sa femme est nommé Condor. Il laissa d'elle :

XVIII. Azémar II DE MAULÉON, chevalier, gouverneur de St.-Bertrand et seigneur de Gensac, Lez, Sédillac, etc. etc. etc. Il donna quittance de ses gages le 7 juin 1347, scellée d'un sceau chargé d'un lion (1) qui sont les armes de la maison. Il eut :

XIX. Bernard III DE MAULÉON, écuyer banneret, seigneur de Gensac, Sédillac, Lez et autres citées plus haut. Fut présent en 1350 avec Arnaud Guillem de Mauléon, baron de Barousse, à une quittance de Jean, vicomte d'Aster. Il rendit hommage au roi comme comte de Comminges en 1389; ce comté étant réuni à la couronne. Il laissa en mourant son fils mineur qui suit :

XX. Bernard IV DE MAULÉON, seigneur de Gensac, Lex, Sédillac, la Bastide, etc. etc. Rend hommage à Marguerite comtesse de Comminges à qui le roi avait rendu son comté en 1389; il fit son testament le 22 décembre 1446. Ordonna sa sépulture à Nisors, tombeau d'une partie de ses ancêtres. Sa femme fut Honorete de la Tour; il en eut :

    1.º N. de Mauléon:

---

(1) Voyez l'abbé le Laboureur.

2.º Géraud, qui continua cette branche éteinte au dix-
septième siècle ;

3.º Azémar ;

4.º Arnaud ;

5.º Bertrand ;

6.º Gausserand, qui suit ;

7.º Arnaud-Guillem ;

8.º Gaston ;

9.º Savari ;

10.º Jeanne.

XXI. Gausserand DE MAULÉON, seigneur de la Bastide,
Savès, Noillan, etc. etc. Le sixième des fils de Bernard IV,
seigneur de Gensac, fit un acte de partage avec ses frères
et neveu en 1479 ; eut sa part dans d'autres terres, entre
autres celles de Lez, Pargesse, St.-Béat, etc. ; passa un
autre acte en 1480 ; rendit hommage au roi en 1493 et
1503 ; fit son testament en 1504. De sa femme Marguerite de Touges Noillan, il eut nombre d'enfants. Cette
branche de la Bastide fut continuée jusques à la fin du
dix-septième siècle ; elle fournit des sujets distingués dans
l'épée et l'église, un grand bailli de St.-Gilles, plusieurs
chevaliers de Malte. Un rameau de cette branche s'établit
en Lorraine où elle joua des rôles cités dans l'histoire de
cette province. Cette branche de Lorraine contracta des
alliances avec les meilleures familles de ce pays, entre
autres avec celles du Châtelet et de Choiseul, et fournit des
chanoinesses à Remiremont et autres chapitres. Jacques
de Mauléon qui suit était le sixième fils de Gausserand.

XXII. Jacques DE MAULÉON, seigneur de Savaillan,
compris dans le testament de son père, reçut pour sa
portion légitimaire la maison et biens de Peguilhan, fut
compris dans une montre faite à Mirande en Astarac, le
18 février 1522. Capitaine d'une compagnie de gens de
pied en 1527. Servit avec distinction en Italie sous le
maréchal de Montluc qui le cite en ses mémoires sous le
nom de Labastide père des Savaillan, un des plus vaillants
gentilshommes qui fût en son armée. Il rendit hommage au
roi pour Péguillan et Savaillan en 1540 ; fit son testament
en 1558 ; il assista au mariage de Denis de Mauléon, seigneur de la Bastide, son neveu, avec Marguerite d'Esparbès.
Il épousa en 1533 Perrette de Ferrières des Guillots, de
laquelle il eut :

1.º Arnaud de Mauléon, capitaine d'une compagnie de trois cents hommes de pied ;
2.º Denis, qui suit ;
3.º Jacques, chevalier de Malte en 1560 ;
4.º Jean-Jacques ;
5.º Florette ;
6.º Louise ;
7.º Anne ;
8.º Catherine ;
9.º Antonie.

XXIII. Denis DE MAULÉON, seigneur de Savaillan, gouverneur de Castel-Jaloux et du Mas-Grenier, commandant des pays de Comminges, Rivière Verdun, comté de l'Ile Jourdain et vicomté de Gimois pour le roi de Navarre (qui fut depuis Henri IV) : Capitaine de gendarmes, il se maria avec Catherine de Montlezun, fille de Bernard, seigneur du Castera, en 1576 ; il acquit la seigneurie de St.-Sauvi du roi Henri IV en 1588 ; fit son testament le 7 février 1589 ; celui de sa femme est du 2 février 1610. Leurs enfants furent :

1.º Jacques de Mauléon, seigneur de Savaillan, gouverneur des ville et château de Lectoure ; il épousa une demoiselle de Galard de Lille, il fut père d'Henri de Mauléon, seigneur de Savaillan, St.-Brés, Nogués, etc. ; de François, seigneur d'Oinville, mort sans postérité ; de Jean idem en 1646 ; de Pons, tué au combat du faubourg St.-Antoine à Paris ; fut maintenu en sa noblesse en 1666. La branche de Savaillan s'est éteinte en la personne de M. de Mauléon Savaillan habitant sa terre de Bruel en Normandie au commencement de la révolution française. Il avait un frère mort commandeur de l'ordre de Malte. Madame la marquise de Pile leur nièce a recueilli une partie de leur succession ;
2.º Pierre qui suit ;
3.º Henri de Mauléon, dit d'Ancaussan.

La famille de Mauléon conserve plusieurs lettres originales écrites à Denis de Mauléon, seigneur de Savaillan, par Jeanne, reine de Navarre, par le grand Henri et par le duc d'Alençon.

XXIV. Pierre DE MAULÉON, seigneur de St.- Sauvi et Lixandre. Son existence est prouvée par les actes ci-dessus ;

il testa le 7 novembre 1653 et avait épousé en premières noces Armoise d'Astugues le 13 mars 1611, et en secondes noces en 1623, Anne de Montlezun, fille du seigneur du Bruca.

Du premier lit vinrent :

1.º Abraham-François, qui suit ;

2.º Paul, auteur de la branche de la Come, éteinte.

Du second lit :

N..., mariée à M. de Faudoas, seigneur d'Airies.

XXV. Abraham-François DE MAULÉON, seigneur de St-Sauvi et Lixandre, épousa le 9 décembre 1646, Madelaine de Lary, fille du seigneur de la Mothe en Do ; maintenu avec son frère en sa noblesse le 17 septembre 1666 et 1667 en même temps que les seigneurs de Savaillan, lors de la recherche générale. Il eut :

XXVI. Jean DE MAULÉON, seigneur de Saint-Sauvi et Lixandre ; il épousa, en premieres noces, Marguerite de Léomont, fille du seigneur de Gariés, dont il n'eut pas de succession ; il épousa, en secondes noces, Marie de Bonnefont, fille du seigneur de Fieux, et de Nicole de Fumel, en 1695 ; maintenu en sa noblesse en 1698 et 1699 ; testament de Marie de Bonnefont, 30 mai 1704. Leurs enfants furent :

1.º Joseph-César, qui suit ;

2.º Henri de Mauléon, marié en 1745 à Thérèse d'Olivier, fille du seigneur Des Tartés, dont il eut Joseph, comte de Mauléon, ancien officier des gardes du corps, compagnie de Noailles, et maintenant lieutenant en celle de Wagram, chevalier de St.-Louis et maréchal de camp. Le comte de Maùléon, marié à la fille du comte de Latour Nouaillan, a pour fils Henri de Mauléon, maintenant garde du corps dans la même compagnie, qui est marié à Mademoiselle de Buros, dont il a :

1.º Alphonse de Mauléon ;

2.º N...... de Mauléon.

XXVII. Joseph-César DE MAULÉON, seigneur de Saint-Sauvi et Lixandre, épousa le 17 avril 1717, Geneviève de Boisson Curton. Il fit hommage au roi en 1729 et 1731 ; il mourut en 1759. Ses enfants furent :

1.º Jean-Louis, qui suit :

2.º Deux, morts sans postérité, et six demoiselles,

XXVIII. Jean-Louis DE MAULÉON, seigneur de St.-Sauvi, Lixandre et Sérempuy ; épousa Catherine de Preissac, fille du seigneur de Maravat, en 1750, rendit hommage au Roi pour ses terres, 3 août 1755. Il eut, de Catherine de Preissac, dix-sept enfants, dont neuf ont partagé sa succession.

1.º Joseph, marquis de Mauléon, qui suit ;
2.º Paul, aumônier du roi Louis XVI, abbé de Lannoi, grand vicaire d'Evreux ;
3.º Jean-Louis, vicomte de Mauléon, chevalier de St.-Louis, colonel à la suite de l'infanterie française, qui a servi long-temps en Espagne ;
4.º Louis-Henri de Mauléon, chevalier de St.-Louis, colonel d'infanterie, habitant la Russie depuis vingt ans ;
5.º Louis-Salvi, chevalier de Mauléon, chevalier de St.-Louis, actuellement colonel du régiment de Royal Bourbon, après avoir servi en Espagne ;
6.º Lambert de Mauléon, un des anciens chefs du parti royaliste de la Gascogne ;
7.º Trois filles non mariées.

XXIX. Joseph, marquis DE MAULÉON, chevalier de St.-Louis, maréchal de camp, seigneur de Serempuy, Lixandre, ancien sous-lieutenant des gardes-du-corps du roi Louis XVI, compagnie de Villeroi, puis Grammont, fit avec son cousin, le comte de Mauléon, ses preuves pour les carrosses du roi, et entrées dans ses gardes-du-corps, pardevant M. Cherin, généalogiste de la cour. Il épousa Anne-Françoise de Bérulle, fille du premier président du parlement de Grenoble, le 14 mars 1780 ; il est maintenant lieutenant des gardes-du-corps, compagnie de Wagram. Il a pour enfants :

1.º Amable de Mauléon, qui suit ;
2.º Hermine, mariée à M. de Bonnefont de Fieux.

XXX. Amable, comte DE MAULÉON, garde-du-corps du roi, compagnie de Wagram, marié à Aglaé de Barrin de la Galissonnière, fille du comte de la Galissonnière, maréchal de camp, commandeur de l'ordre royal et militaire de St.-Louis, famille ancienne et illustre, particulièrement dans la marine, par l'amiral la Galissonière et autres de son nom. Il est maintenant membre de la chambre des députés. Ils ont pour fille Amélie de Mauléon.

La maison de Mauléon a eu le bonheur de conserver tous les titres qui servirent à former ses preuves pour l'entrée des carrosses du roi, pardevant le généalogiste des ordres de Sa Majesté; elle en a même augmenté la collection et y a ajouté des découvertes intéressantes pour l'histoire de la première et seconde race de nos rois.

Au nombre de ces documents est la charte ou privilége de Charles-le-Chauve, en faveur du monastère d'Alaon; cette pièce jointe aux confirmations des descendants des fondateurs (1), et d'autres chartes extraites de différents ouvrages espagnols et français, formeront avec les autres titres, les preuves non équivoques de l'origine mérovingienne des rois et ducs d'Aquitaine, des premiers rois de Navarre, troncs de ceux d'Aragon, Castille et Léon; des comtes Abarca Aranda; des comtes de Gascogne, souche de ceux des Fezensac, d'Armagnac et d'Astarac, d'où descendent incontestablement les d'Esclignac, les Montesquiou, les Pardiac-Montlezun, les Lomagne et différentes maisons, dont la communauté d'origine avec les Mauléon, remonte au grand Eudes, duc d'Aquitaine.

Armes : « De gueules au lion d'or, armé et lampassé » de sable. »

POISSON DE LA CHABOSSIÈRE *ou* DE LA CHABEAUSSIÈRE, famille originaire d'Anjou.

Suivant les notes conservées dans la famille, on sait qu'il a existé plusieurs membres du nom de François-Poisson, qui avaient joui des priviléges de la noblesse; mais, faute d'avoir été signalés avec détail, nous commencerons la filiation par François, IIIe du nom de Poisson.

I. François Poisson DE LA CHABOSSIÈRE *ou* CHABEAUSSIÈRE, IIIe du nom, écuyer avocat au présidial d'Angers, élu échevin de cette ville (2), le premier mai 1661, mort le

(1) Cardinal Saens, *de jaguirre collectio maxim. consil, hisp.* t. III, p. 31 et seq.

(2) Le privilége de la noblesse héréditaire avait été accordé par Louis XI aux maires et échevins de la ville d'Angers, il fut confirmé en 1643, et supprimé pour l'avenir en 1667 par Louis XIV, confirmant ceux qui en avaient joui depuis 1600.

9 avril 1685, avait épousé Jacquine Garnier, morte en 1702; de ce mariage vint :

1.º François Poisson, dont l'article viendra;

2.º N. Poisson, prieur de Trélazé.

3.º Marguerite, mariée le 15 février 1665, à messire Jean le Jeune de la Grand'maison, conseiller du roi, dont deux enfants, un garçon et une fille, le garçon, mort sans postérité, la fille, mariée à M. Joubert du Collet, maire de Nantes. On ignore s'ils ont eu des enfants, ce qui intéresse néanmoins les survivants de la lignée.

4.º Jacquine, mariée le 7 mars, en 1666, à M. Jamet, avocat au présidial d'Angers.

5.º Françoise, mariée en 1696, à M. Aubri, conseiller du roi, son procureur au siége des eaux et forêts de Beaugé.

II. François Poisson DE LA CHABEAUSSIÈRE, IVᵉ du nom, écuyer, avocat au conseil, né le 14 mars 1639, mort le 27 juin 1702, avait épousé, le 28 février 1672, Louise de Massac, fille de messire Ange de Massac, conseiller du roi, ancien avocat au parlement; et de Catherine Aularie, sa femme; de ce mariage sont issus :

1.º François-Ange, dont l'article suivra;

2.º Marguerite, morte en bas âge.

III. François-Ange Poisson DE LA CHABEAUSSIÈRE, Vᵉ du nom, avocat au parlement de Paris, né le 15 novembre 1673, mort le 30 juin 1750, avait épousé Marie-Catherine Loys, fille de messire François-Antoine Loys, commandant de la ville de Calais, chevalier de l'ordre royal et militaire de Saint-Louis, et d'Anne de Baraet, mourut le 8 mai 1755; de ce mariage vinrent :

1.º Louis-Jean-Ange, dont l'article viendra;

2.º Charles, né le 16 mars 1711, mort le 27 du même mois;

3.º Guillaume, né le 7 juillet 1713, mort le 4 août suivant;

4.º Marie-Madeleine, née le 15 février 1718, morte le 16 août suivant;

5.º Jeanne-Louise, née le 27 juillet 1719, morte le 25 juin 1721.

IV. Louis-Jean-Ange Poisson DE LA CHABEAUSSIÈRE, né en Flandres, le 25 février 1710, avait été reçu pension-

naire eu collége des Quatre Nations, où l'on exigeait les
mêmes preuves de noblesse, que pour être admis à Saint-
Cyr; il a, depuis, été avocat au parlement de Paris. Il est
mort en octobre 1795, et avait épousé, le 16 septembre
1743, noble demoiselle Marie-Magdeleine-Elisabeth Malabiou de la Fargue, née le 11 novembre 1719, mort le
11 juin 1785. Elle était fille de messire Etienne Malabiou
de la Fargue, capitaine d'infanterie au régiment de Guyenne,
chevalier de Saint-Louis, d'une très-ancienne famille du
Languedoc (voyez sa généalogie, à la suite de celle-ci),
et de dame Barbe-Catherine-Barthélemy, sa seconde
femme; de ce mariage sont issus :

1.º Ange, né le 15 novembre 1744, mort le 12 mars
1752;

2.º Ange-Etienne-Xavier, dont l'article suivra;

3.º Ange-Jacques-Marie, de la Chabeaussière, chevalier, né le 6 août 1755, surnuméraire dans les gardes du corps de monseigneur le comte d'Artois,
sous-inspecteur général honoraire des mines en 1784,
et inspecteur en 1786, décoré en juin 1814 de l'ordre
du lys; marié à demoiselle Marie-Hiriat des Aldu-
des; il a pour fille demoiselle Jeanne Magnagno de la
Chabeaussière, née le 6 décembre 1781, mariée à
M. Louis Bousquet, dont postérité.

4.º Catherine-Julie-Xavier, née le 11 juin 1747, mariée, en premières noces, le 1ᵉʳ août 1769, à messire Augustin-Philibert-Lyonard de la Girennerie,
valet-de-chambre de Sa majesté Louis XV, et, en
secondes noces, à messire Pierre Bergeret, receveur général des finances, mort en 1807; elle est
morte elle-même, en 1813, à Hambourg; du premier lit sont issus :

(a) Ange-Augustin, né le 21 octobre, 1774, mort
le 8 février 1776;

(b) Anne-Louise, née le 26 mai 1770; morte le
10 mai 1777;

(c) Ange-Philibert-Lyonard de la Girennerie, né
le 8 janvier 1772, émigré en 1791, ayant servi
dans les gardes de la porte, et conservé le
drapeau à ses risques et périls, jusqu'en 1814,
où il l'a rapporté à Paris en juillet; marié à Hambourg, avec demoiselle Gertrude Ernest, aussi
émigrée, dont un fils, Edouard ayant servi dans

un régiment hanovrien, et venant d'être placé dans la compagnie des gardes de la porte de Louis XVIII, et une fille Angélique-Thérèse-Léocadie, née en juin 1803.

Du second lit est issue une fille morte jeune;

5.° Barbe-Françoise-Victoire, née le 3 décembre 1761, mariée le 17 avril 1782, à François-Edme Cotilon de Torcy, avocat au parlement de Paris, mort le 24 mai 1801, dont deux enfants :

    a. Ange-François Saint-Julien de Torcy, né le 5 avril 1785, mort à Hambourg, en 1806, sans alliance.

    b. Françoise-Julie de Torcy, née le 1ᵉʳ février 1783, mariée le 16 mai 1808, avec Alexandre le Bas de Sainte-Croix, capitaine de frégate de la marine royale, ayant fait partie de l'expédition du capitaine Baudin, colonel des marins de la garde, commandant la marine dans les départements de Rome et Trasimène, en 1806, chef militaire à Cherbourg, en 1814, officier de la légion d'honneur, et décoré de l'ordre du lys; de ce mariage est issue une fille, Angélina de Sainte-Croix, née le 20 juin 1809.

V. Ange-Etienne-Xavier, POISSON DE LA CHABEAUSSIÈRE, chevalier, né le 5 décembre 1752, garde du corps de Son Altesse Royale monseigneur le comte d'Artois, décoré de l'ordre du lys, en juillet 1814, marié, en premières noces, le 30 novembre 1780, à demoiselle Catherine-Jeanne Bingant, morte en couches, en novembre 1781, dont deux filles jumelles, nées le 1ᵉʳ novembre 1781, mortes au commencement de 1783; et, en secondes noces, à dame Claire Sylva, veuve de messire comte de Maleissie, capitaine au régiment des gardes françaises, chevalier de Saint-Louis; s'est acquis de la réputation dans la littérature.

Les alliances de cette maison ont été avec les familles Garnier, de Massac, Loys, Malabiou de la Fargue, Bingant, Sylva, de la Girennerie, Bergeret, Hiriart, Sainte-Croix.

Armes : « D'azur à un cor de chasse d'argent, traver-
» sé d'un poisson d'or, de dextre à senestre, enlacé dans
» le cordon en sautoir, qui attache ledit cor. »

DE MALABIOU DE LA FARGUE, maison originaire de Languedoc. La tradition constante et reçue touchant cette maison porte qu'elle descend d'un gendarme qui, ayant accompagné l'empereur Charlemagne dans la guerre qu'il fit aux Sarrazins sur les frontières du Languedoc, s'y établit et donna commencement à une grande maison connue dans les anciens titres sous le nom de *Malobove*.

Au commencement du 13ᵉ siècle elle subit le sort de presque toutes les bonnes maisons, c'est-à-dire qu'elle fut presque éteinte et ruinée par la croisade de Simon de Montfort; on aurait trouvé des preuves de toutes ces circonstances dans les archives de la province; mais depuis qu'elles furent transportées à Montpellier, ce furent lettres closes; et aujourd'hui elles n'existent plus sans doute ou sont dispersées.

Depuis la croisade, cette famille réduite à un petit nombre d'individus et dépouillée de presque tous ses biens, ne put soutenir l'éclat de son origine.

Vers le commencement du XVIᵉ siècle, le chef de cette maison n'ayant que des filles alla à Rome et emporta les titres de sa maison, sans s'occuper d'un cadet avec qui il vivait en mauvaise intelligence, parce qu'il était d'une religion contraire à la sienne. Il s'y fit prêtre et y mourut.

Ce cadet, nommé Etienne de Malabiou, ayant pris du goût pour les nouvelles opinions que Calvin avait prêchées, et voyant que dans son pays on persécutait jusqu'à la mort ceux qui en étaient imbus, en sortit furtivement et vint porter les armes en faveur de ceux de sa secte aux environs de Puylaurens où ils étaient en grand nombre et souvent les plus forts. C'est par lui que nous commencerons le lignage de cette maison.

I. Etienne DE MALABIOU, Iᵉʳ du nom, fut homme de guerre; on ignore dans quelle maison il prit sa femme, tant ses descendants eurent peu de soin de leurs papiers; mais on sait positivement qu'il eut pour fils :

II. Pierre DE MALABIOU, homme de guerre, marié avec Susanne d'Escande, d'une noble et ancienne maison qui a fait plusieurs branches toutes très-distinguées. De ce mariage vinrent :

    1.º Etienne qui suivra;

    2.º Pierre qui fut quelque temps homme de guerre, puis se retira à Puylaurens. Il a donné origine à une branche qui subsiste avec éclat et qui est la plus riche de toutes;

3.º Jean qui suivit le parti des armes; il commandait les enfants perdus de l'armée de Montmorency à la journée ·de Castelnaudari où il fut blessé et pris sans pouvoir défendre son seigneur, parce que ceux qui avaient sauté le ruisseau des Pontils étaient en trop petit nombre. Il se maria à Béziers et n'eut qu'une fille. ·

III. Etienne DE MALABIOU, II° du nom, fut d'abord homme de guerre comme ses frères, puis ayant pris le parti de la robe il devint conseiller du roi et substitut du procureur-général en la chambre de l'édit de Languedoc, marié à Béziers à Antoinette de Gensan, petite-fille du célèbre Despeisses. Il eut de ce mariage :

1.º Tobie, qui suivra;

2.º Pierre, capitaine au régiment d'Auvergne, mort sans alliance;

3.º Etienne, dont la postérité sera décrite après celle de son frère Tobie;

4.º Plusieurs filles mariées avantageusement.

IV. Tobie DE MALABIOU, substitut des gens du roi, puis conseiller en la même chambre, marié à Marthe de Montels issue de la maison de Montels, fort noble et ancienne famille de Guyenne et qui a ·fait en tout temps de grandes alliances. De ce mariage vinrent :

1.º Etienne qui suit :

2.º David, lieutenant au régiment des fusiliers, tué fort jeune encore à l'assaut de Gironne sous le maréchal de Bellefonds;

3.º Jacques, lieutenant dans le régiment de Miremont servant de la duchesse de Zell, capitaine d'infanterie au service du Czar, dans le royaume d'Astracan.

V. Etienne DE MALABIOU, IV° du nom, seigneur de Belvèze au diocèse de Lavaur, a épousé Marie de Fos d'une maison descendue des anciens vicomtes de Marseille. De ce mariage sont issus :

1.º Etienne, lieutenant au régiment de Pons;

2.º Tobie-Paul, sous-lieutenant au régiment de Vermandois;

3.º Trois filles.

On n'a pas pour le moment d'autres renseignements

sur la suite de cette lignée et nous passons à celle de la branche fournie par Etienne, frère de Tobie. Voyez article III. Ainsi nous reprenons pour lui le IV⁰ degré.

Branche d'Étienne Malabiou, prise au III⁰ degré.

IV. Étienne DE MALABIOU, troisième fils d'Étienne II et d'Antoinette de Gensan, servit long-temps dans la cavalerie, puis fut directeur des travaux royaux et en cette qualité fit bâtir la belle digue du bassin de Saint-Ferréol par lequel le canal de Toulouse est alimenté ; il se maria avec noble demoiselle Marie de Blaquière de la plus ancienne maison de Sorèze. De ce mariage vinrent :

1.º Etienne, mort très-jeune ;
2.º Florent, capitaine des grenadiers au régiment de Vermandois, chevalier de l'ordre royal et militaire de Saint-Louis, marié avec Louise Delpuech de la maison de la Bastide Cagnac, branche de celle du Puy-Montbrun en Dauphiné, dont un fils et plusieurs filles ;
3.º Paul, chevalier de Saint-Louis, mort au service sans postérité ;
4.º Isaac, lieutenant au régiment de Bigorre, chevalier de Saint-Louis, épousa à Mantoue la comtesse de Brusque ; il fut chambellan du duc de Mantoue sous le nom de comte de Durfort. De ce mariage est venu César de Malabiou, comte de Durfort ;
5.º Abraham-Louis, sieur de la Prade, major et commandant de la grosse tour de Toulon, chevalier de St.-Louis, marié à Anne Delpuech Capelle, sœur de Louise, femme de Florent, dont un fils, Louis-François de Malabiou Delpuech, page de monseigneur le duc d'Orléans, mort ingénieur sans postérité, et une fille mariée au sieur Catelin, commissaire de marine ;
6.º Jean, dont l'article viendra ;
7.º Jeanne, mariée avec messire Louis de Marsac, baron de Saillac, de la Vaurette, de Cairies.

V. Jean DE MALABIOU DE LA FARGUE, capitaine au régiment de Pons, chevalier de l'ordre royal et militaire de St.-Louis, marié 1.º à une demoiselle de la maison de Balaguier Monsalez, proche parente de la duchesse d'Uzès ; 2.º à Marie-Barbe-Catherine-Barthélemi, née le 11 novembre 1719 ; morte le 13 juin 1761, ayant deux frères et trois beaux-frères chevaliers de St.-Louis. De ce mariage sont issus :

1.º Etienne , dont l'article suivra :

2.º Marie-Madeleine-Elisabeth Malabiou de la Fargue , mariée à Louis-Jean-Ange Poisson de la Chabeaussière , avocat au parlement de Paris. (Voyez sa généalogie, folio 110.)

3.º Marie-Barbe-Françoise Malabiou de la Fargue , mariée le 11 mai 1778 à Mathieu-Toussaint de Mauroy , mort le 2 février 1777 , dont un fils capitaine de cavalerie au régiment Royal-Cravattes , mort au service ; ce fils s'était marié et a eu plusieurs enfants.

VI. Etienne DE MALABIOU, Vᵉ du nom , capitaine au régiment de Pons, depuis Guyenne , chevalier de l'ordre royal et militaire de St.- Louis , marié à Marie-Suzanne de Malabiou. De ce mariage sont issus :

1.º Jean-Florent , dont l'article suit ;

2.º Elisabeth-Julie de Malabiou , morte à Belvèze le 9 juillet 1777 ;

VII. Jean-Florent DE MALABIOU DE LA FARGUE , seigneur de Belvèze , lieutenant-colonel au régiment de Guyenne , puis maréchal-des-camps et armées du roi, marié à N. Kérimel d'une noble famille de Bretagne , mort à Belvèze après 1793. De ce mariage est issu :

VIII. N .... DE MALABIOU DE LA FARGUE , capitaine au régiment de Guyenne , a émigré en 1791 , a fait la guerre dans l'armée des princes où il a été tué par un boulet de canon ; il n'a point été marié, mais il a eu une fille naturelle avant son émigration, et elle a été adoptée par Jean-Florent, père de N. Malabiou.

Les alliances de cette maison ont été avec les familles d'Escande , de Gensan , de Montels , de Fos , Blaquière Delpuech , de Brusque , de Marsac , Balaguier Monbalez , Poisson de la Chabeaussière , de Mauroy , de Kérimel, etc.

Armes : « D'azur , au bœuf d'or , accompagné en chef , » de trois maillets d'argent. »

DUCAUZÉ DE NAZELLE, famille noble, originaire de la province de Guienne; un des chefs de la branche ainée de cette maison, ayant épousé une héritière de la maison de Besanne de Prouvay, s'est fixé dans la Champagne, où ses descendants résident de nos jours.

Les lettres-patentes délivrées par le roi Louis XV, à l'occasion de l'érection du vicomté de Néufchâtel, en marquisat, sous le nom de Ducauzé de Nazelle, s'expriment ainsi :

» Mettant d'ailleurs en considération *l'ancienneté de la* » *noblesse* dudit exposant, dont la famille est une des » plus *illustres* de notre province de Guienne, et les ser- » vices considérables que lui et ses ancêtres nous ont » rendus et à l'état, depuis plus de trois siècles, nous » avons été informé que dès l'année 1480, noble Charles » Ducauzé fut tué dans les guerres de Louis XI, contre » Maximilien; que François Ducauzé, son fils, qui ser- » vait sous François Ier, fut fait prisonnier en 1525, à la » bataille de Pavie, en combattant sous les yeux du roi; » que Charles Ducauzé, un de ses enfants, capitaine d'une » compagnie de chevau-légers, fut tué au siège de Mon- » tauban, et François, son autre fils, qui commandait » une compagnie d'infanterie, donna, au même siège, » de si grandes marques de valeur, que le roi Henri III » le combla de bienfaits; que Jean-François Ducauzé de » Nazelle, fils dudit François, servit avec distinction sous » les rois Henri IV et Louis XIII, lequel eut de son ma- » riage, avec Marie Melet de Saint-Thousaint, Jean- » Charles-Ducauzé de Nazelle, aïeul de l'exposant, lequel » après avoir servi, en qualité de lieutenant dans le ré- » giment de Montaigu, et ensuite en qualité d'officier » dans les gardes du corps du feu roi, notre très-honoré » seigneur et bisaïeul, rendit à l'état un service des plus » importants, ayant découvert, en 1674, la conspiration » du chevalier de Rohan, pour récompense duquel service » le feu roi lui accorda une pension héréditaire de mille » livres; il fut ensuite employé dans diverses négocia- » tions, etc. »

Il existe, de nos jours, quatre branches de cette famille.

Première branche.

I. Louis-Charles-Victor Ducauzé, l'aîné, marquis de Nazelle, chevalier de l'ordre royal et militaire de Saint-Louis, ci-devant capitaine au régiment du roi, infanterie, a épousé en 1786, demoiselle Richarde-Angélique Dambly, fille de messire Jean-Claude, marquis Dambly, maréchal des camps et armées du roi, commandeur de l'ordre de Saint-Louis; en 1807 est née de ce mariage Victorine. de Nazelle, qui a épousé Charles-Louis Chamisso de Boncourt, ci-devant premier page du roi Louis XVI, et chevalier de Saint-Louis.

II. François-Louis-Hérard-Victor Ducauzé, vicomte de Prouvay, ci-devant capitaine au régiment du roi, infanterie, chevalier de l'ordre royal et militaire de Saint-Louis, a épousé, en 1793, demoiselle Mélanie de Paillot, fille de M. le comte de Paillot, et dame Lenoir, duquel mariage sont provenues deux filles : Ernestine et Aglaé Ducauzé de Nazelle, de Prouvay.

III. Louis-Hérard-Victor Ducauzé, baron de Nazelle, seigneur de Guignicourt, ci-devant lieutenant-colonel au régiment des chasseurs de Languedoc, chevalier de l'ordre royal et militaire de Saint-Louis; a épousé, en 1793, demoiselle Anne-Louise-Charlotte de Feret, fille de N. de Feret, seigneur de Brienne, capitaine au régiment d'Orléans, cavalerie, chevalier de l'ordre royal et militaire de Saint-Louis et de demoiselle de Dampierre; de ce mariage est. né, en 1795, Hérard Ducauzé de Nazelle de Guignicourt, chevau-léger de la garde du roi.

IV. Philippe-Louis-Hérard-Victor Ducauzé de Nazelle, comte de Nazelle, ci-devant, capitaine au régiment du roi, infanterie, chevalier de l'ordre royal et militaire de Saint-Louis; a épousé, en 1794, Emilie-Louise de Pinteville, fille de messire Pierre-Benoit de Pinteville, ci-devant capitaine de dragons, chevalier de l'ordre royal et militaire de Saint-Louis, et de dame Marie-Blanche Leclerc, son épouse, duquel mariage est née Euphrosine Ducauzé de Nazelle.

Il existait aussi une sœur des sieurs Ducauzé de Nazelle; elle se nommait Edmée-Catherine-Laurette Ducauzé de Nazelle, laquelle avait épousé, en 1777, messire Louis-Antoine-Eustache Leclerc, marquis de Lesseville, retiré capitaine en premier au corps royal d'artillerie, régiment de Grenoble, chevalier de l'ordre royal et militaire de Saint-Louis, duquel mariage est provenu Eustache-Louis-Leclerc de Lesseville, chevalier, ci-devant seigneur d'Aulnay-Lêtre, lequel a épousé, en 1810, mademoiselle de Linglois, fille de messire de Linglois, ci-devant capitaine au régiment des dragons,. chevalier de l'ordre royal et militaire de Saint-Louis.

Armes : « D'or au lion de sinople, couronné de gueules, » à une bande de sable, chargé de trois molettes d'or. »

ALESME , ALÈME ou HALESME (D') , famille noble, originaire de la province de Guyenne, qui a contracté des alliances avec les maisons les plus distinguées.

I. Hélie D'ALESME, Ier du nom, damoiseau, seigneur d'Alesme et autres lieux, eut pour fils Mathieu qui suit.

II. Mathieu D'ALESME, damoiseau, seigneur d'Alesme , épousa 1.°, au mois d'octobre 1305, Almoise de Falcois; 2.°, au mois de juin 1322, Françoise della Marthe, fille de noble Armand de la Marthe, seigneur d'Eyren.

Du premier lit vint :

1.° Hélie d'Alesme, dont la postérité n'est pas connue; Et du second.

2.° Eymard, qui suit.

III. Eymard D'ALESME, IIe du nom, écuyer, seigneur de Saint-Clément et autres lieux, épousa Agnès de Luy, fille de Charles de Luy, écuyer, et de Marguerite de la Tour. Il eut de ce mariage :

1.° Hélie, qui suit :

2.° Agnès d'Alesme.

IV. Hélie D'ALESME, écuyer, seigneur d'Alesme, de la Motte et autres lieux, est qualifié *écuyer* dans une sauve-garde donnée par le roi Charles IV, du mois d'août 1407. Il épousa Agnès Ligier, dont il eut :

V. Jean D'ALESME , Ier du nom , écuyer, seigneur de Saint-Clément, Parampure et autres lieux, obtint des lettres du roi Charles VII, du 10 janvier 1451, pour être réhabilité dans ses biens qu'on lui avait usurpés pendant qu'il était au service de ce prince. Il testa le 22 mars 1474, laissant, de son mariage contracté le 2 juin avec Agnès de Lose, fille de Jean de Lose, écuyer :

1.° Jean d'Alesme;

2.° Eymard, dont l'article suit ;

3.° Hélie dont la postérité n'est pas connue;

4.° Charles;

5.° Fourton d'Alesme, écuyer.

VI. Eymard D'ALESME, IIᵉ du nom, écuyer, seigneur de la Motte, Saint-Clément et autres lieux, épousa, le 20 février 1496, Almoise Daux, fille de Raymond Daux, de laquelle il laissa :

VII. Charles D'ALESME, seigneur de la Motte, Saint-Clément et autres places. Il épousa Marguerite de Forges, fille de Jean de Forges, par contrat du 20 juin 1516; il eut pour fils :

VIII. Pierre D'ALESME, écuyer, seigneur de Saint-Clément et autres lieux, qui testa le 4 octobre 1567, laissant, de son mariage contracté le 16 juillet 1554 avec Françoise Prevost de Jousseau, fille d'Antoine Prevost, écuyer, seigneur de Jousseau :

    1.º Antoine d'Alesme, dont l'article suit ;
    2.º Ponse d'Alesme, mariée le 1ᵉʳ avril 1574 avec François de Hayer, écuyer.

IX. Antoine D'ALESME, écuyer, seigneur de la Bourette, Parampure et autres lieux, épousa, le 14 août 1688, Philippe d'Aleyrac, fille d'Olivier d'Aleyrac, seigneur du Bouquet. Il laissa :

    1.º Jean d'Alesme, dont l'article viendra ;
    2.º Léonard d'Alesme, chevalier, conseiller du roi en ses conseils, et grand président au parlement de Bordeaux, qui dota de grands biens l'hôpital de cette ville, pour subvenir à la nourriture et aux besoin des pauvres. Il fût fait conseiller par lettres du 9 avril 1543, président aux enquêtes le 27 janvier 1556, président à mortier le 20 juillet 1570. Il mourut sans postérité ;
    3.º François d'Alesme, écuyer, conseiller du roi, qui eut, de son mariage, Arnault d'Alesme, qui laissa N... d'Alesme, capitaine au régiment de Choupes.

X. Jean D'ALESME, IIᵉ du nom, chevalier, seigneur de la Motte, Parampure et autres lieux, conseiller du roi au parlement de Bordeaux par lettres du 28 mai 1532, fut intendant de la justice commandée par le maréchal de Montluc, comme il appert dans ses commentaires. Il mourut doyen du parlement de Bordeaux, laissant, de son mariage contracté, le 28 octobre 1536, avec Jeanne le Moyne :

    1.º François d'Alesme, écuyer, reçu conseiller du roi au parlement de Bordeaux le 15 novembre 1567.

Il fut doyen dudit parlement pendant treize années. Henri III le nomma pour exercer la justice souveraine dans la ville de Condom. Il avait épousé Marguerite de Barbiau, dame de Saint-Pierre-d'Oleron et Chassiron, sœur de messire de Barbiau, grand président et garde des sceaux du parlement de Bordeaux. Il a laissé postérité;

2.º Guillaume d'Alesme, qui suit.

XI. Guillaume D'ALESME, chevalier, seigneur de la Motte, Parampure et autres places, conseiller au parlement de Bordeaux, fut envoyé à Bayonne pour rédiger la coutume, sous Henri III. Il épousa, le 20 juin 1571, Marie de Lamberty, de laquelle il laissa:

1.º Jacques d'Alesme, dont l'article viendra;

2.º Roch d'Alesme, seigneur et baron d'Ambès, conseiller au parlement de Bordeaux, en février 1600, marié à Antoinette de Martin;

3.º Jean-Jacques d'Alesme, écuyer, seigneur de Saint-Clément, premier jurat pour la noblesse de Bordeaux en 1653, marié à Jeanne du Peyrat, dont postérité;

4.º Etienne d'Alesme, chanoine en l'église collégiale de Saint-Surin à Bordeaux;

5.º Gabriel d'Alesme, baron d'Alès, et procureur du roi aux trésoriers;

6.º Fourton d'Alesme, baron de Blanquefort;

7.º Guillemette d'Alesme, mariée à messire d'Astes, conseiller au grand conseil;

8.º Marie d'Alesme, épouse de N... Dussault, avocat du roi;

9.º Anne d'Alesme, mariée à N... de la Serre, conseiller au parlement de Bordeaux.

XII. Jacques D'ALESME, Iᵉʳ du nom, chevalier, seigneur et baron de Parampure, Vallier, la Motte, Copène et autres places, reçu conseiller du parlement de Bordeaux le 9 janvier 1664, fut nommé commissaire, par le roi Henri IV, pour la recherche des nobles dans les provinces de Périgord et de Limosin. Il laissa de Catherine de Lescures son épouse:

XIII. Jacques D'ALESME, IIᵉ du nom, chevalier, seigneur et baron de Parampure, Vallier, la Motte et Copène, conseiller au parlement de Bordeaux, procureur-général au bureau des finances et domaines en la généra-

lité de Guyenne, obtint, le 6 décembre 1666, un certificat
de maintenue de noblesse, après la vérification de ses
titres depuis 1257, de M. Pellot, intendant de la province
de Guyenne, commissaire départi à cet effet. Il épousa
Anne de Pontac, fille de messire Jean de Pontac, procureur-général au parlement de Bordeaux. Il eut pour fils :

XIV. Philibert D'ALESME, écuyer, seigneur et baron de
Parampure, Vallier, la Motte, Copène, etc., ancien procureur-général au bureau des finances, premier jurat de
Bordeaux, épousa Catherine Bigot, fille de N... Bigot,
chevalier, et de Geneviève Macé, par contrat du 2 septembre 1693. Il laissa :

XV. Gabriel D'ALESME, chevalier, capitaine de la colonelle générale des dragons, chevalier de l'ordre royal et
militaire de Saint-Louis, épousa 1.º le 2 août 1729, Jeanne
Delphie de la Chabannes, fille de Guillaume de la Chabannes, chevalier, président, trésorier de France, et de
Marie de Mons; 2.º le 18 avril 1735, Marie-Madeleine-
Apollonie-Geneviève de Labat, fille de messire Joseph-
François-Ignace de Labat, écuyer, baron de Savignac,
conseiller en la grand'chambre du parlement de Bordeaux,
et de Marguerite-Angélique de Fénelon. Il eut pour fils :

XVI. Pierre-Vincent-de-Paul D'ALESME, chevalier, seigneur de l'Estreil et autres lieux, premier jurat pour la
noblesse de Bordeaux, par lettres de Louis XVI, du 29
août 1786, dans lesquels il est qualifié de *marquis*. Il avait
épousé, le 30 mars 1772, Marie-Thérèse d'Arche, fille
de messire Pierre-Antoine d'Arche, chevalier, seigneur
de la Taste, premier jurat pour la noblesse de Bordeaux,
et de Marie-Jacquette de Loupes. De ce mariage sont issus :

　　　1.º Jean-Baptiste-François-Gabriel, qui suit ;
　　　2.º Marie-Chantale-Apollonie d'Alesme.

XVII. Jean-Baptiste-François-Gabriel D'ALESME, chevalier, seigneur du Peyrat, l'Estreil et autres lieux, né à
Bordeaux le 21 août 1775, a émigré deux fois en 1792,
et fut arrêté étant porteur de dépêches pour les princes.
(*Voy.* le Moniteur du 19 février 1792, art. Senlis). Il
subit alors un acte d'accusation devant l'assemblée législative, et ne fut mis en liberté que par un ordre du roi. Il
continua à servir la cause de l'auguste maison de Bourbon,
et fut pendant dix ans l'un des chefs du parti royaliste à
Bordeaux, et se montra avec le même zèle en avril 1814,
à Paris, lors de l'entrée des alliés. Il a épousé, le 4 juin

1795, Rose-Henriette-Augustine de Pemerle, fille de N....
de Pemerle, ancien mousquetaire du roi, chevalier de l'ordre royal et militaire de Saint-Louis. Il a de ce mariage :

  1.º Pierre-Henri-Adolphe d'Alesme, né le 15 no-
      vembre 1796;
  2.º Nelson-Jacques d'Alesme, né le 19 octobre 1800;
  3.º Victor-Charles d'Alesme, né en septembre 1807,
      décédé;
  4.º Coraly-Marie-Pauline d'Alesme, née le 16 mai
      1798;
  5.º Malvina-Charlotte-Marie d'Alesme, née le 20 no-
      vembre 1808.

Armes : « De gueules, au chevron d'or, accompagné
» d'un croissant d'argent, au chef cousu de sable, chargé
» de trois molettes d'argent. »

NOVION (DE), famille noble, originaire de Champagne.

I. Jacques DE NOVION épousa, en 1461, Louise du
Rosoy, dont il eut :

II. Pierre DE NOVION, Ier du nom, seigneur de Guignicourt, Chassins et Trélon, qui, en 1538, donna au roi
un dénombrement de sa terre de Chassins. Il épousa Jeanne
le Vasseur, dont il eut, entre autres enfants :

III. Augustin DE NOVION, seigneur de Montcouvent,
archer de la compagnie du duc de Lorraine, et qui, le 28
juin 1569, produisit un congé du duc d'Alençon, frère du
roi. Il laissa de Louise de Boissy son épouse :

  1.º Philippe, dont l'article viendra;
  2.º Octavian de Novion;
  3.º Gérard de Novion, gendarme de la compagnie
      du duc d'Elbeuf;
  4.º Charlotte;
  5.º N...., marquise de Novion, mariée à Louis de
      Boissy;
  6.º Jeanne de Novion, mariée, en 1576, à Antoine
      de Bomé, dont une fille mariée à Louis de Roussi.

IV. Philippe DE NOVION passa un contrat de vente avec
Octavian son frère, le 24 février 1592. Il avait épousé, le

16 décembre 1591, Françoise de Brifaut, de laquelle il laissa :

> 1.º Pierre, dont l'article viendra ;
>
> 2.º Charles de Novion, seigneur de la Motte-Fauconnerie et de Vée-sur-Vesle, lieutenant au régiment de Vaubecourt, puis au régiment de Champagne en 1617, chevau-léger de la compagnie de Vaubecourt en 1621, convoqué pour l'arrière-ban de la noblesse de Champagne le 22 août 1636, qui fut maintenu dans ses titres et priviléges de noblesse par arrêt du 29 juillet 1634. Il avait épousé, le 17 juillet 1621, Elisabeth de la Loyauté, dont il eut :
>
>> a. Charles de Novion, mort sans hoirs ;
>>
>> b. Jean de Novion, marié, le 23 mai 1659, à Barbe de Collet, dont Jean de Novion, le 24 août 1660, mort sans postérité ;
>
> 3.º Cirus, dit Ignace de Novion, qui fait la seconde branche.

V. Pierre DE NOVION, IIᵉ du nom, entra au service en 1617, et fut garde-du-corps de la compagnie du maréchal de Thémines. Il servit sous le duc du Maine en qualité d'enseigne, fit les guerres depuis 1620 jusqu'en 1632, et entra dans les chevau-légers du cardinal de Richelieu, le 24 juillet 1636. Il avait épousé 1.º Marie-Elisabeth de la Cour ; 2.º Elisabeth de Bussy, par contrat du 20 octobre 1622 ; 3.º le 14 janvier 1643, Anne Percède de Cosson. Il eut :

> 1.º François, dont l'article suit ;
>
> 2.º Rachel ;
>
> 3.º Marie de Novion, mariée à Louis de la Bruyère, seigneur d'Arocourt.

VI. François DE NOVION, capitaine du château et bourg de Neuilly-Saint-From, par lettres du 23 janvier 1672, servait dans les gendarmes de la garde du roi, sous les ordres de François de Rohan, prince de Soubise, en 1681. Il avait été page de la duchesse de Montbazon, et avait obtenu, le 16 août 1667, un arrêt qui le maintint dans ses priviléges de noblesse. Il servit au ban sur les côtes du Poitou comme lieutenant, en 1687, puis en qualité de maréchal-des-logis, en 1691, 1693 et 1695. Il avait épousé 1.º le 5 septembre 1667, Geneviève Châtelin ;

2.º Marianne du Ruel des Coutances ; 3.º le 10 mai 1681 , Gabrielle-Angélique de Bachelier. Il eut pour enfants :

1.º Jean-Bazile-Victor , dont l'article viendra ;
2.º Henri-Joseph-François ;
3.º Suzanne de Novion , mariée à François de Textor ;
4.º Jeanne-Catherine-Angélique de Novion , mariée à Jacques-Jérôme-François de Vassau de Vareille ;
5.º Louise-Charlotte de Novion , mariée à David de Gondallier , seigneur de Tugni.

VII. Jean-Basile-Victor DE NOVION , cornette au régiment de Roye , cavalerie , qu'il quitta vers la fin de 1710 , puis garde-du-corps de la compagnie de Villeroi , brigade de Monplaisir , à l'armée commandée par le maréchal de Villars , au camp près Thionville , avait épousé, le 24 décembre 1710 , Antoinette Dujon , dont il eut :

1.º François-Victor, dont l'article suit ;
2.º Jean-Jacques de Novion , marié à N... Levent , mort sans postérité ;
3.º Philibert de Novion.

VIII. François-Victor , comte DE NOVION , épousa, le 16 mai 1744, Marguerite d'Uvigneau. De ce mariage sont issus :

1.º Jean-Victor, qui suit ;
2.º Charlotte de Novion.

IX. Jean - Victor , comte DE NOVION , maréchal des camps et armées du roi , chevalier de Saint-Louis et de Saint-Lazare , commandeur de l'ordre du Christ en Portugal , fut secrétaire de l'assemblée de la noblesse du bailliage de Vermandois , pour l'élection aux états généraux de 1789; a épousé, le 9 août 1786, Anne le Prestre de la Moustière, dont il a :

1.º Edmond-Victor , vicomte de Novion , né le 2 août 1788 , capitaine de cavalerie, chevalier de la Légion d'honneur ;
2.º Léon-Charles , chevalier de Novion, né le 29 mars 1792, garde-du-corps de la compagnie de Grammont.

Seconde branche prise au quatrième degré.

V. Cirus, dit Ignace DE NOVION , seigneur de Vée en partie, et de la Hazette , second fils de Philippe de Novion et de Françoise Brifaut, enseigne au régiment de Marlousset, se trouva à la bataille de Prague, servit dans la compagnie du prince de Lorraine, ensuite dans les mousquetaires du roi, puis dans les chevau-légers du cardinal de Richelieu, en 1637. Il épousa 1.º, le 23 mai 1638, Claude de Sainte-Savine; 2.º, le 6 juin 1645, Jeanne de la Valée. Il eut pour fils :

> 1.º Louis de Novion, seigneur de la Hazette, marié, le 12 novembre 1657, à Marie de Brunetot, de laquelle il laissa :
>> a. Jacques;
>> b. Claude de Novion;
> 2.º Simon, qui suit :

VI. Simon DE NOVION, seigneur de la Hazette, épousa, le 4 avril 1667, Antoinette de Gautier, dont il eut :

VII. Antoine DE NOVION, qui s'établit à Nouillonpont près de Longwi, où il commandait l'artillerie dans les trois évêchés. Il épousa, le 14 janvier 1717, Jeanne Rondet de Fontainier, de laquelle il laissa :

VIII. Henri-Antoine DE NOVION, marié, le 2 février 1756, à Marguerite Maillot de la Treille; dont est issu :

IX. Jean-Baptiste-Georges-Antoine DE NOVION, mort en Amérique.

Armes : « D'azur, à la bande d'or, accompagnée de » trois colombes d'argent. »

BROUSSEL (DE), famille noble, établie depuis plusieurs siècles en Champagne et en Lorraine.

I. Philippe DE BROUSSEL, écuyer, vivant en 1490, épousa Marguerite de la Porte, dont il eut :

II. Claude DE BROUSSEL, écuyer, marié, le 12 janvier 1553, à Marguerite de Maupeou. De ce mariage vint :

III. Pierre DE BROUSSEL, baron de la Pierre, seigneur de la Neuville, gouverneur de Troyes, et ambassadeur en Angleterre pour le roi Henri IV. Il eut pour fils :

IV. Louis DE BROUSSEL, écuyer, commandant la cavalerie en Piémont sous le prince Thomas de Savoie. Il fut père de :

V. Charles DE BROUSSEL, baron de la Neuville, seignéur de Voilecomte , qui épousa Nicole - Françoise du Châtelet de Pierrefitte, dont naquirent :

1.º Louis-Joseph de Broussel, baron d'Ambonville, qui épousa Marie-Louise de Mesgrigny, fille de François de Mesgrigny, seigneur de Briel, d'Escarson, Misery, Samoy et Dalinville, gouverneur de Toulon et de Balaguier, commandant d'escadre, etc., et de Renée de Beuil. Il eut de ce mariage : Nicole - Marie - Charlotte - Christine de Broussel, morte sans alliance en 1743;

2.º Armand-Jean, dont l'article suit;

3.º Charlotte-Elisabeth, mariée à Pierre Gaston de Capizucchi, dit de Bologne, marquis de Bonnecourt et de Bologne, dont sont issus le marquis de Bologne-Capizucchi, la comtesse de Vidampierre, et un abbé, mort doyen de la cathédrale de Langres;

4.º Henriette de Broussel, prieure perpétuelle de Notre-Dame de la Pitié lès-Joinville;

5.º N..., religieuse ursuline à Bar-sur-Aube.

VI. Armand-Jean DE BROUSSEL, chevalier, comte de la Neuville, seigneur de Bailly et de Voilecomte, épousa, le 27 décembre 1716, Jeanne-Charlotte de Viard-d'Attigneville, baronne de l'Empire, fille de Jean-Nicolas, seigneur de Cousances, etc., et de Louise de Viard de Tronville, sa seconde femme. Il eut de ce mariage :

1.º Antoine-Florent de Broussel, comte de la Neuville, baron d'Ambonville, mort sans postérité;

2.º Nicolas-Antoine-Augustin, dont l'article viendra;

3.º Charlotte-Joséphine, née le 30 octobre 1740;

4.º Diane, religieuse à l'abbaye de Saint-Pierre de Reims, puis prieure de Notre-Dame de la Pitié-lès-Joinville;

5.º Louise, religieuse de Saint-Pierre de Reims;

6.º Madeleine, religieuse aux Annonciades de Joinville;

7.º Bonne-Françoise, religieuse ursuline à Bar-sur-Aube.

VII. Nicolas-Antoine-Augustin DE BROUSSEL, chevalier, comte de la Neuville, seigneur d'Ambonville et de Daillencourt, né le 6 janvier 1736, ancien page de Louis XV, capitaine au régiment de Bourbon, dragons, aide-de-camp de S. A. S. le prince de Condé pendant la guerre de Sept Ans, puis chevalier de l'ordre royal et militaire de Saint-Louis, mort le 19 mars 1809 à Carlsruhe. Il avait épousé, le 14 décembre 1772, Reine de Brigeat-Lambert, fille de messire Jean de Brigeat-Lambert, chevalier, seigneur de Morlaincourt, Bazincourt, Rézicourt, Oey, etc. De ce mariage sont nés, entre autres enfants :

> 1.º Charles-Augustin de Broussel, né le 6 octobre 1785;
> 2.º Alexandre-Jean-Charles-Marie DE BROUSSEL, né le 9 janvier 1790, page de S. A. R. le grand-duc de Bade, puis gentilhomme des chasses et de la cour du même souverain.

Armes : « D'azur, au chevron d'or, accompagné en » chef de deux roses d'argent, et en pointe d'un croissant. »

Nous attendons sur cette famille des détails généalogiques plus étendus, que nous donnerons dans un prochain volume.

PELLETIER (LE), famille originaire du pays Chartrain, anoblie pour services militaires et notamment dans l'arme de l'artillerie. La branche suivante s'est établie dans la province de l'Ile de France par :

I. Michel PELLETIER, écuyer, commissaire ordinaire et garde général de l'artillerie de France, qui épousa, en 1649, Françoise Charlot, fille de Pierre Charlot, seigneur d'Ouville, commissaire ordinaire et garde général de l'artillerie de France. Il eut de ce mariage :

> 1.º Laurent-Michel, dont l'article suit :
> 2.º Catherine, mariée à Antoine Bourdaise, commissaire provincial et commandant à Douay.

II. Laurent-Michel PELLETIER, écuyer, chevalier des ordres de St-Louis et de St-Lazare, lieutenant-général de l'artillerie de France au département de Bretagne, épousa Geneviève de Gresillemont, fille de Jean Chrysostôme, écuyer, seigneur d'Atilly, commissaire ordonnateur des guerres, ancien lieutenant des gardes suisses. Sont issus de ce mariage :

> 1.º Louis-Auguste, dont l'article viendra;

2.º Laurent-Michel Pelletier (le), chevalier, seigneur d'Argers, Montjouy, Voilemont et Mauperthuy, lieutenant-général des armées du roi, inspecteur-général de l'artillerie, commandeur de l'ordre royal et militaire de St.-Louis, mort en activité de service ; il a épousé demoiselle Bertin de Drelincourt dont il eut :

    a. Gabriel Pelletier (le) d'Argers, chevalier de Saint-Louis, qui, en qualité d'officier d'artillerie, fit toutes les campagnes d'émigration à l'armée de S. A. S. monseigneur le prince de Condé et obtint le brevet de colonel ; il épousa N., fille du comte de Gisaucour, dont il a une fille ;

    b. N . . . . Pelletier (le) de Montjouy, ayant servi dans le corps royal de l'artillerie, décédé ;

    c. N.... Pelletier (le) de Mauperthuy, ayant aussi servi dans le corps royal de l'artillerie, décédé ;

    d. Bernard Pelletier (le) de Voilemont périt, en émigration, officier d'artillerie ; il épousa N . . . Fumée, de laquelle il eut deux garçons dont un est au service, et une fille;

3.º Joseph-Félix Pelletier (le) de Prévalon, qui fut d'abord officier d'artillerie et ensuite oratorien ;

4.º Marie-Geneviève, qui épousa Joseph le Féron, chevalier, seigneur de l'Hermite, Trôly, chevalier de St.-Louis, maître particulier des eaux et forêts de Compiègne.

III. Louis-Auguste PELLETIER (le), chevalier, seigneur de Liancourt, d'Autcour, Glatigny, lieutenant-général des armées du roi, inspecteur-général de l'artillerie, mort en activité de service ; avait épousé Marie-Jeanne - Françoise Maresse, fille de Louis Maresse, écuyer, commissaire des gardes-du-corps. De ce mariage vinrent :

    1.º Auguste-Laurent-Michel Pelletier (le), seigneur d'Autcour, officier d'artillerie ; mort chevalier de Saint-Louis, âgé d'environ trente-cinq ans, inspecteur de la manufacture d'armes à feu de Maubeuge, n'a pas eu d'enfant de son mariage avec demoiselle de Taleugoet ;

    2.º Antoine Pelletier (le), dont l'article viendra ;

    3.º Louis-François Pelletier (le), de Glatigny, chevalier de l'ordre royal et militaire de St.-Louis,

servait aussi dans l'artillerie., a fait les campagnes
de l'émigration , est breveté de colonel par S. M.
Louis XVIII en 1796; il a épousé Geneviève-Ca-
therine le Vieux , dont il a Louis Pelletier (le) ,
marié à Adèle Pommeret des Varennes, dont il a
une fille;

4.° N.... mariée à Gabriel du Passage, chevalier
de Saint-Louis, ancien lieutenant-colonel, sous-di-
recteur d'artillerie. Elle a laissé une fille morte
en émigration ;

5.° N.... mariée à M. Muissard des Obeaux, chevalier , directeur d'artillerie , puis maréchal des
camps et armées du roi, morte sans enfants ;

6.° Quatre autres filles mortes sans avoir été mariées.

IV. Antoine Pelletier (le) de Liancourt, chevalier, seigneur de la vicomté de Vilers-le-Hellon , chevalier de St.-
Louis , ancien officier d'artillerie , vivant en son habitation
à la Guadeloupe, a eu de Luce Bénévent Longvillier de
Poincy, décédée :

1.° Louis .... Pelletier (le) de Liancourt, qui a successivement servi dans les états-majors des régiments du roi infanterie et des gardes françaises, mort
en émigration, ayant le brevet de ....; il avait
épousé N.... de Bonnair, une des victimes de la révolution , ainsi que sa mère et son grand-père maternel; elle était fille du sieur de Bonnair de Forges,
intendant des domaines ;

2.° N... , le chevalier Pelletier (le) de Liancourt ,
qui, en 1791, était lieutenant de vaisseau de la marine royale, marié à la Martinique à N...... Morin;
dont il a un fils ;

3.° Jean-Marie Pelletier (le) de Montéran , officier
d'artillerie , ayant émigré et servi à l'armée de
Condé , etc. ;

4.° N.... Pelletier (le) Destournelles , ayant été attaché en émigration au corps royal de la marine ,
marié à la Martinique à N.... de la Reinty , dont
il a des enfants;

5.° N...., marié à M. le comte de Maupeou, ancien
officier aux gardes françaises.

Antoine Pelletier (le) s'est marié en secondes noces à
N.... d'Anjorant, veuve de M. de Montmort, comte de

Glaignes, laquelle est décédée sans enfants de ce deuxième
mariage.

Armes : « D'azur à la fasce d'argent, chargée d'un crois-
» sant de gueules, accompagné de trois étoiles, deux
» en chef et une en pointe. Deux levrettes pour support
» avec la divise: *Fidelis et audax.* »

KERMAREC DE TRAUROUT (DE) (1), famille noble
d'extraction, originaire de Bretagne et l'une des plus anciennes de la province. Elle y jouissait des priviléges de
la noblesse dès l'an 1427, ainsi qu'il est attesté par les
registres de la chambre des comptes de Nantes.

I. Rolland DE KERMAREC, chevalier, seigneur de Traurout, près de Tréguier, fut inscrit en 1427 au rôle des
individus de Tréguier, reconnus et déclarés nobles. Il eut
pour fils :

II. Jean DE KERMAREC, Ier du nom, chevalier, seigneur
de Traurout, qui fut père de :

III. Jean DE KERMAREC, IIe du nom, chevalier, seigneur de Traurout. Il épousa Marie Hinguant, dont il eut:

IV. Guillaume DE KERMAREC, chevalier, seigneur de
Traurout, marié avec Marie de Kercomar, dont il eut :

V. François DE KERMAREC, chevalier, seigneur de Traurout, qui épousa Jacquette de Caranté, de laquelle il
laissa :

VI. Jacques DE KERMAREC, chevalier, seigneur de Traurout, marié avec Aliette Michel. Il eut pour fils :

VII. Jean DE KERMAREC, IIIe du nom, chevalier, seigneur de Traurout, qui épousa Françoise de Plusquelée
de Tréguier, dont il eut :

VIII. Jean DE KERMAREC, IVe du nom, chevalier, seigneur de Traurout, marié à Péronelle de Lanloup de
St.-Brieux. A l'époque de la réformation de la noblesse
de Bretagne, il fut maintenu dans ses priviléges par arrêt
de la chambre des comptes de Nantes, du 17 juin 1669.
Il eut pour fils :

---

(1) Des omissions essentielles ayant eu lieu à l'article de cette famille
inséré dans le premier volume, nous nous sommes décidés à reproduire
ledit article dans le second volume.

IX. Jean DE KERMAREC, Vᵉ du nom, chevalier, seigneur de Traurout, qui épousa Anne de Triac du Préby de St.-Brieux, dont il eut :

X. Joseph-Claude DE KERMAREC, chevalier, seigneur de Traurout, marié avec Françoise le Picquard, dame des Tronchais, près de Lamballe ; de ce mariage est venu :

XI. Claude-Joseph DE KERMAREC, chevalier, seigneur de Traurout, reçu conseiller au parlement de Bretagne en 1741, mort conseiller honoraire du dit parlement le 26 juillet 1784. Il avait épousé Françoise Bertho, dame de la Cornillière, dont il eut :

XII. François-Claude DE KERMAREC, chevalier, seigneur de Traurout, reçu aussi conseiller au parlement de Bretagne en 1771, vivant à Rennes, a épousé 1.º Marie-Jeanne de Jacquelot ; 2.º Anne-Godet de Châtillon.

Il a de son premier mariage :

　　1.º Joseph-Félicité de Kermarec de Traurout, qui épousa Emilie Caradeuc de la Chalotais.

Et du second lit :

　　2.º Eugène de Kermarec de Traurout.

Armes : « De gueules à cinq annelets d'argent, par
» trois et deux, au chef d'argent chargé de trois roses de
» gueules. »

ROCHELAMBERT (DE LA), terre et seigneurie en Auvergne, aux confins de cette province et du pays de Vélay, à deux lieues du Puy, sa capitale.

On ignore si la maison de la Rochelambert a reçu ou donné son nom à cette terre qu'elle possède depuis le douzième siècle, laquelle avait de très-beaux droits seigneuriaux qui s'étendaient jusque sur quelque partie de la ville du Puy. Ces seigneurs l'étaient aussi en partie de la ville de Saint-Paulien, où ils avaient chapelle, caveau de sépulture, droits honorifiques, et la nomination d'un canonicat dans cette collégiale : ils ont aussi fait nombre de fondations.

Les mots espagnols, *vale me Dios*, qui signifient Dieu me protége, faisant partie de leur devise, qui est *amour ou guerre, ni crainte, ni envie*, pourraient faire présumer, sans cependant qu'il y ait de preuves, que cette maison est originaire d'Espagne ; attendu que cette devise est écrite sur le frontispice du château de la Rochelambert, depuis 1574, époque de sa reconstruction du temps des guerres civiles. Il était alors regardé comme un asyle assuré, où quantité de seigneurs venaient se réfugier et y déposer leurs effets les plus précieux, étant adossé à un rocher inaccessible du côté de la rivière de Borne. Il y avait dans ce château quelques armures du temps de la chevalerie, même à l'usage des femmes; vestiges précieux qui, dans un château fortifié moins par l'art que par la nature, désignent seuls l'antiquité de la race de ses possesseurs. Cette maison distinguée par ses alliances, ses services militaires, pour avoir été décorée du collier de l'ordre de nos rois, avant la création de celui du Saint-Esprit, et avoir donné des chanoines-comtes au chapitre noble de Brioude, ainsi que des chevaliers de Saint-Jean de Jérusalem, a l'avantage de voir son origine se perdre dans l'antiquité la plus reculée.

Pierre DE LA ROCHELAMBERT, nommé dans un titre latin du onzième siècle *nobilis miles Petrus de Rupelambertâ*, avait la qualité de chevalier, titre qui prouve non-seulement la noblesse d'extraction, mais qui annonce encore le caractère de l'ancienne chevalerie et de la haute noblesse.

Suivant un arbre généalogique, dressé sur les titres originaux produits, en 1762, au généalogiste des ordres du roi, la filiation de cette famille n'est bien établie que depuis :

I. Pierre DE LA ROCHELAMBERT, Ier du nom, chevalier, seigneur de la Rochelambert, qui transigea, en 1164, avec le seigneur de Senoille, sur les appendances du village de Marsillac. Il laissa de sa femme, dont on ignore le nom :

II. Pierre DE LA ROCHELAMBERT, II, chevalier, seigneur de la Rochelambert, qui passa plusieurs transactions, notamment une en 1210, dans laquelle Hugues, son fils, est nommé, et fit dans la ville de Saint-Paulien, en mai 1256, une acquisition où il est nommé Pierre de la Rochelambert (*de Rupelambertâ*), damoiseau. Il eut pour enfants :

    1.º Hugues, qui suit;
    2.º Garne, veuve, en 1288, de Guillaume Odillon;
    3.º Saurine de la Rochelambert, mariée la même année à Bertrand de Groscherii.

III. Hugues DE LA ROCHELAMBERT, Ier du nom, seigneur de la Rochelambert, épousa 1.º Guigone, dont il n'eut point d'enfants; 2.º en 1274, damoiselle Isabeau de Mazenc. Les enfants du second lit furent :

    1.º Hugues, dont l'article viendra;

    2.º Falconet, vivant en 1313;

    3.º Guillaume, chanoine de Saint-Georges de Saint-Paulien, dans le même temps;

    4.º Raimond, aussi chanoine de cette église, qui fit son testament au mois de juin 1288;

    5.º Saurine;

    6.º Béatrix, femme d'Astorgue Delmas;

    7.º Guigone, vivant toutes trois en 1313.

IV. Hugues DE LA ROCHELAMBERT, II, chevalier, seigneur de la Rochelambert, qualifié damoiseau, dans son testament du 29 août 1348, où il est nommé de *Rochalembertâ*, avait épousé, en 1313, noble Jóscerande, de laquelle il laissa :

    1.º Hugues, dont l'article suit;

    2.º Pierre, vivant en 1323;

    3.º Isabelle, vivant en 1348;

    4.º Guigone, accordée, le 30 janvier 1353, à Robert Bravard, damoiseau.

V. Hugues DE LA ROCHELAMBERT, III, chevalier, seigneur de la Rochelambert, épousa, le 23 décembre 1361, Catherine de Ceus, et testa le 22 septembre 1395. De leur mariage vinrent :

    1.º Hugues, qui suit;

    2.º Jean, vivant en 1395;

    3.º Catherine, mariée, le 5 juin 1395, avec noble Pons Aurel.

VI. Hugues DE LA ROCHELAMBERT, IV, chevalier, seigneur de la Rochelambert, épousa, le 16 janvier 1395, Sobeirane Bonne, qu'il institua administratrice de ses biens par son testament du 2 avril 1434. Leurs enfants furent :

    1.º Gabriel, dont l'article viendra;

    2.º Gilbert, vivant en 1434;

    3.º Jean, religieux de l'ordre de Saint-Benoît;

    4.º Jeanne, religieuse au prieuré de Vaurey du Val d'Amblavès, au diocèse du Puy;

    5.º Marquise de la Rochelambert, femme, en 1434, d'Antoine de Luco, seigneur de Champfault.

VII. Gabriel DE LA ROCHELAMBERT, chevalier, seigneur

de la Rochelambert, épousa, le 8 novembre 1434, noble
Alix de Fay, de la maison des seigneurs de la Tour-Maubourg, de laquelle il eut :

    1.° Armand, dont l'article suit ;

    2.° Jean ;

    3.° Albert, vivant en 1444 ;

    4.° Vierne ;

    5.° Autre Vierne, femme, en 1476, de noble Henri
       Limosini.

VIII. Armand DE LA ROCHELAMBERT, chevalier, seigneur
de la Rochelambert, épousa, le 11 mars 1482, Louise de
la Chassaigne, dont :

    1.° Charles, dont l'article viendra ;

    2.° Antoine, vivant en 1505 ;

    3.° François-Claude, prieur, la même année, des mo-
       nastères de Saint-Chaffre et de Saint-Mézard ;

    4.° Jacques ;

    5.° Sébastien, marié, le 28 octobre 1529, avec Mar-
       tine Maagne ;

    6.° Aubert ;

    7.° Louis, chanoine de Saint-Paulien ;

    8.° Jacqueline ;

    9.° Jeanne ;

    10.° Claudine, religieuse à Vaurey ;

    11.° Marguerite de la Rochelambert, toutes vivantes
       en 1505.

IX. Charles DE LA ROCHELAMBERT, Ier du nom, chevalier, seigneur de la Rochelambert, obtint, en 1536, du roi
François Ier des lettres-patentes, dans lesquelles ce prince
le qualifie son bien amé, maréchal-des-logis du ban et
arrière-ban de son bas pays d'Auvergne. Il avait épousé,
1.° Marguerite de Gaste, dont il n'eut point d'enfants ;
2.° le 15 septembre 1533, Catherine de Prousac. Par son
testament, il nomma le seigneur François, dit Armand,
vicomte de Polignac, tuteur de son fils, ainsi qu'il conste
par l'acte de ratification passé au château de la Voûte, le
8 mars 1542. Ses enfants furent :

    1.° François, dont l'article suit ;

    2.° Claude, mariée au seigneur de Coupiac ;

    3.° Louise, mariée à noble Michel de Choussard, sei-
       gneur du Buisson.

X. François DE LA ROCHELAMBERT, appelé *comte de la*

Rochelambert, et qualifié *Nobili et potenti viro, Domino de Rupelambertá*, chevalier de l'ordre du roi, seigneur de Marsillac, du Croiset, etc., enseigne de cent hommes d'armes des ordonnances de Sa Majesté, eut ordre de conduire une compagnie de gens de pied et une d'arquebusiers à cheval pour le service du roi, dans les armées de France, en Champagne, Bourgogne, Poitou et Saintonge, où il servit avec distinction, ainsi qu'il appert par un certificat du 5 février 1572. Il fut aussi capitaine entretenu de MONSIEUR, frère du roi; commanda en chef dans plusieurs armées, suivant une attestation des seigneurs de la Fayette et de Rousiers, de l'année 1572; testa au château de la Rochelambert, le 24 février 1583, et mourut de ses blessures à l'armée. Il avait épousé, 1.º en 1572, Amable de Gras-de-Pins, d'une famille illustre du royaume; 2.º le 27 décembre 1574, Hélène de Lestrange. Il eut de ce second mariage :

1.º Louis, dont l'article viendra;

2.º François, dit le marquis de la Rochelambert, commandeur de Saint-Victor, lequel transigea, le 7 juillet 1603, avec Louis, son frère aîné : il fut gendarme de la garde du roi, en 1614;

3.º Gilbert, appelé le *chevalier de la Rochelambert*, vivant en 1583;

4.º Claude, femme, en 1614, de messire Guillaume Bertrand, seigneur d'Ours et de Pleyne;

5.º Marie, épouse, en 1614, de messire André de Frétat, seigneur de Chassain et de la Deyte;

6.º Diane, vivant en 1583.

XI. Louis DE LA ROCHELAMBERT, qualifié haut et puissant seigneur, chevalier, seigneur de la Rochelambert, gentilhomme de la reine Marguerite de France, en 1598, épousa, le 28 octobre 1600, Françoise de Choisinet, fille de Jean, seigneur de Choisinet et de Louise de Clermont-de-Chaste, nièce d'Annet de Clermont-de-Chaste, grand-maître de l'ordre de Saint-Jean de Jérusalem. Il eut de ce mariage :

1.º Charles, dont l'article viendra;

2.º Eymard-François, reçu chevalier de Malte le 24 avril 1625;

3.º Marie, religieuse à l'abbaye de Clavas, au diocèse du Puy, en 1634. Ces enfants sont neveux et nièces d'Eymard de Clermont-de-Chaste, vice-amiral des mers du Ponent, en 1603; commandeur de Limoges, grand-maréchal de son ordre, ambassadeur extraordinaire de France en Angleterre, et de Malte en France.

XII. Charles II, comte de la Rochelambert, qualifié haut et puissant seigneur, chevalier, seigneur de Rochelambert, Marsillac, Neyrande, etc., cornette de la compagnie du duc de Guise, en reçut ordre, le 3 septembre 1627, de se transporter à Concarneau et au Hâvre pour prendre et saisir les navires rochelais et autres, par lequel ordre il fut enjoint au sieur Pierre Aubin, commandant du château de Concarneau, de remettre tous les prisonniers au comte de la Rochelambert. Il épousa 1.º le 6 janvier 1630, Charlotte de la Mothe; 2.º le 21 novembre 1634, Anne du Cros, fille de Madelon du Cros, seigneur du Fieu, chevalier de l'ordre du roi, son ambassadeur en Ecosse, et d'Anne de la Goutte. Du second lit sont venus:

1.º Charles, dont l'article suit;

2.º Guillaume, auteur de la branche des seigneurs de la Valette, rapportée ci-après;

3.º Charlotte, religieuse au prieuré noble de Leigneux, diocèse de Lyon;

4.º Françoise, mariée, en 1674, avec messire Amable d'Ossandon, chevalier, seigneur d'Olières.

XIII. Charles, IIIᵉ du nom, comte de la Rochelambert, chevalier, seigneur de la Rochelambert, Marsillac, du Fieu, du Monteil, d'Orsonnette, etc., qualifié comme ses prédécesseurs, rendit hommage au roi, le 20 décembre 1683, de son château et terroir de la Rochelambert; fut mousquetaire du roi et dispensé de servir au ban, à cause des blessures qu'il avait reçues comme il conste, par une attestation du 15 septembre 1690, de Thomas de Chabannes, commandant les gentilshommes du haut et du bas pays d'Auvergne, pour le ban de ladite année. Il avait épousé, le 7 mars 1674, Gilberte de Salers, dont les deux sœurs cadettes avaient épousé, l'une, Elie de la Roche Aymon, marquis de Saint-Maixent, et l'autre, Charles de Chaussecourtes: toutes trois filles de Henri de Salers, seigneur et baron dudit lieu, syndic de la noblesse d'Auvergne, et de Diane de Serment, dame de Saint-Martin et du Monteil. De ce mariage vinrent:

1.º Gilbert, dont l'article viendra;

2.º Autre Gilbert, reçu chanoine-comte de Saint-Julien de Brioude, le 26 mai 1707, sur les preuves de seize quartiers de noblesse ;

3.º Françoise, femme, en 1702, du comte de Seveyrac, maison dont est la marquise de Simiane, en Auvergne :

4.º Diane-Françoise, mariée, le 24 juin 1708, avec Pierre Prié de Montvalat, marquis de Tournoil ;

5.º Diane, mariée, le 30 mai 1719, à Jean Paul de Vaulx, seigneur de la Roche, décédée sans enfants.

XIV. Gilbert, comte de la Rochelambert, chevalier, seigneur de la Rochelambert, du Monteil, d'Orsonette, la Roche-Mirefleur, etc., qualifié haut et puissant seigneur, servit dans les mousquetaires du roi, et épousa, par contrat du 29 janvier 1712, demoiselle Marie-Françoise-Marthe de Colombe-de-Latour, fille de haut et puissant seigneur François Armand, seigneur de Latour, et baron de Beauzac en Vélay, et de Françoise de Vocance, dont :

1.º Laurent-François Scipion, qui suit ;

2.º Jean-Paul, religieux bénédictin de l'ordre de Cluny, prieur titulaire de Saint-Vivien de Breuillet, et ensuite nommé au prieuré de la Trinité d'Eu décédé à Paris, à la fin d'août 1792 ;

3.º André-Laurent, appelé le baron de la Rochelambert, capitaine au régiment appelé île de France, en 1747, puis lieutenant-colonel, commandant pour le roi à Bonifacio en Corse, chevalier de l'ordre royal et militaire de Saint-Louis, en 1763 ; marié, le 18 août 1778, à dame Anne Bizeau, veuve sans enfants de messire Jacques-Claude de Beze de Lys, conseiller au parlement. Le baron de la Rochelambert est décédé à Issoire ;

4.º François, mort jeune ;

5.º Gabriel-Armand-Benoît, marquis de la Rochelambert, seigneur de Dreuil, la Roche-Mirefleur et de Saint-Georges, ci-devant colonel d'un régiment de Grenadiers-Royaux de son nom, en 1761. Il s'était trouvé à différentes batailles et sièges ; fut blessé d'un coup de feu au genou à celui de Mons en 1746, nommé pour le roi, commandant du château de Marbourg en Hesse, en 1762 ; blessé, la même année, à la tête de son régiment, d'un coup de feu au corps, à l'affaire de Willemstadt ou de Grebenstein, le 24 juin, où il eut plusieurs chevaux tués, dont un sous lui, et fut fait prisonnier de guerre; fut créé chevalier de l'ordre royal et militaire de Saint-Louis après cette action, obtint une pension du roi en 1763; a été admis à monter dans les carrosses de feu Louis XV, sur les preuves faites de sa maison, par le généalogiste des ordres de Sa Majesté en 1764; fait brigadier des armées en 1769, désigné par une lettre, au nom de Sa Majesté, du comte de Saint-Germain, pour être nommé maréchal-de-camp à la première promotion; ce qui a eu lieu;

6.°, 7.°, 8.° et 9.°, quatre filles;

10.° Françoise-Xavière de la Rochelambert, née à Maulieu, le 2 décembre 1727; d'abord religieuse bénédictine de l'abbaye de Cusset, ensuite abbesse de Saint-Jean du Buits, à Aurillac, le 16 avril 1765, et de Saint-Cernin de Rodez en Rouergue, le 1er juillet 1771; décédée au Petit-Andely, département de l'Eure, le 24 mars 1806.

XV. Laurent-François-Scipion, comte de la Rochelambert, chevalier, seigneur de la Rochelambert, Marsillac, la Valette de Bornes, Lenthenas, la Roche-du-Mas, coseigneur de la Molhade, de Saint-Paulien, de Lissac, etc. en Auvergne, seigneur des châtellenies de Thévalles, Chemeré le Roi, Saulge, Saint-Pierre d'Erve, et des seigneuries, terres et fiefs d'Aubigné, du Boulay, des Sourches, de Contée, des Flux, et autres lieux dans le Maine; qualifié, comme ses prédécesseurs, haut et puissant seigneur dans ses titres; né au château de la Rochelambert, paroisse de Saint-Georges, de Saint-Paulien, près le Puy en Vélay; le 3 septembre 1721, capitaine d'infanterie au régiment de Montmorin, chevalier de l'ordre royal et militaire de Saint-Louis, décédé au Petit-Andely, département de l'Eure, le 2 octobre 1807.

Il avoit épousé, par contrat du 26 mars 1748, demoiselle Michelle-Anne Douart de Fleurance, née à Paris le 9 février 1723, décédée au Petit-Andely, le 11 septembre 1813; elle était fille de Messire Mathieu Douart, seigneur de Fleurance, d'Aubigné et du Boulay, d'abord écuyer de Madame la Dauphine, mère du roi Louis XV, et ensuite président en la cour des monnaies de Paris; elle a eu pour grand-oncle maternel, messire David Rivault, précepteur de Louis XIII, et ensuite fait conseiller d'État. La comtesse de la Rochelambert a été présentée au roi et à la famille royale, le 8 août 1762, d'après les preuves faites de la maison de la Rochelambert, devant le généalogiste des ordres.

De ce mariage sont issus :

1.º Mathieu-Laurent-François, né le 12 décembre 1749, mort le 10 février 1753;

2.º N....., né le 22 mars 1752, décédé le même jour;

3.º Paul-Laurent-François, marquis de la Rochelambert, chevalier, appelé le marquis de Thévalles, né à Paris le 8 décembre 1753, d'abord page à la petite écurie du roi, au mois de juillet 1769, a été nommé page de monseigneur le Dauphin, en 1772; ensuite premier page du roi, en 1773; en est sorti au mois de juillet 1774, pour entrer capitaine de cavalerie au régiment de Royal-Champagne, puis a été nommé colonel en second au régiment de Bourgogne, cavalerie, et gentilhomme d'honneur de Monsieur, frère du roi. Avait épousé, en décembre 1778, Louise-Elisabeth de Lostanges, dame pour accompagner Madame Adélaïde, fille aînée de Louis XV, ayant eu l'honneur de monter dans les carrosses du roi, sur titres. Le contrat de mariage fut signé par le roi et la famille royale. Le marquis de la Rochelambert est décédé sans enfants, en 1796;

4.º Gabriel-René-François, appelé le vicomte de la Rochelambert, qui suit;

5.º Louis-Antoine, né le 2 mars 1756, mort le 5 du même mois;

6.º Et Louis-Charles-François, né le 8 avril 1757, qui a eu un bref de minorité pour l'ordre de Malte, et est décédé le 13 mai 1758.

XVI. Gabriel-René-François, comte de la Rochelambert, chevalier, aujourd'hui chef des noms et armes de cette maison, qualifié haut et puissant seigneur dans ses titres, né le 16 janvier 1755, est entré page à la petite écurie du roi, le 1er avril 1770, a été nommé, par le roi Louis XV, premier page de monseigneur le Dauphin, le 1er juillet 1773; puis premier page du roi Louis XVI, le 1er juillet 1774. Il est sorti des pages après avoir rempli ses fonctions au sacre du roi, et a été nommé capitaine à la suite des Dragons, le 28 juin 1775; attaché au régiment de Dragons Dauphin, le 3 mai 1776, où il a été nommé au commandement d'une compagnie en pied, le 10 juillet 1784. A été ensuite nommé major en second du régiment de Royal-Picardie, cavalerie, le 1er avril 1788, a commandé en second la compagnie de ce nom à l'armée des princes, pendant la campagne de 1792, était monté dans les carrosses du roi, en novembre 1786, sur titres vérifiés par M. Chérin. A reçu, le 22 juin 1814, l'autorisation du roi de porter la décoration du lys ; et a été reçu, le 13 juillet 1814, chevalier de l'ordre royal et militaire de Saint-Louis, par monseigneur le duc de Berry.

A épousé, le 20 février 1788, demoiselle Charlotte-Marie Dreux de Silly (nommée comtesse Charlotte de Dreux, par brevet du roi), fille de haut et puissant seigneur Joachim de Dreux, marquis de Brézé, grand-maître des cérémonies de France, lieutenant-général des armées du roi, gouverneur de Loudun, et pays Loudunois ; et de madame Louise-Jeanne-Marie de Courtarvel de Pézé ; leur contrat de mariage a été signé par le roi et la famille royale. De ce mariage sont issus :

1.º Henri-Michel-Scipion, appelé le vicomte de la Rochelambert, qui suivra ;

2.º Gabrielle-Louise-Laurence, née à Paris le 5 janvier 1789, mariée à messire François de Corbeau, marquis de Vaulsene, à Paris le 21 août 1810 ;

3.º Henriette-Laurence-Marie-Gabrielle, née à Paris le 29 avril 1791, mariée à Paris, le 21 août 1810, au comte Auguste-Louis-Joseph de la Rochelambert, (de la branche de la Valette.)

4.º Amantine-Michelle-Catherine, née aux Andelys, le 7 mai 1797.

XVII. Henri-Michel-Scipion, vicomte de la Rochelambert, chevalier, né à Paris le 29 décembre 1789, capitaine de la garde urbaine à cheval de la ville de Lyon, le 18 mai 1814, a reçu le 26 juillet 1814, de Monsieur, frère du Roi, l'autorisation de porter la décoration du lys.

Branche des seigneurs de la Valette de Montfort, prise au XIIe degré.

XIII. Guillaume, comte de la Rochelambert, qualifié haut et puissant seigneur, chevalier, seigneur du Fieu, second fils de Charles, IIe du nom, et d'Anne du Gros, capi-

taine au régiment de Normandie , épousa le 15 mai 1684 ,
Claude de Chavaignac-Laugeac , dont sont issus :

    1.º Claude , dont l'article suit ;

    2.º Jacques-Roch, marquis de la Rochelambert, capi-
       taine de cavalerie , mort âgé de vingt ans ;

    3.º François , mort en bas âge;

    4.º Marguerite, chanoinesse du chapitre noble de Lei-
       gneux;

    5.º Françoise , prieure et dame de Courpière , au dio-
       cèse de Clermont.

XIV. Claude, comte de la Rochelambert , qualifié comme
son père, chevalier, seigneur du Fieu , de la Valette , Vinzelles , Montfort , etc., d'abord chanoine-comte de Brioude,
par provisions du 18 février 1696, sur la démission d'Emmanuel de Langheac de la Rochefoucaud, s'en démit ayant
quitté l'état ecclésiastique. Il épousa 1.º Catherine de Bon-
lieu de Monpentier ; 2.º le 25 août 1721 , Charlotte de
Montgon de Beauverger.

Enfants du premier lit :

    1.º Marguerite, mariée à Balthasard de Lusy, marquis
       de Cousan, premier baron de Forez ;

    2.º Jeanne-Claudine , chanoinesse de Leigneux , puis
       prieure dudit chapitre.

Enfants du second lit :

    3.º Henri-Gilbert, dont l'article viendra ;

    4.º Autre Henri-Gilbert, capitaine au régiment du Roi,
       infanterie, chevalier de l'ordre royal et militaire de
       Saint-Louis, en 1763, marié en 1773, avec N.....
       de la Borde , fille du seigneur de la Borde , com-
       mandant de bataillon du régiment du Roi et maré-
       chal des camps et armées, mort en septembre 1790;

    5.º Charles-Louis, mort en bas âge;

    6.º Claude-Guillaume-Charles, mort en bas âge ;

    7.º Marie-Catherine, mariée à messire Louis de Guay
       de Plagnol, seigneur de Salzuy;

    8º. Anne, prieure de l'abbaye des Chazes en Auvergne;

    9.º Catherine, abbesse en la même abbaye.

XV. Henri-Gilbert, marquis de la Rochelambert, qualifié haut et puissant seigneur, chevalier, seigneur du Fieu,

de la Valette , Saint-Jean d'Enval-Montfort, Vinzelles ,
Bansac , Usson et autres lieux , en Auvergne , ci-devant
capitaine au régiment du Roi , infanterie , nommé par le
roi , commissaire de l'assemblée provinciale de la noblesse
qui procéda à la convocation des Etats-généraux en 1783 ,
mort le 15 juillet 1808 , avait épousé , le 14 juillet 1749 ,
demoiselle Louise-Marthe-Catherine d'Anterroche, fille du
comte d'Anterroche , commandant d'un bataillon des Gardes-Françaises , mort lieutenant-général des armées du roi ,
en 1785 : et nièce d'Alexandre-César d'Anterroche , évêque de Condom , et commandeur de l'ordre de Saint-Lazare. Il a laissé de ce mariage :

1.° Claude, né le 6 mai 1750, mort en bas âge;

2.° Joseph qui suit;

3.° Joseph-François-Simon-Louis, né en 1761, chevalier de l'ordre de Saint-Jean de Jérusalem, et sous-
lieutenant au régiment du Roi, infanterie, en 1776,
mort au cap d'Anse , proche Naples , revenant de
ses caravanes en 1786;

4.° Françoise-Alexandrine-Luce , née le 4 juin 1754,
morte sans enfants de son mariage contracté avec
le seigneur de la Rochette;

5.° Claudine-Françoise-Louise, née le 29 janvier 1756,
mariée, en 1774, au comte de la Salle Saint-Poncy;

6.° Catherine, née le 24 mars 1759 , mariée à Pierre
de Molen, chevalier, marquis de Saint-Poncy, officier au régiment Dauphin, cavalerie.

XVI. Joseph , marquis de la Rochelambert-Montfort,
chevalier , né le 31 octobre 1751 , qualifié de haut et puissant seigneur du Fieu , de la Valette, Saint-Jean en Val ,
Montfort , Vinzelles, Bansac, Usson , Anterroche , Cham-
beuil , Combrèle, Sauvelle, Lumbin, la Rochefourchat ,
etc. , entré au régiment des Gardes-Françaises, en 1766 ,
fut présenté à Sa Majesté Louis XVI , et fit ses preuves
sur titres vérifiés par M. Chérin , pour monter dans les
carrosses, en novembre 1785; chevalier de l'ordre royal et
militaire de Saint-Louis, en 1787, il fut fait lieutenant au
régiment des Gardes en 1788; il eut l'honneur de joindre
les Princes du sang de France à Turin , lors que le régiment des Gardes fut licencié en 1790. Il commanda une
compagnie d'hommes d'armes à pied à Coblentz , en 1791,
et fit avec les Princes la compagne de 1792 , comme colonel; il fut décoré de l'ordre du Lys , le 16 juillet 1814.. Il a

épousé, le 14 juin 1778, Marie-Anne-Elisabeth-Joséphine Bonvoust de Pruslay, d'une très-ancienne maison, originaire d'Allemagne, établie de temps immémorial dans le Perche, dame d'honneur de Son Altesse Sérénissime madame la princesse Louise de Condé. De ce mariage sont issus :

1.° Auguste-Louis-Joseph, dont l'article viendra ;

2.° Michel-Alphonse de la Rochelambert, né à Paris en 1787, reçu chevalier de Malte au berceau ;

3.° Henriette de la Rochelambert, mariée à François, chevalier, comte de Caissac de la haute Auvergne ;

4.° Alexandrine de la Rochelambert, morte à l'âge de vingt ans.

XVII. Auguste-Louis-Joseph, comte de la Rochelambert, haut et puissant seigneur, né le 23 avril 1779, à Issoire, en Auvergne, émigra en 1791, et a servi dans l'armée de Monseigneur le prince de Condé, en qualité d'officier, et y a fait les six dernières campagnes, où il a mérité du Prince les attestations les plus flatteuses, a quitté le service au moment du licenciement de l'armée de Condé ; a reçu de Monseigneur, frère du Roi, l'autorisation de porter la décoration du Lys, en avril 1814, comme membre de la Garde nationale à cheval ; a épousé Henriette-Laurence-Marie-Gabrielle de la Rochelambert, seconde fille de haut et puissant seigneur, Gabriel-René-François, comte de la Rochelambert-Thevalles. De ce mariage est issu :

Gabriel-Joseph-Marie de la Rochelambert, né au château d'Esternay, le 23 décembre 1812, chevalier de Malte.

Les alliances de cette maison, sont entre autres avec celles de Guigone, de Mazenc, de Joscerande, de Cens, de Bonne de Fay, dont les seigneurs de la Tour-Maubourg, de la Chassaigne, de Pronsac, de Gaste, de Gras-de-Pins de l'Estrange, de Choisinet, de la Tour de Bains, du Gros, de Salers, de la Tour, de Fleurance, de Montmorin, de Langheac, d'Ailly de Menetou, de la Goutte, de Clermont de Chaste en Dauphiné, de la Roche Aymon, de Chaussecourt, de Saint-Polgue, de la Ganne, de Saint-Martial, de Drugeac, de Saint-Charmant, du Pras-de-Barbançon, Saint-Priest, de Polignac, de Seveyrac, de Montvalat,

de Baucase, de Chavignac, la Fayette, de Montgon d'Anterroche, de la Salle, etc.

Armes : « D'argent, au chevron d'azur, et un chef de
» gueules. Supports, deux sauvages armés de leurs massues.
» Devise : *amour* ou *guerre, vale me Dios,* ni crainte ni
» envie. L'opinion commune est que ces mots latins : *vale*
» *me Dios,* signifient *point de milieu,* mais un interprète de la
» langue espagnole a affirmé au contraire que ces mots
» écrits ainsi : *vale me Dios,* signifient *Dieu me protège.* »

TAURIAC (de), famille noble d'extraction, originaire
de la ville de Milhaud en Rouergue. Elle est établie dans
cette province de temps immémorial ; elle a fourni des
officiers recommandables à l'armée ; elle est divisée en
deux branches; l'aînée est représentée par :

Gaspard, marquis DE TAURIAC, chevalier de Malte,
ancien page de la chambre du roi et ancien officier de
royale cavalerie; il a un fils nommé Auguste, officier de
chasseurs à cheval.

Et la seconde par :

1.º Antoine-Louis, baron de Tauriac, ancien officier
au régiment du roi, cavalerie;

2.º Philippe de Tauriac, abbé, ancien chanoine du
chapitre de St-Léon en Rouergue;

3.º Antoine-Guillaume-Louis, baron de Tauriac,
connu auparavant sous le nom de chevalier de
Tauriac, chevalier de St.-Louis, ancien officier au
régiment de Vivarais, infanterie, marié à Marie-
Antoinette de Gourgas, fille de Vincent de Gourgas,
ancien chevalier de St.-Louis, capitaine dans le
régiment de Briqueville, infanterie.

Armes : « D'azur à un taureau d'argent ; pour devise :
» *Nil timet;* pour supports deux hommes d'armes. »

ROZIÈRE (CARLET DE LA), famille noble et ancienne,
originaire du Piémont, qui vint s'établir en France, au
commencement du 15ᵉ siècle. Dès l'an 1420 on trouve

cette famille employée avec distinction dans les armées françaises où elle a fourni depuis de grands capitaines.

I. Louis-Charles Carlet DE LA ROZIÈRE, chevalier de l'ordre royal et militaire de St.-Louis, officier au régiment de Canizy, se distingua au fameux combat de Morbeigno, gagné par les Français, commandés par le duc de Rohan, sur les Espagnols, le 10 novembre 1635; blessé grièvement à cette affaire, il fut nommé capitaine sur le champ de bataille, et peu d'années après officier supérieur dans le même corps. Surnommé *l'honneur de l'infanterie française*, ce vaillant capitaine se montra constamment digne d'une aussi glorieuse qualification. On le voit à la bataille de Rocroy en 1643, aux combats de Fribourg en 1644, à Nortlingen, à Lens, à Senef, etc.; Turckeim en 1675; aux siéges de Condé, Bouchain et d'Aire; et enfin à l'assaut du fort de Kell en 1678, où il se fit encore remarquer par des prodiges de valeur. Il mourut en 1701, dans un âge très-avancé.

II. Marc Carlet DE LA ROZIÈRE, chevalier de l'ordre royal et militaire de St.-Louis, fils aîné du précédent, capitaine au régiment de Conty, infanterie; puis major dudit régiment en 1726. A l'exemple de son père il entra jeune dans la carrière des armes et la parcourut avec distinction. Il se trouva aux batailles de Malplaquet, de Fleurus, de Steinkerque en 1692, de Nerwinde, ainsi qu'à la malheureuse journée de Hochstett; à celle de Mons en 1709, et de Denain en 1711, et reçut la croix de St.-Louis pour prix de son courage et de sa valeur. Il mourut couvert de blessures en 1744, âgé de 86 ans, à Neuf-Brisac, où sa famille lui fit élever un mausolée. Il eut entre autres enfants :

III. Jean Carlet DE LA ROZIÈRE, chevalier, fils aîné du précédent, qui en 1709 entra dans le régiment de Conty, infanterie, où il fit la campagne de Flandres sous le maréchal de Villars et combattait à côté de son père à la bataille de Denain où il fut grièvement blessé. Il fut nommé capitaine aide-major au même régiment en 1726, et se trouva à la défense de Prague en 1742, où il donna les plus grands exemples d'intrépidité. Il reçut d'honorables blessures au siége de Fribourg, à Parme et à Guastalla, puis à l'affaire de l'Assiette en 1747 où une balle lui traversa la poitrine. Il devint officier supérieur de son régiment et reçut la croix de l'ordre royal et militaire de St.-Louis, comme un témoignage glorieux de sa valeur et de son mérite. A la paix de 1763 il fut nommé brigadier des armées du roi, commandant la ville de Calais où il resta 14 ans. Il mourut au château de la Rozière en 1780, âgé de 84 ans, après avoir fourni une carrière militaire aussi longue qu'honorable et ayant servi sous trois de nos rois. Il laissa entre autres enfants :

IV. Louis-François Carlet DE LA ROZIÈRE, chevalier, marquis de la Rozière, né au Pont-d'Arche, près Charleville, le 10 octobre 1733; il entra au service en 1745, comme volontaire dans le régiment de Conty, infanterie, où servait son père, et fit ses premières armes en Italie. Lieutenant au régiment de Tourraine, infanterie, en 1746, il se trouva le 11 octobre de la même année à la bataille de Rocoux puis à celle de Lawfeld, ainsi qu'aux siéges de Berg-Op-Zoom et de Maëstricht. En 1750 il passa du régiment de Tourraine aux écoles de mathématiques et de dessin établies à Paris et à Mézières, et en 1752 il suivit aux Indes-Orientales le savant abbé La Caille en qualité d'ingénieur dans la brigade destinée pour les colonies. De retour en Europe en 1756, il composa son premier ouvrage sur l'art militaire, ayant pour titre : *Stratagêmes de guerre*. Il fut nommé cette même année aide-de-camp du comte de Revel et aide maréchal général des logis de l'armée auxiliaire de France, destinée pour la Bohême. Il commença en 1757 la guerre de sept ans dans l'armée de Westphalie, et se trouva à la bataille de Rosbach, où il fut chargé de la direction d'une division d'artillerie. Le comte de Revel ayant été tué, M. de la Rozière s'attacha au corps d'armée du duc de Broglie, et fit avec ce général et les maréchaux d'Estrées et de Soubise toute la guerre de sept ans. Il se trouva à la prise de Bremen, à la bataille de Sandershausen, où il fut blessé, et nommé capitaine de dragons; à celle de Lutternberg, à Berghen, en 1759; à la bataille de Minden, au passage de l'Hom et au combat de Korbach en 1760 et à la prise de Cassel en 1761. Il fut nommé lieutenant-colonel de dragons au régiment du roi, et peu de temps après chevalier de l'ordre royal et militaire de St.-Louis, à l'occasion de la manière distinguée dont il s'était conduit à l'affaire du Frauenberg, où il commandait, et où il fut sur le point de faire prisonnier le prince Ferdinand de Brunswick. Au moment ou M. de la Rozière allait l'arrêter, son cheval s'abbattit, et il ne lui resta à la main que la housse du prince, qui ne dut son salut qu'à la vitesse de son cheval. Il se trouva aux batailles de Grienberg, de Willinghaus, au passage du Weser. Un de ses plus beaux faits d'armes, c'est l'assaut donné à la cascade de Cassel en 1761, poste éminemment fort, qu'il enleva l'épée à la main et dont il fit la garnison prisonnière de guerre. Quelque temps après il fut lui-même fait prisonnier dans une reconnaissance, par les montagnards écossais dans la forêt de Sababord; on le conduisit au quartier général du roi de Prusse qui lui dit : « *Je* » *désirerais vous renvoyer à l'armée française, mais* » *lorsqu'on a pris un officier aussi distingué que vous* » *on le garde le plus long-temps possible; j'ai des rai-* » *sons pour que vous ne soyez pas échangé dans les cir-* » *constances présentes; ainsi vous resterez avec nous sur* » *votre parole.* » Cet éloge dans la bouche du grand Frédéric est ce qu'on peut dire de plus flatteur sur le compte particulier d'un officier de mérite. Il passa trois semaines au quartier-général du roi de Prusse, dont il reçut des marques de bontés et particulièrement du prince Ferdinand de Brunswick, qui se rappelant l'attaque de Frauenberg, dit un jour en le montrant : « *Voilà le* » *français qui m'a fait le plus de peur de ma vie.* » Après son échange le marquis de la Rozière rentra dans ses fonctions. La bataille de Wilhemsthall, le combat de Morschom, la retraite de la Hesse avec le maréchal d'Estrées; celle de Dilbenstadt où il chargea vigoureusement l'avant-garde ennemie, sont ainsi que celle d'Amenebourg où il dirigea l'affaire après que le marquis de Castries et le vicomte de Sarsfield y furent blessés et jusqu'à l'arrivée du marquis de Ségur, autant d'époques mémorables qui rappellent son courage et son habileté.

La paix de 1763 ayant terminé la guerre de sept ans le marquis de la Rozière fut employé dans le ministère secret du comte de Broglie qui faisait le plus grand cas de ses talents militaires et de ses qualités personnelles, comme on peut le voir par les lettres écrites au roi à ce sujet par cet homme célèbre (1). Il passa en Angleterre d'après

_____

(1) Voici l'extrait d'une lettre du comte de Broglie, datée de Paris du 21 février 1765, au sujet du travail de M. de la Rozière sur l'Angleterre ; il mande au roi : « je désire que Votre Majesté soit contente » de son ouvrage, qui est fait avec une intelligence et une netteté peu » commune, et qui justifie bien l'opinion que j'ai de lui et de ses ta- » lents, ce dont j'ai l'honneur de rendre compte à Votre Majesté. Je » doute qu'il y ait beaucoup d'autres officiers dans l'armée qui en réu-

les ordres de Louis XV pour reconnaître les côtes de ce royaume. Il s'acquitta en 1765 et 1766 de cette mission importante avec autant d'intelligence que de courage et de fidélité. Cette commission était relative au grand projet dont le roi était alors occupé. Il est chargé de reconnaître toutes les côtes et ports de France, et il présente pour le port de Rochefort et le pays d'Aunis un projet de défensive qui a été approuvé et exécuté. Il produit aussi pour le port de Brest un plan de défense que le roi approuve et qui est de suite mis à exécution. Ce beau travail fait aujourd'hui la sûreté de ce bel établissement maritime en donnant la preuve du génie militaire de celui qui l'a conçu. Les travaux proposés par le marquis de la Rozière pour la sûreté de St.-Malo, du Clos-Poulet, de l'Orient et de toute la côte de Bretagne sont également approuvés et en partie exécutés. Ces nombreux travaux le placeront toujours, en le jugeant sans partialité comme sans envie, au rang des premiers officiers d'état-major et de génie que nous connaissions. En 1768 le gouvernement le chargea de rédiger sur les dépêches des ministres et des généraux l'histoire des guerres de France sous les règnes de Louis XIII, Louis XIV et Louis XV. Les quatre premiers volumes in-4° de cet ouvrage sont finis et sont parmi ses nombreux manuscrits, n'ayant pas encore été imprimés par suite de la révolution,

Le marquis de la Rozière fut chargé par le roi en 1770 de rédiger un plan général de campagne contre l'Angleterre; il fut nommé le 11 novembre de là même année brigadier de dragons des armées du roi, commandant à

» nissent de pareils, et qui puissent être aussi utiles au service de Votre » Majesté ; je ne puis donc assez louer, Sire, la rare intelligence et le » zèle infatigable de cet officier, etc. »

Dans une autre lettre, datée de Paris, le 4 juin 1766, au sujet du grand projet de la descente en Angleterre, il mande au roi : je vais » charger M. de la Rozière, qui est le principal instrument de toute » cette besogne, de détailler les préparatifs qu'il conviendrait de faire » sur nos côtes, soit pour y rassembler des magasins de vivres, d'ar-
» mes, etc., soit pour mettre certains points à couvert des risques » qu'on a courus la guerre dernière ; on ne peut penser, sans frissonner, » que Brest et Rochefort ne sont point à l'abri d'un coup-de-main......
» M. de la Rozière, qui a bien examiné ces deux ports, ne voit pas sans » inquiétude l'état où ils se trouvent aujourd'hui ; il doit sur cela me » communiquer ses idées, ce dont j'aurai l'honneur de rendre compte » à Votre Majesté. »

St.-Malo et quelque temps après maréchal général des logis de l'armée destinée à descendre en Angleterre.

Le roi en considération de quatre cents ans de services militaires les plus importants rendus à l'État par cette famille, et surtout de ceux du marquis de la Rozière, fit ériger la terre de Wagnon en marquisat de la Rozière par lettres patentes de 1780. En 1781 le marquis de la Rozière fut nommé commandant du corps d'armée destiné à s'emparer des îles de Jersey et de Guernesey, et fut promu au grade de maréchal de camp. Il s'émigra au mois de mai 1791 avec son fils aîné, capitaine de dragons, et fut mis à la tête des bureaux de la guerre établis à Coblentz par les princes frères du roi. Il fit la campagne de 1792 en qualité de maréchal de camp et de maréchal général des logis de l'armée royale, et fut nommé ensuite commandeur de l'ordre royal et militaire de St-Louis. En 1794 il passa d'Allemagne en Angleterre sur l'ordre qui lui fut adressé de Pétersbourg par monseigneur le comte d'Artois. Le marquis de la Rozière a reçu de ce prince plusieurs lettres honorables qui prouvent la justice qu'il rendait aux talents militaires de ce général et la confiance qu'il avait en lui, ainsi que S. M. Louis XVIII. En 1795 il fut employé comme quartier-maitre général des émigrés et des troupes anglaises dans l'expédition des îles de Noirmoutier et Dieu. A son retour de cette expédition, le marquis de la Rozière fut sollicité par la Turquie pour entrer à son service avec de grands avantages; mais il préféra d'entrer à celui de la Russie avec le grade de général-major : peu de temps après, par des arrangements particuliers, il passa en Portugal avec le grade de lieutènant-général et de quartier-maître général des armées portugaises, et il arriva à Lisbonne en 1797. En 1799 il fut envoyé à Londres où il était mandé par le gouvernement anglais; mais en 1800 le prince régent de Portugal le rappela et lui donna en 1801 le commandement en chef de l'armée destinée à défendre le nord du Portugal. Les talents qu'il développa dans cette campagne lui méritèrent la bienveillance du souverain qui, à son retour de l'armée, le fit commandeur de l'ordre royal et militaire du Christ, et le nomma, en 1802, inspecteur-général des frontières et des côtes du royaume; poste de confiance et l'un des plus honorables qu'un militaire distingué puisse obtenir. Le marquis de la Rozière est mort à Lisbonne, fidèle à l'honneur et à ses principes, le 7 avril 1808, emportant les regrets de tous ceux qui l'avaient connu et en terminant une carrière honorable remplie d'actions et de travaux glorieux.

Les ouvrages de cet officier général qui sont imprimés et connus, sont : 1.º *Les stratagêmes de guerre*, Paris, 1756; 2.º *Campagne du maréchal de Créqui en Lorraine et en Alsace en 1677*, Paris 1764; 3.º *Campagne de Louis, prince de Condé en Flandres en 1674*, Paris 1765; 4.º *Campagne du maréchal de Villars et de Maximilien Emmanuel, électeur de Bavière en Allemagne en 1703*; Paris 1766; 5.º *Campagnes du duc de Rohan dans la Walteline en 1635; précédé d'un discours sur la guerre des montagnes, avec cartes*; 6.º *Traité des armes en général*, Paris 1764. Outre *sa belle carte de la Hesse* qu'il fit graver en 1761, on a encore de lui *la carte des Pays-Bas catholiques et celle du combat de Senef*. Il a laissé un grand nombre d'ouvrages inédits, et de manuscrits très-précieux parmi lesquels on distingue l'*Histoire des guerres de France sous Louis XIII, Louis XIV · et Louis XV* dont on a déjà parlé. *Sa Relation de la campagne des Prussiens en 1792*, celle de *1801 en Portugal*; plus des *Devoirs du maréchal des logis de l'armée et de l'officier d'état-major; de l'Art d'asseoir les camps, de faire des reconnaissances, du choix des positions et de la marche des colonnes en campagne*, etc. Ajoutez à cela *des reconnaissances générales et très-étendues sur toutes les côtes et les frontières de France, et sur différentes parties de l'Angleterre, de l'Allemagne et de la Suisse*, accompagnées de *Plans et cartes*; plus *un travail considérable sur le Portugal, dirigé par lui seul. Celui sur l'Angleterre sous le ministère secret du comte de Broglie* dont nous avons parlé, et qui est immense, et vous aurez une idée de ses travaux militaires et politiques, dont une grande partie se trouve au dépôt général de la guerre à Paris. Il a aussi fourni beaucoup d'articles militaires à l'Encyclopédie et a travaillé à nombre d'ordonnances concernant le militaire. Il serait trop long de relater ici tout ce qui a été fait par lui; on dira seulement que toute sa vie fut consacrée au travail et à l'étude particulière de son métier, et qu'à des connaissances très-étendues il joignait cette rare modestie qui est toujours la compagne du vrai savoir et le sceau des talents supérieurs. Le marquis de la Rozière avait épousé en 1769

mademoiselle de Granville dont il a eu plusieurs enfants;
l'aîné :

V. Jean Carlet DE LA ROZIÈRE, chevalier, marquis de la
Rozière, entra sous-lieutenant au régiment de dragons
d'Orléans en 1784; il fut fait capitaine de dragons et aide
maréchal général des logis de l'armée en 1788; émigra
en 1791, fit la campagne de 1792 à l'armée des princes
frères du roi Louis XVI, obtint le brevet de colonel des
chasseurs royaux des princes en 1792, et ayant toujours
continué à servir, il passa comme colonel au service de
Portugal en 1797, fut fait chevalier de l'ordre royal et mi-
taire de St.-Louis la même année, et est aujourd'hui commandeur de l'ordre du Christ, et général de brigade au service de cette puissance.

Armes : « D'argent au chêne vert, chargé de deux épées
» de gueules posées en sautoir, en chef deux étoiles d'azur
» et à dextre et à sénestre deux fleurs de lys d'azur. »

RECOURT (DE), famille noble en Artois, où elle est
connue dès l'an 1106 (charte de l'abbaye d'Arrouaise en
la même province). *Voy.* l'histoire du Cambrésis, tom. II,
preuves, pag. 81 et 82, par le Carpentier, et que le
même auteur fait descendre d'un puîné de la maison de
Coucy, a pris son nom de la terre et seigneurie de Recourt aussi en Artois, située à quatre lieues de Cambrai,
et relevante de la châtellenie d'Orply. Elle a formé plusieurs branches : celles des châtelains de Lens, seigneurs
de Recourt et de Camblain, des barons de Licques, des
comtes de Rupelmonde, des seigneurs de la Comté, dont
on peut voir le détail dans l'histoire des grands-officiers de
la couronne, tom. 7, p. 286 et suivantes, dont il ne reste
aucun mâle; et enfin celle des seigneurs du Sart, transportée d'Artois en Cambrésis, et depuis en Picardie, la
seule qui existe aujourd'hui, ainsi que le constate le certificat du juge d'armes de la noblesse de France, en date
du 19 juillet 1781.

Illustrée par un amiral de France en 1418 (Charles de
Recourt, dit de Lens), et alliée aux maisons d'Alègre,
de Barlaymont, Bayencourt, Beaufort, Béthune, Croy,
Cruninghem, Erblrusches, Estourmelles, Fay, Flavigny,
Gavres-Lidequerke, Guistelles, Grammont, la Châtre,
Lasso de Castille, Lens, Licques, Mailly, Mérode,

Montmorenci, Nédonchel, Noyelles, Renty, Robles, Rubempré, Sacquespée, Saint-Omer, Sarria, Signières, Stavelles-Isenghiem, Velasco, Viel-Châtel et autres, elle a toujours été comprise entre les plus distinguées des provinces de Flandre, Artois et Picardie.

De la branche du Sart, formée par Jean de Recourt, second fils de Jean, Ier du nom, châtelain de Lens, et de Jeanne de Vianne, qui épousa Isabeau de Brimeu, duquel est issu, au douzième degré, Théodore de Recourt, chevalier, né à ..., le ..., fils unique de Pierre-Remi-Joseph de Recourt, officier au régiment de Royal-Auvergne, infanterie, et de dame Marie-Victoire-Catherine Waz-de-Mello, son épouse.

Dixième degré.

Antoine-François-Nicolas DE RECOURT, chevalier, seigneur, etc. Il a pour aïeul paternel, Pierre-Florimond-Charles-Joseph de Recourt, seigneur du Sart, près la Fère-sur-Oise, où il est décédé le 26 septembre 1780, et pour grand-oncle Antoine-François-Nicolas de Recourt, frère puîné du précédent, chevalier, seigneur d'Hardoye, et en partie de Chérèt et Bruyères, ancien officier d'artillerie, né au château du Sart le 2 avril 1735, marié à Reims par contrat passé devant Michaut, notaire, le 15 avril 1769, à Anne-Marie-Thérèse Fremyn, fille de Louis Fremyn, chevalier, seigneur de l'Estang et de dame Marie-Thérèse Maillefer, décédé audit Reims le 9 juillet 1787, et enterré aux Cordeliers de cette ville dans le caveau de la famille de son épouse. De ce mariage sont issus :

1.º Jean-Antoine de Recourt, qui suit;
2.º François de Recourt, chevalier, né le 9 décembre 1772, baptisé en l'église de Saint-Hilaire de Reims, cadet aux gardes wallonnes d'Espagne au commencement de 1791, enseigne par brevet du 26 juin 1794, en remplacement du prince Louis de Croy; second lieutenant dans le même corps, par brevet du 12 avril 1798, en remplacement du chevalier de Lannoy, puis second lieutenant de grenadiers par brevet du 6 décembre 1802; a fait en ces qualités les campagnes de 1793, 1794, 1795, 1801, en Roussillon, Catalogne, Navarre et Portugal; capitaine agrégé à la place de Barcelone par brevet du 15 août 1803, avec la faveur particulière d'un traitement de 500 réaux de veillon par mois,

que le roi daigna lui continuer en France où il s'est
retiré, et est décédé à Reims, département de la
Marne, le 29 octobre 1812;

3.º Amélie-Auguste-Charlotte de Recourt, née le 6
juin 1782, baptisée, le 8 du même mois, en l'é-
glise de Saint-Hilaire de Reims, mariée, par contrat passé devant Dieu, notaire à Bruyères près
Laon, le 15 mai 1810, à Gabriel-Antoine-Charles-
Désiré de la Ramade-Traversac de Friac.

Onzième degré.

Jean-Antoine DE RECOURT, chevalier, né le 28 février 1770, baptisé en l'église de Sainte-Hilaire à Reims,
cadet aux gardes-wallonnes d'Espagne au commencement
de 1791, enseigne par brevet du 11 septembre 1794;
second lieutenant par brevet du 12 juillet 1798; a fait, en
ces qualités, les campagnes de 1793, 1794, 1795 en
Roussillon, Catalogne et Navarre; employé en 1799 dans
l'expédition à Surinam, prisonnier des Anglais, la même
année, dans cette colonie; capitaine agrégé à la place de
Barcelone par brevet du 22 mai 1802, avec traitement
de 300 réaux de veillon par mois. Il épousa à Reims, par
contrat passé devant d'Abancourt notaire, le 1er juillet
1802, demoiselle Henriette-Cécile Thiérion, fille de Charles-
Henri-Mathieu Thiérion, écuyer, seigneur de Saint-Ger-
mainmont, et de dame Anne-Thérèse-Joséphine Maillefer.
De ce mariage sont issus :

1.º Jean-Charles de Recourt, né le 12 avril 1807,
mort l'année de sa naissance;

2.º Hortense-Joséphine de Recourt, née le 2 novembre 1805;

3.º Marie-Isabelle de Recourt, née le 27 juin 1808;

4.º Marie-Gabrielle de Recourt, née le 20 août 1810,
décédée l'année de sa naissance;

5.º Antoinette-Joséphine de Recourt, née le 20 août
1812.

SALLMARD (DE), famille noble, originaire de Beaujolais, qui, vers le douzième siècle, vint s'établir dans la
province du Dauphiné. Elle a donné des comtes à l'église
de Saint-Jean de Lyon, depuis près de trois siècles; des
chevaliers à l'ordre de Malte, et de vaillants capitaines
aux rois de France. Son ancienneté remonte aux temps les

plus reculés, et les alliances qu'elle a contractées sont des plus illustres. Le premier titre qui prouve l'ancienneté de la maison de Sallmard, est une transaction passée entre Reymond, comte de Forez, et Bernard de Sallmard, en 1265 ; le second est une donation faite par Jean, comte de Forez, de la terre de Corcelles, en présence, et de l'autorité de Bernard de Sallmard, en 1299. La filiation suivie de cette famille remonte à

I. Bernard DE SALLMARD, chevalier, qui vivait en 1333. Il fonda la chapelle de la Vierge de l'église de Néronde. Il eut pour fils :

II. Humbert DE SALLMARD, damoiseau. Ses enfants furent :

    1.º Guichard, qui eut pour fils Humbert et Jean de Sallmard, comme il est prouvé par son testament du 28 septembre 1449 ;

    2.º Guillaume, qui suit.

III. Guillaume DE SALLMARD, chevalier, seigneur de Ressiz et de la Fay, rendit hommage à Louis, duc de Bourbon, seigneur de Beaujeu, en 1402 et 1405. Il testa en 1412, laissant d'Antoine de Varennes, sa femme :

    1.º Jean de Sallmard, mort sans postérité ;

    2.º Albert, qui suit.

IV. Albert DE SALLMARD, chevalier, seigneur de Ressiz, rendit hommage, le 16 mai 1441, à Charles, duc de Bourbonnais et d'Auvergne, seigneur de Beaujeu. Il épousa Marguerite de Bion, et testa le 24 février 1458, laissant de son mariage :

    1.º Bertrand, dont l'article viendra ;

    2.º Louise ;

    3.º Arthaude ;

    4.º Marie de Sallmard.

V. Bertrand DE SALLMARD, chevalier de l'ordre du roi, seigneur de Ressiz et de la Fay, bailli de la baronnie de Rivery, par provisions du 6 août 1483. Il avait épousé, le 26 mai 1469, Jeanne de Carenci, fille de Jean de Bourbon II, seigneur de Carenci, en Artois, de Buquoi, de l'Ecluse et de Duisant, chambellan de Charles VI ; et nièce de monseigneur Jacques de Bourbon, comte de la Marche et grand-chambrier de France. Il testa le 5 septembre 1483, laissant :

    1.º Claude, qui suit ;

    2.º Regnaud de Sallmard.

VI. Claude DE SALLMARD , Ier du nom, écuyer , seigneur de Réssiz et de la Fay , épousa , le 12 décembre 1498 , Charlotte de Sarron , de laquelle il laissa :

    1.º Claude , dont l'article suit ;

    2.º Jacqueline de Sallmard , mariée à Louis de Tellis, écuyer , seigneur de l'Espinasse.

VII. Claude DE SALLMARD II , écuyer , seigneur de Ressiz et de la Fay , épousa , le 14 mars 1535 , Marguerite de Terlay. Les services qu'il avait rendus l'exemptèrent du ban et arrière-ban de la noblesse de Beaujolais , au rôle de laquelle il devait être compris. Il testa le 24 janvier 156 , laissant de son mariage :

    1.º Geoffroy , dont l'article viendra ;

    2.º Jacques de Sallmard , reçu chevalier de Malte le 27 décembre 1565 ;

    3.º Claude de Sallmard, chanoine et comte de l'église de Lyon , qui institua son héritier Geoffroy de Sallmard II, son neveu , comme il est dit dans son testament du 1er mars 1618.

VIII. Geoffroy DE SALLMARD , Ier du nom , écuyer, seigneur de Ressiz , Montfort , de la Fay et autres lieux ; épousa , le 1er août 1568 , Madeleine de Foudras , fille de Jean de Foudras , seigneur de Courténay. Il testa le 6 décembre 1587 , et laissa :

    1.º Geoffroy , qui suit ;

    2.º Catherine de Sallmard, mariée à Pierre Lautreur, seigneur de la Garde , trésorier et receveur des tailles en Dauphiné.

IX. Geoffroy DE SALLMARD II , écuyer , seigneur de Ressiz et de la Fay , obtint , le 24 mars 1635 , sentence des commissaires députés par le roi , pour le réglement des tailles en la généralité de Lyon , qui ordonne que lui et ses hoirs , nés et à naître , jouiront de tous les privilèges et exemptions attribués à la noblesse. Il épousa Éléonore de Guillens , dont est issu :

X. Jean DE SALLMARD , écuyer , seigneur de Montfort , guidon de la compagnie d'ordonnance de M. d'Alincourt , marié 1.º le 20 avril 1624 , avec Claude de Virieux ; 2.º à Just-Madeleine de Grammont , par contrat du 25 mars 1636. Il eut pour fils :

XI. Louis DE SALLMARD , écuyer , seigneur de Montfort, capitaine au régiment lyonnais , par commission du 7 janvier 1659. Il épousa, le 16 mars 1675, Isabeau de Vangelet, dont il eut :

XII. Philippe-Guillaume DE SALLMARD, seigneur de Ressiz, Montfort, la Roche-Pingolet, etc. Il épousa, le 28 octobre 1717, Françoise de Guillet, de laquelle il laissa :

XIII. Raymond DE SALLMARD, Ier du nom, chevalier, seigneur de Ressiz, de Montfort, de la Roche-Pingolet, etc., marié, le 4 août 1742, à Marie-Jeanne-Françoise de Ponchon. Il eut pour fils :

XIV. Raymond DE SALLMARD II, chevalier, vicomte de Ressiz, seigneur de Montfort et autres lieux, né au mois d'octobre 1754. Il épousa, le 9 février 1781, Marie-Anne de Chabrières, fille de messire de Chabrières-de-la-Roche., comte de Charmes. De ce mariage sont issus :

1°. Godefroi de Sallmard, marié avec Alexandrine du Puy-Saint-Vincent; 2.° Charles, chevalier de Malte, capitaine au 22me de dragons, chevalier de la légion d'honneur; 3.° Auguste, chevalier de Malte, chevalier de la légion d'honneur, et lieutenant dans le 22me de dragons; 4.° Aimé, chevalier de Malte, mort à la bataille de Ratisbonne, le 23 avril 1809; 5.° Pauline, mariée à Joseph de Sibour, qui a servi sous les princes pendant l'émigration; 6.° César-Eléonor; 7.° Rosalie.

Armes : « Coupé d'argent et de sable, à la bande en-
» grêlée de l'un en l'autre ; pour supports, deux sauvages
» de sable ; pour cimier une tête de sable à lambrequins de
» sable et d'argent, les licornes de même ; pour devise :
» *Labor in armis est nostri testis honoris.* »

AMELOT, famille ancienne, et illustre dans la magistrature et dans la diplomatie. Elle a produit un très-grand nombre de magistrats célèbres, qui ont exercé avec distinction les charges dont ils ont été revêtus; elle a donné un archevêque à l'église de Tours, et un évêque à l'église de Vannes. Elle est encore illustre par ses alliances avec plusieurs grandes maisons du royaume.

Michel AMELOT, marquis de Gournay, baron de Brunelles, conseiller ordinaire du roi en ses conseils d'Etat et privé, et président du bureau de conseil du commerce, donna des preuves de sa grande capacité, de sa probité, de son attachement au service de son prince, et de son zèle pour le bien public dans tous les emplois dont il fut honoré et dans les diverses ambassades qu'il remplit avec honneur. Il avait été envoyé par Louis XIV, en qualité d'ambassadeur, dans plusieurs cours de l'Europe : à Venise en 1682; en Portugal en 1685; en Suisse en 1688; en Espagne en 1705, et enfin à Rome en 1715. Il assista comme conseiller d'État au sacre de Louis XV, et mourut à Paris le 21 juin 1724, âgé de 69 ans et 5 mois. Il descendait, au cinquième degré, de Jacques Amelot, seigneur de Carnetin, qui vint de l'Orléanais s'habituer à Paris sous le règne de François Ier. Jacques Amelot avait épousé Jeanne de Vialart, sœur d'Antoine, archevêque de Bourges, et il ne vivait plus en 1569. Jean Amelot, seigneur de Carnetin, son fils aîné, eut, de Marie de Saint-Germain son épouse, Jacques Amelot, seigneur de Carnetin, dont la postérité a fini à Charles Amelot, marquis de Combronde, conseiller au parlement de Paris, mort sans enfants dans son château de Salvertres en Auvergne le 5 novembre 1726, âgé de 82 ans, et en lui a fini la branche aînée.

Jean Amelot II, fils de Jean Amelot, seigneur de Carnetin, et de Marie de Saint-Germain, a fait la branche des seigneurs de Gournay.

Michel Amelot, qui devint archevêque de Tours en janvier 1673 ; Jean-Jacques Amelot, reçu chevalier de l'ordre de Saint-Jean de Jérusalem en septembre 1668, et mort jeune ; Michel Amelot, marquis de Gournay, baron de Brunelles, par lequel j'ai commencé cet article ; et Marie-Anne-Ursule Amelot, mariée le 3 mars 1712 avec Henri-Charles de Saulx, comte de Tavannes, étaient de la branche de Gournay.

Denis Amelot III, seigneur de Chaillou, Beaulieu, fils de ce même Jean Amelot et de Marie de Saint-Germain, etc., a fait la branche des seigneurs de Chaillou, de laquelle sont sortis :

Marie Amelot, mariée avec Charles de Beon-Luxembourg, marquis de Bouteville, dont elle resta veuve en 1671.

Jean-Jacques Amelot, seigneur de Chaillou, fils de Jean-Michel Amelot et de Philiberte de Barillon, reçu de l'académie française en 1727, ministre des affaires étrangères depuis le mois de février 1737, après M. Chauvelin, garde-des sceaux jusqu'au mois de mai 1744. Il eut deux

filles : l'une qui fut marquise de Caumont, et l'autre comtesse de Pont-Saint-Pierre ; et un fils, Antoine-Jean Amelot, chevalier, marquis de Chaillou, qui fut conseiller
d'État en 1774, ministre de Paris et de la maison du roi
le 12 mai 1776, après M. de Lamoignon de Malesherbes,
et en 1781 grand-officier commandeur de l'ordre du Saint-
Esprit. Il eut deux filles : l'une marquise de la Ferté-Sénec-
tère ; l'autre comtesse Justine Amelot, chanoinesse ; et
un fils, Antoine-Léon Amelot marquis de Chaillou, qui
fut maître des requêtes en 1779, et ensuite intendant de
Bourgogne. Il eut de son mariage avec N... de Biré :

Victor AMELOT, chevalier, marquis de Chaillou.

Michel-Denis AMELOT, chevalier, marquis de Chaillou, seigneur de Châteauneuf, Juvardeil, etc., frère de
Jean-Jacques Amelot, ministre des affaires étrangères, a
fait la [branche] des seigneurs] de Châteauneuf et de Gué-
péan. Il fut colonel d'un régiment de son nom, chevalier
de l'ordre royal et militaire de Saint-Louis. Il mourut en
son château de Châteauneuf-sur-Sarthe en Anjou, âgé de
80 ans. Il eut, de son mariage avec Elisabeth de Cohon :

    1.º Denis-Jean Amelot, marquis de Châteauneuf,
      conseiller du roi en ses conseils et en la grand'-
      chambre du parlement. Il mourut à Paris, céliba-
      taire, âgé d'environ 52 ans, le 6 mars 1791 ;
    2.º Sébastien-Michel Amelot, sacré évêque de Vannes
      le 23 avril 1775, émigré en 1791 ;
    3.º Réné-Michel Amelot, chevalier, marquis de Gué-
      péan et de Châteauneuf, capitaine au régiment du
      roi, chevalier de l'ordre royal et militaire de Saint-
      Louis. Emigré en 1791, il fit plusieurs campagnes
      avec les princes, et devint lieutenant-colonel. Il
      fut marié, par contrat du 10 décembre 1787, passé
      devant Guespereau et Choron, notaires à Paris,
      signé du roi et de la famille royale, à Marie-Mar-
      guerite-Emilie de Luker. De ce mariage est né :
      Denis-Edmond-René-Xavier, chevalier, marquis
      de Guépéan, etc.

Nous attendons sur cette famille des détails généalogiques plus étendus, que nous transmettrons dans un
volume subséquent.

Armes : « D'azur à trois cœurs d'or surmontés d'un
» soleil de même. »

LAMOUROUS (de), famille ancienne, originaire de l'Agénois, province où réside encore de nos jours la branche aînée.

I. Jean de Lamourous, qualifié de noble et d'écuyer dans le quinzième siècle, avait épousé Jeanne Lassort, ainsi qu'il résulte de son testament du 1er octobre 1537, retenu par Blandeyrac, notaire royal de Lauzun. Par ce testament, noble Jean de Lamourous, écuyer, déclare avoir eu, de son mariage avec ladite Jeanne Lassort :

> 1.º Guillaume, dont l'article viendra, et qu'il fait son héritier général et universel ;
>
> 2.º Léonard, auquel il laisse une légitime, décédé sans hoirs ;

II. Noble Guillaume de Lamourous, écuyer, épousa, le 5 février 1556, Claude de Biette, fille de feu noble Jean de Biette, et de Claudes Serres ; ledit contrat de mariage retenu par Arruau, notaire royal de Montbahus. De ce mariage vinrent :

> 1.º Pierre, sieur de la Garde, dont l'article formerait la suite de la branche aînée, qui épousa Antoinette de Treney, le 16 février 1597 ; et ledit contrat de mariage retenu par Blandeyrac, notaire royal de Lauzun ;
>
> 2.º Bertrand, dont l'article viendra ;
>
> 3.º Toinette, mariée avec Arnaud Fargues ;
>
> 4.º Anne, mariée avec Lassort.

III. Noble Bertrand de Lamourous, écuyer, fut conseiller du roi au présidial de Guyenne. Il avait épousé, le 19 juin 1607, Suzanne de Lurbe, fille de défunt noble homme Gabriel de Lurbe, avocat en la cour, et procureur-syndic de la maison commune de la ville de Bordeaux, et de Louise Galoupin ; ledit contrat de mariage retenu par Bignon, notaire royal de Bordeaux. De ce mariage vinrent :

> 1.º Pierre, dont l'article formerait la suite de la première branche cadette, qui épousa Catherine de Licterie, le 14 avril 1648, le contrat retenu par Dufaut, notaire royal de Bordeaux ;
>
> 2.º Charles, dont l'article viendra ;
>
> 3.º Guillaume, décédé sans postérité ;
>
> 4.º Marguerite, mariée avec Mº Joseph Rousseau.

IV. Noble Charles de Lamourous, écuyer, sieur du

Rocq, fit notifier, le 15 juillet 1667, par le ministère de Peshellu, notaire royal, à Nicolas Calet, chargé de la recherche de la noblesse, qu'ayant perdu son père dans sa plus tendre jeunesse, et qu'étant entré au service dès que son âge avait pu le lui permettre, il avait été obligé de s'en retirer, après vingt-deux ans de service, à cause de ses blessures et de ses fatigues; qu'ayant trouvé alors l'assignation pour représenter devant M. de Pellot, commissaire départi dans cette province, les pièces justificatives de sa qualité; il ne ¡pouvait y satisfaire sur-le-champ, attendu qu'il venait d'un cadet de sa maison, et qu'il était lui-même un cadet de sa famille; que les titres de sa maison étaient entre les mains de leur aîné dans l'Agénois; que, pour éviter les frais dont il était menacé par suite d'une condamnation obtenue contre lui par défaut, il somme ledit Calet de recevoir la somme de 200 livres portée par ladite condamnation, par forme de consignation seulement; protestant de se pourvoir, et ledit payement ne pouvant lui nuire ni préjudicier, ni être réputé pour acquiescement à ladite condamnation, se réservant au contraire de répéter ladite somme. Ce Charles de Lamourous épousa, le 14 juillet 1655, Marguerite Roborel, fille de Jean Roborel de Loustaunau, et de Bonaventure de Castaing; ledit contrat de mariage retenu par Lacoste, notaire royal de Barsac. De ce mariage est venu :

Guillaume, dont l'article suit:

V. Noble Guillaume DE LAMOUROUS, écuyer, sieur du Rocq, naquit le 3 juin 1662, suivant un extrait du registre de l'église paroissiale de Saint-Vincent de Barsac. Son père Charles étant mort sans avoir pu se procurer les titres nécessaires, Guillaume s'en occupa; et apprit que son cousin Etienne de Lamourous, petit-fils de Pierre de la branche aînée, avait obtenu, le 16 janvier 1699, un arrêt de maintenue; il lui fut alors aisé d'établir sa filiation, et il parvint enfin à obtenir aussi, le 25 novembre 1717, des commissaires généraux du conseil députés par le roi, un arrêt qui le maintient lui et sa postérité née ou à naître, *dans sa noblesse et en la qualité de noble et d'écuyer, ordonne que ledit Guillaume de Lamourous sera inscrit dans le catalogue des nobles;* qu'il sera arrêté au conseil et envoyé dans tous les bailliages, sénéchaussées et élections du royaume, en conséquence de l'arrêt du conseil du 22 mars 1666; ordonne de plus *que les 200 livres consignées seront rendues et restituées.* Ce Guillaume épousa , le 16 février 1696, Marie Rausan, fille de Pierre Demesures-Rausan et de Jeanne Moncourier ; ledit contrat retenu par Pervugier, notaire royal de Bordeaux. De ce mariage vinrent :

    1.º Jean, dont l'article viendra ;

    2.º Simon-Jude, marié avec Marie-Jeanne-Claire de Chabrignac, décédé sans postérité.

VI. Noble Jean DE LAMOUROUS , écuyer , décédé en juillet 1786, avait épousé, le 5 juillet 1752, Marie-Anne de Pichon, fille de messire Jacques de Pichon : conseiller du roi au parlement de Bordeaux, et de dame Marie Duroi ; ledit contrat de mariage retenu par François , notaire royal de Bordeaux. De ce mariage vinrent :

    1.º Joseph, dont l'article viendra ;

    2.º Guillaume , marié avec Marguerite de Goynneau, le 14 décembre 1785, et de laquelle il a deux filles :

        a. Marguerite-Zoé ;

        b. Jeanne-Ida.

    3.º Jeanne, décédée célibataire.

VII. Noble-Joseph DE LAMOUROUS , écuyer , conseiller du roi au parlement de Bordeaux , épousa , le 15 février 1786 , Marie-Thérèse-Elisabeth de Bouchereau de Saint Georges, fille de Guillaume-Ignace de Bouchereau de Saint-Georges, écuyer, président-trésorier de France au bureau des finances de Guyenne , seigneur des maisons nobles de Puitriault et du grand Corbin , et de la terre de Saint-Georges , et de dame Marie-Catherine Martin de Montsec ; ledit contrat de mariage retenu par Dugarry, notaire royal de Bordeaux. De ce mariage sont venus plusieurs enfants dont il ne reste plus que :

    1.º Charles-Réné-Valentin, dont l'article viendra ;

    2.º Marie-Elisabeth.

VIII. Noble Charles-Réné-Valentin DE LAMOUROUS , écuyer.

Armes : « De gueules , à trois fers de piques d'argent , » deux en chef et un en pointe. »

PATRY, ancienne famille de Normandie ; il est parlé dans la Collection des historiens de France par D. Bouquet, vol. 15, pag. 238, d'un Guillaume Patry, sire de la

Lande, qui reçut chez lui le roi Harold, et qui se distingua à la bataille d'Hasting sous Guillaume-le-Conquérant.

L'histoire et la filiation des descendants de Guillaume Patry est consignée dans les historiens. (*Voyez* Raoul de Dicet, Robert de Thorigny, Benoît de Peterboroug, *Ib.* pag. 135, 191, 194, 317, 318.)

Depuis, Robert Patry s'illustra sous le connétable Duguesclin. (Masseville, Histoire de Normandie, vol. 13, pag. 402.)

Cette famille réside encore en Normandie; la branche aînée aux environs de Saint-Lô, la cadette à Neufchâtel.

Armes : « De gueules à trois quintefeuilles d'argent. »

MALLEVAUD (DE) famille noble qui s'est divisée en plusieurs branches, 1.º celle de Mallevaud de la Varenne, établie en Poitou et en Angoumois; 2.º celle de Mallevaud de Vomoran, à la Martinique et en Saintonge, issue de la branche aînée; 3.º celle de Mallevaud de Marigny et de Puy-Renaud, sortie de la branche cadette, en Limosin et en Touraine Il existe trois arrêts, l'un contradictoire, émané du parlement de Paris, du 3 février 1787, l'autre rendu par le roi, de son propre mouvement, le 5 avril 1788; et le troisième, du 19 avril de la même année, du conseil du roi et de ses finances, qui maintiennent expressément la branche cadette de cette famille dans sa noblesse d'extraction, remontant à l'an 1421.

I. Montain DE MALLEVAUD, écuyer, seigneur de la Mangotière, vivant en 1421, eut pour fils :

II. Madelon DE MALLEVAUD, Iᵉʳ du nom, écuyer, seigneur de la Varenne, qui épousa Marie de Matheflon, dame de la Varenne, dont il eut :

III. Baptiste DE MALLEVAUD, écuyer, seigneur de la Varenne, marié le 29 janvier 1546 avec Rénée de la Faye. Il obtint une procuration du 9 mars 1568, relatée dans les susdits arrêts, pour le ban et arrière-ban convoqués à cette époque; il laissa :

    1.º Madelon, qui continue la branche aînée;

    2.º Etienne, auteur de la branche cadette, rapportée ci-après;

    3.º Charlotte de Mallevaud, morte sans alliance.

..IV. Madelon DE MALLEVAUD II, seigneur de la Varenne, épousa, le 3 avril 1581, Madeleine Flamand, fille de Jacques Flamand, écuyer, et de Guillemine de la Faye; il eut entre autres enfants :

V. Charles de MALLEVAUD, écuyer, seigneur de la Varenne, qualifié fils aîné, et marié le 12 avril 1605, avec Hélène de Hautefois, fille de Jacques de Hautefois, écuyer, seigneur de la Folie, et de Jeanne de Maran; il eut pour fils aîné :

VI. François DE MALLEVAUD, Ier du nom, écuyer, seigneur de la Varenne, qui épousa, le 1er mai 1642, Esther de Cumont, fille de Joachim de Cumont, écuyer, seigneur de Maisonneuve, et de Madeleine de Vivosne; il laissa de ce mariage :

VII. Claude DE MALLEVAUD, écuyer, seigneur de la Varenne, maintenu dans sa noblesse, en 1666 et 1697, ou 1699, par MM. Barentin et de Maupeou, commissaires du roi, puis par sentence de l'intendant de Poitiers, des 11 mars et 14 juillet 1716. Il avait épousé, le 20 juillet 1668, Charlotte de Villedon, fille de Charles de Villedon, chevalier, seigneur de Gournay, Chaissepain, et autres lieux, et de Rénée de Hautefois; il eut pour fils :

VIII. François DE MALLEVAUD II, écuyer, seigneur de la Varenne, marié le 20 février 1708, avec Florimonde de Housseau, de laquelle il laissa :

IX. Jean-Gabriel DE MALLEVAUD, écuyer, seigneur de la Varenne. Les branches de Mallevaud, de Marigny et de Puy-Renaud, obtinrent, le 3 septembre 1748, un arrêt de la cour des aides de Paris qui les établit de la même famille. Jean Gabriel eut, de son mariage, contracté le 29 octobre 1744, avec Jeanne de Gourgeau, fille de messire Charles de Gourgeau, chevalier, seigneur de Cerné, Carberlière, Cousay, etc.

X. Gabriel-Benjamin DE MALLEVAUD de la Varenne, marié le 4 février 1770, à Marie-Anne de Mallevaud de Marigny. Les trois arrêts précités sont intervenus contre lui; il eut pour fils :

    1.º Charles-Gabriel, dont l'article suit ;
    2.º François-Henri ;
    3.º Alexandre de Mallevaud : ils ont tous les trois servi
       avant la révolution.

XI. Charles-Gabriel DE MALLEVAUD, page de feue Madame, épouse de S. M. Louis XVIII, ancien officier d'infanterie, a émigré en 1791, et a fait les campagnes de l'armée des princes. On ignore s'il a postérité.

Branche cadette des seigneurs de Marigny et de Puy-Renaud, prise au troisième degré.

IV. Etienne DE MALLEVAUD, Ier du nom, écuyer, seigneur de Chésan, second fils de Baptiste de Mallevaud et de Rénée de la Faye, épousa le 14 janvier 1606, dame Dumonteuil, dont il eut :

1.° François, dont l'article viendra ;
2.° Jean de Mallevaud, fait évêque d'Aulonne, *in partibus infidelium*, et suffrageant d'Aix en Provence, *bulle du 7 des ides de décembre* 1648. Il a exercé l'épiscopat pendant environ 20 ans, en l'absence de l'archevêque, a fondé plusieurs bénéfices à Bellac, en France, et un couvent de religieuses pour l'instruction des jeunes demoiselles.

V. François DE MALLEVAUD, Ier du nom de cette branche, écuyer, épousa en janvier 1635 Jeanne de la Coudre, de laquelle il laissa :

VI. Etienne DE MALLEVAUD II, écuyer, seigneur de Chésan, marié le 24 février 1664, avec Charlotte Tardy, dont il eut :

VII. François DE MALLEVAUD III, écuyer, seigneur de Marigny, président, lieutenant-général en la sénéchaussée de la Marche au Dorat, pendant 25 ans, mariée le 7 mars 1696, avec Marie-Rose le Large, alliée à la maison d'Herbouville ; de ce mariage sont issus :

1.° Etienne de Mallevaud, écuyer, seigneur de Marigny, lieutenant-général de la Basse-Marche, qui épousa, le 28 octobre 1729, N.... Cottereau de Grandchamp, fille de N.... de Grand-champ, maréchal des logis des mousquetaires du roi, dont il eut :

a. François-Antoine de Mallevaud de Marigny, président, lieutenant-général de Dorat, marié à N.... du Peyron, fille de M. du Peyron, directeur des monnaies à Paris. Il eut deux fils, 1.° François-Henri-Charles, seigneur de Marigny, chevalier de l'ordre royal et militaire de Saint-Louis, qui a été officier des chasseurs de Hainaut, a émigré et fait les campagnes de l'armée des princes. Il avait été page de feue Madame, épouse de S. M. Louis XVIII, sans alliance; et 2.º N.... de Mallevaud, mort jeune au service, en émigration. Il eut en outre trois demoiselles, l'une mariée à M. du Peyron Saint-Hilaire, l'autre à M. Verouvray, et la troisième, à M. Chesnou.

b. François - Henry de Mallevaud, seigneur de Marigny, chevalier de l'ordre royal et militaire de Saint - Louis; ancien capitaine au régiment royal, infanterie, commissaire ordonnateur à Tours, gouverneur de Dorat, qui a servi pendant 54 ans, a fait la guerre de Portugal, s'est trouvé au siége de Mahon, et a assisté à la convocation de la noblesse à Tours, en 1789. Il avait épousé le 29 avril 1771, demoiselle de Rieucourt, fille de N.... de Rieucourt, commissaire des guerres, dont il eut une fille, mariée à M. le marquis de Bridieux;

2.º François de Mallevaud, qui suit.

VIII. François DE MALLEVAUD IV, écuyer, seigneur de Puy-Renaud, lieutenant des maréchaux de France, au bailliage de Loches, par un acte du 15 juin 1767, épousa, en 1745, N.... Aubry, nièce de M. Guimier, président, lieutenant-général à Loches; de ce mariage vinrent :

1.º François-Henri, dont l'article viendra;

2.º N.... de Mallevaud, officier de génie, mort au service;

3.º N.... de Mallevaud, officier au régiment de Languedoc en 1771, mort dans les guerres de Corse.

IX. François-Henri DE MALLEVAUD, chevalier, seigneur de Puy-Renaud, ancien conseiller du Châtelet à Orléans, assista à la convocation de la noblesse à Tours, en 1789. Ce fut en faveur de François-Antoine, de François-Henri de Mallevaud de Marigny, et de François-Henri de Mallevaud de Puy-Renaud, qu'ont été rendus les arrêts des 3 février 1787, 5 et 19 avril 1788, dont nous avons parlé précédemment. François - Henri de Puy - Renaud, a, de son mariage, contracté le 4 avril 1781 avec demoiselle Nolleau de Beauregard :

1.º François;

2.º Etienne;

3.º Pauline de Mallevaud, mariée à M. de la Motte de

Logny, officier au régiment de la Reine, qui a fait la campagne de l'armée des princes.

Armes : « D'argent à trois truchets d'azur à la barre
» de même posée en pal, couronne de marquis et de
» comtes, support, deux sauvages. »

DUPONT DE DINECHIN, famille ancienne, originaire de Charlieu, au comté de Beaujolais, en Bourgogne, où elle réside encore de nos jours.

Cette famille perdit les archives de sa maison, lors du sac et pillage de la ville de Charlieu prise d'assaut en 1550, par le marquis de Saint-Sorlin, au nom des ducs de Nemours et de Nivernois, dans le temps des guerres civiles, comme la chose est constatée par le procès-verbal qu'en fit rédiger, en 1618, le marquis de Fourilles, lieutenant-général des armées du roi, allié à cette maison, lequel procès-verbal nous a été mis sous les yeux ainsi que les pièces originales qui attestent l'authenticité de cette généalogie.

I. Jean Dupont, écuyer, seigneur de Bonnefont, avait épousé Nicole ; de ce mariage vinrent :

    1.º Jean Dupont, dont l'article viendra ;

    2.º Benoite Dupont, mariée le 27 juin 1555 à Gilbert de Chaulméjean, marquis de Fourilles, père du lieutenant-général de ce nom.

II. Autre Jean Dupont, seigneur de Bonnefont, avait épousé Marie Duchamp Janiat ; de ce mariage vint Philibert Dupont, dont l'article viendra.

III. Philibert Dupont, seigneur du Liesme et de Dinechin, avait épousé le 26 avril 1608 Louise de Ronzière ; de ce mariage vinrent :

    Gaspard Dupont, dont l'article viendra ;

    Jean Dupont, gendarme de la garde, qui fit des prodiges de valeur au siége de Perpignan, en 1642, et se signala sous le duc d'Halincourt, dans les guerres de la Catalogne, du Piémont, de Flandres et de l'Allemagne.

IV. Gaspard Dupont, seigneur du Liesme et de Dinechin, lieutenant-général en l'élection de Roanne, avait épousé Françoise-Christine du Ryer, fille d'André du Ryer, seigneur de la garde, Glène, Malzoir et Beauvoir, gentilhomme ordinaire de la chambre du roi, son interprète de langues étrangères, capitaine et châtelain de Sémur ; de ce mariage vinrent :

1.° Louis Philibert Dupont, dont l'article viendra :
2.° Jérôme Dupont, gendarme écossais ;
3.° Jean Guy Dupont, capitaine au régiment de Bouhier ;
4.° Christophe Dupont, avocat en parlement.

V. Louis Philibert DUPONT, seigneur de Dinechin, capitaine au régiment de Marseillac, avait épousé Jeanne Dumont Monnier de Bois-Franc ; de ce mariage vinrent :

1.° Louis Dupont, dont l'article viendra ;
2.° Françoise Dupont, mariée à M. Dulignier ;
3.° Marguerite Dupont, religieuse aux dames de Sainte-Ursule de Paray.

VI. Louis DUPONT, seigneur de Dinechin, Briat, Egrivay, officier au régiment de Boulonais, se distingua au siége de Philisbourg, ne quitta le service que par rapport à la faiblesse de sa vue, fut nommé gouverneur de la ville de Charlieu. Il avait épousé Marie-Rénée Chaulce, fille de Jacques Chaulce, écuyer, seigneur de Faverges, dont le fils, capitaine au régiment de la couronne, se distingua à la bataille de Fontenoy, et y fut créé chevalier de Saint-Louis ; de ce mariage vinrent :

1.° Jacques Dupont, dont l'article viendra ;
2.° Françoise Dupont ;
3.° Claudine-Marie Dupont ;
4.° Marie-Laurence Dupont.

VII. Jacques DUPONT, seigneur de Dinechin, Brial, Esgrivay, officier de dragons au régiment de Lorraine, s'attira l'estime particulière du prince de Lambesc. Il avait épousé Marie-Rose du Ryer, fille d'Hubert-Christophe du Ryer, gendarme de la garde du roi, et de Marie-Françoise Josse de la Bêche. De ce mariage vinrent :

1.° Claude-Clément Dupont, dont l'article viendra ;
2.° Philibert Dupont ;
3.° Marie-Aimé-Joseph Dupont ;
4.° Claude-Hubert Dupont ;
5.° Marie-Marguerite Dupont ;

6.º Marie-Réné Dupont;

7.º Marie-Henriette Dupont.

VIII. Claude-Clément DUPONT DE DINECHIN, écuyer, a épousé Marie-Ferréoline Gontier, fille de Henri-Guy Gontier, avocat en parlement, et de Gilberte Perroy. De ce mariage vinrent.

1.º Marie-Jean-Xavier Dupont;

2.º Théophile Dupont;

3.º Henri-Théophile Dupont;

4.º Marie-Rose Dupont;

5.º Caroline Dupont;

6.º Eulalie Dupont;

7.º Ferréoline Dupont;

8.º Antoinette Dupont

9.º Henriette Dupont.

Armes : « D'azur au pont d'or de trois arches, maçonné
» de sable et au lion d'or lampassé de gueules, armé d'une
» hache d'or, et regardant un soleil d'or naissant à dextre ;
» une étoile d'argent mise en pointe à sénestre. »

BAY (DU), famille noble, originaire du Vivarais, où elle réside encore de nos jours.

Gilles DU BAY vivait au commencement du quatorzième siècle, et habitait [à Bay, pays des Boutières, diocèse de Viviers. Il se maria en 1337 ; et était qualifié noble. De lui descend :

I. Jacques DU BAY, I^{or} du nom, écuyer, rappelé dans le contrat de mariage de son fils. La filiation de cette famille est prouvée depuis lui, par actes authentiques et d'une manière incontestable. Il laissa :

II. Antoine DU BAY, écuyer, seigneur du Cros, qui épousa, le 7 septembre 1541, Alix Bernard, fille d'Antoine-Bernard et de Claudine Dupont, dont il eut :

III. Jacques DU BAY, IIe du nom, seigneur du Cros, qui contracta mariage, le 18 décembre 1595, avec Alix du Buisson, fille de Siméon du Buisson, écuyer, et de Paule de la Torrete.

Le roi Louis XIII étant campé devant la ville de Privas en 1629, Jacques du Bay, seigneur du Cros, et Claude de Trémolet, seigneur de Trémolet, son gendre, vinrent trouver ce monarque dans son camp pour lui offrir leurs services, et ce fut à leur sollicitation que le roi voulut bien accorder le pardon aux habitants des Boutières , qui avaient pris part aux mouvements séditieux de la ville de Privas. Il leur fut expédié, à cette occasion, un passe-port dont voici la copie littérale :

DE PAR LE ROI,

« A tous nos lieutenants-généraux , capitaines, et autres » conducteurs de nos gens de guerre, et à tous ceux de nos » officiers qu'il appartiendra, SALUT.

» Ayant permis aux sieurs de Trémolet et du Bay du » Cros, gentilshommes des Boutières , de nous venir » trouver en notre armée; pour ce, vous mandons et or-» donnons très-expressément que vous ayiez à les laisser » sûrement et librement passer, tant en allant qu'en re-» tournant , avec leurs gens , chevaux, armes et bagages , » sans leur donner ni souffrir être donné aucun trouble » ni empêchement, mais toute l'aide et faveur dont ils » auront besoin, à la charge que le présent passe-port ne » servira que pour   seulement.

» Or à cela ne faites faute, car tel est notre plaisir.

» Donné au camp de Privas, le vingt-neuvième jour » de mai 1629 : *Signé*, LOUIS; et plus bas; *par le Roi* : » BOUTHILLER, et scellé des armes de France. »

Jacques DU BAY eut, de son mariage avec Alix du Buis-son :

1.º Jacques dont l'article viendra ;
2.º François, sieur de Cévelas , capitaine du régiment de Montesson ;
3.º Pierre, sieur de Confoulens, servant dans la com-pagnie des chevau-légers du régiment du Terrail. Il épousa en 1645, Marguerite de Gibelin , et a formé la branche de Florensolles transplantée en Dauphiné;
4.º Judith , mariée le 12 juillet 1627 , à Siméon-Pierre de Chambaud, écuyer , sieur des Mottets;
5.º Anne;
6º. Alix, qui épousa, le 14 février 1615, Claude de Trémolet, écuyer , seigneur de Trémolet, Craux , etc. ;
7.º N. N. du Bay; l'un lieutenant, et l'autre enseigne dans le régiment de Montclard.

IV. Jacques du Bay, IIIᵉ du nom, seigneur du Cros, s'allia, le 21 novembre 1641, avec Madeleine de Sautel, fille de Jacques de Sautel de Cheilard, écuyer, et de Claudine de Sautel. De ce mariage naquirent :

1.º Jacques, qui suit ;
2.º Pierre, sieur de Confoulens ;
3.º Jean, sieur d'Abeilhouse, qui suivit la carrière des armes, et servit en Franche-Comté en 1674;
4.º Alexandre, sieur de Masréal ;
5.º Louis, sieur de la Grange ;
6.º Jean-Annet, sieur du Mazel.

V. Jacques du Bay, IVᵉ du nom, seigneur du Cros et Cévelas, fut convoqué pour l'arrière-ban en 1689 ; et se maria, le 19 février 1665, avec Jeanne de Monteil, fille de Reyné de Monteil, écuyer, sieur du Plafay, et de demoiselle de Praneuf. Ils laissèrent :

1.º Jacques, cadet gentilhomme dans un régiment d'infanterie, qui épousa Marguerite de Tardivon, dont il n'eut qu'une fille décédée en bas âge. Il fut tué par les Camisards en 1708, avec M. de Vocance son parent ;
2.º Alexandre, qui suit;
3.º Madeleine, mariée à Alexandre d'Arnoux, écuyer, seigneur de Liviers.

VI. Alexandre du Bay, seigneur du Cros, Cévelas et d'Abeilhouse, épousa, le 21 mars 1719, Elisabeth Crozat, fille et héritière de M. André Crozat et demoiselle Judith Valentin. Il en eut :

1.º Jacques-Louis, qui suit ;
2.º Jean-Jacques, chevalier du Bay, capitaine de grenadiers au régiment de Champagne. Etant né dans la religion protestante, et sa délicatesse ne lui permettant point de prêter le serment exigé des chevaliers de l'ordre royal et militaire de Saint-Louis, il n'accepta pas cette décoration, qu'il avait méritée par ses services. Il est mort sans avoir été marié ;
3.º Madeleine, alliée avec M. Rozier de Liviers ;
4.º Judith-Alexandrine, décédée en bas âge ;
5.º Eléonore, décédée sans alliance.

VII. Jacques-Louis du Bay, seigneur du Cros, Cévelas et Abeilhouse, co-seigneur de la baronnie de Boffre, a fait les campagnes de Flandres en qualité de volontaire , à la suite du régiment royal des Vaisseaux.

Un arrêt de la cour des aides. de Montpellier , du 18 avril 1740 , rendu à sa requête, maintient, garde, et conserve Jacques-Louis du Bay , seigneur du Cros , Charles du Bay de Florensolles , dans leur noblesse d'ancienne extraction et lignée , ensemble leur postérité née et à naître. Le même arrêt ordonne qu'ils jouiront de tous les droits , priviléges , prérogatives, franchises, immunités et exemptions dont jouissent les gentilshommes , et que leurs noms seront inscrits dans le catalogue des gentilshommes de la province.

Le seigneur du Cros a épousé , le 23 janvier 1775 , Agathe du Bois de Saint-Jean, fille de Claude du Bois de Saint-Jean , écuyer , et de Marie de Saint-Vincent. Dans leur contrat de mariage haute et puissante dame Thérèse d'Ozil de Saint-Vincent , comtesse douairière d'Antraigues , fait une donation de 20, 000 francs à demoiselle Agathe du Bois ; sa nièce. De ce mariage sont nés :

    1.º Louis-Balthazard , qui suit ;
    2.º François-Auguste, chevalier du Bay, né le 22 mai 1777 ;
    3.º Marie-Alexandre-Hercule, gardé du corps du roi, né le 22 mai 1784 ;
    4.º Marie-Antoinette-Agathe-Eléonore, née le 10 novembre 1779 , qui s'est alliée avec N. Ladreit de la Condamine, écuyer, ancien officier d'infanterie, et qui a servi dans l'armée de Condé;
    5.º Marie-Anne-Agathe-Sophie, née le 10 juillet 1781, décédée en 1800.

VIII. Louis-Balthazard du Bay , seigneur du Cros , etc. baron de Boffre , né au château de Crozat le 3 novembre 1775 , est maire de Saint-Péray et membre du collége électoral du département de l'Ardêche. Louis XVIII , à son avénement au trône , lui a accordé la décoration du lys , récompense qu'il a méritée par son dévouement pour son souverain légitime et l'auguste maison de Bourbon.

M. du Bay a épousé , le 13 février 1803 , demoiselle Marie-Françoise-Sophie Faure des Chaberts , fille unique et héritière de M. Alexandre Faure des Chaberts , écuyer , ancien capitaine de cavalerie , chevalier de l'ordre royal et et militaire de Saint-Louis , et de dame Marie Liotard. Il a, de ce mariage :

1.º Louis-Hercule-Régis-Adolphe, né en 1812;

2.º Marie-Elisa-Augusta, née en 1805;

3.º N. du Bay, né en 1814, et décédé peu de jours après sa naissance.

Armes : « D'argent à un pin de sinople, accosté à dextre
» d'un cerf et à sénestre d'un lion, accompagné en chef de
» deux trèfles. »

HOUPPEVILLE DE NEUVILLETTE (D'), famille originaire de Normandie, qui possède depuis plus de cent ans les fiefs nobles de Neuvillette et de Sémilly. Elle a donné à la magistrature un substitut du procureur-général, depuis lieutenant de police à Rouen, deux maîtres des comptes, un conseiller au parlement de Rouen, lequel pendant plusieurs années a géré la charge de député de sa compagnie auprès de Louis XV pour les intérêts de la province; un capitaine d'infanterie du régiment de Normandie. Elle est représentée aujourd'hui par :

Augustin-Nicolas d'Houppeville de Neuvillette, chevalier, fils de feu d'Houppeville de Neuvillette, conseiller au parlement de Rouen, et de feue Marie-Julie de Séré, fille de M. de Séré, lieutenant aux gardes françaises et chevalier de l'ordre royal et militaire de Saint-Louis. Il a épousé 1.º Claudine-Françoise de Thomé de Rantilly, fille de feu Réné de Thomé, ancien capitaine au régiment des gardes françaises, chevalier de l'ordre royal et militaire de Saint-Louis, mestre de camp des armées du roi, et de Marie-Henriette le Clerc de Grandmaison; 2.º demoiselle Marguerite Maxime de Glandevez, fille de feu Antoine-Jean-Louis Marie, chevalier, seigneur de Glandevez de Niozelles, et de feue Claire-Félicité Mestre d'Aigalades. De ce second mariage sont issus :

1.º Elzéard-Augustin, né le 4 octobre 1803;

2.º Joseph-Marie d'Houppeville de Neuvillette, né en août 1809.

Armes : « D'argent au chevron de gueules, accompagné
» en chef de deux merlettes de sable et d'une ville de
» même, appuyée sur une terrasse de sinople; sup-
» ports, deux loups accolés. »

GRANET LA CROIX (de) seigneur et baron de Chabrière; maison noble du comté Venaissin, résidente à Bollène. Les registres des délibérations de cette ville prouvent que les membres de cette famille sont qualifiés *de nobles* dès l'an 1460.

I. Antoine DE GRANET, vivant en 1476, jusqu'en 1487; il fut père de :

II. Ayme DE GRANET, qui vivait de 1493 à 1499. Il eut pour fils :

III. Aymon DE GRANET, vivant en 1510, et père de :

IV. Pierre DE GRANET, vivant en 1536, qui eut pour fils :

V. Giraud DE GRANET, vivant en 1570. Il fut père de :

    1.º Henri, dont l'article viendra;

    2.º Jean, qui forma une branche qui a fourni plusieurs officiers, dont 1.º Jean-Joseph, lieutenant dans la légion de Lorraine, qui fut blessé à la bataille d'Hochstett, le 15 août 1704; 2.º Joseph-François, lieutenant dans Auvergne, qui fut tué à la bataille de Parme, le 20 septembre 1734; 3.º François, capitaine dans le régiment d'Auvergne, chevalier de l'ordre royal et militaire de Saint-Louis. En lui finit cette branche.

VI. Henri DE GRANET, vivant en 1600; il fut père de :

VII. Jean-Baptiste DE GRANET, qui vivait en 1665, et qui épousa N.... de Boneti de Sainte-Cécile, de laquelle il laissa :

VIII. Joseph-François DE GRANET, vivant de 1694 à 1728; il avait épousé N.... de Pelapra, de laquelle il eut :

IX. Pierre-Henri DE GRANET, vivant de 1701 à 1777; il avait épousé N.... de Rocher, de laquelle il eut :

    1.º Alexandre-Armand dont l'article suit;

    2.º Louis-François, capitaine dans le régiment de Brie, chevalier de l'ordre royal et militaire de Saint-Louis.

X. Alexandre-Armand DE GRANET LA CROIX, baron de Chabrière, vivant de 1732 à 1809, lequel épousa Marie-Anne-Élisabeth de Truchier de Liman, de laquelle il eut :

    1.º Pierre-Henri-Joseph, dont l'article viendra;

    2.º Pierre-Alexandre-Henri DE GRANET LA CROIX, garde de corps du roi dans la compagnie écossaise, marié à demoiselle Julie d'Ours de Saint-Ciergue; sans enfants.

XI. Pierre-Henri-Joseph DE GRANET LA CROIX, seigneur, baron de Chabrière, né en 1769, a émigré en 1791, a fait les campagnes dans l'armée des princes; il est aujourd'hui brigadier dans les gardes du corps du roi, et chevalier de l'ordre royal et militaire de Saint-Louis; il a épousé en 1803 Claudine-Olympe de Lancelin de la Rolière, fille de M. François de la Rolière, chevalier de Saint-Louis, brigadier des armées du roi, mort au château de la Rolière, département de la Drôme en 1805. De ce mariage sont nés :

1.º Armand-Marie Henri;
2.º Ludovic-Marie-Henri;
3.º Alexandre-François-Henri.

Armes : « D'argent à la croix dentelée de gueules, à » une étoile d'argent à chaque extrémité. «

DU VIVIER, famille noble du Dauphiné dont il est fait mention dans une révision des feux de la ville de Grenoble, faite par ordre du roi Charles VII, le 15 février 1459, et de laquelle était Philippe du Vivier, chevalier, seigneur de Lentiol, Pennes, Barnave et le Molard, second président de la chambre des comptes du Dauphiné, qui fut honoré, le 30 septembre 1637, d'une lettre du roi Louis XIII qui contient des témoignages de satisfaction, et que Nicolas Chorier et Guy Allard (auteurs de plusieurs ouvrages sur ladite province) citent comme un homme également recommandable par ses vertus et sa grande érudition.

Il existe une copie de la révision des feux, ci-dessus citée, faite sous Louis de Laval, seigneur de Châtillon, gouverneur du Dauphiné. Cette copie prise à la chambre des comptes de Grenoble en 1646 fut signée par Deydier l'un de ses secrétaires.

Cette famille, dans laquelle se sont éteintes d'autres anciennes familles nobles (telles que celles de Garin, Brunel-Saint-Didier, Ruins, Fay-Solignac de Veaune, Boissac et Garnier Saint-Laurent), a fait des preuves de noblesse en divers chapitres ou abbayes nobles et à

Malte, soit en lignes directes, soit en lignes collatérales.
Elle a eu dans les armées des officiers distingués par leurs
services. Bruno du Vivier, chevalier de Saint-Louis,
commandait l'infanterie française au combat ou bataille
de Rumersheim en 1709, ce qui est prouvé par une lettre
de M. de Voisins, alors ministre de la guerre. Il reçut
en diverses occasions trois blessures considérables. Il fut
fait brigadier des armées du roi en 1707 et lieutenant de
roi commandant à Besançon en 1713. Amédée du Vivier,
son frère, se conduisit valeureusement à plusieurs siéges
et batailles; il était capitaine au régiment de Saulx.

Plusieurs autres membres de cette famille ont été tués
ou blessés dans diverses actions. Ennemond-Joseph du
Vivier, capitaine dans le régiment d'Albigeois en 1702,
mourut au service. Hugues-Humbert du Vivier, capitaine
aide-major dans le même régiment d'Albigeois, fut tué à la
bataille de Cassano en 1705, à côté du chevalier de Bres-
sac, son oncle maternel, colonel de ce régiment, qui fut
lui-même blessé à mort à cette bataille. Justin-Bruno du
Vivier, chevalier de Saint-Louis, lieutenant-colonel du
régiment de Bozelly, dragons, et Laurent-Bernard du Vivier, chevalier de Saint-Louis, capitaine de cavalerie dans
le régiment de Noailles, frères des deux précédents, furent blessés en Espagne dans la guerre de la succession.
Charles-François du Vivier, capitaine de grenadiers dans
le régiment royal des vaisseaux, fait chevalier de Saint-
Louis sur le champ de bataille de Fontenoi, où il s'était
distingué, fut blessé à l'attaque des lignes d'Ettlingen en
Allemagne.

Ferdinand-Marie-Camille du Vivier, lieutenant-colonel,
a été blessé à la bataille d'Eylau.

Philippe-Amédée du Vivier, fils de François-Amédée,
capitaine dans le régiment royal des vaisseaux, fut nommé
en 1788 par l'assemblée de la noblesse de l'élection de
Romans, l'un des commissaires pour la vérification des
preuves de noblesse dans cette élection.

Philippe de Fay-Solignac de Veaune, ancien capitaine
de grenadiers dans le régiment de Sayve-Gramont, fit en
1748 donation du tiers du fief de Veaune, (à lui échu par
le décès de son frère Bruno de Fay-Solignac de Veaune,
écuyer de la reine, et premier lieutenant de la grande
vénerie du roi) à Ferdinand-Bruno du Vivier, capitaine
dans le régiment royal des vaisseaux, fils de Justin-Bruno
du Vivier et de Catherine de Fay-Solignac de Veaune,

son neveu, sous la condition de porter son nom et ses armes lui et les siens à perpétuité.

Artus-Charles-Marie, marquis du Vivier de Fay-Solignac, capitaine de vaisseau, fait chevalier de Saint-Louis en 1788, qui a trois sœurs chanoinesses du noble chapitre de Montigny, est aujourd'hui le chef de cette famille. Il est fils de Ferdinand-Bruno du Vivier de Fay-Solignac et de Marie-Françoise de Boissac, neveu et héritier de Charles-Louis marquis de Boissac-Cuirieu, chevalier de Saint-Louis, mestre de camp et brigadier de dragons, mort à Lyon le 7 janvier 1794, victime d'un jugement du tribunal révolutionnaire, et de François-Louis de Boissac, reçu chevalier de Malte en 1750, tué à Carik-Fergus en Irlande, à la tête d'un détachement de grenadiers du régiment des gardes françaises, dans lequel il était officier.

L'extrait de naissance de Charles-Louis-Marie du Vivier de Fay-Solignac, marquis de Cuirieu, justifie qu'il est né du mariage dudit Artus-Charles-Marie du Vivier de Fay-Solignac avec dame Olympe de Passerat de Silans, fille d'Augustin de Passerat, chevalier de Silans, capitaine des vaisseaux du roi, chevalier de Saint-Louis, neveu de Melchior de Passerat, baron de Silans, page de Louis XIV, et capitaine dans le régiment de Gévaudan, dragons, et de dame Yvonne-Guillemete-Adélaide du Botdéru.

Il a été admis le 4 juillet 1814 chevau-léger de la garde du roi.

Ces notes sont extraites du mémoire et des titres présentés lors de son admission.

Les armes écartelées,

Au premier quartier, qui est de du Vivier :

De sable à trois fasces ondées d'argent,

Au chef de gueules chargé d'un cerf passant d'or.

Au second quartier, qui est de Boissac :

De gueules à la cotice d'argent accompagnée de six besans d'or posés en orle.

Au troisième quartier, qui est de Fai de Veaune :

De gueules à la bande d'or chargée d'une fouine courante d'azur.

Et au quatrième quartier qui est de Solignac :

D'azur semé de fleurs de lys d'or.

Supports deux lions ; cimier un lion hissant à demi corps.

Devises. { *Nihil, nisi divinum timere.*
{ Ni regrets du passé, ni peur de l'avenir.

D'ESCROTS, anciennement PELLETIER, en Bourgogne, seigneurs d'Escrots, de la Vesvre, de Gourmandoue, la Gorge, Saint-Nizy-sous-Charmoy, la Bussière,
Champignole, d'Uchon, de Chaumont, de Riez, des Magnians, de Neuvy, du Pin, du Péage, d'Estrée, des Milets, de Molinet, de Trablaine, de la Cour et de la Tour
de Chapeau, du Péage de Thiel, et autres lieux; barons
d'Uchon et comtes de Neuvy, comtes d'Escrots, barons
et comtes d'Estrée.

Armes : « D'azur à la bande d'or chargée de trois écre-
» visses de gueules, accompagnée de trois molettes d'é-
» peron d'or posées 2 et 1. »

Nota « C'est par erreur que Palliot et autres auteurs qui
ont écrit sur la noblesse de Bourgogne, en décrivant les
armes de cette famille, ont porté trois merlettes au lieu de
trois molettes d'éperon; elle n'a jamais changé ses armoiries, et les a constamment portées telles qu'elles sont décrites ci-dessus, et telles qu'elles se trouvent décrites dans
les preuves qu'elle a faites pour l'ordre de Malte en 1632,
et pour Saint-Cyr en 1702 et 1710. »

La famille D'ESCROTS est originaire de la province de
Bourgogne; elle a porté anciennement le nom de *Pelletier*
qu'elle a quitté en vertu de lettres-patentes du roi Henri III,
de l'an 1584, pour prendre celui de la terre d'Escrots, située dans la paroisse de Saint-Eugène, près Montcenis, au
diocèse d'Autun, que, suivant ces mêmes lettres, elle possédait *de temps immémorial.*

Il existe peu de familles qui se soient vouées plus particulièrement à la profession des armes, que celle d'Escrots.
Effectivement, depuis près de trois cents ans on la voit
marcher dans la carrière militaire, où elle s'est distinguée
par ses actions et par les grades d'officiers généraux qu'elle
y a obtenus.

Elle joint, à ces avantages, celui d'être titrée depuis près
de trois siècles, d'être jurée dans l'ordre de Malte dès 1632,
d'avoir été reçue à Saint-Cyr en 1702 et 1710, et d'avoir
formé de belles alliances.

Malgré tous ces avantages, cette famille a de la peine à
remonter son existence au delà de Pierre Pelletier, Ier du
nom, écuyer, seigneur d'Escrots, qui épousa, sur la fin
du quinzième siècle, Anne de Thiard.

Il semblerait que la profession des armes à laquelle elle

s'est si constamment attachée, et la considération dont elle a toujours joui dans sa province, lui eussent fait juger comme inutile, ou du moins peu nécessaire de s'occuper du soin de rechercher ses auteurs au-delà de Pierre; cette négligence se fait remarquer dans toute la suite de sa généalogie, puisqu'aux différentes époques où elle a fait des preuves de noblesse soit pour entrer dans l'ordre de Malte, soit pour Saint-Cyr, elle s'est toujours contentée de remonter au même Pierre.

Cependant, en appliquant ici la maxime universellement reconnue en matière de noblesse, qu'elle s'acquiert par cent ans de possession, comme elle se perd par cent ans d'omission, on ne peut se refuser à croire que les auteurs de Pierre, quoique leurs noms ne soient point connus, ont figuré dans l'ordre de la noblesse au moins cent ans avant lui, puisque la qualité de *bailliste* de ses enfants donnée à Anne de Thiard sa veuve en 1507, ne s'accordait, en Bourgogne, qu'aux veuves des gentilshommes.

Or, en reconnaissant que la qualité de gentilhomme ne s'acquiert que par un siècle d'existence dans la classe de la noblesse, on peut naturellement en inférer que la noblesse de la famille de Pelletier-d'Escrots, si elle n'est pas prouvée, est du moins présumée remonter à la fin de 1300, c'est-à-dire cent ans au-delà du mariage de Pierre Pelletier, contracté vers 1490.

Pierre PELLETIER, Ier du nom, écuyer seigneur d'Escrots, de la Vesvre, la Gourmandoue, la Gorge, et Saint-Nizy-sous-Charmoy, naquit vers l'an 1460. Il n'a pas été possible de se procurer des renseignements qui fissent connaître les noms de ses père et mère. Il épousa, ainsi qu'on vient de le dire, vers l'an 1490, Anne de Thiard, fille de Jocerand de Thiard, seigneur de Bissy, écuyer d'écurie de Philippe et Charles, ducs de Bourgogne, et de Huguette le Goux, sœur de Pierre le Goux, chancelier de Bourgogne, et reçut, le 17 mai 1504, de Marie de Savoye, marquise d'Hocsberg, princesse de Neuchâtel, et dame de Montcenis, l'investiture de la terre d'Escrots, à la charge de lui en faire hommage; c'est le seul acte qu'on ait de lui. Il mourut avant le 4 mai 1507, époque à laquelle Anne de Thiard sa veuve en qualité de *bailliste de leurs enfants mineurs*, fut maintenue dans la possession de quelques héritages qu'elle avait acquis; elle assista au contrat de mariage de Louise Pelletier leur fille avec Antoine de Busseüil d'une des bonnes maisons de Bourgogne, du 11 janvier 1516, et sont rappelés dans celui de Pierre Pelletier, IIe du nom, leur fils, du 24 avril 1534. Leurs enfants furent :

1.° Antoine Pelletier, écuyer, seigneur d'Escrots, de la Vesvre, de Saint-Nizy, et de la Motte-des-Prés, qui était, avec ses frères et sœurs, sous la tutelle d'Anne de Thiard leur mère, le 4 mai 1507. Il épousa Claudine Bernard de Montessus; on croit qu'il n'a point laissé de postérité;

2.° Pierre Pelletier, écuyer, qui suit;

3.° Philibert Pelletier, qui fut tuteur de Claude Pelletier, son neveu, le 19 septembre 1544, et dont le sort est d'ailleurs ignoré;

4.° Louise Pelletier, qui épousa, par contrat du 11 janvier 1516, Antoine de Busseüil;

5.° 6.° 7.° Catherine, Perrette et Philiberte Pelletier, dont la destinée est demeurée inconnue.

Pierre PELLETIER, IIe du nom, écuyer, seigneur d'Escrots, était, avec ses frères et sœurs, sous la tutelle d'Anne de Thiard leur mère, le 4 mai 1507. Il épousa, par contrat du 24 avril 1534, Perrette Bélin, veuve d'Arthus Sarrazin, écuyer, seigneur de Boivin, et nièce de Simon Bélin, écuyer, et y fut assisté de Hugues Pelletier, écuyer, seigneur de la Vesvre, et d'Arthus Pelletier, écuyer, seigneur de la Motte-des-Prés, vraisemblablement ses parents, mais on ignore à quel degré; fit hommage au seigneur de Montcenis, le 14 septembre 1521, du fief et village d'Escrots; forma une seconde alliance avec Philiberte Doucet, et mourut avant le 19 septembre 1544, qu'il est rappelé, avec ses deux femmes, dans les lettres d'émancipation obtenues par ses fils. Il avait eu de la première :

François Pelletier, qui continue la postérité;

Et de la seconde :

1.° Claude Pelletier, écuyer, âgé de trois ans le 19 septembre 1544, qu'il obtint, avec François son frère aîné, des lettres d'émancipation, et fut mis sous la tutelle de Philibert Pelletier, son oncle. On ignore sa destinée;

2.° Perrette Pelletier, qui épousa, le 16 janvier 1561, noble Léger Berger, et vivait encore en 1572.

François PELLETIER, alias D'ESCROTS, écuyer, seigneur d'Escrots, de Bussière, etc., baron d'Uchon et de Champignole, obtint, le 19 septembre 1544, avec Claude, son frère, des lettres d'émancipation. Il épousa, par contrat du 19 septembre 1564, Philiberte Doyen, fille de François Doyen, écuyer, co-seigneur de Chaumont-les-la-Tanière. Ce fut lui qui, le 18 décembre 1584, obtint des lettres-patentes du roi Henri III, par lesquelles il lui fut permis de changer son nom de Pelletier que lui et ses prédécesseurs avaient porté, en celui d'Escrots, *étant depuis long-temps seigneurs et possesseurs de cette terre.* Il exerça une reprise de fief le dernier février 1598, fut du nombre des gentilshommes nommés par la chambre de la noblesse, pour vérifier les preuves de ceux qui se présentèrent pour entrer aux états de Bourgogne en 1605, assista avec sa femme aux contrats de mariage de Philibert et Melchior d'Escrots leurs fils, des 10 septembre 1603 et 12 septembre 1604, et firent leur testament le 28 décembre 1613. Ils eurent pour enfants :

1.º Melchior d'Escrots, dont on va parler;

2.º Philibert d'Escrots, qui épousa, par contrat du 10 septembre 1603, Huguette Venot, fille de noble Philibert Venot et de Marie de Charency. Il paraît être mort sans postérité;

3.º Simon d'Escrots, chanoine de la cathédrale d'Autun;

4.º Et Charles d'Escrots, écuyer, seigneur d'Escrots, de Boivin, de la Mouillière, etc., capitaine de cent hommes de pied au régiment de Langeron, lequel épousa Jacqueline le Long, fille de Gilbert le Long, écuyer, seigneur de Chevillac, et de Charlotte de Gousolle, dont il eut Marie d'Escrots, dame de cette terre qu'elle porta dans la famille de Marcelange, par son mariage avec Charles de Marcelange, chevalier, seigneur de la Grange, fils de Louis, chevalier, seigneur de la même terre, et d'Aimée de Rostignac. Antoine de Marcelange leur fils fut reçu chevalier de l'ordre de Saint-Jean de Jérusalem, au grand prieuré de Champagne, le 28 décembre 1668.

Melchior D'ESCROTS, chevalier, baron d'Uchon et de Champignole, seigneur de Riez, des Magnians, de Saint-Nizy, la Louvère, les Vassaux, Chaumont, etc., qualifié *haut et puissant seigneur,* fut capitaine des gardes de Charles de Gontaut, duc de Biron, maréchal et amiral de France, gouverneur de Bourgogne, et maréchal des logis de sa compagnie d'ordonnance. Ce fut en cette dernière qualité qu'il fit les campagnes pendant la guerre que Henri IV eut à soutenir pour remonter au trône de ses ancêtres. Il fut présent au testament de ses père et mère, le 28 décembre 1613; fit hommage, le 18 février 1615, à Catherine de Lorraine, duchesse de Nivernois, des trois cinquièmes de la baronnie d'Uchon, assista aux états de Bourgogne en 1632, et testa le 27 novembre de la même année. Il mourut avant le 7 juin 1637, laissant, du mariage qu'il avait contracté, le 12 septembre 1604, avec Françoise d'Andrault de Langeron, fille de Pierre d'Andrault, chevalier, seigneur de Langeron, gouverneur de la Charité-sur-Loire, et d'Aimée du Colombier, et nièce de Philippe d'Andrault, gentilhomme ordinaire de la chambre du roi, bisaïeul de Jean-Baptiste-Louis d'Andrault, marquis de Maulevrier-Langeron, maréchal de France :

1.º François d'Escrots, dont on va parler;

2.º Jean d'Escrots, auteur de la branche des seigneurs d'Estrée, rapportée ci-après;

3.º Réné d'Escrots, dont le sort est ignoré;

4.º Charles d'Escrots-d'Uchon, qui fit ses preuves de noblesse le 15 novembre 1632, pour être reçu chevalier de Malte au grand prieuré de Champagne, et fut commandeur de la Romagne;

5.º Nicolas d'Escrots, d'abord religieux à Saint-Bénigne de Dijon, ensuite prieur d'Anzy, et aumônier du duc d'Orléans, frère de Louis XIII;

6.º Pierre d'Escrots, aussi religieux à Saint-Bénigne de Dijon, et prieur de Bragny;

7.º N.... d'Escrots, femme de N.... de l'Etoile, seigneur de Crézy en Beaujolais;

8.º 9.º et 10.º Cécile, Françoise et Antoinette d'Escrots, dont les deux premières furent religieuses.

François d'Escrots, chevalier, baron d'Uchon, de Champignole, de Neuvy et autres lieux, capitaine-lieutenant de cent hommes d'armes des ordonnances du roi, aussi qualifié *haut et puissant seigneur*, épousa, par contrat du 5 janvier 1628, Gabrielle Popillon de Riau, fille de Claude Chevalier, seigneur d'Avrilly, et de Marguerite Grives, assista à celui de Jean, son frère, du 7 juin 1637, et à l'accord passé par ce dernier le 19 novembre 1641, fut aussi du nombre des gentilshommes qui assistèrent aux états de Bourgogne en 1645, 1650, 1653 et 1668, et fut maintenu dans sa noblesse par jugement de M. Bouchu, intendant de cette province, rendu le 25 mars 1669, sur titres qui la prouvaient avec filiation depuis Pierre Pelletier, écuyer, seigneur d'Escrots, de la Vesvre, de Saint-Nisy-sous-Charmoy, et Anne de Thiard, ses trisaïeux vivants en 1500. Il avait eu du mariage ci-dessus :

    1.º Gabriel d'Escrots, qui suit;

    2.º Edme d'Escrots, qui fit ses preuves de noblesse le 8 mai 1651, pour l'ordre de Malte; il fut reçu, le 23 mars 1652, au grand prieuré de Champagne; il était commandeur de Valeure en 1688;

    3.º Louis d'Escrots-d'Uchon, aussi reçu chevalier de Malte au grand prieuré de Champagne, le 10 janvier 1658. Il fut d'abord capitaine des galères de la religion, ensuite chef d'escadre et commandeur de Sugny;

    4.º Charles d'Escrots, dit le prieur d'Uchon, de l'ordre du Val-des-Choux;

    5.º François d'Escrots, mort officier de marine;

    6.º André d'Escrots, religieux de la congrégation de Saint-Maur à Saint-Pierre-le-Vif;

    7.º Charles d'Escrots, qui se fit capucin,

Et deux filles, religieuses à Notre-Dame-de-Noudy.

Gabriel D'ESCROTS, chevalier, seigneur et baron d'Uchon et de Neuvy, etc., lieutenant de la compagnie de M. le duc de Valois, assista successivement, avec la qualité de baron et comte de Neuvy, aux États de Bourgogne, en 1671, 1674 et 1679. Il avait épousé, par contrat du 16 janvier 1669, Marie-Charlotte de Richecour, fille de Robert, comte de Richecour, chevalier, gouverneur de la Cassine, et de Jeanne-Marie d'Andrault-de-Langeron. De ce mariage vinrent :

    1.º Charles d'Escrots, aide-de-camp de M. le duc de Vendôme, en Milanais, au mois de juillet 1702, dont le sort est d'ailleurs ignoré;

    2.º Louis-Madeleine d'Escrots, lieutenant de galère à Toulon, où il était marié en 1710; mais on ignore s'il a laissé postérité;

    3.º Rénée d'Escrots, religieuse à Nevers en 1710.

Branche des seigneurs d'Estrée.

Jean D'ESCROTS, chevalier, qualifié alternativement ba-

ron et comte d'Estrée, haut et puissant seigneur, gentilhomme ordinaire de la chambre du roi, deuxième fils de
Melchior d'Escrots, baron d'Uchon et de Champignole, et
de Françoise d'Andrault-de-Langeron, rapportés ci-devant,
fut seigneur d'Estrée et du Péage, par son mariage avec
Jeanne d'Aval, fille aînée de François d'Aval, écuyer, seigneur de ces deux terres, et d'Aimée de Chaugy, du 7 juin
1637; passa divers actes en 1641, 1654, 1656 et 1659;
assista, comme membre de la chambre de la noblesse, aux
États de Bourgogne, en 1650, 1653 et 1662; mourut âgé
de soixante-douze ans, le 21 novembre 1678, et fut enterré le 23 dans le chœur de l'église paroissiale de Saint
George de Digoin. De l'alliance ci-dessus vinrent :

    1.º Hector d'Escrots, chevalier, seigneur et baron
       d'Estrée et du Péage, capitaine au régiment d'in-
       fanterie du Roi, qui fut tué à la bataille de Sénef,
       le 10 août 1674, ne laissant du mariage qu'il avait
       contracté le 24 novembre 1671, avec Etiennette de
       Reugny, fille de haut et puissant seigneur messire
       George de Reugny, chevalier, seigneur, comte de
       Tremblay, de Poussery, Saint-Gratien, Savigny,
       Montarron et autres lieux, et de Juliette de Saulieu,
       qu'un fils, nommé Paul-Joseph d'Escrots, cheva-
       lier, seigneur d'Estrée et du Péage, lieutenant au
       régiment d'infanterie du Roi, mort le 26 septembre
       1721, sans alliance et sans postérité;
    2.º Jacques d'Escrots, qui continue la descendance;
    3.º Gaspard d'Escrots, capitaine au régiment d'infan-
       terie du Roi, aussi tué à la bataille de Sénef, en
       1674;
    4.º Charles d'Escrots, capitaine au régiment d'infan-
       terie du Roi, aide-major de la ville de Luxembourg,
       qui épousa, le 10 juillet 1681, Antoinette de la
       Tour, fille de Robert de la Tour, procureur du roi
       en la connétablie et maréchaussée de France à Ver-
       dun, et de Jeanne des Gabets, et en eut François
       d'Escrots, capitaine d'infanterie, ingénieur en l'ar-
       mée de Flandres en 1710, dont le sort est ignoré;
       Joseph et Jean-Baptiste d'Escrots, dont le sort est
       également ignoré; Catherine d'Escrots, qui fit ses
       preuves de noblesse le 27 décembre 1702, pour
       être reçue à Saint-Cyr, et épousa, avant le 2 juillet
       1721, Joseph Florimont de Barat, chevalier, sei-
       gneur de Boncourt et autres lieux, et Marie-Jeanne

et Ferdinande d'Escrots, dont la première fut religieuse à Metz ;

5.° Autre Charles d'Escrots, chevalier, seigneur du Pin, garde-du-corps du roi, marié à Jeanne Monarque, qui le rendit père de Pierre d'Escrots, cornette au régiment Royal-Roussillon, qui paraît, être mort sans postérité, et de trois filles, Catherine, Marie et Angélique d'Escrots, dont la destinée est demeurée inconnue ;

6.° Louis d'Escrots, officier au régiment du Roi, infanterie, dont on ignore le sort ;

7.° Françoise d'Escrots, qui épousa, par contrat du 11 avril 1654, Charles-François Dormy, chevalier, baron de Vinzelle, fille de Marie Dormy, chevalier, seigneur des mêmes terres ;

8.° Et Jacqueline d'Escrots, qui naquit le 7 septembre 1665, et reçut le supplément des cérémonies du baptême le 7 février 1677, dans l'église paroissiale du bourg de Digoin-sur-Loire.

Jacques D'ESCROTS, chevalier, seigneur et baron d'Estrée et des Milets, d'abord capitaine, puis commandant de bataillon au régiment d'infanterie du Roi, pensionnaire de Sa Majesté, est nommé dans le contrat de mariage d'Hector d'Escrots, son frère aîné, du 24 novembre 1671 ; il passa un bail, le 11 mai 1679, conjointement avec Jeanne d'Aval, sa mère, et une transaction, le 18 avril 1694, avec Françoise d'Escrots, sa sœur, veuve de Charles-François Dormy, baron de Vinzelle, au sujet de la succession de leurs père et mère ; fit des acquisitions les 17 mai de la même année, et 23 mai 1701, et mourut au mois de mai 1709, laissant du mariage qu'il avait contracté le 21 mai 1688, avec Gabrielle-Marguerite de Clos-de-l'Etoile, fille d'Armand du Clos, chevalier, seigneur de l'Etoile et des Mursaux, capitaine de cavalerie, et de Barbe-Angélique de Franquemont, arrière-petite-fille d'Angélique du Châtelet :

1.° Jean-Charles d'Escrots, qui suit ;

2.° Charles-François d'Escrots ; 3.° Jacques-Léonore d'Escrots, officier au régiment du Roi ; 4.° Joseph-Marie d'Escrots ; 5.° Jean-Claude d'Escrots, aussi officier au régiment du Roi ; 6.° Jacques d'Escrots, ecclésiastique ; 7.° Louis-Marie d'Escrots ; 8.° Jean-Eléonore d'Escrots, dont le sort est ignoré.

Et douze filles, dont Anne-Camille d'Escrots, qui fit
ses preuves de noblesse au mois de juillet 1710,
pour être reçue à Saint-Cyr.

Jean-Charles D'Escrots, chevalier, seigneur, baron d'Estrée, des Milets, du Pin, de Trablaine, et autres lieux,
naquit le 19 octobre 1689, et fut successivement capitaine et lieutenant-colonel du régiment d'infanterie du
Roi, chevalier de l'ordre royal et militaire de Saint-Louis,
brigadier et enfin maréchal des camps et armées du Roi,
gouverneur de Furnes. Il reçut la donation que lui fit, le
dernier décembre 1722, Jacqueline d'Escrots sa tante,
dame en partie d'Estrée et du Péage, de tous ses droits
sur ses deux terres; réunit, par les acquisitions qu'il en
fit les 26 août 1726, 27 juillet 1733 et 6 août 1745, tous
les droits qui appartenaient sur ces mêmes terres aux en-
ants de Charles d'Escrots l'aîné et de Charles d'Escrots le
jeune, ses oncles. Il avait épousé, par contrat du 28 septembre 1729, Marie-Jacqueline Mochot de Montbelliard,
fille de Louis Mochot de Montbelliard, écuyer, capitaine
de cavalerie, et de Marie-Bernarde de Fontette de Sommery, et en avait eu :

Françoise-Bernard D'Escrots, chevalier, dit le comte
d'Escrots-d'Estrée, seigneur châtelain du Pin, du Péage,
de Molinet, des Milets, de Trablaine, de la Tour et de la
Cour-de-Chapeau, du Puyet, de la Motte-Champlouer, du
Péage-de-Thiel et autres lieux, naquit au mois de février
1734, fut successivement capitaine, lieutenant-colonel et
colonel en second du régiment d'infanterie du Roi, brigadier des armées du roi, maréchal de camp en 1781, et
commandeur de l'ordre royal et militaire de Saint-Louis
en 1786; se trouva à la bataille de Fontenoy. Il est mort
en 1797, laissant du mariage qu'il avait contracté le 1er
septembre 1755, avec Jeanne de Feydeau, fille de Gabriel
de Feydeau, chevalier, seigneur de Chapeau et du Péage-
de-Thiel, et de Marie-Anne de Dreuille :

1.° François-Jacques d'Escrots, dit le comte d'Escrots-d'Estrée, chevalier, lequel est né le 18 novembre 1758, est entré, le 7 avril 1771, dans le
régiment d'infanterie du Roi, où il était capitaine
en 1784, et a été fait chevalier de l'ordre royal et
militaire de Saint-Louis le 1er janvier 1791; a émigré à la fin de cette année, et a fait la campagne de
1792, dans un escadron formé d'officiers de son

régiment , à l'armée de Condé. Il a épousé , le 28 octobre 1785, 1.° Jeanne-Françoise de Revanger, fille de Nicolas-Joseph, comte de Bompré , chevalier, seigneur de Bompré et autres lieux , brigadier des armées du roi , et de Thérèse-Louise de Lombelon des Essarts, dont il n'a point eu d'enfants ; 2.° par contrat du 6 juillet 1791, Agathe-Geneviève , fille d'Etienne Philippe, marquis de Villaines, lieutenant-aide-major des gardes-du-corps, et de Marie-Geneviève Talon, qui l'a rendu père de Louis d'Escrots-d'Estrée, sous-lieutenant dans le 146° régiment d'infanterie, lequel est né au mois de mars 1795 , a été fait prisonnier en Silésie , au mois d'août 1813 , et envoyé en Russie d'où il n'est pas encore de retour ; Antoinette-Laurence d'Escrots-d'Estrée , née le 20 février 1792 , et Gabrielle d'Escrots-d'Estrée, née au mois d'août 1797 , morte en octobre 1802 ;

2.° Claude-Antoine d'Escrots-d'Estrée , dit le comte Antoine-d'Estrée lequel est né le 30 avril 1767, est entré , le 21 janvier 1781, au régiment d'infanterie du Roi, où il était lieutenant lors du licenciement de ce corps en 1791 ; a émigré , ainsi que son frère , et a servi dans le même escadron à l'armée de Condé ; rentré en France , il s'est fixé en Bretagne , en épousant , le 1er septembre 1802, Marie-Rosalie Juchault de la Moricière , fille de Christophe-Jacques-Prudent-Gilbert Juchault , chevalier, seigneur de la Moricière , et de Marie-Françoise-Félicité du Chaffault. Il en a deux enfants , savoir : Victor d'Escrots, né le 30 novembre 1806 , et Agathe d'Escrots, née le 23 mars 1804.

M. le comte d'Escrots-d'Estrée et le comte Antoine d'Estrée son frère , et leurs enfants , sont les seuls actuellement (1814) existants de leur famille, qui, comme on a pu le voir ci-dessus, a successivement fourni au moins douze officiers au régiment d'infanterie du Roi depuis sa création, en 1663, jusqu'a son licenciement en 1791.

L'abbé Courtépée , dans son Histoire de Bourgogne , cite P. Pelletier , faisant en 1473 reprise de fief de la terre d'Escrots , érigée dès-lors ou depuis en baronnie.

Cet article a été rédigé par M. Chérin , aujourd'hui employé à la bibliothèque du roi.

PÉRONNE (DE), ancienne maison de Picardie, dont une branche faisait sa résidence à Saint-Quentin en Vernandois.

I. Raoul DE PÉRONNE, issu de cette branche, servait dans l'armée française qui reprit Granville sur les Anglais en 1444, et s'établit dans cette ville. Il eut pour fils :

II. Guillaume DE PÉRONNE, qui fut père de :

III. Richard de Péronne, qui eut deux enfants :

    1.º Louis, qui suit ;

    2.º Michelle, mariée à François-Bazire, sieur de la Julliennière.

IV. Louis DE PÉRONNE, sieur de Hacqueville et du Canel, fut maintenu dans la noblesse et les priviléges de ses ancêtres par lettres-patentes en forme de chartres, données à Nantes au mois de juin 1593. De ce mariage avec Thomasse de la Hautonnière il eut quatre enfants :

    1.º Jean, auteur de la branche de Hacqueville ;

    2.º Pierre, auteur des branches du Canel, de la Sablonnière et de Cran ;

    3.º Jean, auteur des branches de Maloué, Sémilly et Grainville ;

    4.º Nicolas.

V. Jean DE PÉRONNE, sieur de Hacqueville, épousa, le 15 octobre 1588, Françoise des Douétis, de laquelle il eut :

VI. Arthur DE PÉRONNE, qui épousa Diane-Marie Ecoulant. De ce mariage sont sortis six enfants :

    1.º Nicolas, qui suit ;

    2.º Julien, sieur de la Pallière ;

    3.º Jean ; 4.º Henri, morts sans postérité ;

    5.º Et deux filles.

VII. Nicolas DE PÉRONNE, sieur de Hacqueville, épousa Françoise Duchesne. De ce mariage sont sortis :

    1.º Michel, mort sans postérité ;

    2.º Gaud, qui suit ;

    3.º Et une fille.

VIII. Gaud DE PÉRONNE, épousa, le 8 juin 1688, Marie des Isles, fille de Jacques, seigneur de Prestot, et d'Hélène de la Pigancière. Il laissèrent deux enfants :

    1.º Jacques, qui suit,

    2.º Et une fille, mariée à N.... le Boucher des Landelles.

IX. Jacques DE PÉRONNE de Hacqueville, épousa, le 16 juin 1714, Françoise-Marguerite Hastey, fille de Bernard, sieur des Marets et de Marguerite des Isles. De ce mariage il y eut six enfants :

1.º Jacques, religieux ;
2.º Bernard, qui suit ;
3.º Henri, mort sans alliance ;
4.º Jeanne, mariée à Hervé de Marville ;
5.º Jeanne-Marguerite, mariée à N.... David ;
6.º Marguerite, mariée à Antoine le Boucher.

X. Bernard DE PÉRONNE de Hacqueville, épousa N..... Quinette de Loiselière. De leur mariage sont nés :

1.º Félix-Victor-Jean-Jacques, dont l'article suit ;
2.º Léonord, qui viendra ;
3.º Jean-François, mort sans alliance,
4.º Et Jacques, qui a épousé N.... de Péronne de Cran.

XI. Félix-Victor-Jean-Jacques de PÉRONNE de Hacqueville, a épousé N.... de la Forterie. De ce mariage sont nés :

1.º Victor, lieutenant, puis capitaine d'un régiment d'infanterie, mort à Dantzick en 1814 ;
2.º Aimé ;
3.º Victoire-Marie, morte sans alliance ;
4.º Julie ;
5.º Fanny.

XII. Léonord DE PÉRONNE, frère du précédent, était capitaine de vaisseau, officier de la légion d'honneur. Il fut tué au combat du Finistère, à bord du vaisseau l'*Intrépide* dont il était commandant. Il avait épousé Julie-Anne-Perrette Hugon de Haut-Mesnil. De ce mariage sont nés :

1.º Léonord-Julien, enseigne de vaisseau ;
2.º Edouard, aspirant de marine ;
3.º Julie ;
4.º Hyacinthe ;
5.º Thérèse ;
6.º Clémentine.

Armes : « D'argent, au chevron de gueules, chargé de » trois roses du champ, accompagné de trois croix patées » de sable ».

PERSONNE (DE LA), famille ancienne, originaire de Picardie, qui a fourni d'excellents officiers à l'armée, dès le règne de Henri IV.

I. N..... DE LA PERSONNE, capitaine, commandant de la Fère en Picardie, après la reddition de cette ville, sous Henri IV.

II. Louis-Charles DE LA PERSONNE, garde du corps du roi, mort au service.

III. Thomas DE LA PERSONNE, porte-étendard des gardes du corps, blessé à la bataille de Malplaquet.

IV. Jean DE LA PERSONNE, garde du roi, tué au siége de Fribourg.

V. Thomas DE LA PERSONNE, capitaine au régiment de Dauphin, blessé au choc de Colorno en Italie, et ensuite à la bataille de Parme. Il servit trente-cinq ans, fut chevalier de l'ordre royal et militaire de Saint-Louis, et se maria à Geneviève Maureau, de laquelle il eut :

 1.º Thomas, dont l'article viendra ;
 2.º Françoise, mariée à messire Guérin de Tarnéau ;
 3.º Marie-Jeanne, élève de Saint-Cyr.

VI. Thomas, vicomte DE LA PERSONNE, seigneur de Lonvoisin et autres lieux ; fut gendarme ordinaire de la garde du roi. Il épousa Marie-Thérèse-Charlotte de Mazin de Luzards, de laquelle il laissa :

 1.º Honoré-Maximilien-François, garde du corps de monseigneur le comte de Provence, pris les armes à la main en 1794, et mort victime d'un jugement révolutionnaire à Lille ;
 2.º Louis-Clément ;
 3.º Thérèse-Charlotte, comtesse, chanoinesse de Maubeuge ;
 4.º Marie Antoinette, mariée à M. le comte de Montfort.

Armes : « De gueules, à trois pates de griffon d'or » posées en pal. »

DUBUYSSON, ancienne famille noble du Bourbonnais, originaire d'Auvergne, du douzième siècle.

La maison Dubuysson a formé dix branches : l'aînée, restée et éteinte en Auvergne ; la seconde, dans le Forest ;

la trosième, à Paris, et les sept autres en Bourbonnais, dont il n'existe aujourd'hui que la neuvième, des seigneurs des Aix. Le nobiliaire d'Auvergne fait mention de Raymond Dubuysson, seigneur du fief Dubuysson, en 1260; de Pierre et Raimond, chevaliers du Temple en 1280; de Dauphine, dame Dubuysson en 1290; épouse de N..... de Pons, Saisset, écuyer; de Faucon Dubuysson, damoiseau, seigneur Dubuysson, en 1302; mais l'on n'a aucun titre qui prouve leur degré de parenté avec Chatard Ier, seigneur Dubuysson, où commence la filiation suivie de cette famille.

I. CHATARD, Ier du nom, dont on a un titre latin daté de la veille de la fête de Sainte-Luce 1319, où il prend le titre de *domicellus* (damoiseau), seigneur du fief Dubuysson, paroisse de Tours, diocèse de Clermont, eut pour fils Chatard II qui suit. Il existe un acte de partage entre lui, Etienne son frère et Sophronide Dubuysson leur sœur, du 14 décembre 1319, qui prouve que le père dudit Chatard Dubuysson et ses aïeux étaient nobles dès le douzième siècle.

II. CHATARD II, damoiseau, seigneur Dubuysson, épousa, le 12 novembre 1357, Alix de la Faye, de laquelle il laissa :

III. CHATARD III, damoiseau, seigneur Dubuysson, qui épousa, en 1386, Michelle Bedouze du Cros, fille d'Aubert du Cros et veuve de Bertrand de Pons, écuyer. De ce mariage vint :

IV. CHATARD IV, écuyer, seigneur Dubuysson. Il testa en 1439, laissant un fils de sa femme, dont on ignore le nom; son testament nomme ce fils ainsi qu'il suit : -

V. CHATARD V, écuyer, seigneur Dubuysson, marié le 11 février 1445, avec Marie Vertolaie, fille de noble Antoine de Vertolaie de Boutonarque. Il eut entre autres enfants :

1.º Pierre Dubuysson, seigneur dudit lieu, auteur de la branche aînée, éteinte en la personne de Christophe, chevalier, seigneur Dubuysson, et de Saint-Purjean, qui n'eut qu'une fille, mariée à N..... de Damas.

Le fief Dubuysson appartient aujourd'hui à M. de Guérines de Bourgnon, frère de l'ancien gouverneur des pages du roi;

2.º Jacques Dubuysson, frère de Pierre Dubuysson,

chevalier de Malte, commandeur de Tortebesse ainsi qu'on le voit dans l'*Histoire de Malte* de l'abbé de Vertot. Quelques Dubuysson de cette branche et de la seconde ont porté pour armes, au champ d'argent, trois arbres arrachés de sinople, avec celles de cette maison, qu'on verra à la fin de cette généalogie;

3.º Antoine, dont l'article suit, qui s'établit en Bourbonnais.

VI. Antoine, Ier du nom, Dubuysson, écuyer, épousa, le 29 février 1496, Louise de Mauriac de la Balancière, dame de la Cave, fille de Jean de Mauriac, chevalier, seigneur de la Cave, parente des seigneurs de Bellenave. De ce mariage sont issus :

1.º Pierre Dubuisson, auteur des branches de Sazeret et de Courcelles, qui sont éteintes, la première en la personne d'Antoine Dubuysson, seigneur de Sazeret, capitaine au régiment de Beaulieu, tué en Italie; Nicolas, petit-fils de Pierre Dubuysson, chevalier, seigneur de Courcelles, fut conseiller en la chambre des comptes de Paris, et marié avec Bernarde-Renée de Montebise. Il existe un acte de la tutèle de ses enfants, daté du 8 mars 1646;

Charles Dubuysson son fils, colonel d'un régiment de son nom, puis maréchal des camps, commanda en Italie avec titre de lieutenant-général du roi. Il fut créé comte de Sainte-Marie, après avoir battu l'ennemi audit lieu. De cette même branche était une Marie Dubuysson, épouse de Louis du Morier, en Anjou, dont deux filles entrées dans les maisons de la Bar-Guéritaude et d'Orvaux, ont eu chacune un fils chevaliers de Malte;

2.º Jean, dont l'article suit;

3.º Antoine Dubuysson, qui a formé la branche dite de Montor, éteinte en la personne d'André Dubuysson, capitaine d'infanterie;

4.º Une demoiselle, mariée à N ....., seigneur de Bagneux.

VII. Jean Dubuysson, écuyer, seigneur de la Cave, de Mont, épousa, en 1553, Antoinette du Val. Il servit, ainsi que son père, dans la compagnie d'hommes d'armes du seigneur de Bellenave. Il eut pour fils :

VIII. André Dubuysson, écuyer, seigneur de la Cave et de Moncelat, marié le 11 septembre 1577, avec Louise de Lingendes. Il eut pour fils :

1.º Philibert, dont l'article viendra;

2.º Jean Dubuysson, écuyer, auteur de la branche des seigneurs de Beauregard, qui a fourni plusieurs capitaines et un chef de bataillon, et qui s'est éteinte en la personne de N.... Dubuysson, mariée au marquis de Chary des Gouttes, dont sont issus un chef d'escadre des armées navales et un commandeur de l'ordre de Malte;

3.º Nicolas Dubuysson, chevalier, seigneur de Fognat et du Beirat, maitre-d'hôtel du roi, conseiller en ses conseils d'État et privés, qui épousa, en 1606, Elisabeth Verne dont il eut deux fils. L'aîné eut les mêmes charges que son père, et fut de plus, en 1645, chevalier de l'ordre du roi. Il prenait le titre de baron de Boucé et de Vauce, et posséda beaucoup de terres. Son frère a continué la branche des seigneurs de Fognat qui s'est éteinte en la personne d'Emmanuel Dubuysson, chevalier, seigneur de Pudigon, Fognat et du Beirat, mort en 1782, et dans deux demoiselles entrées dans les maisons de la Boullaie-Marillac et de Lapelin;

4.º François Dubuysson, écuyer, auteur de la branche des seigneurs de Mirebeau, éteinte en la personne de Jean Dubuysson, écuyer, seigneur de Mirebeau, qui a fait plusieurs fondations dans les couvents de la ville de Moulins.

IX. Philibert, Ier du nom, Dubuysson, écuyer, seigneur de la Cave, de Mont et de Moncelat, président en la sénéchaussée et bailliage du Bourbonnais, épousa, en 1615, Charlotte Millet, fille de N.... Millet, conseiller au parlement de Paris. Il eut entre autres enfants :

1.º Charles, dont l'article viendra ;

2.º Philibert Dubuysson, auteur de la branche des seigneurs des Aix, rapportée ci-après;

3.º N..... Dubuysson, écuyer, seigneur de Montchoisy, colonel d'infanterie et commandant aux îles, où il est mort ;

4.º Deux fils, officiers au régiment de la Reine, infanterie;

5.º Marie-Elisabeth, qui épousa Marien de Filiol, chevalier, seigneur de la Faulconnière et frère d'un archevêque de Toulouse. La fille de Marie-Elisabeth Dubuysson entra dans la maison de Fontanges, et sa petite-fille dans celle de Monestay-Chazeron, famille ancienne qui a eu onze officiers supérieurs dans les gardes du roi, un commandant de sa maison, plusieurs officiers généraux et un cordon bleu.

X. Charles Dubuysson, seigneur de la Cave, président en la sénéchaussée du Bourbonnais, épousa, le 28 février 1656, Elisabeth Roy, de laquelle il laissa, entre autres enfants :

    1.º Philibert, dont l'article suit;

    2.º Charles Dubuysson, capitaine au régiment de la Reine, tué à la défense de Liége, en 1702.

XI. Philibert, II° du nom, Dubuysson, président en la sénéchaussée et bailliage du Bourbonnais, épousa, en 1689, Marguerite Audier d'Arfeuille, dame de Douzon. De ce mariage sont issus :

XII. François-Senneterre Dubuysson, chevalier, comte de Douzon, seigneur de Montaigu, la Cave, Mont, Poncenat et autres lieux, mousquetaire du roi. Ce fut en sa faveur et pour le nom de Dubuysson que la terre de Douzon fut érigée en comté. Il épousa, en 1732, Marguerite-Alexandre de Bausson, de laquelle il laissa :

    1.º Denis-Philibert, qui suit;

    2.º Euphémie Dubuysson, mariée à N.... de Gévaudan, capitaine au régiment des cuirassiers, chevalier de l'ordre royal et militaire de Saint-Louis;

    3.º Anne-Charlotte Dubuysson, mariée à N.... d'Arfeuille, capitaine de dragons;

    4.º N.... Dubuysson, chanoinesse de Légneux.

XIII. Denis-Philibert III, Dubuysson, comte de Douzon, chevalier, seigneur de Poncenat, Montaigu, etc., lieutenant-colonel du régiment de dragons d'Orléans, brigadier des armées du roi, commandant de la ville de Moulins, chevalier de l'ordre royal et militaire de Saint-Louis, premier député de la noblesse du Bourbonnais aux états généraux, en 1789; mourut à Lyon en 1794, victime d'un jugement révolutionnaire.

Branche des seigneurs des Aix, prise au neuvième degré.

X. Philibert Dubuysson, chevalier, seigneur des Aix, Moncelat, Montchoisy et Vieilfont, capitaine des vaisseaux du roi, second fils de Philibert et de Charlotte Millet, épousa à Toulon, le 29 juillet 1661, Eléonore de Burgues de Missiessy, alliée aux Félix du Muy et aux Barbantàne. De ce mariage vinrent :

1.º Antoine, dont l'article viendra ;

2.º Joseph Dubuysson, chevalier, seigneur de Montchoisy, commandant de bataillon au régiment de Picardie, chevalier de l'ordre royal et militaire de Saint-Louis, qui n'eut qu'une fille, mariée à N.... Begon de Larouzière, capitaine au régiment de Lyonnais, qui eurent pour fils Louis Begon de Larouzière, chevalier, seigneur de Saint-Pons et Montchoisy, député de la noblesse d'Auvergne aux états généraux. Bien connu par ses vertus et ses talents, par l'estime et les bontés dont l'ont honoré en France, à Turin, en Allemagne, le roi, Monsieur et monseigneur le prince de Condé, et par sa longue détention au Temple et à Vincennes, et son exil à Provins, depuis sa rentrée en France jusqu'à sa mort, arrivée le 11 avril 1814. Il a laissé neuf enfants, dont trois filles, chanoinesses maltaises.

XI. Antoine, IIᵉ du nom, Dubuysson, chevalier, seigneur des Aix et de Moncelat, Vieilfont, mousquetaire du roi, puis capitaine au régiment de Vilpion, cavalerie, chevalier de l'ordre royal et militaire de Saint-Louis, épousa, en 1694, Françoise le Bégue d'Ambly, dont il eut :

1.º Joseph Dubuysson, capitaine au régiment de Picardie, tué à la bataille de Guastalla, en 1734 ;

2.º N.... Dubuysson, procureur général des Bernardins ;

3.º Antoine Dubuysson, chanoine régulier ;

4.º Pierre II, qui suit ;

5.º Quatre demoiselles, religieuses ;

6.º Anne Dubuysson, mariée à N.... de Vic de Pongibaud, capitaine au régiment des Landes, fils et beau-père de deux demoiselles d'Orvillier.

XII. Pierre, IIᵉ du nom, Dubuysson, chevalier, seigneur des Aix et de Vieilfont, lieutenant au régiment de Picardie, épousa, le 8 mars 1740, Anne-Charlotte de Monestay-Chazeron, fille de François de Monestay, baron des Forges, major du régiment de la Suze, dragons, et d'Elisabeth de Fontanges, sa parente, par le mariage de Marie-Elisabeth Dubuysson avec Marien de Filiol. De ce mariage sont issus :

1.º François-Amable-Charles, qui suit ;

2.º Claude-Antoine, chevalier Dubuysson, page de madame la Dauphine, capitaine au régiment de la

Couronne, chevalier de l'ordre royal et militaire de Saint-Louis, mort en 1795;

3.° Gabriel-Lazare, qui suit, mort en 1813;

4.° Charles-François, qui suit, mort en 1786;

5.° Louise-Euphémie Dubuysson, mariée à Jean-Baptiste de Soualhat de Fontalard, écuyer. Ils ont eu un fils, marié à N.... d'Anglard.

XIII. François (Ier du nom) Amable-Charles, comte Dubuysson, chevalier, seigneur des Aix, d'Ambly et du Chambon, page du roi à la petite écurie, à l'âge de treize ans, ensuite cornette de dragons au régiment de Chapt. Il fut blessé à l'âge de seize ans, à l'armée de Condé, en 1762. Il a été successivement capitaine de cavalerie et de dragons, major du régiment de dragons du Roi, lieutenant-colonel et chevalier de l'ordre royal et militaire de Saint-Louis. Il a été titré de comte par son brevet de major et dans plusieurs lettres de ministres. Il a épousé, le 29 janvier 1781, Marie-Madeleine-Charlotte Ducrozet de Cumignat, fille de François de Florimont, comte Ducrozet, chevalier, seigneur de Cumignat, Javaugues, Orcerolles, Durtal, etc., et de Louise-Charlotte de Barentin-Montchal, cousine-germaine de M. de Barentin, chancelier de France, nièce de M. le marquis de Vogué, cordon bleu. François Dubuysson et son épouse, après s'être émigrés, ont été détenus dans les prisons de Moulins pendant dix-neuf mois.

Première subdivision de la branche des Aix.

XIII. Gabriel-Lazare Dubuysson, troisième fils de Pierre II, chevalier, seigneur de Vieilfont, épousa, le 25 août 1789, Gabrielle de la Ferté-Mum, dont il a eu :

1.° Yves-Antoine, dont l'article suit;

2.° Julien Dubuysson, né en août 1800.

XIV. Yves-Antoine Dubuysson, né le 2 novembre 1791, fait prisonnier à Moskou.

Seconde subdivision de la branche des Aix.

XIII. Charles-François vicomte Dubuysson, chevalier, seigneur de Mont-Petit, colonel à la suite des troupes de la marine, brigadier général au service des Etats-Unis d'Amérique, chevalier de Cincinnatus, blessé en Amérique de quatre coups de feu, prisonnier en Angleterre, mort à Moulins le 21 mai 1786; avait épousé, le 27 septembre

1784, Eléonore de Faubert de Cressy, dont il a laissé un fils unique, qui suit :

XIV. François II, Amable-Charles, vicomte DUBUYSSON, chevalier seigneur de Mont-Petit, Byri, Rivau; né le 10 juillet 1785, marié le 7 janvier 1807, avec demoiselle Adèle du Verdier, fille de N.... du Verdier, capitaine de cavalerie et de N... de Saint-Julien. De ce mariage sont nés :

1.° Louis-Amable, qui suit ;
2.° Euphémie Dubuysson, née en avril 1808;
3.° Aimée Dubuysson, née le 3 janvier 1813.

XV. Louis-Amable DUBUYSSON, né au mois d'août 1809.

Les armoiries de la maison Dubuysson sont, par brevet du roi en date du 16 mai 1697, confirmées, peintes et enregistrées à l'armorial général de France ; dans le registre côté *Bourbonnais*. « Au champ d'azur, l'épée en pal, poi» gnée d'or, lame d'argent, accompagnée de trois mo» lettes d'éperon d'or, placées deux et une. »

Si l'on eût voulu faire mention de tous les services militaires de la maison Dubuysson, il aurait fallu nommer trente-deux autres Dubuysson dont dix-sept ont été tués à des siéges ou batailles, qui n'ont pas été portés dans cette généalogie, n'ayant point laissé de postérité.

MM. Dubuysson, soit par leur alliance avec les maisons de Fontanges et de Monestay-Chazeron, soit par d'autres qu'ils ont faites, sont alliés à plusieurs des plus illustres du Bourbonnais, les Chabannes, les Montmorin Saint-Hérem, les Langeron, les la Roche-Aymond, les Authier de Vilmonté, les Montaignac-Chauvance, les Dreuil, les le Grouin, les Bonneval, les Sartiges, les Laboulaie-Marillac, les Longueille, les Lachapelle de Raz, les Cadier de Vauce, les d'Arfeuille, etc.

François Dubuysson, en épousant une demoiselle Ducrozet, s'est allié aux maisons de [Barentin-Montchal et d'Ormesson, de Vogüé, du Truchel, de la Fayette, de Maubourg, de Boissieu, de la Roque, de Clavière, etc.

DORIA DESFRICHES, famille noble d'extraction de Picardie, qui a établi ses preuves de noblesse le 16 août 1539.

I. Arnault DESFRICHES, écuyer, seigneur de Villemanche, pour la preuve de la noblesse duquel on a produit plusieurs titres, entre autres, un partage, du 19 janvier 1472, des biens de Mre Pierre Desfriches, seigneur de Villemanche, Châtillon, Boisignon, leur bisaïeul, entre Arnault Desfriches et Pierre Desfriches ses enfants. On peut voir le Nobiliaire de Picardie, avec les notes de M. d'Hosier, généalogiste de France, et une transaction en parchemin, du 18 août 1498, entre Pierre de la Fontaine, écuyer, seigneur d'Ognon, et Arnault Desfriches, seigneur de Villemanche et Brasseuse, signée Desfriches, écuyer, et la Fontaine. Les autres titres plus anciens et plus modernes, ont été brûlés à Péronne chez une demoiselle Lafond, où ils avaient été déposés en 1791 par M. le comte de Castéja, gendre de M. le comte Doria qui les lui avait confiés, pour faire recevoir son second fils, François de Castéja, chevalier de l'ordre de Malte. On n'a réchappé que ceux qui ont été enfouis en terre et dans une malle; il reste même à ces vieux livres des stigmates de leur séjour au sein de l'humidité.

II. Pierre DESFRICHES, écuyer, seigneur de Brasseuse, dans le bailliage de Senlis, marié à Demoiselle Bienvenu de Louviers, de laquelle il eut plusieurs enfants, dont l'un fut chevalier de l'ordre de Saint-Jean de Jérusalem; l'aîné d'entre eux fut Pierre, qui suit :

III. Pierre DESFRICHES, épousa, par contrat de mariage du 20 février 1577, demoiselle Suzanne de la Fayette, petite-fille du maréchal de ce nom. Il eut pour fils :

IV. Un autre Pierre DESFRICHES, qui épousa Catherine Doria, de la maison des Doria, l'une des premières de l'état de Gênes, passé en France avec la reine de Médicis, épouse de Henri IV, et dont l'oncle, capitaine de la galère de ladite princesse, resta en France, y acquit les terres de Cernoy et Noël Saint-Martin, près Clermont-Oise, qui, après Jean Doria son neveu, mort sans enfant, passèrent, par son testament du 8 juin 1630, audit Pierre Desfriches son beau-frère, à la charge de porter le nom et les armes de Doria, le fils aîné dudit Pierre Desfriches et de Catherine Doria, n'a laissé qu'une fille qui a été mariée à messire de Riancourt, seigneur d'Orival, père du marquis d'Orival, qui eut de demoiselle d'Angènes, son épouse, une fille unique mariée à M. le marquis de Verac, ambassadeur sous Louis XV.

Ledit Pierre Desfriches, et Catherine Doria ont eu un fils nommé Antoine Desfriches, pour lequel il a été fait des preuves de noblesse pour entrer dans l'ordre de Malte, par procès-verbal du 25 août 1638, admises et signées par les commandeurs Potier, de Mesmes et de Meaux.

V. François Desfriches-Doria, écuyer, seigneur de Cernoy, Noël, Saint-Aubin, fut page du roi. Il épousa en premières noces demoiselle Madeleine de Moreuil, qui, par contrat de mariage du 5 mars 1646, lui fit don de la terre et seigneurie de Cayeux en Picardie ; et en secondes noces il épousa Anne de Moreuil, dont il a eu :

VI. François Desfriches, comte Doria, IIᵉ du nom, qui a épousé Anne Dufos de Méri, fille de messire Dufos de Méri, seigneur de la Taule, dont est issu :

VII. André-Joseph Desfriches, marquis Doria, seigneur de Cernoy, Cayeux, Béthencourt, Payens ; capitaine de cavalerie au régiment de Fienne, chevalier de l'ordre royal et militaire de Saint-Louis, marié en premières noces à demoiselle Anne de Colbert de Villacerf, nièce du grand Colbert ministre de Louis XIV. Elle est morte en 1723, et a été inhumée dans une chapelle des minimes de la Place-Royale.

VIII. Marie-Marguerite-François-Firmin Desfriches, comte Doria, marquis de Payens, seigneur de Cayeux, Cernoy, Béthencourt, Ollé et autres lieux, ancien mousquetaire de la garde du roi ; s'étant trouvé sous les drapeaux de ce corps célèbre aux batailles d'Ettengen et de Lanfeld, avec toute la maison du roi, en 1743, et 1747, il a été couvert de blessures dans ces deux combats et laissé pour mort sur le champ de bataille ; obligé de quitter le service à cause de ses blessures, il a obtenu la croix de l'ordre royal et militaire de Saint-Louis, à peine âgé de vingt-trois ans ; s'est retiré dans ses terres, où il est mort en 1795, à la suite d'une insurrection révolutionnaire, en sa qualité de noble.

Il avait épousé 1.° demoiselle Desfossés-Watteville, dame de Framerville-Belleuse, dont il a eu Marie-Françoise-Elisabeth Doria, qui a épousé messire Stanislas Biaudos de Castija, ancien colonel du régiment Royal-Comtois, et lieutenant-général des armées du roi. En secondes noces il a épousé demoiselle Julie-Catherine-Alexis de Rougé, dont sont issues demoiselle Julie-Catherine-Joséphine Doria, dame religieuse au couvent de la Visitation, établi aujourd'hui rue des Postes, à Paris, et l'une des bienfaitrices de cette respectable maison pendant les tourmentes révolutionnaires, et Marie-Françoise-Gabrielle Doria, qui a épousé, en 1799, messire Armand-Désiré de

Cornulier, gentilhomme breton, dont est issu messire Victor de Cornulier.

En troisièmes noces, M. le comte Doria avait épousé demoiselle Françoise-Henriette de la Myre, chanoinesse, comtesse de Neuville, dont il a eu :

IX. Messire Stanislas-Philippe-Henri, comte Doria, seigneur de Cayeux, Ollé et autres lieux, qui a fait le service de garde à cheval lors de la rentrée des princes en 1814, aujourd'hui mousquetaire de la garde du roi, dans la seconde compagnie.

Cette famille, établie très-anciennement en Picardie, toujours mentionnée honorablement dans les Histoires d'Amiens, de Montdidier et dans tous les Nobiliaires de Picardie, a toujours fait de fort belles alliances.

Armes : « D'azur à la bande d'argent, chargé de trois » défenses de sanglier de sable et de deux roues du se- » cond, n'ayant chacune que quatre rais, écartelé de » Doria, qui est coupée d'or et d'argent, à un aigle de sable » languée, membrée et couronnée d'or, brochant sur le » tout. »

***

CHATEAUNEUF-DE-RANDON (de), famille des plus anciennes du royaume; elle est la souche de l'illustre maison de Joyeuse, si célèbre dans l'Histoire de France. (Anne, duc de Joyeuse, pair et amiral de France, a épousé, en 1581, Marguerite de Lorraine-Guise, sœur de Louise de Lorraine-Guise, reine de France, femme du roi Henri III); la maison de Châteauneuf-de-Randon a encore donné naissance à celle d'Apchier, qui est une des plus distinguées du royaume.

Ainsi cette famille se trouve avoir fourni un grand-maître de l'ordre de Malte, trois maréchaux de France, trois ducs et pairs, un grand amiral et un grand louvetier de France, plusieurs chevaliers des ordres du Roi, des gouverneurs des provinces de Languedoc, de Normandie, d'Anjou et du Maine, un premier gentilhomme de la chambre, un grand-maître de la garderobe, plusieurs chambellans de nos rois, des capitaines de cinquante et de cent hommes d'armes, des généraux d'armées du pape, des cardinaux, des doyens du sacré collége et plusieurs évéques.

Cette généalogie a été dressée sur les titres les plus authentiques.

I. Guillaume DE CHATEAUNEUF, Ier du nom, seigneur de Châteauneuf et de Randon, et de plus de quatre-vingts paroisses ou châteaux en Gévaudan, en Vivarais et en Auvergne, qualifié *Domicellus miles*, vivant en 1050, eut pour sœur Artaude de Châteauneuf, femme de Pons de Brion, chevalier, à laquelle il fit une obligation de cinq mille cinq cents sols viennois, pour sa portion des biens du Vivarais. Il eut quatre enfants :

1.º Angaris ou Acharis, dont l'article suit ;
2.º Bertrand, chevalier, qui fut présent à la donation de Pierre du Fay, en 1077, en faveur de l'abbé de Pebrac, de la paroisse de Chassesac, en Vivarais ;
3.º Guérin, présent à la même donation ;
4.º Guy de Châteauneuf-de-Randon.

II. Angaris ou Acharis de Châteauneuf-de-Randon, fit hommage en langue vulgaire à Guillaume évêque de Mende, de son château de Randon, avec toutes les forces qui y étaient contenues, en 1100. Il s'allia avec Marie d'Auvergne, fille du comte d'Auvergne, dont il eut :

1.º Guillaume, qui suit ;
2.º Guérin, mort en 1134.

III. Guillaume de CHATEAUNEUF-DE-RANDON, II, seigneur de Châteauneuf, Comeras, le Chaylar-l'Evêque, Belveset, Puy-Laurens, Alties, et de la ville de Montfort, aujourd'hui Villefort, donna avec Elisabeth d'Epernon, sa femme, au mois de novembre 1150, le mas de Grosfau, aux frères du Temple de Jérusalem, pour le repos de l'âme de Guérin, son frère ; et au mois de novembre 1156, pour la même raison, au Temple de Jalès, le mas de Grosvilar et la permission de faire paître tous les bestiaux dans les terres du diocèse de Mende. Il fonda les Dames bénédictines de l'abbaye de Mercoire, dans sa terre de Châteauneuf, qui étaient dotées de huit mille livres de rente. Il fit de grands biens aux moines de Langogne, et fonda plusieurs prieurés. Ses enfants furent :

1.º Guillaume, dont l'article viendra ;
2.º Guérin, seigneur d'Arsenc et d'une partie de Châteauneuf et de Randon, auteur de la branche des seigneurs et comtes d'Apchier, aussi illustre par les grandes alliances qu'elle a faites, que par les charges et les emplois distingués dont elle a été honorée ;
3.º Guy, seigneur de Laurac, Vernon, les Beaumes,

de la moitié de Joyeuse et du comté de Grandpré,
en Champagne, auteur de la branche des seigneurs
de Joyeuse.

IV. Guillaume DE CHATEAUNEUF, IIIe du nom, seigneur
de Châteauneuf et de Randon, Saint-Germain et autres
places, épousa Guillemette de Saissac, en Vélay. Il fut
père de :

V. Guignes-Mechin DE CHATEAUNEUF, seigneur en partie
de Châteauneuf, de Randonat et de plusieurs autres paroisses et châteaux, qui épousa Marie d'Assumens, dont :

1.º   Randon, qui suit ;
2.º   Guillaume, archidiacre de Mende, et légat du
      Saint-Siége, que le comte de Toulouse fit assassiner ;
3.º   Odilon de Guérin, auteur de la branche des sei-
      gneurs et barons du Tournel, rapportée ci-après ;
4.º   Guignon, chef de la branche des seigneurs et vi-
      comtes de Saint-Remeise, barons d'Alenc et autres
      places, rapportée plus loin.

VI. Randon DE CHATEAUNEUF, seigneur en partie de
Châteauneuf, de Randonat et autres places, épousa Marguerite d'Anduze, dame des Portes, de Luc, Pradelles,
Saint-Laurent-les-Bains, petite-fille de Guérin, qualifié
prince de Luc. Il rendit hommage à l'évêque d'Uzès, en
1252, pour ce qu'il avait à Montfort et à Genouillac ; et,
le 29 mai 1259, au prieur de Soubès, au nom de ses enfants mineurs, pour la terre des Portes, située dans les
Cévennes. Il accorda, conjointement avec Odilon de Guérin de Châteauneuf, son frère, des exemptions aux habitants de Montfort, et de leurs autres terres. Il fonda les
Jacobins de Genouillac, et fit de grands biens à l'abbaye de
Chambons. Il eut guerre avec Etienne, évêque de Mende,
qui fit marcher sur lui plusieurs soldats et deux cents cava-
liers, commandés par le seigneur de Mercœur, lesquels
détruisirent dix-huit de ses châteaux, ce qui l'obligea d'assiéger la ville de Mende, dont le seigneur de Mercœur lui
fit lever le siége. Il eut aussi guerre avec Pons V^e du nom,
seigneur de Polignac, son aïeul, dont il demandait la
moitié de la succession, de même qu'Odilon de Guérin, son
frère. Les différends furent terminés par les sentences arbi-
trales de Bernard de Montagu, évêque du Puy, et d'Armand de Peyre, prévôt de Notre-Dame du Puy. Ses enfants furent :

1.º Guillaume, dont l'article suit ;

2.º Bernard, dit l'*Anduze,* qui fut présent aux exemptions que son père et Odilon, son oncle, donnèrent aux habitants de Randonat.

VII. Guillaume DE CHATEAUNEUF, IV, seigneur en partie de Châteauneuf et de Randonat, fit hommage à l'évêque de Mende, le 6 mai 1263, et à l'évêque d'Uzès, pour la moitié de ce qu'il avait à Montfort, le 12 avril 1264. Il est nommé le premier des barons qui se trouvèrent à l'assemblée tenue à Montpellier, le 25 janvier 1288, au sujet des différends survenus entre le roi et le pape Boniface VIII. Il testa, en 1303, et mourut la même année. Il eut de Valpurge, son épouse, fille d'Hugues, comte de Rodès, et d'Elisabeth de Roquefeuil :

1.º Randon, mort avant 1303 ;

2.º Marquese de Châteauneuf, dame de Châteauneuf, des Portes et de Luc, mariée avec Armand, vicomte de Polignac, mort le 29 avril 1277. Elle eut, en 1289, l'administration des biens de ses enfants, malgré Bernard, seigneur de Mercœur, et Pierre de Polignac, prêtre de Brioude, qui la lui disputaient. Elle confirma, le 17 janvier 1301, la vente que Guillaume de Randon, seigneur de Luc et des Portes, avait faite de son consentement, le 1ᵉʳ janvier précédent, à Jean de Bannes, archidiacre d'Uzès, de ce qu'il avait au château de Genouillac. Elle fit son testament en 1311, par lequel elle fit plusieurs legs à ses gentilshommes, ses écuyers, et à autant de demoiselles. Par le même acte, elle fit son second fils son héritier, et mourut la même année. C'est du mariage de Marguese de Châteauneuf avec Armand de Polignac, que descendent les seigneurs et vicomtes de Polignac.

Branche des seigneurs de Châteauneuf-de-Randon, seigneurs et barons du Tournel, prise au Vᵉ degré.

VI. Odilon de Guérin DE CHATEAUNEUF-DE-RANDONAT, Iᵉʳ du nom, troisième fils de Guignes Mechin, et de Marie d'Assumens, épousa Marguerite Guérin du Tournel, héritière de la baronie du Tournel. De ce mariage naquit :

VII. Guignes-Mechin DE CHATEAUNEUF-DE-RANDON, seigneur d'Altier et autres places, qui, selon l'usage du temps, prit le nom de sa principale terre, qui était celle du Tournel. Il épousa Vierne de Valergues, dont :

1.° Odilon, dont l'article suit;

2.° Odilon de Guérin, chanoine de la cathédrale de Mende, dont il fut élu évêque. Il transigea avec saint Louis, roi de France, pour le château de Grefes.

VIII. Odilon de Guérin DE CHATEAUNEUF- DE - RANDON, II° du nom, seigneur et baron du Tournel, fut fait prisonnier par le vicomte de Polignac, au sujet de la guerre que son père avait eue avec lui pour la succession de Guillemette de Saissac. Il épousa Mirande de Montlaur, fille d'Hébrard, seigneur et marquis de Montlaur et de Marguerite d'Auvergne. De ce mariage vinrent :

1.° Odilon, qui suit :

2.° Hébrard de Guérin du Tournel, lequel fut présent avec son frère, à l'hommage qu'Hébrard de Montlaur rendit à Etienne, évêque de Mende.

IX. Odilon de Guérin DE CHATEAUNEUF, III° du nom, seigneur et baron du Tournel, damoiseau, fit hommage, le 11 février 1287, à l'évêque d'Uzès, pour la ville de Montfort, aujourd'hui Villefort. Il se trouva à l'assemblée des seigneurs de la province, convoquée à Montpellier, le 25 juillet 1288, pour concilier les différends du roi avec le pape Boniface VIII. Il épousa, le 3 juillet 1305, Eléonore de Canillac, dont :

1.° Guignon de Guérin de Châteauneuf, seigneur et baron du Tournel, marié avec Valergue de Polignac sa cousine au quatrième degré, dont il n'eut point d'enfants;

2.° Odilon, qui suit.

X. Odilon de Guérin DE CHATEAUNEUF, IV° du nom, seigneur et baron du Tournel, succéda à son frère, mort sans enfants. Il reçut hommage à Montfort, le 20 juin 1320, d'Etienne d'Altier, chevalier. Il obtint, le 2 avril 1326, avec les autres barons du Gévaudan, une ordonnance du sénéchal de Beaucaire, contre la cour commune du Gévaudan, qui empiétait sur leurs droits. Il testa, le 9 mai 1363, et laissa d'Yolande de Simiane, fille de Guiraud, IV° du nom, marquis de Simiane, et de Matille d'Arpajon :

1.º Guignon, dont l'article suit ;

2.º Marguerite, mariée, en 1340, avec Bernard d'Anduze.

XI. Guignon de Guérin DE CHATEAUNEUF, seigneur et baron du Tournel et autres places, épousa, le 12 avril 1365, Isabelle ou Elisabeth de Chalençon, fille de Guillaume, seigneur et marquis de Chalençon et de Valurge, vicomtesse de Polignac, dont :

1.º Armand, qui suit ;

2.º Marguerite, mariée, le 20 janvier 1375, avec Guillaume de Châteauneuf, comte de Saint-Remeise, baron d'Alenc, et autres places.

XII. Armand de Guérin DE CHATEAUNEUF, seigneur et baron du Tournel, fit une inféodation aux habitants de Chambonnet, en 1389. Il épousa, le 14 septembre 1398, Marguese de Beaufort de Canillac, fille de N...... de Beaufort de Canillac et de Catherine Dauphine, dont :

1.º Pierre, dont l'article viendra ;

2.º Jeanne, mariée le 20 septembre 1416, à Antoine de Cardaillac, seigneur et marquis de Cardaillac, vicomte de Brioule ;

3.º Marguerite, mariée, le 23 mai 1420, à Louis de Sabran, baron d'Ansouis ;

4.º Eléonore, mariée, le 23 mai 1423, à Aldebert de Sabran, frère de Louis.

XIII. Pierre de Guérin DE CHATEAUNEUF, seigneur et baron du Tournel, reçut un hommage de Pons de la Raisin, seigneur du Chambonnet, le 16 avril 1432. Il épousa, le 22 avril 1452, Louise de Crussol, dame d'Arsilan, fille de Giraut Bastel, IV du nom, sire de Crussol, et d'Hélix de Lastic, gouvernante du Dauphin, fils du roi Louis XI. Il eut de ce mariage :

1.º Jean, dont l'article suit ;

2.º Gabrielle de Guérin de Châteauneuf, baronne du Tournel, après la mort de son frère, qui épousa, le 20 juin 1486, Sigismond de Châteauneuf-de-Randon, son cousin, vicomte de Saint-Remeise et autres lieux ;

3.º Anne, mariée, le 20 septembre 1472, avec Berenger de Roquefeuil, seigneur et marquis de Roquefeuil.

XIV. Jean de Guérin DE CHATEAUNEUF, seigneur et baron du Tournel, épousa, le 5 août 1485, Simonne, vicomtesse d'Uzès, fille de Jean et d'Anne de Brancas, dont il n'eut point d'enfants.

Branche des seigneurs et vicomtes de Saint-Remeïse, baron d'Alenc, prise au Ve degré.

VI. Guignon DE CHATEAUNEUF, seigneur et vicomte de Saint-Remeise, baron d'Alenc et autres places, quatrième fils de Guignes Méchin et de Marie d'Assumens, eut pour fils :

VII. Guillaume DE CHATEAUNEUF-DE-RANDON, Ier du nom de cette branche, qui fit hommage, en 1307, à l'évêque de Mende. Il eut de son mariage, contracté le 10 février 1320, avec Gillette de Tournon ;

> 1.º et 2.º Lambert, qui suit, et Guignon. Ces deux frères firent aussi, en 1340, hommage à l'évêque de Mende, du lieu et baronnie d'Alenc, et ses appartenances, des lieux de Larsalier, Laprade, le Marsel, etc. ensemble de tout ce qu'ils avaient dans la paroisse de la Rouvière et d'une partie de Châteauneuf.

VIII. Lambert DE CHATEAUNEUF, épousa, le 10 novembre 1355, Guignotte de Peyre, dont Guillaume, qui suit, en faveur duquel il fit son testament, le 10 juin 1357.

IX. Guillaume DE CHATEAUNEUF, I^e du nom, transigea, en 1390, avec les habitants du mandement d'Alenc, Laprade, Larselier, le Marsel, et d'une partie de Châteauneuf et autres lieux. Il épousa, le 20 janvier 1375, Marguerite de Guérin du Tournel, de laquelle il laissa :

X. Raimond DE CHATEAUNEUF, marié, le 10 septembre 1452, avec Jeanne de Senaret. Il testa, le 2 septembre 1459, en faveur de Sigismond, son fils, qui suit :

XI. Sigismond DE CHATEAUNEUF-DE-RANDON, vicomte de Saint-Remeise et autres places, épousa, comme on l'a vu plus haut, l'héritière de la branche de Châteauneuf, seigneurs et barons du Tournel, Gabrielle de Guérin de Châteauneuf, sa cousine, le 20 février 1486, qui lui apporta en dot la baronnie du Tournel. De ce mariage vinrent :

> 1.º Antoine, qui suit:

2.° Jeanne, mariée, en 1312, avec le marquis de Féralt ;

3.° Marguerite, mariée, en 1514, avec Jean, seigneur et marquis de Lescure;

4.° Marie, femme, en 1516, de Jean de Bruyères, marquis de Chalabre.

XII. Antoine DE CHATEAUNEUF-DE-RANDON, Ier du nom, co-seigneur de Châteauneuf, marquis de Tournel, vicomte de Saint-Remeise, baron d'Alenc et autres places, chevalier de l'ordre du roi, capitaine d'une compagnie de cinquante hommes d'armes, épousa, le 20 juin 1533, Elisabeth de Grimaldi Monaco, fille de Lambert, prince de Monaco, dont :

XIII. Jean-Gaspard DE CHATEAUNEUF-DE-RANDON, seigneur en partie de Châteauneuf, marquis du Tournel, vicomte de Saint-Remeise, baron d'Alenc, gentilhomme de la chambre, chevalier de l'ordre du roi, capitaine d'une compagnie de cent hommes d'armes. Il épousa, le 10 septembre 1560, Magdelène de Combret de Broquier-d'Arpajon, de laquelle il eut :

XIV. Alexandre DE CHATEAUNEUF-DE-RANDON, Ier du nom, seigneur en partie de Châteauneuf, marquis du Tournel, comte de Saint-Remeise, baron d'Alenc, chevalier de l'ordre du roi, et capitaine d'une compagnie de cinquante hommes d'armes. Il épousa 1.° le 15 février 1593, Jeanne de Budos des Portes, sœur de la connétable de Montmorency ; 2.° le 30 août 1595, Anne-Marie Pelet de Narbonne. Il eut de son second mariage :

1.° Antoine dont l'article suit ;

2.° Charles, chevalier de Malte.

XV. Antoine DE CHATEAUNEUF-DE-RANDON, II du nom co-seigneur de Châteauneuf, marquis du Tournel, baron d'Alenc, chevalier de l'ordre du roi, mestre-de-camp d'un régiment de cavalerie, épousa, le 6 août 1635, Anne de Crusy Marsillac, nièce de Sylvestre, évêque de Mende, et abbé de la Chaise-Dieu, d'une maison qui a fourni plusieurs chevaliers et commandeurs à l'ordre de Malte. De ce mariage sont issus :

1.° Sylvestre, capitaine de cavalerie, mort à Nancy, au service du roi ;

2.° Alexandre, marquis du Tournel, capitaine de cavalerie, qui commanda la noblesse du Languedoc, à l'arrière-ban en 1694 et 1695, mort en 1696;

3.º Jean, dit *le chevalier du Tournel*, capitaine au régiment de Conti, tué à la bataille de Sénef;

4.º Adam, seigneur et prieur commandataire du prieuré de Sainte-Eunemie;

5.º André, seigneur de Saint-Jean et du Bleymard, mort en 1697;

9.º Jacques-Timoléon, co-seigneur et comte du Tournel, baron d'Alenc, capitaine de cavalerie, qui épousa, le 29 mars 1699, Jeanne-Rose de Rousseau de Lanvaux de Diarnelé, en Bretagne, dont :

    a. Alexandre, mort jeune;

    b. Louise-Claude, qui a hérité des biens de la maison du Tournel. Elle épousa Charles de Molette, marquis de Morangies, baron de Saint-Alban, seigneur de Villefort, de Gardeguerin, lieutenant-général des armées du roi;

    c. Jeanne-Michelle, mariée, en Bretagne au mois de janvier 1729, avec Jean de Jourdain, chevalier et seigneur du Couedor :

7º. Anne, dont l'article viendra;

8º. Anne, mariée, le 14 novembre 1653, avec Marc-Antoine-Grégoire, seigneur et baron de Saint-Sauveur, aïeule de feu N.... de Saint-Sauveur (écuyer du roi et de feu M. le Dauphin) ainsi que de l'évêque de Bazas, du chevalier de Saint-Sauveur, chef de brigade dans les gardes-du-corps, et brigadier des armées du roi, et de Vital-Auguste, comte de Nozières;

9º. Marie-Anne, morte en 1714.

XVI. Anne DE CHATEAUNEUF-DE-RANDON, baron du Tournel, seigneur du mandement de Saint-Etienne du Val-Donné, Préfontaine, etc., capitaine de cavalerie, épousa Madeleine de la Roque du Marsel, dont il eut :

    1º. Alexandre, prévôt de l'église cathédrale de Mende, prieur de Saint-Martin du Pin;

    2º. Pierre, mort sans alliance;

    3º. Guillaume, dont l'article suit;

    4º. Antoinette;

    5º. Françoise;

    6º. Marie-Anne, morte religieuse bernardine à l'abbaye de Mercoire.

XVII. Guillaume DE CHATEAUNEUF-DE-RANDON du Tournel, seigneur du mandement de Saint-Etienne du Val-

Donné, Garjac, Préfontaine, d'Issinges, du Marazel de Nozières, co-seigneur, d'Hispagnac, etc., dit *le comte de Châteauneuf-Randon*, capitaine de cavalerie au régiment de Clermont-Prince, chevalier de l'ordre royal et militaire de Saint-Louis, épousa, le 19 avril 1755, Paule de Launay, fille de Louis et de Paule Pajerle, et nièce de M. de Saint-Vallery, receveur-général des finances de Flandres et du Hainault. De ce mariage sont nés :

1.º Alexandre, qui a continué la branche aînée, et dont l'article suit ;

2.º Antoine-Pierre, vicomte de Randon, qui fait la branche des vicomtes de Randon, nom primitif de cette maison ; cette branche est rapportée plus bas ;

3.º Marie, née le 28 octobre 1756, morte.

XVIII. Alexandre, marquis DE CHATEAUNEUF-RANDON, né le 19 octobre 1757, lieutenant-général des armées du roi, a épousé N... du Roure de Chastel. De ce mariage sont issus :

1.º Aldebert ;

2.º Eléonore..

Branche des vicomtes de Randon, prise au dix-septième degré.

XVIII. Antoine-Pierre, vicomte DE RANDON, né le 27 octobre 1759, était capitaine de cavalerie attaché à la maison du roi, et s'est émigré en 1791 ; a fait la campagne dans l'armée des Princes, a aujourd'hui rang de lieutenant-colonel. Il est décoré de l'ordre royal et militaire de Saint-Louis et du Lys. Cette dernière décoration lui a été accordée par Sa Majesté Louis XVIII, à son avénement au trône. Il a épousé Marguerite Treuner de laquelle il a :

1.º Hermand-Frédéric ;

2.º Henri-Alphonse ;

3.º Charles ;

4.º Henriette-Eugénie.

Armes : « D'or, à trois pals d'azur, au chef de gueules. « Supports, deux lions, et pour légende : *Deo Juvante.* »

Nota. On voit que la maison de Château neuf-Randon, a formé les souches des illustres maisons de Joyeuse et d'Apcher, et qu'elle donne encore de nos jours naissance à la branche des vicomtes de Randon.

PAYAN (de), seigneurs de la Garde Pariol, dans le comtat Venaissin, et en Dauphiné.

Cette famille, divisée aujourd'hui en plusieurs branches, a été maintenue dans son ancienne noblesse, en 1670, par M. de Bezons, intendant de Languedoc.

La première branche subsiste dans noble Louis-François-Antoine-Maurice de Payan 'de la Garde, écuyer, né à Orange, le 9 août 1761 : il descend de noble Philibert de Payan, qui vivait en 1495, et eut pour fils :

> Du premier lit, noble Perrin de Payan ;
> Du second lit, noble François de Payan, auteur de la seconde branche.

Noble Charles (IIᵉ) de Payan, petit-fils de noble François, épousa, le 28 avril 1630, demoiselle Lucrèce de Marsane-de-Fontjulianne, fille de noble Gédéon de Marsane, seigneur de Fontjulianne, lieutenant-colonel du régiment du Passage, capitaine châtelain des lieux de Sauret et de Saint-Marcel, commandant à Carmagnole.

Noble Gédéon de Payan, fils de Charles, épousa, en 1667, demoiselle Louise de Sibert-de-Montières, fille de noble Hector de Sibert, seigneur de Montières, baron de Cornillon, et de demoiselle Olympe de Drevon.

Noble Benjamin-François de Payan, écuyer, troisième fils de noble Gédéon, épousa en 1708, demoiselle Elisabeth de Niel.

Noble François de Payan, écuyer. Son fils épousa, le 29 janvier 1753, demoiselle Marthe d'Isoard, fille de noble Etienne-Daniel d'Isoard, chevalier, et de dame Marthe Lagier. Il a eu pour fils :

Noble Joseph-François de Payan-Dumoulin, chevalier, marié avec demoiselle Sophie-Marguerite Malleray. Il a de ce mariage :

> 1.º Charles-François-Félix-Ernest, né le 19 juin 1811 ;
> 2.º Marie-Caroline-Marthe-Sophie, née le 28 septembre 1813, qui a eu pour parrain M. le comte de Barruel-Beauvert, ancien colonel d'infanterie, chevalier de l'ordre royal et militaire de Saint-Louis, commandeur de l'ordre chapitral d'Allemagne, décoré de l'Ange-gardien, et parent du père de la susdite demoiselle. Sa marraine est madame Richard, née mademoiselle de Saint-Germain, fille du comte de Saint-Germain, dont la famille eut, le siècle der-

nier, un officier général ministre de la guerre et du même nom.

Noble Louis-Samson DE PAYAN (frère de noble Benjamin-François), chevalier de l'ordre royal et militaire de Saint-Louis, fut d'abord capitaine, puis major du régiment de Quercy, infanterie, ensuite lieutenant-colonel de ce régiment, et brigadier des armées du roi, à la promotion du 1er mai 1745. Il fut employé, en cette qualité, dans l'armée commandée par le maréchal de Maillebois, et donna en différentes occasions des preuves signalées de sa valeur. Il épousa, par contrat du 15 juillet 1737, dame Charlotte de Bancenel, fille de messire Alexandre de Bancenel-de-Myon, seigneur de Champagne, et de dame Françoise de Billard de Raze.

Olympe DE PAYAN, née en 1668, sœur de Benjamin-François et de Louis-Samson, épousa Aldebert de Vacherie, seigneur de Coulon, lieutenant-général des armées au service de Russie, et fit son testament à Pétersbourg, le 13 juin 1741, par lequel elle institua son héritière universelle Françoise de Payan, sa cousine qui l'avait accompagnée en Russie.

Noble Hector DE PAYAN-DE-L'ESTANG, capitaine d'infanterie, fils aîné de noble Gédéon, eut de son mariage avec demoiselle de Belvezet :

Noble Joseph DE PAYAN, baron de l'Estang, d'abord capitaine au service de Russie, ensuite attaché au service de France, où il fut capitaine de cavalerie légère, lieutenant-colonel au régiment de Lowendal, ensuite colonel-commandant des Croates français, à la tête desquels il fut tué au mois d'août 1746, au camp des Cinq Etoiles en Flandres.

Il avait épousé, en 1744, demoiselle Marie-Thérèse, baronne de Beaussier, fille de messire Antoine, baron de Beaussier, baron du Saint-Empire, conseiller aulique du feu roi de Pologne, électeur de Saxe, conseiller intime de son altesse sérénissime monseigneur le Langrave de Hesse-d'Armstadt, et de noble dame Madeleine de Bezaudin. De ce mariage, il a eu une fille unique, nommée :

Marie-Anne-Henriette DE PAYAN-DE-L'ESTANG, née à Dresde au mois de décembre 1744, dont le nom acquit, dans la république des lettres, une juste célébrité. Elle a été mariée trois fois; la première, avec messire Marc-François de Ribere, marquis d'Antremont, chevalier, ancien capitaine d'infanterie et chevalier de l'ordre royal et militaire de Saint-Louis; la seconde, avec M. le baron de Bourdic, ancien capitaine dans le régiment d'infanterie de Picardie, major de la ville et citadelle de Nismes, chevalier de l'ordre royal et militaire de Saint-Louis; et la troisième, avec M. Viot, administrateur général de l'enregistrement et des domaines : elle est morte en 1802.

Extrait de l'Armorial général de France, par d'Hozier, registre cinquième, seconde partie, imprimé en 1764, et du Dictionnaire de la Chesnaye-des-Bois, tome onze, page 227.

Armes : « D'azur au chevron d'or, accompagné de trois » molettes de même, posées deux en chef et une en pointe. »

FAULCO, aujourd'hui FAUQUE DE JONQUIÈRES. La famille de Faulco est originaire du royaume de Naples ; la terminaison italienne de ce nom, se soutint pendant les premiers temps que cette maison vint habiter en France; peu à peu on commença à prononcer Fauco et puis Fauque. On voit le même individu nommé Faulco, dans plusieurs contrats, Fauco dans d'autres, et, finalement, Fauque dans d'autres encore.

L'histoire des guerres de ce royaume nous présente plusieurs personnes de ce nom, qui se distinguèrent dans le service militaire de cet État. Les derniers, dont il est fait mention, figurèrent avantageusement dans les querelles des Guelphes et des Gibelins, au quatorzième siècle. L'un d'eux, ruiné par l'effet de ces guerres civiles, se vit contraint de se retirer en France avec sa famille, pour y vivre à l'abri des orages politiques qui désolaient sa patrie. C'était à peu près vers l'an 1360. L'un de ses descendants se maria dans la commune de Sault, au diocèse de Carpentras ; il eut pour fils :

I. Flomard FAUQUE DE JONQUIÈRES ; celui-ci attaché au duc de Lesdiguières, baron de Roussillon (diocèse d'Apt), vint s'établir dans ce bourg. Il s'y maria avec demoiselle de Pérussis; de ce mariage naquit:

II. Michel FAUQUE DE JONQUIÈRES, qui épousa demoiselle Aillaud ; il eut pour fils:

III. Gabriel FAUQUE DE JONQUIÈRES, qui servit long-temps

dans les armées de Henri-le-Grand. Il fut marié avec demoiselle Anne des Baux, de l'illustre famille des Baux, anciennement princes d'Orange ; il eut pour fils :

IV. François Fauque de Jonquières; celui-ci qualifié dans tous les actes qu'il a passés de noble ou écuyer. Il épousa, en 1611, demoiselle Marguerite de Saint-Maurice ; de ce mariage naquit :

V. Gabriel Fauque de Jonquières II, co-seigneur de Vénasque et de Saint-Didier. Il servit long-temps dans les armées de Louis XIII. Il se maria en 1638 avec demoiselle de Paparin de Chaumont et de Château-Gaillard. Le frère de cette demoiselle était alors évêque de Gap en Dauphiné ; ce Gabriel eut pour fils :

VI. Alexandre, qui ajouta à son nom celui de Jonquières, d'un arrière-fief qu'il possédait. Il servit long-temps dans les gardes du corps de Louis XIV. Il épousa, en 1683, demoiselle de Monnier, et il eut pour fils :

VII. Jacques-Philippe Fauque de Jonquières, marié en 1702 à demoiselle de Fauque, sa cousine-germaine ; entre autres enfants il eut pour fils :

VIII. Gaspard-Victor Fauque de Jonquières, lequel servit pendant plusieurs années dans le régiment de Nice. Il se maria en premières noces, en 1740, à demoiselle d'Etienne de Peissonnel, de la ville d'Aix ; sa femme étant morte sans postérité, il se maria en secondes noces, en 1741, avec demoiselle d'Eyroux de Pontevès ; de ce mariage vinrent, entre autres enfants :

 1.º N.... qui était l'aîné, servit longtemps dans le régiment de Soissonnais ; il fit plusieurs campagnes en Flandres et toutes les guerres de Corse, jusqu'à l'entière soumission de cette île à la France ; il mourut des suites des fatigues de la guerre ;

 2.º Jacques-Philippe Fauque de Jonquières, qui suit :

IX. Jacques-Philippe Fauque de Jonquières, chef de cette maison, naquit en 1748. Il épousa, en 1778, demoiselle Eulalie de Charlet d'Avignon, fille de Joseph-Hyacinthe de Charlet de Beauregard, auditeur de Rote ; de ce mariage sont nés beaucoup d'enfants dont plusieurs sont morts ; les survivants sont :

 1.º Louis-Victor ; 2.º Joseph-Amable ; 3.º Elzéard-Vincent de Paule ; 4.º Frédéric-Auguste : 5.º Jean-Baptiste-Eugène; 6.º Louise-Françoise-Eulalie-Philippine.

Dans les actes de toute espèce, les dénommés ci-dessus ont tous été qualifiés de nobles, écuyers ou messires.

Les armoiries des Fauque étaient gravées depuis plusieurs siècles au-dessus de la porte de l'église paroissiale du bourg de Roussillon, où elle faisait sa résidence. Vers 1760, la façade de cette église ayant été reconstruite, quelques-uns des habitants disputèrent à cette famille le droit qu'elle revendiquait de faire replacer ses armes à la place qu'elles occupaient précédemment; le comte du Luc, alors seigneur de Roussillon, s'étant fait justifier de l'existence de ce droit, ordonna qu'il serait maintenu, et obligea les habitants à faire graver de nouveau les armoiries des Fauque sur la façade de l'église.

La maison de Fauque avait encore d'autres priviléges; d'abord comme fondatrice d'un hôpital sous le nom de charité, qui existe encore; en second lieu, comme étant la seule noble du bourg de Roussillon, et jouissant d'une grande considération.

En 1779, le juge de ce bourg, jaloux des prérogatives dont elle jouissait, ayant voulu contester sa noblesse à Jacques-Philippe, chef de cette maison, fut condamné par arrêt du parlement d'Aix, des 4 mars 1779 et 10 janvier, 1784.

Armes : « De gueules à deux hêtres d'or, surmontés » d'un faucon d'argent. »

BERNON (DE), famille noble, dont l'origine remonte aux temps les plus reculés : elle tire son nom du bourg de Bernon, près de Saint-Florentin en Champagne, sur la frontière de Bourgogne. L'abbé de Bernon, fondateur de l'abbaye de Cluny, qui vivait en 910, ainsi que Bernon, évêque et comte de Mâcon, qui vivait sous le roi Raoul, paraissent avoir la même origine. Cette famille fut obligée d'abandonner la Bourgogne vers l'an 1348, à cause de la famine et de la peste qui désolaient alors ce pays. Thomas de Bernon, le premier connu après la bataille de Poitiers, où il s'était trouvé, vint s'établir à la Rochelle, et fut reçu patricien de cette ville. C'est de cette ancienne famille que sort celle du Poitou, alliée aux maisons les plus distinguées du royaume, et dont nous ne pouvons remonter la filiation, faute de mémoires, qu'à Jehan de Bernon , qui suit :

I. Jehan DE BERNON, écuyer, seigneur des Marais, officier au régiment de M. d'Hauterive, fit les campagnes de Hollande. Il épousa Jeanne Blouin, dame de la Couresière, dont il eut :

II. Frédéric DE BERNON, chevalier , seigneur des Marais, capitaine au régiment de Schomberg, dragons , qui épousa en 1675 Suzanne de Pierrousset, dame de la Brelesière. Il eut de ce mariage :

III. Pierre DE BERNON, chevalier, seigneur d'Autreville, capitaine au régiment de Maillé, chevalier de l'ordre royal et militaire de Saint-Louis. Il épousa en 1705 Marie Simonneau, dame du Puitumer, fille de Louis Simonneau, chevalier, seigneur dudit lieu, et de Louise de Hanne de la Saulmorière, dont est issu :

IV. Pierre DE BERNON, chevalier, seigneur de la Barre, entré jeune au service dans la compagnie des cadets gentilhommes de la marine. Il épousa , en 1744, Louise Jallays, fille de Pierre Jallays, écuyer, seigneur de la Jallayserie, qui fut mis au nombre des gentilshommes pensionnés par le roi, à cause de son peu de fortune et de sa nombreuse famille; les garçons furent placés dans le militaire, et plusieurs filles dans les abbayes royales. (Il y eut neuf frères de cette famille qui se sont émigrés : huit ont péri à Quiberon ; le dernier, ancien chevalier de Saint-Louis et capitaine de cavalerie, a fait toutes les campagnes de l'armée de Condé.) De ce mariage vint :

1.° Benjamin, dont l'article suit ;

2.° Louise de Bernon, épouse de Louis Désiré, baron de Givres, dont postérité.

V. Benjamin DE BERNON, chevalier, seigneur du Puitumer , cornette à l'âge de 15 ans dans le régiment de Tressignies, cavalerie ; officier dans les canonniers gardescôtes, puis major du fort de l'île d'Aix; s'émigra en 1791, fit la campagne de 1792 dans la première compagnie noble d'ordonnances; suivit, après le licenciement de l'armée, les princes, frères du roi, en Westphalie; rejoignit l'armée de Condé en 1795, et fit cette campagne dans les chasseurs nobles, compagnie n° 9; entra dans la cavalerie noble, suivit le prince de Condé en Russie, et fit toutes les campagnes dans ladite armée, jusqu'au licenciement arrivé en 1801. Il avait été fait chevalier de l'ordre royal et militaire de Saint-Louis en 1795, par monseigneur le prince de Condé, au camp de Steinstadt, et avait épousé en 1771 Pélagie de Raconet, dame de Saint-Martin-Lars, fille de messire Charles Raconet, et de dame Suzanne de Moras. De ce mariage vinrent :

1.º Henri-Charles-Fortuné, dont l'article viendra ;

2.º Bénigne de Bernon, mariée en 1798 à Armand de Béjary, ancien officier de la marine royale, et chevalier de Malte, dont sont issus plusieurs enfants ;

3.º Stéphanie de Bernon, mariée en 1802 avec Louis Buor de la Voÿs, ancien chevau-léger de la garde du roi, dont postérité.

VI. Henri-Charles-Fortuné DE BERNON, né le 14 juillet 1775, au château du Puitumer, commune de Saint-Martin-Lars, département de la Vendée, obtint une sous-lieutenance à la fin de 1789, dans le régiment d'Artois, dragons. Il s'émigra en 1791, fit la campagne de 1792 dans la première compagnie noble d'ordonnances ; suivit, après le licenciement de l'armée, les princes, frères du roi, à Hamm en Westphalie, et rejoignit l'armée du prince de Condé en 1795, où il entra, dans la compagnie des chasseurs nobles, et servit dans le régiment de monseigneur le duc d'Angoulême, jusqu'au licenciement effectué en 1801, ainsi qu'il conste par les certificats honorables de ce prince et ceux de monseigneur le prince de Condé, qui attestent à la fois son zèle, son courage et son dévouement à la cause légitime. Lors de l'entrée à Bordeaux de monseigneur le duc d'Angoulême, il s'empressa d'aller offrir ses services à ce prince, et lui fit part d'un projet d'insurrection générale qui devait éclater dans la Vendée. Il a épousé demoiselle Pitatouen de la Coste, fille de Jean-Madeleine Pitatouen de la Coste, ancien gendarme de la garde du roi, et de dame Marie-Jacob de Tigné. Il a eu de ce mariage :

1.º Fortunée de Bernon, morte en bas âge ;

2.º Clémentine : son parrain, M. Greslier du Fougeroux, son oncle, ancien officier au régiment de Royale-Pologne, cavalerie ; sa marraine, demoiselle de Valentine de Béjary, sa cousine ;

3.º Thaïs : son parrain, M. de Jallais, curé de Saint-Martin des Noyers, son grand-oncle ; sa marraine, Hélène de Pitatouen de la Coste, sa tante ;

4.º Agathe : son parrain, Louis Buor de la Voys, son

oncle; et sa marraine, Julie Racodet de Saint-Martin, et sa grand'tante;

5° Laure de Bernon : son parrain, M Adolphe de Bernon, baron de Montlégier, son parent, aide de camp de monseigneur le duc de Berry; et sa marraine, Stéphanie de Bernon, sa tante.

Armes : « D'azur, au lion d'or, armé et lampassé de » gueules. »

Nota. Nous attendons sur cette famille des détails généalogiques plus étendus, que nous transmettrons au volume subséquent.

———

MALHERBE DE POILLÉ, famille originaire de Normandie, établie à Melle-sur-Sarthe à la fin du quatorzième siècle, et en Touraine en 1430. Elle reconnaît pour un de ses premiers auteurs Malerf surnommé Malherbe (*Malerfus cognominatus Malaherba*) à qui Guillaume, duc de Normandie, confia la garde d'un de ses châteaux (*Voir du Chesne, hist. Normanorum.*

De ce Malerf sont issues les trois branches principales de la famille Malherbe. Elles portent des armes différentes les unes des autres. Les seigneurs de *Saint-Agnan-la-Malherbe* ont pour armes, d'argent semé d'hermines, et six roses de gueules 3, 2 et 1. Les seigneurs de *Meuvaine* portent, de gueules à six coquilles d'or 3, 2, et 1, au chef d'or, chargé d'un lion passant de gueules. Les seigneurs *de la Meauffe* portent d'or à deux jumelles de gueules posées en face, l'une au dessus de l'autre, et deux lions aussi de gueules affrontés et posés au chef de l'écu.

C'est de la branche des seigneurs de la Meauffe que sont issus les seigneurs de Poillé.

La seigneurie de Poillé, relevant de celle de Marson sur Loir, est un des arrière-fiefs de la baronnie de Saint-Christophe en Touraine. Poillé appartenait, dès le douzième siècle, à une des maisons les plus anciennes et les plus nobles de la province du Maine.

Jacquine de Poillé, unique héritière de cette illustre maison, épousa vers 1450 Jean de Malherbe, écuyer, issu d'un des cadets de la branche des Malherbe de la Meauffe.

VII. Jean de Malherbe, des seigneurs de la Meauffe,

devenu par son mariage seigneur des terres, fiefs et seigneuries de Poillé, Pineaux ou Epineaux, Follet et la Fosse, se fixa dans le Vau du Loir, où, depuis lui, ses descendants ont toujours eu leur domicile. Plusieurs titres prouvent qu'il reçut les obéissances des vassaux et censitaires des fiefs que son épouse lui avait portés en dot, et qu'il fit pour elle, le 12 mars 1469, hommage simple au seigneur de Marson.

Du mariage de Jean de Malherbe de la Meauffe avec Jacquine de Poillé, sont issus entre autres enfants :

1.º Guillaume de Malherbe, dont l'article viendra ;

2.º Jean de Malherbe ;

3.º Robin de Malherbe ;

4.º Louise de Malherbe mariée le 7 juillet 1462, à Michelet le Jeune, seigneur de Follet, qui, par son contrat de mariage, s'obligea de joindre à son nom celui de Malherbe, et d'en porter les armes. L'Hermite Souliers, dans son Histoire généalogique des familles nobles de Touraine donne la généalogie de MM. le Jeune de Malherbe, page 380. Cette famille subsiste encore.

VIII. Guillaume de Malherbe, écuyer, seigneur de Poillé et de Pineaux ou Epinaux, reçut, le 27 août 1491, l'ordre de conduire les nobles et autres sujets du ban et de l'arrière-ban des pays et duché de Touraine au siége de la ville de Rennes. Il épousa Jeanne des Touches, fille de Pierre des Touches, écuyer, seigneur des Hayes et de demoiselle Perrine de Vançay ou de Vanssay. Son contrat de mariage est en date du 7 janvier 1463. Jean de Malherbe et Jacquine de Poillé, ses père et mère, vivaient encore lorsqu'il se maria. Il ne partagea leur succession avec Jean, son frère puîné, que le 7 mai 1482. Robin de Malherbe, écuyer, seigneur de Launeau, leur frère, était mort à cette époque, et n'avait point laissé de postérité.

De Guillaume de Malherbe et de Jeanne des Touches son épouse sont nés :

1.º François de Malherbe, qui viendra ;

2.º Jacques de Malherbe, écuyer, mort sans postérité.

IX. François de Malherbe, écuyer, seigneur de Poillé et d'Huchigni, partagea en 1521 les biens de ses père et mère avec Jacques de Malherbe son frère puîné. Il avait, dès le 20 novenbre 1510, été reçu à la foi et hommage de M. le comte de Vendômois pour son fief de la Pierre, mouvant de la châtellenie de Vendôme, et se maria en 1522 avec Marguerite de Guarguesalle, fille de messire Jean de Guarguesalle, chevalier, et de dame Anne Du Breuil. De ce mariage vinrent :

1.° René de Malherbe, dont l'article viendra;

2.° Jacques de Malherbe, écuyer, mort sans alliance;

3.° Marguerite de Malherbe, mariée à noble Gabriel de la Goubertière;

4.° Renée de Malherbe, mariée à Bonnaventure de Vaux.

X. René de MALHERBE, chevalier, seigneur de Poillé et d'Huchigny, gouverneur, pour le roi, des pays et duché de Vendômois, fit, le 3 mai 1529, hommage de ses terres et seigneuries de la Pierre et de Villesus, mouvantes du château de Vendôme, à M. Charles, duc de Vendôme, pair de France. Il épousa en 1541 demoiselle Jacquette Hurault, fille de noble homme Denis Hurault, seigneur de Saint-Denis sur Loire, et capitaine de la ville de Blois, et de demoiselle Louise Boudet. De ce mariage vinrent :

1°. René II de Malherbe, dont l'article viendra;

2°. Pierre de Malherbe, écuyer, mort sans alliance.

XI. René II de MALHERBE, chevalier, seigneur de Poillé et d'Huchigny, gentilhomme ordinaire du roi de Navarre, par lettres de retenue du 5 novembre 1579, *en considération des services que son père avait rendus à la princesse aïeule, et au feu roi, père de sa majesté,* fut nommé le 13 août 1562 commandant de cinquante arquebusiers à cheval, destinés à la sûreté de la ville de Vendôme et gouverneur des ville, château et duché de Vendôme au mois de juin de la même année. Il fit la montre des vassaux nobles et autres du duché de Vendôme sujets à l'arrière-ban, suivant la commission que lui en donna, le 16 mai 1562, le roi de Navarre lieutenant-général du royaume de France. Il épousa, par contrat du 27 décembre 1563, demoiselle Charlotte Gruel, fille de messire Jean Gruel, chevalier, seigneur de la Frette et de dame Charlotte Moinet. De ce mariage vinrent :

1.° Pierre de Malherbe, dont l'article viendra;

2.° Antoine de Malherbe;

3.º Anne de Malherbe, épouse de Gabriel d'Esliée, écuyer, sieur de Belleau.

XII. Pierre de Malherbe, chevalier, seigneur de Poillé et d'Huchigny, gentilhomme ordinaire du roi de Navarre, fut lieutenant de cinquante hommes des ordonnances de Sa Majesté, sous la charge du sieur de la Frette, et se distingua par sa valeur en plusieurs rencontres. Il mourut en son château de Poillé, et fut enterré dans une des chapelles de l'église de Marson. Le monument qui lui avait été élevé a été brisé en 1792. Il épousa, en 1598, demoiselle Madeleine de Montausier, fille de haut et puissant seigneur messire Jean de Montausier, chevalier de l'ordre du roi et de dame Madeleine des Châteigners. De ce mariage vinrent, entre autres enfants;

Jacques de Malherbe, qui suit :

XIII. Jacques de Malherbe, écuyer, seigneur d'Huchigny et de Châteauguibert, servit le roi en Lorraine, dans les armées commandées par le duc d'Angoulême, et par le maréchal de la Force, et dans le corps de la noblesse commandée par M. de la Meilleraie, grand-maître de l'artillerie.

Il fit hommage de ses fiefs de la Pierre et de Villesus à M. César, duc de Vendôme, le 3 mars 1634, et devint seigneur de Poillé par la mort de Pierre de Malherbe.

Jacques de Malherbe, seigneur de Poillé, d'Huchigny et de Châteauguibert, épousa Marie de Beauxoncles, fille de Charles de Beauxoncles, écuyer, seigneur de Vieux-vi et d'Oucques, et de demoiselle Marie de Saintré. De ce mariage vint entre autres enfants :

François de Malherbe, qui suit :

XIV. François de Malherbe, chevalier, seigneur de Poillé et d'Huchigny, commanda la noblesse du Vendômois sous les ordres du vicomte de Turenne en 1674, et fit offre de foi et hommage à M. le duc de Vendôme pour ses fiefs de la Pierre de Villesus. Il épousa en 1664 demoiselle Geneviève de Vançai ou de Vanssay dame de Bouis, fille de Charles de Vançai, écuyer, seigneur de Brestel, et de demoiselle Geneviève de Flotai. De ce mariage vinrent :

Joseph de Malherbe, dont l'article suivra;

N.... de Malherbe, dit le capitaine de Bouis, tué

à l'armée d'Italie, combattant sous les ordres du
maréchal de Catinat, auquel il était allié du côté
maternel.

XV. Joseph de MALHERBE, chevalier, seigneur de Poillé,
de Bouis et d'Huchigny, lieutenant de dragons au régiment de Senneterre, donna l'aveu de sa terre et seigneurie de la Pierre au roi, à cause de ses château et domaine
de Vendôme, le 12 août 1723. Il épousa en 1712 demoiselle Marie-Louise Peillot de la Garde, fille de François
Peillot de la Garde, écuyer, capitaine de cavalerie, et
gentilhomme de MONSIEUR, frère unique du roi Louis XIV,
et de demoiselle Catherine Ferrand. De ce mariage vinrent :

1.º Adam-François Bonnaventure de Malherbe, dont
l'article suivra;

2.º Amédée-Joseph de Malherbe, chevalier de l'ordre
royal et militaire de Saint-Louis, capitaine de grenadiers au régiment d'Auvergne, blessé à la tête de
sa compagnie à l'affaire de Klostercamp, et mort
peu de temps après des suites de sa blessure, sans
avoir été marié;

3.º Louise de Malherbe, décédée à Paris, île Saint-
Louis en 1796, n'a point été mariée;

4.º Anne-Marie-Louise de Malherbe, dont la noblesse
fut certifiée au roi par le sieur d'Hozier le 20 août
1732, est morte à Poillé en 1801;

5.º Marie-Agathe de Malherbe, épouse de M. Renaud
Gaudin, chevalier, seigneur de la Chenardière,
de Fleuri et de Courvallin, lieutenant au régiment d'Auvergne; dont postérité. Madame de la
Chenardière est morte à Courvallin en 1797.

XVI. Adam-François Bonnaventure de MALHERBE, chevalier, seigneur de Poillé, Marson, Huchigny, capitaine
au régiment d'Auvergne et chevalier de l'ordre royal et
militaire de Saint-Louis, mort en son château de Poillé
en 1799, avait épousé demoiselle Marguerite de Sédilhac,
fille de M. Alexandre de Sédilhac, ancien capitaine de
cavalerie, chevalier de l'ordre royal et militaire de Saint-
Louis. De ce mariage :

Joseph-Charles-Louis de Malherbe, dont l'article suit;
Marie-Marguerite-Dominique de Malherbe, épouse
de M. Louis-Alexandre-Marie de Musset, marquis
de Cogners, dont postérité.

XVII. Joseph-Charles-Louis de MALHERBE, chevalier, seigneur de Poillé, Marson, etc., dit le Vicomte de Malherbe-Poillé, capitaine de cavalerie, chevalier de l'ordre royal et militaire de Saint-Louis, a commencé ses services militaires dans le régiment de Bassigny d'où il a passé à l'armée des princes en 1792, et y est resté jusqu'en 1801, a épousé, en 1788, demoiselle Jeanne de la Porte de la Houssaye, fille de M. Jean Bonnaventure de la Porte et de Jeanne Hérisson d'Auvours. De ce mariage :

> Adolphe de Malherbe, sous-lieutenant au douzième régiment de cuirassiers, mort dans la retraite de Moscou au mois d'octobre 1812 ;
>
> Armand de Malherbe, né à Poillé en 1804 ;
>
> Pauline de Malherbe, née le 15 novembre 1790 ; mariée en 1813 à M. Félix Daniel de Vauguion, écuyer.

Armes : « D'or à deux jumelles de gueules posées en face » l'une au-dessus de l'autre, et deux lions aussi de gueules, » affrontés et posés au chef de l'écu. » *Armorial général de France, registre premier.*

JARNO (DE), Jarneau, Jarnaud ou Jarneot, plus connu encore aujourd'hui sous le nom de Pont-Jarno. Cette maison de Poitou est fort ancienne ; elle tire son origine de Venise d'où il paraît qu'un Marc Jarno est sorti vers la fin du onzième siècle par suite d'une révolution. Il portait alors le titre de noble vénitien ; le nom seul indique le pays d'où cette maison est sortie. Il acheta la terre de la Garnerie, près de Maillezais en Poitou, à deux lieues de Fontenay-le-Comte. De longues minorités et plus encore la révolution française du dix-huitième siècle ont dépouillé cette maison de presque tous ses titres. Il paraît cependant, par un de ceux qui existent, que Marc de Jarno ou de Jarnaud fut reçu chevalier de l'ordre de Saint-Jean de Jérusalem en 1544 et qu'il demeurait à sa terre de la Garnerie près Maillezais. On voit dans les annales d'Aquitaine un Marc Jarno, maire de Poitiers. Ce n'est point là où cette famille a acquis la noblesse puisqu'en 1544 elle avait un chevalier de St.-Jean de Jérusalem ; d'ailleurs en 1598 que Marc Jarno fut maire de Poitiers, la France était en proie à des troubles considérables, et on ne choisissait guères que des gens recommandables par leur naissance et leur vertu pour remplir des places aussi difficiles. Il n'est pas d'ailleurs le premier maire de Poitiers d'origine ancienne ; plusieurs de ceux élevés à cette dignité étaient nobles d'avance.

I. Jean DE JARNO, écuyer, seigneur de la Séguignière, acquit la terre de la Séguignière le 24 mars 1454.

On trouve encore :

> Antoine de Jarno ou de Jarnaud, seigneur de la Garnerie, épousa Périne Prévost, le . . . . . .
>
> Antoine de Jarno, écuyer, seigneur de la Garnerie, épousa Ambroise Lefebvre, fille de Réné Lefebvre, écuyer, seigneur de la Bose-Moreau, et de Rénée de Beaumont, *Histoire de Malthe*, 1526, dont les armes sont de gueules à l'aigle d'or à l'oreillé de fer de lames d'argent.
>
> Marc de Jarno, écuyer, seigneur de la Garnerie au diocèse de Maillezais, reçu chevalier de l'ordre de Saint-Jean de Jérusalem en 1544.

Jean de Jarno épousa N . . . . . . Il eut pour fils :

> 1.º Michel de Jarno, écuyer, seigneur de la Séguignière, épousa Renée Chapelain le .... 15..., dont les armes sont d'or à trois tourteaux de sinople mis en barre. *Armorial général, coté Poitiers, page* 990, *n*º 314 ;
>
> 2.º Balthazard, dont l'article suit ;

II. Balthazard DE JARNO, écuyer, seigneur de Nantilly, grand bailli de Gastine, acheta la terre du Pont-les-Groseillers en Gastine le 12 octobre 1576, épousa Marguerite Bourceáu dont les armes sont d'argent à six bourses de sinople posées deux, trois et un. *Armorial général, page* 1372, *n*º 491. Veuve le 16 octobre 1582.

Il laissa :

> 1.º Michel de Jarno, écuyer, seigneur de la Séguignière, épousa le 28 janvier Elisabeth de la Forêt, dont les armes sont de gueules à croix bourdonnées d'hermines. *Histoire de Malthe* 1523 ;
>
> 2.º Marc, dont l'article suit ;
>
> 3.º Charles Jarno, mort en bas âge ;
>
> 4.º Renée de Jarno, épousa François Poignand le 12 juin 1573 ;
>
> 5.º Catherine de Jarno, épousa Mathurin de Jouslard le 12 juin 1573 ;
>
> 6.º Madeleine de Jarno, épousa Louis-Pivert le 12 juin 1573.

III. Marc DE JARNO , écuyer , seigneur de Pont-les-Groseillers , Puysant , Louges, épousa le 5 avril 1578 , Hélène
Vidard de St-Clair , dont les armes sont de gueules à six
flèches d'or ferrées , empennées d'argent , les pointes en
haut , trois en chef posées en pal et en sautoir , et trois
en pointes en pal ; fut maire de Poitiers en 1598.

Il laissa :

1.° Jean, dont l'article suit :

2.° Vigile de Jarno , abbesse de Notre-Dame de Limoges ;

3.° Catherine de Jarno , épousa le 8 février 1620 ,
René de Richeteau ;

4.° Florence de Jarno , épousa Léonard de la Saigne ;

5.° Françoise de Jarno , épousa Pierre dè Cahiduc ;

6.° Hélène de Jarno, morte en bas âge ;

7.° Louise de Jarno , dame de la Séguignière , épousa
le 18 décembre 1616 , haut et puissant seigneur
Charles-Bodin de la Nouzière ;

8.° Jeanne de Jarno, épousa N. de Courtinier, écuyer,
seigneur de la Millianchère.

IV. Jean DÉ JARNO , écuyer , seigneur du Pont-les-Groseillers, Puisant , Louges et autres places, épousa le 21
septembre Jeanne-Charlet, dont les armes sont d'argent à
un aigle éployé de sable ; fut procureur du roi au bailliage
de Poitiers.

Il laissa :

1.° Marc, qui suit ;

2.° Mathieu , mort jeune.

V. Marc DE JARNO , écuyer, seigneur du Pont-les-Groseillers , Puisant , Louges , marié le 24 novembre 1649 à
Anne Pouldret de Raimbault , dont les armes sont de sinople à un poudrier d'écritoire d'argent.

Il laissa :

1.° Joseph-Ignace , dont l'article suit ;

2.° Joseph-Xavier de Jarno, mort le 6 août 1673, sans
alliance ni postérité ;

3.° Jean-Mathieu de Jarno , mort en bas âge ;

4.° Marthe de Jarno , morte le 28 avril 1674 sans
alliance , fonda un annuel de messe dans l'église
des cordeliers de Poitiers ;

5.° Marie de Jarno, morte le 13 février 1677, sans
alliance ;

6.º Jeanne-Marie de Jarno, morte le 24 mars 1688, sans alliance;

7.º Marie-Anne-Thérèse de Jarno, religieuse de l'abbaye royale de Ste.-Croix de Poitiers;

8.º Madeleine-Rose de Jarno; élevée par les soins de madame de Maintenon, comme on le voit par la lettre à elle écrite par son altesse royale le régent de France en 1726, datée du 23 janvier, ainsi conçue :

A Paris, le 23 janvier 1726.

Je n'oublie ny vostre nom, ny les bontés que feue madame de Maintenon avoit pour vous; ainsi vous pouvés mademoiselle estre bien persuadée que je voy avec plaisir les sentiments, que vous me trouverés toujours disposé à vous donner autant que je le pourray des marques de la considération que j'ay pour vous.

L. A. de BOURBON.

9.º Rose-Marguerite de Jarno.

VI. Joseph-Ignace DE JARNO, écuyer, seigneur du Pont-les-Groseillers, Puysant, Louges et autres places, épousa Anne Aymer, fille de messire Aymer et de dame Deblet de St.-Quentin, le 4 août 1708, dont les armes sont d'argent à une face componée de sable et d'azur de quatre compons. *Armorial général, coté Poitiers, page* 101, *n*º 7. *Histoire de Malthe* 1527.

Il laissa :

1.º Marc-Joseph, dont l'article suit :

2.º Jean-Baptiste de Jarno, capitaine au régiment de Rouergue, chevalier de l'ordre royal et militaire de St.-Louis, mort en 1786:

3.º François-Xavier de Jarno, religieux de la compagnie de Jésus, mort en 1765;

4.º Charles de Jarno, mort en 1723;

5.º Marie-Anne-Thérèse de Jarno et ses sœurs furent bienfaitrices de la maison des filles de Notre-Dame de Poitiers. Les armes de Jarno étaient sur la porte de l'église et sur celle de la maison qui appartenait aux Jarno, rue des Basses-Treilles, à Poitiers;

6.º Madeleine-Rose de Jarno, morte en 1742:

7.º Marie-Julie de Jarno, morte le 24 mars 1720.

VII. Marc-Joseph DE JARNO, écuyer, chevalier, seigneur du Pont-les-Groseillers, Puysant, Louges, la Fouchardière, marié le 15 janvier 1746 à Marie de Courtinier, fille de François de Courtinier, écuyer, chevalier, seigneur de la Millianchère et de Madelaine Desprès de Montpezat. Les armes de Courtinier sont de gueules à six annelets d'argent posés trois, deux et un, surmontés de trois fers de lames de même, rangés en chef. *Armorial général*, 291, *n*° 15.

Il laissa :

1.° Marc-Joseph, qui suit ;
2.° Jean-Baptiste de Jarno, mort en 1762 ;
3.° Marie-Anne-Thérèse de Jarno, dame de la Fraguée, morte dans les prisons de Niort, le 13 mars 1793, où elle était détenue comme sœur d'émigré.

VIII. Marc-Joseph DE JARNO, IIe du nom, écuyer, chevalier, seigneur du Pont-les-Groseillers, Puysant, Louges, la Fouchardière, la Plissonnière, la Fuye, Aubanuye, ancien mousquetaire gris, né le 30 mars 1749, émigré en août 1791, ayant fait les campagnes des princes, ayant été blessé au siége de Maëstricht, a perdu presque toute sa fortune par suite de son émigration, rentré en France à la fin de 1800, marié le 31 octobre 1778 à Marie-Louise de Gourjault d'Aubanuye, fille de Gabriel de Gourgault, écuyer, seigneur d'Aubanuye, Châtenet, Lorjary et autres places, et de dame Marie-Louise-Victoire de Malleray, nièce propre de haut et puissant seigneur messire Claude-Guillaume-Têtu, marquis de Balincourt, maréchal de France, et de ce côté allié à la maison de Montmorenci, veuf le 6 septembre 1779, dont un fils dont il sera parlé ci-après, remarié le 17 janvier 1801 avec Marie-Anne-Françoise de Courtinier de la Millianchère sa cousine germaine, habitant le château du Pont en Gatine, décoré de l'ordre du lys par ordre de Monseigneur le duc de Berry, présenté à Sa Majesté le 22 août 1814. Les armes de Gourjault sont de gueules à un croissant d'argent, celles de Courtinier comme ci-dessus.

Il a de son premier mariage :

IX. Marc-Gabriel-Augustin DE JARNO, écuyer, chevalier, seigneur d'Aubanuye, Châtenet, Lorzary, Bezuard, Cigogné et autres places, marié le 6 août 1798 à Jeanne-Charlotte-Pélagie de Génays ; veuf le 21 janvier 1800, dont un fils suit. Remarié le 26 juillet 1801 à Céleste Gaullier de la Selle, fille de M. Pierre-Adrien Gaullier, ancien procureur du roi au bailliage de Tours, seigneur de la Selle, Guenaud, les Bordes, le petit Prasigny et autres places. Décoré de l'ordre du lys par ordre de S. A. royale monseigneur le duc d'Angoulême, comme faisant partie de la garde d'honneur de Niort, a été présenté au roi les 11 mai et 22 août 1814, a fait ses preuves comme il est prouvé par le certificat donné par M. Chérin le 9 juin 1789. Détenu dans diverses prisons pendant deux ans comme fils d'émigré.

Les armes de Génays sont d'argent à trois gourseaux de genet.

Les armes de Gaullier sont d'azur, un chevron brisé et trois croissants, deux et un.

Il a de son premier mariage : Marc-Thomas-Florent de Jarno, mort en bas âge le 22 janvier 1801.

Et du second mariage :

1.º Marc-Pierre-Gonsalve de Jarno, écuyer chevalier, né le 2 mai 1807, décoré de l'ordre du lys par ordre de monseigneur le duc de Berry ;

2.º Olympe de Jarno, née le 8 janvier 1803 ;

3.º Marie-Aurélie de Jarno, née le 23 avril 1805.

Armes : « D'azur à trois têtes et col de cigne d'argent » posées deux et un. Supports deux lions d'or, cimier une » tête et col de cigne d'argent; accosté de deux demi- » vols de même, devise : *Spes mea Deus. Armorial gé-* » *néral, coté Poitou, page 33, nº 67.* »

BRUNEL DE SERBONNES (DE), famille noble, originaire de Guienne, et fixée, depuis près de trois cents ans, à Serbonnes près de Sens.

I. André DE BRUNEL, en 1317, grand-maître d'hôtel de France, sous les rois Philippe-le-Long, Charles-le-Bel, et Philippe VI, eut, entre autres enfants, de Marie de la Vieuville son épouse :

II. Pierre DE BRUNEL, marié avec Anne de Ligny. Il laissa, entre autres enfants :

III. Philippe DE BRUNEL, Iᵉʳ du nom, qui épousa Madeleine de Bonneval. Il eut pour fils :

IV. Jean de Brunel, marié avec Marguerite de Saint-Fal, dont, entre autres enfants :

V. Philippe de Brunel II. Il épousa Elisabeth de Brichanteau, fille de N... de Brichanteau, seigneur de Nangis. De ce mariage vint :

VI. Georges de Brunel, qui épousa Marthe de Champagne, dont il eut :

VII. Mathieu de Brunel, Ier du nom, marié à Perrine de Ponville, dont est issu, entre autres enfants :

VIII. Mathieu de Brunel II, qui épousa, en 1541, Jacqueline de Railly, de la famille des seigneurs d'Hauterive près Auxerre. De ce mariage vint, entre autres enfants :

IX. Mathieu de Brunel III, marié, en 1575, avec Marguerite de Bronze, dame de Gravon et de Balloy. Il eut, entre autres enfants :

X. François de Brunel, seigneur de Serbonnes, qui épousa, en 1624, Anne de Bronze, de laquelle il laissa :

XI. Henri de Brunel, seigneur de Serbonnes et de Varennes, marié, en 1649, avec Catherine Duparc, fille de N. Duparc, seigneur du Plessis-du-Mée. Il eut de ce mariage :

XII. Louis-Henri de Brunel, Ier du nom, seigneur de Serbonnes et de Varennes, qui épousa, en 1675, Marie-Anne Boutonné, dont est issu, entre autres enfants :

XIII. Louis-Barthélemi de Brunel, écuyer, seigneur de Serbonnes et de Varennes. Il épousa Catherine Rippart, dont il eut :

    1.º Louis-Henri, dont l'article suit ;

    2.º Jean-Louis de Brunel, chevalier de Serbonnes, capitaine au régiment de la Reine, dragons, le 2 février 1745, chevalier de l'ordre royal et militaire de Saint-Louis.

XIV. Louis-Henri de Brunel II, écuyer, seigneur de Serbonnes et de Varennes, servit pendant quinze années comme officier d'infanterie. Il épousa Edmée Mittet, de laquelle il laissa :

XV. Louis-François de Brunel, écuyer, seigneur de Serbonnes et de Varennes, a servi plusieurs années dans le régiment de la Reine, dragons, s'est marié, en 1766, avec Marie-Cécile Tarin, morte victime d'un jugement révolutionnaire, le 5 juin 1794. De ce mariage vinrent :

XVI. 1.º François-Maximilien, seigneur actuel de Serbonnes, ancien officier dans le régiment de la Couronne, qui a épousé, en 1799, Alexandrine-Thérèse Berthelin, dont il eut, 1.º N... mort en bas âge; 2.º Louis-Marie de Brunel, né le 30 janvier 1803; 3.º Cécile; 4.º Alexandrine-Caroline; 5.º Célestine; 6.º Odille-Constance de Brunel;

> 2.º Louis-Mathieu, qui a émigré en Angleterre au commencement de la révolution, et est mort à la Trappe en Westphalie, où le conduisit le chagrin causé par la mort de sa mère;
> 3.º Louis-Clément, qui suit;
> 4.º N... de Brunel, mort en bas âge.

Louis-Clément DE BRUNEL de Varennes, dit *le chevalier de Varennes*, page de S. A. S. monseigneur le duc de Penthièvre en 1786, puis officier dans le régiment de ce prince en 1789, ensuite lieutenant dans le régiment de Brie, s'est trouvé, le 10 août, au château des Tuileries, chez madame la princesse de Lamballe, a émigré en Espagne, où il a été neuf ans officier dans le régiment de Naples. Il est rentré en France en 1803, et s'est empressé de signaler son dévouement pour l'auguste maison de Bourbon aussitôt l'entrée des Alliés dans la ville de Pont-sur-Seine le 10 février 1814. Nous nous faisons un devoir de transmettre les témoignages flatteurs et authentiques qu'il reçut à cette occasion.

Lettre de S. E. monseigneur le comte de Wittgenstein, commandant en chef le sixième corps de l'armée alliée, à M. le duc de Maillé, relativement à M. de Brunel de Varennes.

« MONSIEUR LE DUC,

» Lors du premier passage de mon corps d'armée à
» Pont-sur-Seine, dans le mois de février, M. de Brunel
» de Varennes, qui habitait cette ville, sur l'invitation que
» je lui fis de servir la bonne cause, celle de son souverain
» légitime, accepta avec un vif empressement cette pro-
» position.
» C'est lui qui, avec un zèle exemplaire, se chargea de
» distribuer et d'expliquer les proclamations que les puis-
» sances alliées venaient de publier au nom de Sa Majesté
» Louis XVIII.
» Il rendit des services importants aux troupes que j'a-

» vais sous mes ordres, et servait par là la cause de sa
» patrie, dont il mérite la reconnaissance.

» C'est à ces titres, que je vous prie, Monsieur le duc,
» d'accorder vos bontés à M. de Brunel de Varennes, et
» d'en rendre ce témoignage, aussi juste qu'honorable,
» auprès de S. A. R. Monsieur.

» J'ai l'honneur d'être avec la plus haute considération,

» Monsieur le duc,

Paris $\dfrac{6 \ avril}{18 \ 1814}$.

« *Signé*, Le comte de Wittgenstein. »

» Lorsque le sixième corps des armées alliées, com-
» mandé par le général de cavalerie comte de Wittgenstein,
» entrait à Pont-sur-Seine, au milieu de février, et que la
» proclamation de S. M. très-chrétienne, de Hartwell, en
» date du 1er janvier, fut distribuée d'après des ordres su-
» périeurs, le sieur de Brunel de Varennes, domicilié à
» Pont, embrassa sur-le-champ ouvertement la cause de
» la maison de Bourbon. En l'absence du maire, il fit pu-
» blier, au son de la caisse, ladite proclamation, l'expli-
» quant aux habitants, et tâchant de les entraîner dans son
» enthousiasme. Il a donné en même temps des renseigne-
» ments importants pour les opérations des troupes alliées,
» et a aidé ces opérations par tous les moyens en son pou-
» voir. La conduite dudit sieur Brunel de Varennes, à
» cette occasion, est d'autant plus honorable, qu'il venait
» de perdre une partie de sa fortune par suite des désor-
» dres, malheureuses mais inévitables suites d'une guerre
» d'invasion, et qu'au moment où son bel enthousiasme
» éclatait, l'on entendait la fusillade d'un combat livré à
» deux lieues de Pont, et qui, en rappelant les chances de
» la guerre, lui devait faire entrevoir la perte du reste de
» sa fortune, et même de sa vie, si les armes alliées éprou-
» vaient des échecs.

» Le soussigné, lieutenant-général de la suite et à l'état-
» major-général de S. M. l'empereur de toutes les Russies,
» atteste la vérité du récit ci-dessus, dont tous les détails
» lui sont parfaitement connus, ayant rempli les fonctions
» de chef d'état-major auprès du comte de Wittgenstein
» pendant la guerre terminée.

» En foi de quoi il a signé le présent attestat, et l'a muni
» du sceau de ses armes.

» Paris, ce 2 juin 1814.

» *Signé*, F. d'AUVRAY. »

L'événement arriva comme le général l'avait prévu ; l'affaire de Montereau força les alliés à effectuer leur retraite sur Troies. Le chevalier de Varennes, dénoncé au parti de Buonaparte, n'évita la mort que par une prompte fuite, où lui et sa famille, réfugiés dans un batelet sur la Seine pendant plusieurs jours, sans abri ni asyle, dans la saison la plus rigoureuse, furent en proie aux plus vives alarmes, et éprouvèrent les plus dures privations. Par surcroît de maux, ses propriétés, pendant sa fuite, ont été entièrement ravagées.

M. le chevalier de Varennes s'empresse de rendre ici un hommage public au procureur du roi, à Nogent-sur-Seine, M. Corps à qui il doit la vie. Ce digne magistrat, dont depuis long-temps il connaissait les sentiments , l'avertit qu'on l'avait dénoncé, et l'engagea à fuir.

M. de Varennes a été décoré de l'ordre du Lys, par son altesse royale monseigneur le duc de Berry, et a été présenté au Roi, le 26 mai 1814.

Louis-Clément DE BRUNEL de Varennes a épousé , en 1804, Marie-Jeanne-Esther Missonet, dont il a :

1.º Jean-Jacques-Camille, né le 20 août 1810 ;

2.º Marie-Louise-Jeanne-Esther, née le 3 juin 1806.

Armes : « D'argent, au chevron d'azur chargé de trois
» fleurs de lys d'or, couronne de marquis. »

CORLIEU (DE) , famille originaire de l'évêché d'Yorck en Angleterre, dont la noble extraction est reconnue et justifiée par l'attestation donnée, le 6 mars 1547, par ordre d'Edouard VI, roi d'Angleterre.

Cette maison est des plus anciennes ; on trouve un Jean de Corlieu, en 1227 ; un Odon de Corlieu, qualifié de *Miles*, vivant en 1218 ; un Pierre de Corlieu, qualifié de *Miles*, en 1222 ; et un autre Pierre de Corlieu, aussi qualifié de *Miles*, vivant en 1274. Mais nous ne pouvons établir de filiation suivie qu'à dater de :

I. Thomas DE CORLIEU, qui passa en France en 1417, suivit l'armée du duc de Clarence qui portait des secours à Jean de Valois, comte d'Angoulême, contre le duc de Bourgogne. Il s'empara du château de Gourville, qui appartenait à un connétable de France, et ne le rendit qu'après la réduction de la province de Guienne, sous la condition qu'il lui serait donné une maison attenante au donjon dudit château, et qu'il épouserait dame Renote, héritière de la maison Dufresne. Il eut, de ce mariage :

> 1.º Elie, 2.º Guiot, 3.º Jean, qui moururent jeunes ;
> 4.º Jean, dont l'article suit ;
> 5.º Mérigon.

II. Jean DE CORLIEU, Iᵉʳ du nom, épousa Lucrèce de Chantplaisant, du pays de la Marche en Limosin, dont il eut :

III. François DE CORLIEU, Iᵉʳ du nom, qui fut nommé, en 1480, par Charles de Valois, comte d'Angoulême, lieutenant-général de sa justice en Angoumois, comme il est prouvé par le contrat d'acquisition du fief de Chantoiseau appartenant au sieur Jean de Montagu, par lequel contrat, daté du 5 août 1501, il est qualifié lieutenant-général d'Angoumois, seigneur de la Fenêtre. Il épousa, le 2 février 1490, Marguerite Loubate, dont il eut :

> 1.º François, qui fut lieutenant-général d'Angoumois, mort sans enfants ;
> 2.º Raphaël, qui fut contrôleur des finances du roi en la ville de Poitiers, mort sans enfants ;
> 3.º Jean, qui suit.

IV. Jean DE CORLIEU, IIᵉ du nom, seigneur et châtelain de Rocherand et de la Fenêtre, avocat du roi au siége présidial d'Angoumois, épousa Raimonde de Couillaud, fille de Sybart, seigneur de Couillaud d'Hautecler, lieutenant-général d'Angoumois, et sœur de Geoffroy de Couillaud, chevalier et maître des requêtes ordinaires de l'hôtel du roi. Il n'y avait alors en France que quatre personnes qui fussent revêtues de cette dignité. Sont issus de ce mariage :

> 1.º Robert, dont l'article viendra ;
> 2.º François, procureur du roi au siége présidial d'Angoumois. Il est auteur du *Recueil de l'histoire de la ville et des comtes d'Angoulême*. Il mourut noyé.
> 3.º Autre François ;

4.º Gérard;

5.º Geoffroy.

V. Robert DE CORLIEU, procureur du roi au siége présidial d'Angoumois, épousa, le 25 mars 1550, demoiselle Marie Pascaud, dont il eut :

1.º Pierre de Corlieu Iᵉʳ, écuyer, seigneur de Lussant, député, 1.º le 30 juin 1574, 2.º le 12 septembre 1577, pour aller à la cour du roi Henri III régler les affaires de la province. Il servit sous le maréchal de Mont-Luc, et fut capitaine de la garnison de la ville et du château de Blansac, sous les ordres de M. de Bellegarde pendant les guerres civiles. Il avait épousé, le 13 août 1576, demoiselle Marguerite Tabois de Perillon, dont il eut trois filles, et Charles de Corlieu Iᵉʳ, écuyer, seigneur de Lussant, qui épousa Hippolyte de Beaumont de la maison de Gibaud, une des plus anciennes et des plus nobles de Saintonge, et qui ne laissa point de postérité ;

2.º Sybart, dont l'article suit ;

3.º Madeleine de Corlieu.

VI. Sybart DE CORLIEU, deuxième fils de Robert de Corlieu et de Marie Pascaud, conseiller du roi au siége présidial d'Angoumois, épousa, le 17 février 1576, Dauphine Gentils, fille de Sybart Gentils, écuyer, seigneur de Bardines. Il eut, de ce mariage.

VII. François DE CORLIEU, IIᵉ du nom, écuyer, seigneur de Chantoiseau, qui épousa, le 5 janvier 1626, Marthe Bourgoing, fille de François Bourgoing, écuyer, seigneur du Portal, de laquelle il eut :

VIII. Charles DE CORLIEU, IIᵉ du nom, écuyer, seigneur de Portal, marié le 6 août 1658, à Nicole de Grimoard, dont il eut :

IX. Joseph DE CORLIEU, écuyer, seigneur de la Baudie. Il épousa, le 24 février 1710, Marie Sauvo, fille de messire Jean Sauvo, conseiller du roi, juge-magistrat en la sénéchaussée et siége présidial d'Angoumois. Il eut, de ce mariage :

1.º Jean-Joseph, dont l'article viendra ;

2,º Antoine, écuyer, chevalier de l'ordre royal et militaire de Saint-Louis, capitaine au régiment d'infanterie de M. le Dauphin. Il épousa Hippolyte de la Rochefoucault-Bayers ;

3.° Jacques, écuyer, seigneur de la Baudie, qui épousa demoiselle Marie de Pindray, dont il eut deux garçons et trois filles : l'aîné des garçons se maria avec mademoiselle Salignac de Fénélon.

X. Jean-Joseph DE CORLIEU, chevalier, seigneur de la Croix, épousa, 1.° demoiselle Marie-Suzanne de Pindray, dont il n'eut point d'enfants : 2.°, le 29 août 1744, demoiselle Louise Babinet, fille de Mathieu Babinet, écuyer, seigneur de Chaume, Renneville, Nauzières, et autres lieux, conseiller du roi en la ville de Poitiers. De ce second mariage vinrent :

1.° François, lequel épousa Jeanne de la Loubière, fille de messire de la Loubière, seigneur de Bernac en Angoumois. Il est mort sans postérité.

2.° Pierre-Guillaume, dont l'article vient ;

3.° et 4.° Deux filles mortes.

XI. Pierre-Guillaume DE CORLIEU, chevalier de Corlieu, garde du corps du roi, épousa Louise Cadot, fille de messire Yves Cadot, capitaine de cavalerie et chevalier de l'ordre royal et militaire de Saint-Louis. De ce mariage sont issus :

1.° Yves-Hippolyte, qui a épousé Zoé d'Aulnets, fille de M. d'Aulnets, ancien capitaine au régiment d'Artois, infanterie, et chevalier de l'ordre royal et militaire de Saint-Louis.

2.° Charles de Corlieu.

Armes : « Ecartelé au 1er et 4e de sinople au chevron » d'argent, de trois quintefeuilles de gueules ; au 2 et 3 d'argent au lion de gueules, armé, lampassé et couronné » d'or. »

BOULLAYE (DE LA), élection de Bernay, généralité d'Alençon en Normandie. Cette maison paraît avoir tiré son origine du fief de la Boullaye ou de la *haulte Boullaye*, situé sur la paroisse de Croisilles, près de Gacé en Normandie.

Guillaume DE LA BOULLAYE, dans une ancienne notice sur sa famille, remarque que ses ancêtres accompagnèrent le duc Guillaume à la conquête de l'Angleterre et qu'on pouvait encore, de son temps, en voir les preuves sur les registres et *mateloges* du Perreux.

Les malheurs de la révolution, pendant laquelle on a brûlé une partie de leurs titres les plus précieux, ont privé ses descendants de beaucoup de renseignements utiles.

Nous commencerons la filiation à messire :

I. Foulques DE LA BOULLAYE, chevalier, qui, suivant une ancienne généalogie, épousa N....., fille de messire Guy de Gonnor, comte de Beaumont et de Leycestre en Angleterre. De ce mariage sortit :

. II. Guillaume DE LA BOULLAYE, écuyer, allié à demoiselle Clesinesse de la Boutonnière, dont il eut :

III. Robert DE LA BOULLAYE, écuyer, seigneur de la Boullaye, de Serans et de Semaley, vivant en 1376, comme on le voit par l'acte de fief qu'il passa le 9 de juin 1376, devant Robert Payen, tabellion en la vicomté d'Exmes. Il épousa demoiselle Marguerite Bazire, fille de Jean, écuyer, seigneur de Sainte-Colombe, et fut père :

1.° De Richard de la Boullaye, qui suit ;

2.° De Jean de la Boullaye, écuyer, mort sans postérité ;

3.° De Macé de la Boullaye, écuyer, qui vivait encore en 1422, comme on le voit par l'acte qu'il passa avec Jean du Buisson au tabellionnage du Meslerault, le 10 de mai 1422 ;

4.° De Pierre, tige de la branche qui subsiste en Normandie, et dont nous parlerons ensuite.

IV. Noble homme Richard DE LA BOULLAYE, écuyer, seigneur de la Thillaye, patron-présentateur de l'église de Saint-Germain de Nouars, seigneur de Serans, du Perreux, seigneur et patron de Clermont-en-Auge, épousa demoiselle Jeanne Poussin, fille de Jean, écuyer, seigneur de la Thillaye. *Il fut faict plusieurs opprobres et pilleries de ses biens sieuries et terres, pour ce que ses enfants tenoient le parti du roy de France leur souverain sieur.* Le 15 de janvier 1410, il rendit aveu à *Symon, abbé du Monstier de Sainct-Pierre de Jumeiges, pour un franc fieu entier, noblement tenu,* etc., appelé *le fieu de Serans.* Le 28 mars 1444, *avant Pasques,* devant Guillaume de Lougey, tabellion à Escouché il afferma le moulin et pêcherie de Serans, et il fut stipulé que *se, par fortune de guerre, les fermiers ne pouvaient demeurer sur les lieux à cause des gens darmes tenant le party con-*

traire du roy nostre sire, ils pourroient delesser ladicte
ferme. Il eut pour fils :

      1.° Guillaume, qui suit ;

      2.° Thomas, *qui suivy les guerres, menant guerre*
         auxdicts Engloys à la cherge de M. le maréchal
         la Hire, et fut fait prisonnier plusieurs fois. Il passa
         un acte avec Jean le Jeune, au tabellionnage de
         Saint-Evroult, le pénultième de mars 1464. De de-
         moiselle N. de la Luzerne, *femme noble,* il eut
         Charles de la Boullaye, écuyer, qui demeurait à
         Cléville, servit long-temps, et fut nommé par l'a-
         miral de Grâville, son lieutenant à Dieppe, le 31
         janvier 1492, *pour en ce besongner comme faisoit*
         ledict feu Berteren de la Boullaye son oncle. Il
         épousa demoiselle Jeanne le Sens, veuve en 1519,
         et dont on ne connaît point de descendants ;

      3.° Bertrand de la Boullaye, écuyer, capitaine du
         Pont-de-l'Arche et de Honfleur, lieutenant de l'a-
         miral de Grâville à Dieppe et parties d'environ, qui
         exerçait cette charge en 1482, mourut à Dieppe
         avant le 31 de janvier 1492, et y fut inhumé dans
         l'église de Saint-Rémy

V. Guillaume DE LA BOULLAYE, écuyer, seigneur de Serans, du Perreux et de la Garde, fut allié à demoiselle
Jehanne de Montderainville (aujourd'hui Mondrainville),
fille de Jean, écuyer, seigneur du lieu. Il servit long-temps
le roi, et fut fait prisonnier par les Anglais, qui l'enfer-
mèrent, vers 1443, au château de Touques, où il perdit
les pieds *à l'occasion de la longue prison.* Ils refusèrent
long-temps de recevoir sa rançon. Il vendit, le 23 juin 1451,
à Roger d'Alençon, les fiefs de Serans, dits *fiefs à l'Abbé*
et de Prulay. Il eut pour fils :

VI. Florentin DE LA BOULLAYE, écuyer, seigneur du
Perreux, *qui servy le roy comme noble personne au faict*
de ses guerres. On ignore s'il eut postérité.

Branche des seigneurs des Bordeaulx, de Landepereuze,
du Boscroger, etc., prise au 3ᵉ degré,

IV. Pierre DE LA BOULLAYE, écuyer, quatrième fils de
Robert et de Marguerite Bazire, *suivy les guerres comme*
noble personne. Il prit alliance avec demoiselle Jeanne des
Bordeaulx, fille de Robert des Bordeaulx, écuyer, sei-

gneur du lieu et du Mesnil-Tranchemouche, le 2 de juillet
1419, devant les tabellions de Chambrais. Il fit des lots
avec Jean Dubosc, écuyer, demoiselle Guillemette des
Bordeaulx sa femme, et demoiselle Robine des Bordeaulx,
sœurs de Jeanne dont il eut :

V. Robert DE LA BOULLAYE, écuyer, seigneur des Bordeaulx, qui *suyvit et fréquenta les guerres quand il pleut
au roy notre souverain sieur mander son oost et arrière-
bain, tant en la compaignie du sieur de Ferrières, que
aultres ayans cherge des nobles du pays.* Il s'allia à demoiselle Philippine Desvaulx, fille de Pierre, écuyer, seigneur de la Palaisière. Le pénultième de mai 1461, Robert
de la Boullaye et Guillaume son cousin, héritiers de feu
Jean de la Boullaye, écuyer, leur oncle, donnèrent, devant les tabellions du Sap, quittance à Robin Duroy des
reliefs qu'il leur devait pour héritages tenus d'eux. Le
même Robert figure encore dans deux actes des 20 juillet
1471 et 24 juin 1469. En 1480, sous le règne de Louis XI,
pendant lequel beaucoup de gentilshommes furent inquiétés
sur cet article, les paroissiens de Landepereuze et le procureur du roy en l'élection de Bernay, entreprirent de lui
faire payer la taille, et il obtint, le 7 avril avant Pâques,
des lettres royaulx par lesquels fut ordonné à l'élu de Bernay ou à son lieutenant, d'informer de sa noblesse en présence desdits paroissiens, etc. ; Robert de la Boullaye, après
une enquête, et vu *les lettres, chartres et escriptures
faisant probacion de sa généalogie* le 6 juillet 1481, fut
maintenu dans sa noblesse comme *personne noble né et
extraict de noble lignée* par Jean le Court, lieutenant de
l'élu de Bernay. Il fut père de :

VI. Guillaume DE LA BOULLAYE, écuyer, seigneur des
Bordeaulx, qui fut aussi inquiété pour le payement de la
taille par lesdits paroissiens et le procureur du roy, et produisit les *généraulx des aydes de Normandie,* qui
composaient alors la cour des aides, un grand nombre de
témoins dont une partie étaient des plus anciennes maisons
de Normandie. Ils déposèrent que jamais ils n'avaient vu
lesdits de la Boullaye ni leurs ancêtres payer la taille ; que
leur famille est noble *de grant ancienneté ;* que leurs prédécesseurs *avoyent faict une donation au prieuré de Sainct-
Eloy des Atelles, par lectres signées de leur scel d'armes, enquel avoit ung meslé troys croys et ungne barre,
etc.; que leurs armes estoyent en la salle du vieil ma-
gnoir et dudict fief de la haulte Boullaye ; qu'ils n'ont*

jamais dérogé; qu'ils avoyent tous servy le roy, etc. Ces
dépositions étant soutenues de titres authentiques, les généraux des aides maintinrent Guillaume de la Boullaye
dans sa noblesse, par arrêt du 16 février 1520. Il épousa
demoiselle Philippine de Louvigny, fille d'Etienne de Louvigny, écuyer, sœur d'Etienne II de Louvigny, écuyer,
seigneur de la Chaize et du Boscroger, allié en 1522 à demoiselle Jeanne de l'Estendart, et issu d'une maison qui,
suivant l'Histoire de Normandie, y possédait des fiefs militaires dès le douzième siècle, et qui fut maintenue dans sa
noblesse en 1463, dans la recherche de Raimond de Mont-
faoucq. Guillaume de la Boullaye eut pour enfants :

    1.º Jacques de la Boullaye, qui suit;
    2.º Pierre de la Boullaye, dont on ne connaît point de
       postérité.

. VII. Noble homme Jacques DE LA BOULLAYE, écuyer,
seigneur du lieu et de la Chaize, recueillit la succession
de demoiselle Françoise de Louvigny (fille d'Etienne II de
Louvigny, son oncle), femme de noble homme François
de Morteaulx, seigneur de Vigny, de Sazereux et du Bois-
jérôme, l'un des cent gentilshommes de la maison du roy,
ainsi qu'il est justifié par le mandement donné en sa faveur,
le 18 de mai 1557, par Jacques de Quincarnon, écuyer,
vicomte de Beaumont-le-Roger. Il vivait encore en 1585,
et avait épousé demoiselle Marie de la Noe d'une famille
ancienne qui possédait encore en 1742 la terre noble de
la Noe près de la Barre, dont elle avait tiré son nom. De
ce mariage sortirent :

    1.º Noble homme Thomas de la Boullaye, écuyer,
      seigneur de la Chaize, allié par contrat reconnu au
      tabellionnage de Chambrais le 12 mai 1585, avec
      demoiselle Charlotte le Noury, fille aînée de noble
      homme François le Noury, écuyer, seigneur du
      Mesnil, le Tilleul et la Rue; *ledit François fils de*
      défunt Gervais le Noury, et ledit Gervais fils de
      défunt Jean le Noury, eux vivant écuyers, etc. et
      de la même famille que Louis le Noury, chevalier
      de l'ordre de Saint-Jean de Jérusalem, vivant en
      1664. Thomas de la Boullaye fit plusieurs fondations
      et legs pieux, et mourut sans postérité avant le 22
      octobre 1626, comme on le voit par la quittance
      donnée ledit jour pour les armoiries de son inhu-
      mation;

2.º Jean de la Boullaye, qui suit ;

3.º Nicolas de la Boullaye, qui a formé la branche des seigneurs du Boscroger, mentionnée ci-après ;

4.º Guillaume de la Boullaye, écuyer, seigneur du lieu, connu alors sous le nom du capitaine la Boullaye, capitaine de cent hommes de guerre à pied, français, entretenus par le roy pour la garnison de la ville de Vernon, qui obtint acte à l'élection de Bernay, le 21 juillet 1594, de ce qu'il n'avait pu avoir recouvrement de 3000 liv. à lui assignées pour lui et ses soldats, présenta, au même sujet, aux trésoriers généraux de France à Rouen, une requête répondue le 26 janvier 1595, dont les frères partagèrent la succession par acte exercé au tabellionnage de la Barre, le 7 janvier 1627, auquel furent accordés les brevets ci-après transcrits, et que Henri IV honora des lettres suivantes :

« François de Bourbon, duc de Montpencier, pair de France, gouverneur et lieutenant-général pour le roy monseigneur en Normandie, au sieur de la Boullaye salut. Estant nécessaire pour le bien du service du roy monseigneur faire promptement lever et mettre sur pied bon nombre de gens de guerre afin de nous en servir et prévaloir contre les pernicieux desseings de ses ennemis et subjectz rebelles eslevés en armes contre l'autorité de sa majesté et qu'il est besoing en bailler la charge et conduicte à quelque bon vaillant personnage à nous sur et féable : A ces causes, sçachant le crédit que vous avez entre les soldatz et pour la bonne et entière confiance que nous avons de vostre personne et de ses sens, suffisance expérience au faict des armes bonne conduicte et diligence vous avons en vertu du pouvoir à nous donné par sad. majesté commis et depputé commettons et depputons par ces présentes pour ce signées de nostre main pour lever et mettre sus incontinant et le plus diligemment que faire ce pourra cinquante arquebuziers à cheval les meilleurs et plus aguerris soldatz que vous pourrez choisir pour iceulx amener avecques vous en l'armée que nous avons mise sus pour le service de sad. majesté sans désamparer ladicte compagnie et les faisant vivre avec telle police qu'il ne nous en advienne aucune plaincte de ce faire vous avons donné pouvoir puissance auctorité commission et mandement spécial en vertu de celuy à nous donné par sad. majesté. Mandons et commandons à tous qu'il appartiendra qu'à vous en ce faisant soit obéy. Donné au camp de Beaumont le vingt-deuxiesme jour de juing l'an mil cinq centz quatre-vingtz neuf. Signé, François de Bourbon; et plus bas, par monseigneur, Lamoureux. »

« Capitaine de la Boullaye, j'ai eu bien agréable l'avis que m'avez donné par votre lettre du cinq de ce mois pour responce à laquelle je vous diray que je veux que le gouverneur de ma ville de Vernon et autres qui y ont charge pour mon service ayent l'œil pour me faire obéyr les habitans d'icelle et si il se passe chose contre mondit service vous me fairez service bien agréable de m'en avertir et de faire vivement la guerre à ceulx quy tiennent le party de mesdictz ennemys. Et sur ce, je prie Dieu quil vous ayt capitaine la Boullaye en sa saincte et digne garde. Du camp de Melun cé douziesme jour d'apvril mil cinq centz quatre vingtz dix. Signé, Henry et plus bas, Pottier. »

-« De par le roy. A nostre cher et bien amé le capitaine la Boullaye salut. Estant nécessaire de pourvoir à la seureté deffence et conservation de nostre ville de Vernon en nostre obéissance, nous avons avisé d'y mettre et establir quelque nombre de gens de guerre tant de cheval que de pied pour y tenir garnison, et par mesme moyen quelque vaillant capitaine à nous seur et féable pour les commander. A ces causes, sachant les qualités susdictes estre en vous, vous avons par ces présentes signées de nostre main commis et député commettons et députons pour lever et mettre sus incontinant et le plus diligemment que faire se pourra cinquante hommes de guerre à pied françois et vingt arquebuziers à cheval des meilleurs et plus aguerris soldatz que vous pourrez eslire et choisir pour iceulx commander et tenir garnison en nostre dicte ville de Vernon les exploiter à la guerre pour notre service de sorte que les desseings que nos ennemys pourroient avoir sur ycelle ville leur demeurent inutiles et infructueux faisant vivre lesdictz soldatz avec telle police qu'il ne nous en vienne aucune plaincte. De ce faire vous avons donné et vous donnons plein pouvoir auctorité, commission et mandement spécial. Mandons et commandons à tous qu'il appartiendra qua vous en ce faisant soit obéy. Car tel est nostre plaisir. Donné au camp de Mantes soubs le scel de notre secret le vingt-quatriesme jour de mars 1590. Signé Henry, et plus bas, par le roy. »

« Monsieur de la Boullaye, j'écris au sieur de Mercey

que je suis content d'augmenter sa compagnie et la vostre
jusqua cent hommes pour chacun sur l'asseurance que jay
quavec ce nombre et la bonne volonté et affection dont
vous userez ma ville de Vernon sera conservée en mon
obéissance. Avisez donc à rendre vostre dicte compagnie
complette en la plus grande diligence que vous pourrez
et faictes que vos actions respondent à l'asseurance que
jay de vostre bon devoir. Jay si expressément commandé
qu'il soit pourveu à vostre payement que vous aurez occasion de vous en contenter. Et là dessus je prie Dieu,
monsieur de la Boullaye qu'il vous ayt en sa sainte et digne
garde. Escrit au camp de Gonnesse le sixiesme jour de
juing 1590. Signé, HENRY; et le plus bas, Pottier. »

« Capitaine la Boullaye ce ne m'a esté chose nouvelle
d'avoir entendu par ce porteur que vous ayez bien faict
vostre devoir pour la conservation de ma ville de Vernon.
Car je m'asseurois que vous correspondriez à la fiance que
jay eue en vous. Je lay eu fort agréable et pouvez vous asseurer quen continuant de me bien servir comme je me
promets que ferez toujours je reconnoistray vos services
en ce quy s'offrira de faire pour vous. Et sur ce je prie
Dieu qu'il vous ayt, capitaine la Boullaye, en sa sainte
garde. Du camp d'Haubervilliers le vingt-uniesme jour de
juing 1590. Signé HENRY, et plus bas, Pottier. »

« De par le roy, très cher et bien amé le capitaine la
Boullaye, salut. Nous avons cydevant donné pouvoir au
sieur de Mercey de commander en nostre ville de Vernon
d'avoir l'œil à la conservation d'icelle et d'aultant que nous
voulons nous servyr quelquefois de luy auprez de nostre
personne, il est nécessaire de commettre en son absence
quelque personnage suffisant et capable affectionné à nostre
service pour y commander en son absence. Ne pouvant
à cette occasion faire meilleure eslection que de votre personne pour les preuves que vous avez rendues de vostre
fidélité, pour ces causes et autres à ce nous mouvans vous
avons commis et depputé, commettons et depputons par
ces présentes signées de nostre main pour estre et commander en l'absence dud. sieur de Mercey en ladicte ville
et chasteau de Vernon aux gens de guerre qui y sont es-
tablis en garnison pour nostre service et les employer à la
guerre en sorte qu'il n'arrive aucun inconvénient esdictes
places et que les entreprises que nos ennemys pourroient
avoir dessus demeurent inutiles et en outre vous donnons

pouvoir de faire assembler et convoquer les habitants de ladicte ville et noblesse des environs pour adviser à ce quy concernera le bien de nostre service. De ce faire vous avons donné et donnons plein pouvoir auctorité commission et commandement spécial. Mandons et commandons à tous qu'il appartiendra qua vous en ce faisant soit obéy. Car tel est nostre plaisir. Donné au camp de Saint-Denis soubs le scel de nostre secret ce dixiesme jour de juillet 1590. Signé, HENRY; et plus bas, par le roy, Huré. »

« Monsieur de la Boullaye le roy ayant sceu que à l'en- treprise qui fut dernierement faicte sur le chasteau de Gail- lard il fut pris un religieux de l'abbaye de Mortemer nommé Anfreville quy a cydevant trahy le sieur abbé dudict Mor- temer et dont sa majesté desire faire faire justice quy est occasion que je vous prye bien fort s'il est en vos mains de le faire conduire seurement la part que faira sadicte ma- jesté pour en estre faict ce quelle commandera, et sur ce je prye le créateur vous avoir monsieur de la Boullaye en sa saincte garde. A Mantes, ce 7 juillet 1591. Vostre tres affectionné, signé, Biron. »

« Capitaine la Boullaye dautant que je desire faire jus- tice de Danfreville, moine de Mortemer, qu'étant prison- nier vous ne faudrez de me l'envoyer incontinant la pré- sente receue, laquelle ne tend à autre effect. Je prie Dieu, capitaine la Boullaye, vous avoir en sa saincte et digne garde. De Mantes, ce 9e jour de juillet 1591. Signé, Henry; et plus bas, Pottier. »

« Monsieur de la Boullaye, ne faillez incontinent la présente receue de m'amener votre compagnie droict à Creil ou jiray pour certain jeudy prochain; car jen auray besoing et la mettre en ung des vieilz regimentz. S'il vous est du quelque chose je le vous feray paier, mais ce nest pas le temps de s'arrester pour de largent quant il fault aller à la bataille aussi nay je pas cette oppinion la de vous et masseure que par vostre diligence vous me ferez congnois- tre le contraire priant sur ce, Monsieur, Dieu vous avoir en sa saincte garde. Faict à St. Germain en Laye le IXe jour de may 1594. Signé, Henry, et plus bas, Fuzé. « Entre les deux signatures se trouvent ces mots qui paroissent être de la main du roy » : Remettes le chasteau de Uernon entre les meyns du sieur de Mercay et me venes yncontynent trouver. »

« Monsieur de la Boullaye, mayant le roy monsieur escrit par la depesche que jen recus hier comme il sera le huictiesme du mois prochain sur la frontiere de Picardie et que je laille trouver avec les forces de ceste province cela ma occasionné vous faire ce mot et vous prier monsieur de la Boullaye vous tenir prest dans le dixiesme du mois prochain avecque ce que vous pourrez de vos amys pour me joindre au lieu et jour que je vous manderay estimant qu'en une telle occasion vous ne voudrez demeurer des derniers; car outre qu'il y va du debvoir des gens d'honneur, nous y sommes obligez par la conservation de ceste province quy aurait à supporter tout l'effort sy les ennemys exécutoient leurs desseings auxquels il se fault opposer par l'employ de nostre vie. M'asseurant que ne manquerez en ceste digne occasion je demeureray vostre bien assuré amy. Signé, Henry de Bourbon. Je vous prie me faire response. »

« Monsieur de la Boullaye depuis vous avoir escrit que de vous tenir prest au rendez vous que je vous manderois au dixiesme du moys prochain, jay receu un expres commandement du roy mon seigneur de me haster et encore plus une instance merveilleuse de messieurs de Nevers, de St.-Pol et de Bouillon de m'avancer en la plus grande diligence quil me sera possible pour les assister à favoriser les assiégez de Cambray, ce qu'estant nécessaire et qu'il y va non seulement de la conservation de ceste place, mais, d'ung plus grand et notable interest, jay bien voulu vous faire cette recharge de vous prier de toute mon affection vous vouloir rendre à Gournay dans le dixiesme du moys prochain sy vous ne pouvez plustost pour nous acheminer ensemble au secours desdicts assiégéz et rendre en ce faict un sy bon service à sa majesté que ceste province acquierre l'honneur par dessus les autres d'avoir esté le sallut et conservation dudict Cambray. Je vous en prie donc de tout mon cœur et ne laissez perdre cette occasion soubs l'asseurance que je vous donne qu'outre le service de sa majesté, jen ressentirai en mon particulier un plaisir généreux pour jamais votre très assuré amy. Signé, Henry de Bourbon. »

« De par le Roy, à nostre cher et bien aimé le capitaine la Boullaye, salut. Comme pour le bien de notre service et sur les occasions quy se présentent, nous ayons avizé de faire lever et mettre sus un bon nombre de compagnies de gens de guerre à pied françoys, chacune d'ycelles composée de cent hommes et en donner la charge à certains vaillantz et experimentez personnages de la fidélité desquels nous ayons une pleine asseurance, à ces causes a plein confians de vos sens, suffisance, loyauté, preudhommie, expériance

au faict des armes et bonne diligence vous avons donné et
donnons par ces présentes la charge, conduicte et . . . .
De l'une desdictes compagnies composée, comme dict
est, de cent hommes, lesquelz vous leverez et mettrez sus
au plutost en nostre pays de Normandye des meilleurs plus
vaillantz et aguerris soldatz que vous pourrez choisir et
trouver plus iceulx conduire et exploicter soubs l'auctorité
de nostre très cher et amé cousin le duc d'Espernon, pair
et colonel général de France, là par et ainsi qu'il vous sera
par nous ou nos lieutenantz généraulx commandé et ordonné pour nostre service vous ferons payer vous et les
dicts cent hommes de guerre après des soldes estatz et ap-
poinctements quy vous seront deubs et à eux d'icy en avance
suyvant les monstres et reveues quy en seront faictes par
les commissaires et controlleurs ordinaires des guerres ou
commis par chaqu'un moys tant et sy longuement qu'ilz
seront sus pour nostre service, et de ce faire vous avons
donné et donnons plein pouvoir, puissance, autorité,
commission et mandement spécial. Mandons et commandons à tous nos justiciers, officers et subjectz qu'à vous en
ce faisant soit obey. Car tel est nostre plaisir. Donné au
camp devant Amyens, le 16ᵐᵉ jour d'aoust 1597. Signé,
Henry; et plus bas, par le Roy, de Néville. »

Nota. Dans un inventaire de titres, outre les pièces ci-
dessus, on cite une lettre adressée au capitaine la Boullaye,
par monseigneur le duc de Montpensier, et datée de Rouen,
le 19 d'octobre 1598.

VIII. Jean DE LA BOULLAYE, écuyer, seigneur de Landepereuze et du Bosc de Romïlly, seigneur et patron de Saint-
Aubin des Hayes, allié à demoiselle Suzanne de Bardoul
ou Bardouil, d'une maison très-ancienne, connue dès le
douzième siècle par Robert de Bardoul, possesseur de fiefs
militaires; dans le quatorzième par Pierre de Bardoul,
chevalier, et Foulques de Bardoul, évêque d'Avranches,
tous cités dans l'histoire de Normandie, fille de Gilles
Bardoul, écuyer, seigneur de Saint-Aubin des Hayes, et de
demoiselle Françoise de Venoys, sœur de noble homme
Loys de Venoys, guidon de cinquante hommes d'armes de
la compagnie de M. le comte de la Roche-Guyon; ledit
Gilles Bardoul, fils de Guillaume Bardouil, écuyer, etc., fils
de Richard de Bardouil, écuyer, etc., qui avait pour père
Robert de Bardouil, écuyer, seigneur de la Bardouillière,
vivant en 1497, de la même famille qu'Antoine de Bardouil,
commandeur de l'ordre de Saint-Jean de Jérusalem; de

François le Prevost, lieutenant-général au bailliage d'E-
vreux, commissaire de Sa Majesté, faisant *la montrée en
armes* des gentilshommes du bailliage d'Evreux, sujets à
l'arrière-ban, lui délivra, le 1er. août 1635, un certificat
portant que Gilles de la Boullaye, son fils, était prêt à
servir pour lui audit ban et arrière-ban. Le mariage de Jean
de la Boullaye a allié ses descendants à la maison des
marquis de Malherbe, l'une des plus distinguées de Normandie, à celles d'Ollier, marquis de Verneuil, le Berceur,
marquis de Fontenay, etc.

Jean de la Boullaye, mourut le 15 de février 1648, et
eut pour enfants :

    1.º Louis de la Boullaye, écuyer, seigneur du Bosc,
        mort sans alliance avant son père;

    2.º Gilles de la Boullaye, qui suit ;

    3.º Messire Jean de la Boullaye, chevalier, capitaine
        des Gardes de très-haut, très-puissant et très-sou-
        verain Prince Charles, duc de Lorraine, qui par-
        tagea la succession de son père en 1649, mourut
        sans alliance, et est cité dans plusieurs passages de
        l'histoire de Lorraine, et entre autres dans le suivant
        à l'occasion de l'arrestation du duc de Lorraine,
        par ordre de l'Archiduc, qui eut lieu à Bruxelles,
        le 26 février 1654. « La Boullaye, capitaine de ses
        gardes, au bruit de sa prise, courrut vite à une
        cassette où il y avait pour deux cent mille pistoles
        de pierreries, et la transporta à l'hôtel de Berghes,
        où était la princesse de Cantecroix avec ses deux en-
        fants. Il remit cette cassette à la princesse Anne,
        fille du duc Charles, et lui dit : Mademoiselle, il
        ne faut pas perdre le temps à pleurer. M. votre père
        est arrêté au palais ; j'y cours le servir, ou me faire
        tuer. Prenez ces pierreries : cachez-les, et n'en
        dites rien, ni à Madame votre mère, ni à qui que
        ce soit. C'est peut-être tout ce que vous aurez jamais
        de lui. Anssitôt il la quitte avec précipitation pour
        accourir au palais, et venger l'affront de son maître
        même au péril de sa vie. Il rassemble tumultuairement
        dans les rues ce qu'il put d'officiers et de soldats
        Lorrains, et se mettant à leur tête, il se dispose à
        forcer le corps-de-garde du palais. Mais il fut lui-
        même arrêté prisonnier ; alors les Espagnols ne son-
        gèrent plus qu'à se rendre maîtres de ce qui appar-

tenait au Duc. » Ce fut encore lui qui négocia la réconciliation du duc de Lorraine, et de la duchesse Nicole sa femme.

4.° Messire Pierre de la Boullaye, écuyer, prêtre, docteur en théologie, prieur de Landecourt (en Lorraine), et de Saint-Nicolas de l'Aigle (en Normandie), abbé de l'Estrées, par brevet donné par la reine Anne d'Autriche, le 20 avril 1650 ; supérieur de l'oratoire de Vendôme, en 1643 conseiller du roy en ses conseils d'état, privé et des finances, par brevet du 1er de juillet 1650; en conséquence duquel il prêta serment entre les mains de Monsieur le garde des Sceaux, le dernier octobre même année ; nommé seul et unique secrétaire général de la marine, en remplacement de M. de Luynes, par brevet signé, le 3 de Juin 1650, par monseigneur le duc de Vendôme, grand-maître chef et surintendant de la navigation et commerce de France, *désirant reconnaître en ce qu'il peut les grands services et recommandables preuves d'affection qu'il en a reçues depuis plusieurs années en diverses et très-considérables occasions.* Il entretenait une correspondance épistolaire avec le duc de Vendôme et le cardinal Mazarin. Il était, dit M. de Campion dans ses mémoires, le confident de la maison de Vendôme, et très-habile homme. Le duc de Vendôme lui accordait, en effet, une telle confiance, qu'il lui laissait entre les mains beaucoup de blancs-seings. Le duc de Beaufort, suivant le même auteur, le fit venir à Vendôme, après la conspiration de Cinq-Mars, pour délibérer sur le parti qu'il avait à prendre. Ce fut lui qui, après la mort de Richelieu, d'après une lettre qu'il reçut du duc de Beaufort, négocia à la cour de concert avec M. de Vaumorin, le retour du duc de Vendôme et son rétablissement auprès du roi.

Il mourut, à Pontoise, en 1652.

5.° Madeleine de la Boullaye, alliée, par contrat du 24 juillet 1619, à Charles de Nicolle, écuyer, seigneur de Maupertuis, de la Rabottière, et de N. D. du Hamel, dont la famille est citée dans l'histoire de Normandie de Gabriel du Moulin, parmi *les seigneurs renommés en Normandie, depuis Guillaume le Conquérant jusqu'en* 1259, et qui était fils de Marguéry de Nicolle, écuyer, seigneur de Maupertuis, et de demoiselle Louise de Sausson.

IX. Gilles DE LA BOULLAYE, écuyer, seigneur du lieu et du Bosc de Romilly, servit plusieurs années dans l'arrière-ban, à la place de son père, suivant les certificats qui lui furent délivrés, en 1635, par M. le duc de Longueville et autres, et suivant une décharge de la taxe imposée sur ceux qui n'y avaient pas satisfait en date du 13 mars 1637. Il épousa, par contrat passé le 8 mai 1639, au notariat de Beaumesnil, demoiselle Anne de Bardouil ou Bardoul, fille de Nicolas, écuyer, seigneur de la Hiette. Il fut assassiné et blessé à mort dans l'église de Landepereuse, et laissa pour fils unique :

X François-Pomponne DE LA BOULLAYE, écuyer, seigneur du lieu, seigneur et patron de Saint-Aubin des Hayes, de la Hiette, du Boscroger et du Bosc de Romilly, né le 11 novembre 1640. Il demanda, vu sa maladie et ses infirmités, dispense de l'arrière-ban des gentilshommes de l'élection de Bernay, le 2 juillet 1694, et elle lui fut accordée par M. de Beuvron. Il fut maintenu dans sa noblesse, le 23 mars 1665, par les commissaires députés par la cour des aides de Normandie, et le fut de nouveau par l'intendant de la généralité d'Alençon, le 4 mars 1667. Cette dernière maintenue est mentionnée dans le Nobiliaire de Normandie, par Chevillard, et dans le Dictionnaire de la Noblesse, par la Chesnaye-des-Bois. Il épousa demoiselle Charlotte de Roussel, fille de Jean, écuyer, seigneur d'Origny, et de demoiselle Catherine de Guenet, issue de la même famille que Jean-Baptiste de Guenet, évêque de Saint-Pons de Tomiers, sacré en 1728; ladite Charlotte, sœur d'Alexandre de Roussel d'Origny, qui, après avoir renoncé à ses biens en faveur de son frère, quitta la vie mondaine pour se faire hermite à Malemort en Provence, où il mourut en odeur de sainteté, en 1699. François-Pomponne de la Boullaye, laissa pour enfants :

1.º François-Gabriel, qui suit ;

2.º Gilles de la Boullaye, qui a formé la branche des seigneurs de Saint-Aubin-des-Hayes, mentionnée plus bas ;

3.º Jacques de la Boullaye, qui a formé la branche de Vatteville, dont nous parlerons ensuite.

XI. François-Gabriel DE LA BOULLAYE, écuyer, seigneur du Boscroger, garde-du-corps du roi dans la compagnie de monseigneur le duc de Villeroi, brigade de Brissac, donna en toutes occasions des marques de valeur et de bonne conduite, suivant les termes du congé absolu qui lui fut délivré le 15 juillet 1715. Il épousa, le 4 août 1717, demoiselle Louise-Françoise le Grand, fille de Michel, écuyer, seigneur de l'Ecalier, seigneur de la Glassonière, et de demoiselle Françoise le Grand du Longprey. De ce mariage sortirent un grand nombre d'enfants, dont la plupart moururent en bas âge. Nous ne citerons ici que :

1.º François, qui suit ;

2.º Louis-Michel de la Boullaye, écuyer, seigneur de la Dupinière, dit l'abbé de Boscroger, destiné à l'état ecclésiastique, qui n'entra point dans les ordres, et ayant pris parti dans les chouans fut condamné à être fusillé par jugement militaire.

3.º Amant-Constant de la Boullaye, qui a formé une branche, dont nous parlerons ensuite ;

4.º Louise-Barbe de la Boullaye, mariée le 16 de septembre 1762, à Charles-François le Forestier, écuyer, seigneur du Boullay-Milley, fils de François le Forestier, écuyer, seigneur dudit lieu, et de demoiselle Marie de Bardouil ;

5.º Elisabeth-Marie de la Boullaye, alliée à Antoine-Charles de Pigace, écuyer, seigneur de Mainbeville, son parent, issu d'une maison de Normandie, connue dès le treizième siècle, et mentionnée dans Piganiol de la Force, le Dictionnaire de la Chesnaye, l'Histoire de Normandie, etc., dont entre autres enfants, un fils mort émigré ;

6.º Marie-Madeleine de la Boullaye, alliée à Jean-Scipion le Carpentier, écuyer, seigneur d'Epineville.

XII. François de la Boullaye, écuyer, seigneur et patron honoraire du Boscroger en Ouche, seigneur des Hauts-chênes, de Saint-Taurin du Vernet, seigneur et patron honoraire de Thevray, patron fondateur de la prébende dudit lieu, présentateur de la chapelle de la Très-Sainte-Trinité ; entra, en 1747, en qualité de sous-lieutenant dans le régiment de Rouergue, infanterie, se trouva aux siéges de plusieurs places de Flandres, à la bataille de Lawfelt, au siége de Maëstricht, etc., à la bataille de Minden, le 1er août 1759, où (suivant le journal intitulé suite de la Clef, ou journal historique sur les matières du temps, les bataillons de Rouergue souffrirent extrêmement) il fut fait pri-

sonnier ; se trouva, en 1761, à l'affaire de Warbourg, et
quitta le service en 1763 avec le grade de capitaine qu'il
avait obtenu depuis plusieurs années. Il a épousé, en
1770, demoiselle Marie - Catherine - Barbe le Louterel,
descendant en ligne directe de Jean le Louterel, écuyer,
seigneur des Jardins, vivant en 1463, suivant la généologie
insérée dans l'Armorial de France, nièce de Barbe-Char-
lotte le Louterel, reçue à Saint-Cyr en 1721 ; de la même
famille que Louis le Louterel de Saint-Aubin et Gilles le
Louterel, reçus en 1730 et 1731 chevaliers de Saint-Lazare
et du Mont-Carmel, mentionnés dans l'état de la France
par Boulainvilliers, fille de Charles-François de Louterel,
écuyer, seigneur et patron de Saint-Aubin-sur-Rille, des
Hautschênes et de Saint-Taurin du Vernet, et de demoiselle Catherine-Marie Ducasse Duchesne, fille de messire
Barthélemi Ducasse Duchesne, chevalier, seigneur de
Saint-Mars, Préaux, Feings, les Lettiers, Fromentel et
la Juillière ; écuyer de Son Altesse Royale! monseigneur le
duc d'Orléans, régent, capitaine de cavalerie au régiment
de Saint-Simon, chevalier de l'ordre royal et militaire de
Saint-Louis, major commandant de Vitry-le-François,
capitaine des chasses de madame la princesse de Conti,
dans sa baronie de Garennes, issu d'une noble et ancienne
maison de Béarn, suivant le discours généalogique imprimé de la maison de Bragelongne, à l'article de Marie de
Gaumont, fille d'André, conseiller d'état, et de Marie
Duchesne, alliée, en 1687, à Pierre de Bragelongne ; ledit
Barthélemi Ducasse Duchesne, mort à Mézières, le 19 janvier 1732, ayant été député par monseig. le duc d'Orléans
à Mézières, Fumay, Revin, etc., et descendant en ligne
directe de Bertrand Duchesne, écuyer, seigneur de Préaux,
capitaine-exempt des gardes-du-corps du roi, gouverneur
des ville et château de Chinon, et gouverneur de la Tour de
Bourges, vivant en 1617, mentionné dans l'Armorial de
France, généalogie de la maison de Loubert, et qui, suivant la tradition de la famille, passa de Béarn en France
avec Henri IV. François de la Boullaye, comme aîné de sa
maison, préleva en 1777 le fief de Thevray, sur la succession de dame Barbe-Paule de Roussel, dame et patronne
de Thevray, Origny et Corneville, veuve de François
d'Epinay, écuyer, seigneur de la Halboudière ; fille de
Gabriel de Roussel, écuyer, seigneur d'Origny, et de
demoiselle Barbe d'Aubre de Vertot, sœur de l'illustre
abbé de Vertot, l'un des meilleurs historiens français,

sorti d'une famille distinguée de Normandie. Le 4 mars 1789, François de la Boullaye, comme noble possédant fief, fut assigné pour assister, à Evreux, à l'assemblée des Trois Etats ; le 5 de novembre 1789, il fut convoqué de nouveau pour la nomination d'un suppléant, en remplacement de M. de Chambray. Son attachement à ses rois légitimes lui fit essuyer beaucoup de persécutions pendant la révolution. Cependant, *le 28 brumaire an 3, vu les réclamations de la commune de Thevray, en faveur du citoyen la Boullaye, détenu à Conches,* le comité de sûreté générale de la convention arrêta qu'il serait mis en liberté. François de la Boullaye, décédé le 21 janvier 1809, a laissé pour enfants :

      1.° François-Victor, qui suit;

      2.° Henri de la Boullaye, chevalier, né le 25 juillet 1783, allié à Douce-Adèle Blondel de Lislebec, fille de Jean-Baptiste-Pierre-Louis Blondel, seigneur de Lislebec, ancien garde-du-corps de Son Altesse Royale Monsieur, et de demoiselle Gabrielle-Marie-Candide de Folleville, qui est sortie d'une noble et ancienne maison de Normandie, et dont le père et deux des frères sont morts émigrés ;

      3.° Quatre filles, dont une morte en bas âge et les autres non mariées.

XIII. François-Victor DE LA BOULLAYE DE THEVRAY, écuyer, garde-du-corps de Sa Majesté dans la compagnie de M. le duc de Luxembourg, né le 18 janvier 1779, a épousé, le 2 de novembre 1802, Marie-Charlotte-Mélanie Morin, fille unique de maître Pierre-Jacques Morin, docteur en médecine, ancien correspondant de la société royale de médecine de Paris, membre du conseil général du département du Calvados, etc., nommé, en 1785, médecin de l'hospice de Lisieux, et qui, victime de son dévouement à ses devoirs, succomba le 28 novembre 1813, à une maladie contagieuse que les prisonniers autrichiens répandirent dans cet hospice, et de Charlotte-Françoise-Julie Morin, alliée aux maisons des Isles, le Vavasseur, de Livet, Guernon, de Chantepie, de Panthou, le Noble, de Valori, de Bellemare, de Malfillastre, de Malherbe, le Comte-de-Boisroger, le Roy-de-Saint-Sauveur, Morel-de-Secqueville, d'Anisy-de Saint-Aubin, Turgot-de-Brouay, de Bonnefonds, de Boran, de Gaillon, de Barville, etc. ; et qui descend par les femmes de la maison de Reviers, en

Normandie, qui y fonda l'abbaye de Montebourg, et était alliée aux anciens ducs de Normandie, descendants de Rollon. De ce mariage sont issus :

1.º Charles-François-Nestor de la Boullaye, né le 3 septembre 1803 ;

Jules-Guillaume-Raoul de la Boullaye, né le 4 de juillet 1806.

François-Victor de la Boullaye, leur père, descend par les femmes de la maison de Tilly, marquis de Blaru, qui à produit des lieutenants-généraux des armées ; de la maison de Grentemesnil, dont était Hugues, vicomte de Leycestre, vivant dans le onzième siècle ; de la maison de Giroye, barons de Montreuil et d'Echauffour, dont était Robert Giroye, allié dans le douzième siècle, avec Adelise, cousine-germaine de Guillaume, roi d'Angleterre ; de la maison de Beaumont, comtes de Beaumont-sur-Oise, qui a produit quatre chambriers de France ; de la maison le Bouteiller-de-Senlis ; de la maison de Milly en Gâtinois, qui a produit dans le treizième siècle, un grand chambellan de France, et dans le quinzième, un grand-maître de Malte ; de la maison de Clermont en Beauvoisis, qui a donné deux connétables, plusieurs maréchaux de France, etc. ; de la maison de Beaumanoir-Lavardin, dont est issu un maréchal de France ; de la maison de Vaudray ; de la maison de Conflans ; de la maison de Clisson, si célèbre dans l'histoire de Bretagne, par Olivier de Clisson, connétable de France ; de la maison de Dinan, dont était Jeanne de Dinan, mère de Typhaine Raguenel, femme du connétable Bertrand-du-Guesclin ; de la maison d'Estouteville, l'une des plus illustres de Normandie, qui a produit un cardinal archevêque de Rouen, un grand-maître des arbalêtriers de France, etc. ; de la maison de Vendôme, qui avait pour tige Bouchard Iᵉʳ, comte de Vendôme, vivant sous le règne de Hugues-Capet ; de la maison de l'Hôpital, qui a produit deux maréchaux de France, dont l'un, François de l'Hôpital, fut connu sous le nom de Duhallier (dont la veuve se remaria à Jean Casimir, roi de Pologne, le dernier des Jagellons) ; et l'autre, Nicolas de l'Hôpital, duc et pair, fut connu sous le nom de maréchal de Vitry, etc. etc.

François-Victor de la Boullaye, est allié par les femmes, aux ducs d'Harcourt ; à la maison de Braquemont, qui a produit un amiral de France ; aux sires de Vieuxpont ; à la

maison du Pont-Bellanger ; à la maison de Fougères, dont
un chambellan du roi, etc. ; à la maison de Mouy-la-. Mail-
leraye, dont est issu un lieutenant-général de la province
de Normandie ; à la maison d'Auberville, barons du Ver-
boc ; aux sires de Bailleul, dont la maison a donné des rois
à l'Écosse ; à la maison de la Marck ; à la maison de Fiesque,
comtes de Lavagne, qui a donné naissance à deux papes,
et dont les filles ont épousé des comtes de Savoie, des ducs
de Milan, etc. ; aux ducs d'Arpajon-de-Sévérac ; aux comt-
tes de Talaru ; aux sires de Mailloc, comtes de Cléry Cré-
quy ; aux marquis de Hautefort, dont sont issus des ambassadeurs, etc. ; aux ducs de Rohan-Rohan ; à la maison
de Blois, si célèbre par ses démêlés avec celle de Montfort,
à laquelle elle disputa longtemps le duché de Bretagne,
aux anciens comtes d'Alençon, comtes du Perche ; aux
sires d'Amboise, vicomtes de Thouars ; aux princes de
Lorraine, dont étaient les ducs de Guise, si fameux pendant les troubles de la Ligue ; à la maison de Courtenay,
qui a donné des empereurs à Constantinople ; aux ducs de
Levis ; à la maison de Lacroix-de-Castries ; à la maison d'O,
qui a donné un gouverneur de Paris, un surintendant des
finances, etc. ; à la maison de Clermont-d'Amboise-Galle-
rande ; à la maison de Brancas, ducs de Lauraguais ; aux
marquis de Lostanges ; à la maison du Bec-de-Vardes,
dont un archevêque de Rheims, un capitaine des cent-
suisses de la garde, etc. ; à la maison de Guébriant, qui a
donné des maréchaux de France ; à la maison de Rohan-
Chabot, pairs de France, pairs de Laon, etc. ; à la maison
de Béthencourt en Normandie, qui a donné des souverains
aux Iles Canaries ; et enfin à beaucoup d'autres maisons
illustres, dont l'énumération serait trop longue.

Branche des seigneurs d'Emanville, prise au XIᵉ degré.

XII. Amant-Constant DE LA BOULLAYE, chevalier, seigneur et patron d'Emanville, ancien officier au régiment
de Rouergue, pensionnaire de Sa Majesté, né le 27 juillet
1734, troisième fils de François-Gabriel, seigneur de Boscroger et de Louise-Françoise le Grand, entré au service
en 1760, combattit au mois de juillet de la même année,
à l'affaire de Warbourg, où il fut fait prisonnier, et reçut
une blessure assez considérable qui l'empêcha de continuer le service. De son mariage avec Elisabeth-Rosalie de

Flavigny, fille de feu maître Jacques-Louis de Flavigny, ancien bailli d'Elbœuf, sont issus :

1.° Louis-François-Amant-Marie-Achille de la Boullaye, écuyer, né le 7 novembre 1767, émigré et mort en pays étranger, à l'armée du centre, commandée par monseigneur le duc de Bourbon;

2.° Louis-Michel-Amant-Lucien, qui suit;

3.° N... de la Boullaye, écuyer, élève de l'école militaire de Tyron, et mort peu de temps après en être sorti;

4.° Quatre filles.

XIII. Louis - Michel - Amant - Lucien DE LA BOULLAYE, chevalier, né le 7 janvier 1770, sous-lieutenant au régiment d'Austrasie en 1788, s'émigra, réjoignit l'armée de monseigneur le prince de Condé à Worms, à l'époque de sa formation; servit, avec les officiers de son corps, dans la compagnie n° 3, du régiment des chasseurs nobles; s'est trouvé, depuis cette époque, à toutes les affaires qui ont eu lieu; fut blessé grièvement à celle d'Oberkamlach, en 1796; fut honoré, à la suite de ce combat, d'une lettre flatteuse de S. M. Louis XVIII; fut fait chef d'escouade, obtint quatre ans de gratification pour la croix, ne quitta l'armée qu'au moment où elle fut licenciée, et compte trente-cinq ans de service, en réunissant les années effectives, les campagnes, les années de grâce, etc. Il a épousé, par contrat du 6 janvier 1806, demoiselle Marie-Rosalie Thibout de Mongéron, fille aînée de Robert Thibout, écuyer, seigneur de Mongéron, ancien capitaine d'infanterie, chevalier de l'ordre royal et militaire de Saint-Louis, et de demoiselle Marie-Rose de Lannoy. De ce mariage sont issus :

1.° Charles-Amant, né le 4 novembre 1806;

2.° Marie-Célinie, née le 14 septembre 1809;

3.° Victor-Gustave, né le 23 avril 1811.

Branche des seigneurs de Saint-Aubin-des-Hayes, prise au Xe degré.

XI. Gilles DE LA BOULLAYE, écuyer, seigneur et patron de Saint-Aubin - des - Hayes, du Bosc-de-Romilly et du Fildelayré, ancien porte-étendard des gardes-du - corps du roi, chevalier de l'ordre royal et militaire de Saint-Louis, pensionnaire de Sa Majesté, second fils de François Pom-

ponne, écuyer, seigneur du Boscroger, etc., et de Charlotte de Roussel, épousa 1.º, en 1738, demoiselle Marie
Nicole de Pigace, fille de Jacques de Pigace, écuyer,
seigneur de la Maré-aux-Ours, et de demoiselle Marie-
Nicole de Picory; 2.º, par contrat du 22 octobre 1753,
demoiselle Catherine de Courteuvre, fille de Nicolas de
Courteuvre, écuyer, seigneur du Châtelier-Saint-Pierre,
et de demoiselle Gabrielle Paviot. Du premier lit sont
issus deux fils morts sans alliance, et Louis-Gabriel, qui
suit:

XII. Louis-Gabriel DE LA BOULLAYE, écuyer, seigneur
et patron de Saint-Aubin-des-Hayes et du Bosc-de-Romilly,
baptisé le 9 septembre 1743, épousa demoiselle Anne-
Elisabeth de Malvone, d'une maison ancienne de Normandie. Ils ont eu pour fille unique:

> Anne-Gabrielle de la Boullaye, dame et patronne de
> Saint-Aubin-des-Hayes, du Bosc-de-Romilly, d'O-
> rigny et de Corneville, alliée, le 16 février 1795,
> à Pierre-Augustin-Thomas du Fossé, chevalier, sei-
> gneur de Chamacourt et autres lieux, ancien écuyer
> de S. A. R. Monsieur (fils d'Ant.-Augustin-Thomas,
> écuyer, seigneur du Fossé, etc., conseiller de
> grand'chambre au parlement de Normandie, et de
> demoiselle Madeleine - Françoise Berthe, fille de
> M. le comte de Tracy), et qui est issu d'une noble
> et ancienne maison, aussi connue dans les lettres
> que dans la magistrature, et qui a rendu de grands
> services à l'Etat, particulièrement sous les règnes
> de Henri III, de Henri IV et de Louis XIII.

Branche des seigneurs de Watteville, du Homme,
prise au X.º degré, etc.

XI. Jacques DE LA BOULLAYE, écuyer, garde-du-corps
du roi, troisième fils de François-Pomponne de la Boullaye,
écuyer, seigneur du Boscroger, etc., et de Charlotte de
Roussel, épousa Françoise-Michel Fouenard, dont sont
issus:

> 1.º Jacques-François-Gabriel de la Boullaye, écuyer,
> curé de Champignolles;
> 2.º Michel-Pomponne de la Boullaye, écuyer, seigneur
> et patron du Val-d'Utheil et de Vatteville, né le 16
> mars 1737, allié à demoiselle Louise-Céleste-Adé-

laïde le Cloutier, dame de Vatteville, dont un fils
et plusieurs filles ;

3.º François-Pomponne de la Boullaye, écuyer, lieutenant au régiment de Boisgelin, seigneur du
Homme et du Boscrouflay, sieur de la Vauque-
linière, marié, le 7 juin 1763, à Catherine-Angé-
lique-Geneviève de Flavigny, fille de maître Jacques-
Louis de Flavigny, ancien bailli d'Elbeuf, dont
sont issus deux fils et trois filles ;

4.º Louis-Gabriel de la Boullaye, écuyer, diacre ;

5.º François-Léon, qui suit ;

6.º Deux filles, dont une, Jeanne-Adélaïde de la Boullaye, a épousé Jacques-Christophe-Louis de Lar-
cher, écuyer, seigneur de Dreux, de Bourgogne
et des Peintraux, dont un fils mort émigré, et qui,
a laissé postérité.

XII. François-Léon DE LA BOULLAYE, chevalier, sieur
du Genetay, qui a servi, pendant quatorze ans, en qualité d'officier de grenadiers, dans le régiment de MONSIEUR,
auparavant régiment de Provence; a fait les campagnes de
Corse pendant le règne de Louis XV, sous les ordres de
M. de Narbonne, s'est retiré avec le brevet de lieutenant,
et a épousé demoiselle Marie-Anne de Fontaines, veuve
de M. le comte de Gisay, écuyer, seigneur du Plessis,
fille de Charles de Fontaines, écuyer, seigneur du Bois-
card et de Bantelu, et de demoiselle Anne-Marguerite de
Roussel, dont il a eu :

1.º François-Léon-Pomponne de la Boullaye, écuyer,
né en 1778 ;

2.º Charles-Victor, qui suit.

XIII. Charles-Victor DE LA BOULLAYE, chevalier, né en
1780, qui devait être admis aux écoles royales et militaires instituées pour l'éducation gratuite de la jeune noblesse, mais à qui la révolution ne permit pas de profiter
de cette faveur, a épousé, le 18 mai 1801, demoiselle
Françoise-Anne-Henriette Mallard, sortie d'une des meilleures maisons de Normandie, dans laquelle la capitainerie d'Essey fut héréditaire, depuis 1449 jusqu'au règne de
Henri IV. De ce mariage est issu :

1.º Victor-Alexandre de la Boullaye, né le 6 mars
1802 ;

Branche des anciens seigneurs du Boscroger, prise au VIIe degré.

VIII. Nicolas DE LA BOULLAYE, écuyer, seigneur du Boscroger, troisième fils de Jacques, seigneur du lieu et de la Chaize, et de Marie de la Noe, épousa demoiselle Florentine de Baudard, qui en était veuve en 1600, et laissa pour enfants :

    1.º Jacques de la Boullaye, dont l'article viendra ;

    2.º Nicolas de la Boullaye, écuyer, seigneur du lieu, qui ne laissa qu'une fille ;

    3.º Anne de la Boullaye, majeure en 1628.

IX. Jacques DE LA BOULLAYE, écuyer, seigneur du lieu, eut, entre autres enfants :

    1.º Jean de la Boullaye, écuyer, mort sans alliance, ou du moins sans postérité ;

    2.º Françoise de la Boullaye, alliée à Jacques de Hautboys, écuyer, sieur du Gerrier, demeurant, en 1661, au manoir de la Boullaye, paroisse de Landepereuze ;

    3.º Marie de la Boullaye, etc.

Nota. De cette branche sont sorties trois filles, entrées dans les maisons de Carvoisin, de Beaurepaire et de Rassent.

Armes : « D'argent à la bande de gueules, accostée en » chef d'une merlette de sable, et en pointe de trois croix » de même, posées en orle, 2 et 1. »

La présente généalogie est dressée sur les pièces originales et titres authentiques à nous communiqués.

COUTRAY-DE-PRADEL, famille noble et ancienne, originaire de Gascogne, qui dès les temps les plus reculés s'est distinguée par son attachement à ses légitimes souverains, et dont le zèle n'a jamais été altéré, ni par les circonstances des temps, quelque critiques qu'elles aient été, ni par les différentes révolutions que le fanatisme a suscitées en France, pendant les quatorzième, quinzième et seizième siècles. Le parti de la Ligue ayant subjugué toute la Gascogne, Samatan, principale ville du Comminges, fut la seule de ce canton qui résista avec succès aux armes de Montgomery, des Guise et des Joyeuse. Les plus anciens registres de l'administration politique et économique de cette ville, font mention de la maison de Coutray-de-Pradel, comme d'une famille qui jouissait, dans la province, d'une grande considération acquise par le patriotisme, et par le zèle avec lequel elle a toujours servi ses rois, soit dans les armées, soit dans le gouvernement politique.

Parmi plusieurs anecdotes honorables qui lui sont particulières, et relatives au temps de la Ligue, on lit dans les Annales manuscrites de la ville de Samatan : « Que, le » 4 février 1589, noble Arnaud de Coutray-de-Pradel, » militaire, et premier consul de cette ville, fut instruit, » par le premier président du parlement de Languedoc, son » parent, que les ligueurs favorisés par une partie des » Samatanais, devaient incessamment surprendre dans » la nuit, et s'emparer du château et de la ville de Sa- » matan. Coutray fit provision de munitions de guerre et » de bouche. Il intimida et harangua le peuple et les sol- » dats, et les fit tous se déclarer en faveur du roi. » C'est ainsi que Coutray fit échouer le projet des Ligueurs, et qu'il maintint sa patrie dans la fidélité qu'elle devait à son légitime Souverain. Les ennemis d'Henri IV se vengèrent et saccagèrent les fertiles campagnes qui environnent la ville de Samatan; ils pillèrent les maisons, et enlevèrent les bestiaux, et s'attachèrent surtout à dévaster les fermes et possessions d'Arnaud de Coutray; ils incendièrent son château de Pradel, où étaient les archives de sa maison; ce qui fut cause de la perte totale des titres de cette ancienne maison, et que nous n'en pouvons commencer la généalogie qu'à cette époque, d'après les titres originaux, vérifiés par M. d'Hozier, en 1726.

I. Noble Jean DE COUTRAY, chevalier, seigneur de Pradel, épousa 1.° le 1ᵉʳ juillet 1530, N.... de Cobral, morte en 1546; 2.° le 13 juillet 1547, Marie de Mont, veuve de noble Pierre de Lamarque, dont elle avait des enfants. Jean testa le 8 septembre 1567, et son épouse, Marie de Mont, le 12 novembre 1591, laissant,

Du premier lit:

1.° Arnaud, mort sans postérité ;
2.° Arnaud de Coutray, dont l'article viendra.

Du second lit :

3.º Simon-Bernard, qui, par le testament de son père,
fut avantagé de deux domaines considérables, Ra-
con et Varennes, qu'Arnaud prétendait lui être substitués par son bisaïeul paternel ; il les laissa à sa
mort, à sa mère ;

4.º Charles, mort sans hoirs, et qui fit aussi sa mère
héritière de son bien ;

5.º Françoise, mariée le 1ᵉʳ décembre 1560, à noble
François de la Queille ;

6.º Garcie d'Arnaud, mariée avec Thomas de La-
gardie.

II. Noble Arnaud de Coutray, Iᵉʳ du nom, écuyer,
seigneur de Pradel, homme d'armes des ordonnances du
roi, compagnie de Monberaud, épousa 1.º en 1569, Jeanne
de Beaulac, d'une ancienne noblesse, alliée aux maisons
de Montesquiou, de Massancome et de Montluc, sœur de
Jacquette de Beaulac, mariée à N... de Paulo, frère du
grand-maître de Malte de ce nom, laquelle décéda en 1590 ;
2.º Anne de Canselade, dont il n'eut point d'enfants. Ce fut
lui qui, en 1589, sut si bien maintenir la ville de Samatan, dans l'obéissance due au roi. Il avait testé en partant
pour la guerre en 1586, et mourut au mois de décembre
1598, laissant de sa première femme :

1.º Arnaud, dont l'article suit ;

2.º Simon-Jacques ;

3.º Anne ;

4.º Françoise ;

5.º Jeanne de Coutray.

III. Noble Arnaud de Coutray, II du nom, écuyer,
seigneur de Pradel, homme d'armes des ordonnances du
roi, ainsi qu'il appert par un acte du 27 novembre 1592.
Il épousa, 1.º le 3 octobre 1596, Jeanne de Benoît, fille de
messire Pierre de Benoît, conseiller au parlement de Toulouse, et de Béatrix de Robert ; 2.º le 21 juillet 1607, Catherine de Fleurian, fille de noble Michel de Fleurian, seigneur de Calomé et de Marguerite de Labarthe-Giscaro.

De ces mariages sont issus,

Du premier lit :

1.º Sébastien.

Du second lit :

  2.° Michel, dont l'article suit;

  3.° Jean-Sébastien de Coutray, qui partagea les biens
de son père, et transigea sur les biens respectifs de
sa mère, le 26 novembre 1626.

IV. Noble Michel DE COUTRAY, Ier du nom, écuyer,
seigneur de Pradel, fut successivement enseigne des gardes
du roi, capitaine commandant une compagnie de cent
hommes du Comminges, puis aide-de-camp du duc
d'Epernon. Il se trouva, en 1628, au siége de la Rochelle,
et les années suivantes, aux barricades de Suze et au siége
de Cazal. Il assista également à la prise de Pignerol, en
Piémont, au siége de Montmélian et à la prise de Saluces,
en 1639. Il avait épousé N...... de Chavaille de Baziliac, à
la mort de laquelle il embrassa l'état ecclésiastique. Il mourut prêtre le 20 juin 1671, laissant :

  1.° Bernard, dont l'article viendra :

  2.° Sébastien de Coutray, enseigne de la compagnie
colonelle du régiment de Roquelaure, mort à Roses,
en Catalogne, où il était en garnison ;

  3.° Catherine de Coutray, mariée, le 4 mai 1699, à
noble Pons Beaudar, seigneur de Lisle.

V. Bernard DE COUTRAY, écuyer, seigneur de Pradel,
né à Samatan, le 5 février 1643, entra au service en
1664, et parvint au grade d'officier dans la compagnie
franche de cavalerie de M. de Richel. Il fut compris dans
le nombre des officiers français qui allèrent en Hongrie, au
secours de l'empereur, contre les Turcs, et fut blessé à la
bataille de Saint-Godar. Il fut nommé lieutenant des chevau-légers de la compagnie du seigneur de Broissia, par
brevet du roi, le 8 octobre 1683. Il rendit hommage au
roi, conjointement avec son père, en 1667, pour leurs
biens de Baracon. Il épousa, le 10 février 1668, Anne de
Daux. Il eut de ce mariage :

  1.° Michel, qui suit ;

  2.° Madeleine, morte sans alliance.

VI. Michel DE COUTRAY, II du nom, écuyer, seigneur
de Pradel, né à Samatan, en 1668, fut successivement
cadet gentilhomme à Bedfort, en 1687, sous-lieutenant en
1689, lieutenant dans le régiment de Bretagne, en 1695,

cornette et ensuite lieutenant au régiment de Fimarcon,
dragons, aide-major en 1705, chevalier de l'ordre royal
et militaire de Saint-Louis, en 1706; capitaine au régiment
de Guyenne, dragons, en 1707, puis au régiment de Bonnèles, en 1719. Il reçut d'honorables blessures à l'affaire de
la vallée d'Engrogne, à celle du col de Fenestrel, à la bataille de Marsale et à l'affaire de Crémone. Il avait assisté
au siége d'Ath et du Quesnoy, en Flandres, de Coni en
Piémont et de Montmélian en Savoie. Il testa le 18 mars
1733, laissant de son mariage contracté, le 30 juillet 1713,
avec Marie Poitevin :

> 1.º Louis-Michel, dont l'article suit ;
>
> 2.º Anne de Coutray, mariée à Marc-Antoine de Fleu-
> rian, seigneur de la Ligne ;
>
> 3.º Jeanne-Marie-Bartholomée de Coutray , épouse ,
> en 1757, de N..... chevalier Baudean Parabère;
>
> 4.º Marie-Anne , reçue à Saint-Cyr , après ses preuves
> de noblesse , en 1726 , décédée au moment d'y
> entrer.

VII. Louis-Michel DE COUTRAY , écuyer , seigneur de
Pradel , en Gascogne , et de Saint-Georges-Lavalade , en
Saintonge , lieutenant au régiment de Bonnèles , dragons ,
le 1ᵉʳ décembre 1721, puis lieutenant au régiment de Montmorency , quitta le service pour cause de maladie. Il épousa,
à Saintes en 1749 , Julie de Pamouzion de Nieul. Il testa
au mois d'octobre 1761 , laissant de son mariage :

> 1.º Michel-Nicolas-Henri, qui suit ;
>
> 2.º Marie-Julie de Coutray, mariée à N........ Bureau
> de Civrac.

VIII. Michel-Nicolas-Henri DE COUTRAY , écuyer , seigneur de Pradel et de Saint-Georges-Lavalade, baron de
Nieul, né le 19 janvier 1751, reçu garde-du-corps du roi,
compagnie de Villeroi, en 1768, capitaine de cavalerie le 3
juin 1779. Il s'est émigré, en 1791, en Espagne, où il a
fait là guerre dans l'armée du roi catholique, sous les ordres
des généraux Ricardos et la Union, jusqu'à la paix de 1795.
Il a épousé 1.º, à Toulouse en 1783, Alexandrine-Elisabeth
de Lavaud, fille de noble Pierre de Lavaud et de dame du
Bois de Boutaric; 2.º Marie-Françoise-Mélanie de Manny,
fille de N..... de Manny, ancien major de place d'Angoulême, et chevalier de l'ordre royal et militaire de Saint-

Louis, qui s'est aussi émigré, et a servi à l'armée des Princes. Il a,

Du premier lit :

1.º Pierre-Marie-Michel-Eugène, né le 11 avril 1784.

Du deuxième lit :

2.º Marie-Thérèse-Rose-Clotilde.

Armes : « D'or au chevron d'azur accompagné de trois
» faucons éployés de sable, armés de gueules, deux en chef
» et un en pointe, pour timbre une couronne de comte, et
» pour supports deux griffons d'or, armés et lampassés de
» gueules. »

BERNARD DE VOLVENT (de), famille noble très-ancienne du Dauphiné.

Noble Raymond DE BERNARD, originaire de Belle-Affaire, diocèse d'Embrun en Dauphiné, est qualifié noble par lettres-patentes de Marie, reine de Sicile et de Jérusalem, comtesse de Provence, données à Avignon, le 18 novembre 1331 : il y est aussi qualifié de conseiller du roi son maître des comptes, juge-mage des appellations de Provence et garde des sceaux de ladite reine.

Il eut pour fils Fassi et Louis, qu'il fit ses cohéritiers. Fassi forma une branche, et c'est celle du sieur de Saint-Barthélemi ; et Louis qui suit, en fit une autre que nous allons rapporter :

Noble Louis DE BERNARD, seigneur de Saint-Germain, contracta mariage, le 20 mai 1421, pardevant *Petrus Marlini*, notaire de Nions, avec demoiselle Marie de Véronne, fille de noble Claude de Véronne, et de demoiselle Andromède Bancelle, dudit lieu de Nions, testa le 3 juillet 1451, pardevant *Joannes Joliani*, notaire de Nions, légua Antoinette, sa fille, femme de noble Claude Joubert de Tolignan ; légua encore une autre fille, et un fils appelé *Gaspard*, et institua pour son héritier Jacques de Bernard son autre fils.

Noble Jacques DE BERNARD, contracta mariage avec demoiselle noble Marguerite d'Alansón, pardevant *Petrus*

Armandi, notaire, le 28 novembre 1466; il testa pardevant *Carolus Marlini*, notaire à Nions, le 1er juin 1488, légua Jeanne Honorade et Marguerite de Bernard, ses filles, et institua pour ses héritiers, nobles Aimard et Jean de Bernard, ses fils.

Noble Jean DE BERNARD, contracta mariage avec noble demoiselle Claire Eschassin, pardevant *Joannes Lambertini*, notaire de la ville de Buis, le 1er juin 1505, dans lequel mariage ladite demoiselle reçut en dot de noble Pierre Eschassin, son père, les biens qu'il possédait au Poét Sigirlat..... Ledit Jean de Bernard, testa le 29 juillet 1530, pardevant maître Girey, notaire de Saint-Sauveur, légua Louis-Pierre-Esprit et Benoît ses fils, Claudine-Colette et Eléonore ses filles, et institua pour son héritier, noble Etienne de Bernard, son fils, qui suit :

Noble Etienne DE BERNARD, contracta mariage, le 4 mai 1536, pardevant maître Dupuis, notaire de Darcet, avec noble demoiselle Isabeau d'Heserbes, fille de noble Hector d'Heserbes. Il testa, le 10 mars 1576, pardevant maître Aric, notaire à Sainte-Jaille, et par cet acte il légua Pierre et Jean de Bernard, ses fils, et institua pour héritier universel Charles, qui suit :

Noble Charles DE BERNARD, contracta mariage, le 24 octobre 1602, avec demoiselle Justine de Bruyère, pardevant Allier, notaire à Sainte-Jaille, fit son testament le 23 août 1618, pardevant maître Lambertin, notaire, légua René son fils, Audriette-Esprite et Mabelle, ses filles, nomma pour exécuteur testamentaire messire Jacques de Bruyère, chanoine de Die, oncle de ses enfants, et institua pour son héritier Robert de Bernard, son fils, qui suit :

Noble Robert de Bernard, contracta mariage, le 21 avril 1630, pardevant Dinier, notaire à Payols, avec demoiselle Claude de Coni, fille de noble Stenis de Coni, fut commandant pour le roi aux Iles de Pourqueroles, en 1631, et servit ensuite avec noble Henri de Bernard, son fils, dans la compagnie des chevau-légers de la Reine-mère, sous le maréchal de Turenne, en 1656. Il fit son testament, le 20 novembre 1660, pardevant Lagier, notaire, légua Louis et Gaspard ses fils, Lucrèce et Justine ses filles, et institua pour son héritière dame Claudine de Coni, sa femme, à la charge de rendre l'hérédité à Henri, son fils, qui suit :

Noble Henri DE BERNARD, contracta mariage, le 27 novembre 1695, pardevant maître Théophile Colombier,

notaire de Payols, avec demoiselle Madeleine Boisserin
d'Egarsin. Il fit son testament pardevant maître Jean
Bresse, notaire de Chalanson, le........ par lequel il institua, pour son héritier, noble François-Joseph de Bernard,
son fils unique, seigneur de Volvent, dont l'article viendra .... Le même Henri de Bernard était compris
avec Robert son père, dans les lettres de grâce à eux
accordées par le roi, en 1658, au sujet d'une affaire malheureuse, dans laquelle les dits Robert et Henri de Bernard,
père et fils, tuèrent de leurs propres mains, à leur corps
défendant, deux hommes armés qui, réunis à beaucoup
d'autres, étaient venus les attaquer à force ouverte. Ce fut
après cette aventure qu'ils entrèrent dans les chevau-légers,
sous le maréchal de Turenne, et d'où ils ne sortirent qu'en
1658, après avoir reçu leurs lettres de grâce qui furent en-
térinées au parlement de Dauphiné .... Henri de Bernard
fut compris au rôle de l'arrière-ban, en 1675, 1689,
1692, 1694; il servit en personne dans la campagne de
cette dernière année....... En 1692, les troupes du duc de
Savoie, et les Allemands ses alliés et autres troupes, sont
entrés en Dauphiné, où ils pénétrèrent jusqu'à Gap et la
Baume, Desarnaud. Henri de Bernard fit marcher les habitants catholiques de Saint-Nazaire, Merlet, Gumiane,
Bouvière, Roche-Fourchat et Volvent, au nombre de cent
cinquante hommes, se mit à leur tête, et alla s'opposer au
passage du col de Bauver, sous les ordres de Monsieur le
marquis de Boissière, commandant des troupes de la province, et fit si bien qu'aidé de quelques autres troupes, il
sauva tout le Diois. En 1699, le même Henri de Bernard obtint un jugement de monseigneur l'intendant de
la province de Dauphiné, Bouchu, portant vérification de
ses titres de noblesse, par lequel il fut maintenu au rang
titres et priviléges de la noblesse .... Il mourut, en
1717, dans sa terre de Volvent qu'il avait achetée, en 1699,
de Monsieur le comte de Grolé.

Noble François-Joseph DE BERNARD, seigneur de Volvent, né en 1702, contracta mariage avec demoiselle Catherine Guemard, le 25 mai 1720. De ce mariage sont nés:

    1.º Henri-Daniel, en 1722 le 3 janvier, mort sans
       postérité le 20 septembre 1762;

    2.º Jean-François de Bernard, seigneur de Volvent,
       qui suit, né le 1er juillet 1730;

    3.º Joseph-Marie de Bernard, chevalier de Volvent,

né le 26 juillet 1738, encore vivant, dont l'article
viendra;

4.º Catherine-Madeleine de Bernard, née le 4 juin
1725, encore vivante;

5.º Marie-Madeleine, née en 1727, décédée.

Il testa, en 1783, pardevant Girri, notaire à Saint-
Nazaire, légua noble Joseph-Marie, chevalier de Volvent,
son fils, demoiselles Catherine-Madeleine et Marie-Madeleine ses deux filles, et institua pour son héritier universel
noble Jean-François de Bernard, son fils aîné, qui suit:

Noble Jean-François de Bernard, seigneur de Volvent,
né le 1er juillet 1730, héritier des biens et de la terre de
Volvent, entra au service dans le régiment des gardes de
Lorraine, en qualité d'officier en 1758, se retira en 1763,
après la mort de son frère Henri-Daniel; et contracta
mariage, pardevant maître Rainaud, notaire à Saint-Nazaire, le 25 avril 1775, avec demoiselle Françoise-Emilie
d'Endré Blanc, fille de noble Pierre-Victor d'Endré Blanc.
De ce mariage sont nés :

1.º François-Madeleine-Eugène-Victor de Bernard,
le 20 septembre 1778, qui entra, en 1787, à
l'école militaire de Tournon, au nombre des gentilshommes que Sa Majesté faisait élever dans les
Ecoles royales et militaires, (après avoir établi ses
preuves de noblesse de conformité aux ordonnances
du roi; il décéda sans postérité le 11 juin 1791;

2.º Emilie-Joséphine-Madeleine de Bernard de Volvent, née le 18 février 1777.

Noble Jean François de Bernard, est décédé le 11 juin
1808; il n'a laissé d'enfants et d'héritiers que sa fille unique Emilie-Joséphine-Madeleine, dont il est parlé ci-dessus, qui a épousé le 16 juillet 1796, noble Jacques-Alexan-
dre-François Garnier de Labareyre.

Noble Joseph-Marie de Bernard, chevalier de Volvent,
né le 26 juillet 1738, entra enseigne au régiment des
gardes de Lorraine, le 29 mai 1757, fit les campagnes de
1757, 1758, 1759, fut capitaine le 31 mars 1774, chevalier de l'ordre royal et militaire de Saint-Louis le 14 juillet
1781, et se retira avec pension le 3 février 1788. Il est
célibataire, et n'a d'autre héritier et successeur que dame
de Garnier de Labareyre, sa nièce.

Armes : « De gueules à la bande d'argent chargée de

» trois mouchetures d'hermines, au chef d'or chargé de
» trois roses de gueules. (»

CAULET DE TAYAC, famille originaire de Paris, qui
a fourni :

I. Pierre-Jacques CAULET, écuyer, contrôleur général
de la maison de Madame la Dauphine, en 1767 ; il a
laissé :

II. Pierre CAULET DE TAYAC, écuyer, ancien directeur
des Postes de Worms, département du Mont-Tonnerre,
né en septembre 1765. Il a pour enfants :

    1.º Pierre-Alexandre Caulet, né en 1795 ;
    2.º Adélaïde Caulet, née en 1793 ;
    3.º Louise-Emilie, née le 18 février 1797.

Armes : « De gueules, au lion d'argent rampant, à la
» bande de gueules, chargée de trois étoiles d'argent. »

FERRE ou FERRY (DE), famille noble, originaire
d'Italie, et qui s'établit en Provence, vers le milieu du
quinzième siècle.

I. Jean DE FERRE OU FERRY, Ier du nom, eut pour fils :

II. Nicolas DE FERRE, qui fut père de :
    1.º Benoît, dont l'article suit ;
    2.º Perrin de Ferre.

III. Benoît DE FERRE, suivit le roi Réné, comte de Provence, en 1442, lors de la perte de ses états de Naples et
de Sicile. Ce prince, en récompense de ses services, lui
accorda plusieurs priviléges, entre autres la franchise des
tailles des biens qu'il avait acquis en Provence, ou qu'il
pourrait y acquérir, juqu'à concurrence d'un demi-feu,
ainsi qu'il conste par les lettres données à ce sujet, et ré-
gistrées à la Cour des comptes d'Aix, le 19 juillet 1476.
Benoît fit son testament, le 9 avril 1476, dans lequel il est
qualifié *noble*, fils de noble Nicolas, et petit-fils de noble
Jean de Ferre. Il avait épousé Mariette-Marcel, de laquelle
il laissa :

    1.º Nicolas de Ferre, tige de la branche des seigneurs
    d'Agoult, éteinte en la personne de François de
    Ferre, seigneur de la Mayette ;

2.º Jean de Ferre, auteur de la branche des seigneurs de la Colombe, rapportée ci-après;

3.º Galiot, qui fait la branche mentionnée plus loin.

Branche des seigneurs de la Colombe.

IV. Jean DE FERRE, alla s'établir, vers l'an 1500, dans le comté de Grignan. Il testa, en 1508, laissant de sa femme, dont on ignore le nom :

V. Raymond DE FERRE, qui épousa Louise Conté, le 22 février 1516. François Ier, roi de France, confirma les privilèges que les rois ses prédécesseurs avaient accordés à noble Benoît, en faveur de Raymond, fils de noble Jean de Ferre. Il eut pour fils :

VI. Claude DE FERRE, marié, le 10 février 1549, avec Louise de Boulogne. De ce mariage est issu :

VII. Bernard DE FERRE, marié, le 12 août 1579, avec Françoise d'Esparron, fille de noble Charles d'Esparron, et de Claude de Taulignan. Il testa, le 9 août 1621, laissant de son mariage :

    1.º Charles, auteur de la branche des seigneurs de la Calmette ;

    2.º Gaspard, qui a formé une autre branche;

    3.º Hector, dont l'article suit.

VIII. Hector DE FERRE, fut maintenu dans ses privilèges de noblesse, par les commissaires du roi, députés pour la vérification des titres de noblesse, le 22 mai 1640. Il épousa Catherine de Jardin, dont il eut :

IX. Daniel DE FERRE, seigneur de la Colombe, qui épousa, le 6 décembre 1666, Marguerite de Coulomb, fille de noble Jean de Coulomb. De ce mariage est issu :

X. Jean-François DE FERRE, seigneur de la Colombe, marié, le 17 juillet 1707, avec Madeleine d'Escrivant, fille de François d'Escrivant, et de Jeanne Touche, du lieu de la Roque-Broussane. Il eut de ce mariage :

    1.º Joseph-Pons, dont l'article suit;

    2.º Marguerite, qui épousa, le 3 septembre 1735, Pierre de Ferre.

XI. Joseph-Pons DE FERRE, seigneur de la Colombe, né le 14 mai 1708, épousa, le 16 août 1736, Elisabeth de Ferre, fille de noble Joseph de Ferre, et de dame Madeleine d'Escrivant de Saint-Maximin. De ce mariage vinrent :

1.° Joseph-Daniel ;
2.° Jean-François-Pons ;
3.° Victor-Germain ;
4.° Victor-Théodore ;
5.° Perpétue de Ferre.

Branche de Provence, prise au troisième degré.

IV. Galiot DE FERRE, troisième fils de Benoît DE FERRE, et de Mariette-Marcel, laissa de sa femme, dont il ignore le nom :

1.° François de Ferre, marié, le 28 octobre 1510, avec Catherine de Simiane, fille de Barthélemi de Simiane, seigneur de la Coste, et de Marie de Vincens ; il n'eut qu'une fille nommée Catherine de Terre ;

2.° Jean de Ferre, aussi marié, le 28 octobre 1510, avec Antoinette de Simiane, sœur de Catherine, de laquelle il eut un fils, nommé Pierre de Ferre, qui de son mariage n'eut qu'une fille alliée à la maison de Simiane ;

3.° Raphaël, qui suit :

V. Raphaël DE FERRE, épousa, en 1520, Béatrix Bergé du lieu d'Opède, dans le comtat Venaissin. Il eut pour fils :

1.° Michel, dont l'article viendra ;

2.° Barthélemi, auteur de la branche établie à Saint-Maximin ;

3.° Sébastien, auteur de la branche établie à Simiane.

VI. Michel DE FERRE, épousa Elizabeth de Farges, dont sont issus :

1.° Charles ;
2.° Claude ;
3.° Antoine, dont l'article suit ;
4.° Marc-Antoine, qui épousa, le 15 octobre 1582, Antoinette Brunel, et qui fit branche ;
5.° Pierre de Ferre.

VII. Antoine DE FERRE, I.er du nom, épousa Elizabeth de Vergilie, de laquelle il laissa :

VIII. Antoine DE FERRE II, marié 1.° avec Louise de Bremond ; 2.° avec Elizabeth de Barriolle. Il eut pour fils ;

Du premier lit :

1.º François, dont l'article suit.

Du second lit :

2.º Jean Poncet, qui a fait branche ;

3.º Urbain de Ferre, mort sans postérité.

IX. François DE FERRE , épousa, le 25 novembre 1668 , Geneviève de Ferre , fille de noble Jean de Ferre , et d'Espéritte Barnière. Il laissa de ce mariage :

1.º Joseph ;

2.º Pierre Dupuis ;

3.º Henri de Ferre, qui suit.

X. Henri DE FERRE , seigneur de Vachéres , épousa , le 12 janvier 1722, Anne Bonifay, fille de Claude et d'Anne Espanet. Il eut pour fils :

   1.º Claude de Ferre , qui épousa , le 23 septembre 1748, Marie-Anne Constant , fille de Joseph Constant , et de Marie de Molina. Il n'eut point de postérité ;

   2.º Jean-Pierre de Ferre-la-Grange , dont l'article suit :

   3.º François-Henri de Ferry-du-Claux , qui a formé une branche rapportée plus bas.

XI. Jean-Pierre DE FERRE-LA-GRANGE , marié , le 20 août 1756, à Suzanne Chaud, de laquelle il laissa :

   1.º Henri, II du nom, dont l'article viendra ;

   2.º Marc-François, dont l'article se répétera aussi ;

   3.º Marie-Rose, née le 5 novembre 1757 ;

   4.º Anne, née le 23 octobre 1760.

XII. Henri DE FERRE-LA-GRANGE , II du nom , né le 3 avril 1759.

XIII. Marc-François DE FERRE-LA-GRANGE , frère du précédent , né le 16 octobre 1763 , lieutenant des vaisseaux du roi , chevalier de l'ordre royal et militaire de Saint-Louis, a épousé Marie-Anne Masse, de laquelle il a :

   1.º François-Pierre, dont l'article suit ;

   2.º Marie-Noël-Rose-Emilie, née le 25 décembre 1790 ;

   3.º Marie-Eugénie-Françoise , née le 9 janvier 1803.

XIV. François-Pierre DE FERRE-LA-GRANGE , né le 4

octobre 1787, a épousé, le 2 mai 1813, Rose-Thérèse-Alexandre Martin, de laquelle il a :

Alexandrine-Marie-Thérèse, née le 4 juin 1814.

Branche de Ferry-du-Claux, prise au dixième degré.

XI. François-Henri DE FERRY-DU-CLAUX, troisième fils de Henri, Ier du nom, et d'Anne Bonifay, a épousé, le 3 juin 1761, demoiselle Marquise Chaud, fille de Jean Chaud et de Madeleine Anselme. De ce mariage :

    1.º François Ferry-du-Claux, dont l'article suit ;

    2.º Marie-Suzanne, née le 13 janvier 1763.

XII. François DE FERRY-DU-CLAUX, né le 5 novembre 1764, a épousé, le 2 décembre 1788, Elisabeth-Jeanne-Hyppolite Beaugeard, de laquelle il a :

    1.º François-Marie-Lazare, né le 28 mai 1793 ;

    2.º François-Ferréol-Eugène, né le 30 octobre 1795 ;

    3.º Théophile-Victor-Amédée, né le 12 mai 1797 ;

    4.º Françoise-Marie-Marcelle, née le 3 novembre 1789.

Armes : « De gueules à trois annelets d'or, deux en » chef et un en pointe. »

THIROUX DE CROSNE ET D'ARCONVILLE.

I. Claude THIROUX, avocat au parlement de Dijon, en 1659. Louis XIV lui donna des lettres de confirmation de noblesse, en récompense des services, de lui, et de son père Denis Thiroux, un des plus célèbres avocats de son temps ; trois fois vierg, ou maire d'Autun, trois fois député du-tiers état d'Autun, près Louis XIII ; chef du conseil du prince de Condé, et qui, en 1642, sous Louis XIV, à la tête des Eduens, ou habitants d'Autun, défendit cette ville, contre un parti de guerre civile, sous la Fronde. Claude Thiroux, fut d'abord vierg ou maire d'Autun, et député du tiers-état d'Autun, près Louis XIII et Louis XIV.

THIROUX, fermier général et administrateur de l'Hôtel-Dieu de Paris.

THIROUX DE LAILLY, administrateur-général des Postes.

THIROUX D'ARCONVILLE, président honoraire au parlement de Paris.

THIROUX DE CROSNE, intendant de Rouen, conseiller d'Etat, et lieutenant-général de police.

Thiroux d'Arconville.

Thiroux de Gervilliers, ancien maréchal de camp.

Thiroux de Frazé.

Thiroux de Mondesir, lieutenant-général des armées du roi.

Armes : « D'argent, à la fasce d'azur chargée de trois
» bandes d'or, accompagnée en chef d'une croisette ancrée
» de gueules, et en pointe de trois têtes de lion de même,
» posées 2 et 1. »

PASCALIS DE LONGPRA, en Dauphiné, famille noble,
originaire d'Italie. Sa filiation remonte à :

I. Guillaume Pascalis, frère et héritier de Jean Pascalis,
lequel avait acquis d'une demoiselle de Clermont le fief
allodial et la maison forte de Longpra, situés dans la paroisse
de Saint-Geoire, diocèse de Vienne en Dauphiné. Guillaume eut pour fils :

II. Charles Pascalis de Longpra, qui laissa :
1.º Jean, qui suit;
2.º Dominique.

III. Jean Pascalis de Longpra, Ier du nom, eut pour
fils :

IV. Jean Pascalis de Longpra, II du nom, lequel fut
père de :

V. Geoffroy Pascalis de Longpra. Ce dernier eut pour
fils :

VI. Pierre Pascalis de Longpra, lequel fut convoqué,
en avril 1692, comme gentilhomme de l'arrière-ban de
Dauphiné. Il eut pour fils :
1.º Pierre-Antoine, dont l'article suit;
2.º Louis-François Pascalis de Longpra, mort sans
postérité.

VII. Pierre-Antoine Pascalis de Longpra, conseiller-maître
en la chambre des comptes de Dauphiné, et au parlement
de ladite province, en 1725; mort le 21 janvier 1795,
avait épousé........, de laquelle il laissa :
1.º Pierre-Louis-Emilien, dont l'article suit;
2.º André-Alexandre Pascalis de Longpra;
3.º Pierre-Louis-Emilien Pascalis de Longpra.

Armes : « En Italie, cette famille portait de *sinople*,

» à un agneau d'or, à la croix d'argent; pour légende :
» *Agnum Dei revereor;* mais par l'acquisition du fief de
Longpra, Jean et Guillaume Pascalis furent autorisés à
changer leurs armes, qui sont aujourd'hui : « de sinople au
» chef d'argent, chargé d'un pont de sable flanqué de quatre
» tours de même. »

FAURE, famille noble, originaire de la ville de Tournon en Vivarais; elle a été divisée en deux branches principales, qui font celles de Belin et des Chaberts. La première, qui était l'aînée, est éteinte : nous en suivrons
néanmoins la filiation. La seconde, établie à Saint-Péray, il
y a plus d'un siècle y réside encore de nos jours. Elle a
été maintenue dans sa noblesse, par un arrêt de la Cour
des comptes, aides et finances de Montpellier, rendu le
23 décembre 1778, et enregistré à la chambre des comptes
du Dauphiné, le 16 mars 1779, lequel nous a été mis sous
les yeux.

Cette famille a produit plusieurs officiers recommandables par leurs services et leur dévouement à l'auguste
maison de Bourbon.

I. Jean FAURE, Ier du nom, écuyer, habitant à Tournon
au commencement du dix-septième siècle. Il eut pour fils :

II. Alexandre FAURE, Ier du nom, écuyer, qui fut
marié deux fois. De ces deux mariages naquirent :

    1.º N....... Faure de Belin, qui suit;

    2.º Alexandre, qui fonda la branche des Chaberts,
      qui sera rapportée ci-après;

    3.º Catherine, mariée, en 1697, avec Louis Pastour
      de Costebelle, écuyer, officier de la marine royale,
      dont le fils Jean-François de Pastour de Costebelle,
      capitaine de vaisseau, et retiré avec le brevet de
      chef d'escadre, est décédé à Toulon en 1794.

III. N. FAURE DE BELIN, écuyer, laissa :

    1.º Jean, qui suivra;

    2.º Deux filles, dont une fut mariée avec N. de Vanel,
      écuyer; et la seconde, avec N. de Masclaris, éga-
      lement écuyer et capitaine de cavalerie.

IV. Jean FAURE DE BELIN, II du nom, écuyer, eut :

    1.º N. Faure de Belin, capitaine d'artillerie, tué au
      siége de Berg-Op-Zoom;

2.° Annet-Joseph, qui suit.

V. Annet-Joseph Faure de Belin, écuyer, cornette au régiment de Chabot, cavalerie, épousa N. de la Chapelle. De ce mariage sont nés :

1.° Plusieurs enfants décédés en bas âge, ou sans postérité;

2.° Henriette-Catherine Faure de Belin, dernier rejeton de cette branche, qui s'allia avec N. de Chambonas, marquis de Perraud.

Première branche de Faure des Chaberts, prise au deuxième degré.

III. Alexandre Faure des Chaberts, II du nom, écuyer, lieutenant d'infanterie, second fils d'Alexandre Faure, Ier du nom, contracta mariage, le 9 juillet 1689, avec Catherine du Mazet-Veyret, dont il eut :

1.° Alexandre, qui suit;

2.° Etienne-Henri, qui a formé une branche, dont l'article viendra;

3.° François, sieur Dulac, lieutenant au régiment d'Andelau, cavalerie, chevalier de l'ordre royal et militaire de Saint-Louis, mort célibataire;

4.° Une fille qui épousa N. de Geix de Montgaillard, écuyer, et qui n'eut qu'une demoiselle, mariée avec N. d'Arlande, marquis de Mirabel en Vivarais. De ce mariage est issue madame la marquise de Surville.

IV. Alexandre-François Faure des Chaberts, écuyer, lieutenant au régiment de Lorraine, épousa, le 13 novembre 1735, Marie Biousse; ils laissèrent :

1.° Alexandre, qui suivra;

2.° Henri, chevalier des Chaberts, lieutenant-colonel d'infanterie, chevalier de l'ordre royal et militaire de Saint-Louis, qui émigra en 1791; il fut successivement major général de l'avant-garde de l'armée du duc de Bourbon, et capitaine de grenadiers au régiment de Viosménil. Il servit ensuite dans l'armée de Condé, et obtint, à son licenciement, une pension du roi de la Grande-Bretagne. M. le chevalier des Chaberts est rentré en France depuis l'heureux avénement de Sa Majesté Louis XVIII au trône;

3.° Gabriel, abbé des Chaberts, décédé en 1814;

4.° Marie-Anne-Constance, mariée à Louis-Alexis Barnaud de Villeneuve-Laroche, maréchal-des-logis des gardes-du-corps du roi, et chevalier de l'ordre royal et militaire de Saint-Louis.

V. Alexandre FAURE DES CHABERTS, III° du nom, co-seigneur du Pont de Barret, capitaine au régiment Royal-Picardie, cavalerie, chevalier de l'ordre royal et militaire de Saint-Louis, a épousé, le 25 avril 1778, Marie Liotaud, dont il a eu :

1.° Un fils, décédé en bas âge ;
2.° Marie-Françoise Sophie, mariée, le 13 février 1803, avec Louis-Balthazard du Bay, chevalier, ci-devant seigneur de Cros, Cévélas et co-seigneur de la baronie de Boffre.

Deuxième branche de Faure des Chaberts, prise au troisième dégré.

IV. Etienne-Henri FAURE DES CHABERTS, second fils d'A-lexandre, II° du nom, et de Catherine du Mazet Veyret, capitaine au régiment de la Couronne, dragons, au service de Stanislas, roi de Pologne, et dans celui de Linck, infanterie allemande, au service de France, chevalier de l'ordre royal et militaire de Saint-Louis, perdit un bras à Dantzick, en 1734, et obtint le commandement du Gua en Languedoc. Il épousa, le 19 avril 1752, Marianne de Pignac du Four de Latour ; et de ce mariage sont nés :

1.° François, qui suit;
2.° Jean-Alexis, capitaine au régiment de Perche, infanterie, chevalier de l'ordre royal et militaire de Saint-Louis, qui émigra en 1791, servit dans le régiment de Viosménil, et ensuite dans l'armée de Condé, jusqu'au licenciement.

V. François FAURE DES CHABERTS, capitaine au régiment de Perche, qui se retira, en 1790, avec un bon pour la croix de Saint-Louis.

Armes : « D'argent au chevron d'azur, accompagné
» de trois têtes de maures colletées d'argent, deux en chef
» et une en pointe, deux levriers pour supports, couronne
» de comté. »

CHAIGNON (DE), famille noble, originaire du Périgord, actuellement établie dans les provinces de Bourgogne et de la Franche-Comté , département de Saône-et-Loire et du Jura.

I. Albert DE CHAIGNON DESLANS, sieur du Puibarbacy , habitant au bourg de Courgniac en Périgord, est qualifié de noble et d'écuyer dans un contrat de mariage, du 14 mars 1522 ; il avait épousé Françoise d'Essalei, fille de noble Grimon d'Essalei, et d'Isabeau de la Romagère. De ce mariage vint :

1.º Hélie.

II. Hélie DE CHAIGNON, écuyer, sieur de la Chapelle ; il avait épousé Françoise de Lasbroussas demoiselle. De ce mariage vinrent.

1.º Jean, dont l'article viendra ;
2.º Jeanne, dont on ne connait pas les destinées.

III. Jean DE CHAIGNON DESLANS , écuyer, sieur de la Chabroulei, habitant au bourg de Courgniac , capitaine d'une compagnie de gens de pied : il fut chargé, en 1589, par M. de Montpesat, gouverneur pour le roi en Périgord, d'assiéger le château du haut et bas Brussat. Par contrat de mariage du 3 août 1568, il avait épousé Perronne de la Martonie, fille de messire Gaston de la Martonie, chevalier de l'ordre du roi, seigneur de la Martonie, Brussat et Saint-Jean de Colle. De ce mariage vinrent :

1.º François, dont l'article viendra;
2.º Jacques, qui a été tué ;
3.º Raimond, récollet profès, mort s'étant exposé pour panser les prisonniers à Bordeaux ;
4.º François, aussi récollet profès ;
5.º Françoise, mariée au sieur d'Arpes.

IV. Francois DE CHAIGNON DESLANS, écuyer, sieur du Puimorulier, avait épousé Marguerite Bardons de Brous demoiselle, duquel mariage vinrent :

1.º Jacques, dont l'article viendra ;
2.º Gaston, écuyer, sieur du Peichier , lequel est allé habiter ses biens en Limousin. Il est mort sans postérité.

V. Jacques DE CHAIGNON , écuyer , sieur de la Champaigne , habitant au bourg de Courgneu. Il était officier au régiment de Gassion, cavalerie. Par contrat de mariage du dernier février 1661, il avait épousé Marguerite Mallet de Châtillon, dame de Leimonie, duquel mariage vinrent :

1.º François-Antoine de Chaignon, écuyer, seigneur de la Chabroulei. Il était, en 1712, capitaine commandant du régiment de Varenne ; resté célibataire, il aliéna tous les biens substitués à ses frères. Il est mort en 1734, commandant un château de Châlons-sur-Saône, ayant une des deux compagnies de bas-officiers invalides, les premières créées ;

2.º François, sieur de la Feuillade, mort célibataire ;

3.º Marc-François, dont l'article viendra ;

4.º Autre François, sieur du Cheiron, mort célibataire ;

5.º Françoise qui a été mariée ; on ignore le nom de son mari ;

6.º Marie, dont on ne connaît pas les destinées.

VI. Marc-François DE CHAIGNON, chevalier, seigneur de la Chapelle, né en 1669 ; il est entré au service fort jeune ; il a eu, le 1ᵉʳ mars 1701, la commission de capitaine de cavalerie au régiment de Montrevel ; il leva à ses frais sa compagnie en y sacrifiant sa fortune ; ayant fait les guerres de Flandres, et ayant été grièrement blessé à la tête, il se trouva forcé de quitter le service et mourut en 1741. Il avait épousé, en Brabant le 17 février 1703, Ida Cornélia Van de Ven, dame de Lathui, fille de Jacques Van de Ven et de Marie-Claire Stokmans, familles nobles et anciennes. Jean Van de Ven, frère d'Ida Cornélia, était receveur des états et bourguemestre de la ville de Louvain ; ayant trois fois délivré cette ville des ennemis à la tête des seuls bourgeois, il fut créé vicomte de Louvain, en 1711, par sa majesté Charles VI, roi d'Espagne. Le Diplôme, du 5 mai 1711, rend ce titre héréditaire à ses hoirs mâles et femelles. Il est mort garçon, et n'a laissé d'héritiers que le fils d'Ida Cornélia, sa sœur, dont l'article suit :

VII. Jean-Anne-François-Joseph DE CHAIGNON, chevalier, seigneur de Condal, lequel s'étant nommé Pierre dans tous ses autres actes, a déclaré et repris ses vrais noms de baptême dans son testament du 30 avril 1787. Il avait d'abord embrassé le service militaire du roi ; mais s'étant livré à la Diplomatie, il obtint en 1744, la place de résident du roi, près de la république de Valais, qu'il a occupée pendant quarante-quatre ans et jusqu'à sa mort, arrivée le 6 décembre 1787, recueillant des témoignages non interrompus de la satisfaction de ses services, des rois Louis XV et Louis XVI, de leurs ministres et généraux d'armées, et spécialement de M. le prince de Conti, avec lequel il avait correspondu pendant les guerres d'Italie. Deux fois il a été chargé par des pleins pouvoirs du roi Louis XV, de renouveler avec l'État de Valais, la capitulation du régiment Suisse de Courten. En 1759, alors âgé de cinquante-six ans, il épousa, de l'agrément du Roi, Louise-Françoise-Catherine de Quartery, fille de Joseph-Adrien de Quartery, seigneur Vidame de Massonger et d'Aviaz, dont la famille est une des plus anciennes du Valais, et d'Anne-Morie Debons; de ce mariage vinrent:

1.º Maurice-Théodule-Pierre-Louis-Philippe-Marc-Georges, dont l'article viendra;

2.º Pierre-Louis-Antoine-Pancras, qui forme une seconde branche rapportée ci-après;

3.º Marie-Louise-Victoire, née à Sion, le 20 mai 1761, veuve de M. le chevalier Vincent de Courten, capitaine au régiment de son nom, au service de sa majesté le roi de Sardaigne;

4.º Marie-Elisabeth-Adélaïde, née le 30 septembre 1763, a épousé M. Charles Debons, colonel retiré du service de France;

5.º Marie-Patience, née le 1er mai 1765, a épousé M. du Fay, seigneur de Tavai, officier retiré du service de France, magistrat en Valais;

6.º Marie-Louise-Patience, née le 7 juin 1771, a épousé, en premières noces, M. Adrien de Preux, mort au service d'Angleterre, et ensuite M. de la Fargue, lieutenant-colonel au service de France;

7.º Anne-Marie-Sophie, née le 30 décembre 1792, a épousé M. Gaspard-Melchior de Quartey,

8.º Marie-Clotilde, née le 8 octobre 1775, veuve de M. le colonel Villerme, et six autres, tous morts en bas âge; ce qui fait quatorze enfants.

VIII. Maurice-Théodule-Pierre-Louis-Philippe-Marc-George DE CHAIGNON, chevalier, né en Valais, le 25 avril 1761, a eu pour parrain l'État de Valais, et par lui naturalisé Valaisans, par ce motif de l'agrément du roi. Il a servi dans le régiment Suisse de Courten, jusqu'au 1er janvier 1790; le 20 novembre 1787, il avait été reçu membre de la noblesse des États de Bourgogne, dans le ressort desquels il possédait le fief de Lamotte; et, par la mort de son père, la terre de Condal en toute justice dans le château de laquelle il habite avec sa famille. Il s'est marié en Lorraine, le 27 avril 1789, avec Marie-Catherine-Antoinette-Adélaïde Quenel, fille de Nicolas-Charles Quenel, écuyer, secrétaire honoraire du roi, receveur des finances à Vic, et de dame Françoise de la Marc; duquel mariage sont nés :

1.º Maurice-Antoine-Pascal, né le 24 janvier 1798;

2.º Flavien-Joseph, né le 23 octobre 1802;

3.º Louise-Aimée, née le 10 mars 1790, mariée le 15 mai 1809, à M. Charles-Hector-Jean-Catherine Fontaine;

4.º Marie-Françoise-Louise-Adèle, née le 23 mars 1797;

5.º Marie-Madeleine-Laure, née le 12 janvier 1803, morte en bas âge.

I. Pierre-Louis-Antoine Pancras de Chaignon, chevalier, né à Sion en Valais le 13 décembre 1767, second fils de Jean-Anne-François-Joseph de Chaignon, habite Saint-Amour, département du Jura. Il est membre du Conseil général de ce département. Il s'est marié le 11 novembre 1794, à Jeanne-Charlotte de Saint-Mauris, demoiselle, fille de Philibert Yoland de Saint-Mauris, seigneur du Ronchat en Bourgogne, chevalier de l'ordre royal et militaire de Saint-Louis, lieutenant colonel du régiment royal, cavalerie, dans lequel il a servit quarante-quatre ans. Cette branche de Saint-Mauris, appelée autrefois d'Augerans, tenait à celle des Saint-Maurice, princes de Montbarey, à laquelle elle était substituée pour partie des biens de cette dernière branche. Pierre-Louis-Antoine Pancras de Chaignon, à la mort de son père en 1787, avait été réclamé par l'état de Valais auprès du ministre des affaires étrangères, pour occuper la place du résident de France; mais âgé alors de dix-neuf ans, son âge parut ne pas permettre de la lui accorder. De son mariage avec Jeanne-Charlotte de Saint-Mauris sont nés :

1.º Victor-Théobald, né le 3 octobre 1801;

2.º Antoine-Edouard, né le 8 janvier 1806;

3.º Marie-Françoise-Caroline née le 21 septembre 1795;

4.º Marie-Adrienne, née le 23 février 1809.

La généalogie ci-dessus est faite d'après les contrats de mariages, testaments et autres pièces qu'ont par devers eux MM. de Chaignon frères, lesquels pour établir la preuve de leur noblesse, joignent à ce mémoire :

1.° Copie en forme de l'ordonnance de M. Hélie de Montozon, commissaire subdélégué de M. Claude Pellot, intendant de la généralité de Guyenne, commissaire exécuteur de la déclaration du roi des 8 février et 22 mars 1666, concernant la recherche de la fausse et véritable noblesse, par laquelle il est dit que Jacques et Gaston de Chaignon, écuyers, seigneurs de la Champaigne et du Peichier, ayant donné communication des titres d'après lesquels leur noblesse était prouvée et justifiée, ils soient maintenus dans leur possession immémoriale, et déchargés de l'assignation à eux donnée; qu'en conséquence les titres produits seraient rendus auxdits sieurs de Chaignon frères, etc.

2.° Copie en forme du jugement de M. Claude Pellot, intendant de la généralité de Guyenne, commissaire député par les arrêtés du conseil des 25 février et 22 mars 1666, pour la représentation des titres de noblesse, et recherche des usurpateurs des titres de noblesse, écuyers ou chevaliers, par lequel jugement il se voit que les sieurs de Chaignon, Jacques et Gaston frères ont produit les titres nécessaires, pour prouver et justifier leur noblesse par filiation depuis Albert de Chaignon qualifié d'écuyer 1522 dans son contrat de mariage, et d'après quoi mon dit sieur l'intendant donne acte auxdits Jacques et Gaston de Chaignon, de la représentation de leurs titres et ordonne qu'ils soient inscrits dans le catalogue des nobles de la sénéchaussée de Périgueux.

3.° Copie en forme du procès-verbal des États de Bourgogne et du certificat de Messieurs les commissaires chargés de la vérification des titres, du 20 novembre 1787, délivré à Messire Maurice-Théodule-Pierre-Louis-Philippe-Marie-George de Chaignon, chevalier, par lequel il a été reconnu bon gentilhomme, noble non seulement mais de la qualité requise pour avoir entrée, séance et voix délibérative à la chambre de la noblesse desdits états, les titres produits remontant depuis lui présenté jusqu'à François de Chaignon son trisaïeul.

Mess. de Chaignon ont trouvé dans les papiers de feu leur père, différentes notes et lettres qui prouvent que par alliance et descendance, ils tiennent à plusieurs familles anciennes du Périgord et du Limousin, telles qu'aux Châtillon, Aubusson, Chapt de Rastignac, marquis de Laxion, la Barde de Paichemil; sans pouvoir établir comment ces alliances ont été formées, leur père étant resté depuis bien longues années sans relation avec la province dont il était originaire, et eux n'ayant pu en renouer aucune par l'effet de la révolution, malgré les démarches qu'ils ont faites à cet égard.

M. de Chaignon aîné, ayant le diplôme original de vicomte de Louvain, accordé à son grand oncle maternel Jean Van de Ven pour lui et ses hoirs mâles et femelles, qui n'a laissé pour héritier que sa sœur Ida Cornélia Van de Ven, mère de Jean-Anne-François-Joseph de Chaignon, qui, de son vivant, avait fait des démarches pour faire valoir ses droits au titre de vicomte; mais que différentes circonstances ont rendues infructueuses; M. de Chaignon aîné a cru devoir profiter du séjour que sa majesté l'empereur d'Autriche a fait en France pour en renouveler la demande; en conséquence il a présenté une requête, et y a joint copie authentique du titre et des pièces nécessaires pour prouver sa descendance par sa grand' mère, de Jean Van de Ven, vicomte de Louvain. Sa majesté l'empereur d'Autriche a renvoyé cette affaire à la chancellerie de Vienne.

La famille de Chaignon porte : « d'azur, au lion d'or armé » et lampassé de sable, empoignant de sa patte droite une » épée d'argent à la garde d'or; pour support à la droite » un lion d'or, armé et lampassé de gueules; à la gauche un » levrier d'argent accolé de gueules et bordé d'or, surmonté » d'une couronne de marquis. »

RODIER DE LA BRUGUIÈRE, famille originaire d'Aurillac en Auvergne. Pierre Rodier, évêque de Carcassonne, qui en était membre, appela ses neveux en Languedoc, et les fit établir à Carcassonne, à Alais et à Anduze. La branche de Carcassonne et celle d'Alais sont éteintes; il ne reste plus que celle d'Anduze.

Cette dernière branche possédait depuis très-long temps différents fiefs, pour lesquels, elle faisait hommage au comte d'Alais.

I. Antoine RODIER, seigneur de la Bruguière, se maria

avec mademoiselle Marguerite Layre, de Nîmes, par acte du 17 mai 1745; il est mort le 27 novembre 1793. De ce mariage :

  1.º Antoine, dont l'article suit ;

  2.º François-Albert, qui a confirmé la lignée, et dont l'article viendra.

II. Antoine RODIER DE LA BRUGUIÈRE, né le 22 juillet 1745, s'est marié, le 2 février 1782, à Nîmes, avec mademoiselle Magdeleine Verdier de Lacoste. De ce mariage :

  1.º Elisabeth-Antoinette, née le 27 octobre 1782;

  2.º Suzanne-Julie-Clarice, née le 30 juin 1784.

III. François-Albert RODIER DE LA BRUGUIÈRE, né le 5 août 1755, frère du précédent, s'est marié, le 29 avril 1799, avec Elisabeth-Antoinette Rodier. De ce mariage sont issus :

  1.º Antoinette-Ernest, né le 8 septembre 1800;

  2.º Jules-François-Albert, né le 13 octobre 1802 :

  3.º Antoinette-Aline-Madeleine, née le 30 septembre 1810.

Armes : « De gueules, au château d'argent, maçonné de » sable, donjonné de trois tours de même. »

BERAUD-DU-PÉROU (DE), famille noble, originaire de Guienne.

I. Nicolas DE BERAUD, écuyer, conseiller du roi, lieutenant particulier au présidial de Saintes, garde des sceaux en la cour des aides de Guienne, épousa, le 15 avril 1653, Marguerite Aymard, fille de messire Jacques Aymard, seigneur du Pérou, conseiller du roi en ses conseils d'État. Il eut de ce mariage :

II. François-Ignace DE BERAUD, écuyer, seigneur du Pérou, né le 25 septembre 1662, nommé à la charge de conseiller et garde des sceaux en la cour des aides de Bordeaux, par provisions du 12 juillet 1693, reçu en ladite cour, le 31 août suivant. Il épousa Marie-Madeleine Dejean, de laquelle il laissa :

  1.º Joseph, dont l'article suit ;

  2.º Alexandre, chanoine de la cathédrale de Saintes;

  3.º Jeanne-Françoise, morte fille.

III, Joseph BERAUD, écuyer, seigneur du Pérou, capitaine d'infanterie dans le régiment de Beauce, mort brigadier des armées du roi, chevalier de l'ordre royal et militaire de Saint-Louis. Il avait épousé, le 5 septembre 1725, Catherine Huon, fille de messire Jérémie Huon, écuyer. De ce mariage vinrent :

1.º Claude, diacré, mort à Saintes ;

2.º Joseph-Ignace, écuyer, marié en premières noces à N. d'Aulnis Duvignau ; et en secondes noces à Victoire Beaupoil de Saint-Aulaire, existant sans enfants ;

3.º François, qui suit ;

4.º Charles-Jérémie, prêtre, massacré aux Carmes de Paris, en 1792 ;

5.º Marie-Catherine, mariée à messire Etienne-Simon de Cursay-de-Villers, écuyer, seigneur de Saint-André, et Bois-Roche ;

6.º Autre Marie-Catherine, morte demoiselle à Versailles, en 1794.

IV. François BERAUD, chevalier, seigneur du Pérou, de Jarlac et Montils, Orville, Auvignac, la Ferrière et autres lieux, nommé garde de la marine, au département de Rochefort, par lettres du 9 août 1756, capitaine des vaisseaux du roi, chevalier de l'ordre royal et militaire de Saint-Louis, mort émigré à Montjoie, duché de Juliers, le 17 décembre 1792. Il avait épousé demoiselle Marie-Justine Bidé de Maurville, fille de haut et puissant seigneur messire Bernard-Hippolite Bidé, comte de Maurville, seigneur de la Funelière, etc., lieutenant-général des armées navales de Sa Majesté, vice-amiral, grand'croix de l'ordre royal et militaire de Saint-Louis, etc., et de demoiselle N....... de Brach. De ce mariage est issu :

V. Hippolite-Charles-François DE BERAUD-DU-PÉROU, né le 7 février 1782, inspecteur-général des contributions directes et du cadastre.

Armes : « D'azur, à trois chevrons d'or, accompagnés » de trois étoiles d'argent, deux en chef et une en pointe. »

KERSABIEC, (Siochan de) très-ancienne famille de Bretagne, dont l'origine remonte à une antiquité si éloignée qu'elle se perd dans la nuit des temps.

Dès le commencement du treizième siècle, il en est parlé avec distinction dans les monuments publics recueillis par *Dom Morice*. Cet auteur, page 1237 du tome premier dit : *l'an de grâce mil tres cent onze, Geffroy Siochan, baillif de Léon, apposa son scel à un acte*, passé entre Hervé de Léon, baron de Bretagne, et Guillaume de la Haye, etc. Dans ce temps les charges et offices de baillif, étaient remplis par des nobles recommandables, et il était défendu aux baillifs de faire administrer la justice par des lieutenants, à moins qu'ils fussent empêchés en leurs personnes étant à la guerre ou près de la personne du roi, comme chambellans.

I. Geoffroy de Siochan, Ier du nom, baillif de Léon, vivait en 1311. Il a laissé :

II. Jehan Siochan, Ier du nom. On voit à la page 104 du tome second des actes recueillis par Dom Morice, à la revue des hommes d'armes du Sire baron de Clisson, du 1er mars 1375, ledit Jehan Siochan, au nombre des écuyers. Il est père de :

III. Allain Siochan, qui laissa :

    1.° Yves, seigneur de Lamprat, mort sans postérité ;

    2.° Jean, qui suit :

IV. Jean Siochan, Ier, mentionné à la réformation des nobles de 1426, marié à Jeanne de Cozlouet. De leur mariage est issu :

V. Jean Siochan, IIe du nom, marié à Jeanne Fleminc. De leur mariage est issu :

VI. Gabriel Siochan, Ier du nom, marié à Jeanne Marzin. De leur mariage est issu :

VII. Yves Siochan, IIe du nom, seigneur de Kerigoual, marié à Jeanne Dincuff, dont est issu :

VIII. Laurent Siochan, Ier du nom, seigneur de la Palüe, marié à Eléonore le Gac, dont est issu :

IX. Yves Siochan, IIIe du nom, seigneur de Troquerot, marié à Louise Hélary. De ce mariage sont issus trois enfants :

    1.° Laurent, seigneur de Praterou, dont la branche est éteinte ;

    2.° Bernard, seigneur de Trequentin, auteur d'une

branche éteinte à la quatrième génération. De cette branche était issu Siochan de Saint-Jouan, lieutenant au régiment de Cambresis ; il fut massacré à Versailles, étant du nombre des prisonniers d'Orléans, tués avec le duc de Brissac, en 1791 ;

3.º Yves, qui suit :

X. Yves DE SIOCHAN, seigneur de Kerhuelin, marié à Catherine de Kersauson. De ce mariage sont issus :

   1.º Joseph Siochan, dont l'article suit ;

   2.º Jean Siochan ; il a eu deux fils, morts au service du Roi ; le premier, Joseph, capitaine au régiment de Lowendal ; le second, Jean, officier distingué dans la marine du roi.

XI. Joseph SIOCHAN, Iᵉʳ du nom, seigneur de Kersabiec, marié à Mauricette Hervé, a servi avec distinction dans la marine, mort au Cap français, a eu plusieurs enfants. De ce mariage, entre autres :

XII. Jean-Louis DE SIOCHAN, chevalier, seigneur de Kersabiec, officier de la marine, qui s'est distingué dans la guerre de 1757 à 1763, mort en 1770, au service, était marié à demoiselle Hélène-Marguerite Calvez de Kersalou. De ce mariage vinrent :

   1.º Jean-Augustin-Joseph, dont l'article viendra ;

   2.º Amand, chanoine et grand vicaire à Nantes ;

   3.º Claude-Laurent, officier de la marine, distingué, mort au service dans les colonies ;

   4.º Joseph-Pierre-Marie, mort à l'école militaire ;

   5.º Jean-Marie-Angélique, dont l'article viendra ;

   6.º Marie-Olive, mariée au sieur de Kerhorre ;

   7.º Marie-Angélique, mariée au sieur de la Marck, capitaine de canonniers, chevalier de l'ordre royal et militaire de Saint-Louis.

XIII. Jean-Augustin-Joseph SIOCHAN, chevalier, seigneur de Kersabiec, capitaine de vaisseau, chevalier de l'ordre royal et militaire de Saint-Louis et de Cincinnatus, chef de nom et d'armes de la maison de Siochan, fils, neveu, et frère d'officiers de la marine qui se sont distingués. Son oncle le chevalier de Siochan, lieutenant de vaisseau, fut tué en 1758, sur la frégate l'*Emeraude*, commandée par M. de Périgni. Dans ce combat mémorable, contre une frégate anglaise, tous les officiers de l'état-ma-

jor furent tués, et l'Emeraude, démâtée, fut rendue par un
garde de la marine. Ledit J.-A.-J. Siochan de Kersabiec, a
aussi servi avec distinction dans le corps de la marine,
depuis 1771, jusqu'à 1792, et a plusieurs fois mérité et
obtenu les grâces du roi pour des actions d'éclat, ou des
services importants, rendus dans les ports et dans les armées
navales, et dont les témoignages existent encore dans les
bureaux, et dépôts des plans et cartes de la marine. En
1791, il a marché où son cœur et l'honneur l'appelaient, à
l'armée des Princes; a fait la campagne de 1792, dans la
cavalerie de la marine, après la retraite de l'armée. Etant
à Londres, il fut désigné par son général au cabinet de
Londres pour être employé à la correspondance des armées
royales de la Vendée et Bretagne, en qualité d'aide de camp;
il a rempli trois missions, étant aussi lieutenant dans le régiment de la marine, présent à la descente et prise de Quiberon, et ensuite membre du conseil militaire de l'armée
catholique et royale d'Anjou et haut Poitou. Marié, en 1787,
à demoiselle Catherine-Julie Budan; de ce mariage sont
nés :

      1.º Charles-François-Joseph ;
      2.º Augustin-Louis : tous deux ont servi dans la garde
         royale vendéenne de son altesse royale le duc d'An-
         goulême, à Beaupreau, et ont reçu l'ordre du Lys
         de la main du Prince;
      3.º Godefroy ;
      4.º Dunstan Siochan de Kersabiec ;
      5.º Amélie ;
      6.º Joséphine ;
      7.º Françoise-Marie.

XIII. Jean-Marie-Angélique, chevalier de Kersabiec,
frère du précédent, entré à l'Ecole militaire en 1779, officier au régiment de Bretagne, émigré, en 1791, à l'armée
des Princes, a fait la campagne; entré ensuite au service
d'Autriche, a mérité et obtenu pour action distinguée la mé-
daille de Marie-Thérèse, puis officier d'hussards de Rohan,
blessé grièvement servant dans l'armée royale de Bretagne
et d'Anjou, employé dernièrement à l'organisation des armées vendéennes comme major, chevalier de l'ordre royal
et militaire de Saint-Louis. Marié à demoiselle de Biré, a
huit enfants.

Armes: « De gueules à quatre pointes de dards, passé
» en sautoir dans un anneau, en abîme, le tout d'or. »

HUGON-DU-PRAT-DE-MASGONTHIÈRE. Les preuves de cette maison ont été faites au cabinet des ordres du roi, aux mois de janvier 1768 et novembre 1784, par Pierre Hugon-du-Prat-de-Masgonthière, conseiller-maître d'hôtel du roi, capitaine de dragons au régiment de MONSIEUR, frère du Roi, chevalier de l'ordre royal et militaire de Saint-Louis, et par Louis-Henri Hugon-du-Prat-de-Masgonthière, chevalier, gentilhomme ordinaire du roi, capitaine audit régiment, chevalier de l'ordre royal et militaire de Saint-Louis, son frère, pour avoir l'honneur de monter dans les carrosses du roi et de suivre sa majesté à la chasse.

Premiers sujets connus.

Amélius HUGON, était abbé de Castres, au diocèse d'Alby, en 1124.

Philippe HUGON, fut élu abbé de Vigeois, au diocèse de Tulles, le 3 des calendes de novembre 1225, et vivait encore en 1229.

Arnaud HUGON, chevalier, fut témoin du testament du vicomte de Turenne, de l'an 1283.

Hélie HUGON, prêtre, fut un des exécuteurs du testament du même vicomte de Turenne, de l'an 1283.

Guillaume HUGON, chevalier, capitaine, gouverneur de Châteaudun, donna quittance de ses gages et de ceux de onze hommes d'armes et de vingt sergents de sa compagnie, propres à la garde dudit château, le 24 juillet 1340.

Jean HUGON, fut abbé de Saint-Augustin de Limoges, depuis 1412 jusqu'en 1467.

I. Bertrand HUGON, chevalier, est rappelé dans un aveu rendu le 3 janvier 1366, à Jean Hugon, son fils, qui suit :

II. Jean HUGON, chevalier, servit dans la guerre contre les Anglais, en la compagnie des chevaliers et écuyers de Louis de Sancerre, maréchal de France, d'où la montre fut faite à Selles en Berry, le 1er juin 1362 ; et dans celle de Robert de Sancerre, chevalier, dont la montre fut faite à Châlons, le 7 avril 1368 ; reçut, le 3 janvier 1366, l'aveu qui lui fut rendu par noble Guillaume de Bossac, citoyen de la ville de Tulles, et est rappelé dans une quittance donnée, le 9 janvier 1404, à Pierre Hugon son fils, et dans le testament de son même fils, du 18 novembre 1439.

III. Pierre HUGON, chevalier, reçut, le 30 janvier 1405, une reconnaissance de plusieurs fiefs et arrérages de rentes qui lui étaient dus ; reçut, le 9 janvier 1404, une quittance pour reste d'acquisition faite par son père, et fit son testament le 18 novembre 1439.

De sa femme noble Catherine du Prat, il eut :

1.º Guillaume Hugon, qui suit ;

2.º Etienne Hugon, dont le sort est ignoré.

IV. Guillaume Hugon, écuyer, servit dans la compagnie de Joachim Rouhault Gamache, maréchal de France, en 1455 et 7 novembre 1475. Uni à sa femme, il passa le 6 avril 1456, une transaction avec Louise de la Force, sa belle sœur, épouse de noble Jacques de Gratignan ; reçut un aveu l'an 1457, et fit son testament le 12 avril 1473.

De sa femme noble Jeanne de la Force, il eut :

1.º Albert Hugon, qui suit ;

2.º Etienne Hugon.

V. Albert Hugon, écuyer, sieur du Prat, fut institué héritier universel de son frère le 12 avril 1473 ; assista avec son épouse au contrat de mariage de Pierre, leur fils, du 1ᵉʳ mai 1507, et lui firent donation de leurs biens.

De sa femme noble Antoinette de Saint-Clar, il eut :
Pierre Hugon, qui suit :

VI. Pierre Hugon, écuyer, seigneur du Prat, reçut la donation qui lui fut faite par ses père et mère, obtint des lettres de la chancellerie de Périgueux, le 2 mars 1518; et assista au contrat de mariage de Nicolas, son fils.

Il épousa par contrat du 1ᵉʳ mai 1507, Jeanne de la Porte, sœur noble de Raymond de la Porte, écuyer, seigneur de la Bachelerie, dont il eut :

1.º Nicolas Hugon, dont on va parler ;

2.º Isabeau Hugon du Prat, mariée à Jean Bailhot, lequel donna quittance de sa dot, le 20 mai 1556.

VII. Nicolas Hugon, écuyer, sieur du Prat, et de Masgonthière, reçut la quittance de la dot d'Isabeau, sa sœur, le 20 mai 1556, fit plusieurs acquisitions les 6 février 1550, 28 décembre 1552, le 18 septembre de la même année et le 5 avril 1558, fit son testament le 18 juillet 1559, et est rappelé dans la donation faite, le 15 mai 1574, par sa veuve à François Hugon, leur fils.

Sa femme, Jeanne de Betoulat, fille de noble homme Guillaume de Betoulat, écuyer, seigneur d'Archy, et de noble Jeanne de Bayle, à laquelle il fut marié par contrat du 31 janvier 1541 , donna le jour à François Hugon, qui suit :

VIII. François Hugon, écuyer, seigneur du Prat, de Masgonthière, la Tréquerie, servit dans les guerres de son temps, en la compagnie des hommes d'armes des ordonnances du roi , sous la charge de M. de Chazeron et de M. le duc de Joyeuse , et se distingua à la bataille d'Issoire en 1598 , fut maintenu dans sa noblesse d'extraction par jugement des commissaires réformateurs, le 22 avril 1599, par preuves qui remontaient sa filiation à Guillaume Hugon damoiseau son trisaïeul , vivant en l'an 1450 , assista au contrat de mariage de Jeanne Hugon, sa fille, du 28 octobre 1599, et fit son testament le 2 avril 1603.

De sa femme , Anne de Montaignac , fille de noble Gaspard de Montaignac , écuyer , et de Hélène de Gréen de Saint-Marsault, à laquelle il fut marié par contrat du 23 mai 1581, il eut :

1.° Anne Hugon, qui suit ;

2.° Jeanne Hugon du Prat, mariée, par contrat du 28 octobre 1599 , avec noble Gabriel de Bonneval , seigneur de la Chassaigne et de Sort ; lequel donna quittance de sa dot, le 7 septembre 1603 ;

3.° Rénée Hugon, religieuse de l'abbaye de Blessac, dans la Marche, lors du testament de son père ;

4.° Jeanne, religieuse à l'abbaye de la Règle, à Limoges, en 1603 ;

5.°, 6.°, 7.°, 8.°, et 9.° Isabeau, Marguerite, Rénée, Marie et Catherine Hugon , toutes mariées lors du testament de leur père.

IX. Annet Hugon, écuyer, sieur du Prat, de Masgonthière, la Tréquerie, fut institué héritier universel de son père, le 2 avril 1603 , reçut la quittance de la dot d'Isabeau, sa sœur, le 7 septembre 1603, et fit son testament le 2 février 1638 ; il eut pour femme, Pétronille de Villelume, fille de Jacques de Villelume , dernier seigneur de Bermonset, et de Madeleine de Vassel , à laquelle il fut marié par contrat du 6 octobre 1614, elle fit son testament le 17 mars 1648. De ce mariage vinrent :

1.° Antoine Hugon du Prat, seigneur de Masgonthière, qui a constitué la postérité de la branche aînée ;

2.° Léonard Hugon, qui suit ;

3.º François Hugon, reçu chevalier de l'ordre de Malthe, le 1ᵉʳ décembre 1644;

4.º Claude Hugon, reçu chevalier de l'ordre de Malthe, le 29 décembre 1647;

5.º François Hugon, prêtre, curé de Saint-Fère;

6.º Antoine Hugon.

X. Léonard HUGON-DU-PRAT-DE-MASGONTHIÈRE, fut fait légataire particulier de son père, le 2 février 1638, et de sa mère, le 17 mars 1648, donna quittance de ses droits paternels et maternels à Antoine Hugon, son frère aîné, le 22 mars 1647; fut maintenu dans sa noblesse d'extraction avec Antoine Hugon, sondit frère aîné, par jugement de M. d'Aguesseau, de l'an 1667; fit son testament le 19 septembre 1674, et est rappelé avec son épouse dans le contrat de mariage de Léonard Hugon, son fils, le 10 octobre 1691.

De sa femme, Anne du Theil, à laquelle il fut marié par contrat du 20 juin 1645, il eut :

1.º François Hugon;

2.º Antoine Hugon;

3.º Philibert Hugon;

4.º Antoine Hugon;

5.º Léonard Hugon;

6.º François Hugon;

7.º Léonard Hugon;

8.º, 9.º, 10.º et 11.º Peronnette, Claude, Jeanne-Françoise et autre Peronnette Hugon.

XI. Léonard HUGON, sieur de Masgonthière, écuyer, fut fait légataire de son père, le 19 septembre 1674, consentit une procuration le 29 avril 1693, et fit son testament le 30 novembre 1709; il est rappelé avec son épouse dans le contrat de mariage de Jean, son fils, du 20 septembre 1713.

De sa femme, Marie de Faure, fille de Jacques de Faure, écuyer, et de Catherine de Vallon, qu'il épousa par contrat du 11 octobre 1691, il eut :

1.º François Hugon;

2.º Jean Hugon, qui suit;

3.º Léonard Hugon;

4.º et 5.º Jeanne et Françoise Hugon.

XII. Jean HUGON-DU-PRAT-DE-MASGONTHIÈRE, écuyer,

fut fait légataire de son père, le 30 novembre 1709, et rappelé dans le contrat de mariage de Jean Hugon, son fils aîné. Il épousa, par contrat du 20 septembre 1713, Marie Gueroulet, dont vinrent :

1.º Jean Hugon, qui suit ;

2.º Jean-Baptiste Hugon ;

3.º Guillaume-Nicolas Hugon.

XIII. Jean Hugon - de - Masgonthière, chevalier, d'abord mousquetaire de la première compagnie de la Garde ordinaire du roi, gentilhomme ordinaire de sa chambre, et son conseiller et maître d'hôtel, était sous la tutèle de sa mère en 1744, fut maintenu dans sa noblesse d'extraction, par arrêt du conseil d'état du roi, du 11 mars 1768, sur preuves qui remontaient sa filiation à Bertrand Hugon, chevalier, son onzième aïeul, qui vivait en l'an 1360, et fit son testament le 23 février 1781. Il est rappelé dans les lettres de bénéfice d'inventaire obtenues après son décès, par ses enfants, le 26 juin 1784.

Sa femme, Marie-Louise-Amie, mariée par contrat du 15 décembre 1741, lui donna :

1.º Pierre Hugon, qui suit ;

2.º Louis-Henri Hugon-de-Masgonthière, chevalier, d'abord mousquetaire du roi dans la première compagnie, puis gendarme de sa garde ordinaire, capitaine de dragons au régiment de Monsieur, et chevalier de l'ordre royal et militaire de Saint-Louis, fut pourvu, sur la démission de son frère, de la charge de gentilhomme ordinaire de la chambre du roi, par lettres du 10 mai 1768. Il a été institué cohéritier de son père, le 23 février 1781.

XIV. Pierre Hugon - du - Prat - de - Masgonthière, chevalier, conseiller, maître d'hôtel du roi, en survivance de son frère, par provision du 30 janvier 1771, d'abord mousquetaire du roi dans la première compagnie, puis gendarme de sa garde ordinaire, capitaine de dragons au régiment de Monsieur, et chevalier de l'ordre royal et militaire de Saint-Louis, par lettres du 6 mai 1784. A été institué cohéritier de son frère, le 23 février 1781, a obtenu des lettres d'héritier au bénéfice d'inventaire, après le décès de son dit père, le 26 juin 1784, et a reçu, le 28 janvier 1785, une procuration de sa mère.

Armes : « D'azur à deux lions rampants d'or, armés et » lampassés de gueules, posés en pal. »

LEPEINTEUR DE MARCHÈRE, famille ancienne, originaire de Normandie, où elle est encore fixée de nos jours, et qui a fourni :

I. Chrisogone DE MARCHÈRE, chevalier, seigneur de Marchère, officier d'infanterie, mort à l'armée de monseigneur le prince de Condé ; il avait épousé Colombe-Antoinette-Louise-Marie de Bellemare, fille de messire Louis-Antoine-Paschal de Bellemare, chevalier, seigneur de Neuville (1) ; de ce mariage sont nés :

    1.º Edouard, dont l'article viendra ;

    2.º Théodore.

II. Edouard DE MARCHÈRE, chevalier, né en 1791.

Armes : « D'argent au chef de gueules, chargé de » trois rosettes d'or. »

BOURG-MIROUDOT (DU), famille originaire de Lorraine, qui remonte à :

I. Jacquot DU BOURG, conseiller du roi René, duc de Lorraine, fut père de :

II. Adam DU BOURG, sieur Duzemain, lequel fut annobli par lettres-patentes du duc Antoine de Lorraine, du dernier février 1512. Il épousa, 1.º Béatrix des Pilliers ; 2.º Bénigne de Bouzey : de ce dernier mariage, vint entre autres enfants :

III. Guillaume DU BOURG-MIROUDOT, qui passa de Lorraine en Franche-Comté, et y épousa Marguerite Miroudot, issue de parents nobles ; il joignit alors ce dernier nom à celui de du Bourg, et il eut pour fils :

IV. Antoine DU BOURG-MIROUDOT, marié à Jeanne de Lesvez, issue de famille noble, qui le rendit père de :

---

(1) La famille de Bellemare est une des plus anciennes de la Normandie. Laroque et plusieurs autres écrivains citent un Bellemare qui passa dans la Terre-Sainte en 1214 avec saint Louis. Un autre Guillaume de Bellemare fut appelé à l'arrière-ban en 1242. Un autre Bellemare fut sergent de bataille et gouverneur de Sainte-Menéhould. On trouve aussi un Bellemare, chambellan du roi Charles VII ; un Bellemare exempt des gardes-du-corps ; et un autre, favori du Grand-Dauphin, fils de Louis XIV, ce qui se prouve par plusieurs lettres de ce prince, que l'on conserve dans la famille. Ce Bellemare mourut au camp de Tinséon, à deux lieues de Charleroi, et fut inhumé le 23 mai 1675 dans l'église dudit lieu.

V. Jean-François DU BOURG-MIROUDOT, capitaine pour le roi d'Espagne, de la ville et du château de Villersexel, place regardée alors comme importante ; il épousa Géorgine de Bourreleret, d'une famille noble, et en eut :

VI. Claude DU BOURG-MIROUDOT, capitaine pour le roi d'Espagne, de la ville et du château de Villersexel ; il épousa Jeanne de Joibert, d'une famille noble de Champagne, et en eut :

VII. Jean-Claude DU BOURG-MIROUDOT, nommé, le 20 novembre 1668, pour commander, en cas d'absence de son père, à Villersexel. Il épousa Claire-Françoise Perrin, fille de Dominique Perrin, capitaine de Saverne; de ce mariage :

    1.º Charles-François, dont l'article suit ;

    2.º Claude-Gabriel, seigneur de Saint-Ferjeux, marié à Adrienne-Alexandrine Perrot; de laquelle il a eu : 1.º Jean-Baptiste, évêque de Babylone et consul général à Bagdad; 2.º N...... prévôt de l'église de Béfort ; 3.º Gabriel-Joseph, seigneur de Saint-Ferjeux et Meurcour, qui n'a laissé que trois filles.

VIII. Charles-François DU BOURG-MIROUDOT, seigneur de Montussaint et Tallans, a épousé Jeanne-Elisabeth Racle, d'une famille noble de la Franche-Comté. De ce mariage :

    1º N.... seigneur à Montussaint et Tallans, lequel a eu pour fils Joseph, aussi seigneur de Montussaint et Tallans; ce dernier a un fils aujourd'hui existant.

    2.º Jean-Baptiste, dont l'article viendra :

IX. Jean-Baptiste DU BOURG-MIROUDOT, seigneur de Geney, Onans et Moffans, ancien maire et lieutenant-général de police de la ville de Vézoul, nommé par le roi, mort en 1786. Il avait épousé Jeanne-Claude Beaugey; de ce mariage :

    1.º Claude-François-Victor, dont l'article suit ;

    2.º Trois demoiselles.

X. Claude-Francois-Victor DU BOURG-MIROUDOT, seigneur de Geney, garde-du-corps du roi en 1771, a assisté à l'assemblée de la noblesse de son bailliage pour l'élection des députés aux états-généraux, a émigré en 1791, et fait les campagnes dans l'armée des Princes; il est aujourd'hui maréchal-des-logis des gardes-du-corps du roi, avec grade de chef d'escadron, chevalier de l'ordre royal et militaire

de Saint-Louis ; a épousé Jeanne-Agathe-Pauline Dufourg ;
de ce mariage :

     1.° Jean-Pierre-Victor, mort au service en 1804 ;
     2.° Augustin-Xavier-Hyppolite, vivant ;
     3.° Jeanne-Adrienne-Gasparine-Euphémie ;
     4.° Marie-Elisabeth-Euphémie.

Par lettres-patentes données à Fontainebleau au mois de
novembre 1777, le roi Louis XVI, a maintenu et confirmé
dans la jouissance et possession de leur noblesse et reconnu
pour nobles de race et ancienne extraction Jean-Baptiste
du Bourg-Miroudot, seigneur de Geney, Onans et Moffans,
et Gabriel-Joseph du Bourg-Miroudot, seigneur de Saint-
Ferjeux et Meurcour, et ce, sur le vu des titres qui éta-
blissent une filiation depuis Adam du Bourg jusqu'à eux.

Armes : « Parti d'argent, au cerf au naturel, couché
» sur une terre de sinople, chargé sur l'épaule d'une quinte-
» feuille d'azur percée du champ, et parti de gueules à deux
» lions d'argent affrontés, et lampassés de gueules ; support :
» un cerf et un lion.

LALIS (DE), famille d'extraction noble, originaire d'Irlande, établie en France, depuis plus de trois cents ans. Elle
ne s'est fixée en Périgord qu'en 1520, et habitait avant cette
époque les Cevennes (Haut-Languedoc). On trouve quelquefois dans de vieux actes son nom écrit par un X à la fin ;
mais cela ne provient que d'erreur ou de négligence, car
il faut écrire Lalis, et non pas Lalix. Cette famille a toujours joui d'une grande considération dans la province du
Périgord, et s'est distinguée dans plusieurs circonstances
par son attachement à ses Rois, et les services qu'elle a
reudus à l'Etat, dans les emplois militaires.

Raymond DE LALIS, chevalier, seigneur de Moncrabou,
était capitaine d'armes en 1520, et avait été reçu chevalier
en 1504, par un prince de la maison d'Armagnac. Il mourut dans le Béarn, en 1531.

Blaise DE LALIS, écuyer, seigneur de Cantarane, Moncrabou, Rodonespic et autres lieux, avait servi avec distinction dans les armées de Henri IV, et reçut de ce grand
roi des lettres-patentes, datées de 1598, par lesquelles
Henri IV le reconnaissait pour noble Irlandais, lui donnait

le droit, ainsi qu'à ses descendants de prendre le titre de gentilhomme français, lui en accordait tous les priviléges, et lui permettait de conserver les armoiries irlandaises de sa famille. Il mourut, en 1614, dans la petite ville de Saint-Cyprien, en Périgord.

François DE LALIS DE MARAVAL, écuyer, capitaine au régiment de Montmorenci-Luxembourg, né à Saint-Cyprien en Périgord, en 1747, fils d'Antoine de Lalis, écuyer, seigneur de Maraval, de dame Anne de Grafeuil; marié, en 1786 à l'île de Ceylan, avec noble demoiselle Marie-Catherine Van Büüren, hollandaise d'origine, de la famille des comtes de ce nom; vivant encore et demeurant avec son épouse à Saint-Cyprien.

François-Antoine-Lambert DE LALIS, né à l'île de Ceylan en 1786; marié, en 1811, avec demoiselle Catherine-Jeanne-Françoise-Adèle Souilhagon de Bruet, petite nièce de M. du Tressan, écuyer, secrétaire du roi, intendant du Roussillon. De ce mariage est né, le 13 décembre 1811, François-Jules-Edouard de Lalis.

Armes : « De sable à un chevron brisé d'or, accom-
» pagné de trois fleurs d'argent, deux en chef et une en
» pointe. Pour supports deux levriers, la devise est :
» *Virtutis ingenuitas Comes.* La franchise est la com-
» pagne de la vertu. »

HUE DE CALIGNY, famille noble originaire de Normandie.

Anténor-Louis HUE DE CALIGNY, ingénieur en chef à la Hougue, dont le père était directeur général du génie, sous les ordres du maréchal de Vauban, et chevalier de l'ordre royal et militaire de Saint-Louis, avait épousé Bonne-Julie Morel de Courcy, fille d'Adrien Morel de Courcy, gouverneur de Valognes, chevalier de l'ordre royal et militaire de Saint-Louis, qui en 1708, leva à ses frais neuf cents hommes de guerre, et se jeta dans l'île Tatihou, près la Hougue, où il empêcha, pendant vingt-deux jours, les Anglais de débarquer, et les força à se retirer (1). D'Anténor-Louis Hue de Caligny, sont issus douze enfants, parmi lesquels :

---

(1) La maison Morel de Courcy portait pour armes d'or au chevron

    1.º Charles-Albert-Marie, mort en 1797, chevalier de Malte, capitaine de cavalerie dans Commissaire général;

    2.º Bernard-Henri-Louis, douzième enfant, qui suit :

Bernard-Henri-Louis Hue de Caligny, né à Valognes en 1763, officier au régiment de Beauce, a épousé Eugénie Marie-Léonore Avice de Fermanville. De ce mariage :

    1.º Anténor-Albert, né en 1807;

    2.º Anatole-François, né en 1811 :

    3.º Elisabeth-Charlotte, née en 1806;

Nota. La branche aînée est éteinte.

Armes: « D'azur à l'aigle éployée d'argent, becquée et » onglée d'or, surmontée en chef de deux étoiles d'argent. »

C'est par erreur que Chamillard, dans ses recherches de Normandie, dit que les étoiles sont d'or.

ROZIÈRES (de), famille établie en Lorraine. L'histoire du duc Réné II, en mentionnant les guerres cruelles que ce prince eut à soutenir contre Charles le Hardi, duc de Bourgogne, qui pénétra en Lorraine, rapporte que tous les habitants d'un petit village nommé *Laveline*, situé près de la ville de Bruyères, s'armèrent spontanément pour repousser l'ennemi; cette généreuse résolution fut couronnée par le succès le plus inattendu, puisqu'ils enlevèrent d'assaut le château de Bruyères, poste important dont le duc de Bourgogne s'était emparé, et qu'ils parvinrent à s'y maintenir malgré les efforts de celui-ci pour le reprendre. Ils rendirent également à leur souverain différents autres services essentiels, qui, pour les en récompenser, leur fit expédier en 1476 des lettres-patentes, portant anoblissement de tous les habitants sous la dénomination de *gentilshommes de Laveline*, avec droits de transmission de cette noblesse, non-seulement à leurs descendants mâles, mais même aux femelles dont les maris devenaient anoblis.

---

brisé d'azur, chargé de deux coutelas d'argent mis en sautoir, et d'une fleur de lys de gueules en pointe, avec la légende : *hoc defendi lilia ferro.*

' Ces lettres-patentes ont été successivement confirmées par celles des 12 janvier 1590, 17 mars 1591 et 3 septembre 1597, rappelées dans les lettres-patentes de confirmation des 17 mai 1603, 13 février 1627, et dans les décrets des 30 septembre 1661, 25 avril 1667, 4 juillet et 9 septembre 1698, et par arrêts de la chambre des comptes de Lorraine, des 2 et 27 septembre même année.

Par autres lettres-patentes du 22 janvier 1711, du duc Léopold, enregistrées à la chambre des comptes de Lorraine, le 27 novembre suivant, les sieurs Dominique-Jacques-Joseph-Claude-Jean et Jean-Claude Rozières ont été reconnus et confirmés dans la noblesse héréditaire, ainsi que dans les honneurs, droits, franchises, prérogatives, liberté, immunité, rang, voix actives et passives, conformément aux lettres-patentes et décrets ci-dessus rappelés, et de continuer à porter leurs anciennes armes de gueules, à deux épées d'argent emmanchées d'or, et un rateau aussi d'argent pendant vers la pointe, mis en pal, lié d'un cordon d'or, au chef cousu d'azur, chargé d'une levrette d'argent colletée d'or, et courante : le tout couvert d'un armet d'argent orné de son bourlet et lambrequins aux métaux et couleurs de l'écu, et pour cimier une épée dudit écu.

Par autre lettre-patente du 22 juillet 1726, enregistrée en la chambre des comptes de Lorraine, le 20 novembre suivant, les mêmes sieurs Rozières ont été reconnus gentilshommes pour jouir de tous les priviléges annexés à cette qualité, conformément aux ordonnances et coutumes, avec addition à leurs noms de la particule *DE*, et avec changement dans leurs armes qui pour l'avenir sont d'azur à deux épées d'argent emmanchées d'or mis en sautoir, et un aigle d'argent éployé mis en chef, et pour cimier l'aigle de l'écu issant d'un armet grillé et contourné aux métaux et couleurs de l'écu.

Enfin, par arrêt de la chambre des comptes de Lorraine du 13 avril 1785, et 2 juin suivant, Nicolas et François-Philippe de Rozières, tous deux fils de François de Rozières, avocat à Saint-Diez, ceux-ci avocats au parlement de Nancy, ont été reconnus descendants de Jacques de Rozières, l'un des impétrants des lettres-patentes de 1711 et 1726, et confirmés dans tous les droits et priviléges appartenants aux gentilshommes Lorrains.

Nicolas DE ROZIÈRES, né à Saint-Diez, le 22 mars 1747, a émigré en 1791, et a servi dans l'armée de son altesse sérénissime monseigneur le prince de Condé; il est rentré en France en 1801, a été successivement juge au tribunal du département du Mont-Tonnerre, vice-président de la cour d'appel de Trèves, ensuite conseiller en la cour impériale de la même ville jusqu'à l'entrée des troupes alliées, époque à laquelle il est retourné à Nancy. De son mariage avec demoiselle Françoise du Maire, il n'a eu qu'un fils qui suit:

Nicolas-François-Philippe, né à Nancy, le 26 mai 1775, marié à Metz, le 15 novembre 1809, à demoiselle Louise-Désirée-Françoise de Montfrabé de Montfrabeuf, née à Nevers, le 10 octobre 1788, fille de messire Claude-Philippe vicomte de Montfrabeuf-Dubneq, chevalier de Razac, et de dame Marie Huet, dame de la Saussaye; il est issu de ce mariage, 1.º Marie-Louise-Françoise-Malthilde, née le 11 septembre 1810; 2.º Ernest-Eusèbe-Nicolas, né le 17 avril 1814.

François-Philippe de Rozières, frère de Nicolas de Rozières, dont il a été parlé ci-dessus, est né à Saint-Diez, le 31 décembre 1750, a épousé, le 2 juillet 1777, demoiselle Catherine-Diane-Charlotte Thevenin-Desjardins, de Mirecourt. Il ne reste de ce mariage qu'un fils, Charles-Xavier-Nicolas-François, né le 28 février 1780, émigré avec ses parents en 1791, rentré en France; il a été successivement conseiller-auditeur, puis conseiller titulaire à la cour royale de Nancy; il a épousé, le 19 janvier 1802, demoiselle Marie-Joséphine de Vornberg de Vezelise, fille de Monsieur Guillaume-Antoine de Vornberg, lieutenant-colonel du régiment de Saxe, émigré. De ce mariage est issu:

Charles-François-Antoine Alfred, né le 12 décembre 1802.

Il existe une autre branche de cette famille qui était fixée à Epinal, descendante de Joseph, dont un petit-fils nommé Léopold de Rozières, écuyer, marié, à Epinal en 1751, à dame Louise-Marguerite-Roxais, d'une famille noble, dont il a eu:

1.º Charles-Léopold, né le 10 mars 1754;

2.º Charles, né le 21 mars 1758;

3.º Jean-Baptiste, né le 21 février 1759;

4.º Joseph, né le 18 juillet 1760;

5.º Maurice, né le 16 janvier 1765;

6.º Claude-Françoise, née le 2 avril 1752;

7.º Marguérite, née le 26 novembre 1762;

8.º Catherine, née le 6 août 1767;

9.º Victoire, née le 21 décembre 1770.

Nota. Les armes sont mentionnées page 295.

MONTHIERS (DE), famille ancienne, originaire de la Beauce, où elle a possédé longtemps la terre de Monthiers de son nom, et celle de la Folie-Herbaut.

On trouve des de Monthiers mentionnés dans les anciens rôles du ban et arrière-ban, des nobles de Coutances, sous l'année 1272.

Cette famille, vers 1450, vint s'établir dans la terre du Bosroger près Pacy-sur-Eure, bailliage d'Evreux, où est encore résidente aujourd'hui la branche aînée. Vers 1560, elle se divisa en deux branches, dont la cadette s'établit dans le Vexin français où elle réside encore aujourd'hui.

I. Philippe DD MONTHIERS, écuyer, seigneur de Monthiers et de la Folie-Herbaut en Beauce, baron de Montainville-la-Grande, près Chartres, qui vivait au commencement de 1300, et qui passa, le samedi avant la Saint-Laurent 1329, un contrat d'acquisition (1).

II. Pierre DE MONTHIERS, son fils, écuyer, seigneur de Monthiers et de la Folie-Herbaut, baron de Montainville, fut gouverneur de Louis, duc d'Orléans, fils de Charles V, et frère de Charles VI, assassiné à Paris, à la porte Barbette, le 25 novembre 1407 (2).

III. Philippe DE MONTHIERS, son fils, chevalier, seigneur de Monthiers et de la Folie-Herbaut, baron de Montainville, était premier et principal écuyer du même duc d'Orléans.

IV. Philippe DE MONTHIERS, son fils aîné, chevalier, seigneur de Monthiers et de la Folie-Herbaut (3), baron

---

(1) Ce contrat est visé et mentionné en l'information pour Malte, du 23 mai 1611, pour Lancelot de Monthiers.

(2) Ce Pierre et Philippe son fils, sont mentionnés dans le livre intitulé: *les diverses espèces de noblesse*, par le père Menestrier, Paris 1681, page 123.

(3) Le père Menestrier a donné une note portant qu'il avait vu dans

de Montainville,. épousa Perrette de Montirel, fille de Pierre de Montirel, chevalier, seigneur de Bérengeville-la-Champagne près Chartres, et de Marie de Bérengeville.

De ce mariage vinrent :

1.º Pierre, dont l'article viendra ;

2.º Léger de Monthiers, chevalier, baron de Montainville, qui se maria et eut deux filles, l'une mariée à un seigneur anglais, et l'autre à un gentilhomme français, lesquels vendirent la baronnie de Montainville ;

3.º Hector de Monthiers, chevalier, seigneur de Monthiers et du Bosroger, qui épousa Jeanne Aubert, fille de Guillaume Aubert, écuyer, seigneur de Bosroger et de N. du Chastel, sœur de Tanneguy du Chastel. Cet Hector, par contrat du 17 novembre 1489 (1), échangea la terre du Bosroger avec Robert de Monthiers son neveu, contre sa part de celle de la Folie-Herbaut ;

4.º Jean, chevalier, seigneur de Précourt, qui se maria et n'eut qu'un fils qui fut prêtre ;

5.º Philippe, chevalier, seigneur de la Folie-Herbaut en partie, et de Baignolet en Beauce, qui se maria et eut :

    a. Philippe, marié à N. de Champonnet ;

    b. Une fille mariée au seigneur de Chartrigny.

6.º Catherine, mariée à Réné de Malherbe, chevalier, seigneur de Pouilly en Vendomois ;

7.º Deux garçons tués à la bataille de Moncontour.

V. Pierre DE MONTHIERS, chevalier, seigneur de la Folie-Herbaut et de Bérengeville-la-Champagne, épousa, le 1ᵉʳ décembre 1466 (2), Jeanne de Saint-Pol, fille de Guillaume de Saint-Pol, chevalier, seigneur de Miseray et d'Egleville, bailliage d'Evreux et Vert-les-Mantes, et de Jeanne Bataille.

---

l'église de la Folie-Herbaut, un chandelier de cuivre portant cette inscription :

« L'an 1418, Philippe de Monthiers, chevalier, seigneur de la Folie-» Herbaut, donna ce chandelier à Saint-Jacques de la Folie ; Dieu ait » l'âme de lui. »

(1) Ce contrat est relaté dans l'arrêt de maintenue de 1671. Voir le père Menestrier, page 542.

(2) Ce contrat de mariage est visé dans la preuve de Malte de 1611.

De ce mariage vinrent :

1.º Robert, dont l'article viendra ;

2.º Pierre de Monthiers, chevalier, seigneur de Bérengeville, qui épousa Jeanne de . . . . . et eut :

    a. Nicolas, seigneur de Bérengeville, marié à la fille du seigneur de Montay-lès-Villepreux en Beauce, dont il eut deux enfants morts en bas âge ;

    b. Jean, marié à la fille du seigneur d'Acoulès-Tillières, dont il eut Jean, chevalier, seigneur de Bérengeville et Nantilly ;

    c. Philippe, mariée au sieur de Vesnois, écuyer, seigneur de Nusement près Evreux ;

    d. Marguerite, mariée à Nicolas du Caillot, écuyer, seigneur de Bonnières-lès-Vernon ;

    e. Trois garçons morts sans postérité.

3.º Pierre de Monthiers, qui fut abbé de l'abbaye royale de Saint-Martin de Pontoise ;

4.º Anne, mariée à Robert le Barbier, écuyer, d'où sont sortis les seigneurs d'Egleville ;

5.º Philippe, mariée à Richard Martel, écuyer, seigneur de Maulny ;

6.º Jeanne, mariée au sieur de Favières, écuyer ;

7.º Anne, mariée au sieur de Outteville, écuyer ;

8.º Catherine, dame de Vert, mariée à Pierre Garraut, écuyer.

VI. Robert DE MONTHIERS, chevalier, seigneur du Bosroger, de la Folie-Herbaut et de Bérengeville, épousa, le 1ᵉʳ juillet 1489 (1), Catherine de Beaufils, fille de Jean de Beaufils, chevalier, chevalier de l'ordre du roi, seigneur de Villepion et Valony au bailliage d'Orléans, et de Marguerite-Jeanne de Pathay,

De ce mariage vinrent :

1.º Jean, dont l'article viendra ;

2.º Jeanne, mariée, le 30 janvier 1522, à Gervais le Terrier, écuyer, seigneur de Theuray ;

3.º N. de Monthiers, mariée, en 1516, au sieur du Perron, écuyer ;

4.º N. de Monthiers, qui se fit prêtre ;

5.º Une autre fille non mariée.

---

(1) Ce contrat est relaté et visé dans la preuve de Malte de 1611.

Epitaphe sur le trespas de défunt noble homme Robert de Monthiers, escuyer, en son vivant, seigneur de Bosroger, près Mantes et Vernon, et des terres et seigneuries de la Folie-Herbaut, d'Alonne, paroisse de Villeneuve, sur la rivière de Conguerie, et de Villanaulge, dit Maulay, pays de Beaulse, et de Neuvy en du Nois, lequel trespassa en son hostel seigneurial du Bosroger, l'an mil quatre cent quatre-vingt et dix-neuf le 13me jour de juillet.

Acrostiche faisant ledit épitaphe, fait à Paris, le lundi 29me de juillet 1577, et transcript audit lieu le mercredi 27me d'aoust 1578, par votre très-affectionné serviteur Lucas Tremblay, parisien, professeur des bonnes sciences mathématiques.

R   Rien n e peut résister à la mort effroyable,
O   On ha beau s'enfuir
B   Boire de l'or potable,
E   Estre aux biens jusqu'aux yeux, faire grand chère à table
R   Régime bon tenir,
T   Toujours se réjouir ;

D   Dominer sur un peuple en justice équitable,
E   Enfin finale, il faut
M   Maccabré veoir en dance ;
O   Ouyr à grand regret, d'Atropos le héraud
N   Nous proclamer sentence
T   Toi piteuse en cadence.
H   Helas : je le sçai bien, et tel savoir moult vault ;
I   Il y faut garde prendre
E   Et compte à la fin rendre.
R   Regarde, viateur, et prye Dieu pour moy,
S   Si tu veux que l'on prye après la mort pour toy.

     Requiescat in pace. Amen.
     Pater noster. Ave, Maria.
      A tres noble et vertueux seigneur,

Monseigneur Jacques de Monthiers, seigneur de Bosroger, conseiller du Roi et de monseigneur son frère, et leur bailly à Pontoise.

Gouverneur et Commandant pour le service de Leurs Majestés en icelle ville.

Acrostiche sur le trespas de feu monseigneur Robert de Monthiers, son père grand.

VII. Jean DE MONTHIERS (1), chevalier, seigneur du Bosroger, Vert-lès-Mantes, Précy-sur-Marne, et Roy en Vexin, nommé député de la noblesse de Normandie, par acte du 17 février 1538, commandant l'arrière-ban d'Evreux, épousa, le 5 janvier 1511, Jeanne de Hazeville, fille de Jean de Hazeville, chevalier, seigneur de Hazeville et Gadencourt en Vexin, et de Louise d'Avigny.

De ce mariage vinrent :

1.° Simon, dont l'article viendra;

2.° Jean de Monthiers, chevalier, seigneur du Bosroger, homme d'armes de la compagnie du duc d'Aumale, lequel épousa, le 26 février 1554, Françoise de Mauterne, dame de Neuville en Beauce, dont il eut :

a. Guyonne, mariée au sieur Louis de Bardou, écuyer, seigneur de la Bardouillère, près Beaumont le Roger;

b. Deux fils morts jeunes:

3.° Jacques de Monthiers, qui a fait la branche du Vexin français, et dont l'article viendra après la branche aînée;

4.° Peronne, mariée le 24 juillet 1547 à Louis de Morteaure, écuyer, seigneur de Vigny en Beauce, et du Bois Guillaume.

EPITAPHE sur le trespas de feu noble homme Jehan de Monthiers.

En son vivant escuyer seigneur de Bosroger, de Vert-lès-Mantes sur Seine, Précy sur Marne, de Wy bailliage de Magny, gentilhomme ordinaire de la maison de défunt monseigneur Charles duc de Vendôme, homme d'armes des ordonnances du roi en la compaignie dudit seigneur Duc, capitaine des nobles des bailliages d'Evreux et Mantes, lequel trespassa de ce monde le 24ᵐᵉ jour d'octobre 1566, estant agé de soixante dix huit ans : après avoir porté les armes par le temps de 55 ans, tant en ce royaume, que hors icelui, soubs les défunts roys, Loys douziesme, François premier, Henri deuxiesme, François deuxiesme et Charles neuviesme; et s'estre trouvé en trois journées et batailles, de Ravennes, Marignan et Pavie, pour le service d'iceux roys, en l'une desquelles à sçavoir en la journée et bataille de Pavie, il fut blessé, print prisonnier, et mené en Espagne, dont depuis il sortit à ranson.

ACROSTICHE faisant son épitaphe. Fait à Orléans le mardi 13ᵐᵉ jour d'aoust 1577, par Lucas Tremblay, parisien, professeur des sciences mathématiques, demeurant à Orléans.

J   Je, qui soubs les cinq roys, depuis Loys douziesme,
E   En la guerre ai porté
H   Harnois : hélas ! dompté
A   Atropos m'ha soubdain, l'an septante huitiesme,
N   Ne permettant mes ans

D   Durer jusqu'au neufviesme ;
E   Et tous les vertueux ont ainsi fait leur tems ;

M   Mourir il faut pour vivre,
O   On est par mort délévré.
N Noble vertu esclaire à tous nos successeurs.
T Triomphe de Clotho les illustres remportent
H Honte les vicieux à leurs neupveuz apportent.
I   Il faut donc, (viateurs)
E   Estre mes sectateurs ;
R Regardant de mes faicts la louenge immortelle
S Surmonter les efforts de Lachésis cruelle.

    Requiescat in pace. Amen.
    Pater noster. Ave, Maria.
      A tres noble et vertueux seigneur,

Monseigneur Jacques DE MONTHIERS, seigneur de Bosroger, conseiller du roi, et monseigneur son frère, et leur bailly à Pontoise, gouverneur et y commandant pour le service de Leurs Majestés.

ACROSTICHE et épitaphe de feu Monsieur son père.

VIII. Simon DE MONTHIERS, chevalier, seigneur du Bosroger, Vert, Précy, Roi et du Mesnil, épousa le 10 février 1549 (1), Marie Mesnage, fille de Jacques Mesnage, chevalier, seigneur de Cagny, maître-d'hôtel du roi, et son ambassadeur vers l'empereur, en Angleterre, et en Suisse ; et de Marie de Croismar.

---

(1) Mentionné et visé à la preuve de Malte de 1611.

De ce mariage vinrent :

1.º Simon, dont l'article viendra ;

2.º Charles, seigneur des Bruyères, mort sans postérité ;

3.º Jean, Louis et Jacques, tous trois morts en bas
âge.

IX. Simon DE MONTHIERS, chevalier, seigneur du
Bosroger, Vert, les Bruyères, et Digny, chevalier de
l'ordre du roi, gentilhomme ordinaire de la chambre,
lieutenant de cinquante hommes d'armes, député de la
noblesse de Normandie par acte du 16 décembre 1610,
épousa, le 10 janvier 1586 (1), Catherine de Gruel,
fille de Philibert de Gruel, chevalier, seigneur de Ton-
noye, Traineau, Digny, chevalier de l'ordre du roi,
gentilhomme ordinaire de sa chambre, et de Susanne de
Bubertré.

De ce mariage vinrent :

1.º Claude, dont l'article viendra ;

2.º Lancelot de Monthiers, reçu chevalier de Malthe
en 1611 (2) ;

3.º Robert de Monthiers, reçu chevalier de Malthe en
1613, mort commandeur ;

4.º Simon, seigneur de Vaux et de Plaines, marié
en 1621 à Madeleine de Sailly ;

5.º Jean, seigneur de Digny, gentilhomme ordinaire
du roi ;

6.º Jacques, mort garçon ;

7.º Nicolas, Gabriel et Philibert, prêtres ;

8.º Marie, religieuse à Bival ;

9.º Françoise, mariée le 3 juillet 1617 au sieur de
Verguette, écuyer, seigneur de Sarguette.

X. Claude DE MONTHIERS, chevalier, seigneur du Bosroger, chevalier de l'ordre du roi, capitaine de cinquante
hommes d'armes, épousa le 7 septembre 1615 Marguerite de la Bretonnière.

De ce mariage vinrent :

1.º Jean, dont l'article viendra ;

---

(1) Mentionné et visé à la preuve de Malte de 1611.
(2) La preuve de Malte faite le 23 mai 1611, est relatée dans l'arrêt
de maintenue. Voir le père Menestrier, page 546.

2.º Jacques, seigneur du Mesnil, marié le 20 novembre 1639, avec Élisabeth le Cerf, veuve de Pierre Largemain ;

3.º Claude, mort sans enfants, ainsi que Jacques.

XI. Jean DE MONTHIERS, chevalier, baron du Bosroger et de Boudeville, seigneur de la Bretonnière, gentilhomme ordinaire du roi, capitaine des chevau-légers, épousa en prémières noces, le 30 octobre 1641, Élisabeth de Lionne ; et en secondes noces, le 12 octobre 1659, Louise le Roi, fille de François le Roi, chevalier, baron de Saint-Dezir, conseiller et maître d'hôtel du roi, et de Denise Gasselin.

Du premier mariage vint :

XII. Jean DE MONTHIERS, chevalier, baron de Boudeville, lequel épousa N... Soret.

De ce mariage vinrent :

1.º Marguerite de Monthiers, qui épousa le sieur de Bois l'Évêque, écuyer, seigneur de Faverolles, et porta audit sieur de Bois l'Évêque la baronie de Boudeville ;

2.º Catherine, mariée au sieur de Lambert, écuyer seigneur de Loude ;

3.º Une fille religieuse.

En lui s'est éteinte la branche aînée.

Du deuxième mariage vinrent :

1.º Joseph-Bonaventure, dont l'article viendra ;

2.º Charles-Alexandre de Monthiers, dit le chevalier de Boudeville, capitaine au régiment royal des vaisseaux, mort garçon.

3.º Jean-Baptiste, seigneur du Bosroger, qui épousa le 7 juillet 1694, Marie-Madeleine de Clinchamps, et eut :

a. Blaise-Jean-Baptiste, seigneur du Bosroger, marié en premières noces à Charlotte Guédier, fille du sieur Guédier, écuyer, seigneur de Saint-Aubin, conseiller au parlement de Rouen ; et en secondes noces à Marie-Anne-Françoise du Moucel, fille de Pierre-Nicolas du Moucel, écuyer, seigneur du Coudray et de Madeleine-Françoise de Garsant, mort sans enfant de ces deux femmes ;

b. Louis-Denis, mort garçon.

XII. Joseph-Bonaventure DE MONTHIERS, du Bosroger, épousa, le 23 avril 1703, Françoise le Franc, fille de César le Franc, chevalier, seigneur de la Haye Berou, et d'Élisabeth de Coutumel, dame du Perron, et veuve de Pierre de Baignard, écuyer.

De ce mariage vint :

XIII. Joseph-François DE MONTHIERS, chevalier, seigneur du Perron, qui épousa Susanne le Boucher.

De ce mariage vinrent :

    1.º François, dont l'article viendra ;

    2.º Charles-Jacques de Monthiers, chevalier, dit le chevalier du Perron, maréchal de logis des gardes du corps de S. M., chevalier de Saint-Louis, marié à Marie-Anne de Rouen de Bermonville, veuve de M. le marquis de Soudeilles.

    3.º Louise de Monthiers, abbesse de Verneuil au Perche, morte en juin 1813.

XIV. François marquis DE MONTHIERS, chevalier, seigneur du Bosroger, du Coudray et de Bois-Louvet en Lieuvain, ancien officier de cavalerie, qui a épousé, en premières noces, Marie-Anne-Françoise du Moucel, veuve de Blaise-Jean-Baptiste de Monthiers, et n'en a pas eu d'enfants ; et en deuxièmes noces, en juillet 1813, Charlotte-Louise Chénard de Boussey, fille de Chrétien-Jacques-Jean Chénard de Boussey, chevalier, ancien officier aux grenadiers de France, seigneur de Boussey, et de Louise Adrienne de Lorraine d'Elbeuf de Groslé.

Il demeure en son château au Bosroger, commune du département de l'Eure, près Pacy-sur-Eure.

Son frère, le vicomte du Perron, demeure à Evreux.

Branche du Vexin français, prise au 7º degré.

VIII. Jacques DE MONTHIERS, chevalier, seigneur du Bosroger et de Vert, troisième fils de Jean de Monthiers et de Jeanne de Hazeville, né au château du Bosroger, le 21 septembre 1528, bailli d'épée de Mantes et Meulan, par provisions du roi Charles IX, du 6 mai 1562 ; ensuite lieutenant-général de Pontoise, par provisions du roi du 8 juin 1563 ; gouverneur et commandant de la ville de Pontoise pour les rois Charles IX et Henri III, par commission des 13 juin 1576 et 2 avril 1585 ; épousa, le 17 septembre 1559, Marguerite d'Auvergne, fille de Jean d'Auvergne, écuyer, et de Marguerite de Jeufosse, et veuve de Pierre de Sailly, écuyer, seigneur de Sailly et la Motte-sous-Grès.

> *Nota.* Ce Jacques de Monthiers avait pris des degrés en droit (1), et en conséquence ne pouvait, comme étant de robe longue, posséder un office de bailli d'épée. Le roi Charles IX, par les provisions du 6 mai 1652, le dispense de la rigueur des ordonnances, et lui permet d'exercer cet office, quoique de robe longue, attendu dit le roi, que ledit *de Monthiers est gentilhomme, né et extrait de noble race et lignée.*

De ce mariage vinrent :

1.º Gabriel, dont l'article viendra ;
2.º Réné, mort jeune ;
3.º Marguerite, mariée à André de Forêts, écuyer, seigneur de Belleville, d'où sont issus les seigneurs de Forêts-Belleville ;
4.º Jeanne, mariée au sieur Vallée, écuyer.

IX. Gabriel DE MONTHIERS, chevalier, seigneur de Saint-Martin, lieutenant-général de Pontoise, gouverneur et commandant, pour le roi, de ladite ville ; conseiller ordinaire de Henri de Bourbon, premier prince du sang, par brevet du 8 avril 1603 ; épousa, le 10 novembre 1585, Marie de Baudry, fille de Guillaume de Baudry, écuyer, et de Geneviève Grenier.

De ce mariage vinrent :

1.º Charles, dont l'article viendra ;
2.º Maximilien, chevalier, seigneur de Frédeval, qui épousa, le 13 octobre 1641, Madeleine David ;
3.º Guillaume, chevalier, seigneur de Boubiers, qui épousa la fille du sieur de Bray, écuyer, seigneur de Saint-Gilles ;
4.º Jacques, chevalier, seigneur de Marbury, lieutenant-colonel du régiment royal, qui épousa Madeleine de Guaybillon, veuve de Jean de Bouy, écuyer, seigneur des Bandes, et en eut :

---

(1) Cette dispense, par laquelle le roi déclare Jacques de Monthiers gentilhomme de race, est mise au long dans le livre du Père Menestrier page 125, comme bonne preuve de noblesse, et dans le traité de la noblesse de la Roque, Paris 1678, page 223.

    a. Gabriel, seigneur de Marbury, qui épousa Marguerite Mouffle, et en eut Arsace de Monthiers, seigneur de la Jeufosse, marié à Catherine d'Andrieux, fille de Louis d'Andrieux, écuyer, seigneur de Magnanville, dont il n'eut qu'une fille, Marie-Anne, morte fille en 1741;

    b. Marie-Anne, mariée, le 3 juin 1687, à Charles de Poulain, chevalier, seigneur du Boisy et de Feularde;

5.º Marie de Monthiers, mariée à François des Lyons écuyer, seigneur de Clos-Martin et de Theuville, gendarme de la compagnie du roi.

X. Charles DE MONTHIERS, chevalier, seigneur de Saint-Martin, lieutenant-général de Pontoise, gouverneur de ladite ville pour le roi, depuis 1644 jusqu'en 1656; conseiller d'état au conseil privé du roi, par brevet du 10 décembre 1652, épousa, 1.º le 4 septembre 1622, Elisabeth Bredouille, fille de Simon Bredouille, et de Bonne Coulon; 2.º, le 13 décembre 1638, Catherine de Bouju, fille de N. de Bouju, chevalier, seigneur de Monterbeau; 3.º, le 25 août 1657, Louise d'Etienne, fille de François d'Etienne, écuyer, seigneur d'Aumon, et de Martiale de la Serre.

Du premier mariage vinrent:

    1.º Pierre, dont l'article viendra;

    2.º Madeleine, mariée, le 27 juillet 1662, à Pierre le Mercier, écuyer.

XI. Pierre DE MONTHIERS, chevalier, seigneur de Saint-Martin et de Ripernelle, lieutenant-général de Pontoise, épousa, le 20 janvier 1647, Marie Seigneur, fille d'Antoine Seigneur et de Marie Chéron.

Il fut maintenu dans la noblesse ancienne par intérêt du conseil du 13 mai 1671 (1), lors de la recherche de la noblesse.

De ce mariage vinrent:

    1.º Pierre, dont l'article suit:

    2.º Jacques-Gabriel, né le 6 janvier 1657, prêtre, et chevalier de l'ordre de Notre-Dame-du-Mont-Carmel et de Saint-Lazare-de-Jérusalem;

---

(1) L'arrêt de maintenue est imprimé en entier dans le Père Menestrier, à la page 529 jusqu'à la page 547.

3.º Cinq enfants, morts sans être mariés.

XII. Pierre DE MONTHIERS, chevalier, seigneur de Saint-Martin, du Fay, Mardalin et de Ripernelle, d'abord servant dans la compagnie des gardes du roi, ensuite lieutenant-général de Pontoise, nommé par le roi commissaire des guerres des Invalides, par brevet du 1er mars 1708; épousa en premières noces, le 15 décembre 1676, Marie-Angélique Hédoul, fille de Jean Hédoul, écuyer, seigneur du Fay, et de Madeleine Maron; et en secondes noces, le 31 décembre 1683, Nicole-Angélique Touret, veuve d'Antoine-Philippe de Magnen, écuyer, seigneur de Fontenelle.

Il eut de son second mariage, Marguerite-Elisabeth de Monthiers, reçue à Saint-Cyr, en novembre 1693, et Louise-Angélique, morte fille.

Du premier mariage vinrent :

    1.º Jacques, dont l'article viendra ;

    2.º Pierre de Monthiers, chevalier, seigneur du Fay et Mardalin, lieutenant-général de Pontoise, qui épousa Louise le Maître, et mourut sans postérité;

    3.º Marie-Madeleine mariée à Michel le Loup du Jardin, écuyer, seigneur de Bournonville.

XIII. Jacques DE MONTHIERS, chevalier, seigneur du Fay et Mardalin, lieutenant-général de Pontoise, épousa, le 14 décembre 1713, Jeanne-Angélique des Lyons, fille d'Yves des Lyons, écuyer, aide-major des Gendarmes de la garde, et veuve de Benjamin-Daniel de Boisdénemets, chevalier, seigneur de Requiecourt.

De ce mariage vinrent :

    1.º Jacques, dont l'article viendra ;

    2.º Charles de Monthiers, chevalier, seigneur du Fay et Mardalin, lieutenant-général de Pontoise, qui épousa, le 7 janvier 1752, Angélique-Geneviève Roussel, dont il eut :

        a. Réné-Charles de Monthiers, chevalier, seigneur du Fay, marié, en 1782, à Angélique Vanin, dont il a eu Charles de Monthiers, chevalier, sous-lieutenant dans le corps du génie, en 1813; une fille mariée au sieur le Seur, écuyer, seigneur de Senneville, et deux filles non mariées;

    3.º Trois garçons et trois filles, morts sans être mariés.

XIV. Jacques DE MONTHIERS, chevalier, seigneur du

Fay et Mardalin, capitaine au régiment de Bourbon, cavalerie, chevalier de l'ordre royal et militaire de Saint-Louis
et ensuite lieutenant-général de Pontoise, épousa, le 16
décembre 1750, Angélique-Elisabeth Roussel de Roany.

De ce mariage vinrent:

1.º Jacques, dont l'article viendra;

2.º Bonaventure-Ange de Monthiers, dit le chevalier
de Monthiers, lieutenant au régiment Royal-Roussillon, cavalerie, mort en émigration, en 1793,
près Coblentz, garde-noble à pied de la Couronne.
Il avait épousé, le 4 mai 1790, Marie-Madeleine
de Charest, fille de Joseph de Charest, écuyer,
seigneur de Lozon et Lévy, chevalier de l'ordre
royal et militaire de Saint-Louis, et de Marie-Catherine des Auniers, dont il n'a pas eu d'enfants;

3.º Angélique, mariée, le 16 août 1773, à Amable-
Thomas Duval, écuyer ;

4.º Deux garçons, morts à dix-sept ans, inscrits dans
les mousquetaires.

XV. Jacques, comte DE MONTHIERS, chevalier, seigneur
du Fay et Mardalin, de la terre et seigneurie de Nucourt,
et des fiefs de Plémont, le Saussoye, la Vauzelle et les
Moulins, lieutenant-général de Pontoise, épousa, le 23
août 1785, Agnès-Angélique de Baroille, fille de Pierre-
Etienne de Baroille, chevalier, capitaine d'artillerie, chevalier de l'ordre royal et militaire de Saint-Louis, et d'Agnès
de Monsures.

De ce mariage vinrent :

1.º Jacques-Casimir-Emmanuel comte de Monthiers,
ci-devant officier de dragons, actuellement garde-
du-corps de sa majesté, compagnie de Grammont;

2.º Angélique-Victorine, mariée, le 2 octobre 1809,
à Charles Choppin de Seraincourt, écuyer, seigneur de Rueil et Seraincourt en partie, décédée
le 24 janvier 1813, laissant deux enfants ;

3.º Elisabeth-Félicie de Monthiers.

Il demeure en son château à Nucourt, commune du
département de Seine-et-Oise, canton de Marines, près
Magny, Vexin-Français. Réné-Charles de Monthiers, mentionné à la treizième génération, demeure dans la ville de
Pontoise.

Armes : « Les armes de cette famille ont toujours été

» depuis 1400 jusqu'à ce jour, trois chevrons rompus de
» gueules en champ d'or, avec deux anges pour supports. »

Le père Menestrier, au livre intitulé : Origine des
ornements des Armoiries, Paris 1680, page 111, dit :
que les Monthiers, dans l'église de la Folie Herbaut en
Beauce, avaient des anges pour supports à leurs armes.

––––––––––

AUBIER DE LA MONTEILHE DE RIOUX DE CONDAT DE
SAUZET, famille ancienne d'Auvergne où elle réside encore
de nos jours.

I. Pierre, *aliàs* Perrot D'AUBIER, homme d'armes, qui
comparut en 1356 à Bourges, à la montre que fit André
de Chauvigny ; il fut père de :

II. Jean D'AUBIER, qualifié vicomte dans ses actes : il
commandait pour le roi au Pont-de-l'Arche en 1379. Fut
père de.

III. Jean D'AUBIER, IIe du nom, chevalier, seigneur
d'Aubier, écuyer de Jean, fils de France, duc de Berry
et d'Auvergne, vivait en 1401 et 1412. Fut père de :

IV. Louis D'AUBIER, chevalier, seigneur, d'Aubier,
homme d'armes, vivait en 1425 et 1429. Fut père de :

V. Jean D'AUBIER, IIIe du nom, seigneur du Sendres,
homme d'armes des ordonnances du roi en 1447 et 1450,
avait un frère nommé Louis, aussi homme d'armes. Jean
d'Aubier fut père de :

VI. Annet D'AUBIER, homme d'armes, vivait en 1463
et 1468 ; il avait un frère nommé Guillaume, aussi homme
d'armes, à la même époque. Annet fut père de :

VII. Jean D'AUBIER, IVe du nom, vivant en 1462 et
1474 ; il avait un frère nommé Bernard, aussi homme d'armes à la même époque ; il fut père de :

VIII. Charles D'AUBIER, guidon d'une compagnie de
cinquante lances des ordonnances du roi et de quarante
hommes de guerre en 1548, et mort en 1551 ; il fut père de :

IX. Emmanuel D'AUBIER, dit le capitaine d'Aubier,
condamné à mort par contumace, par le parlement de
Bordeaux en 1569 à l'occasion des troubles de cette époque où il fut des premiers à s'attacher à Henri IV; il fut
père de :

X. Antoine D'AUBIER, chevalier, seigneur de la Monteilhe, Rioux, Condat, Serment, marié en 1589 à Françoise de la Salle de Puy-Germaud; d'eux sont nés :

1.° Joseph d'Aubier, dont l'article suit;
2.° Jean d'Aubier, tué à l'armée d'Italie, sans postérité;
3.° Gabrielle d'Aubier, mariée le 1er juin 1631, à Réné, comte de la Tour-d'Auvergne.

XI. Joseph d'Aubier, chevalier, seigneur de Rioux, la Monteilhe, etc., marié à Anne Tixier de Lavault; d'eux sont nés :

1.° Louis d'Aubier, dont l'article suit;
2.° Jean d'Aubier, tué à l'attaque de Salins, mort sans postérité;
3.° Antoine d'Aubier, écuyer du roi, inspecteur-général des haras, mort sans postérité;
4.° Anne, mariée en 1669 à Louis de Sageot, et en secondes noces, à Charles, comte de Bouillé;

XII. Louis d'Aubier, IIe du nom, chevalier, seigneur de Rioux, la Monteilhe et Condat, capitaine au régiment royal, infanterie, fut marié en 1679, à Jeanne de Goy; d'eux sont nés :

1.° Antoine d'Aubier qui suit;
2.° Emmanuel d'Aubier, dont l'article viendra;
3.° Marie d'Aubier, mariée avec Androdias du Chastel de Murol.

Branche aînée.

XIII. Antoine d'Aubier, chevalier, seigneur de Condat, Revialle et Daire, capitaine d'infanterie, épousa en 1712 Marguerite de St.-Giron de Tavernolles, demoiselle d'une ancienne famille d'Auvergne; d'eux naquirent :

XIV. Emmanuel-Joseph d'Aubier, IIe du nom d'Emmanuel, seigneur de Condat, qui épousa Marguerite de Rigaud Monteynard; d'eux sont nés :

1.° Emmanuel d'Aubier, né le 18 août 1757;
2.° Marie d'Aubier;
3.° Marie-Ursule d'Aubier.

XV. Emmanuel d'Aubier de Condat, IIIe du nom, seigneur de Daire, d'abord officier au régiment de Jarnac, dragons, émigré en 1791, devenu aide-de-camp du duc de Deux-Ponts, ensuite capitaine de cavalerie au service

d'Autriche, marié en 1802 à   d'Achier; d'eux
sont nés :

1.° Emmanuel d'Aubier ;
2.° N... d'Aubier.

Branche cadette, prise au 12.° degré.

XIII. Emmanuel d'Aubier, IVme du nom d'Emmanuel, chevalier, seigneur de la Monteilhe, second fils de Louis et de Jeanne de Goy, épousa, en 1715, Anne de Vallenet, d'une famille qui a fourni des chevaliers Vénitiens; il mourut le 15 mai 1759, laissant quatre enfants :

1.° Antoine d'Aubier, né en 1716, qui fut doyen du chapître royal de Verneuil ;
2.° Autre Antoine d'Aubier, né en 1717, dont l'article suit ;
3.° Gabriel d'Aubier, né en 1719, abbé de l'abbaye royale de Bonne Aiguë, en Limosin;
4.° Antoine d'Aubier, né en 1723, qui, après avoir servi long-temps dans le régiment de la Reine, cavalerie, fut lieutenant-colonel au régiment de Royal-Normandie, cavalerie ;
5.° Anne d'Aubier, mariée, en 1759, à Philippe-Joseph comte Ducrozet de Liganez.

XIV. Antoine d'Aubier, chevalier, seigneur de Rioux et de la Monteilhe, né en 1717, mort en réclusion le 1794, avait épousé Jeanne de Champflour, d'une famille qui a donné à l'Église, dans le dix-huitième siècle, deux évêques vénérés pour leurs vertus. De ce mariage sont nés :

1.° Emmanuel d'Aubier, qui suit ;
2.° Jean, né le 2 janvier 1751, qui fut chanoine de la cathédrale de Clermont, prieur de Saint-Étienne, procureur-syndic de la noblesse et du clergé en 1788, et qui fut fusillé, en 1794, à Lyon, par ordre du commité révolutionnaire ;
3.° Marie, d'Aubier, née le   1753, mariée, le 10 février 1777, à Benoît Fabre de Saint-Mande.

XV. Emmanuel d'Aubier, Vme du nom d'Emmanuel, chevalier, seigneur de Rioux, de la Monteilhe et de Sauzet, né le 20 septembre 1749, gentilhomme ordinaire du roi

Louis XVI (1), a été nommé, le 13 mars 1793, chambellan du roi de Prusse (la lettre de ce monarque, à M. d'Aubier, porte que c'est en témoignage de son estime pour le dévouement à Louis XVI, dont il a donné de si grandes preuves), a été ensuite nommé commandeur de l'ordre Prussien de l'Aigle. (La lettre de ce monarque porte que c'est en témoignage de sa satisfaction des sentiments et de la conduite de M. d'Aubier.)

Il a rejoint Son Altesse Royale MONSIEUR, frère de Louis XVIII, à Paris, le 14 mars 1814, pour lui rendre compte des mesures de la noblesse d'Auvergne, pour hâter la restauration de l'autorité légitime des Bourbons, et lui demander ses ordres. Il est rentré dans ses fonctions de gentilhomme ordinaire de la chambre du roi, à l'arrivée de Louis XVIII à Compiègne, qu'il exerce.

Il avait épousé, le 4 novembre 1768, Jeanne Margerede Crevecœur. De ce mariage sont issus :

1.º Antoine d'Aubier, qui suit;

2.º Jérôme-Emmanuel d'Aubier de la Monteilhe, dont l'article viendra;

3.º Jean-Baptiste d'Aubier de Rioux, dont l'article viendra aussi ensuite.

(1) Il en a exercé les fonctions auprès de Louis XVI jusqu'au dernier instant, l'ayant suivi à l'assemblée législative le 10 août 1792, ayant veillé à son chevet la première nuit de sa captivité aux Feuillants. Il demeura auprès de son bon maître jusqu'à ce qu'il en fût arraché par ordre de l'assemblée la nuit du 11 au 12 août; chargé par ce prince et sa famille d'informer ses frères et le roi de Prusse des événements du 10 août et de leurs conséquences, il les joignit près de Luxembourg le 22 août, et fit campagne avec eux.

Le 12 décembre suivant il fut aux avant-postes faire remettre aux généraux français sa réquisition de le recevoir prisonnier et de le transférer à la barre pour y défendre Louis XVI; il en a le reçu portant refus; il fit pareille réquisition au ministre de France à la Haye, et fit parvenir à M. de Malesherbes sa prière de lui procurer les moyens d'arriver pour être entendu sur faits justificatifs de son maître. M de Malesherbes lui répondit, par lettre du 12 janvier 1793, que ce prince le conjurait de ne pas se compromettre, parce que cela serait inutile, le qualifiant une des personnes dont il était le plus aimé, et qu'il estimait le plus. Cette lettre étant tombée dans les mains du roi de Prusse par effet des circonstances de guerres, ce Monarque lui envoya la clef de chambellan, en lui écrivant une lettre qui fait autant d'honneur à ce Monarque par les sentiments qu'il y exprime pour Louis XVI, qu'elle en fait à Emmanuel d'Aubier, par l'estime qu'il lui témoigne.

Emmanuel d'Aubier a signalé son dévouement à Louis XVI par

XVI. Antoine d'Aubier de la Monteilhe, chevalier, seigneur de Sauzet, né le 12 décembre 1769, fut d'abord officier au régiment d'infanterie de Viennois, ensuite lieutenant au Corps royal d'Artillerie, puis lieutenant dans la Garde royale créée en 1791, et qui fut licenciée en 1792, émigra en août, joignit les Princes, fit la campagne dans les compagnies de cavalerie des gentilshommes d'Auvergne, passa en mars 1793, au service du roi de Prusse, fut aide-de-camp du maréchal de Kalkerseut, décoré de l'ordre du mérite militaire, fait chef d'escadron et ensuite major.

Il a épousé, en 1805, Henriette de Hausen, fille du baron de Hausen, lieutenant-général des armées du roi de Prusse, grand croix de l'Ordre prussien de l'Aigle noir, chevalier de l'ordre de Saint-Jean de Jérusalem.

Ils n'ont en ce moment qu'un fils, nommé Gustave de Hausen Aubier, conformément aux lettres-patentes du roi de Prusse, portant réunion des deux noms; il est né en janvier 1809.

Jérôme-Emmanuel d'Aubier de la Monteilhe, VI° du nom d'Emmanuel, seigneur de Sauzet, frère d'Antoine d'Aubier, né le 23 décembre 1770, débuta par être officier au régiment de Viennois, passa au régiment du maréchal de Turenne, de là au service du roi d'Espagne en qualité de lieutenant au régiment de Naples, rentra en France en 1801, y épousa, au mois de juin, Marie-Claudine de Champflour, mourut en 1805. Il a laissé deux filles vivantes en ce moment, et sa femme enceinte; elle est accouchée d'un garçon, mort peu de jours après sa naissance.

Jean-Baptiste-Antoine d'Aubier de Rioux, frère des deux précédents, fut d'abord officier d'infanterie en France, puis émigra, fut ensuite lieutenant d'infanterie au service du roi

---

beaucoup d'autres traits; quelques-uns ont été sités par du Rozoy; d'autres dans divers ouvrages, entre autres dans celui de Pelletier, dans les Essais historiques de Beaulieu, et dans les Mémoires de Bertrand de Molleville; il est souvent fait mention de lui dans l'excellent ouvrage de M. Hue, sur les dernières années du règne de Louis XVI.

Le diplôme du roi de Prusse, ainsi que toutes les lettres que ce prince lui a écrites, donnent à Emmanuel d'Aubier le titre de baron, au lieu de vicomte que son auteur avait depuis 1379, mais que ses successeurs avaient négligé de porter depuis que leur fortune avait éprouvé de très-grands revers. Le titre de vicomte est inusité en Prusse.

de Prusse, y épousa la fille de son excellence le grand-écuyer Mardefeld, fut fait prisonnier à Magdebourg, devenu veuf, rentra au service de France; il y est devenu major d'infanterie.

Il a épousé Petra de Flor, fille d'un gentilhomme Espagnol, nièce de l'évêque de Guipuscoa, native de Burgos, d'une famille très-fidèle aux Bourbons.

Ils n'ont en ce moment que deux enfants :

1.° Prosper-Antoine d'Aubier, né en 1811, en Espagne;

2.° Suzanne d'Aubier, née à Paris en 1814.

Tel est l'état actuel de cette famille.

Nota. La filiation ci-dessus détaillée est prouvée par les jugements et arrêts qui ont maintenu cette famille dans sa noblesse comme noble de race, par les certificats de M. Chérin, généalogiste des ordres du roi et par les actes originaux sur lesquels lesdits jugements et certificats de M. Chérin, ont été accordés.

Armes : « Les armes de cette famille sont d'or, à un » chevron de gueules, accompagné en chef de deux mo-» lettes d'éperon d'azur, et en pointe un croissant d'azur; » pour devise : *unguibus et rostro fidelis.* »

Sur les tombeaux de cette famille et sur les vitraux des chapelles où ils étaient, l'écusson était surmonté d'une bannière blanche traversée d'une grande croix rouge; la tradition et un manuscrit, jadis conservé à la bibliothèque de la cathédrale de Clermont, disent que, lorsque en 1095, la croisade fut résolue à Clermont, ce signe fut accordé à ceux qu'on chargea de porter les bannières; que leurs descendants continuèrent d'en jouir.

FOIX DE FABAS (DE), maison issue des anciens comtes de Foix, qui ont eu des alliances avec la maison royale de France, et avec plusieurs souverains de l'Europe. La branche de Foix de Fabas, établie en Languedoc et dans le département de l'Ariége, descend de :

I. Corbeiran DE FOIX, II° du nom, chevalier, seigneur

de Rabat et Fornets, fils de Jean de Foix, IIe du nom, et de Léonor de Comminges, vicomtesse de Couserans, est qualifié de *cher cousin* par Catherine, reine de Navarre, dans un acte du 1er juin 1495 ; il épousa Jeanne de la Roque-Nébouzan-Saint-Etienne, de laquelle il eut entre autres enfants :

    1.º Jean de Foix, IIIe du nom, qui continua la branche aînée des comtes de Foix ;

    2.º Autre Jean, qui suit :

II. Jean DE FOIX, seigneur de Saubiac, de la Motte et d'Argan, était en bas âge lors du testament de Jeanne de la Roque sa mère, qui lui donna la terre de Saubiac, dans le diocèse de Bazas ; il fut père de :

III. Antoine DE FOIX, seigneur de la Motte, qui testa le 15 février 1571, il épousa le 9 février 1521, Jeanne de Cavars, de laquelle il eut :

IV. Roger DE FOIX, seigneur de la Motte, qui, entre autres enfants, laissa :

V. Jean-Jacques DE FOIX, seigneur de la Motte, qui épousa Gabrielle d'Orbessan, qui le rendit père de :

VI. Nicolas DE FOIX, seigneur de la Motte, gentilhomme ordinaire de la chambre du roi, le 1er avril 1633 ; il épousa le 5 juin 1612, Marie d'Encausse, de laquelle entre autres enfants il laissa :

VII. Nicolas-Emmanuel DE FOIX, seigneur de Fabas, maintenu dans sa noblesse, par jugement de M. de Besons, commissaire départi par le roi, le 8 juillet 1669 ; il avait épousé le 5 décembre 1647, Paule de Hunault, qui le fit père entre autres enfants de :

VIII. Nicolas-Melchior DE FOIX, seigneur de Fabas, Montardit, Barjac et Lassère ; mousquetaire du roi dans la première compagnie, a épousé Marie de Castex, fille d'Etienne de Castex, baron et seigneur de St.-Martin ; de ce mariage :

    1.º Etienne-Gaspard, dont l'article viendra ;

    2.º Marie-Anne, mariée à Paul, marquis de Lordat.

IX. Etienne-Gaspard DE FOIX, seigneur de Fabas, mousquetaire du roi, a épousé, en 1733, Henriette de l'Estang, fille de Jean, vicomte et seigneur de Celles ; de ce mariage :

X. Paul-Louis DE FOIX, seigneur de Fabas, né en 1754,

page du roi en 1770, officier dans le régiment de Noailles, dragons, député du département de l'Arriège en 1814, pour féciliter S. M. Louis XVIII à son avénement au trône; a épousé en octobre 1775, Françoise de Percin, fille de Louis-Marie, marquis de Percin, seigneur de la Mothe et Lillange; de ce mariage :

1.º Joseph-Léopold, né en 1790;
2.º Alexandre-Henri, né en 1793, lieutenant dans le huitième régiment d'infanterie légère;
3.º Trois demoiselles: 1.º Lucette; 2.º Charlotte; 3.º Adèle.

Cette généalogie de la maison de Foix de Fabas, *est dressée d'après* le père Anselme.

Armes : « D'or, à trois pals de gueules. »

DREÜILLE (DE). Cette maison, qui passe pour être l'une des plus anciennes du Bourbonnais, est originaire de cette province ou au moins y est établie depuis plusieurs siècles; elle y possédait, avant 1400, la terre de Dreüille, située paroisse de Cressange, et l'a conservée jusqu'au moment de la révolution qu'elle a été confisquée et vendue à cause de l'émigration de Jean François Hyacinthe, chevalier de Dreüille, à qui elle appartenait alors.

La forêt de Dreüille, située dans une autre partie du Bourbonnais, passe pour avoir été aussi à la maison de Dreüille, et même pour avoir été son premier patrimoine. Elle appartient au roi depuis plusieurs siècles.

La maison de Dreüille a fourni quatre chevaliers de Malte: Gaspard, en 1612; Jean, en 1647; Léon, en 1668 : et un autre Léon, en 1710. Dans la révolution, quatre de ses membres étaient émigrés : le comte de Dreüille d'Issard, qui a servi avec distinction à l'armée de Condé; le comte de Dreüille d'Avry, maréchal-des-logis de la première compagnie Rouge noble d'ordonnance, à l'armée des Princes, fut tué à l'armée de Condé en 1792; le chevalier de Dreüille, son frère; et un autre Dreüille leur cousin, qui a été tué à l'armée du général Charrette. Le comte de Dreüille, tué à l'armée de Condé, a laissé deux fils qui, avec le chevalier Jean-François-Hyacinthe leur oncle, et

N. de Dreüille leur cousin, sont les seuls restes de cette famille.

Armes : « D'azur au lion rampant d'or, armé, cou-
» ronné et lampassé de gueules. »

Nous attendons, sur cette famille, des détails généalogiques plus étendus que nous transmettrons dans un prochain volume.

FERRY DE BELLEMARE (DE), famille noble originaire de Provence, et dont une branche s'est transplantée
à Saint-Domingue, dans la personne de :

Gabriel DE FERRY, écuyer, qui a laissé pour fils :

Gabriel-Denis DE FERRY DE BELLEMARE, écuyer, né le
27 avril 1779, a émigré lors de la révolution et a servi d'abord
comme cadet gentilhomme, puis lieutenant dans le régiment d'Artillerie royale étrangère, au service de sa majesté
Britannique : il a épousé, 1.º la très-honorable Jeanne Tolle-
mache, fille du Lord comte Dysart, seigneur Ecossais,
morte en 1802; 2.º Marie-Madeleine-Anne de Cadusch, fille
de Monsieur le marquis de Cadusch, capitaine de cavalerie
et colonel au service de l'Angleterre pendant l'émigration;
elle était veuve du comte de la Barre-Nanteuil. De ce dernier mariage sont issus :

1.º Eugène-Louis-Gabriel de Ferry de Bellemare, né
le 29 novembre 1809.

2.º Gabriel-Jules-Anatocle, né le 10 septembre 1814.

Armes : « De gueules à la coquille d'or, accompagnée
» de trois annelets d'or, posés deux en chef et un en
» pointe. »

BEAUFORT DE GELLENONCOURT (DE), famille
qui se croit originaire de Danemark, et qui se trouve établie en Lorraine, depuis le quinzième siècle.

I. François DE BEAUFORT, écuyer, venu, selon la tradition de
famille, en qualité de gentilhomme à la suite de la duchesse
Christine de Danemark, mariée au duc de Lorraine Francois Iᵉʳ, et déjà veuve du duc de Milan, se fixa en Lor-

raine; il avait épousé Nicole de Copecho, de laquelle il eut, entre autres enfants :

II. Jean DE BEAUFORT, écuyer, à qui le duc Antoine de Lorraine donna par lettres-patentes du 14 juillet 1539, une partie de la seigneurie de Poligny; le même souverain le créa *grand-veneur* de Lorraine, en 1549. Il avait épousé Christine d'Aremberg, de laquelle il laissa :

    1.º François, qui suit;

    2.º Deux fils, qui furent ecclésiastiques;

    3.º Antoinette, qui épousa Louis de Failly, écuyer, seigneur de Vandières.

III. François DE BEAUFORT, écuyer, seigneur en partie de Pulligny, Gellenoncourt, de la baronnie de Darnieulle et Acraignes, chambellan du duc de Lorraine, gentilhomme ordinaire de la chambre du prince de Vaudémont, fut grand-veneur de Lorraine en 1587. Le 9 octobre 1588, il obtint des lettres-patentes, par lesquelles, en considération des services de son père, il lui fut accordé de prendre le nom et les armes de *Gellenoncourt*, dont il était seigneur. Le grand duc Charles lui donna en outre la seigneurie de la baronnie de Darnieulle, en 1592, et l'étang de Buisson-court en 1597, en considération de son mariage avec Gabrielle Rhuillières, issue d'un fils naturel d'un duc de Lorraine; de ce mariage :

    1.º Charles-François de Gellenoncourt, qui a épousé, en 1620, Louise-Bernier-d'Herbamont, qui, entre autres enfants, le rendit père de François de Gellenoncourt, qui laissa Théodore de Gellenoncourt, chambellan du duc de Lorraine, en 1712;

    2.º Philippe, qui suit :

IV. Philippe DE GELLENONCOURT, écuyer, bailli et gouverneur des principautés de Lixheim et Phalzbourg, épousa, le 14 février 1624, Anne-Marie de Marimont, de laquelle il eut :

V. Charles-Henri-François DE GELLENONCOURT, écuyer, seigneur de la baronnie de Darnieulle, capitaine au régiment du prince de Vaudémont, marié, le 5 juin 1657, à Françoise de Séchamps, de laquelle il laissa :

    1.º Henri-Joseph, dont l'article viendra;

    2.º François-Paul de Gellenoncourt, capitaine de dragons au service de l'empereur d'Allemagne.

VI. Henri-Joseph DE GELLENONCOURT, chevalier, seigneur de la baronnie de Darnieulle et de Séchamps, épousa,
le 19 avril 1702, Anne de Valette, qui le fit père de :

VII. Joseph-Dèle DE GELLENONCOURT, chevalier, seigneur de la baronnie de Darnieulle, capitaine des Grenadiers-
royaux, au régiment de Chabrillant, marié, le 25 juillet
1735, à Marie-Thérèse de Saint-Privé, de laquelle il eut :

    1.º Joseph-Benoît-Charles, dont l'article viendra ;

    2.º Nicolas-François-Xavier, seigneur de Gellenon-
       court, capitaine au régiment Dauphin, chevalier
       de l'ordre royal et militaire de Saint-Louis, a épousé
       demoiselle Marin, de laquelle il a :

          a. François-Xavier de Gellenoncourt ;

          b. Marie-Thérèse de Gellenoncourt :

          c. Henri de Beaufort, mort ;

          d. Autre Henri de Gellenoncourt, chanoine de
          la cathédrale de Nancy ;

          e. Trois demoiselles.

VIII. Joseph-Benoît-Charles DE GELLENONCOURT, chevalier, né en 1739, capitaine au régiment Dauphin, infanterie, a émigré en 1791, a fait six campagnes à l'armée
des Princes, et y a obtenu les grades de major et de colonel, par sa majesté Louis XVIII. Il a épousé Marie-Adé-
laïde de Benaménil, de laquelle il a :

    1.º Joseph-Marie-François de Gellenoncourt, né en
       1798 ;

    2.º Joséphine-Marie de Gellenoncourt ;

    3.º Marie-Adélaïde ;

    4.º Marie-Henriette.

Armes : « D'or au léopard de gueules, et pour cimier
» le léopard de l'écu. »

MAULGUÉ D'AVRAINVILLE, famille noble de Champagne, représentée aujourd'hui par :

Messire Louis-Marie MAULGUÉ D'AVRAINVILLE, écuyer,
seigneur d'Avrainville, fils de messire Simon-Jean-Baptiste
Maulgué, écuyer, seigneur d'Avrainville, et de demoiselle Marie-Antoinette-Mathieu de Lioncourt. Il a épousé
demoiselle Marguerite-Nicole de Pinteville, fille de messire Pierre-Benoît de Pinteville, ancien mousquetaire noir

du Roi, chevalier de l'ordre royal et militaire de Saint-Louis, et de demoiselle Marie Blanche Leclerc.

De ce mariage :

    1.º Albert Maulgué d'Avrainville, officier au douzième régiment de Ligne ;

    2.º Amélie-Clémentine Maulgué d'Avrainville.

Armes : « De gueules au chevron d'or, accompagné
» en chef de deux étoiles d'argent et en pointe d'une épée
» mise en pal. »

MESNILDOT (du), *aliàs* le GOUPIL. La famille du Mesnildot est ancienne ; elle est originaire de Basse-Normandie. En 1413, Jean le Goupil, seigneur du Mesnildot, écuyer, demeurait à Saint-Lo. Il était père de :

I. Louis le Goupil, écuyer, qui, en 1440, épousa noble demoiselle Marcel.

Lettres-patentes furent données par Charles VII, roi de France, à Richard le Goupil, frère de Louis le Goupil, ci-dessus, ainsi conçues :

« Charles, par la grâce de Dieu, roi de France, savoir
» faisons à tous présents et à venir : que nous, considé-
» rant les bons et agréables services que notre cher et bien
» amé et leurs ordinaires de nos officiers Richard le Gou-
» pil , écuyer, seigneur de Saint-Rémi des Landes, et
» notre vicomte de Coûtances, nommé par le faire tant et
» en tant d'ampuis notre avennement à la couronne dès
» le tems de notre jeune âge, fait et continué chacun jour
» et aucunes nos privées affaires, espérons que si après
» icelui pour cause mêmement en faveur de notre amé et
» féal conseiller chambellan Estienne de Vesly, chevalier,
» seigneur de Grimault, et bailly de Meauty, qui de ce
» nom a supplié et requis, et pour autres causes et consi-
» dérations à ce nous mouvant avons octroyé et octroyons,
» voulons et nous plaît de nos certains services plaine
» usance et acte royal par ces présentes que dorénavant
» Louis le Goupil, écuyer, sieur du Mesnildot et de Mire-
» ville, ensemble Richard le Goupil et tous les enfants de
» lui et d'un sieur feu puisné en son vivant, nommé Jean
» le Goupil, sieur du Coudray ; ceux qui d'eux sont issus
» et isseront au tems à venir puissent être nommés, por-
» ter et faire appeller en leur surnom, le nom de ladite

» terre et seigneurie du Mesnildot, laquelle de grande an-
» cienneté est le chef de leur dit fief et héritages, tout
» ainsi et en la propre forme et manière qui ont accou-
» tûmé faire plusieurs autres gentilshommes de notre pays
» et duché de Normandie ; et ledit surnom de Goupil
» leur avons transmué et échangé, transmuons et échan-
» geons audit surnom du Mesnildot, et voulons qu'ils
» soient dorénavant ainsi nommés et appellés en leurs let-
» tres et contrats en jugement et assemblés de nobles et
» autrement en toutes leurs affaires. Si donnons, etc. »

Donné à Poissy, au mois de février l'an de grâce 1487,
et de notre règne le cinquième.

· Louis le Goupil du Mesnildot, laissa :

II. Jean le Goupil, Iᵉʳ du nom, seigneur du Mesnildot
et du Coudray, qui épousa, en 1466, noble demoiselle
Isabeau de Hollot, fille de Thomas de Hollot, écuyer,
sieur de Beaumont. De laquelle il laissa :

III. Jean du Mesnildot, IIᵉ du nom, écuyer, seigneur
du lieu et de Magneville, épousa, le 1ᵉʳ mars 1494, noble
demoiselle Anne de Saint-.Germain, fille de Michel de
Saint-Germain, écuyer, seigneur de Saint-Germain-le-
Vicomte, et de noble dame Girette de Loraille. De laquelle
il eut :

IV. Jean du Mesnildot, IIIᵉ du nom, écuyer, seigneur
du lieu, de Vierville et du Mesnil-Amé, épousa, le 23
juillet 1561, noble demoiselle Françoise le Vallois, fille de
Louis le Vallois, écuyer, seigneur de Vierville, et de
noble dame Faulcon. De ce mariage vint :

V. Michel du Mesnildot, écuyer, seigneur du lieu et
de Champeaux, qui épousa, le 7 février 1602, noble demoiselle Jeanne Simon, fille de Jacques Simon, écuyer,
seigneur de la Chaussée à Audouville, et de noble dame
Anne Bellée. De ce mariage :

VI. Pierre du Mesnildot, écuyer, seigneur du lieu et
de la Chaussée, seigneur et patron de Rideauville, épousa,
le 29 novembre 1646, noble demoiselle Marie Dumoustier,
fille de Louis Dumoustier, écuyer, seigneur de Sainte-
Marie d'Audouville, et de noble dame Jeanne de Faoucq.
Il eut de ce mariage cinq fils et une fille, parmi lesquels :

    1.º Joseph, dont l'article suit :

    2.º Hervé, qui a formé la branche de Rottemanville,
       rapportée plus bas.

VII. Joseph du Mesnildot. écuyer, seigneur et patron
de Rideauville et de la Porte, épousa, le 4 septembre 1681,

noble demoiselle Elisabeth Plessard, fille de Jean-Antoine Plessard, écuyer, sieur de Martainville, et de noble dame Françoise Truffault. Joseph du Mesnildot, était, en 1675, capitaine dans le régiment de Vernon, cavalerie, et en 1723, capitaine d'une compagnie des gentilshommes du Cotentin. Il laissa :

VIII. Jean-Antoine DU MESNILDOT, écuyer, seigneur et patron de Rideauville, d'Orglandes et de la Porte, qui épousa, le 27 septembre 1714, noble demoiselle Marie-Thérèse Davy, fille de Charles Davy, marquis d'Amfréville, et de noble dame Marie-Thérèse de Monts. Jean-Antoine du Mesnildot, était en 1707, mousquetaire à cheval de la garde du roi ; ensuite il fut nommé, dans la même année, cornette dans le régiment de Toulouse, cavalerie. Il laissa :

IX. Louis DU MESNILDOT, écuyer, seigneur et patron d'Orglandes, de la Porte et de Marcambie, qui épousa, le 31 juillet 1748, noble demoiselle Renée-Susanne Philippe, fille de René-Joseph Philippe, écuyer, seigneur de Marcambie et de Gramesnil, et de noble dame Susanne de Mont-Fiquet. Louis du Mesnildot, lieutenant des vaisseaux de Sa Majesté, eut la jambe emportée par un boulet de canon, et reçut en outre une balle dans le genou à la bataille de M. de Conflans ; il fut fait capitaine des vaisseaux du Roi, et chevalier de l'ordre royal et militaire de Saint-Louis. Louis du Mesnildot avait été reçu de minorité dans l'ordre de Saint-Jean de Jérusalem. De son mariage sont nés :

1.º N...... du Mesnildot, mort sans enfants ;
2.º Louis-Bernardin, dont l'article suit ;
3.º Jacques-Louis Gabriel, qui a formé une branche rapportée plus bas.

X. Louis-Bernard DU MESNILDOT, marquis d'Amfreville, seigneur et patron d'Orglandes, épousa, le 7 octobre 1782, Jeanne-Charlotte d'Auxais, fille de Jean-Philippe d'Auxais, écuyer, seigneur et patron du Mesnil-Veneron, et de Marie-Madeleine Godefroy. Louis-Bernardin était officier de la marine royale, en 1772 ; il a laissé trois enfants, un garçon et deux filles ; l'aînée a épousé M. Camille de Chivré, écuyer ; la seconde, M. Auguste Dursus, écuyer.

XI. Louis-François-Gabriel DU MESNILDOT, fils du précédent, épousa, le 27 février 1812, Justine-Louise Dursus, fille de François Dursus de Carmanville, écuyer, et de Françoise-Pétronille de Tilly. Il n'y a point eu encore d'enfants de ce mariage.

Branche des seigneurs de Marcambie et de Montfarville, prise au neuvième degré.

X. Jacques-Louis-Gabriel du MESNILDOT, écuyer, seigneur de Marcambie, de la Porte et de Montfarville, troisième fils de Louis du Mesnildot, capitaine des vaisseaux de Sa Majesté, épousa, le 25 avril 1785, noble demoiselle Jeanne-Félicité Jallot, fille de Pierre-Guillaume Jallot, comte de Beaumont à la Hague, et de noble dame Françoise de Cairon de la Pallu, dont il est issu un fils nommé Louis. Jacques-Louis-Gabriel du Mesnildot, étant devenu veuf se remaria, le 1er mars, à noble demoiselle Anne-Gabrielle-Hyacinthe le Courtois, fille de Jean-Baptiste le Courtois, écuyer, seigneur de Sainte-Colombe, et de noble dame Léonore-Ambroisine-Henriette de la Houssaye. Il n'y a point d'enfants de ce second mariage. Jacques-Louis-Gabriel du Mesnildot, est entré au service de Sa Majesté, en 1774, dans le régiment de Beauce, infanterie; en 1781, il passa officier dans le régiment de Mestre-de-camp-général dragons, où il fut fait capitaine en 1784; il passa ensuite en la même qualité, en 1785, dans le régiment de Colonel-général dragons. En 1792, il émigra avec la Noblesse française, et servit en qualité de chef d'escadron dans la légion de Carneville. Il eu a de son mariage :

XI. Lquis du MESNILDOT, écuyer, qui épousa, le 29 janvier 1811, noble demoiselle Marie-Victoire-Céleste Darot de Vaugonbert, fille de Charles-François-Siméon Darot de Vaugonbert, écuyer, et de noble dame Aimable-Victoire d'Auxais d'Audienville. Il est résulté de ce mariage :

    1.° Louis-Albert;
    2.° Léontine- Cécile.

Branche des seigneurs de Flottemanville, prise au sixième degré.

VII. Hervé du MESNILDOT, écuyer, seigneur et patron de Flottemanville à la Hague, troisième fils de Pierre du Mesnildot, écuyer, seigneur du lieu, de la Chaussée et seigneur et patron de Rideauville, et de noble dame Marie

Dumoustier, épousa noble demoiselle Adrienne Meur-drac, fille unique de Guillaume Meurdrac, écuyer. De ce mariage :

VIII. François du MESNILDOT, écuyer, sieur de Champeaux, seigneur et patron de Flottemanville à la Hague, épousa, le 10 juin 1733, noble demoiselle Marie-Françoise du Hamel, fille de Charles-Edouard du Hamel, écuyer, sieur de la Prunerie, et de noble dame Marguerite le Fèvre. De ce mariage :

IX. Jules-Joseph DU MESNILDOT, écuyer, seigneur et patron de Flottemanville à la Hague, épousa, le 10 juin 1764, noble demoiselle Gabrielle-Françoise le Sens, fille de Charles-François le Sens, écuyer, et de noble dame Jeanne-Gabrielle Jourdain. De ce mariage :

X. Jean-François DU MESNILDOT, écuyer, seigneur et patron de Flottemanville à la Hague, épousa, le 20 octobre 1789, noble demoiselle Françoise-Gabrielle-Adélaïde de la Gonivière, fille de René-César de la Gonivière, écuyer, et de noble dame Susanne-Gabrielle Renouf. Jean-François du Mesnildot, a été page du roi Louis XVI, et ensuite officier dans le régiment des Gardes françaises, a eu de son mariage sept enfants ; savoir :

1.° François du Mesnildot, ecclésiastique ;
2.° Jules-César, capitaine dans un régiment d'infanterie ;
3.° Léonore-Isabeau ;
4.° Auguste-Gabriel ;
5.° Sophie-Bernardine ;
6.° Edmond Gabriel ;
7.° Clémentine-Louise-Elisabeth.

Armes : « D'azur au chevron d'or bordé de gueules, » accompagné de trois croisettes d'or, deux en chef et une » en pointe. »

———

LE FER, famille d'ancienne extraction, originaire de Blois, établie à Saint-Malo depuis les années 1488 et 1489.

I. Laurent LE FER, chevalier, seigneur de la Bourda-vère, vivait en 1327. Il épousa Vincente Montlohon, dont il eut :

II. Jacques LE FER, I.er du nom, chevalier, seigneur

de la Bourdavère, greffier des grands jours de Blois, conseiller et procureur général de Louis, duc d'Orléans, comte de Blois; il est mentionné dans l'ouvrage de Waroquier sur la noblesse de France, tom. 4, page 264. Il avait épousé Marguerite Camus, dont il eut :

III. Jehan LE FER, Ier du nom, chevalier, seigneur de la Bourdavère, échanson de Charles, duc d'Orléans, comte de Blois, qui épousa N...., dont :

1.º Jehan le Fer, chevalier, seigneur de la Bourdavère, qui vint, avec son frère Michel, s'établir à Saint-Malo, en 1488. Il fut maître des archers sous le seigneur de la Tremouille, lors du siége de ladite ville. Il épousa Gillette de la Haye, dont il eut Jehan le Fer, seigneur de Graslaron, lequel épousa Isabeau Jolif, de laquelle il eut Guillaume de Fer, seigneur de Graslaron, marié à Françoise Arthur, dont sont issus, 1.º Jean le Fer, seigneur de la Motte-Rouxel, marié, le 28 décembre 1603, avec Marie Duplessix, dame d'Availle, dont il eut Françoise le Fer, laquelle épousa Jean de Brehand, seigneur de Gallinée et du Plessix-de-Mauron, conseiller au parlement de Bretagne; 2.º Simonne le Fer, laquelle épousa Raoul Marot, seigneur des Alleux et de Taden, sénéchal de Dinan; 3.º Jacquette le Fer, femme de Jean Pépin, seigneur du Bois-Clairet; 4.º Guyonne le Fer, femme de Jean Pépin, seigneur de Villeneuve; 5.º Perrine le Fer, femme de Nicolas Jocet;

2.º Michel, qui suit.

IV. Michel LE FER, chevalier, seigneur de la Bourdavère, s'établit, en 1489, à Saint-Malo, où il épousa Coline Jolif, dont il eut :

V. Jacques LE FER, IIe du nom, chevalier, seigneur de la Bourdavère, né le 16 février 1518, qui épousa, vers l'an 1539, Laurence de Beaubois, de laquelle il eut :

1.º Bertrand, dont l'article viendra;

2.º Gillette le Fer, mariée à Laurent Crosnier, morts sans enfants.

VI. Bertrand LE FER, Ier du nom, chevalier, seigneur du grand Limonay, né le 22 mars 1540, était capitaine ordinaire dans l'amirauté du Ponent. Il fut commis par Henri IV, le 21 mai 1590, pour armer des vaisseaux en guerre, à l'effet d'empêcher par mer le commerce de Saint-Malo et autres villes rebelles. Il se trouva à la montre des nobles de l'archidiaconé de Dinan, tenue les 24 et 25 octobre 1567, et assista à la prise du Château de Saint-Malo. Il avait épousé, le 15 juin 1560, Guillemette Gravé. De ce mariage vinrent:

1.º Jacques le Fer, seigneur de Limonay, né le 12 avril 1567, marié, en mai 1593, à Olive Malherbe, de laquelle il eut un fils nommé Mathurin, qui fonda une branche particulière sous le nom distinctif de le Fer de Chantelou;

2.º Macé, dont l'article viendra;

3.º Guillaume le Fer, chanoine à Saint-Malo;

4.º Perrine le Fer, mariée à Charles Vannar, seigneur de Boismenu;

5.º Guillemette le Fer, laquelle épousa Guillaume Guichet Lepin.

VII. Macé LE FER, Iᵉʳ du nom, chevalier, seigneur de la Saudre, épousa, le 31 janvier 1593, Perrine Guillaumé, de laquelle il laissa:

1.º Bertrand, IIᵉ du nom, dont l'article viendra;

2.º Macé, seigneur du Val, dont la branche sera rapportée plus bas;

3.º Servan, seigneur de Champfleury, mort sans postérité;

4.º Allain, aussi mort sans postérité.

VIII. Bertrand LE FER, IIᵉ du nom, chevalier, seigneur de la Saudre, né le 23 mai 1594, épousa, le 3 juin 1629, Guillemette Martin. De ce mariage vinrent:

1.º François Iᵉʳ, du nom, dont l'article suit:

2.º Luc, qui forma la branche puînée que nous rapporterons plus bas;

3.º Bertrand, chanoine de l'église cathédrale de Saint-Malo;

4.º Guillemette le Fer, demoiselle de la Reaudais;

5.º Autre Guillemette, mariée à Olivier Legris.

IX. François LE FER, Iᵉʳ du nom, chevalier, seigneur de la Saudre, né le 26 mai 1637, épousa, le 19 mars 1672, Jeanne Tranchant, de laquelle il laissa:

1.º Pierre, Iᵉʳ du nom, dont l'article viendra;

2.º Marie le Fer, qui épousa Eon, seigneur de Carman.

X. Pierre LE FER, Ier du nom, chevalier, seigneur de la Saudre, né le 22 janvier 1673, se maria, le 14 décembre 1700, à Marie-Françoise Gilbert, veuve de Nicolas Magon, seigneur de la Chipaudière. De ce mariage vinrent :

1.° François-Guillaume, Ier du nom, dont l'article suit ;

2.° Guillaume Pierre ;

3.° Bertranne-Françoise, mariée à Henri de la Plesse, conseiller au parlement de Bretagne ;

4.° Anne, mariée à Henri-Marie Guillard de Boisrion ;

5.° Francoise-Céleste, mariée à Luc Bécard - des-Aunais.

XI. François-Guillaume LE FER, Ier du nom, chevalier, seigneur de la Saudre, né le 5 juillet 1713, épousa à Cadix, le 23 décembre 1751, Damase-Marguerite-Vincente Roubaud, de laquelle il laissa :

1.° Joseph-Marie-Jean-Raphael-Agrippin, dont l'article suit ;

2.° François-Joseph-de-la-Conception le Fer, chevalier, seigneur de la Saudre, né le 9 décembre 1759, marié, le 28 avril 1791, à Thérèse-de-Jésus-Julienne-Joséphine-Marie de la Paix-Arizon, veuve de Hyacinthe-Raphael-Marie-Prudent de Gouyon, seigneur du Verger. De ce mariage sont issus :

a. François-Marie le Fer, né le 9 décembre 1791, garde du corps du Roi ;

b. Adolphe-Marie, né le 6 février 1803 ;

c. Lydie-Marie le Fer, née le 29 juillet 1793 ;

d. Thérèse-Marie le Fer, née le 5 janvier 1795 ;

e. Alodie-Marie, née le 27 mai 1797 ;

f. Noémie-Marie, née le 8 octobre 1801.

3.° Thomas-Marie le Fer, chevalier, mort en 1792, avait épousé, le 21 août 1785, Léocadie-Marie Harington. De ce mariage :

Eulalie-Marie, morte.

XII. Joseph-Marie-Jean-Raphael-Agrippin LE FER, chevalier, seigneur de Bonnaban et autres lieux, né le 23 juin 1755, a épousé, le 10 décembre 1787, Marie-Thérèse Sebire des Saudrais. De ce mariage :

1.° Eugène-Guy-Marie le Fer, officier des chasseurs de Berri, né le 4 novembre 1790 ;

2.° François-Paul-Marie, né le 6 janvier 1808 ;

3.° Françoise - Charlotte , née le 4 octobre 1788 , mariée à Augustin-Jean Conseil, seigneur de Mesnilvité, ancien page de Mgr. le prince de Conti, et capitaine au régiment du même nom en 1774 ;

4.° Aglaé-Marie, née le 15 juin 1794, mariée à Edouard le Fer de la Gervinais, son cousin, né le 5 août 1784 ;

5.° Virginie-Marie, née le 12 mars 1799 ;

6.° Anne-Marie-Josèphe, née le 16 novembre 1803.

Branche puînée, prise au VIIIe degré.

IX. Luc LE FER, Ier du nom, seigneur du Val, chevalier, né en 1638, épousa, le 23 septembre 1668, Françoise Cochin de la Bellière, de laquelle il laissa :

1.° François, dont l'article suit ;

2.° Luc ;

3.° Guillemette le Fer, mariée à François le Fer, sieur du Pin ;

4.° Laurence le Fer, mariée à Jean Vivier, sieur de la Vicomté.

X. François LE FER, Ier du nom, chevalier, seigneur de Beauvais, épousa, le 8 janvier 1697, Marie-Françoise Nouail du Fougeray, de laquelle il eut :

XI. Jean-Luc LE FER, Ier du nom, chevalier, seigneur du Flachet et de la Bardoullais, épousa, le 26 avril 1737, Servanne Raoul des Landes, de laquelle il laissa :

1.° François-Marie le Fer, seigneur de Beauvais, né le 5 janvier 1738, marié, le 5 février 1771, à Marie-Jeanne-Anne Jolif, née le 22 décembre 1755. De ce mariage vinrent : 1.° Jean-Marie le Fer, né le 18 juin 1772, et mort au combat du 13 juin 1794, sur le vaisseau *la Montagne*, ci-devant *la Bretagne* où il servait en qualité d'aspirant de la première classe ; 2.° Alain le Fer, né le 2 décembre 1775, mort de ses blessures le 24 septembre 1799, dans l'Inde, à bord de la frégate *la Preneuse*, capitaine l'Hermite, où il servait en qualité d'aspirant de première classe ;

2.º Jean-Luc-Macé le Fer, né le 22 décembre 1739,
lieutenant des vaisseaux du roi, chevalier de l'ordre royal et militaire de Saint-Louis ;

3.º Nicolas - Louis le Fer, né le 9 juillet 1747, sieur
de la Gervinais, ancien officier de cuirassiers ;
marié à Marie-Anne Leclerc ; de ce mariage est né :

a. Edouard le Fer de la Gervinais, le 3 août 1784.

4.º Julien le Fer, sieur du Flachet et de la Bardoullais, né le 29 novembre 1754 ;

5.º N.... le Fer, mariée à M! le Saige, seigneur de
la Métrie, capitaine des vaisseaux du roi.

*Branche de le Fer seigneurs du Val, de la Lande et
du Gué, prise au VII° degré.*

VIII. Macé le Fer, Ier du nom de cette branche, chevalier, seigneur du Val, était second fils de Macé le
Fer, Ier du nom, seigneur de la Soudre, et de Perrine
Guillaumé. Il épousa, le 21 janvier 1635, Thomasse Tranchant, de laquelle il eut :

IX. Macé le Fer, IIe du nom, chevalier, seigneur de la
Lande, marié, le 20 février 1680, à Servanne le Breton de la Ville-Auvray, de laquelle il laissa :

X. Charles le Fer, Ier du nom, chevalier, seigneur
du Gué, marié, le 3 août 1735, à Jeanne-Marie Joly,
de laquelle il a eu :

1.º Charles le Fer;

2.º Jean-Macé le Fer.

Armes : « Echiqueté d'or et de gueules. »

Nota. La généalogie de cette famille se trouve dans
notre premier volume, mais comme il s'y était glissé des
erreurs, nous nous sommes empressés de la rétablir dans
celui-ci.

BRANDIN DE SAINT-LAURENS, famille originaire
de Normandie, et qui remonte au quinzième siècle, ainsi
qu'il est constaté par un acte passé par les tabellions de
Beuzeville, le 23 décembre 1439, portant création de
rente au trésor de Notre-Dame de Préaux, pour un service solennel.

I. Olivier Brandin vivait en 1439 à Préaux; il laissa de Barbe son épouse :

II. Agnan Brandin, qui épousa Paquette Castel, dont il eut :

    1.° Jean, dont l'article viendra;

    2.° Gilles, marié à Marguerite Deshayes, dont il eut Marguerin, mort sans enfants, et Pierre, qui eut deux fils, Pierre et Godefroi, morts sans postérité.

III. Jean Brandin épousa, en 1595, Marguerite de Vivefay, aujourdhui Vivefoy, fille de messire de Vivefay, écuyer, sieur des Mottes. Il eut de ce mariage :

    1.° Marguerin, dont l'article viendra ;

    2.° Pierre, mort sans postérité;

IV. Noble homme Marguerin Brandin de Saint-Laurens, ainsi qu'il est qualifié dans un titre, en date du 7 septembre 1638, épousa, en 1625, Geneviève de la Rivière, fille de messire de la Rivière, chevalier, seigneur du Thuit-Hebert. De ce mariage vinrent :

    1.° Antoine, dont l'article suit ;

    2.° Pierre, écuyer, sieur de Boisfossé, conseiller en la cour des aides de Normandie, lequel épousa, en 1668, demoiselle Suard;

    3.° François, mort sans enfants.

V. Antoine Brandin de Saint-Laurens, conseiller en la cour des aides de Normandie, épousa, en 1668, demoiselle le Mesle, dont il eut :

    1.° Pierre, dont l'article viendra;

    2.° Jacques-Antoine, sieur de Boisfossé, mort sans enfants ;

    3.° Charles, mort sans enfants.

VI. Pierre Brandin de Saint-Laurens, écuyer, cadet dans les *cent gentilshommes* de Cambray, en 1692, puis capitaine au régiment de Chartres, infanterie, et officier dans la grande fauconnerie du roi, épousa, en 1717, demoiselle Feru. Il eut de ce mariage :

    1.° Guillaume, dont l'article viendra;

    2.° Gaspard, écuyer, capitaine dans le bataillon de milice de le Mercier, tué à l'armée en 1743 ;

    3.° Pierre, volontaire au régiment de Colonel-général, cavalerie, tué à la bataille de Dettingen;

4.° Nicolas, écuyer, volontaire au régiment de la Marche, mort à Straubing des suites de ses blessures, le 23 décembre 1742;

5.° Louis, écuyer, sieur de Saint-Laurens, brigadier des gardes du corps, chevalier de l'ordre royal et militaire de Saint-Louis, mort au château de Saint-Pair, le 1er juin 1754;

6.° Marie Jeanne, qui épousa messire Dupin du Chastel, dont elle eut une fille, morte sans postérité.

VII. Guillaume BRANDIN, sieur de Saint-Laurens, conseiller en la cour du parlement de Normandie, né en 1722, épousa, 1.° demoiselle du Peray; 2.° demoiselle Guesdon, fille de M. Guesdon, avocat au même parlement.

Il eut,

Du premier lit :

1.° Marie-Jeanne, morte fille;

2.° Marguerite, qui épousa le sieur de Maneville, écuyer, gendarme ordinaire de la garde du roi, maître ordinaire en la cour des comptes de Normandie, chevalier de l'ordre royal et militaire de Saint-Louis, dont elle eut : 1.° Annecy, mariée à M. de Torcy, conseiller au parlement de Dijon; 2.° Joséphine, mariée à M. Daniel de Grangues; 3.° Caroline.

Du second lit sont issus :

1.° Guillaume-Louis-Calixte, dont l'article viendra;

2.° Thérèse-Esther, mariée à M. Lemercier Desfontaines, écuyer, secrétaire de l'assemblée de la noblesse en 1789, sans enfants.

VIII. Guillaume-Louis-Calixte BRANDIN DE SAINT-LAURENS, garde du corps du roi, lieutenant d'une compagnie de hussards nobles, à l'armée de Mgr. le prince de Condé, lieutenant-colonel de cavalerie en 1814, et brigadier des gardes du corps de S. M.; il a épousé, le 25 juin 1791, demoiselle Antoinette-Magdeleine Basire, fille de messire Joseph Basire, capitaine de cavalerie et chevalier de l'ordre royal et militaire de Saint-Louis. Il a de ce mariage :

1.º Gustave, né le 20 mars 1792, garde du corps de
S. M. Louis XVIII ;

2.º Eugène-André-Albert, né le 10 août 1799.

Armes : « d'azur à une flamme d'argent, accom-
» pagnée de trois étoiles de même, deux en chef et une
» en pointe. »

VERCLOS (JOANNIS DE). Les seigneurs de Giovani,
connus parmi la noblesse de Florence, depuis plus de
quatre cents ans, après avoir occupé les premières places
de cette République, passèrent en France vers l'an 1420,
et changèrent leur nom de Giovani en celui de Joannis.
Cela est rapporté dans le Nobiliaire de la Toscane française
de Tristan l'Hermite, imprimé en 1667, et déposé à la
Bibliothèque royale ; dans le Nobiliaire de Provence de
l'abbé Robert, où il est dit qu'une branche de cette famille
est établie à Avignon. Cela est encore prouvé par le Nobiliaire de M. d'Artefeuil, par un acte de la cour des comptes
de Provence, page 143, et par des épitaphes et inscrip-
tions qu'il est inutile de rapporter.

Léon de JOANNIS ou GIOVANI, vint donc s'établir à
Avignon, vers l'an 1420 ; il y fit l'acquisition d'une maison
que ses descendants possèdent encore ; il fut élu premier
syndic de la noblesse en 1449 : il le fut une seconde fois en
1464, et il est prouvé par des anciens registres de la ville
d'Avignon, qu'on l'éleva quatre fois à cette place honorable.

I. Léon DE JOANNIS avait laissé deux frères à Florence,
Jean et Raymond de Joannis ; ce dernier vint recueillir la
succession de Léon, et se fixer à Avignon en 1476. Quant
à Jean de Joannis, son frère, le Nobiliaire de Provence et
celui de M. d'Artefeuil, disent qu'on le vit à la même
époque à la cour des rois et comtes de Provence, où il
était qualifié de noble. C'est de lui que sont issus les Joannis
de la Brillane.

II. Raymond DE JOANNIS, mourut à Avignon en 1498,
d'après l'inscription qu'on voyait encore sur son tombeau
à Saint-Jean-le-Vieux, avant la révolution. Il laissa un fils
Pierre de Joannis, qui suit :

III. Pierre DE JOANNIS, fils de Raymond, acquit des
biens considérables aux environs d'Avignon et de Bédar-

rides ; il épousa, en 1500, Marguerite de Nostradamus, cousine de l'auteur des Centuries. De ce mariage vinrent deux fils, Honoré et Amat de Joannis.

IV. Honoré DE JOANNIS, épousa, en 1523, noble demoiselle Marguerite de Cadenet, de la ville de Salons, dont il eut deux fils, Jean-Pierre de Joannis, qui suit, et Georges de Joannis qni forma la branche des Joannis, seigneurs de Nochère et de Châteaublanc. Cette branche s'éteignit dans la personne de Diane de Joannis, marquise de Ganges.

V. Jean-Pierre DE JOANNIS, fils d'Honoré, épousa, en 1565, noble demoiselle Marguerite de Tombaret, d'Avignon, dont l'oncle était gouverneur de la ville de Nantes, sous Henri IV. Il ne laissa qu'un fils, Laurent de Joannis, qui suit :

VI. Laurent DE JOANNIS, épousa, en 1595, noble demoiselle Marguerite de Siffredy de Mornas, dont la famille joua un rôle brillant sous Louis XIV. De Joannis fut un des ambassadeurs de la ville d'Avignon, lors de l'avénement de Paul V, au siége apostolique. Il laissa un fils Pierre de Joannis, qui suit; et deux filles, dont l'une épousa le marquis d'Ornano, maître de la garde-robe des Enfants de France.

VII. Pierre DE JOANNIS, chevalier, seigneur de Verclos, fils de Laurent de Joannis, et de Marguerite de Siffredy, épousa, en 1627, noble demoiselle Louise de Julian, de Bédarrides. Ledit Pierre de Joannis fit, en 1640, l'acquisition de la terre et seigneurie de Verclos, dans la principauté d'Orange, et prêta hommage au prince de Nassau, le 13 février 1641. Ledit Pierre de Joannis fut nommé viguier d'Avignon, en 1660. Il eut deux fils, Charles-Joseph de Joannis Verclos qui suit, et Paul de Joannis Verclos, protonotaire apostolique. Il eut encore une fille, qui épousa Charles-Joseph d'Orléans de Catelina, baron et seigneur de Bédouins, dont la famille s'éteignit dans M. d'Orléans de Lamotte, évêque d'Amiens.

VIII. Charles-Joseph DE JOANNIS, chevalier, marquis de Verclos, épousa, en 1660, demoiselle Charlotte de Thomas de Milliaud, de la ville d'Apt, fille de Thomas, seigneur de Milliaud et de Laval d'Ardennes. Ledit seigneur de Verclos fut élu viguier d'Avignon, pour le Pape en 1678, il prêta hommage au prince d'Orange, en 1685. Il eut plusieurs enfants de son mariage avec mademoiselle de Milliaud. Pierre de Joannis, chevalier, seigneur de Verclos, qui suit; Gaspard de Joannis Verclos, qui servit avec distinction sous Louis XIV, et que le roi nomma major de la ville de Fenestrelles, au siége de laquelle il se fit remarquer par sa bravoure ; Thomas de Joannis Verclos, capitaine au régiment de Jensac; et Marie de Joannis Verclos, abbesse de l'abbaye de Sainte-Catherine, à Avignon.

IX. Pierre DE JOANNIS, chevalier, marquis de Verclos, épousa, en premières noces, noble demoiselle de Forbin de Sainte-Croix. Il en eut une fille, qui fut mariée à messire François de Maurel, seignenr de Monspontevés. Ledit Pierre de Joannis Verclos, fut élu premier consul d'Avignon en 1711, et viguier pour le Pape en 1712. Il épousa en secondes noces, en 1718, noble demoiselle Marie-Madeleine de Vincent de Causans et des Artauds, fille de Louis de Vincent de Causans, et de Marguerite de Forbin Janson, nièce du cardinal de ce nom. Duquel mariage naquirent Joseph-Roch-François-Maurice de Joannis, marquis de Verclos, qui suit ; Pierre de Joannis Verclos, qui épousa, en 1757, noble demoiselle Marie de Guérin de Tarascon ; Thomas de Joannis Verclos, capitaine au régiment de Belzunce, qui épousa, en 1756, une princesse de la maison de Bavière, sœur du prince de Bavière Lovestein ; Ignace de Joannis Verclos, d'abord supérieur du séminaire de Saint-Sulpice à Paris, et nommé, en 1787, évêque de Mariana, en Corse ; Marie-Thérèse de Joannis Verclos, mariée, en 1757, à M. de Raxis Flassan, qualifié de noble de la Grèce. Maurice de Joannis prêta hommage de la terre et seigneurie de Verclos, en 1740.

X. Joseph-Roch-François-Maurice DE JOANNIS, marquis de Verclos, épousa, le 18 décembre 1740, noble demoiselle de Sarpillon de Courthezon. Il eut plusieurs enfants de ce mariage : Joseph-François de Joannis de Verclos, qui suit ; demoiselle Victoire de Joannis Verclos, qui épousa, en 1787, M. de Lacoste, président au parlement de Grenoble ; Roch-Casimir de Joannis Verclos, qui se fit trappiste.

Demoiselle Silvie Joannis Verclos, non mariée, habitant actuellement Avignon ; et plusieurs autres enfants morts sans laisser de postérité.

XI. Joseph-François DE JOANNIS, marquis de Verclos, fils de Joseph-Roch-François-Maurice, entra au service, en 1769, dans le régiment de la Marche-Prince, devenu par la suite régiment de Conty ; se maria en 1785, et rendit hommage de la terre et seigneurie de Verclos en 1789. Il émigra en 1792, fit la campagne de cette année dans l'armée de Son Altesse Royale monseigneur le duc de Bourbon, rentra en France en 1801 ; il a toujours été fidèle à l'auguste maison de Bourbon. Le roi l'a nommé chevalier de l'ordre royal et militaire de Saint-Louis, le 16 juillet 1814, et il a été reçu le 7 août suivant par Son Altesse Royale Monsieur comte d'Artois ; le Roi, dans son brevet, l'a qualifié de marquis ; il sert aujourd'hui dans les Gardes de la Porte. De son mariage, il a eu un seul enfant mâle qui suit :

XII. César-Auguste de Joannis Verclos a épousé, le 27 octobre 1810, noble demoiselle Charlotte-Adélaïde Caroline de Perrin, fille de noble de Perrin de Vertz, de la ville d'Arles, et de Gabrielle-Joséphine de Vento des Pennes.

Armes : « Ecartelé au premier et quatrième d'or à six » pattes d'ours de sable, au deux et trois d'argent à deux » lions de gueules. »

ALONVILLE ou ALLONVILLE (d'), famille ancienne qui tire son nom de la terre d'Alonville, située en Beauce, à deux lieues de Chartres. Cette maison se divisa en trois branches, sous Louis XI :

1.º Celle d'Oisonville, qui s'établit en Champagne, et que nous rapporterons plus bas ;

2.º Celle de Louville qui s'éteignit en 1731, par la mort du marquis de Louville, menin de monseigneur le duc de Bourgogne et du feu roi Louis XV, gouverneur de Courtray et de Navarreins, colonel du régiment de Lombardie, gentilhomme de la Manche du duc d'Anjou, depuis Philippe V, roi d'Espagne, et par la mort du chevalier de Louville, frère du précédent, arrivée en 1732. Ce dernier était un célèbre astronome, membre de l'académie des sciences, colonel de dragons et brigadier des armées du roi en Espagne. Voyez le dictionnaire des hommes illustres au mot *Louville*.

3.º Celle de Reclainville, descend du seigneur de Reclainville, chevalier de Saint-Michel qui avait défendu Chartres contre Henri IV. Cette branche existe encore à la Haute-Ville, près de Houdan en Beauce.

Avant la division de ces trois branches, le nom d'Alonville était déjà connu par :

Payen d'Alonville, écuyer, seigneur d'Alonville, qui vivait avant l'an 1200.

Maurice d'Alonville, son fils, écuyer, en 1230.

Etienne d'Alonville, chevalier, en 1272, cité par la Roque.

Amaury d'Alonville, chevalier, en 1315.

Colaia d'Alonville, vivant en 1319.

Jean d'Alonville, Ier du nom, vivant en 1369. C'est par lui que nous commencerons la généalogie de cette maison.

Geoffroi d'Alonville, chevalier, en 1370.

Baudesson d'Alonville, chevalier Banneret, en 1380.

I. Jean d'Alonville, Ier du nom, chevalier, vivant en 1369, fut père de :

1.º Jean d'Alonville, qui forma la tige de Louville;

2.º Pierre d'Alonville, qui suit:

II. Pierre d'Alonville, chevalier, qui eut pour fils :

III. Charles, seigneur d'Alonville, conseiller, maître-d'hôtel, chambellan et conseiller du roi Louis XI, fut capitaine de cent lances, gouverneur de Montlhéry, et mourut au mois d'août 1479 ; il épousa Bertranne de Richebourg, dame d'Oisonville, fille de Jean, seigneur d'Orval, capitaine de cinquante hommes d'armes, et de Marguerite Descrosnes, de laquelle il eut :

1.º Simon, dont l'article suit :

2.º Antoine, seigneur d'Esclimont, marié à Louise de Chauvigny, de laquelle il eut : 1.º Françoise, mariée à N.... de Saint-Paul, seigneur de Boissy ; 2.º Edmonne, mariée à Philippe de Courcelles, seigneur de Saint-Rémi ; 3.º Simonne, mariée à Guillaume de Pilliers, seigneur de Menou ;

3.º Bertranne, mariée à Amagnion de Garlande, seigneur d'Argeville ;

4.º Marie, épouse de Robinet de Nancelles, seigneur d'Quitreville ;

5.º Jeanne, mariée, 1.º à Gilles Bretheau, seigneur de Brainville, 2.º à Berthaut le Besgue, seigneur d'Heurtebise ;

6.º Marie, épouse, 1.º de Pierre de Prunelé, seigneur de Richarville, 2.º de Jean d'Auquoy, seigneur Dufay.

7.º Marguerite, mariée à Jean de la Vallée, seigneur de Gueurville ;

8.º Catherine, mariée à Guillaume de Fesnières, seigneur de Morainville.

IV. Simon d'ALONVILLE, seigneur d'Oisonville, grand maître des Eaux et Forêts de France, mort au mois de janvier 1533, épousa Etiennette d'Autry, de laquelle il eut :

1.º Florentin d'Alonville, seigneur de Breau, protonotaire apostolique et grand archidiacre de Meaux ;

2.º François, dont l'article suit ;

3.º Jean d'Alonville, seigneur de Reclainville, épousa Bertrande du Monceau, et laissa d'elle, 1.º Jean d'Alonville, seigneur du Coudray, en 1559 ; 2.º Nicolas, seigneur de Reclainville, lequel épousa Marguerite de Morainville, dont il eut Jean de Reclainville, chevalier de l'ordre, et gouverneur de Chartres, qui, de son mariage avec Marie de Mesmes, fille de Philippe, seigneur de Marolles, laissa : 1.º Louis d'Alonville, seigneur de Reclainville et Adrien de Bierville ; 2.º Jeanne, mariée au sieur de Souris ; 3.º Anne, épouse 1.º de Charles, seigneur de Champgiraut; 2.º de Jean de Caluy, seigneur des Loges ;

4.º Marguerite, mariée à François de la Motte, seigneur de Boullon ;

5.º Marie, épouse de Jacques de Beaumaistre, seigneur d'Escorpain.

V. François D'ALONVILLE, Ier du nom, seigneur d'Oisonville, fut page de François Ier, puis l'un de ses gentilshommes ordinaires, et chevalier de l'ordre ; il épousa Louise de Buz, fille d'Abel, seigneur de Villemareuil et d'Anne, fille de Bertrand de Reilhac, de laquelle il eut :

1.º François, IIe du nom, qui suit ;

2.º Charles, seigneur de Basmeville, enseigne de la compagnie d'ordonnance des seigneurs de Bussy d'Amboise, premier échanson de François, duc d'Alençon, et mort sans enfants d'Antoinette des Boves, qu'il avait épousée le 20 février 1594, laquelle se remaria le 24 novembre 1610, à Charles de Monceau, seigneur d'Ursine ;

3.º Jean d'Alonville, mort premier écuyer du duc de Nevers et capitaine de Senonches en 1567.

4.º Antoine, seigneur du Plessis, gentilhomme ordinaire de la chambre du roi, épousa 1.° Madeleine de Mesmes; 2.° Jacqueline de l'Isle, le 10 avril 1584; de ce dernier mariage vinrent :

    a. Louis, seigneur du Plessis, marié le 8 juillet 1620 à Marie Quentin, de laquelle il eut Louis d'Alonville, seigneur du Plessis, qui épousa Marie de Marolles, de laquelle il eut postérité;

    b. Pierre d'Alonville, seigneur du Vivier, marié à Jeanne de la Garde, dont il eut postérité;

    5.° Marie, femme de Jean de Beaufils, seigneur de Villepion et chevalier de l'ordre;

    6.° Agnès, femme de Mathurin de Beaufils, seigneur de Lierville;

    7.° Catherine, mariée à Charles de Marvilliers, seigneur de Viabon ;

    8.° Charlotte, abbesse de Nogent l'Artaut ;

    9.° Louise, religieuse, au Paraclet, et prieure de Champbenoît.

    10.° Claude d'Alonville, religieuse à Fare-Moustier.

VI. François d'Alonville, IIe du nom, seigneur d'Oisonville, gentilhomme ordinaire de la chambre du roi, et chevalier de l'ordre, épousa 1.° Jeanne du Monceau, fille de François, seigneur de Fontainebleau et de Saint-Cyr, et d'Antoinette de Courtenay; 2.° Jeanne de Billy, dame de Vertron, fille de Louis, seigneur de Prunay chevalier de l'ordre, et de Marie de Brichanteau;

Du premier lit :

    1.° Gabrielle d'Alonville, mariée à Gui de Rochechouart, seigneur de Chastillon-le-Roi, capitaine de cinquante hommes d'armes.

Du second lit :

    1.° Geoffroy d'Alonville, baron d'Oisonville, mort en 1599 en Hongrie, commandant une compagnie de chevau-légers ;

    2.° Claude, seigneur de Mauregard, aussi mort en Hongrie en 1602;

    3.° Jacques, dont l'article suit ;

    4.° Edme, seigneur d'Ezeaux, mort sans postérité;

    5.° Pierre, seigneur de Vertron, mort en Savoie, cornette des gardes françaises.

6.ᵉ Louise, mariée à Jean Aurault de l'Hospital, seigneur de Goumerville ;

7.° Françoise, femme de Jacques Lenfant, seigneur
de la Patrière;

8.° Odette, religieuse à Pont-Saint-Maixent.

9.° Jeanne, abbesse de Sainte-Catherine de Provins ;

10.° Jeanne d'Alonville, religieuse au même monastère.

VII. Jacques d'Alonville, seigneur d'Oisonville. Ce
fut lui qui vendit cette terre. Il épousa Anne David, fille
de Vincent, président des trésoriers de France en Champagne, et laissa d'elle :

1.° Charles d'Alonville, seigneur de Vertron, marié à
Magdeleine de Féligny, de Sandaucourt, dont il
eut Louise d'Alonville, mariée à François Guyon-
net, conseiller du roi, receveur du taillon en la
généralité de Paris;

2.° Edme d'Alonville dont l'article suit ;

3.° Anne, femme d'Etienne de Hallé, seigneur de
l'Isle;

4.° Georgette d'Alonville, mariée à Jean de Mesnil,
seigneur de Villemorien.

VIII. Edme d'Alonville, seigneur d'Arnancourt; il fit
ses preuves en 1668, par devant M. de Caumartin, délégué
à cet effet. Il avait épousé Antoinette de Hérisson de Vi-
gneux, de laquelle il laissa :

IX. François-Charles d'Alonville, capitaine de cavalerie, mort en 1694 de la suite des blessures qu'il avait reçues à la bataille de Steinkerque. De son mariage avec
Madeleine de Masseron d'Amboise, fille de Just de Masseron, seigneur de Faligny, et d'Edme de Baussancourt est
né :

X. Edme-François Marcel, d'Allonville, dit le marquis
d'Alonville, officier aux gardes françaises. De son mariage
avec Antoinette Sauvage en 1792, sont nés :

1.° Armand-Jean, comte d'Allonville, dont l'article
viendra;

2.° Antoine-Charles-Augustin, chevalier d'Allonville,
maréchal-de-camp en 1784, sous-gouverneur de
monseigneur le Dauphin (fils aîné de Louis XVI,
mort en mai 1789) fut tué le 10 août 1792, au château des Tuileries, où il s'était rendu pour défendre
le Roi. Sa famille possède une lettre que Louis XVI

lui avait fait écrire, le 19 avril 1792, par M. de la Porte, intendant de la liste civile, lui exprimant:

» Le regret de sa Majesté de ce que *les circonstances*
» ne permettaient pas de l'employer à l'éducation
» du Prince royal (depuis, Louis XVII), fonctions
» où elle avait si bien éprouvé son zèle et ses recom-
» mandables qualités ; le Roi se proposant au surplus
» de le placer dans sa maison., connaissant tout son
» attachement à sa personne, etc. »

3.°Jean-Nicolas, baron d'Allonville, maréchal-de-camp, en 1790, tué à l'armée de monseigneur le prince de Condé, à l'affaire de Berstheim en Alsace le 2 dé-cembre 1793 ;

4.° Louise d'Allonville, mariée au comte de Ségur-Cabanac, officier au régiment du Roi, infanterie, encore vivante :

5.° Marie-Louise d'Allonville, mariée au marquis de Compiègne, second major du régiment du roi, in-fanterie, (rang de colonel) morte en 1802.

XI. Armand-Jean, comte d'Allonville, connu sous le nom du *balafré*, maréchal-des-camps et armées du roi en 1784, seigneur de Verdelot, la Roche, Valéry, Launay-Renault, Reselonge, etc. en Brie, ayant commandé en émigration les gentilshommes de la province de Champagne; il mourut à Londres en janvier 1811, laissant de son mariage avec Marie-Françoise Jehannot de Bartillat, fille du marquis de Bartillat, colonel d'un régiment de dragons de son nom :

1.° Armand-François, comte d'Allonville, aîné de la famille, dont l'article viendra.

2.° Antoine-Jean-Baptiste, vicomte d'Allonville, che-valier de Malthe non-profès, major au service de Portugal, mort à Londres, en septembre 1811. Il a laissé, de son mariage avec mademoiselle de la Bourdonnaie, un fils nommé Armand d'Allonville.

3.° Alexandre-Louis d'Allonville (connu sous le nom de comte Louis d'Allonville) a servi en qualité d'officier dans le régiment de Loyal-Emigrant, com-mandé par M. le comte de la Châtre ; il suivit depuis l'expédition française en Egypte, en 1797, et fut nommé *préfet* du département de la Creuse, par S. A. R. Monsieur ; le 22 avril 1814, à l'époque de l'avénement de S. M. Louis XVIII au trône.

4.° Anne-Marie d'Allonville, mariée au comte de Mertrus-saint-Ouen, ancien capitaine de cavalerie, vivante.

5.° Alexandre-Louis d'Allonville, chevalier de Malte non-profès, mort officier d'artillerie à Lymington en Angleterre, en janvier 1814 : il a laissé un fils à Sainte-Lucie en Amérique, de son mariage avec N.... anglaise.

XII. Armand-François comte d'Allonville, chef actuel du nom et des armes d'Allonville, major en second du régiment de l'Auxerrois, en 1788, fut présenté à la cour dans la même année avec le vicomte d'Allonville son frère puîné; il fut nommé colonel au service du roi de France, en 1795, et chevalier de l'ordre royal et militaire de Saint-Louis ; il a épousé en premières noces N... le Vavasseur, veuve de M. le baron de Béthune-Hesdigueul, de laquelle il a une fille Marie-Louise-Elisabeth Arnaude d'Allonville ; et en secondes noces, en Russie, mademoiselle de Munick, arrière-petite-fille du célèbre maréchal comte de Munick, dont il a deux filles et un fils ; ce dernier se nomme Pierre d'Allonville.

Armes : « D'argent à deux fasces de sable. »

WAUBERT (DE), famille originaire des Pays-Bas, dont la noblesse remonte au-delà du quatorzième siècle, ainsi qu'il est attesté par un Diplôme de M. Beydaels de Zittaert, conseiller de l'empereur d'Allemagne, et premier roi d'armes des Pays-Bas; cette famille est venue se fixer en France, dans le dix-septième siècle, et a obtenu de M. d'Hozier, juge d'armes de France, les certificats qui constatent qu'elle doit y jouir de tous les priviléges attachés à l'ordre de la noblesse de ce royaume.

I. Jean DE WAUBERT, Ier du nom, écuyer, marié à Catherine de Hembize, de laquelle il laissa :

II. Guillaume DE WAUBERT, écuyer, marié à Marie de Bautersem, qui le fit père de :

III. Gilles DE WAUBERT, écuyer, qui épousa Marie de Hamal, famille des plus anciennes et chapitrale des Pays-Bas. De ce mariage vint :

IV. Jean DE WAUBERT, IIe du nom, écuyer, marié à Jeanne-Marie de Pierpont, qui le fit père de :

V. Adrien DE WAUBERT, écuyer, marié à Catherine de Peckeire, de laquelle il laissa :

VI. Pierre DE WAUBERT, écuyer, seigneur d'Andelot, qui eut pour fils :

VII. François DE WAUBERT, écuyer, marié à Antoinette de Ferrière, le 16 novembre 1632. De ce mariage vint :

VIII. François DE WAUBERT, II° du nom, écuyer, marié à demoiselle Antoinette Richard. Tous deux relatés dans un certificat de M. d'Hozier. De ce mariage vinrent :

1.° François III, dont l'article suivra ;
2.° Luc de Waubert, jésuite, mort le 5 avril 1716, au collége de Louis-le-Grand. Il est recommandable par plusieurs ouvrages ;
3.° Joseph-François de Waubert, écuyer, épousa, en 1691, Jeanne-Catherine de Serin. De ce mariage vint : Joseph-François Waubert, capitaine commandant dans Colonel-général, cavalerie, chevalier de l'ordre royal et militaire de Saint-Louis, mort sans postérité, le 3 novembre 1774 ;
4.° Louis, qui a formé la branche puînée, que nous rapporterons plus bas.

IX. François DE WAUBERT, III° du nom, écuyer, qui fut père de :

1.° N.... de Waubert, dont l'article suit ;
2.° N.... de Waubert du Buhat, officier dans Picardie, infanterie, puis commandant de fort du Ham. Il a des enfants.

X. N...... DE WAUBERT, écuyer, capitaine au régiment de Picardie, infanterie, où a il servi longtemps. Il est chevalier de l'ordre royal et militaire de Saint-Louis, et était lieutenant de roi à Landrécies, et commandant dans cette ville, lorsque les Autrichiens la prirent en 1793. A cette époque, il émigra avec son fils.

2° Branche, prise au septième degré.

VIII. Louis DE WAUBERT, écuyer, quatrième fils de François II, et d'Anne Richard, a épousé, le 20 avril 1786, demoiselle Marie-Madeleine Bodin. De ce mariage :

1° Louis-Jacques Waubert, qui épousa, en 1714, demoiselle Anne Laîné, dont il n'a pas eu de postérité ;
2.° Pierre-Etienne Waubert de Chevilly, a épousé

Marie-Marguerite Bellet, et eut pour fils Pierre-Louis-Emmanuel de Waubert, officier au régiment de Berri, infanterie, mort sans postérité;

3.º Bernard dont l'article viendra;

4.º Joseph-Louis-François, dont l'article se répétera également.

IX. Bernard DE WAUBERT DE GENLIS, écuyer, mort le 29 octobre 1759; il avait épousé Marie-Charlotte Ruau d'Anserville; de ce mariage vint :

X. Anne-Daniel DE WAUBERT, écuyer, né le 27 juillet 1746, capitaine des grenadiers du régiment de monseigneur le Dauphin, chevalier de l'ordre royal et militaire de Saint-Louis, non marié.

3.º *Branche prise au huitième degré.*

IX. Joseph-Louis-François DE WAUBERT D'ERCHU, écuyer cavalcadour de sa majesté Louis XV, né en 1699; il était fils de Louis de Waubert, et d'Anne Richard; il avait épousé, en 1724, demoiselle Marie-Suzanne Guyhon-Brulon, de laquelle il eut deux fils jumeaux qui suivent :

1.º Charles-Michel, dont l'article viendra :

2.º Benjámin-Louis de Waubert, né le 24 octobre 1738, mousquetaire gris, chevalier de l'ordre royal et militaire de Saint-Louis.

X. Charles-Michel DE WAUBERT, écuyer, né le 24 octobre 1738, mousquetaire gris, chevalier de l'ordre royal et militaire de Saint-Louis, a épousé mademoiselle le Mercier, de laquelle il a eu :

1.º Louis-Marie-Adélaïde, dont l'article suit :

2.º Louis-Marie de Waubert de Chevilly, écuyer, né le 14 octobre 1776, officier dans le régiment de Colonel-général, infanterie ;

3.º Alexandre de Waubert, écuyer, né le 17 mai 1781, actuellement au service du roi, et chevalier de la Légion d'honneur.

XI. Louis-Marie-Adélaïde DE WAUBERT, écuyer né le 21 avril 1774, a eu l'honneur d'être tenu sur les fonts baptismaux, par sa majesté Louis XVIII, et par madame Adélaïde de France; il a servi dans le régiment de monseigneur le Dauphin.

Armes : « D'azur à une herse d'or, à deux épis d'orge » de même, passés en sautoir brochant sur le tout. »

GILIBERT, famille noble, établie en Limousin.

I. GILIBERT, garde-du-corps, compagnie de Richelieu, épousa, le 8 septembre 1568, Marie-Anne de Faulcon, et en eut :

    1.° Guillaume, mort jeune et célibataire;

    2.° Jean, qui suit :

II. Jean DE GILIBERT, Ier du nom, écuyer, seigneur du Mas et de Champanatier, conseiller du roi, épousa, le 15 avril 1603, Antoinette du Breuil de Cosnac, et en eut un fils unique qui suit :

III. Zacharie DE GILIBERT, écuyer, seigneur de Bord, de Neuvers, etc., conseiller du roi, épousa, le 3 février 1636, Marie-Martine Durand, et en eut :

    1.° Jean, dont l'article suit;

    2.° Martin, qui forme la souche après son frère;

    3.° François de Gilibert de la Plaine, lieutenant au régiment de Rouergue, mort célibataire;

    4.° Étienne de Gilibert de Neuvers, garde-du-corps, compagnie de Luxembourg, mort célibataire le 20 octobre 1682;

    5.° Marguerite de Gilibert, qui épousa, le 6 mars 1680, Jean de Ligneroux, avocat au parlement.

IV. Jean DE GILIBERT, IIe du nom, écuyer, seigneur de Bord, de Neuvers, de la Roche, etc., conseiller du roi, épousa, le 20 mars 1664, demoiselle Catherine de Sauvezie. Il mourut sans enfants, le 12 novembre 1692.

V. Martin DE GILIBERT, écuyer, seigneur des Bellies, de Neuvers, la Roche, etc., conseiller du roi, frère du précédent, épousa en premières noces, le 20 janvier 1677, demoiselle Marie des Prés de Chalaux, morte sans enfants, deux ans après son mariage; en secondes noces, il épousa le 5 février 1680, demoiselle Marguerite de la Peyrie de Sauvagnac. De ce mariage vinrent :

    1.° Zacharie, dont l'article suit;

    2.° Jean de Gilibert de Neuvers, curé d'Ussac;

    3.° Jean-François de Gilibert, écuyer, seigneur de la Roche, de Bord, chapelain de Lissac, chanoine du chapitre de Noailles, curé de Saint-Basile;

    4.° Marie de Gilibert, morte célibataire.

VI. Zacharie DE GILIBERT, II du nom, écuyer, seigneur du Tenchurier, du Vialemur, des Bellies, de Bord, de la

Roche, conseiller du roi, épousa, le 2 juillet 1708, demoiselle Catherine de Certain. De ce mariage naquirent :

    1.° Martin-Guillaume de Gilibert, écuyer, seigneur
    de Bord, de la Roche, de Neuvers, etc., conseil-
    ler du roi, chanoine-curé de Brives à vingt-quatre
    ans, docteur en droit civil et canonique, prieur-
    commendataire du prieuré royal de Notre-Dame de
    Muzi, co-seigneur des terres et seigneuries haut
    justicier des Autrieux ;
    2.° Jean III, dont l'article suit ;
    3.° Marguerite de Gilibert, abbesse de Coiroux.

VII. Jean DE GILIBERT, III° du nom, né le 1ᵉʳ mars
1715, écuyer seigneur du Tenchurier, Merlhiac, Jaurans, le Vialard, les Bellies, le Vialemur, etc., mousquetaire gris, grand-prévôt-général des maréchaussées du
Limousin et de l'Angoumois, lieutenant-colonel de cavalerie, chevalier de l'ordre royal et militaire de Saint-Louis.
Il épousa, le 7 janvier 1737, demoiselle Ursule-Marguerite
de Sahuguet d'Amarzit d'Espagnac, de laquelle il laissa :

    1.° Guillaume-Marie, dont l'article suit ;
    2.° Guillaume, abbé de Gilibert, chanoine du chapî-
    tre d'Arras, grand chantre et chanoine de la cathé-
    drale de Saint-André à Bordeaux, grand vicaire-
    général du prince de Rohan, archevêque de Bor-
    deaux, prieur commendataire de l'abbaye de
    Beaulieu ;
    3.° Jean-Joseph de Gilibert de Merlhiac, tige de la
    branche rapportée plus bas ;
    4.° Jean-Pierre, abbé de Gilibert, curé de Boutigny ;
    5.° Jean-Joseph-Frédéric, chevalier de Gilibert, lieu-
    tenant au régiment de Neustrie ;
    6.° Jean-Baptiste de la Roche, lieutenant d'un régi-
    ment de l'Artillerie de la marine, mort aux Iles ;
    7.° Marie ;
    8.° Marguerite ;
    9.° Marguerite-Léonarde.

VIII. Guillaume-Marie DE GILIBERT, écuyer, seigneur
du Tenchurier, de la Roche, de Jaurans, etc., capitaine
au régiment de Neustrie, chevalier de l'ordre royal et militaire de Saint-Louis, major de l'hôtel royal et militaire
des Invalides, épousa, le 30 mai 1777, Marie-Antoinette
Geneviève de Bonnay. De ce mariage :

    1.° Guillaume-Marie-Edouard, dont l'article suit ;

2.º Anne-Marie-Geneviève-Jeanne, née le 10 novembre 1779, mariée à M. Rivet, préfet de la Dordogne.

3.º Alexandrine-Ursule-Geneviève-Marie-Louise de Gilibert, née le 23 mai 1782, mariée à M. Caccia.

IX. Guillaume-Marie-Edouard DE GILIBERT, né le 8 mai 1785, chef d'escadron au seizième régiment de dragons, chevalier de la Légion d'honneur, non marié.

Branche puînée, prise au sixième degré.

VII. Jean-Joseph DE GILIBERT DE MERLHIAC, troisième fils de Jean de Gilibert, IIIe du nom, écuyer, seigneur du Vialard, de la Barboutie, capitaine au régiment de Neustrie, lieutenant-colonel de cavalerie, chevalier de l'ordre royal et militaire de Saint-Louis, grand-prévôt général des maréchaussées du Limosin et de l'Angoumois, conseiller du roi, maréchal des camps et armées du roi, épousa, le 23 janvier 1783, Sophie-Marie-Geneviève Mirleau de Châtillon, fille reconnue de Godefroi-Charles-Henri de la Tour d'Auvergne, duc souverain de Bouillon, et en eut :

1.º Godefroi-Charles-Henri ;
2.º Léopold-Godefroi-Marie-Charles-Philippe, capitaine au douzième régiment d'infanterie légère, chevalier de la Légion d'honneur ;
3.º Marie-Martin-Guillaume de Gilibert de Merlhiac, officier de la Marine royale ;
4.º Sophie-Marguerite-Ursule, morte à six ans.

Armes : « De gueules au chevron d'or, accompagné
» en pointe d'un chêne d'argent, sur une montagne d'or ;
» au chef d'azur, chargé d'un croissant d'argent accom-
» pagné de deux étoiles de même. Pour supports deux
» levrettes. »

PATRY (1). — Nom d'une ancienne famille de la basse Normandie.

(1) Nous n'avions fourni, page 162 de ce volume, qu'un extrait très-raccourci de la généalogie de cette famille, sur laquelle nous nous sommes procuré depuis des renseignements plus détaillés, que nous nous empressons de transmettre.

Les aînés de cette famille ont habité à la Lande Patry, proche le bourg de Flair, en la vicomté de Vire et à Culay-le-Patry, dont ils étaient seigneurs en 1066.

D'autres branches ont habité à Villeroy, Croisilles, Maltot et Clinchamps, dans les environs de Caën et de Vire. Les cadets de cette maison ont encore maintenant diverses branches établies à Bayeux, Neufchâtel, Valognes et les environs.

Guillaume PATRY, sieur de la Lande, est compris dans le catalogue des seigneurs qui ont accompagné Guillaume, duc de Normandie, dans sa conquête d'Angleterre, en 1066. Il avait reçu chez lui Harold, compétiteur du duc, et se distingua à la bataille d'Hastings. Voyez Dumoulin, Histoire de Normandie, et la Collection des Historiens de France, par D. Bouquet, volume 13, page 238.

Raoul PATRY, sieur de la Lande et de Culey-le-Patry, est compris dans le catalogue des seigneurs qui accompagnèrent Robert, duc de Normandie, en 1096 et 1099, à la conquête de Jérusalem. Les armes de la famille Patry, sont déjà mentionnées parmi celles des seigneurs de cette croisade. Voyez la Vie de Henry, duc de Normandie, Dumoulin, page 390.

Guillaume PATRY, chevalier, sieur de Culey et de la Lande Patry, se trouve parmi les seigneurs Normands, qui refusèrent, en 1168, leur hommage au duc de Bretagne, et qui se retirèrent, en 1173, à la cour de France, avec Henri III, fils de Henri II, roi d'Angleterre. Voyez Dumoulin, *ut suprà*, pages 390 et 396.

Guillaume PATRY, châtelain de la Lande Patry, accompagna le roi saint Louis dans les expéditions en Palestine et en Afrique. Il se signala au siége de Tunis. Voyez la Vie de saint Louis, par le sire de Joinville.

Guillaume PATRY, se signala au siége de Douvres, en 1295, sous la conduite de Jean d'Harcourt, amiral. Voyez l'Histoire de la maison d'Harcourt, vol. 2, page 1738.

Guy PATRY, d'où sortent les cadets de la maison Patry, dans les environs de Bayeux, servit sous Charles VII contre les Anglais, et fut fait prisonnier. Il paya pour sa rançon trois cents dix saluts d'or et dix marcs d'argent, suivant quittance expédiée à Fougères, en 1445. Il devint seigneur de Sully, près Bayeux, et ce fief resta dans la famille jusqu'en 1790.

Henri PATRY, sieur de Villerey, reçut, en 1487, une commission de Charles VIII, roi de France, pour levér et commander cinq cents hommes pour l'armée que ce roi fit marcher en Bretagne. Le même Henri Patry fut à la conquête de Naples, et y fit preuve de services.

François. Patry, sieur de Sully, fut chargé de la garde générale de toutes les côtes du Bessin en Normandie, pendant l'année 1568.

Robert Patry, sieur de Sully, s'illustra sous le connétable Duguesclin, par de longs et nombreux services. Il fut l'un des quatre gentilshommes chargés, en 1603, de la défense du château de Bayeux, et l'un des électeurs pour le corps de la Noblesse de cette vicomté, pour former les Etats Généraux, tenus à Rouen en 1603. Voyez l'Histoire de Normandie, par Masseville, vol. 3, pag. 402.

La famille Patry fut alliée :

1.° A l'ancienne et noble famille d'Estoutteville, avant l'année 1370. Voyez Moréri, dix-huitième édition de la Haye, page 164; et l'Histoire de la maison d'Harcourt, volume 1, pag. 582.

2.° A l'ancienne famille de Rabestan ou Rabestein, sieur d'Aveney, dont Richard Patry épousa l'héritière en l'an 1500.

3.° Aux anciennes familles des sieurs d'Harcourt et des Mallet, sieurs de Drubec en Auge, par diverses alliances, ès années 1521—1541 mentionnées dans l'Histoire de la maison d'Harcourt, t. I, page 962.

4.° A la maison de Ranty, par le mariage de l'une des héritières avec Jacques Patry, sieur de Villerey, en 1614.

5.° Avec la maison de Coigny, par l'alliance, en 1634, d'une héritière de la maison de Patry, avec messire Jean-Antoine, seigneur et comte de Franquetot, maréchal-de-camp, trisaïeul de M. le duc de Coigny.

La filiation et les alliances des Patry, sont consignées dans les Historiens. Voyez entre autres :

Le dictionnaire de Moréri, dix-huitième édition de la Haye, page 164.

Raoul de Dicet, Robert de Thorigny, Benoît de Petersboroug, volume 13 de la collection des historiens de France, par D. Bouquet, pages 153, 191, 194, 317 et 318. L'Histoire de la maison d'Harcourt, tome 1, page 582 et 962; et le tome 2, page 1738. Les Recherches des familles nobles par Monfaut, en l'année 1463. Celles de Chamillard, en 1671. Traité de la Noblesse, par de la Roque. L'Histoire de Normandie, par Dumoulin, ès années 1:68,

1173, 1174 et 1179. L'Histoire de saint Louis, par le sire de Joinville, année 1270; et les registres de la chambre des comptes, ès années 1271, 1394, 1418, 1422 et 1453.

Armes : « De gueules à trois quintefeuilles d'argent, » posées deux et une. »

PINEL LA TAULE (DE), famille de Languedoc.

I. Germain DE PINEL, seigneur de Bise, près de Narbonne, a épousé Antoinette de David, dont est issu :

II. Pierre DE PINEL, aussi seigneur de Bise, qui a épousé Marie-Thérèse-Gabrielle Rostagni, de la famille des Rostagni de Marseille. De ce mariage vinrent les enfants qui suivent :

1.º Germain de Pinel, seigneur de Bise, baron de Truillas, près de Narbonne, conseiller en la cour des aides de Montpellier, aujourd'hui conseiller à la cour royale de Toulouse, ayant servi dans l'armée des Princes; il a épousé Marie Romiguière, de laquelle sont issus Gabriel de Pinel de Truillas, et Antoinette-Marie de Pinel;

2.º Antoine-Jacques-Xavier de Pinel de la Taule, gendarme de la garde du roi, et gentilhomme ordinaire de sa chambre, lequel a épousé, en premières noces, Marie-Thérèse-Geneviève-Céleste, fille de messire de la Treille-Fosière de Gléon, chevalier de l'ordre royal et militaire de Saint-Louis et honoraire de Malte, colonel de dragons; et en secondes noces, il a épousé Marie-Etiennette-Nathalie de Connac, fille de messire de Connac, et de demoiselle de Bailot d'Aché, dont sont issus Gustave-Marie-Xavier de Pinel de la Taule, né le 11 novembre 1808; et Edilbert-Marie-François-Etienne de Pinel de la Taule, né le 8 janvier 1811;

3.º Jacques de Pinel, ancien conseiller à la cour des aides de Paris;

4.º Marie-Françoise-Gabrielle de Pinel, qui a épousé messire Paul de Murat, seigneur de la Lande et autres lieux, ayant émigré et servi dans l'armée des Princes.

Armes : « Ecartelé au premier et quatre d'azur à la

» harpe d'or cordée d'argent, mise en pal ; au deux et
» trois d'azur à la palme d'argent accompagnée de trois
» croisettes de même, une à dextre, l'autre à senestre et
» une en pointe, et sur le tout un écu d'or au chêne de
» sinople, planté sur une terrasse de même ; au chef d'azur
» chargé de trois étoiles d'argent. Supports, un lion et un
» aigle, couronne de comte, et pour devise : *mihi fideli-*
» *tas decus.* »

CHAMBRE (DE), famille noble, originaire d'Ecosse, qui, au commencement du quatorzième siècle, s'établit à Tartas, dans le pays des Landes.

I. Job DE CHAMBRE, marié à Mathine de Curclosse, fille de Bertrand de Curclosse, qualifié homme d'armes, dans une donation de plusieurs parties de terre que lui fit, le 30 mai 1461, Charles d'Albret, comte de Dreux, vicomte de Tartas ; il eut pour fils :

    1.º Jean, dont l'article suit ;
    2.º Mérigon de Chambre.

II. Jean DE CHAMBRE, Ier du nom, *Escuder Vesin de Tartas*, dans son testament du 28 octobre 1517, avait épousé, le 7 décembre 1484, Catherine de Mongrand, fille de N.... de Mongrand, et de Brunette de Castillon, et sœur de Paulain de Mongrand, qui en faveur de ce mariage lui constitua une dot de cent écus d'or. De ce mariage est issu :

III. Bertrand DE CHAMBRE, qualifié aussi dans le testament de son père *Escuder*, qui eut de sa femme, dont on ignore le nom :

    1.º Blaise, dont l'article suit ;
    2.º Guillaume de Chambre, lieutenant et gouverneur du sénéchal d'Albret, par commission du 6 septembre 1560.

IV. Blaise DE CHAMBRE, lieutenant principal au siége et ressort de Tartas, se distingua par son zèle dans les guerres de la Religion. Il avait épousé Vincente de Sagrimet, sœur de Jean de Sagrimet, lieutenant du sénéchal d'Albret, au siége de Tartas, dont il laissa :

    1.º Thomas, dont l'article viendra ;
    2.º Joseph de Chambre, qui servit dans la compagnie du maréchal de Biron, et fut blessé d'un coup d'ar-

quebuse dans une attaque. Il testa à Craonne, le
16 juin 1594, institua pour héritier universel son
frère aîné, à charge par lui de payer trois cents cinquante écus d'or à Jean de Chambre, son cousin,
qui servait au pays de Picardie, dans la même
armée ;

3.º Jeanne de Chambre, mariée, le 4 décembre 1685,
à Fortis du Souil, dit *Fortisson ;*

4.º Catherine de Chambre, mariée à Pierre d'Estou-
pignan, prévôt royal de la ville de Saint-Séver,
morte en 1617.

V. Thomas DE CHAMBRE, écuyer, conseiller du roi,
lieutenant-général civil et criminel au siége de Tartas,
paraît avoir eu la confiance de Catherine de Navarre, sœur
du roi, suivant une lettre de cette princesse du 21 mars
1590. Il mourut en 1635, laissant de son mariage, contracté le 31 janvier 1798, avec Jeanne de Marignac, fille de
Joseph de Marignac, co-seigneur d'Armantieu, et de Françoise de Gamardes :

1.º Pierre, dont l'article suit ;

2.º Bertrand, auteur de la seconde branche rapportée
ci-après ;

3.º Pierre de Chambre, docteur en théologie, archiprêtre et curé de Tartas

VI. Pierre DE CHAMBRE, conseiller du roi, lieutenant-
général civil et criminel au siége de Tartas, par provisions, du 21 février 1631, fit construire dans l'église de
l'observatoire de Saint-François de Tartas, une chapelle
dédiée à Saint-Joseph, où sa femme Marie du Boys, choisit sa sépulture. Elle était fille de Nicolas du Boys, avocat
en la cour, et de Peironne Coifard. Il fut maintenu dans
sa noblesse en 1668, et eut pour enfants :

1.º Nicolas, dont l'article suit ;

2.º Pierre ;

3.º Joseph ;

4.º Autre Pierre ;

5.º Thérèse de Chambre, dont on ignore la destinée.

VII. Nicolas DE CHAMBRE, écuyer, baron d'Urgons,
conseiller du roi, lieutenant-général en la sénéchaussée de
Tartas, par provisions du 7 janvier 1658, épousa, le 13
juillet 1660, Claire de la Lande de Montant, fille de Pierre,

baron de Montant, et de Marthe Dappatte. Il testa le 5
avril 1684, laissant de son mariage :

1.º Pierre-Joseph de Chambre, conseiller du roi,
lieutenant-général au siége de Tartas, maintenu
dans ses qualités de noble et d'écuyer, par ordonnance du 4 juillet 1703, mort sans enfants de son
mariage, contracté le 31 décembre 1691, avec
Madeleine d'Arnou, fille de Léonard, marquis
d'Arnou, de Saint-Pé, etc., et de Marie Gaxion ;
2.º Pierre-Marie, docteur en théologie, archiprêtre
et curé de Tartas ;
3.º Jean, dont l'article viendra ;
4.º Pierre-Thomas, docteur en théologie, archiprêtre
d'Auribat, et curé de Laurède ;
5.º Bertrand ;
6.º Mathieu, capitaine dans le régiment de Gâtinais,
tué en juillet 1706 ;
7.º Joseph ;
8.º Pierre ;
9.º Josèphe de Chambre, morte sans alliance.

VIII. Jean DE CHAMBRE, II, écuyer, baron d'Urgons,
garde de la marine en 1683, enseigne en 1693, puis
lieutenant de vaisseaux du roi et chevalier de l'ordre royal
et militaire de Saint-Louis, épousa, le 17 juin 1713, Catherine-Ursule d'Urtubie-de-Garro, fille d'André d'Urtubie, seigneur et baron de Garro, lieutenant-colonel du
régiment de Labour, et de Marie de Saint-Martin. De ce
mariage sont issus :

1.º André, dont l'article viendra ;
2.º Cécile ;
3.º Marie-Anne, qui épousa, le 9 mai 1741, Louis de
Marignac, écuyer, seigneur de Malet ;
4.º Françoise de Chambre, mariée, le 10 août 1748,
à Bernard du Pin, écuyer, seigneur de Juncarot.

IX. André DE CHAMBRE, écuyer, baron d'Urgons, né
le 29 mai 1714, servit dans les mousquetaires du roi, depuis 1731 jusqu'en 1736, qu'il épousa Marie-Monique de
Rol-de-Montpellier, fille de Jean Louis de Rol-de-Montpellier, seigneur et baron de Lassé, et d'Anne de Mimiague. Il eut de ce mariage :

1.º Pierre, né le 12 juin 1743, reçu page du roi, en

sa petite écurie, sur ses preuves de noblesse, le 20 juin 1758;

2.° Louis, né le 19 janvier 1746, chanoine de l'église collégiale de Saint-Louboner, diocèse d'Aire;

3.° Henri, né le 7 décembre 1748;

4.° Jeanne, née le 13 mars 1737, religieuse au couvent de Sainte-Ursule de Dax;

5.° Catherine-Ursule, née le 17 mars 1740;

6.° Marthe, née le 15 mai 1750;

7.° Sophie de Chambre, née le 29 janvier 1754.

Seconde branche, prise au cinquième degré.

VI. Bertrand DE CHAMBRE, Ier du nom de cette branche, second fils de Thomas de Chambre, et de Jeanne de Mérignac, écuyer, conseiller du roi, lieutenant-général-criminel au siége de Tartas, épousa, le 27 novembre 1641, Catherine de Maurian, fille de Jacques de Maurian, et de Marie Chelosse, dont:

1.° Bertrand, qui suit;

2.° Pierre de Chambre, prêtre et docteur en théologie.

VII. Bertrand DE CHAMBRE, II, conseiller du roi, lieutenant-général-criminel au siége de Tartas, épousa, le 10 mai 1675, N.... de Quittrie de Nolibois, fille de Pierre de Quittrie, et de Jeanne de Bédora. Ils testèrent le 10 octobre 1703, et eurent pour enfants:

1.° Bertrand, dont l'article viendra;

2.° Joseph, né le 12 mars 1677, docteur en théologie et curé de Béga;

3.° Pierre, né le 26 janvier 1678, mort curé de Saint-Martin, le 27 août 1704;

4.° Alexandre, né le 21 janvier 1680, mort le 10 décembre 1756;

5.° Pierre, né le 5 août 1681, mort jésuite à Poitiers, le 16 avril 1757;

6.° Autre Pierre, né le 20 juillet 1685, mort à Bordeaux, en 1743;

7.° Pierre-Joseph, né le 27 juillet 1687, mort en juin 1743;

8.° Joseph-Ambroise, né le 3 mars 1692, docteur en théologie, curé de Laurède, archiprêtre d'Auribal, mort le 25 février 1736;

9.° Joseph, né le 2 mars 1693, mort barnabite à Montargis, en 1723;

10.° Josèphe, née le 21 juillet 1686, morte le 22 août 1704, religieuse au couvent de Sainte-Claire de Tartas;

11.° Marie, née le 9 septembre 1688, morte abbesse du même monastère, le 16 novembre 1739;

12.° Autre Marie, née le 8 mars 1691, morte religieuse dans le même monastère que ses sœurs;

13.° Marie Quittrie de Chambre, née le 29 août 1696, mariée, le 17 juillet 1713, à Jean-François de Batz, seigneur d'Armantieu, conseiller du roi, lieutenant-criminel en la sénéchaussée de Tartas.

VIII. Bertrand DE CHAMBRE, III, écuyer, conseiller du roi, lieutenant-criminel du siége de Tartas, testa le 2 juin 1721, laissant de Cécile de Saint-Martin, son épouse, fille de Jean-Jacques de Saint-Martin, seigneur de Betuy, et de Suzanne de Labat :

1.° Jean-Jacques, dont l'article suit ;

2.° Jean, né le 20 avril 1714, curé de Pey;

3.° Elisabeth, née le 13 octobre 1712, morte le 29 juin 1750, femme de Louis du Pont;

4.° Hélène de Chambre, née le 10 avril 1718, religieuse à Tartas.

IX. Jean-Jacques DE CHAMBRE, né le 21 septembre 1711, conseiller du roi, lieutenant-criminel au siége de Tartas, après avoir servi dans les gardes-du-corps, épousa, le 27 juin 1735, Claire Larremar, fille de Barthélemi Larremar, avocat en parlement, et de Marie-Armande de Bedora. De ce mariage vinrent :

1.° Jean-Alexandre, né le 8 décembre 1739, lieutenant au régiment de Belzunce, marié 1.° avec demoiselle Thérèse-Suzanne de Bachelier; 2.° avec demoiselle Thérèse-Elisabeth de Mérignac, sans enfants. Il mourut en septembre 1805;

2.° Louis-Marie de Chambre, né le 15 août 1742, ecclésiastique;

3.° Jean de Chambre, dont l'article viendra ;

4.° Bertrand de Chambre, né le 12 septembre 1745, a servi dans le régiment de l'Ile-de-France, en qualité de capitaine, chevalier de l'ordre royal et mili-

taire de Saint-Louis, mort sans alliance, en mars
1809;

5.° Pierre-François, né le 27 mai 1750, mort jeune;

6.° Cécile, née le 19 août 1738, mariée à M. Pierre
Miran, avocat au parlement de Bordeaux, morte
en octobre 1808;

7.° Thérèse- Elisabeth de Chambre, née le 5 février
1741, morte sans alliance le 3 janvier 1814.

X. Jean DE CHAMBRE, né le 7 août 1744, chevalier, capitaine au corps royal du Génie, chevalier de l'ordre royal
et militaire de Saint-Louis, marié, le 13 avril 1788, à
demoiselle Etiennette-Pauline-Eléonore de Saint-Martin,
fille de messire Louis de Saint-Martin, baron de Capbre-
ton, et de Louise-Angélique du Livier, de laquelle il a:

1.° Alexandre, dont l'article viendra :

2.° Louis de Chambre, mort en bas âge.

XI. Alexandre DE CHAMBRE, chevalier, né le 7 mai
1789, entré dans les mousquetaires du roi, le 22 juillet
1814.

Armes : « D'or, à la fasce d'azur, surmontée d'un lion
» naissant de gueules, et accompagné en pointe d'une
» fleur de lys de même. »

LE JOLIS DE VILLIERS, famille originaire de Brucheville en Cotentin, arrondissement de Valogne, fut a-
noblie dans la personne et descendance de Guillaume,
seigneur du Jonquay, par lettres-patentes du mois de janvier 1595, en récompense de services importants qu'il avait
rendus à l'Etat.

I. Guillaume LE JOLIS, seigneur du Jonquay, officier des
archers du roi Henri IV, né en la paroisse de Brucheville
en Cotentin, épousa noble demoiselle Marie du Bouillon.
Il eut de ce mariage :

1.° Jean le Jolis, dont la postérité s'éteignit en 1780;

2.° Alexandre, qui suit.

II. Alexandre LE JOLIS, écuyer, seigneur du Jonquay,
épousa, en 1627, noble demoiselle Françoise Alexandre,
dont il eut :

1.º Jean, qui suit; 2.º Guillaume; 3.º Thomas; 4.º Michel; 5.º Anne; 6.º Catherine.

III. Jean LE JOLIS, écuyer, seigneur du Bouillon, né le 8 mai 1633, décéda en 1707. Il fit les campagnes de 1667 et 1668, comme volontaire dans la compagnie de M. de Chamilly. Il avait épousé, en 1655, noble demoiselle Suzanne Décajeul de la Ramée, dont il eut :

IV. François-Alexandre LE JOLIS, écuyer, seigneur de Villiers, capitaine de dragons dans le régiment de Morsan, puis capitaine de cavalerie dans le régiment de Fourquevaux, né le 22 mai 1663, tué à la bataille d'Hochstett, le 13 août 1704. Il avait épousé, le 2 mars 1693, noble demoiselle Louise de Prye, fille de noble seigneur messire Emarc Antoine, marquis de Prye, chevalier, seigneur, baron, haut-justicier de Plâne, Echampay, etc., sœur de M. le marquis de Prye, cordon bleu, lieutenant-général des armées du roi, ambassadeur en Sicile, gouverneur du haut et bas Languedoc. Le roi, pour récompenser ses services, et l'indemniser de ses dépenses, donna à ses huit enfants une pension annuelle de dix-huit cents livres. Ces enfants sont :

1.º François-Alexandre, capitaine de dragons, chevalier de l'ordre royal et militaire de Saint-Louis, né en 1693. Ce fut lui qui monta le premier à la tranchée au siége de Fribourg en Brisgau ;

2.º Marc de Saint-Clair, officier au régiment de Bretagne ;

3.º Jacques, officier de cavalerie au régiment de Rufec ;

4.º Alexandre-Léonor, qui suit :

5.º Anne-Françoise ;

6.º Marie-Anne-Mathurine ;

7.º N.....de Villiers, décédée ;

8.º N.... de Villiers, décédée.

V. Alexandre-Léonor LE JOLIS, chevalier de Villiers, officier de dragons, né le 19 novembre 1702, et décédé le 1er juillet 1780, avait épousé, en 1756, noble demoiselle Mathurine-Marie-Anne Germain, fille de François Germain de la Conté, gendarme de la garde du roi. De ce mariage :

1.º François-Alexandre-Léonor, dont l'article viendra ;

2.º Prosper-Mathurin, chevalier de Villiers, né en

1764, et décédé à Béziers en 1782. Il était officier au régiment du Maine, infanterie ;

3.º Françoise-Marie-Anne le Jolis ;

4º Marie-Anne-Louise-Mathurine le Jolis, mariée à M.Castel du Boullay, en 1793.

VI. François-Alexandre-Léonor LE JOLIS DE VILLIERS, né le 13 juillet 1760, à Villiers-Fossard, près Saint-Lô, fut élevé aux écoles royales de la Flèche et de Paris. Il en sortit, en 1776, pour être cadet gentilhomme dans le régiment de Vermandois, où il a servi, en qualité d'officier, depuis 1777 jusqu'en 1788. Pendant les années 1800, 1801, 1802, 1803, il a été alternativement maire de Saint-Lô, conseiller de préfecture et membre du collége électoral du département de la Manche. Il épousa, en 1787, noble demoiselle Marie-Anne-Perine-Catherine de Géraldin (Fitzgérald) , fille de feu Antoine, marquis de Géraldin, brigadier des armées du roi, grand bailli d'épée du comté de Mortain. Sont issus de ce mariage :

1.º Victor, né en mars 1790, bachelier ès lettres et ès sciences, licencié en droit ;

2.º Prosper, né en mai 1798, élève de l'école spéciale de marine à Toulon ;

3.º Edouard, né en novembre 1803, élève du collége de Saint-Lô ;

4.º Charles-Alexandre-Constant, né en août 1811 ;

5.º Antoinette, née le 1er janvier 1789 ;

6.º Rosalie, née en mars 1783, à mariée M. Luc-Louis Duquesne, de la famille de l'amiral de ce nom.

Armes : « D'azur au chevron d'or, accompagné de trois » aigles éployées de sable, deux en chef et une en pointe. »

BAILLE, famille originaire de la province du Nivernais.

I. Paul BAILLE, écuyer, seigneur des Mours et des Coques, maître d'hôtel du prince souverain de Mantoue; marié à Elisabeth le Thellier. De ce mariage :

II. Guillaume BAILLE, écuyer, seigneur des Mours et des Coques, capitaine de la compagnie d'hommes d'armes de la garde du duc de Nivernais et Rethelois, prince souverain de Mantoue; marié, en 1561, à Jehanne Duhamel du Pré, fille de Pierre Duhamel du Pré, écuyer, seigneur du Pré, et de Victoire Saint-Léger de Champ . De ce mariage :

III. Pierre BAILLE, Ier du nom, écuyer, gentilhomme ordinaire de madame la princesse Henriette de Clèves ; marié, en 1600, à Jehanne le Thonnelier, fille de Jacques le Thonnelier, écuyer, seigneur de Marigny et Chitry , et de Charlotte Boulé de Charoux. De ce mariage :

  1.° Pierre II, dont l'article viendra ;
  2.° Claude Baille, qui fut père de Thomas Baille, avocat au parlement, conseiller au conseil et intendant de la maison et des finances de son altesse royale monseigneur le duc d'Orléans; ce Thomas eut pour fils Nicolas Baille, conseiller du roi, en son grand conseil, mort sans postérité, en 1761.

IV. Pierre BAILLE, IIe du nom, écuyer, marié en 1630, à Louise Devad, fille de Julien Devad, lieutenant gouverneur de la ville de Valence en Dauphiné, et de Antoinette Guilhon. De ce mariage :

  1.° Etienne, dont l'article viendra ;
  2.° Elisabeth, mariée à Noel Gobillot, conseiller du roi, en sa cour de parlement ;
  3° Antoinette, morte sans alliance.

V. Etienne BAILLE, écuyer, marié, en 1672, à Françoise Dadinot, fille de Guillaume Dadinot, et de Marguerite Loret. De ce mariage :

VI. Bernard BAILLE, écuyer, sieur de Beauregard, qui a très-bien servi dans le ban de la noblesse du duché de Nivernais et Donziais, convoqué pour le service du roi , en 1690, en bon et suffisant équipage, et pendant tout le temps d'icelui. (Certificats de monsieur le chevalier de Jaucourt, commandant de l'escadron; de monsieur le chevalier Antoine de Druy, et du contrôleur dudit escadron, des 1er et 2 octobre 1690.) Marié, en 1715, à Gabrielle Faulquier. De ce mariage :

VII. Louis-Bernard BAILLE, sieur de Beauregard, écuyer, garde du roi, compagnie de Harcourt ; marié, en 1738, à Françoise Seguin. De ce mariage :

  1.° Louis-Philibert, dont l'article viendra ;
  2.° Antoine-Bernard, qui sera rapporté après son frère;
  3.° François-Etienne Baille le Baron ;

4.º Nicolas-Bazile Baille de Presle, écuyer, gendarme du roi, décédé sous le règne de Louis XVI.

VIII. Louis-Philibert Baille, écuyer, seigneur de Beauregard, lieutenant d'artillerie, attaché aux grenadiers royaux du comté de Bourgogne, en 1784; chevalier de l'ordre royal et militaire de Saint-Louis, mort à Auxerre , adjudant commandant des canonniers gardes-côtes, chevalier de la Légion d'honneur. Il a laissé :

1.º Louis-Henri Baille, chevalier de la Légion d'honneur, major du régiment d'infanterie, blessé et prisonnier en Russie, en 1812 ;
2.º Louis-Adalbert Baille de Beauregard, chevalier de la Légion d'honneur, colonel d'un régiment d'infanterie, tué en Russie, en 1812 ;
3.º Antoine-Adalbert Baille, capitaine au cent quatrième régiment d'infanterie.

IX. Antoine-Bernard BAILLE de Beauregard, écuyer , frère du précédent, fut élève du corps royal d'artillerie, et épousa Marie-Anne Gavard, fille de François Gavard, seigneur de Villaine, Breugnon et Latrau , et conseiller au conseil de son altesse royale monseigneur le duc d'Orléans . De ce mariage :

X. Louis-Marie-Bernard BAILLE de Beauregard , écuyer , né le 9 mai 1786, juge d'instruction à Issoudun , le 16 août 1811.

Armes : « D'argent à la fasce d'azur, accompagnée en » chef de trois roses de gueules, et en pointe d'un lion » léopardé de même. »

(Armorial de France. — Dictionnaire de la Noblesse, tome III, page 3o, à la Table alphabet — Bibl. du Roi.)

MEUR-DE-KERIGONAN (de), famille noble et ancienne, originaire de Bretagne, où elle réside encore de nos jours.

Parmi les gens d'armes destinés à accompagner Richard de Bretagne, le 22 août 1419, on trouve Yvon de Meur. (Lobineau, histoire de Bretagne, liv. 15, page 968), qui la même année (Idem, page 1049), prêta serment avec les nobles du ressort du Gollot.

Jehan de Meur est cité parmi les nobles de Tréguier et du Gollot, qui prêtèrent serment au duc de Bretagne, le 28 octobre 1437.

I. Maurice DE MEUR, Ier du nom, fut présent à la montre générale des nobles, tenue à Guingamp, le 8 janvier 1479. Il fut également présent, à celle de 1503. Il avait épousé Marie de Kercabin, de laquelle il laissa :

    1.º Nicolas, dont l'article suit ;
    2.º Guillaume de Meur, tige de la branche des seigneurs de Kerigonan, rapportée plus loin.

II. Nicolas DE MEUR, épousa, le 5 février 1313, Catherine de Kermellec. Il est qualifié dans son contrat, noble, maître Nicolas de Meur, qualifications qui ne se donnaient qu'aux nobles d'ancienne extraction. Il laissa de ce mariage :

    1.º Pierre, mort sans postérité ;
    2.º Maurice, dont l'article suit ;
    3.º Françoise de Meur, mariée, le 2 juillet 1535, avec Jacques le Guales.

III. Maurice DE MEUR, II du nom, qualifié noble écuyer, dans un aveu qu'il rendit au seigneur de Coëtlogon-Méjusseaume, en date du 10 février 1547, fit partage noble, avec son oncle, Guillaume de Meur, de la succession de ses père et mère, le 16 juin 1551. Il mourut sans postérité masculine.

Branche de Meur-Kerigonan.

II. Guillaume DE MEUR, seigneur de Kerigonan, second fils de Maurice Ier, et de Marie de Kercabin, épousa Marguerite Hensery, dont il eut :

    1.º Maurice, seigneur de Lesmoal, qui épousa Julienne Quelen, de laquelle il laissa : 1.º Maurice, 2.º Constance, 3.º Françoise, 4.º Marie de Meur, morts sans postérité ;
    2.º Jehan, dont l'article suit.

III Jehan DE MEUR, Ier du nom, seigneur de Kerigonan, épousa Isabeau Turmier. Il eut de ce mariage :

    1.º François, dont l'article viendra ;
    2.º Maurice ;
    3.º Guillaume ;
    4.º Jehan ;

5.º Maurice seigneur, de Lescarzou, qui eut, entre autres enfants, Guillaume de Meur, seigneur de Kercadiou, qui épousa Marie de Rien, de laquelle il laissa François de Meur, seigneur de Lescarzou marié avec Jeanne Noelle de Carrion, dont il eut Vincent-Marie de Meur, seigneur de Lescarzou ;

6.º Isabeau ;

7.º Marguerite de Meur.

IV. François DE MEUR, Iᵉʳ du nom, écuyer, seigneur de Kerigonan, épousa, le 7 avril 1592, Isabelle Olivier. Il mourut en 1623, laissant de son mariage :

1.º François, dont l'article suit ;

2.º Maurice ;

3.º Mauricette ;

4.º Jeanne ;

5.º Claudine ;

6.º Autre Jeanne de Meur.

V. François DE MEUR, II du nom, écuyer, seigneur de Kerigonan, épousa, le 16 juin 1615, Jeanne Guillaume, de laquelle il laissa ;

1.º Jean, dont l'article viendra ;

2.º Pierre ;

3.º Rolland ;

4.º Magdeleine ;

5.º Jeanne de Meur.

VI. Jean DE MEUR, II du nom, écuyer, seigneur de Kerigonan, épousa Jeanne de Kerprigent, dont il eut :

1.º Nicolas, dont l'article viendra ;

2.º François-Ignace ;

3.º Guy ;

4.º Marie-Jeanne, née le 22 septembre 1654, mariée à Claude du Parc, seigneur de Penauguer.

VII. Nicolas DE MEUR, écuyer, seigneur de Kerigonan, épousa, le 3 juin 1701, Marie-Josèphe la Bouexière. De ce mariage vinrent :

1.º Vincent, dont l'article viendra ;

2.º Marie-Renée-Corentine, morte religieuse aux Dames de la Croix de Tréguier ;

3.º René-Marie-Vincente de Meur.

VIII. Vincent DE MEUR, écuyer, seigneur de Kerigonan, page du roi dans sa grande écurie, épousa, le 17 octobre 1724, Anne-Renée Huon, de laquelle il laissa :

IX. Jean-Marie DE MEUR, seigneur de Kerigonan, page du roi, dans sa grande écurie, en 1748, enseigne des vaisseaux du roi, épousa, le 31 décembre 1761, Marie Josèphe-Emilie Rogon de Carcaradec. De ce mariage sont issus :

    1.º Camille-Jean-Marie, dont l'article viendra :

    2.º François-René-Fortuné de Meur, dit le chevalier de Kerigonan, marié, le 18 juillet 1796, avec Marie-Jeanne-Josèphe de Belingant. Il a eu de ce mariage : 1.º Charles-Marie-Auguste, mort en bas âge ; 2.º Amélie-Françoise-Adélaïde; 3.º Hermine-Jeanne-Françoise ; 4.º Mélanie-Camille-Marie-Céleste ; 5.º Félicité-Marie-Josèphe de Meur ;

    3.º Marie-Vincente-Emélie ;

    4.º Marie-Magdeleine-Céleste ;

    5.º Marie-Geneviève-Adélaïde ;

    6.º Marie-Josèphe-Félicité ;

    7.º Anne-Marie de Meur de Kerigonan.

X. Camille-Jean-Marie DE MEUR DE KERIGONAN, chevalier de l'ordre royal et militaire de Saint-Louis, s'est émigré en 1791, a fait la campagne de 1792, dans le corps de la marine, où il avait servi en qualité d'élève de la première classe, depuis 1782 jusqu'en 1788; est passé à l'armée du prince de Condé en 1794, a obtenu le brevet de major d'infanterie en 1797, et a fait toutes les campagnes de l'armée des Princes jusqu'à la paix de 1801, où il a été fait chevalier de l'ordre royal et militaire de Saint-Louis. Il a épousé, le 30 mars 1788, mademoiselle Emilie-Yvonne-Marie-Charlotte Rogon de la Villeguessio. Il a de ce mariage :

    1.º Emilie-Marie-Charlotte de Meur, mariée, le 20 mai 1809, à M. Adrien le Borgne de Kerusoret ;

    2.º Adélaïde-Fortunée de Meur, mariée, le 11 septembre 1809, à M. Aimé du Marhallach.

Armes : « D'argent, à la fasce d'azur, surmontée d'un » croissant montant de gueules. »

ACQUET D'HAUTE-PORTE ET DE FEROLLES, famille ancienne, établie dans le Poitou, mais qui se croit originaire d'Ecosse ; elle a fourni plusieurs branches ;

l'aînée est celle des seigneurs de Richemont, d'Ozey, et de Romeneuil ; la puînée est celle des seigneurs de Lavergue, d'Haute-Porte et de Férolles.

. Il existe à Lavergue une tombe qui mentionne Jacques Acquet, chevalier, seigneur de Lavergue, en 1523 ; il avait épousé une demoiselle de Tourtenay ; et son fils avait épousé une demoiselle de Ternay. Mais nous ne donnerons la filiation suivie, qu'à dater de :

I. Pierre ACQUET, chevalier, seigneur de Lavergue, Prinçai et Haute-Porte, capitaine au régiment de Richelieu, ensuite gouverneur de l'île d'Oléron, épousa, vers 1660, N..... de Bessay ; de laquelle il laissa deux enfants :

     1.º Antoine Acquet, qui suit :

     2.º René Acquet, chevalier de Malte, mort sans alliance.

II. Antoine ACQUET, chevalier, seigneur de Lavergue, épousa Madeleine de Châteignier, de laquelle il eut :

III. Jacques-François ACQUET, 1er du nom, chevalier, seigneur d'Haute-Porte, de Lavergue et de Mayé ; il épousa, le 11 d'octobre 1713, Jacquette-Françoise Jaillard de la Maronnière. De ce mariage :

IV. Jacques-François ACQUET, IIe du nom, chevalier, seigneur d'Haute-Porte, de Lavergue, Férolles et autres lieux, capitaine au régiment de Crillon, infanterie, chevalier de l'ordre royal et militaire de Saint-Louis, épousa Paule Cordier, de laquelle il laissa :

     1.º Jacques-René, dont l'article suit ;

     2.º Louis Acquet de Férolles, capitaine au régiment de Brie, infanterie, a émigré en 1791, fait les campagnes dans l'armée des Princes, et a commandé en leur nom dans la Vendée. Il est chevalier de l'ordre royal et militaire de Saint-Louis.

V. Jacques-René ACQUET, chevalier, seigneur de Férolles, Haute-Porte, Lavergue et autres lieux, élève de l'Ecole royale et militaire, officier au régiment de Royal-Champagne, a émigré en 1791, et fait les campagnes dans l'armée des Princes et de monseigneur le prince de Condé ; a épousé, en 1784, Mélanie Fouques de Monville, de laquelle il a :

VI. Jacques-Henri ACQUET, chevalier, seigneur de Férolles, Haute-Porte, etc., né le 17 février 1786, a épousé, en octobre 1813, demoiselle Jeanne-Hermine du Crocquet de Saveuse ; l'un et l'autre vivants.

Une lettre, datée de novembre 1701, signée Saulieu, vicaire-général de Poitiers, énonce, qu'il existe, dans les archives de l'Evêché, les pièces d'un procès qui eut lieu en 1298, entre les moines de Loudun et le chevalier Gabriel Acquet, au sujet des droits seigneuriaux du fief·de Bressure.

Depuis la révolution, cette famille habite la Picardie.

Armes: « De sable à trois panniers d'or, posés deux » et un; deux lions·pour supports. »

BARRUEL, famille noble établie à Pont de Veyle; elle a fourni les rameaux de Barruel-la-Beaume, de Barruel-Bavatz, Barruel-Mirabel et Barruel-Saint-Pons. En 1769, douze frères ou cousins-germains de ce nom, se trouvaient au service du roi. Cette famille a formé des alliances avec les Colone-d'Ornano, les Latour-du-Pin-de-Gouvernet, les Chamouroux, Rochefort et Moreton-de-Chabrillan, etc., etc. La branche de Barruel de Saint-Pons, établie de nos jours à Pont de Veyle, est représentée aujourd'hui par :

1.º Louis-François de Barruel, dont l'article suit ;
2.º Augustin de Barruel, chanoine honoraire de Paris, ancien aumônier de madame la princesse de Conti.

Louis-François DE BARRUEL, chevalier de l'ordre royal et militaire de Saint-Louis, ancien capitaine au corps royal d'artillerie; lors du rassemblement de la noblesse de France à Coblentz, en 1792, sous les ordres de MONSIEUR, aujourd'hui notre roi régnant, il eut l'honneur de commander la compagnie de Messieurs les Officiers du corps royal de l'artillerie attachée à la division de monseigneur le duc de Bourbon. Il a épousé la comtesse Marie-Hélène de Veyle de la Salle, ci-devant chanoinesse du chapître noble de Salles, en Beaujolais. De ce mariage est né :

Louis-Camille-Marie DE BARRUEL, le 23 décembre 1789; garde de la porte de sa majesté Louis XVIII, en 1814.

Armes: « D'or et d'azur de six pièces. »

Nota. Quant à la maison de Barruel-Beauvert. Voir le premier volume du Nobiliaire, pages 60 et 61.

VARENNES (DE), famille noble, dont l'origine remonte aux temps les plus reculés.

I. Aimé DE VARENNES, Ier du nom, Hugues son frère, comte de Lyon, vivant en 1140, fondèrent la Chartreuse d'Arvières, en Bugey.

II. Guichard, fils aîné de VARENNES, vivant en 1186, eut pour fils :

> 1.º Guichard de Varennes, chevalier, auteur de la branche de Lucenay ;
> 2.º Etienne, dont l'article suit.

III. Etienne DE VARENNES, chevalier, seigneur d'Avauge, Courbeville et autres lieux, vivant en 1220 et 1272, eut pour fils :

> 1.º Jean Ier, dont l'article suit ;
> 2.º Etienne de Varennes, chevalier, seigneur de Cendare, qui épousa Dauphine Arod, fille de Pierre Arod de Riviéri.

IV. Jean DE VARENNES, Ier du nom, chevalier, seigneur d'Avauge, de Varennes, Courbeville, etc., vivant en 1306, épousa Guillemette d'Albon, de laquelle il laissa :

V. Jean DE VARENNES, IIe du nom, chevalier, seigneur d'Avauge et de Courbeville, vivant en 1320, qui épousa Philippotte de Viège. Il eut de ce mariage :

VI. Pierre DE VARENNES, Ier du nom, chevalier, seigneur d'Avauge et de Courbeville, vivant en 1348, qui eut pour fils :

VII. Henri DE VARENNES, Ier du nom, chevalier, seigneur d'Avauge et de Courbeville, vivant en 1355, qui épousa Eléonore de Franchelin. Il laissa entre autres enfants :

VIII. Jean DE VARENNES, IIIe du nom, dit l'*Allemand*, damoiseau, seigneur de Courbeville, vivant en 1356. Il épousa Hélène de Talaru, dont est issu :

IX. Henri DE VARENNES, IIe du nom, écuyer, seigneur de Courbeville, vivant en 1388, marié 1.º à Lionette de l'Aye ; 2.º à Catherine de Franchelin. Il laissa entre autres enfants :

X. Jean DE VARENNES, IVe du nom, seigneur de Courbeville et de Raptour, vivant en 1422. Il épousa Aymare de Marmont, dont il eut :

XI. Aimé DE VARENNES, IIe du nom, chevalier, seigneur de Raptour, Courbeville, vivant en 1460, qui épousa Louise de la Gellière. De ce mariage vinrent :

1.º Antoine, dont l'article suit;

2.º Pierre de Varennes, auteur de la branche rapportée plus loin.

XII. Antoine DE VARENNES, Ier du nom, co-seigneur de Raptour et de Courbeville, vivant en 1518, fut grand pannetier du roi catholique, et maître d'hôtel de Marie, reine de Hongrie. Il épousa Villemaine ou Guilleminé de la Caudelle, dame de Houlbec. C'est lui qui est la souche des Varennes-Houlbec de Flandres. Il eut pour fils :

1.º Maximilien, dont l'article suit;

2.º Jean de Varennes, marié 1º avec Marguerite du Bois, fille d'Hippolyte du Bois, seigneur de la Longrie; 2º avec N... de Hainin, fille du seigneur de Vamberchie, de laquelle il n'eut qu'une fille, mariée à Mathias de l'Illie.

XIII. Maximilien DE VARENNES, chevalier, seigneur de Houlbec, épousa Madeleine de Branc, fille de Guillaume de Branc, et de Jeanne de la Hamayde. Il eut de ce mariage :

1.º Claude, dont l'article suit;

2.º Marguerite de Varennes, femme de Gaspard de Camloye;

3.º Anne de Varennes, morte sans alliance.

XIV. Claude DE VARENNES, chevalier, seigneur de Houlbec, épousa Antoinette de Hainin, fille de Gislain de Hainin, seigneur du Bang et autres lieux, et de Marguerite d'Ormusent, ou d'Ormesent, de laquelle il laissa :

1.º Antoine, dont l'article viendra;

2.º Jean de Varennes, chevalier, qui épousa Jeanne de Lanoy, fille de Nicolas de Lanoy, chevalier, seigneur des Plincheu. Il eut quatre filles: l'une mariée à Jacques de Gam, chevalier, marquis de Hem; l'autre, alliée à Philippe de Hainin, chevalier, seigneur du Mesnil; les deux autres religieuses.

XV. Antoine DE VARENNES, IIe du nom, chevalier, seigneur de Houlbec et du Bois-Gunier, épousa Marie du Bois, fille de Louis du Bois, chevalier seigneur de la Longrie. Il eut pour fils :

1.º Florent, dont l'article viendra;

2.º Maximilien de Varennes, chevalier, seigneur de la Rolandrie, qui épousa dame Agnès de·Ventherel, dont il n'eut qn'une fille.

XVI. Florent DE VARENNES, chevalier, seigneur de Houlbec, Beaumanoir, Houplin, etc., épousa Bonne de Roisin, fille de Michel de Roisin, chevalier, seigneur de Stong, de Rougue-Corde, et de Betincourt et de Louise de Sainte-Aldegonde. Il eut entre autres enfants :

XVII. Michel - François DE VARENNES, 'chevalier, seigneur de Houlbec et de Houplin, capitaine de cavalerie au service de Sa Majesté cathol que. Il épousa Françoise de Gam, fille de Jacques, marquis de Hem. De ce mariage sont issus :

1.º Maximilien-François de Varennes ;
2.º Marie-Gertrude-Jacqueline de Varennes.

Branche puînée prise au onzième degré.

XII. Pierre DE VARENNES, IIe du nom, second fils d'Aimé de Varennes, et de Louise de la Gellière, surnommé *le Capitaine*, chevalier, seigneur de Raptour et de Courbeville, vivant en 1520, fit un traité avec Antoine, son frère, en vertu duquel il demeura possesseur des biens qu'ils avaient en France. Il épousa Jeanne de Rogemont, dont il eut entre autres enfants :

XIII. Hippolyte DE VARENNES, chevalier, seignéur de Courbeville et de Raptour, vivant en 1564, marié avec Claudine de Sainte-Colombe, fille d'Etienne de Sainte-Colombe, et de Huguette de Nagu. Il eut pour fils :

XIV. Antoine DE VARENNES, écuyer, seigneur de Courbeville, de Raptour, Loctare et Glétein, vivant en 1592. Il. épousa, 1º Madeleine de Ronchevol, veuve de Charles dè Chambregrau, sieur de la Bernardière ; 2º Antoinette de Ranée de Glétein, fille de Philibert Ranée de Glétein, et d'Antoinette de Gaspard. Il laissa de sa seconde femme :

XV. Jean DE VARENNES, V^e du·nom, chevalier, seigneur de Raptour, Loctare, Glétein, capitaine au régiment d'Alencourt, vivant en 1645, marié avec Catherine d'Avey, fille de Charles d'Avey, chevalier, seigneur de la Varenne et autres lieux, et de dame N..... de Damas d'Estienge. De ce mariage vint :

XVI. Pontus DE VARENNES, seigneur de Raptour, Glétein, la Place, etc., vivant en 1672, qui épousa Isabeau de Roquelesne, fille d'Antoine de Roquelesne, et de dame N.....de Baudinot de Sellorre. Il eut de ce mariage :

XVII. Joseph DE VARENNES, Ier du nom, chevalier, seigneur de Glétein, la Place, etc., baron de Saint-Olive, premier capitaine au régiment de Marcillac, cavalerie, puis brigadier des armées du roi, vivant en 1713. Il laissa de Catherine d'Aveine, son épouse :

XVIII. Claude-Charles, comte DE VARENNES, chevalier, baron de Saint-Olive, seigneur de Glétein, la Place, et Matefellon, vivant en 1747, marié avec Antoinette-Alexandrine de Seyturier, de laquelle il laissa :

XIX. Joseph DE VARENNES, II du nom, chevalier de Malte, baron de Saint-Olive, seigneur de Glétein et autres lieux. Il a épousé damoiselle Charlotte-Gabrielle Bernard de Montessus de Bully. Il a eu de ce mariage :

Ferdinand de Varennes, né en 1784, mort à Brinn, en Allemagne, le 12 janvier 1806, par suite des blessures qu'il reçut à la bataille d'Austerlitz, où il servait dans le troisième régiment de Cuirassiers.

Armes : « D'hermines, à trois chevrons de sable, cou- » ronne de comte. »

ROCHAS (DE), en Dauphiné, famille noble et ancienne, originaire de Provence. Elle a fourni plusieurs chevaliers de Malte, entre autres Pierre de Rochas, en 1522 : Balthazard et Honoré de Rochas, en 1556 ; Guyot de Rochas-Aiglun, en 1579, etc.

Cette famille subsiste en trois branches, dont deux s'établirent, l'une en Dauphiné, et l'autre en Espagne, où par corruption, elle est appelée *Roxas*. La première branche porte pour armes : *d'or à la croix bourdonnée ou pommetée de gueules, au chef d'azur, chargé d'une étoile du champ* ; la seconde, dont nous allons suivre la filiation : *de gueules, à une rose, sans tige, d'or, surmontée d'un croissant d'argent* ; la troisième : *d'azur, au tau d'argent, surmonté de trois étoiles d'or, rangées en fasce.* Cette diversité d'armoiries vient des divers emblèmes que portaient plusieurs croisés de cette famille, lorsqu'ils suivirent le roi saint Louis, en la Terre Sainte.

I. André DE ROCHAS, Ier du nom (*Nobilis Andréas de Rochassio*), seigneur des terre et château d'Aiglun, en

Provence, vivant en 1480, épousa Hélène de Faucon. Il
eut de ce mariage :

      1.º Pierre, dont l'article suit ;

      2.º Catherine de Rochas, mariée 1.º à Jean-Antoine de
        Chaussegros ; 2.º, le 10 avril 1453, à Elzéar de Roux,
        co-seigneur de Châteauneuf, des comtes de la Ric.

II. Pierre DE ROCHAS, épousa, en 1509, Eléonore de
Villeneuve, dont il eut, entre autres enfants :

III. Louis-Maxence DE ROCHAS, marié, en 1530, avec
Catherine de Mons. Il eut pour fils :

IV. Balthazard-Antoine DE ROCHAS, qui épousa Claire
d'Alons ou de Lons, dont entre autres enfants :

V. André-Philippe DE ROCHAS, officier militaire, qui
s'établit à Gap, où il épousa Marie de Poncet, de laquelle
il laissa :

      1.º André, dont l'article suit ;

      2.º Marie de Rochas, épouse de N...... de Flotte, des
        comtes de Laroche, en Provence.

VI. André DE ROCHAS, II du nom, dit *le capitaine
Rochas*, à cause qu'il avait commandé une compagnie de
cinq cents hommes, épousa Anne Céas, fille de N......
Céas, major d'infanterie. De ce mariage vint :

VII. Paul DE ROCHAS, avocat-consistorial au parlement
de Grenoble, qui laissa de Louise Bonnet, son épouse :

VIII. François DE ROCHAS, avocat au même parlement,
marié avec Louise le Blanc de Camargues. Il eut pour fils :

IX. Joseph-Dominique DE ROCHAS, avocat au même
parlement, qui épousa Luce-Nicolas de Gril, dont est
issu :

X. Jacques-François-Joseph DE ROCHAS, avocat au parlement de Grenoble, ex-bailly du bailliage de Champ-
saur, juge d'instruction à Gap, marié avec Catherine-
Magdeleine-Joseph de Durand de la Molinière, fille de
messire Claude Josué de la Molinière, chevalier, baron
de Loyete, chevalier de l'ordre royal et militaire de Saint-
Louis, et de dame Marguerite de Bigod de Montjou. Il a
de ce mariage :

XI. Marie-Joseph-Eugène DE ROCHAS, né à Gap, le 7
août 1805.

Armes : « De gueules, à une rose d'or sans tige, sur-
» montée d'un croissant d'argent. »

CHAPUISET (DE), en Touraine, famille ancienne, originaire du Vendômois, dont la filiation suivie remonte à :

I. Christophe DE CHAPUISET, écuyer, seigneur des Granges, de Fontaine, la Richardière et autres lieux, vivant en 1503, épousa N.... de Gangain, de laquelle il laissa :

    1.° Jean Ier, dont l'article viendra ;

    2.° Nicole de Chapuiset, mariée, le 10 décembre 1542, avec Thomas Duvivier, écuyer, seigneur de Vibraye.

II. Jean DE CHAPUISET, Ier du nom, écuyer, seigneur des Granges, homme d'armes, avec son père, dans la compagnie du seigneur Dessel, chevalier, en 1553, avait épousé le 3 juillet 1552, Rénée Brethereau, dont il eut :

    1.° Geoffroy, marié, le 23 mars 1575, avec Jeanne de Cocquemard ;

    2.° Louis, dont l'article suit :

III. Louis DE CHAPUISET, écuyer, seigneur de la Fontaine, lieutenant d'une compagnie de cent hommes d'armes, en 1620. Il laissa de sa femme, dont on ignore le nom :

IV. Martin DE CHAPUISET, écuyer, seigneur de Doulcet et de la Vallée, né le 6 juillet 1604, maintenu dans ses priviléges de noblesse par les commissaires généraux, nommés par le roi, le 12 juin 1635. Il avait épousé, le 9 mai 1633, Julienne Boult. Il eut de ce mariage :

V. Réné DE CHAPUISET, écuyer, seigneur de la Vallée, de Cray et de Pintray, né le 4 août 1653, appelé à l'arrière-ban, convoqué en 1674 et en 1692, marié, le 3 décembre 1693, avec Elisabeth de Gats, dame de Lussault, fille de messire Jean de Gats, chevalier, seigneur de Lussault, et de dame Elisabeth de Mésières, son épouse. De ce mariage sont issus :

    1.° Jean, dont l'article suit ;

    2.° Marie-Hortense de Chapuiset, tenue sur les fonts de baptême, par Armand Charrier, duc de Mazarin.

VI. Jean DE CHAPUISET, IIe du nom, écuyer, seigneur de la Vallée et autres lieux, né le 18 mai 1711, épousa, le 4 mai 1737, Anne-Marie Renier de la Noue, de laquelle il laissa.

    1.° Jean-Alexandre, qui suit ;

2.º Demoiselle N..... de Chapuiset.

VII. Jean-Alexandre DE CHAPUISET, écuyer, seigneur de Lislebourgeons, né le 28 février 1740, épousa, le 18 janvier 1767, Barbe Haren de Beauregard. De ce mariage vinrent:

    1.º Jean-Baptiste-Henri-Aubin de Chapuiset, dont l'article suit;

    2.º Claude-Fulgence, dit le chevalier de Chapuiset, ancien officier de la marine royale, aujourd'hui breveté capitaine;

    3.º Louise-Barbe de Chapuiset, chanoinesse à l'abbaye du Bonceray d'Angers, en 1788.

VIII. Jean-Baptiste-Henri-Aubin DE CHAPUISET, écuyer, né le 1ᵉʳ mars 1769, ancien officier de la marine royale, a émigré en 1791, et a eu l'honneur d'être présenté à Sa Majesté Louis XVIII, le 11 mai 1814, comme faisant partie de la députation de l'ancienne noblesse du Blaisois. Sa Majesté l'avait honoré de la décoration du Lys, par lettre du 5 avril précédent. Un M. de Chapuiset, son oncle à la mode de Bretagne, se trouve compris dans la députation de la noblesse de la province du Mans, qui assista aux Etats-généraux de 1789. Il a épousé 1.º le 2 mars 1802, dame Madeleine Dujouglard, fille de messire Antoine-François Dujouglard, seigneur de la Restrie, de Forgeais et autres lieux, et de Catherine Cullon; 2.º le 20 juillet 1806, demoiselle Charlotte de Vigny, fille de messire Claude-Louis-Victor de Vigny, ancien capitaine-exempt des cent suisses, seigneur du Tronchet, et de dame le Maire de Montlivault. Il a du second lit:

    1.º Jean-Baptiste-Henri-Fulgence de Chapuiset, né le 1ᵉʳ mars 1808. Parrain, M. le chevalier de Chapuiset, son oncle;

    2.º Louis-Charles-Anatole de Chapuiset, né le 16 novembre 1811. Parrain, M. d'Ambroise.

    3.º Charlotte-Barbe-Louise-Henriette de Chapuiset, née le 5 mars 1809. Parrain, messire Louis de Saint-Pôl, premier écuyer du roi.

Armes: « D'azur, à l'écusson de sable, chargé d'une » étoile d'or en abîme, et accompagné de trois quinte-» feuilles d'argent, deux en chef et une en pointe. Cou-» ronne de marquis. »

GRIGNAN (DE), famille des plus anciennes de Provence, sur laquelle on peut consulter : 1° l'Histoire de la principale Noblesse de Provence, par Maynier, page 166, à l'article Grignan ; 2.° l'Histoire héroïque de la Noblesse de Provence, tome I, page 522, édition d'Avignon 1757, 3.° le Dictionnaire de la Noblesse de France, tome VII ; page 448 ; enfin, l'Etat Nobiliaire de Provence, tome II, page 195.

Tous ces ouvrages s'accordent à dire, que la maison patronymique de Grignan, est originaire du lieu du même nom, et une des plus anciennes de la Provence ; que par des actes de foi et hommage, il paraît que les seigneurs de Grignan ont successivement habité Grignan ; Montdragon, dont ils étaient les co-seigneurs, et Salon ; qu'on les retrouve, dès *le dixième siècle* sans autre nom que celui de GRIGNAN DE GRIGNAN ; à la Croisade du concile de Clermont, dans la brigade d'Hugues Adhémar de Monteil, évêque du Puy, légat apostolique ; qu'à l'époque à laquelle Maynier écrivait son Histoire, Paul et Jean-Baptiste de Grignan, descendus de père en fils d'Aymar ou Adhémar de Grignan qui rendit l'hommage de 1373, étaient les chefs de la famille ; que Baltazard de Grignan, leur oncle, fournit, en 1634, les preuves pour sa réception dans l'ordre de Malte ; que Raymond de Grignan, leur septième aïeul, vint s'établir à Montdragon en 1326 ; que Jean de Grignan premier, quitta Montdragon, en 1572, pour habiter Salon, à l'occasion du mariage qu'il contracta avec Jeanne de Craponne ; que son fils, Paul de Grignan, épousa Catherine d'Isnard des seigneurs de Brantes, dont il eut Jean-François de Grignan ; et que de ce dernier sont issus Paul de Grignan, second du nom, et Jean-Baptiste de Grignan, reçu chevalier de Malte en 1668, mort commandeur.

Ce fut ce Paul second, qui en 1667, ayant été obligé de produire ses titres de noblesse, ainsi que tous les gentilshommes de la province, justifia cette filiation. Il laissa un fils appelé Jean-François de Grignan, second du nom, qui eut de son mariage, avec noble Jeanne de Gleize de Fourchon, Jean-Baptiste de Grignan qui suit :

Jean-Baptiste, comte DE GRIGNAN, fut marié en secondes noces à noble Anne-Jeanne-Dorothée, comtesse de Gruel ; c'est de lui, dont la *Gazette de France* du 31 octobre 1788, annonce ainsi la mort à l'article Paris : « Jean-Baptiste, » comte de Grignan, chef des noms et armes de Grignan,

» seul de cette famille, est mort à Istres en Provence le
» 26 septembre dernier, ne laissant qu'un fils. » Ce fils né
de noble Anne-Jeanne Dorothée, comtesse de Gruel,
petite-nièce de François *Delarue*, chevalier de Malte,
mort prieur de Champagne, en 1753 environ, est François-
Philogène-Joseph, qui suit :

François-Philogène-Joseph comte de Grignan, né en
1778, ancien major au service de Russie, nommé chevalier de Saint-Louis le 11 octobre 1814, resta émigré pendant douze ans ; il est marié à noble Mélanie-Joséphine-
Fortunée, comtesse de la Rue-Mareilles. Il habite aujour-
d'hui dans le même lieu d'Istres, à trois lieues de Salon,
où sont encore les biens dont il a hérité de ses pères. Il n'a
eu de son mariage, jusqu'à présent, qu'une fille morte en
bas âge.

La noblesse de cette famille est prouvée par une grande
quantité de titres et surtout par un inventaire fait dans le
château de la Sale, appartenant à M. d'Audiffret, oncle
maternel de Pierre de Grignan de la ville de Grignan,
reçu par Mᵉ Usarasti, notaire de ladite ville, où il est fait
mention de certains actes passés par leurs prédécesseurs,
dont l'un fut reçu en 1024 par Vincent Usandy, notaire
de Grignan, où cette maison est continuellement titrée
noble, etc., etc., etc.

Quant à la branche de Castellane ou Adhémar Grignan,
elle s'est éteinte par la mort du petit-fils de madame de
Sévigné. Les ouvrages ci-dessus mentionnés, et de plus
le grand Dictionnaire historique de Moréri, tome IV,
page 423, article Grignan, s'accordent à dire : « Qu'en
» 1558, Louis Adhémar de Monteil, baron de Grignan,
» chevalier de l'ordre du roi, lieutenant-général de ses
» armées, pour qui la terre de Grignan fut érigée en
» comté, mourut sans postérité; que par sa mort cette
« branche d'Adhémar se trouvant éteinte, la terre de
» Grignan passa à sa sœur Blanche d'Adhémar, dont le
» fils Gaspard de Castellane prit le nom et les armes de
» Grignan. Ce fut un descendant de ce Gaspard de Cas-
» tellane, ou Adhémar Grignan, qui épousa la fille de
» madame de Sévigné. »

Il est facile de voir, par ces rapprochements, que la maison de Castellane, ou Adhémar Grignan, a pu avoir la
même origine que celle de la maison de Grignan de Grignan, mais que cependant elle en a été distincte pendant

plusieurs. siècles, et que pendant qu'elle s'éteignait, celle de Grignan de Grignan subsistait et subsiste encore aujourd'hui, ainsi qu'il a été dit plus haut.

Les armes de la maison *de Grignan de Grignan*, sont : » de gueules à un chevron d'or accompagné en chef de deux » croix de Jérusalem, et en pointe d'une rose d'argent à « fond de gueules. »

LAMOTHE (DE), famille d'ancienne chevalerie, ayant même origine que celle des d'Arros l'une des douze baronnies du Béarn, et prouvant, par titres suivis, une filiation depuis Pons Gaucelin de la Mothe en 1103, jusques à nos jours. Elle connaît ses ancêtres à dater de Guilhem de Lamothe, qui vivait vers l'an de grâce 900 ; le premier dont l'histoire du Languedoc fasse mention.

Le défaut de temps ne nous permettant pas de rapporter ici l'entière généalogie de cette noble maison, dont nous n'avons pu encore vérifier toutes les pièces, nous nous bornons à en donner un aperçu rapide. Ses alliances avec les races les plus illustres du royaume ; le pape Clément V, Bernard de Goth, qui fut un de ses proches ; les grands fiefs souverains qu'elle a possédés dans le Bordelais (le comté de Langon), au 14ᵉ et 15ᵉ siècle; les grandes actions de ses membres, qui dans diverses branches, ont rempli les premières dignités de l'église, de l'épée et de la robe, lui assurent un rang distingué.

Dès son origine on la. voit jouer un *rôle principal* dans la province ; ses chefs assistent comme témoins, comme parties, dans les actes les plus importants, et prennent part aux diverses guerres. Un d'entre eux, Gérard de Lamothe, troubadour célèbre, accourut en 1217, avec ses frères Amabis et Huc de Lamothe, au secours de Raymond, comte de Toulouse, son parent, lors de la guerre, dite des Albigeois; ils défendirent vaillamment les postes qui leur furent confiés ; en 1385, Arnaud de Lamothe, favori du duc de Berry, frère de Charles V, se battit en duel contre Pierre de Lautrec. Il reçut du prince, pour ce combat, un cheval de bataille richement harnaché. Sanche-Jehan-Archambaud de Lamothe, qualifié baron et seigneur languedocien, signa par ordre du roi Charles VII, le fameux traité d'Arras, qui rendit le repos à la France, en 1435. N.... de Lamothe en 1562, fut un des nobles qui vinrent au secours des Catholiques de Toulouse, attaqués par les Prostestants. Il fut blessé dans la mêlée qui eut lieu à la rue de la Pomme. Jean-Louis de Lamothe, défendit dans le parlement de ladite ville, les droits du roi, dans les troubles qui suivirent la Fronde ; il en fut recompensé par une lettre flatteuse et par le don du portrait de Louis XIV, enfant, et celui du cardinal de Richelieu.

Christophe-Suzanne DE LAMOTHE, chevalier, seigneur de Milhas, Beauzelle, Montmort et autres lieux, conseiller au parlement de Toulouse, mourut en 1784; laissant trois garçons et quatre filles de son mariage avec haute et puissante dame Marie-Hélène de Variclery, issue des comtes de Variclery, descendus des Carrare, seigneurs souverains de Padoue en Italie, savoir :

1.° Marie-Joseph de Lamothe, qui viendra;
2.° Pierre-Gabriel de Lamothe, officier; marié à noble dame demoiselle Hélène de Marquiés de Marères.
3.° François-Tristan, chevalier de Lamothe, dont preuves furent faites pour entrer à l'ordre de Malte ; fut reçu page de madame la Dauphine, mère de Louis XVIII, fut fait officier au régiment de Conty, aide-de-camp du comte de Clarac, émigré à la suite de nos princes. Fut fait chevalier de l'ordre royal et militaire de Saint-Louis, par le roi, en récompense de ses bons et loyaux services en 1792, fut nommé major-général dans l'armée des princes, passa en Portugal, depuis fut décoré du Lys.
4.° Thècle de Lamothe, mariée à N. de Cousin Mauvaisir, capitaine de cavalerie.
5.° ..... de Labastide de Lamothe, mariée à noble François Delcasse.
6.° Hélène de Lamothe, épouse de noble Anne-Arnaud de Ribes, colonel-directeur du génie, commandant de la Légion d'honneur, chevalier de l'ordre royal et militaire de Saint-Louis.
7.° Alexandrine de Lamothe, mariée à noble Thomas de Renaudy, maire de la ville de Rieux, membre du collége électoral de la Haute-Garonne.

Marie-Joseph DE LAMOTHE, chevalier, baron, seigneur de Beauzelle et autres lieux; capitaine au régiment de Vivarais, puis conseiller au parlement de Toulouse; périt

le 6 juillet 1794, victime d'un jugement révolutionnaire.
Il eut de son mariage avec demoiselle Elisabeth Bernard,
fille de noble Bernard de Boutonnet, trois fils :

1.º Alexis de Lamothe, mort au berceau ;

2º Etienne-Léon, baron de Lamothe, né le 1ᵉʳ avril 1786, auditeur au conseil d'État, sous-préfet de Toulouse et de Livourne (Toscane), décoré du Lys, marié le 1ᵉʳ août 1814 à demoiselle Marguerite-Elisabeth Gourg de Moure, fille de messire Pierre Gourg de Moure, ancien conseiller au présidial de Carcassonne et à la cour de justice criminelle de Toulouse.

3.º Jean-Gabriel-Etienne-Achille, chevalier de Lamothe, né le 20 juin 1787, nommé garde-du-corps de S. M. et décoré du Lys.

La maison de Lamothe, porte pour armes : « écartelé, premier et quatre d'azur à la tour d'argent, maçonnée de » sable, second et trois d'argent, au levrier de gueules » bouclé d'or, accompagné de trois tourteaux de gueules, » 2, 1 ; surmonté en chef d'un lambel du même émail, sur » le tout à l'écu en abîme au champ de gueules chargé » d'une croix vidée, pommetée et alaisée d'or; pour supports » un lion et un aigle, l'écu sommé d'une couronne de marquis, et pour devise : *tout ou rien*. » Les branches puînées ont quelquefois pris pour armes le champ de vair à la tour d'argent.

JOURDAIN-GRAMMOND (DE), famille originaire du Poitou, et fixée maintenant à Saint-Jean-le-Vieux, département de l'Ain.

Il ne reste de cette famille que :

1.º Antoine-Balthazard JOURDAIN, prêtre;

2.º Une fille, mariée dans le département des Basses-Pyrénées ;

3.º Jean-Marie de GRAMMOND, ancien chevau-léger de la garde ordinaire du roi, qui a servi, en 1792, dans la compagnie formée sous le nom de *Chevau-légers*, à l'armée des princes, et de là dans la cavalerie noble à l'armée de monseigneur le prince de Condé, où il a été fait chevalier de l'ordre royal et militaire de Saint-Louis, à la promotion du mois d'août 1796. Il a été aussi dans les mêmes temps, reçu chevalier et commandeur de l'ordre du Phœnix, par son altesse sérénissime le prince de Hohenlohe Bartenstein.

Il y avait un troisième frère appelé Louis JOURDAIN DU PHARGEY, officier au régiment de la Guadeloupe; il fut obligé de quitter ce régiment lors de la subversion générale et revint en France, en 1794; il s'embarqua à Londres pour retourner à la Guadeloupe; à peine y fut-il arrivé que les Français y firent une descente; alors M. du Phargey s'y joignit au parti anglais, qui défendait le fort en face de la Pointe à Pitre; mais ce petit fort malheureusement sans défense fut emporté d'assaut par les Patriotes, infiniment supérieurs en nombre. Louis Jourdain du Phargey, blessé au bras, eut le bonheur d'y être pris pour un Anglais, et, sa blessure guérie, il fut conduit à bord d'un ponton, où l'on rassemblait les prisonniers Anglais destinés à être renvoyés à la Dominique. Il touchait au point de sa délivrance, lorsqu'un Nègre le reconnut pour officier Français; M. Louis du Phargey fut de suite arrêté et fusillé.

Armes: « Ecartelé au un et quatre d'argent à deux fas-
» ces ondées d'azur; au deux et trois d'azur, à un Tau d'ar-
» gent, surmonté de trois besans d'or au chef cousu de
» gueules. »

THOISY (DE), famille des plus anciennes et des plus illustres du duché de Bourgogne; elle tire son nom de la terre de Thoisy, qui a titre de baronie (1).

Les sires de Thoisy ont possédé, outre la seigneurie de leur nom, celles de Rancy, la Mothe, la Motte-Chissey et Pantières, au duché de Bourgogne; ils ont fixé maintenant leur résidence dans la seigneurie de Joude, dont ils sont propriétaires, et qui se trouve dans la Bresse châlonnaise.

L'histoire des ducs de Bourgogne mentionne six seigneurs de Thoisy, en qualité de conseillers, chambellans, et grands-officiers de ces princes, qui étaient alors souverains.

---

(1) Nous n'avions donné sur cette famille qu'une notice très-succincte dans notre premier volume, nous nous empressons de transmettre les détails que nous nous sommes procuré depuis.

Et comme l'origine de la maison de Thoisy se perd dans l'antiquité des temps, nous allons jusqu'à une certaine époque, plutôt fournir une succession historique que généalogique de ses membres, en mentionnant ceux qui se sont le plus illustrés, soit dans le militaire, soit dans l'ordre civil et ecclésiastique.

Jean DE THOISY, chevalier, animé par la fervente dévotion qui touchait alors tous les cœurs pour les voyages de la Terre-Sainte, vendit, vers 1096, une partie de sa terre, à l'évêque d'Autun, pour se rendre à la Croisade.

Nargaud DE THOISY, chevalier, vivant en 1174, fut un des seigneurs qui signèrent le Traité de paix, fait entre Hugues, duc de Bourgogne, et Guy, comte de Nevers.

Gérard DE THOISY, chevalier, vendit à l'évêque d'Autun, Hugues d'Arcy, tout ce qu'il possédait dans cette châtellenie, en 1290.

Henri DE THOISY chevalier, conseiller du duc de Bourgogne, assista au parlement tenu à Beaune en 1402.

Regnaut DE THOISY, chevalier, fut chargé, en 1409, de la direction de la recette générale des deux duchés, et de la surveillance des approvisionnements du siége de Valexon, où se trouvaient six chevaliers bannerets, dix-huit chevaliers bacheliers et cent cinq écuyers bien armés et montés.

Godefroi DE THOISY, frère du précédent, fut doyen de l'église d'Autun, et député au concile de Constance, en 1416.

Jean DE THOISY chevalier, fut un des commissaires nommés, en 1404, par le duc de Bourgogne, Jean Sans-Peur, pour régler l'état de ses affaires ; et en 1405, il fut un des seigneurs qui assistèrent ce souverain de leurs conseils, pour l'ordonnance qu'il rendit, à Paris, le 15 juin, concernant le bon ordre et la tranquillité de ses états.

Laurent DE THOISY, chevalier, fut gruyer de l'Auxois en 1415.

Jean DE THOISY, proviseur de Sorbonne, chanoine de Notre-Dame de Paris, fut nommé évêque d'Auxerre en 1409, puis député en Auvergne, par le roi Charles VI, vers le duc de Berri, son oncle, pour chercher à rétablir entre eux la bonne harmonie. Il donna un canonicat à Auxerre à Henri de Thoisy, son parent, et résigna cet évêché en 1410. Il fut fait chancelier du duc de Bourgogne en 1419, et mourut évêque de Tournay, en 1433.

Geoffroi, sire DE THOISY, seigneur de Mimeurre, frère

du précédent, fut chambellan du duc de Bourgogne, Philippe-le-Bon, et combattit vaillamment en qualité de son amiral, en 1444, contre les Turcs mécréants au siége de Rhodes ; il obtint une pension en récompense des services signalés qu'il avait rendus en cette rencontre, et devint en 1455, ambassadeur du même prince à Rome. Il fut père de :

Hugues DE THOISY, *preux et vaillant chevalier* (1), fut bailli d'Auxois, ambassadeur du duc de Bourgogne, à Rome, en Sicile et à Florence, depuis 1457 jusqu'en 1462 ; ce seigneur ayant pris les intérêts de sa souveraine, Marie de Bourgogne, contre Louis XI, roi de France, vit son château et sa terre de Mimeurre entièrement ravagés et dévastés en 1478, par ordre de ce monarque. Hugues de Thoisy avait épousé Jeanne d'Amanges, maison des plus illustres de la Bourgogne, et n'en laissa que trois filles :

> 1.º Françoise, qui épousa Girard de Lantaige, auquel elle porta la terre de la Motte-Chissey ;
>
> 2.º Claudine, mariée à Claude de Champdivers, seigneur de Champigny, à qui elle porta la terre de Mimeurre ;
>
> 3.º Guyonne, qui épousa N...... de Bernauld, et lui donna les terres d'Amanges, Chastenay et Colombier.

I. Pierre DE THOISY, chevalier, seigneur de Gamay et Pantières, fut bailli d'Autun et de Montcénis, en 1446; il devint écuyer du duc de Bourgogne, vivait encore en 1452, et eut pour femme N... de Gordon, de laquelle il eut :

II. Nicolas DE THOISY, chevalier, qui fut père de :

III. Hugues DE THOISY, chevalier, mentionné dans des actes du 17 février, 10 janvier 1513 et 10 janvier 1520. Il fut père de :

IV. Jean DE THOISY, chevalier, seigneur de Varennes, ainsi qualifié dans une reprise de fief, du 10 juillet 1588, comme procureur et gendre de noble dame Louise de Sainte-Croix, veuve de Hugues de Clugny. Il eut pour fils :

---

(1) C'est ainsi qu'il est nommé dans les Mélanges historiques de Pierre de Saint-Julien de Balleure, imprimés en 1588.

V. Holande DE THOISY, chevalier, qui fut père de :

VI. Charles DE THOISY, chevalier, seigneur de Rancy, Molaise, Joude et Villars ; il fut enseigne au régiment d'Auvergne, servit en Italie au siége de Valence en 1636, et fut promu au grade de capitaine dans le régiment de Turenne. Il devint maréchal-des-logis de la compagnie des gendarmes de M. le prince de Condé, et servit en cette qualité en 1649, 1651, 1653 ; mais n'ayant point voulu prendre part à la révolte de ce dernier, contre le roi, il fut pris par les troupes du Prince qui était cantonné à Seurre, rançonné à cent louis, et ses meubles et papiers pillés et brûlés, en 1652 ; et l'année suivante, 26 février 1653, son château de Rancy fut entièrement brûlé par les mêmes troupes, ce qui lui fit éprouver une perte que les Historiens portent à cent cinquante mille livres du temps. Procès-verbal de cet incendie fut dressé par un procureur d'office, le 10 novembre 1653. Il fut admis à la chambre de la noblesse de Bourgogne, le 18 mai 1688. Il avait épousé, le 4 novembre 1655, Claude de Thorel, de laquelle il eut :

VII. Jacques-François DE THOISY, chevalier, seigneur de Joude, né le 26 août 1668, qui épousa, le 14 avril 1714, Anne Colin, de laquelle il eut :

VIII. Marie-Michel, baron DE THOISY, chevalier, seigneur de Joude, Villars, Marcilly et autres lieux, marié, le 23 juillet 1741, à Anne-Louise d'Ambly, de laquelle il eut :

IX. Georges-Marie, baron DE THOISY, chevalier, seigneur de Joude et autres lieux, capitaine au régiment de Commissaire-général, cavalerie, fut admis dans la chambre de la noblesse des Etats de Bourgogne, le 13 mai 1781 ; il avait épousé, le 1er février 1782, Louise-Jacqueline-Charlotte de Beaurepaire, de laquelle il a laissé :

    1.º Jean-Baptiste-Magdeleine-Amédée, dont l'article suit ;
    2.º Adrien, baron de Thoisy, chevalier, né le 15 octobre 1786, chevalier de Malte, a épousé Germaine-Philiberte-Marguerite-Laure du Bois d'Aizy.

X. Jean-Baptiste-Madeleine-Amédée baron DE THOISY, chevalier, né le 1er décembre 1782, a épousé Amélie-Henriette-Jeanne Guillaume de Chavandon.

Armes : « D'azur à trois glands d'or, posés deux et » un. »

DU CASSE ; il y a en France plusieurs familles nobles de ce nom, parmi lesquelles on distingue celle de du Casse Lartigue, qui a fourni un vice-amiral, grand croix de l'ordre de Saint-Louis sous Louis XIV. Elle est représentée de nos jours par :

1.º Jacques-Xavier DU CASSE, né en 1773, maréchal-des-camps et armées du roi, chevalier de l'ordre royal et militaire de Saint-Louis, commandant de la Légion d'honneur ;

2.º Jean-Pierre-Emmanuel DU CASSE, né en 1755, frère du précdent, ancien vicaire-général de Bayonne et de Lescars ;

3.º Bernard-Antoine DU CASSE, frère des précédents, chanoine honoraire de Bourges ;

4.º Léon-Bernard-Quentin DU CASSE, frère des précédents ;

5.º Elisabeth-Marie DÙ CASSE, mariée à M. de Behic.

Armes : « D'or à la rencontre de cerf de sable. »

MONTAL (DE), famille ancienne du Languedoc, où elle réside encore de nos jours ; elle est originaire d'Italie, sous le nom *de Montally*, et s'est naturalisée en France au commencement du règne de François Iᵉʳ.

I. Simon DE MONTAL, épousa, en 1520, Marie de Mas. De ce mariage vinrent :

1.º Jacques de Montal, dont l'article suit ;
2.º Thoinette de Montal, qui épousa, en 1555, noble Jean de Cabrol, seigneur de Sallevieille.

II, Jacques DE MONTAL, épousa, en 1565, Marie de Montal. De ce mariage vint :

III. Simon DE MONTAL, sieur de Vernoubre, qui épousa, en 1624, Anne de Cabrol. De ce mariage vinrent :

1.º Pierre de Montal, qui suit ;
2.º Marguerite de Montal, qui épousa noble Landes de Linières.

IV. Pierre DE MONTAL, sieur de Vernoubre, épousa, en 1685, Marie Audibert. De ce mariage vinrent :

1.º Laurent de Montal, qui suit ;
2.º Jean de Montal, mort sans enfants.

V. Laurent DE MONTAL, sieur de Vernoubre, épousa, en 1735, Anne de Vabre du Rouquis. De ce mariage vinrent :

    1.º Jean-Joseph-Marie de Montal, qui suit ;

    2.º Catherine de Montal.

VI. Jean-Joseph-Marie DE MONTAL, sieur de Vernoubre, épousa, en 1774, Marie-Madeleine de Morlhon, fille de messire Bernard de Morlhon, seigneur de Murasson, et de dame Marie-Madeleine de la Riole d'Espagne. De ce mariage vinrent :

    1.º Joseph-Louis de Montal, qui suit ;

    2.º Madeleine de Montal ;

    3.º Joséphine de Montal.

VII. Joseph-Louis DE MONTAL, sieur de Vernoubre, né le 3 décembre 1777, a épousé, en 1803, Rosalie de Rives, fille de noble Joseph-François de Rives, baron de Ribaute. De ce mariage :

    1.º Léopold-Joseph-François de Montal ;

    2.º Marie-Rosalie-Félicie de Montal.

Armes : « De gueules, à trois léopards d'or, l'un sur » l'autre . »

MOREAU DE BONREPOS ET DE LA BÉLIVE, famille originaire de la Bresse, fixée à Saint-Rambert en Dauphiné et à Savigneux en Dombes.

Il en est fait mention dès le commencement de 1400.

Manassés de Moreau quitta la Bresse au commencement du dix-septième siècle ; il était protestant, et vint se réfugier dans le Vivarais. Ses descendants ont habité Tournon Annonay et Serrières.

Deux branches sont sorties de Manassés de Moreau.

De la branche aînée, dite *Moreau de Chapponod,* il ne reste plus que deux filles actuellement vivantes.

La branche cadette a fourni :

N.......... Moreau, qui épousa mademoiselle Pichon la Rivoire. De ce mariage naquirent :

Charles Moreau, en 1711 ; il épousa mademoiselle Guyot de Champferrant. De ce mariage naquirent :

1.º Barthelemi-Louis-Colombe de Bonrepos, dont l'article viendra :

2.º Antoine-Barthelemi Moreau de la Bélive, né en 1754 ; il entra dans les gardes-du-corps compagnie de Villeroy, en 1771. Il dissipa, à la tête des jeunes gens du bourg de Serrières, un rassemblement de brigands qui dévastaient, en 1789, le château de Terre-Basse en Dauphiné, en tua un bon nombre, et arrêta le pillage dans cette portion de la province. Le roi lui fit témoigner la satisfaction de cette conduite, par une lettre que lui adressa M. de Saint-Priest, alors ministre de la maison de Sa Majesté. Dans la nuit du 5 au 6 octobre, il était de service auprès du roi, et fut un des gardes-du-corps qui défendirent les cours, le grand'escalier, la salle du roi et l'œil de bœuf. Il accompagna Sa Majesté aux Tuileries, et ne la quitta que lorsqu'elle congédia ses gardes. Il émigra en 1791, fit la campagne de 1792 dans son corps, et les suivantes à l'armée de monseigneur le prince de Condé, sous M. le marquis de Monspey. Il fut reçu chevalier de l'ordre royal et militaire de Saint-Louis, en 1796, par monseigneur le prince de Condé, et est actuellement maréchal-des-logis dans la compagnie de M. le duc de Grammont.

Barthelemi-Louis-Colombe MOREAU DE BONREPOS, né en 1744, a épousé, en 1776, mademoiselle Louise Guichard, fille de François Guichard, premier président au parlement de Dombes. De ce mariage naquirent :

1.º Jean-Louis Moreau de Bonrepos, né en 1784, reçu garde-du-corps dans la compagnie de Grammont, le 17 juin 1814 ;

2.º Charles, mort en bas âge ;

3.º Clotilde-Françoise Moreau de Bonrepos ;

4.º Joséphine Moreau de Bonrepos ;

5.º Victorine, morte en bas âge ;

6.º Caroline, morte en bas âge.

Armes : « D'argent, au chevron d'azur, accompagné » de trois têtes de Maures, deux en chef et une en pointe. »

BOUCHER DE RICHEBGOURG ET D'AVANÇON (DE), famille originaire de Champagne, établie de nos jours à Nancy.

Par les pertes et les malheurs que cette famille éprouva durant les guerres de Louis XIV, et particulièrement par la présence des armées françaises et espagnoles en 1649, 1650 et années suivantes dans le Réthelois, elle ne put produire au procès-verbal qui fut dressé en août 1668, par M. de Caumartin, commissaire délégué à l'effet des recherches concernant la noblesse de Champagne, que les titres suivants antérieurs à Pierre de Boucher IV de la branche d'Avançon, et échappés aux ravages qu'elle essuya, et qui sont constatés par des certificats authentiques admis aux preuves et recherches de M. de Caumartin.

I. Jacques LE BOUCHER, écuyer, seigneur de Richebourg près Rethel, lequel en son vivant était contrôleur ancien des aides et tailles en l'élection de Rhetel, ainsi que le constate un brevet du roi Henry III, du 8 mars 1582, qui reconnaît ses services en ladite charge, et qui l'autorise à se faire remplacer, comme étant plus que sexagénaire, épousa Marguerite de Feret, fille de Jean Feret écuyer, et de damoiselle Jeanne de Folmarie. Il décéda vers 1600, et ne laissa qu'un fils qui suit ;

II. Jean-Jacques DE BOUCHER, écuyer, seigneur de Richebourg, et partie d'Avançon par acquisition du 16 avril 1615, épousa par contrat du 23 juin 1599, Marguerite Simonet, fille de Jean Simonet, président en l'élection de Rethel et avocat général du Réthelois, et de damoiselle Gilette Rolland. Il mourut en 1620, laissant :

    1.º Jacques de Boucher, seigneur de Richebourg, qui continue la branche aînée ;

    2.º Réné de Boucher, seigneur d'Avançon, tige de la seconde branche ;

    3.º Gilette de Boucher, épouse de Charles Saint-Quentin, écuyer, seigneur de Son, dont il y a postérité.

III. Jacques DE BOUCHER, écuyer, seigneur de Richebourg et de Sorbon, reçut le 16 août 1630, commission de lever une compagnie de cent hommes de guerre à pied. Il épousa en premières noces Louise Baillet, fille de Jean Baillet, écuyer, seigneur de Boncourt, et en eut un fils du nom de Jean-Jacques, décédé en bas âge. En deuxièmes noces, il épousa par contrat le 22 janvier 1633, Marguerite de Féret, fille de Jean-Jacques de Féret, écuyer, seigneur de Montlaurent, et de demoiselle Jeanne Deï, et il en eut :

    1.° Réné de Boucher, qui suit :
    2.° Gilette, 3° Claude, 4° Marie de Boucher.

IV. Réné DE BOUCHER, écuyer, seigneur de Richebourg et de Montlaurent, a épousé par contrat du 19 avril 1665, Jacqueline de Leigner, fille de Thomas de Leigner, écuyer, seigneur de Venay. Il servit le roi comme le constatent, 1° un congé du maréchal de Schullemberg du 2 novembre 1660 pour le sieur de Sorbon, cavalier de sa compagnie; 2° un passeport du sieur Talon, intendant en Artois, accordé au sieur de Richebourg, cavalier de la compagnie franche du maréchal de Schullemberg, le 11 avril 1661 ; 3° le congé du sieur de Coste, lieutenant de la compagnie des chevau-légers de M. de Saint-Martin, pour le sieur de Richebourg, cavalier de ladite compagnie du 27 septembre 1664. En lui s'éteignit à Chardeny, élection de Rethel, la branche de Richebourg.

Branche d'Avançon prise au deuxième degré.

III. Réné DE BOUCHER, écuyer, seigneur d'Avançon et de Loisy sur Marne, dont les services rendus au roi sont constatés par trois pièces justificatives, produites pardevant M. de Caumartin, épousa par contrat du 20 février 1633, Jeanne de Cléves, fille de Philippe de Cléves, seigneur en partie de Sorbon, et de demoiselle de Brodart; il décéda à Avançon le 19 février 1658, laissant :

    1.° Pierre de Boucher, qui suit;
    2.° Marie épouse du sieur Jean Robin, avocat en parlement à Château-Portien :
    3.° Jeanne, née en 1646, et morte en 1713 ;
    4.° Antoinette, née en 1649;
    5.° Marguerite, née en 1650, et décédée en 1712.

IV. Pierre DE BOUCHER, écuyer, seigneur d'Avançon, né en 1637, fut appelé à diverses reprises pour servir le roi dans les arrière-bans, convoqués avant et après 1692. Il épousa, le 24 septembre 1681, Claudine de Michellet, fille de Jacques de Michellet, seigneur de Bodonvilliers et de demoiselle Anne de Monnart. Il mourut à Avançon le 10 juin 1695, laissant :

1.º Charles de Boucher, lequel a servi au régiment de Languedoc, et mourut sans postérité ;

2.º Paul de Boucher, qui suit ;

3.º Anne, née en 1682, et morte en 1750 ;

4.º Marie, qui épousa le sieur Henry Coutelle de Mouzon, morte avec postérité ;

5.º Jeanne, morte en 1735 ;

6.º Jeanne-Marguerite, morte quelque temps après.

V. Paul DE BOUCHER, écuyer, seigneur d'Avançon, de Logny-les-Chaumont en partie, et de Lacouravril, né le 11 mai 1692, servit au régiment de Languedoc, et se maria en 1733 avec demoiselle Marie-Thérèse de Vic, fille de Jean-Baptiste de Vic de la Horgne, seigneur de Logny et de Lacouravril, chevalier de Saint-Louis et capitaine de cavalerie au régiment de Condé ; il mourut à Avançon le 5 mai 1774, laissant :

1.º Pierre-Thomas-Antoine de Boucher, prêtre, seigneur et curé d'Avançon, né le 7 mars 1734, déporté comme prêtre insermenté, et mort le 24 septembre 1810 ;

2.º Jean-Baptiste-Antoine de Boucher, chevalier d'Avançon, qui suit ;

4.º Nicolas-Paul-Remy, de Boucher de Logny, né le 13 janvier 1737, mort le 6 décembre 1788.

3.º Nicolas-Paul-Marie, de Boucher de Lacouravril, né le 16 novembre 1740, capitaine au régiment Provincial de Troyes du 1er mai 1773, chevalier de l'ordre royal et militaire de Saint-Louis, mort le 30 janvier 1796.

5.º Marie-Jeanne de Boucher, née le 10 juillet 1738, épouse de sieur Charles Gillet, seigneur de Luzy près Stenay, a eu postérité, et est décédée le 20 novembre 1808.

VI. Jean-Baptiste-Antoine DE BOUCHER, écuyer, seigneur d'Avançon et de Logny-les-Chaumont en partie, né le 1er janvier 1733, lieutenant au régiment Provincial de Troyes le 25 mars 1752, lieutenant des grenadiers de Chantilly, en février 1757, capitaine audit bataillon le 23 juin 1758, et ensuite au bataillon de Troyes, le 1er septembre 1759, a fait les campagnes de Ha-

novre et a été chargé à l'armée de divers détachements
de confiance ; licencié en 1762, et rappelé le 18 septembre 1771 au bataillon de Rethel du régiment Provincial
de Châlons ; promu le 7 août 1776, a l'aide-majorité
du château de Bouillon, et le 26 décembre 1781 à l'ordre
royal et militaire de Saint-Louis ; mort à Avançon le 2
octobre 1798. Il avait épousé en premières noces, Marie
Jeanne Duceuil, fille de M. Duceuil, ancien capitaine d'infanterie, et n'en eut pas d'enfants ; en secondes noces, il
épousa par contrat du 10 septembre 1770, Jeanne-Louise
Miroy, fille de Nicolas Miroy, avocat en parlement,
et de demoiselle Jeanne de Laymaries ; de ce mariage
sont nés :

1.º Alexandre-Paul-Louis-Nicolas de Boucher, qui
   suit ;

2.º Jean-Pierre-Marie de Boucher, né le 19 décembre 1773, et mort le 27 août 1812 ;

3.º Pierre-Thomas-Marie de Boucher, né le 16 janvier 1776, et mort le surlendemain ;

4.º Jeanne-Marie-Hubertine de Boucher, née le 3
   juin 1780.

VII. Alexandre-Paul-Louis-Nicolas DE BOUCHER, écuyer,
seigneur d'Avançon et de Logny-les-Chaumont en partie,
né le 17 octobre 1771, élève du roi à l'école militaire de
Rebais en 1782, ce pourquoi il a produit les preuves d'admission ; cadet gentilhomme à l'école militaire de Paris du 11
octobre 1785 ; breveté de sous-lieutenant dans les troupes
du roi du 17 octobre 1787, commissionné en ladite qualité au régiment de Viennois, infanterie, en date du 20
septembre 1789, a émigré le 24 juin 1791 pour le can-
tonnement d'Ath, et a fait la campagne de 1792 avec les
officiers de son corps à l'armée de Bourbon ; licencié le
23 novembre 1792, a rejoint l'armée de Condé le 27
juillet 1793, et y est constamment resté jusqu'au licenciement définitif de février 1601, dans la compagnie n° 6,
du régiment noble à pied, chevalier de l'ordre militaire
de Saint-Louis, en 1814 ; a épousé le 22 octobre 1806,
à Nancy où il s'est alors fixé, Marie-Félicité Roxard
de la Salle, fille de Nicolas-Michel Roxard de la Salle,
chevalier, en son vivant conseiller au parlement de Nancy,
et de Anne-Marie-Thérèse Renauldin ; de ce mariage sont
issus :

1.º Maurice de Boucher, né le 1er août 1807, mort le 28 janvier 1808 ;

2.º Marie-Henriette-Célinie de Boucher, née le 4 juillet 1809, morte le 4 septembre 1810 ;

3.º Anne-Marie-Marguerite-Célinie de Boucher, née le 26 juillet 1811.

Armes : « D'azur à trois étoiles d'or, deux en chef, une « en pointe, au croissant d'argent posé en abîme. »

ARGIOT DE LA FERRIERE (D'), famille noble et ancienne, distinguée par une longue suite de services militaires qui remontent à plusieurs siècles, et qui de père en fils sans exception et sans interruption, ont continué jusqu'à ce jour.

Elle portait primitivement le nom de d'Argiot, sous lequel elle a fourni un grand nombre de militaires. Un d'Argiot fut, avec d'autres seigneurs, joindre Louis VIII au siége d'Avignon, pour lui faire hommage et prendre du service dans son armée l'an 1240. Depuis cette époque les différentes branches ont pris le nom des terres dont elles étaient seigneurs ; mais toutes sont éteintes aujourd'hui, à l'exception de celle des d'Argiot la Ferrière.

Le dernier de cette branche qui avait conservé le nom primitif de la famille, fut messire d'Argiot, capitaine d'une compagnie franche sous Louis XIII. L'histoire du Languedoc rapporte que ce prince, ayant fait un appel à la noblesse, plusieurs seigneurs levèrent des compagnies qu'ils commandèrent, et avec lesquelles ils concoururent à conquérir le Roussillon, et que Louis XIII lui accorda, entre autres récompenses, des brevets de capitaine (1). Messire d'Argiot mourut vers l'an 1645, laissant trois enfants mâles.

Charles I, d'Argiot, seigneur de la Ferrière, chevalier de l'ordre royal et militaire de Saint-Louis, gouverneur et commandant, pour le roi, de la place de Nancy, acquit l'an 1708, la terre de la Ferrière, titrée de marquisat, et depuis cette époque, ses descendants portent le

---

(1) Le brevet de messire d'Argiot est conservé dans les archives de ses descendants.

nom de la Ferrière, qu'ils joignent à celui de d'Argiot. Il avait perdu un bras dans les guerres de Louis XIV, et S. M. lui avait accordé en récompense de ses loyaux services, une pension sur l'ordre de Saint-Louis, faveur très-distinguée alors.

Son frère puîné, seigneur de la Peyrouse, chevalier de Saint-Louis, capitaine au régiment de Languedoc, fut tué en Espagne au siége de Saint-Sébastien.

Henry de la Ferrière, héritier de ces deux seigneurs, ses frères, lieutenant-colonel du régiment de Languedoc, chevalier de Saint-Louis, seigneur haut - justicier, du Villa-Pomenc, de la Bouissonne et autres lieux, eut un bras cassé et le corps traversé d'un coup de feu dans les guerres de Louis XIV. Il épousa vers l'an 1739, Madelaine de Cazamajour, des seigneurs de Saint-Sernin, Poza et Rouffiac, de laquelle il eut sept enfants, et il mourut au château du Villa en 1764 (1).

Charles-Louis-Marie, son fils aîné, naquit en 1740, et reçut en 1748, c'est-à-dire à l'âge de huit ans, un brevet d'officier au régiment de Languedoc. Il parvint successivement dans tous les grades d'officier, jusqu'à celui de major ; fut fait chevalier de Saint-Louis, et se retira colonel d'infanterie. Il avait épousé mademoiselle Marie-Thérèse de Sabater, de laquelle il eut plusieurs enfants, et dont la généalogie se trouve dans le premier volume du Nobiliaire général de France, page 108 et suivantes.

Paul-Louis de la Ferrière, connu sous la qualification de chevalier de la Ferrière, parce que dans son bas âge on l'appelait ainsi, fut d'abord destiné à l'état ecclésiastique où l'appelaient ses parents, MM. l'évêque de Valence et l'abbé de Rouffiac ; mais sa vocation l'ayant porté vers la carrière des armes, il entra fort jeune comme officier dans le régiment de Provence, devint capitaine au régiment de Monsieur, major de Languedoc, colonel d'Artois, et maréchal de camp. Il fut créé chevalier de Saint-Louis à l'âge de trente-six ans, et est aujourd'hui le cinquième chevalier de sa famille.

Joseph de la Ferrière, fils aîné de messire Charles de la Ferrière, ancien colonel, chevalier de Saint-Louis, sei-

---

(1) Il ne reste plus, de la famille de Cazamajour, que messire Hector, marquis de Cazamajour, chevalier de Saint-Louis et de Saint-Lazare, et mesdames de Cardaillac et de Mottes, ses sœurs.

gneur haut justicier du Villa-Pomenc, de la Bouissonne et autres lieux, entra, comme chasseur, à l'âge de cinq ans, dans le régiment de Languedoc, peu d'années après il obtint une sous-lieutenance dans le régiment d'Artois; mais la révolution mit momentanément interruption à sa carrière militaire; cependant il fut contraint à reprendre les armes à l'âge de seize ans, il partit comme capitaine, fit les premières guerres d'Espagne et d'Italie, reçut une blessure grave, et se retira vers l'an 1698. On lui confia en dernier lieu le commandement d'une légion avec le grade de colonel, et S. M. a daigné lui accorder la décoration du Lys.

Hector, chevalier de la FERRIÈRE, son frère, lieutenant des vaisseaux du roi, décoré du Lys, chevalier de la Légion d'honneur, etc., etc., fut reçu garde de la marine en 1801, enseigne en 1808, lieutenant de vaisseau en 1812; il fut grièvement blessé le 3 mars 1806 à bord du brick l'*Observateur*, et fut créé chevalier de la Légion d'honneur en récompense de sa conduite au combat soutenu le 13 février 1814, par le vaisseau le *Romulus*, contre trois vaisseaux de l'armée anglaise.

Louis-Joachim de la Ferrière, garde de la marine, périt fort jeune au malheureux combat de Trafalgar.

Armes: « de gueules à la barre d'argent, chargée de trois « flèches de sable. »

Le chevalier de la Ferrière, pour perpétuer la mémoire de ses ancêtres naturels, porte : « écartelé, au 1er de la » Ferrière, au 4e de Niort, au 2e mi-parti de Béarn et de » Pompadour, qui est de Cazamajour, et au 3e de Sa- » bater.

ALLIANCES.

La famille de la Ferrière, est alliée, 1.º à la maison de Niort, de laquelle est sortie la mère de madame Magdeleine de la Ferrière.

2.º A l'ancienne famille de Lévis, par le mariage de messire de Poza, frère de madame de la Ferrière, avec dame Elizabeth de Levis, en..... 1735.

3.º Aux familles de Grave, par le mariage de Raymond de Niort, baron de Belesta, cousin de madame de la Ferrière, avec dame Dorothée de Grave, l'an 1770.

4.º A la maison de Catelan, par le mariage du marquis de Cazamajour, neveu de madame de la Ferrière avec dame Henriette de Catelan.

5.° A la famille de Gairand, par le mariage de demoiselle Josèphe de la Ferrière du Villa, avec messire de Gairand de Villetriloutz.

6.° Aux familles Castera, Ségur, Cardaillac, de Mottes, St-Maur, St-Laurent, St-André, Montredon, etc., etc., en général avec grand nombre de fort bons gentilshommes du Languedoc.

MARGADEL (DE), famille originaire de la province des Trois-Évêchés.

I. Pierre DE MARGADEL, avocat au parlement, anobli le 13 août 1663, étant maître échevin de la ville de Pont-à-Mousson. « Pour avoir bien servi en ladite charge, et » auparavant en celle de conseiller de ladite ville. Y avoir » rendu, pendant les plus grands malheurs des guerres, » des preuves très-considérables de son adresse et bonne » conduite pour la manutention de nos droits, et le soula- » gement de nos sujets; il en avait retenu la plus grande » partie, et rappelé les autres qui étaient fugitifs, etc. »

Il avait épousé Barbe Fleucots, sortie de la famille noble des Fleucots. De ce mariage vinrent :

　　1.° Nicolas-François de Margadel, dont l'article suit;
　　2.° Joseph de Margadel, chanoine de Saint-Diez;
　　3.° Alexandre de Margadel, prêtre et chapelain de la
　　　　chapelle de la Reine.

II. Nicolas-François DE MARGADEL, écuyer, seigneur de la Cour en Haye, capitaine prévot et gruyer de la prévôté de Dieu-Louard, né le 26 novembre 1654, il avait épousé Marie-Antoinette le Galestier de Lavanne, fille de messire le Galestier, chevalier, seigneur de Lavanne, Jezainville et Blenod. De ce mariage vint :

III. Claude-François DE MARGADEL, écuyer, seigneur de la Cour en Haye, capitaine, prévôt et gruyer de Dieu-Louard, né le 21 novembre 1707; il avait épousé Françoise Genoy, le 15 février 1735. De ce mariage vint :

IV. Louis-François DE MARGADEL, chevalier, seigneur en partie de Xisray et Marvoisin et de la Tour de Nonsart, né le 19 août 1757, et mort en 1801. Il avait épousé Marguerite-Charlotte de Bourgogne, veuve de M. de Bernardy, écuyer et conseiller au bailliage de Pont-à-Mousson. De ce mariage vinrent :

1.º Charles de Margadel, dont l'article suit ;

2.º Charles-Nicolas de Margadel, officier au régiment de Royal-Comtois, chevalier de l'ordre royal et militaire de Saint-Louis, émigré avec quatre de ses frères en 1791 ; il porta constamment les armes pour la cause des Bourbons, soit à l'extérieur ou à l'intérieur ; il commandait en second dans une partie de la Normandie, sous M. de Frotté. Il fut arrêté par ordre de Buonaparte, et périt comme son infortuné général, le 19 novembre 1800 ;

3.º Louis-Joseph de Margadel, né le 13 juillet 1771, major d'infanterie dans les armées royales de Bretagne, et chevalier de l'ordre royal et militaire de Saint-Louis ; il faisait partie de l'expédition de Quiberon, et depuis son émigration, au mois d'août 1791, il a également constament porté les armes pour la cause des Bourbons ; il est actuellement fixé à Vannes en Bretagne, où il a épousé, demoiselle Marie-Josèphe Bossard Duclos, fille de Anne-Claude Bossard Duclos, ancien officier de dragons. De ce mariage sont venus : 1º Louis-Charles de Margadel, né le 14 février 1806 ; 2º Françoise-Anne-Marie, née le 14 août 1802 ; 3º Delphine-Louise, née le 13 janvier 1804 ; 4.º Adélaïde de Margadel, née le 28 décembre 1807 ; 5º Françoise-Elisabeth, née le 7 août 1811 ; 6º Antoinette, née le 20 mars 1814.

4.º Jean-Baptiste de Margadel, né en 1776, émigré en 1791, a fait avec ses frères, la campagne de 1792 dans les gardes-du-corps, et, comme eux, il a constamment porté les armes pour la cause des Bourbons, soit à l'intérieur ou à l'exterieur, marié et fixé en Anjou, où il a épousé demoiselle Hullin de la Coudre, fille de M. Hullin de la Coudre, seigneur de la Romagne. De ce mariage sont venus deux garçons : 1.º Charles de Margadel ; 2.º Louis de Margadel.

5.º Remi-Victor de Margadel, né le 29 septembre 1773, mort en 1793 ;

6.º Emmanuel-Théodore de Margadel, né le 2 juillet 1775, mort en 1793.

V. Charles-François DE MARGADEL, existant dans la province des Trois-Evêchés, émigré en 1791, a fait la campagne de 1792 dans les gardes-du-corps et fait plusieurs autres campagnes, a épousé demoiselle de Bourgogne, fille de noble homme de Bourgogne, seigneur de Mandre. De ce mariage sont venus deux garçons, qui existent dans la province des Trois-Evêchés.

Armes : « D'azur à la croix d'argent chargée de cinq » larmes de gueules. »

PASQUET DE SALAIGNAC, famille noble et ancienne, originaire du Limosin, sur laquelle on retrouve des titres qui remontent à 1400; entre autres un testament en parchemin et en latin de Jean Pasquet.

I. François PASQUET, Ier du nom, écuyer, seigneur de Bascharaux, épousa le 27 avril 1539, Marguerite de Souvelin. De ce mariage vint :

II. Jean PASQUET, seigneur de Savignac, marié, le 19 juin 1574, avec Catherine de la Faye, fille d'Amanieu de la Faye, écuyer, seigneur de la Faye, de Puygontfier, et de Marguerite de Belcier. Il eut pour fils :

III. Louis PASQUET DE SAVIGNAC, seigneur de Salaignac, Las Renaudias, etc., qui épousa, le 15 mars 1610, Marie d'Escars, fille de messire Léonard d'Escars, seigneur de Saint-Bonnet et de Saint-Ybart, etc., et de dame Catherine de Joignat. De ce mariage vinrent :

    1.º Jean Pasquet, écuyer, seigneur de la Pommelie, qui, le 2 décembre 1666, produisit devant messire Pellot, subdélégué à Sarlat, les titres justificatifs de sa noblesse ;

    2.º François, dont l'article suit :

IV. François PASQUET DE SAVIGNAC, IIe du nom, écuyer, seigneur de Salaignac, las Renaudias et autres lieux, épousa, le 16 septembre 1646, comtesse Marie de Gontaud de Saint-Geniez, fille de messire Armand de Gontaud de Saint Geniez, seigneur d'Audaux, Lauzac, Loupiac, etc., et de dame Antoinette de Chaunac de Lansac. Il eut pour fils :

V. Léonard PASQUET DE SAVIGNAC, écuyer, seigneur de Salaignac, Las Renaudias et autres lieux, marié 1.º le 27 avril 1692, avec Anne de Serech, dame de Bourbon; 2.º le 26 avril 1693, Marie-Anne de Foucaud de l'Ardimalie, fille de messire Henri de Foucaud, chevalier, seigneur de l'Ardimalie, d'Auberoche, etc., et de Suzanne de Losse. Il eut de ce mariage :

> 1.º Henri Pasquet de Salaignac, écuyer, seigneur de Las Renaudias, marié, le 2 septembre 1719, avec Marguerite Pradel de la Maze ;
>
> 2.º Barthelemi Pasquet, dont l'article suit :

VI. Barthelemi PASQUET DE SALAIGNAC, écuyer, seigneur dudit lieu, chevalier de l'ordre royal et militaire de Saint-Louis, sous-brigadier des gardes-du-corps du roi, épousa, le 20 novembre 1736, Anne-Barthelemie de Morois, de laquelle il laissa :

> 1.º Louis-Elisabeth, dont l'article suit ;
>
> 3.º Louis-Luglien de Salaignac, colonel-directeur du génie. en retraite, demeurant à Mont-Didier, et non marié ;
>
> 3.º Barthelemi-François Pasquet de Salaignac, capitaine de dragons au régiment de Noailles, écuyer du roi en 1814. Il a épousé demoiselle Blanchet, de laquelle il a eu deux demoiselles et un fils, nommé Louis-Melchior, officier d'infanterie ;
>
> 4.º Edouard-Maurice Pasquet de Salaignac, né en 1750, page de la reine en 1765, gentilhomme de Monsieur, aujourd'hui S. M. Louis XVIII ; il fit, à cette époque, ses preuves pardevant M. d'Hozier ; il est officier des gardes-du-corps (1814) ; il a émigré en 1791, et fait les campagnes dans l'armée des Princes.

VII. Louis-Elisabeth PASQUET DE SALAIGNAC, écuyer, officier des gardes-du-corps en 1791, mort en 1792 ; il a laissé :

> 1.º Amable-Louis-Marie, dont l'article suit ;
>
> 2.º Louis Pasquet de Salaignac, officier d'infanterie,

VIII. Amable-Louis-Marie PASQUET DE SALAIGNAC, écuyer, major d'infanterie et premier aide-de-camp du lieutenant-général comte d'Erlon.

Armes : « D'azur au cerf d'or, nageant dans une rivière » d'argent, mouvante de la pointe de l'écu. »

BEREY en Champagne, famille noble et ancienne, originaire d'Ecosse, et fixée en France depuis l'an 1522, où depuis elle a toujours servi avec distinction.

Cette famille a produit ses titres de noblesse devant M. de Caumartin, intendant de la province de Champagne, au mois de février 1668. On n'en remonte la filiation qu'à dater de son établissement en France.

I. Pierre DE BEREY, Ier du nom, écuyer, épousa Edmée de l'Estre, dame de Monceaux, de laquelle il laissa :

II. Jacques DE BEREY, écuyer, seigneur de Cussangy, hommes d'armes des ordonnances du roi, sous la charge du duc de Guise, vivant en 1538 ; il épousa Claire de Monois, fille de Jean de Monois, seigneur de Cussangy, et de Jeanne de Ricey. De ce mariage vinrent :

    1.º Ferry, dont l'article suit ;
    2.º Guillaume de Berey, écuyer, seigneur de Cussangy, auteur de la branche puînée ;
    3.º Claire, mariée avec Edme de la Porte, écuyer ;
    4.º Nicole, femme de Jean de Chastel, aussi écuyer.

III. Ferry DE BEREY, écuyer, seigneur de Cussangy et de Vauldes, épousa, en 1577, damoiselle du Mesgnil, fille de Claude du Mesgnil, seigneur de Brandonvilliers, et de Nicolle de Chaspuy. De ce mariage sortirent :

    1.º Edme de Berey, écuyer, seigneur de Cussangy, marié, le 30 juillet 1610, à Barbe de Barbedor, fille de Nicolas de Barbedor, écuyer. Il fut tué au service du roi, et laissa Philippe de Berey, écuyer, qui fut aussi tué au service du roi, étant volontaire au régiment de Beaujeu ;
    2.º Etienne, dont l'article viendra ;
    3.º Anne ;
    4.º Claudine de Berey.

IV. Etienne DE BEREY, écuyer, seigneur de Vauldes, épousa, en 1624, damoiselle Anne de Conigaut, fille de Jean de Conigaut, seigneur d'Aviray-le-Bois, et de dame Jeanne de Balathier. Il eut de ce mariage :

    1.º Edme, dont l'article viendra ;
    2.º Jean de Berey, écuyer, seigneur de Villemoyenne, chevalier de l'ordre de Saint-Jean de Jérusalem, dit le *chevalier de Clerville*, ingénieur et premier lieutenant-général des fortifications de France, ma-

rié avec demoiselle Marguerite de Vardin, fille de
messire Nicolas de Vardin. Il eut de ce mariage :

    a. François de Berey de Clerville, mort jeune ;

    b. Isaac de Berey, mort jeune.

    c. Daniel de Berey de Clerville, qui épousa Isa-
    belle de Morambert, dont il eut : 1.º Philippe-
    Charles de Berey, écuyer, prêtre-bachelier
    en théologie ; 2º. Catherine de Berey, mariée
    à Charles d'Aulnay ;

3.º Charles, auteur de la troisième branche, rapportée
plus loin.

V. Edme DE BEREY, écuyer, seigneur de Vauldes, capitaine au régiment du prince de Condé, épousa, en 1656,
Elisabeth de la Resge, fille de Charles de la Resge, écuyer,
seigneur de Chattray et Voulpray, capitaine au régiment
du Plessis-Praslin, et d'Anne le Mire. Il eut pour fils :

VI. Philippe DE BEREY, écuyer, seigneur de Vauldes,
capitaine au régiment de Condé, qui épousa Anne Diver-
ny, de laquelle il laissa :

VII. Charles DE BEREY, écuyer, seigneur de Vauldes,
capitaine au régiment de Champagne, marié avec Félicité
de Monsaujon. Il eut pour fils :

VIII. Pierre DE BEREY, IIᵉ du nom, écuyer, seigneur de
Vauldes, capitaine au régiment de monseigneur le duc de
Chartres, chevalier de l'ordre royal et militaire de Saint
Louis, qui laissa de son mariage, contracté avec Louise
de Montarant :

    1.º Pierre-Alexandre de Berey, lieutenant au régi-
    ment de Conty. Il a émigré en 1791 ;

    2.º Deux demoiselles, sans alliance.

Branche puînée, prise au deuxième degré.

III. Jacques-Guillaume DE BEREY, écuyer, seigneur de
Cussangy, la Cour-des-Granges et autres lieux, second fils
de Jacques de Berey, et de Claire de Monois, eut pour
fils :

IV. Guillaume DE BEREY, écuyer, seigneur de Cussangy, marié, en 1581, avec Anne de Chastenay, dont
est issu :

V. Jacques DE BEREY, écuyer, seigneur de Cussangy,

homme d'armes de la compagnie du roi, tué à l'armée. Il a laissé :

VI. Ferry DE BEREY, écuyer, seigneur de Cussangy, qui épousa, en 1617, damoiselle Louise de Chastenay, dont il eut :

    1.º Claude de Berey, écuyer, cornette dans le régiment de Beaujeu ;

    2.ᶜ Isaac, dont l'article suit.

VII. Isaac DE BEREY, écuyer, seigneur de Riel-les-Eaux, maréchal-des-logis de la compagnie du marquis de Creusy, épousa, en 1663, damoiselle Charlotte des Champs, dont il n'eût que trois filles.

    Troisième branche, prise au quatrième degré.

V. Charles DE BEREY, écuyer, troisième fils d'Etienne de Berey, et d'Anne de Conigaut, capitaine dans la marine royale, épousa, en 1658, Louise de Verduisant. De ce mariage vinrent :

    1.º Jean, dont l'article suit ;

    2.º Pierre de Berey, mort sans postérité.

VI. Jean DE BEREY, écuyer, seigneur du Bas-Villeneuve, lieutenant de vaisseaux du roi, épousa, en 1684, Anne de Conigaut. Il eut pour enfants :

    1.º Claude, dont l'article suit. ;

    2.º Cécile de Berey.

VII. Claude DE BEREY, Iᵉʳ du nom, écuyer, seigneur de Chemin, capitaine de vaisseaux, épousa, en 1706, Adélaïde-Michele de Chaumont, dont :

    1.º Claude, dont l'article suit ;

    2.º Edme de Berey, mort sans alliance.

VIII. Claude DE BEREY, écuyer, seigneur de Chemin, adjudant dans la marine royale épousa Victoire de la Chapelle, de laquelle il laissa :

    1.º Charles, dont l'article suit;

    2.º Claude de Berey, écuyer, sieur du Bas-Villeneuve, garde-du-corps du roi, mort sans enfants mâles.

IX. Charles DE BEREY, écuyer, épousa Marie-Anne Jeandier de Dosnon. De ce mariage sont issus :

    1.º Charles-Hubert de Berey, écuyer, enseigne, puis

lieutenant au régiment de Chartres, infanterie, mort en émigration ;

2.º Symphorien de Berey, curé de Villecien-Saint-Aubin, département de l'Yonne ;

3.º Antoine-Henri de Berey, écuyer, père de Marie-Marguerite de Berey, née en 1791 ;

4.º Basile dont l'article suit ;

X. Basile DE BEREY, écuyer, a pour enfants :

1.º Auguste, dont l'article suit ;

2.º Deux demoiselles.

XI. Auguste DE BEREY, écuyer, né en 1797.

Armes : « D'azur, au chevron brisé d'argent, accom-
» pagné de trois mollettes d'éperons de même : couronne
» de comte. »

COUSSOL (DE), famille ancienne, originaire de l'Armagnac, où elle réside encore de nos jours. Dans les actes latins, le nom de cette famille ne varie pas, mais dans les actes français, il se trouve écrit de plusieurs manières, et dans le même acte, il se trouve de Coussol, du Coussol et de Cossol ; on doit cette variété, sans doute, à l'ignorance des notaires, ou au changement d'idiome. En 1783, lorsque Joseph-Antoine-Gabriel de Coussol entra au régiment Royal-Auvergne, M. Chérin qui fit les preuves exigées alors, décida sur les originaux qu'il avait en main, que le véritable nom était de Coussol, et que c'était ainsi qu'il était enregistré au cabinet des ordres du roi, dans lequel on trouvait, entre autres pièces, deux quittances militaires d'Arnaud de Coussol, et 1351 et 1364 ; le testament de Vital, en 1487 et le relax obtenu par Antoine de Coussol en 1697.

I. Armand DE COUSSOL, sire de Marsan de Parsacq et de Lapailhère, vivait au treizième siècle ; on le voit dans une transaction passée conjointement avec sa femme Isabeau d'Albret, entre Bertrand d'Armagnac, sire de Pardiac et de Thermes, et Hélix d'Armagnac sa sœur, mère dudit Armand, en 1371, par laquelle il lui cède les fiefs de Latour-du-Camp en Saint-Go, pour elle et ses successeurs. Il eut pour fils :

II. Arnaud DE COUSSOL, sire de Marsan et de Latour-du-Camp, servait sous Philippe de Valois, et se trouva à la bataille de Poitiers avec le roi Jean. Il fit alliance, en 1349, avec Alix de Tilladet, fille de Raoul, sire de la Mothe-Domansan. Il eut de ce mariage :

 1.º Arnaud-Guillaume, qui suit ;
 2.º Melchior, qui fut abbé de Faget, en 1403.

III. Arnaud-Guillaume DE COUSSOL, épousa, en 1386, Jeanne de Labardac ou Lavardac, fille du seigneur de Saint-James, et de Catherine de Busca. Il eut pour fils :

 1.º Vital, qui suit ;
 2.º Raoul, qui fut tué au siége d'Orléans ; il était mentionné dans une quittance militaire du maréchal de Rieux, sous lequel il servait.

IV. Vital DE COUSSOL, seigneur d'Esparsac, de Saint-Go et de Latour-du-Camp ; il testa en 1487, et institua Sens, son fils, son héritier ; et substitua à Jean, son petit-fils, les fiefs d'Esparsac, Saint-Go et Latour-du-Camp. Le testament est de 1487, fut retenu par Bérard, notaire à Agnan : il se trouvait au cabinet des ordres du roi. Il avait épousé, en 1418, Anne de Loupiac, de laquelle il laissa :

 1.º Sens, dont l'article suit ;
 2.º Roger ;
 3.º Jeanne ;
 4.º Anne, qui épousa Arthur de Tilladet, seigneur du Blasnin et de Clavincère.

V. Sens DE COUSSOL, épousa, en 1462, Marguerite de Laffete, fille de Roland, sire de Mont-Crabeau et de Jeanne de Sirgan d'Herse. Il en eut :

 1.º Jean qui suit ;
 2.º Olivier et Arthur, qui suivirent Charles VIII à Naples ; Arthur fut tué à Fornouë, et Olivier prit l'habit de la religion, et mourut abbé de Tasque en 1540.

VI. Jean DE COUSSOL, épousa, en 1505, Jeanne de Mont, fille de Simond, sire de Bing, et eut :

 1.º Jean, qui suit ;
 2.º Nicolas ;
 3.º Elisabeth ;
 4.º Marianne-Anne, qui épousa, en 1529, Olivier, sire de Bétous.

VII. Jean DE COUSSOL, IIe du nom, épousa, en 1532, Jeanne de Montus, fille du sire de Montus, et de Marguerite de Candale, de laquelle il laissa :

    1.° Jacques, qui suit ;

    2.° Marguerite, qui épousa, en 1558, Louis de Labarthe, seigneur de Thermes et la Sauvelat.

VIII. Jacques DE COUSSOL, épousa 1.° en 1556, Jeanne de Luppé, fille du seigneur de Besmon, et 2.° Marguerite de Mauléon, de laquelle, entre autres enfants, il eut un fils qui forma la branche de la Peyrie, et du premier lit vinrent :

    1.° Bertrand, qui suit ;

    2.° Scipion, qui fut tué à Arques ;

    3.° Antoine, qui fit alliance avec Jeanne de Rivière, et commença la seconde branche des seigneurs de la Pailhère.

IX. Bertrand DE COUSSOL, épousa, en 1602, Françoise de Ferragut, fille du seigneur de Gignan, et de Jeanne d'Armagnac, et eut pour fils :

X. Bertrand DE COUSSOL, IIe du nom, qui épousa, en 1635, Marguerite de Pins, fille du seigneur de Montbrun, et eut pour fils :

    1.° Antoine Gabriel, capitaine du génie, qui fut tué à la bataille de Sintsheim, le 16 juin 1774 ;

    2.° Autre Antoine, qui suit ;

    3.° Marie, qui épousa, en 1659, Jean de Lavardac, seigneur de Saint-James.

XI. Antoine DE COUSSOL, capitaine au régiment d'Albigeois, épousa, en 1677, Philiberte de Vergès, fille du seigneur de Lassale, et de Françoise de Sirgan d'Herse et eut pour fils :

    1.° Antoine, IIe du nom ;

    2.° Marie, qui épousa Roland de Lamothe;

    3.° Marguerite, qui épousa, en 1709, Gaspar de Brequa, officier au régiment d'Albigeois.

XII. Antoine DE COUSSOL, capitaine au régiment de la marine, IIe du nom, épousa, en 1728, Marie de Ferragut, fille du seigneur de Montus, et de Jeanne de Ferragut d'Estioux, et laissa :

    1° Jean-Marie, qui suit;

2.º Joseph-Henri de Coussol, fut capitaine au régiment de Royal-Auvergne, et chevalier de l'ordre royal et militaire de Saint-Louis, mort en 1809 ;

3.º Frix de Coussol, capitaine au régiment d'Aquitaine, fut tué à la bataille de Grevesting, dite de *Sababor*, le 24 juin 1761 ;

4.º Frix-Louis de Coussol, mort capitaine dans le génie, en 1774;

5.º Louis ;

6.º Antoine ;

7.º Jeanne;

8.º Bérénice ;

9.º Autre Jeanne.

XIII. Jean-Marie DE COUSSOL, seigneur de Saint-Go et de Latour-du-Camp, capitaine au régiment d'Anjou, épousa, en 1762, Hilaire de Mont, fille du seigneur de Gellenave, et de la dame de Sawis, et eut :

1.º Joseph-Antoine-Gabriel de Coussol, officier au régiment Royal-Auvergne, émigré en 1791, mort en 1797. Il avait épousé Jeanne-Paule de Garac de Saint-Curistol, dont Marie-Josèphe, fille unique ;

2.º Frix-Théodore de Coussol, marié en 1811, avec Marie-Antoinette de Laffite de Boulouch, de laquelle il a Marie-Victoire ;

3.º Frix-Hector de Coussol, chevalier de l'ordre royal et militaire de Saint-Louis, ancien capitaine au régiment de Royal-Auvergne, a émigré en 1791, a fait toutes les campagnes dans le corps de monseigneur le prince de Condé, jusqu'en 1801 ;

4.º Louis-Thérèse de Coussol, marié à Anne Pagès ;

5º Frix-Théodore-Marie de Coussol, veuf de Catherine de Lalanne, de laquelle il a un fils unique, appelé Jean-Marie-Siméon de Coussol.

6.º Marie-Anne-Sophie de Coussol, a épousé Hyppolite Dubose de Peyran, ancien officier de cavalerie de la maison du roi;

7.º Marguerite de Coussol, a épousé Pierre-Paul-Laurens Darmau, garde-du-corps du roi d'Espagne.

Armes : « D'or à la vache passante de sable, au chef de » gueules semé de trois étoiles d'argent. »

AUTARD DE BRAGARD (d'), famille ancienne, originaire de Provence, et établie en Dauphiné; c'est à tort que
certains auteurs mal informés ont dit que cette famille
avait été anoblie, en 1607. Des titres originaux qui nous
ont été exhibés, et qui datent de 1375, 1456, 1484, 1563
et 1588, prouvent, jusqu'à l'évidence, la noblesse d'extraction de cette maison.

Ce qui a fait dire qu'elle avait été anoblie en 1607, ce
sont des lettres d'anoblissement, adressées par le Souverain à Balthazar d'Autard, surnommé Bragard (garre-
bras, garre son bras), célèbre capitaine du dix-septième
siècle; mais tout le monde sait qu'à ces époques, lorsque
le roi avait à se louer de la conduite courageuse des capitaines qu'il employait, il leur adressait des lettres pour
marques de sa satisfaction, et ces lettres portaient anoblissement en tant que besoin : ce sont les propres expres-
sions qui s'y trouvent. A la vérité, on aurait dû plutôt les
appeler lettres de *confirmation* de noblesse, que lettres
de noblesse, et cela aurait évité de donner lieu à des
méprises qui pouvaient nuire à l'illustration des familles.
Quoi qu'il en soit, la maison d'Autard de Bragard peut d'autant moins être atteinte de l'effet de ces méprises, que
non-seulement son ancienne extraction est prouvée par
les titres que j'ai cités plus haut, mais encore par des actes
personnels à ce Balthazar d'Autard, surnommé *Bragard*,
qui lui donnent en 1563 et 1588, le titre de *noble homme* ;
or donc, si en 1563 et 1588, il était qualifié de *noble*, il
n'avait pas besoin de se faire anoblir en 1607. Un testament de l'an 1500, qui nous a été mis également sous les
yeux, dit que Pierre Autard, *homme honorable est issu de
noble race.* Nous n'en finirions pas si nous voulions faire
ici l'énumération de tous les titres qui nous ont été fournis
par messieurs d'Autard, et il suffira de dire que quand il
existe des actes patents et publics de 1375, 1484, 1500,
etc., etc., les lettres que l'on reçoit en 1607, ne sont que
confirmatives, et non pas constitutives de noblesse ou
d'anoblissement.

I. Louis AUTARD, seigneur de Pépin, épousa Sibylle de
Ferrus. Il eut pour fils:

II. Pierre AUTARD, seigneur de Bigniosc, vivant en
1375, d'où est venu:

III. Guigues AUTARD, qui testa, en 1456, en faveur de
Jacques, son fils, qui suit :

IV. Jacqués Autard, Ier du nom, seigneur de Bigniosc, vivant en 1484, lequel eut pour fils:

V. François Autard, I^{or} du nom, marié, en 1524, avec Marguerite de Leydet, fille de noble Pierre de Leydet, de la ville de Sisteron. De ce mariage vinrent:

1.º Gaspard, mort au service, sans postérité;
2.º Melchior, mort au service, sans postérité;
3.º Balthazard, dont l'article suit:

VI. Balthazard Autard, dit le *capitaine Bragard*, embrassa de bonne heure la carrière des armes, et servit avec distinction, sous cinq de nos rois : Henri II, François II, Charles IX, Henri III et Henri IV. Il fut dans différentes expéditions capitaine de cinq compagnies de cent hommes d'armes, et fit toutes les guerres contre la Ligue, sous le commandement du connétable de. Lesdiguières; qui pour honorer son courage le surnomma le *capitaine Bragard* (bras-garre, garre-son-bras), surnom que ses descendants n'ont cessé de porter. Il s'empara de la forteresse d'Orpierre, et y fut établi gouverneur. Il laissa de son mariage, avec demoiselle de Bernard, contracté en 1563:

1.º Paul, dont l'article viendra;
2.º Daniel Autard, seigneur en partie d'Eiguians, capitaine de cent hommes d'armes en 1590, et des gendarmes de M. de Montbrun, marié avec damoiselle Jeanne de Perrinet, fille de noble N.......... de Perrinet, marquis d'Arzeliers. Il eut pour fils Cirus de Bragard, capitaine d'infanterie, qui épousa 1.º N......de Soliers; 2.º N...... Artaud de Montauban-Jarjaye. Il eut du premier lit plusieurs enfants, qui, lors de la révocation de l'édit de Nantes, passèrent au service du prince d'Orange, qui monta sur le trône d'Angleterre; l'un d'entre eux devint officier général; ils sont morts sans postérité. Il eut du second lit, Olympe de Bragard, à laquelle il laissa tous ses biens, qui passèrent à sa mort dans la maison de Lacget.

VII. Paul Autard de Bragard, gouverneur d'Orpierre, puis d'Allos, en Piémont, capitaine d'une compagnie d'arquebusiers, se trouva à l'affaire de Pontcharra, où il se distingua à la tête de plusieurs compagnies du régiment de Bonne, infanterie, qu'il commandait sous le duc de Lesdiguières. Il épousa, en 1589, Françoise de Perissol, fille de noble Claude de Perissol, seigneur du Poët. Par cette alliance, cette famille se trouve alliée à la maison du Puy-Montbrun. Il eut de ce mariage, entre autres enfants:

VIII. Jacques AUTARD DE BRAGARD, II° du nom, maréchal-des-logis des gendarmes du connétable de Lesdiguières, marié, en 1623, à N.... d'Armand. Il eut plusieurs frères, morts au service, et fut tué lui-même dans une affaire à la tête des gendarmes du duc de Créqui-Lesdiguières. Il eut plusieurs enfants qui entrèrent au service, et entre autres :

IX. Samson AUTARD DE BRAGARD, capitaine au régiment de Sault, infanterie, et qui fut ainsi que ses aïeux, gouverneur du château d'Orpierre. Il avait épousé, en 1645, Jeanne de Margaillan, fille de César de Margaillan, de laquelle il laissa :

1.° César, major au service de Prusse, mort à Wesel, en 1725;
2.° François, tué en Italie, en 1705; il était capitaine-des grenadiers au régiment de Flandres, par commission de 1689;
3.° Alexandre, dont l'article suit :

X. Alexandre AUTARD DE BRAGARD, lieutenant au régiment de Picardie, se retira du service, et épousa, en 1706, Jeanne Vial d'Alais, fille de noble Jacques d'Alais, seigneur d'Aillon et de Bonneval, et de dame de Bouffier. De ce mariage vinrent :

1.° Jacques, dont l'article suit;
2.° Jeanne-Catherine de Bragard.

XI. Jacques AUTARD DE BRAGARD, III° du nom, lieutenant dans le régiment de la Couronne, mort en 1753. Il avait épousé, en 1738, Olympe-Justine de Lacget, fille de François de Lacget, capitaine des grenadiers royaux, et ci-devant dans le régiment de la Feuillade. De ce mariage, entre autres enfants :

1.° François-Alexandre, dont l'article viendra :
2.° Jacques-Marie d'Autard, officier dans les régiments provinciaux, et passé à l'île de France en 1767.

XII. Alexandre-François AUTARD DE BRAGARD, né en 1739, colonel d'infanterie, chevalier de l'ordre royal et militaire de Saint-Louis, et de la Légion d'honneur, qui, en récompense de ses anciens services, a été, dès 1791, nommé au commandement des places de Grenoble, Rouen et Briançon; il a épousé, le 3 août 1764, Marie Maigre de Fontreynière, fille de M. Fontreynière, et de demoiselle Catherine Bonnabel. De ce mariage :

1.º Victor-Louis-Auguste, dont l'article viendra ;
2.º Réné, élève de l'École royale militaire de Toulon, mort en 1786.

XIII. Victor-Louis-Auguste AUTARD DE BRAGARD, né en 1775, ancien officier de la marine royale, aujourd'hui capitaine du génie, chevalier de la Légion d'honneur, à épousé en 1803, demoiselle Pauline de Tiberge, fille de M. Nicolas de Tiberge, chevalier de l'ordre royal et militaire de Saint-Louis, et de demoiselle Bourgelas de Bonnetaire. De ce mariage sont nés :

1.º François-Alexandre-Balthazar ;
2.º François-Louis-Nicolas ;
3.º Chère-Marie-Ursule ;
4.º Pauline-Victoire.

Armes : « D'azur, à une outarde d'argent, becquée, » membrée et allumée de gueules, tenant en son bec un » rameau d'olivier de sinople, accompagnée en chef, au » canton dextre, d'une étoile d'or. »

PASSERAT DE SILANS, famille noble, originaire du Bugey.

Louis DE PASSERAT, rendit de grands services à la guerre au duc de Savoie Philibert-Emmanuel. Il fut reconnu noble par lettres de ce prince, du 18 septembre 1567, enregistrées à la chambre des comptes de Savoie, le 10 juin 1568, comme il est prouvé par un extrait, signé MERLIN, secrétaire. Il acheta, en 1605, conjointement avec noble Claude-Gaspard de Passerat, son fils, le château et la seigneurie de Bognes, qui appartenaient à noble Louis de Vignod, seigneur de Dorches.

Noble Philibert DE PASSERAT, fils de noble Claude de Passerat, et petit-fils dudit noble Claude-Gaspard de Passerat, fut baron de Silans et seigneur de Grex. Il servit avec honneur dans les armées du duc de Savoie, et dans celles de Louis XIV ; il fut garde-du-corps de ce grand monarque, et gentilhomme du Bec-à-Corbin dans la compagnie du vicomte de Turenne. Il fut maintenu dans sa noblesse par arrêt du conseil d'état, du 27 mars 1668, et par une ordonnance de M. de Bouchu, intendant de Bourgogne, du 14 mai 1669.

De son mariage, avec dame Anne de Mornien de Gramont qu'il épousa en 1665, naquirent Melchior de Passerat, page de Louis XIV, puis capitaine dans le régiment de Gévaudan, dragons; et Jean-Louis de Passerat, baron de Silans, aussi officier dans le même régiment. Tous deux firent aveu et dénombrement au roi (*more nobilium*) des seigneuries de Grex, Bognes et baronie de Silans, suivant un acte du 14 décembre 1700, signé par Jacquinet et Gunedey.

Ledit Jean-Louis de Passerat, baron de Silans, a eu de son mariage avec dame Anne de Charron, deux fils, Antelme-Melchior de Passerat, baron de Silans; et Augustin de Passerat, chevalier de Silans, capitaine des vaisseaux du roi, et chevalier de l'ordre royal et militaire de Saint-Louis. L'un et l'autre ont été mariés.

Augustin DE PASSERAT, baron de Silans, fils dudit Antelme-Melchior de Passerat, maintenant membre de la chambre des députés des départements, est le chef de cette famille; il a plusieurs enfants, dont deux garçons.

Armes : « D'azur, à la fasce d'or, chargée d'un lion
» léopardé de gueules, accompagné en pointe de deux
» vols de Passerat d'or. Pour cimier et supports, des aigles :
» couronne de comte. »

PHILIPPY DE BUCELLY D'ESTRÉES, famille originaire de Florence, en Toscane. Une branche passa en France, et s'établit dans le Languedoc. Un Philippy, fut président de la cour des aides de Montpellier ; en 1579, un Philippy était intendant de la province. Cette famille est maintenant en Picardie, connue sous le nom de *Philipp de Bucelly d'Estrées*, à cause de la baronie d'Estrées qu'elle possède.

Armes: « D'azur, à la bande d'or, chevronnée de
» gueules et de sinople de sept pièces, accompagnée en chef
» d'une demi-fleur de lys d'or, et accostée d'une roue de
» Sainte-Catherine, perlée de même, et en pointe de trois
» roses d'argent mises en orle. »

FRANCHEVILLE (de), famille d'ancienne extraction noblé, originaire d'Ecosse, et fixée en Bretagne, depuis l'an 1442.

I. Pierre DE FRANCHEVILLE, chevalier, seigneur de Trémelgon, vint en Bretagne en qualité d'officier de la cour d'Isabeau, fille de Hamon, roi d'Ecosse, et femme du duc de Bretagne, François Ier. Il était son échanson, charge considérable dans ce temps-là, et qui a été occupée par les sieurs de Maillé, de Tournemine, de Refuge, de Coligny, etc., etc. Voulant s'habituer audit duché, et y acquérir terres et fiefs nobles, comme les autres gentilshommes à qui ce droit était privatif, il fut obligé de prendre des lettres de naturalité et de confirmation de noblesse, qui lui furent accordées, par lettres-patentes du duc François II, données à Nantes, le 19 janvier 1447. Il servit également le duc dans ses armées, et se distingua à la bataille de Saint Aubin du Cormier, livrée contre les Français, le 28 juillet 1488, où il fut fait prisonnier. Il mourut en 1505 ; il avait épousé Marguerite de Trélan, fille de Jean de Trélan, seigneur des Douettes, grand-veneur de Bretagne, gouverneur et capitaine du château de Sucinio et île de Rhuis. De ce mariage vinrent :

1.° Etienne de Francheville, dont l'article suit ;
2.° Jean de Francheville, mort sans postérité, qui fut gouverneur et capitaine dn château du Sucinio et île de Rhuis ;
3.° Jeanne de Francheville, qui épousa Jean le Casdre, seigneur de la Noue.

II. Etienne DE FRANCHEVILLE, chevalier, seigneur de Trémelgon, Truscat, etc., mort en 1545 ; il avait épousé Catherine Sebille, fille de Jean de Sebille, gouvernenr du château de l'Hermine, à Vannes. De ce mariage vinrent :

1.° Réné de Francheville, dont l'article suit ;
2.° Guillaume de Francheville, seigneur de la Villehatte, des Douettes, procureur général en la chambre des comptes de Nantes. Il épousa demoiselle Perrine Rocas. De ce mariage vint : Jean de Francheville, procureur général en la chambre des comptes de Nantes, reçu conseiller au parlement de Bretagne, en 1595 ; il épousa demoiselle Gillette Gédouin de la Dobiays, dont est issu Jean de Francheville, chevalier, seigneur de Québriac, écuyer

de la petite écurie, chevalier de Saint-Michel, et maître d'hôtel ordinaire du roi Louis XIII ; il épousa Charlotte du Han. De ce mariage vinrent, 1.º Eustache de Francheville, capitaine de cavalerie, tué à la guerre de Paris, en 1651 ; 2.º Louis-Hercule de Francheville, marquis de Québriac, qui épousa demoiselle de Marbeuf, et fut, depuis la mort de sa femme, prêtre et abbé de Saint-Jégu ; et 3.º Marie de Francheville, qui épousa Gabriel Fréslon, seigneur de la Touche-le-Brie, président à mortier au parlement de Bretagne.

3.º Pierre de Francheville, chevalier, seigneur du Kergo, qui épousa demoiselle Catherine de la Rivière ; de ce mariage vint Pierre de Francheville, chevalier, seigneur de la Rivière, Bonervaut, chevalier des ordres du roi ; il épousa demoiselle Gabrielle Boterel de Quintin. De ce mariage vinrent trois filles, Thérèse, Bertranne et Marie ; Thérèse de Francheville, épousa Marin de Colobel, seigneur du Bot Langon ; Bertranne, épousa le sieur de la Ville Dermoro ; et la troisième, épousa le sieur de Garniguel.

III. Réné DE FRANCHEVILLE, chevalier, seigneur de Truscat, de Trémelgon, etc., mort en 1569. Il avait épousé, en premières noces, Isabeau Chohan, fille du seigneur de Coetcandec ; et en secondes noces, Jeanne Brouillard. De ces deux mariages vinrent :

Du premier lit,

1.º Silvestre de Francheville, dont l'article suit.

Du second lit,

2.º Jean de Francheville, chevalier, seigneur de la Motte-Rivaut et de Salarun. Il épousa dem. Susanne de Kerméno-du-Garo ; de ce mariage vint Réné de Francheville, chevalier, seigneur de la Motte-Rivaut et de Salarun ; il épousa Perrine Dubot, et mourut sans postérité.

IV. Silvestre DE FRANCHEVILLE, chevalier, seigneur de Truscat, la Motte-Rivaut, la Cour, mourut en 1609 ; il avait épousé Susanne de Châteautro. De ce mariage vint :

V. Daniel DE FRANCHEVILLE, chevalier, seigneur de Truscat, la Motte-Rivaut, la Cour, etc., avait épousé Julienne Cillart, fille de Jean Cillart. De ce mariage vinrent :

1.º Claude de Francheville, dont l'article suit ;

2.º Thomas de Francheville, chevalier des ordres du roi, seigneur de la Motte-Rivaut, commandant de bataillon au régiment de Navarre, mort en 1682 ; il avait épousé demoiselle Jacquette de Govello. De ce mariage vinrent : Daniel-Joseph de Francheville, qui ne s'est point marié, et mourut l'an 1670 ; et Claude-Vincent de Francheville, qui épousa Anne de Goulaines, douairière du Plessix-Rosmadec ;

3.º Catherine de Francheville, morte supérieure de la maison de retraite des femmes, qu'elle avait fondée à Vannes.

VI. Claude DE FRANCHEVILLE, chevalier, seigneur de Truscat le Pélinec, Moréac, la Grande Rivière, etc., conseiller du roi en ses conseils, maître des requêtes ordinaire de la reine-mère Anne d'Autriche, sénéchal et lieutenant-général au présidial de Vannes. Il mourut le 17 février 1682 ; il avait épousé Perrine Huart, fille de messire Gervais Huart, conseiller au parlement. De ce mariage vinrent :

1.º Daniel de Francheville, avocat-général au parlement de Bretagne ; il se fit prêtre, et fut ensuite évêque de Périgueux ;

2.º Gervais de Francheville, dont l'article viendra ;

3.º Réné-Henri-Hyacinthe de Francheville, prêtre et chanoine de Rennes, mort à Paris, en 1677 ;

4.º Pierre-Marie de Francheville, avocat-général au parlement de Bretagne, mort sans postérité ;

5.º Françoise-Ursule de Francheville, qui épousa, en 1686, le sieur Trévegat de Limoges, conseiller au parlement. Il y eut encore cinq autres filles qui toutes se firent religieuses.

VII. Gervais DE FRANCHEVILLE, seigneur de Truscat, la Cour, Moréac, la Motte-Olivet, etc., capitaine de chevau-légers, lieutenant des maréchaux de France. Il avait épousé Marie-Anne-Thérèse du Breil du Pont-Briant, fille unique de messire Louis du Breil, chevalier, seigneur du Pont-Briant, et de dame Françoise Huchet de la Bédoyère. De ce mariage vinrent :

1.º Jean-Baptiste-Joseph de Francheville, seigneur de Truscat, etc., avocat général au parlement de Bretagne, et depuis président à mortier, au même parlement, mort en 1755. Il avait épousé, en premières noces, mademoiselle Dufaux-de-Kerally ; en secondes noces, N... de Locmaria, veuve du comte de Rochefort ; et en troisièmes noces, madame veuve Fouquet. Il n'eut d'enfants que de la première femme, dont sont issus : 1.º Jean-Baptiste de Francheville, conseiller au parlement de Bretagne, et depuis président à mortier au même parlement, marié à mademoiselle du Bas-Sablon, mort sans postérité ; 2.º N.... de Francheville, qui épousa le comte Carné de Trécesson, dont elle n'eut point d'enfants ; 3.º N.. de Francheville, qui épousa monsieur N. de Combles, et mourut sans enfants ; 4º Marie-Anne-Thérèse de Francheville, morte à Rennes, le 13 septembre 1793 ; elle ne se maria point ;

2.º N...... de Francheville, seigneur de la Motte, officier d'infanterie, mort le 18 novembre 1735. Il se maria et eut un fils, Vincent-Mathurin-Barthelemi de Francheville, officier au régiment de Penthièvre, mort en 1799. Il avait épousé demoiselle Louise-Marie-d'Aux, dont il eut deux enfants qui moururent en bas âge ;

3.º N.... de Francheville, seigneur de Trélan, officier d'infanterie, qui épousa demoiselle du Bois de la Salle. De ce mariage vint N......... de Trélan, capitaine d'infanterie, qui se maria, et eut plusieurs filles, dont l'aînée épousa monsieur de Bédée de la Bouctardais;

4.º Toussaint de Francheville, dont l'article suit ;

5.º N.... de Francheville, seigneur de Plélain, épousa demoiselle de Lentivi. De ce mariage vint Charles de Francheville, seigneur de Plélain, officier de cavalerie, qui ne se maria point, et mourut en 1802 ;

6.º N....... de Francheville, seigneur du Bois Ruffier, qui épousa demoiselle Charpentier ; il est mort sans postérité ;

7.º N... de Francheville, religieux trinitaire.

VIII. Toussaint DE FRANCHEVILLE, seigneur du Pelinec, de Kervéso, etc., mort le 6 novembre 1780 ; il avait

épousé demoiselle Kermasson de Bourgerel. De ce mariage
vinrent :

> 1.° Toussaint-Guillaume de Francheville, dont l'ar-
> ticle suit ;
> 2.° Marie-Vincente de Francheville, vivante, veuve
> de N...... Huchet de la Bédoyère, de la Benneraye,
> mort capitaine au régiment du Roi, et elle n'eut
> point d'enfants.

IX. Toussaint-Guillaume DE FRANCHEVILLE, officier de
la Marine royale, mort en 1796, chef d'une division de
l'armée royale de Bretagne ; il avait épousé demoiselle
Marie-Charlotte-Gabrielle de Trévélec, fille de Jérôme de
Trévélec, seigneur du Lesté, mort le 29 novembre 1792.
De ce mariage vinrent :

> 1.° Gabriel-Vincent-Toussaint de Francheville, dont
> l'article suit ;
> 2.° Marie-Gabrielle-Charlotte de Francheville, mariée
> à Louis-Marie de Couessin du Quenet, et morte
> sans enfants, en 1813.

X. Gabriel-Vincent-Toussaint DE FRANCHEVILLE, officier
dans l'armée royale de Bretagne, né le 14 octobre 1778,
vivant, marié, au mois de février 1801, à Marie-Louise-
Hyacinthe Anne Bouczo du Rongouet, aussi vivante. De
ce mariage sont issus :

> 1.° Amédée-Louis-Marie de Francheville, né le 11
> février 1802 ;
> 2.° Ernest-Pierre de Francheville, né en novembre
> 1804 ;
> 3.° Gabriel-Jules de Francheville, né en 1813 ;
> 4.° Emilienne-Marie de Francheville, née en 1806 ;

Armes : « D'argent au chevron d'azur, chargé de six
« billettes d'or. »

BOYER DE CHOISY (DE), famille originaire d'Auvergne, puis établie en Provence, et ensuite dans la
Normandie, où elle se trouve fixée de nos jours. Elle a
été maintenue dans sa noblesse d'extraction, par arrêt
du 12 janvier 1668, par les commissaires délégués en
Provence.

. I. Jean DE BOYER, Ier du nom, écuyer, seigneur de Choisy et de Chantouin, homme d'armes de monsieur le duc d'Etampes, épousa, le 14 juillet 1551, Jeanne de la Marre, de laquelle il eut :

II. Jean DE BOYER, IIe du nom, écuyer, seigneur de Choisy et de la Motte, marié, le 20 mai 1589, à Rose de Frosbois, qui le fit père de :

III. Jean DE BOYER, IIIe du nom, écuyer, seigneur de Choisy, lequel se fixa en Provence, à l'occasion du commandement de la citadelle d'Antibes, qui lui fut déféré. Il avait épousé, le 6 mars 1667, Honarade de Bernardy, de laquelle il eut :

IV. Louis DE BOYER, Ier du nom, écuyer, seigneur de Choisy, capitaine d'infanterie, marié, le 13 juin 1688, à Thérèse de Hondis, fille de César de Hondis, et de Marthe de Pontevés-de-Vaille, qui le fit père de :

. V. François-Clément DE BOYER, écuyer, seigneur de Choisy, ancien capitaine d'infanterie, commandant d'un bataillon de milice de Provence, chevalier de l'ordre royal et militaire de Saint-Louis, marié à Madeleine-Elisabeth de Provençal, le 13 juin 1719. De ce mariage vinrent :

    1.º Louis-Joseph-Honoré, dont l'article suit ;

    2.º Honoré de Boyer, capitaine d'infanterie ;

    3.º Jean de Boyer ;

    4.º François de Boyer, ecclésiastique ;

    5.º Six filles, dont trois furent mariées; la première, à Jean-Baptiste Aniel, capitaine au régiment de Flandres, chevalier de l'ordre royal et militaire de Saint-Louis; la deuxième, à Honoré d'Argiares, capitaine au régiment de Limousin ; et la troisième, à Joseph de Rioffe, seigneur de Torrent, commissaire-ordonnateur dans l'armée Corse.

VI. Louis-Joseph-Honoré DE BOYER DE CHOISY, écuyer, capitaine d'infanterie, chevalier de l'ordre royal et militaire de Saint-Louis, en 1774, a épousé, en 1766, Marie-Cécile de Serrat, de laquelle il a laissé :

    1.º François-Clément, IIe du nom, dont l'article suit ;

    2.º Honoré-Marie-Bruno de Boyer, capitaine au corps royal du Génie, marié à Adélaïde de Vauquelin d'Artilly, de laquelle il a 1.º Aldolphe-Clément

Hyacinthe de Boyer de Choisy ; 2.º Jules de Boyer ; 3.º Hyacinthe de Boyer ;

3.º Jacques-Joseph-Alexandre de Boyer, lieutenant-colonel au corps royal de l'artillerie, marié à Adélaïde Syriet.

VII. François-Clément DE BOYER DE CHOISY, IIe du nom, écuyer, ancien capitaine au corps royal du Génie, membre du collége électoral du département de la Manche, et maire de Saint-Vaast de la Hougue, a épousé Caroline-Marie-Monique d'Avie de Gotot.

Armes : « D'azur, au chevron d'or accompagné de » trois lys au naturel, deux en chef et un en pointe, » couronne de marquis ».

GOUSSENCOURT (DE), en Picardie.

Cette ancienne maison, la seule de ce nom connue en France, tire son surnom de la terre et seigneurie de Goussencourt, située à une lieue de la ville de Nesle, en Picardie, dont la mairie fut vendue au mois de juin 1221, par Pierre DE GOUSSENCOURT, à l'abbaye de Soissons, au prix de trois cents livres parisis.

Elle a l'honneur d'être alliée à la maison royale de France, par celle de Courtenay, et à la maison royale de Danemarck, par celle de Cayeu, des anciens vicomtes d'Ardres.

Elle l'est aux anciennes maisons de Flavy, Bazentin, d'Ongnies, de Hallwin, Ghuistelles, Platecorne, le Cat, aujourd'hui d'Hervilly, Richedame, Béthisy, Lameth, Merlin-de-Mazencourt, Parmentier, Lancy, Mornay-Montchevreuil, le Fuzélier, Turpin, de Crie-du-Plessier, de Villiers, d'Hangest, Brouilly, Cais ou Caix, Desfossez, Arquinvillé, Aleaume, Pinot, Bugnot, le Sellier, le Tellier, de Hertes, Sacquespée, Piquet, Sailseval, Coulanges, Conty-d'Argicourt, Caboché, la Rivière, Belloy, le Maréchal, le Royer de Monclot, etc.

Malgré son ancienneté, la maison de Goussencourt ayant, ainsi que presque toutes les maisons et familles des provinces de Picardie et de Vermandois, perdu ses anciens titres, par suite des incursions continuelles des Bourguignons, des Espagnols, des Impériaux et des Anglais, qui en détruisant la plupart des édifices de ces provinces, brûlèrent ou emportèrent les titres et archives, et particulièrement des Anglais qui en ont conservé un grand nombre à la Tour de Londres, elle ne peut fournir une filiation suivie, appuyée par titres, que depuis Jean de Goussencourt, Ier du nom, qui servait sous le roi Jean, et vivait en 1355, quoiqu'on ait trouvé, en consultant les archives des abbayes de Corbie, du Paraclet, de Notre-Dame de Soissons, le Pouillé, des bénéfices du diocèse de Noyon, et celles de M. de Rousseville, des personnages de cette famille, qui en remontent l'ancienneté vers le milieu du douzième siècle.

Jean DE GOUSSENCOURT *(Johannes de Guzencuriâ)*, fut élu le trente-quatrième abbé de Saint-Pierre de Corbie, l'an 1158, et l'était encore en 1160. Il fut nommé cardinal évêque de Palestine, en 1172, dignité dont il ne prit pas possession, étant décédé le 5 des calendes de septembre de la même année (Extrait du chartrier de l'abbaye de Corbie, etc. *Gallia-Christiana*, page 564, etc.) Pierre de Goussencourt vendit, au mois de juin 1221, la mairie qu'il possédait à Goussencourt, à l'abbaye de Saint-Martin de Soissons, comme nous l'avons déjà dit précédemment, et comparut avec Othon, chevalier, seigneur de Demnin, dans une vente faite au mois de décembre 1253, par Jean de Follie, à l'abbaye du Paraclet d'Amiens, de vingt-six journaux environ de terre.

Regnault DE GOUSSENCOURT, prieur, curé de Croix près Faloy-sur-Somme, et Agnès de Goussencourt, sa sœur, furent inhumés dans l'église de Croix, sous une tombe de marbre noir, où sont gravées les dates de 1270 et 1274, et les armoiries de la maison de Goussencourt. Une autre Agnès de Goussencourt, fille du seigneur dudit lieu, fonda la chatellenie de Saint-Louis, près Goussencourt, au mois de novembre 1305.

I. Jean DE GOUSSENCOURT, Ier du nom, écuyer, homme d'armes, sous le roi Jean II, servit avec deux écuyers de sa compagnie, sous la charge de Jean de Clermont, sire de Chantilly, maréchal de France, et fut tué avec ce seigneur à la bataille de Poitiers, le 19 décembre en 1356. Il laissa de sa femme, dont on ignore le nom :

II. Pierre DE GOUSSENCOURT, écuyer, seigneur de Misery, capitaine-gouverneur de Péronne, pour le roi Charles VI, qui donna aveu et dénombrement de la terre de Mi-

sery au seigneur d'Esmery, le 19 août 1393. Il avait épousé,
le 10 août 1383, Anne de Flavy, fille de Pierre de Flavy,
écuyer, seigneur de Quincy, et de Marie de Bazentin. Il
eut entre autres enfants :

III. Jean DE GOUSSENCOURT, IIe du nom, écuyer, seigneur de Misery, Falvy et d'Y en partie, homme d'armes
des ordonnances du roi, mort avant le 4 novembre 1430.
Il avait épousé Jeanne d'Ongnies, fille de Baudouin d'Ongnies, seigneur d'Estrées, gouverneur de Lille, et d'Isabelle de Hallwin. De ce mariage vinrent :

    1.º Jean, dont l'article suit ;

    2.º Jacques, qui se maria, et eut une fille alliée à Fran-
    çois de Dreux, seigneur de Boutoc ;

    3.º Marie, femme de Pierre de Conty, seigneur de
    Roquencourt ;

    4.º Jeanne de Goussencourt, morte sans enfants.

IV. Jean DE GOUSSENCOURT, IIIe du nom, seigneur de
Misery, Falvy et d'Y en partie, homme d'armes, obtint,
le 4 juillet 1427, une sentence rendue par Baudouin, seigneur de Noyelles et de Tilloloy, chambellan du duc de
Bourgogne, contre les habitants de Croix, qui l'avaient
imposé à la taille, laquelle sentence en le déchargeant de
toute taxe, et condamnant aux dépens lesdits habitants de
Croix, le déclare *noble et de noble génération*. Il reçut,
par acte du 6 mars 1461, de Charles de Tugny, dit Gos-
seaume, écuyer, son oncle, la donation de toutes ses terres, cens et rentes qu'il possédait au terroir d'Y. Il avait
épousé, le 18 novembre 1458, Jeanne de Platecorne, fille
de Quentin de Platecorne, seigneur de la Motte, et de
Jeanne le Cat. De ce mariage sont issus :

    1.º Jehan, écuyer, seigneur de Goussencourt, Misery,
    Falvy et d'Y en partie, qui épousa, 1.º Marie Peri-
    gnan ; 2.º, avant 1516, Marie-Moinette ; 3.º Marie de
    Beaugrand. Il mourut, le 20 juillet 1521, sans pos-
    térité ;

    2.º Autre Jean, chevalier de Saint-Jean de Jérusalem,
    tué au siége de Rhodes, en 1522 ;

    3.º Antoine, dont l'article viendra ;

    4.º Marie, morte en bas âge ;

    5.º Jeanne de Goussencourt, mariée 1.º à Charles de
    Campin ; 2.º avec Melchior de Marien ; 3.º à Nicolas

de Lameth, qui fut tué dans ses bois; 4.° avec Pierre de Saint-Fussyen.

V. Antoine DE GOUSSENCOURT, écuyer, seigneur de Guisencourt, Misery, Falvy et d'Y en partie, lieutenant pour le roi en la ville de Saint-Quentin, mort le 14 septembre 1522, avait épousé, 1.° Marie de Merlin, fille de Jean de Merlin, chevalier, seigneur de Mazencourt; 2.° Antoinette de Cayeu, fille de Jean de Cayeu, chevalier, seigneur de Bellejoye, de l'illustre et ancienne maison de Cayeu, et de Jacqueline de Parmentier. Du second lit vinrent :

1.° Antoine, né le 2 février 1500, mort en bas âge;

2.° Quentin, dont l'article viendra;

3.° Claude, né le 21 août 1504;

4.° Jean, né le 26 août 1507, mort le 23 décembre 1514;

5.° Antoine, dit le *Jeune*, né le 13 juillet 1509, mort le 4 novembre suivant;

6.° Jean, dit le *Jeune*, né le 23 septembre 1510, d'abord ecclésiastique, puis marié, en 1541, avec Marie de Romerye-de-Fressancourt, mort le 17 octobre 1546, laissant de son mariage, Jean de Goussencourt, qui mourut en bas âge;

7.° Marie, née le 24 juin 1506, mariée à Nicolas Grin, écuyer, seigneur de Roux, lieutenant particulier de Péronne;

8.° Marie-Manette, née le 18 octobre 1511, mariée, vers 1530, avec Jean Lamy, écuyer, greffier en chef de l'élection de Laon;

9.° Jeanne, née le 12 septembre 1514;

10.° Agnète ou Agnès de Goussencourt, née le 10 janvier 1516.

VI. Quentin DE GOUSSENCOURT, écuyer, seigneur de Misery, Falvy, Fenières, Montigny, Thiormont, Liencourt et autres lieux, né le 12 juin 1502, capitaine de Saint-Quentin, élu, pour le roi, des villes, prévôtés et châtellenies de Péronne, Montdidier et Roye, charge qui n'était alors possédée que par des gentilshommes, et dont la principale fonction était de juger des titres et priviléges de noblesse. Il fut tué à la bataille de Saint-Quentin, en 1557. Il avait épousé 1.°, le 26 novembre 1527, Marie le Fuzelier, fille de Jean le Fuzelier, écuyer, seigneur de Sizancourt, élu de

Péronne, et de Claude Turpin; 2.º en 1529, Anne de Crie-du-Plessier, fille de Jean de Crie-du-Plessier, seigneur du Plessier-Biache, et de Catherine de Villiers; 3.º, le 24 septembre 1537, Antoinette de Hangest, fille de Bon de Hangest, écuyer, seigneur du Mesnil-Saint-Georges, et de Marguerite de Brouilly. Il eut pour enfants,

Du premier lit :

1.º Jeanne de Goussencourt, née le 1ᵉʳ octobre 1528, mariée, 1.º le 18 octobre 1553, à Claude Dupuis, fils d'Adrien Dupuis, écuyer, seigneur de Bracheul, du grand-Essigny et de Cherisy; 2.º le 22 avril 1574, à Frémin le Coente ou Crente, écuyer, seigneur de Thoury, gouverneur pour le roi du château et place forte du Carelet; 3.º en 1581, avec Jean de Fransures, écuyer, seigneur de Villers;

Du second lit :

2.º Antoine, né le 3 juin 1535, mort le 25 septembre suivant;

3.º Catherine, née le 16 octobre 1530, morte le 26 décembre suivant;

4.º Marie, née le 16 février 1532, religieuse en l'abbaye du Paraclet, à Amiens;

Du troisième lit :

5.º Robert, dont l'article viendra;

6.º Adrien, né le 26 janvier 1540, mort le 12 février suivant;

7.º Quentin;

8.º Charles, né le 22 avril 1543, mort le 8 mai suivant;

9.º Jean, né le 2 décembre 1544, mort le 11 février 1545;

10.º Charles, LE JEUNE, né le 25 avril 1546, chanoine de Notre-Dame de Paris, prieur de Villenoce, abbé d'Iverneau, mort en 1604;

11.º Nicolas, né le 1ᵉʳ décembre 1549, mort le 12 août 1554;

12.º Alexandre, écuyer, seigneur de Montigny, né le 16 février 1550, marié, le 12 juillet 1557, avec

Marie Pyat, fille de Philippe Pyat, écuyer, seigneur de Babeuf, et de Claude Gossuin, dont il n'eut qu'une fille, mariée à N........ de Fransures, écuyer, seigneur du Ronsoires;

13.º Jacques, né le 10 juillet 1556, mort au mois d'août suivant;

14.º Michel, né posthume, le 13 décembre 1557;

15.º Marguerite, née le 27 septembre 1547, religieuse en l'abbaye du Moncel-les-Pont-Sainte-Maixance, morte en 1608;

16.º Adrienne, née le 30 août 1552, mariée le 14 août 1571, avec Louis de Fransures, écuyer, seigneur de Villers-Tournelles;

17.º Marie, née le 2 novembre 1553, morte le 18 janvier suivant;

18.º Jeanne, née le 17 octobre 1554, mariée, le 7 juin 1574, à François Desfossés, écuyer, seigneur du Petit-Roux, Montigny et autres lieux, capitaine d'une compagnie de gens de pied au château de Ham, commandant des châteaux de Bohain et Beauvoir, et gouverneur de Ribermont.

VII. Robert DE GOUSSENCOURT, écuyer, seigneur de Montigny, Misery, Grivesnes et autres lieux, né le 7 février 1538, reçu conseiller au parlement de Paris, le 18 décembre 1571, fournit aveu et dénombrement pour trois fiefs, situés à Saint-Just, le 26 mai 1572, et mourut le 18 novembre 1596. Il avait épousé, le 1er juillet 1571, Anne d'Arquinviller, fille de noble homme maître Louis d'Arquinviller, seigneur dudit lieu, de Saint-Rimaut et d'Auviller en Beauvoisis, conseiller du roi au parlement de Paris, et de Marthe Aleaume. De ce mariage vinrent entre autres enfants:

1.º Louis, dont l'article suivra;

2.º Charles, né le 9 mai 1574, seigneur de Montigny, capitaine au régiment de Mainville, puis lieutenant du Catelet, sur la démission de Louis Goussencourt, son frère aîné, mort sans postérité de Claude le Gay qu'il avait épousée le 22 mai 1611, fille de Claude le Gay, écuyer, seigneur de Ronquerolles et de Rouvroy, et d'Anne de Parthenay;

3.º Mathieu, né le 10 avril 1583, religieux célestin, reçu chevalier de l'ordre militaire du Christ, par bulle du 15 août 1626, mort en 1660. Il est auteur du Martyrologe des chevaliers de Saint-Jean de Jérusalem, et a laissé des manuscrits sur l'histoire des Croisades, et sur les généalogies et blasons des Saints, issus de maisons et familles nobles ;

4.º Robert, né le 14 janvier 1587, mort en bas âge ;

5.º Anne, né le 13 mars 1588, prieur-baron de Saint-Gabriel, et aumônier de Monsieur, frère du roi, mort à l'abbye de Saint-Denis en France ;

6.º Françoise, née le 29 septembre 1577, mariée, 1.º le 3 novembre 1598, avec Simon-Jacques Charlet, écuyer, seigneur de Saint-Agnan ; 2.º le 1er février 1602, à Christophe-Hébert de Bréda, écuyer, seigneur de la Chaussée et de la Folie-Guérard ;

7.º Catherine, née le 24 août 1584, morte, en 1629, à l'abbaye de Trante-Bruyères en Beauce ;

8.º Louise de Goussencourt, née le 6 octobre 1585, morte religieuse en l'abbaye du Moncel-les-Pont-Sainte-Maixance, en 1631.

VIII. Louis DE GOUSSENCOURT, Ier du nom, écuyer, seigneur de Grivesnes, Cantigny et autres lieux, né à Paris le 18 avril 1573, entra dans le régiment des Gardes, et se trouva, en qualité de gendarme de la compagnie du maréchal d'Anville, au siége d'Amiens, en 1597. Il fut depuis chevau-léger du duc de Vendôme, ensuite de la reine mère Catherine de Médicis, puis lieutenant, pour le roi, du Catelet, en 1617, et enfin capitaine d'une compagnie de cent hommes walons, par commission du 11 juillet 1620. Il avait épousé, le 9 février 1611, Catherine le Sellier, fille de messire Jean le Sellier, payeur de la gendarmerie de France, et de Denise le Tellier. De ce mariage sont issus :

1.º Charles, dont l'article viendra ;

2.º Anne, né le 10 février 1620, capitaine au régiment de Cœuvres, mort sans alliance ;

3.º François, né le 1er avril 1623, capitaine au régiment de Hocquincourt, cavalerie, tué dans un combat contre les Espagnols, le 29 octobre 1652 ;

4.º Bernard, né le 4 mai 1625, qui servait dans le même régiment qu'Anne, son frère, et fut tué avec lui au mois de février 1647 ;

5.º Piérre, né le 24 novembre 1626, d'abord ecclésiastique, puis lieutenant au régiment de Rambures, en 1653, mort sans alliance en 1678;

6.° Anne, née le 10 décembre 1613, morte à la fin du même mois;

7.° Susanne, née le 8 février 1615, morte en 1617;

8.° Marie, née le 17 juin 1618, religieuse en l'abbaye du Moncel-les-Pont-Sainte-Maixance, qui fut choisie pour être supérieure du couvent établi par l'abbesse et les religieuses du Moncel, en la ville de Senlis, et mourut en décembre 1652;

9.° Yolande, née le 2 décembre 1621, mariée, le 18 février 1640, à François de Hertes, écuyer, seigneur de Tertry et Septoutre, gentilhomme-servant du roi Louis XIII, fils de Jean de Hertes, écuyer, seigneur de la Montoye, conseiller du roi en ses conseils d'état et privés, et de Marie de Sacquespée;

10.° Autre Susanne, née le 8 septembre 1628, morte en bas âge;

11.° Catherine, née le 31 décembre 1630, morte en bas âge;

12.° Madeleine, née le 31 décembre 1631, mariée, le 4 décembre 1657, à François de Saisseval-de-Pissy, écuyer, seigneur de Meraucourt, fils de François de Saisseval, chevalier, seigneur de Pissy, Meraucourt, etc., et de dame Marie Poulet;

13.° Isabelle, née le 17 juin 1633, morte en bas âge.

14.° Angélique de Goussencourt, morte en bas âge.

IX. Charles DE GOUSSENCOURT, Ier du nom, chevalier, seigneur de Grivesnes, Cantigny et du fief de Pommeroy, dit de Goussencourt, né le 18 mars 1617, rendit hommage de la seigneurie de Grivesnes à demoiselle Catherine d'Estournel, dame d'Obvillers, le 18 décembre 1656, et fournit le dénombrement du fief de Pommeroy, qu'il nomma de Goussencourt, le 6 juillet 1667. Il mourut à Grivesnes le 17 avril 1673, laissant de son mariage contracté le 25 février 1658, avec Marie de Coulanges, fille de messire Toussaint de Coulanges, conseiller du roi, et de Claude d'Ournel:

1.° Charles, dont l'article viendra;

2.° François, né en 1662, d'abord page du duc d'Enghein, puis capitaine au régiment de Champagne, par commission du 18 août 1681, mort sans alliance;

3.º Jean, mort en bas âge;

4.º Robert, né le 17 octobre 1666, cornette au régiment de Sainte-Hermine, dragons, en 1690, puis lieutenant d'infanterie au régiment de Normandie, en 1692;

5.º Toussaint, né en 1672, entré au service dans les cadets-gentilshommes de Tournay en 1688, lieutenant au régiment de Brie, infanterie, en 1690, capitaine des grenadiers dudit régiment en 1695, qui se trouva aux batailles de Spire, Freliaque, Brissac, Landaw, au premier combat de Spire, à celui de Fredeshen, aux siéges de Chivas, de Nice, de Suze, à la guerre terminée en 1697, et qui fit les campagnes de Savoye, de Piémont, d'Alsace, de Wittemberg, du Palatinat et des Pays-Bas, mort sans alliance le 4 janvier 1706;

6.º Agnès, née le 21 janvier 1660, mariée le 21 janvier 1682, à Jean-François de Conty, chevalier, seigneur dudit lieu, de la Rue-Prévost et autres lieux, fils de François-Marie de Conty, chevalier, seigneur d'Argicourt, Gaucourt, le Quesnoy, la Rue-Prévost et autres lieux, et de dame Madeleine de Tristan;

7.º Elisabeth, morte en bas âge;

8.º Suzanne, née en 1665, mariée le 18 novembre 1687, à messire Jacques Dary, chevalier, seigneur d'Ernemont, morte audit Ernemont, le 16 septembre 1690;

9.º Marie-Anne, née en 1669, morte abbesse en l'abbaye du Moncel-les-Pont-Sainte-Maixance.

X. Charles DE GOUSSENCOURT, IIe du nom, chevalier, seigneur de Grivesnes, Pommeroy, dit Goussencourt, du Plessier-Raulevé, Cantigny et autres lieux, né le 16 novembre 1658, fit le relief de Pommeroy, les 20 septembre 1658 et 14 janvier 1667, et rendit hommage de la terre et seigneurie de Grivesnes à messire Giles d'Hautefort, chevalier, comte de Montignac, le 25 mai 1673. Il mourut le 4 mai 1729. Il avait épousé le 16 juillet 1712, Anne-Antoinette de Conty, fille de messire Nicolas de Conty, chevalier, seigneur d'Argicourt et autres lieux, et de dame Marie-Anne de Caboche. De ce mariage vinrent:

1.º Agnan, dont l'article suivra ;

2.º Nicolas-Antoine, né à Grivesnes, le 18 mars 1714, mort le 11 mars 1716 ;

3.º Just-Cyr, chevalier, seigneur de Camigny , né le 30 avril 1716, successivement volontaire à l'école de la Fère en 1731, lieutenant au régiment de Bourbonnais en 1734, capitaine au régiment de Belloy en 1747, capitaine des grenadiers-royaux en 1758, et qui avait été décoré de la croix de l'ordre royal et militaire de Saint-Louis, au mois de septembre 1743. Il avait épousé, 1.º le 12 septembre 1737, Marie-Catherine de Caboche, fille de messire Antoine de Caboche, chevalier, seigneur de Bachimont et de dame Catherine Bellart ; 2.º le 15 juin 1777 Elisabeth-Louise-Henriette de Bernetz , fille de messire Joseph-César, marquis de Bernetz, chevalier, seigneur du Bout-du-Bois, Belloye-le-Prez, et autres lieux, et de dame Angélique-Armande-Simonne du Bourg. Il eut du premier lit , entre autres enfants :

a. Cyr-Jacques-François, né le 12 décembre 1747, entré dans l'ordre régulier des Génovéfains en 1763, prieur-curé de Saint-Martin de Lévigné , en Poitou, le 21 février 1782 ;

b. Anne-Cyr-Emilie, chevalier, né le 14 septembre 1753, élève de l'école royale militaire en 1763 , sous-lieutenant au régiment de Hainaut en 1770, chevalier des ordres royaux, militaires et hospitaliers de Notre-Dame du Mont-Carmel et de Saint-Lazare de Jérusalem, le 1er février 1771, premier lieutenant au régiment de Hainaut le 20 août 1779.

c. Marie-Charlotte, née le 27 novembre 1740, morte religieuse en l'abbaye de Royal-Lieu en 1767 ;

d. Cyr-Françoise de Goussencourt, née le 8 janvier 1743, religieuse de l'abbaye du Parc-aux-Dames, eu 1760 ; nommée par le roi au prieuré royal de Saint-Jean-des-Filles-Dieu de Chartres, le 11 août 1779, dont elle prit possession le 10 mai 1780 ;

4.º Geneviève de Goussencourt, née le 17 mai 1718, mariée en 1739, avec messire Françoise le Prévost, chevalier , seigneur de Glimont , Martimont,

Tours en Vimeu, et de Jacqueline d'Ipré, dont postérité.

XI. Agnan DE GOUSSENCOURT, chevalier , marquis de Grivesnes, seigneur du Plessier-Raulevé, Pommeroy-Goussencourt , Saint-Agnan , Angoulême , Castillon et autres lieux, né à Grivesnes le 6 mai 1713, mousquetaire du roi en 1733, testa le 3 février 1762, et mourut le 27 du même mois. Il avait épousé le 28 février 1740, Marie Louise de Belloy-de-Castillon, de l'ancienne et illustre maison de Belloy, fille unique de messire Alexandre de Belloy, chevalier, marquis de Castillon, et de dame Fran-çoise-Charlotte le Maréchal, et arrière-petite-fille de mes-sire Jacques de Belloy, chevalier, seigneur de Castillon, et de dame Amicie de Courtenay, celle-ci issue de la maison royale de France, comme descendante de Pierre, Ier du nom, septième fils de Louis-le-Gros, qui épousa Elisabeth, dame et héritière de Courtenay, dont les enfants et descendants dudit Pierre, prirent le nom et les armes. De ce mariage sont issus :

1.º Agnan, né le 8 juin 1741, page du roi en sa pe-tite écurie, puis cornette au régiment de Beaufre-mont, dragons , en 1759 , enseigne dans le régi-ment des Gardes-Françaises en 1761 , mort en cette qualité, à l'armée de Westphalie, le 5 octobre 1761.

2.º Louis, dont l'article viendra ;

3.º Autre Louis, né le 2 mars 1747, mort chevalier de Malte, le 28 septembre 1768 ;

4.º Amicie-Louise-Thérèse, née en 1755, mariée le 20 mars 1776, à messire N ..... de Siry, che-valier ;

5.º Marie-Agathe-Geneviève de Goussencourt, pen-sionnaire en l'abbaye de Mouchy.

XII. Louis de GOUSSENCOURT, IIe du nom, chevalier , comte de Grivesnes, seigneur du Plessier-Raulevé, Saint-Agnan, Castillon, Septoutre et autres lieux, né le 9 juin 1742, reçu chevalier de Malte de minorité ; épousa, le 12 août 1765, Barbe-Angélique le Royer de Montclot, fille de messire Henry le Royer, baron de Montclot, chevalier, seigneur de Septoutre, Champé, Valeroy, Madecourt et autres lieux, chevalier de l'ordre royal et militaire de Saint-Louis, ancien capitaine au régiment de Saxe, etc., et de dame Marie-Louise de Govin. Il laissa de ce mariage :

1.º Louis-Henry, dont l'article viendra ;

2.º François-Timoléon, chevalier, né au château de Grivesnes, le 21 septembre 1770, mort page au service de la reine, le 17 mars 1788 ;

3.º Angélique-Louise-Camille de Goussencourt, dite *mademoiselle de Septoutre*, née le 11 juin 1779, mariée le 29 septembre 1801, avec Antoine-Louis-Gabriel, vicomte de la Myre, seigneur de Remogie et d'Onviller, ancien officier au régiment de Conti, dragons.

XIII. Louis-Henry DE GOUSSENCOURT, comte, seigneur de Castillon, né à Grivesnes le 17 juin 1766, entré au service le 7 septembre 1781, en qualité de lieutenant en pied, dans la seconde compagnie du régiment Royal-Champagne, cavalerie. Il a épousé à Londres, le 12 octobre 1796, Sophie-Désirée-Radegonde Hanecart de Briffœil, fille de messire Philippe-Louis-Joseph Hanecart, baron de Briffœil, seigneur de Busigny, Oppy, Pipaix, etc., et de dame Marie-Anne-Charlotte Thery de Gricourt. De ce mariage sont issus :

1.º Adolphe, mort en bas âge ;

2.º Félix-Amédée-Théodore, né à Fontainebleau, le 5 janvier 1800 ;

3.º Charles-Gustave, né à Grivesnes, le 6 janvier 1803

4.º Théodore-Timoléon de Goussencourt, né à Lille, le 22 mars 1805.

Armes : » D'hermines au chef de gueules. Supports, deux » hermines coletées de gueules ; couronne de marquis, sur-» montée d'un coq de sable, becqué, crêté et barbé de » gueules, tenant en son bec une banderole avec cette lé-» gende : *vigilanti et puro ;* et au-dessous de la pointe de » l'écu cette devise : *Malo mori quam fœdari.*

PERRIN DE PRÉCY, famille originaire du Dauphiné, transplantée dans la Bourgogne, où elle a formé diverses branches.

I. Lazare Perrin, qualifié de sire Lazare, quitta le Dauphiné, pendant les guerres de religion, pour se soustraire à l'arrière-ban, qui aurait absorbé toute sa fortune, et se retira en Bourgogne, où il fit l'acquisition de la terre de Précy. Il eut deux fils :

    1.° Claude, dont l'article suit ;

    2.° Clément, qui fut curé d'Huillaux en Bourbonnais.

II. Claude Perrin, sieur de Daron, vint s'établir à Oyé, vers 1663, et y acheta la terre de Daron, conjointement avec son fils Jean, le 7 janvier 1668.

III. Jean Perrin, Ier du nom, sieur de Daron, dont il vient d'être question, eut dix enfants, dont quatre fils et six filles ; sa fortune était si considérable que ses trois fils puînés eurent chacun vingt-cinq mille francs de légitime, et les filles dix mille francs, sommes exorbitantes pour le temps, et qui ne l'empêchèrent pas de laisser un riche héritier dans la personne de son fils aîné. Ces quatre fils ayant formé chacun une branche particulière, nous allons les rapporter :

    1.° Jean II, qui continua la branche aînée, et dont l'article reviendra ;

    2.° Jacques Perrin, seigneur de Cypierre, qui forma une branche particulière, et s'établit à Marolles. Il laissa de grands biens, évalués à cinquante mille livres de rentes, et donna la terre de Cypierre à son fils aîné, Joseph-Louis Perrin de Cypierre, conseiller au parlement de Bourgogne, en 1725, lequel, de Madeleine Villin, morte le 18 août 1727, laissa : Jean-Claude-François Perrin, seigneur de Cypierre, conseiller au grand conseil le 18 janvier 1747, grand rapporteur en la chancellerie de France la même année, maître des requêtes, le 2 septembre 1749, président au grand conseil, le 2 janvier 1758, et intendant d'Orléans, le 26 mai 1760 ; il avait épousé Florimonde Parat de Montgeron, belle-sœur de M. le baron de Breteuil, de laquelle il eut : N. de Cypierre, baron de Chevilly, maître des requêtes, et intendant d'Orléans en 1784 jusqu'en 1799. Ce dernier n'a qu'un fils et une fille ;

    3.° Antoine Perrin, seigneur du Lac, qui forma aussi une branche particulière, représentée aujourd'hui par ses arrière-petit-fils, dont l'un est actuellement sous-préfet à Beaugé, en Anjou, et l'autre sous-préfet à Semur, en Auxois ;

4.º Claude Perrin, qui acheta la terre des Bressons, et y fonda également une branche particulière.

IV. Jean PERRIN, sieur de Daron, IIe du nom, écuyer, conseiller-secrétaire du roi au conseil supérieur d'Alsace, seigneur de Monceaux, Verdet, Versauge et autres lieux, eut quatre femmes ; la première et la dernière ne lui donnèrent point d'enfants ; la seconde, qui était une demoiselle Beaugrand de Chavannes, de la province du Forez, lui donna deux fils et une fille ; et la troisième, qui était une demoiselle Billaud, lui donna trois fils et quatre filles. L'aîné de ses fils eut le nom de DARON, et le second celui de PRÉCY ; mais ce dernier, dont l'article va suivre, devint chef de la famille par la mort du premier, décédé sans enfants ; le troisième fut officier d'infanterie, et eut la terre de *Monceaux* ; le quatrième eut celle de *Daron*, et y forma une branche qui a fourni trois générations distinguées. La dernière offre M. Perrin de Daron, officier d'infanterie, comme son père ; il est marié à mademoiselle Quarré de Verneuil, dont il a un fils et deux filles. Les filles de messire Jean Perrin furent mariées richement, et n'ont point laissé postérité, excepté celles qui seront mariées dans les maisons des du Puy-des-Claines, des Cudel et des Molins.

V. François PERRIN DE PRÉCY, fils du précédent, écuyer, seigneur de Précy, avait été demandé dans sa jeunesse, par M. Perrin de Moras, conseiller d'état, qui voulait l'élever et se l'attacher en qualité de parent. Il épousa, le 22 juillet 1722, demoiselle Marque de Farges, d'une famille noble de Marcigny-sur-Loire. Il en eut entre autres enfants :

1.º Jean-Baptiste, dont l'article suit ;

2.º Louis Perrin, comte de Précy, officier dans le régiment de Picardie, dont son oncle, M. Marque de Farges, était lieutenant-colonel. Il obtint la croix de l'ordre royal et militaire de Saint-Louis, et fut lieutenant-colonel de la légion des Vosges, puis de la garde de Sa Majesté Louis XVI ; il devint général commandant à Lyon, en 1793, et fut employé en Italie et en Allemagne par le roi qui vient de récompenser son dévoûment, en le créant cordon rouge, lieutenant-général de ses armées, et commandant de la garde nationale de la ville de Lyon, qu'il avait si bien défendue. Il a, de son mariage avec mademoiselle de Chavannes, arrière-petite-nièce de son aïeule, une fille unique, nommée *Louise*.

VI. Jean-Baptiste PERRIN DE PRÉCY, écuyer, ancien officier au régiment de Picardie, a épousé, le 5 août 1753, mademoiselle Madeleine de Montgaland, d'une famille distinguée du Forez. De ce mariage sont issus :

1.° Pierre, dont l'article suit ;
2.° Christophe Perrin, chevalier de Précy, qui suivit son oncle, le comte de Précy, en Allemagne, partagea ses travaux et ses dangers. Il s'est marié, près de Rambert, à une demoiselle noble, dont il a un fils et deux filles.

VII. Pierre PERRIN DE PRÉCY, écuyer, a épousé, le 2 août 1785, mademoiselle Philiberte-Christine du Ryer, d'une famille noble et ancienne de Marcigny. De ce mariage vinrent :

1.° Jean IV, dont l'article suit ;
2.° Claude qui a épousé, le 15 juin 1813, mademoiselle Antoinette Circaud de Chaumont ;
3.° et 4.° Deux demoiselles, dont l'aînée a épousé M. Perroi de la Parandière.

VIII. Jean PERRIN DE PRÉCY, IVe du nom, écuyer, mort le 8 juin 1812, avait épousé, le 20 février 1811, demoiselle Marie-Aimée Desormain, dont il y a un fils né posthume, le 28 décembre 1813.

Armes : « D'or, au lion de sable rampant contre une » colonne de gueules, chargée de trois fleurs de lys d'ar- » gent, à sénestre. Pour supports, deux lions. »

———

VILLERASE DE VILLARASA (DE), en Espagne et en Languedoc, diocèse de Béziers, maison ancienne et illustre, originaire de Catalogne, qui tire son nom de l'ancien château et terre de Villerase, au comté de Roussillon, entre les villes d'Elne et Perpignan, près du château et de la terre de Villanova ou Villeneuve, qu'elle possédait aussi dès l'onzième siècle, avec plusieurs autres places et forteresses.

Tout annonce que cette ancienne maison est issue des comtes souverains d'Urgel, qui est la même que celle des comtes de Barcelone, devenus rois d'Aragon. Ce prénom d'*Armengaud*, dont les comtes d'Urgel étaient si jaloux, fut adopté par eux, et ils ordonnèrent à leurs enfants de le transmettre à leur postérité ; la présence habituelle des seigneurs de Villerase à la cour des comtes de Roussillon, d'Urgel et de Barcelone, dont ils signent les traités et les actes de familles ; leur charge et leur dignité à la cour des rois d'Aragon, forment la plus grande présomption pour cette illustre origine.

On ajoute, sur le témoignage de *Ribéira*, historien de l'ordre royal et militaire de la Merci, que tous-les seigneurs du nom d'*Armengaud* en Catalogne dans l'onzième siècle étaient de la maison d'Urgel.

I. ARMENGAUD DE VILLERASE (*Armengol de Villarasa*) Ier du nom, chevalier, seigneur de Villerase, Villeneuve, Lille en partie, et de plusieurs autres lieux et forteresses, assista au traité fait le 15 des calendes d'octobre 1131, entre Gansbert, comte de Rousillon, Guillaume de Castelnau et Artal son frère ; se croisa et fit le voyage de la Terre-Sainte avec Gauffred III, comte de Roussillon en 1140 ; fut témoin des donations faites par le même comte et Guinard, son fils, à l'hôpital de Saint-Jean de Perpignan le 15 des calendes de juin 1148, et le 6 des ides de mai 1152 ; assista au contrat de mariage de Raimond Folch, comte de Cardone, avec Isabelle, fille d'Armengaud VI, comte d'Urgel, du 16 des calendes de février 1131, passa une transaction le 11 des nones d'avril 1157, au sujet des droits et prétentions qu'il avait sur le château et forteresse de Lille, avec Pierre Gautier, seigneur de Lille. Cette transaction fut confirmée par le comte de Rousillon, par Pons, Guillaume de Lille et Aymeri leur frère, chevaliers, en présence de Guillaume d'Apian et de Guillaume de Saint-Laurent, chevaliers. Il assista, avec les comtes, vicomtes et grands seigneurs du pays, à la dédicace du monastère d'Arles, dans le Valespire, le 3 des ides du mois d'octobre 1157, célébrée par Berenger, archevêque de Narbonne, en présence des évêques d'Elne, de Barcelone, de Gironne et d'Ausonne.

Alphonse II, roi d'Aragon et comte de Barcelone, lui fit don d'une forteresse en Catalogne, par lettres-patentes du mois de janvier 1164, en présence de Guillaume Raimond de Moncade, grand-sénéchal et grand maître d'hôtel de Catalogne. Il fut un des seigneurs et chevaliers arbitres, avec Armand évêque d'Elne, d'une sentence arbitrale rendue le 4 des ides de juin 1164, entre Gauffred III, comte de Roussillon, et Bernard, baron de Montésquiou, en Roussillon; fit donation d'une partie de sa terre et seigneurie de Villanova au monastère d'Aspiran, en 1169; fut présent à la confirmation des priviléges de la ville de Perpignan, par Guinard II, comte de Roussillon, du 4 des nones de juillet 1172. Il eut pour successeur :

II. ARMENGAUD DE VILLERASE, IIᵉ du nom, chevalier, seigneur de Villerase, Villeneuve, Lille et autres forteresses, qui prêta foi et hommage avec les principaux seigneurs du Roussillon, à Alphonse II, comte de Barcelone, roi d'Aragon, et héritier de Guinard II, comte de Roussillon, l'an 1173; fit construire l'église de Villerase, et la fit édifier et consacrer par Artald II, évêque d'Elne, sous l'invocation de Saint-Etienne martyr, en l'an 1188; assista au testament d'Alphonse II roi d'Aragon, fait à Perpignan l'an 1196; au couronnement de Pierre II, à Darranca, au mois de mai 1195; fut un des chevaliers qui se trouvèrent avec don Pèdre II, roi d'Aragon et comte de Barcelone, à la bataille gagnée sur les mahométans le 16 juillet 1212, et à celle de Muret, en 1213, où don Pèdre fut tué. Il eut pour successeur :

III. Pierre DE VILLERASE, Iᵉʳ du nom, chevalier, seigneur de Villerase, etc. Il fut un des seigneurs qui assistèrent au traité conclu le 4 des calendes d'avril, l'an 1220, par Nugno Sanche d'Aragon, comte de Cerdagne, avec Hugues, comte d'Empurias; il promit et s'obligea, avec Guillaume de Moncade, vicomte de Béarn, Guillem de Cervellon, Ferrario de Saint-Martin, chevaliers et autres seigneurs, de servir et assister Jaime Iᵉʳ, roi d'Aragon, aux conquêtes des îles de Mayorque, Minorque et d'Iviça, le 2 des calendes de janvier 1228; assista, au mois de juin de la même année aux états de Barcelone, où le roi rendit une ordonnance pour l'observation de la paix et de la trêve de Dieu; servit contre les Maures et se signala à

la conquête de îles Mayorques en 1229, et à celle de la
ville et du royaume de Valence, en 1238, 1239 et 1240.
Le roi voulant récompenser ses services, lui fit don des
maisons et biens près Valence, confisqués sur le Maure
Mahomet-Alscitabani. Il assista au traité de paix conclu
par le roi don Jaime Ier en 1241, et fut un des témoins
du testament de ce prince, fait au mois de février 1248 ;
continua à servir contre les Maures, et prêta hommage à
Perpignan, à l'infant don Pèdre, fils de Jaime Ier, roi
d'Aragon, le 7 des calendes d'avril 1251, comme ayant
été récemment appanagé par son père, des comtés de
Barcelone, de Tarragone, de Vic, d'Ausonne, de Roussillon et de Cerdagne. Il eut pour successeur Pierre qui
suit :

IV. Pierre DE VILLERASE, IIe du nom, chevalier, seigneur de Villerase, etc. Il servit à la conquête du royaume
de Murcie en 1266 ; s'embarqua avec Jaime Ier, roi d'Aragon
pour la Terre-Sainte en 1269 ; fut un des seigneurs convoqués
pour défendre le royaume de Valence, contre les incursions des Sarrasins, en 1274 ; se trouva avec la principale
noblesse du pays à l'assemblée des états généraux tenue
à Lérida en 1275, au sujet de la loi sur la succession de
la couronne d'Aragon ; assista au couronnement de don
Pèdre III, roi d'Aragon, le 27 novembre 1276. Le roi
lui écrivit du camp de Montena, en 1277, ainsi qu'à divers seigneurs, pour l'aider à soumettre les rebelles de la
ville et du royaume de Valence. Il fut nommé commandeur de Tarragone, par lettres du 5 des ides de décembre 1280, et vivait encore en 1282. Il eut pour successeur :

V. Pierre DE VILLERASE, IIIe du nom, chevalier, seigneur de Villerase, etc. Inez de Cortès, puis gouverneur
de Valence, seigneur d'un grand mérite, au rapport des
historiens du temps. Il accompagna Alphonse II, à la
conquête de Minorque en 1286 ; assista après la mort de
don Pèdre, au couronnement d'Alphonse III, célébré à
Sarragosse le jour de Pâques 1286, et à celui de Jaime II,
le 6 septembre 1291 ; accompagna le roi en Sicile en
1298 ; assista aux états tenus par ce prince en 1301, et fut
envoyé, en 1308, ambassadeur devers les républiques de
Florence et de Lucques, pour leur demander les secours
qu'elles avaient offerts pour l'expédition projetée contre
les îles de Sardaigne et de Corse, sous le commandement

de l'infant don Alphonse IV. Il s'acquitta de cette commission avec le plus grand succès ; servit à la conquête d'Alméria en 1309 ; assista aux états généraux assemblés à Lérida en 1321 ; fut envoyé en 1322, ambassadeur vers les Sardes ; servit en 1323 avec Alphonse IV, fils de Jaime II, contre les Pizans ; l'année suivante, à soumettre entièrement l'île de Sardaigne ; assista au couronnement d'Alphonse IV, en 1328 ; servit en 1331, contre les Génois ; se trouva au couronnement de Pierre IV, roi d'Aragon, en 1336, et le suivit la même année à Avignon, à la cour du Pape, auquel il fit hommage pour la Sardaigne ; servit contre les Maures et les Sarrasins en 1340. Il eut pour fils :

VI. BERENGER DE VILLERASE, chevalier, seigneur de Villerase, etc., capitaine d'une compagnie d'hommes-d'armes, qui servit contre les Génois en 1331 ; en Sardaigne et en Sicile en 1336 ; se distingua dans la guerre que Pierre IV, roi d'Aragon, fit à Jaime, roi de Mayorque, servit contre les Maures et les Sarrasins en 1340 ; contribua à la prise des îles de Mayorque, Minorque et d'Iviça, en 1343, et de la Catalogne et du Roussillon en 1344. Immédiatement après cette expédition, il fut nommé commissaire, par le roi, avec Gilabert de Centellas, chevalier, pour recevoir, au nom de S. M. les hommages et serments de fidélité des villes, des communes et des seigneurs du pays de Conflant. Il eut pour successeur :

VII. François DE VILLERASE, chevalier, seigneur de Villerase, etc. Il fut envoyé à la tête de plusieurs compagnies d'hommes d'armes et d'arbalétriers, avec Hugues de Cervellon, Jaime de Carroz et Argande de Moncade, chevaliers et ricombres de Catalogne, en 1348, par Pierre IV, roi d'Aragon, en Sardaigne contre les Doria et un parti considérable qui s'était formé contre les intérêts du roi ; il les battit et les défit entièrement en 1352. Il fut armé chevalier de la main du roi en présence de toute sa noblesse et de son armée en 1553, lorsque ce prince partit pour soumettre les rebelles de l'île de Sardaigne, et fut envoyé en qualité d'ambassadeur, ainsi que Jacques Fiuller, conseiller et secrétaire d'état auprès de la reine Eléonore d'Aragon, pour la complimenter et la consoler de la perte de Pierre de Luzignan, roi de Chypre, son époux, mort victime de la trahison de ses propres sujets, en 1378. A la fin de cette année il fut envoyé, par le roi, auprès de Brancaléon Doria, pour l'engager à joindre ses troupes à celles d'Aragon, afin de soumettre les Génois révoltés de nouveau, et s'emparer de toutes les places et forts tenus par Jnez d'Arborea. Il continua de servir en Sardaigne et en Sicile, en qualité de vice-roi, jusqu'à la mort du roi don Pèdre arrivée en 1387. Il eut pour fils :

1.º Jean, dont l'article suit ;

2.º François de Villerase, grand-justicier d'Aragon en 1393 et 1403.

VIII. Jean DE VILLERASE, chevalier, servit en Sicile, et fut fait grand chambellan du roi Martin, en 1395. Le roi don Ferdinand Iᵉʳ lui conféra la charge de grand écuyer en 1409, après la mort du roi son frère. Il assista à l'assemblée des Cortès tenue à Barcelone en 1412 et à Sarragosse le 15 janvier 1414, ainsi qu'à celle du 2 avril 1416, et suivit le roi dans les guerres de Corse et d'Italie, en 1416, 1421 et 1422.

IX. Louis DE VILLERASE, Iᵉʳ du nom, chevalier, porte-oriflamme et capitaine des gardes du corps du roi, Alphonse IV, assista avec Jean son père à l'assemblée des Cortès, tenue à Barcelone le 2 avril 1416, servit dans les guerres d'Italie et de Naples, contre Louis, duc d'Anjou, se trouva en 1441 et 1442, à la prise de la Pouille et de la Calabre. Il épousa vers l'an 1434, Castellane de Cabanilles, d'une ancienne maison noble de Valence, fille unique et héritière de Pierre de Cabanilles, chevalier, capitaine-général des galères et vaisseaux du roi, et gouverneur-général du royaume de Valence, en 1439, un des grands capitaines de son temps. Il eut de ce mariage :

1.º Jean, chevalier, seigneur d'Albalate-Segart, qui de son mariage n'eut qu'une fille, mariée à Cosme de Villerase, seigneur de Cabanilles, son cousin germain ;

2.º Louis, dont l'article viendra ;

3.º François, auteur de la branche des barons de Castellane-les-Vendres, établie en Languedoc, rapportée ci-après ;

4.º Guillaume-Raimond de Villerase, tige de la branche des barons de Faura, rapportée plus loin.

X. Louis DE VILLERASE, IIᵉ du nom, chevalier, chambellan de Jean II, roi d'Aragon, gouverneur général de Valence, hérita en grande partie des biens de Castellane de Cabanilles, sa mère, dont il porta le nom et les armes; fut seigneur de Cabanilles, Bénissan, Alginette et Bolbayte, servit avec distinction dans les guerres de Catalogne, et au siége de Perpignan, en 1466; à la conquête de Grenade, en 1470; contre les partisans de la reine Jeanne qui s'était fait proclamer à Placentia; battit le marquis de Villena, chef de ce parti, avec l'archevêque de Tolède, qui avaient appelé à leur secours Alphonse V, roi de Portugal, et contribua à reprendre Perpignan et le Roussillon. Il eut pour fils :

1.° Louis, III° du nom, chevalier, seigneur de Cabanilles, Bénissan, Alginette et Bolbayte, capitaine, gouverneur de la ville de Valence, sur la résignation de son père, en 1503, et conseiller d'état d'épée, qui servit avec distinction contre les rebelles de la ville d'Onda, où il fut envoyé, par le roi Ferdinand, avec un corps de troupes que lui-même avait levé, le 8 mai 1512; mort sans postérité;

2.° Cosme, chevalier, qui épousa Eléonore de Villerase sa cousine, héritière de Jean de Villerase, seigneur d'Albalate-y-Segart, auquel succéda Jérôme, chevalier, seigneur et baron d'Albalate, vivant en 1580, qui laissa pour fils et héritier, Jean de Villerase, chevalier, seigneur et baron d'Albalate, qui vivait en 1620 ;

3.° Jérôme de Villerase, dont l'article suit.

XI. Jérôme DE VILLERASE, chevalier, seigneur de Cabanilles, Bénissan, Alginette, Bolbayte, etc., chambellan et capitaine des gardes-du-corps de l'empereur Charles-Quint, en 1535, succéda à Louis, son frère, en 1521. Il servit d'une manière glorieuse dans les guerres de Flandres et d'Italie; fut envoyé ambassadeur en France, par le roi Ferdinand, pour assister au traité de paix conclu à Blois au mois de décembre 1509, avec l'empereur et le roi de France, au sujet du royaume de Castille. Il fut nommé gouverneur, pour le roi, de Sietagas, et reçut, en 1510, ordre du roi, de s'opposer à la ligue formée contre le Pape; se rendit à Bologne avec une armée pour défendre les États du Pape, contre le duc de Férrare.

Jean de Villerase, lieutenant de Jérôme de Cabanilles, homme très-accrédité dans le conseil du roi Ferdinand, assista, en 1505, au conseil tenu à Catayud, au sujet des dissensions qui déchiraient le royaume, avec le duc de Luna, le marquis de Nias et l'amirante de Castille.

Jérôme de Villerase de Cabanilles partit de Plaisance, en 1516, avec l'Infant Fernando, et l'accompagna à la Guadeloupe, avec les évêques d'Astorgua et de Burgos, le duc d'Alva, l'amirante de Castille, Hernando d'Aragon, et le marquis de Denia. Il servit encore en 1548, et mourut ne laissant que des filles, qui portèrent en mariage le comté de Bolbayte, en Navarre, et les terres d'Alginette et de Bénissan, aux seigneurs de Pujagas et autres seigneurs de Catalogne. Il avait fondé l'hôpital de Saint-Jean de Jérusalem à Valence, se réservant le droit de patronage, pour lui et ses descendants, représentés, en 1780, par le comte de Casal.

Paul Jove, dans son Histoire d'Italie, et Escolano rapportent que Trajan de Villerase Cabanilles, fut mestre-de-camp des armées de l'empereur Charles V, et que Jean de Villerase Cabanilles, son fils, monta le premier à l'assaut à la prise des villes de Coron et de Patras, dans la Morée, en 1533, par André Doria, général de l'empereur, et qu'il fit prisonnier le comte de Sarno.

Branche des barons de Castelnau-les-Vendres, seigneurs de Beausile, d'Escleissan, de la Canague et de Barailhac.

X. François DE VILLERASE, chevalier, qualifié de noble et puissant seigneur, troisième fils de Louis, Ier du nom, et de Castellane de Cabanilles, abandonna le parti du prince de Viane, à l'époque où ce prince prit les armes contre le roi Jean, son père, en 1456, passa la même année en France, et vint s'établir dans la province du Languedoc. Il se rendit auprès du comte de Foix, en 1457, et servit sous ses ordres avec les principaux seigneurs du Lauraguais, parmi lesquels sont spécialement nommés le vicomte de Carmaing, les seigneurs de Clermont, de Vaudreuil, de Gardouche, de Montesquieu, de Lanta, d'Auriac, le signor de Villarasa, Saint-Félix, Montlaur, etc., dans l'armée que ce prince fut chargé, par Louis XI, roi de France, d'assembler sur les frontières de Catalogne, pour secourir le roi d'Aragon, son parent, contre les Catalans insurgés en faveur du prince de Viane. Il reçut en récompense de ses services, une pension perpétuelle du roi de France, qui lui fut assignée sur la recette de Montauban ; il servit encore à la conquête du Milanais, en 1494. Il eut pour enfants :

- 1.º Jacques, dont l'article suit ;
- 2.º Florence de Villerase, qui fut mariée, en 1476, à Aymeri de Gléon d'Urban, seigneur de Mont-Alban, diocèse d'Allet, d'une maison des plus anciennes et des plus distinguées du Roussillon.

XI. Jacques DE VILLERASE, Ier du nom, écuyer, seigneur de Fabas, servit dans les compagnies des ordonnances du roi, en 1506, 1507 et 1508. Le roi Louis XII le pourvut de la charge de capitaine-gouverneur de la ville de Blaye, en 1509, en considération de ses services, de ceux de François de Villerase, chevalier, son père, et de son ancienne et noble extraction, du royaume de Valence. Il reçut, en 1505, une procuration de François de Villerase, son père, et de Guillaume-Raymond de Villerase de Cabanilles, son oncle, pour avoir à administrer tous les biens qu'ils possédaient dans le Roussillon, la Catalogne et le Languedoc ; donna quittance le 1er octobre 1526, au receveur des domaines du roi, à Montauban, d'une rente qui avait été accordée à François de Villerase, chevalier, son père. Il avait épousé, vers 1515, Françoise-Catherine de Gléon d'Urban, fille d'Edouard de Gléon d'Urban, et de Françoise de Roccaberti, d'une des plus anciennes et des plus illustres maisons de Catalogne. Il eut entre autres enfants :

XII. Jacques DE VILLERASE, IIe du nom, écuyer, sieur de la Canague et de Barailhac, qui servit dans les guerres d'Italie, en 1556, 1560 et 1567. Il avait épousé, le 6 novembre 1558, Françoise de Romieu, d'une famille noble d'extraction, et testa le 10 août 1602, laissant de son mariage :

- 1.º Jacques, dont l'article suit ;
- 2.º Pierre, auteur de la branche des seigneurs de la Clastre et de Vendines, au comté de Caraman, rapportée en son lieu ;
- 3.º Etienne de Villerase, écuyer, seigneur de Cacara, marié avec Marie de Cassan d'Auriac, fille de René de Cassan d'Auriac, écuyer, et de Marguerite de Thézan.

XIII. Jacques DE VILLERASE, IIIe du nom, écuyer, sieur de la Canague, et de Barailhac, épousa, le 30 juillet

1612, N..... Monde de Valette, d'une maison noble d'extraction, et testa le 16 juillet 1644. Il eut de ce mariage :

   1.° Gabriel, dont l'article suit ;
   2.° François, écuyer, lieutenant principal au sénéchal et présidial de Béziers, conseiller et commissaire du roi, avec messieurs de Mirman et d'Héricourt, pour la réformation de la noblesse du Languedoc, en 1666 et 1669, mort sans postérité ;
   3.° N.......O. de Villerase, chanoinesse régulière, et prieure du chapître noble et abbaye royale des dames du Saint-Esprit, à Béziers.

XIV. Gabriel DE VILLERASE, écuyer, sieur de la Canague et de Barailhac, épousa, le 14 février 1649, Claire de Cambert, fille de Pierre de Cambert, et de Jeanne de Savoie. Il testa le 26 décembre 1693, et mourut le 1er janvier 1694. Il laissa :

   1.° Jean, écuyer, dit le *chevalier de Barailhac*, capitaine au régiment de Guienne, chevalier de l'ordre royal et militaire de Saint-Louis, tué en montant à l'assaut à la tête de sa compagnie, sur les remparts de la forteresse d'Hochenviel, en Bavière ;
   2.° Jacques, écuyer, conseiller du roi au parlement de Toulouse, et lieutenant principal au sénéchal et présidial de Béziers, marié, le 10 mai 1709, avec Rose de Cabrérolles de Villespassan, d'une ancienne noblesse du Languedoc ; mort sans postérité ;
   3.° Pierre, chanoine et archidiacre de l'église cathédrale de Béziers ;
   4.° Jacques, chanoine de l'église cathédrale de Béziers, prieur primitif d'Abeillan ;
   5.° Philippe de Villerase, dont l'article suit.

XV. Philippe DE VILLERASE, écuyer, sieur de la Canague et de Barailhac, servit d'abord dans la compagnie des cadets gentilshommes de Strasbourg, fut successivement lieutenant et capitaine dans le régiment de Guienne, où servait Jean de Villerase, son frère ; fit plusieurs campagnes honorables à la tête de ce régiment, dont il était devenu premier commandant de bataillon, et fut pensionné par le roi, à raison de ses services distingués. Il fit les preuves justificatives de son ancienne noblesse, par devant les commissaires du roi, et la cour des comptes de Montpellier. Il testa le 4 octobre 1742, et laissa de son mariage, contracté, le 7 janvier 1715, avec Armande de Boussanelle, fille de Pierre de Boussanelle, écuyer, et de Félicie d'Esprit de Saint-André :

1.° Louis, chanoine et archidiacre de l'église cathédrale de Béziers, par résignation de N... de Boussanelle, son oncle maternel, qui lui-même était résignataire de cette dignité, du chef de Pierre de Villerase, ci-dessus mentionné, et abbé de l'abbaye royale et commendataire de Quarante, près Béziers, ordre des Génovéfains; prieur primitif d'Abeillan, et commendataire du prieuré royal de Saint-Denis de Marnai, ordre des Bénédictins, en Champagne ;

2.° Joseph-Antoine, dont l'article suit ;

3.° Rose de Villerase, mariée, le 7 janvier 1743, avec François de Bermond d'Anduse du Caylard, sieur de Sebazan, maison issue des anciens comtes de Toulouse. Elle fut héritière de son mari, et testa elle-même en faveur de Joseph-Antoine, qui suit :

XVI. Joseph-Antoine DE VILLERASE, chevalier, seigneur et baron de Castelnau-les-Vendres, Saint-Beausile, d'Escleissan, sieur de la Canague et de Barailhac, épousa, le 21 janvier 1747, Marie-Marguerite de Grésillemont de Morfontaine, fille de Charles-Chrysostôme de Grésillemont, écuyer, seigneur de Morfontaine, et de Marguerite de Carvoisins d'Armancour. Il eut l'honneur d'être admis à suivre le roi Louis XV, à ses chasses en 1747, et fut convoqué à l'assemblée de la noblesse de la sénéchaussée de Béziers, en 1789. Il laissa :

1.° Armand-Joseph-Gabriel-Adrien, qui suit ;

2.° Jean, lieutenant de cavalerie, mort jeune au service ;

3.° Geneviève, mariée à N..... d'Arroux de la Serre, d'une ancienne noblesse du Languedoc, chevalier de l'ordre de Saint-Lazare, capitaine au régiment d'Aunis ;

4.° Victoire, religieuse de Sainte-Claire, au couvent de Béziers, honorée des bontés et de plusieurs lettres de Madame Louise de France, religieuse Carmélite :

5.° Thérèse de Villerase, mariée avec N...... de Jacomel, chevalier de l'ordre royal et militaire de Saint-Louis.

XVII. Armand-Joseph-Gabriel-Adrien DE VILLERASE, chevalier baron de Castelnau, seigneur de Castelnau-les-Vendres, Saint-Beausile, d'Escleissan, sieur de la Canague et de Barailhac, mousquetaire du roi, de la première compagnie, en 1764; cornette de cavalerie, au régiment de Noailles, en 1765; capitaine de cavalerie en 1771; propriétaire d'une compagnie au régiment de Royal-Roussillon, en 1772; exempt et capitaine dans les gardes-du-corps de son altesse électorale de Saxe, en 1776; reçu gentilhomme de la chambre de l'Electeur, avec promesse de la clef de chambellan donnée au marquis d'Entraigues, ministre de France, à Dresde. Il fut, avec le bon plaisir de l'Electeur et du roi Louis XVI, joindre le roi de Prusse Frédéric-le-Grand en Silésie, en 1778, d'après les ordres de ce prince, que le duc de Nivernais fut chargé de lui faire parvenir à Dresde. Frédéric l'accueillit avec bonté, le fit son aide-de-camp de cavalerie, capitaine de son armée, et après l'avoir honoré de plusieurs audiences particulières, il lui donna une pension sur sa cassette. Il fit les deux campagnes glorieuses de la guerre de Bavière, sous les drapeaux de ce grand roi, en 1778, et 1779, et reçut de ce monarque plusieurs lettres honorables. Lorsque la paix fut conclue, il demanda au roi de Prusse l'agrément d'aller faire la guerre contre les Anglais en Amérique, avec les troupes françaises et américaines combinées. Sa Majesté lui répondit la lettre la plus gracieuse, et l'adressa à son ministre, à la Haye, le baron de Thulmayer, qu'il chargea de suivre cette négociation, en son nom, auprès de M. Adams, ministre des États-Unis. Le prince royal de Prusse le recommanda fortement à son auguste sœur, la princesse d'Orange, et M. le duc de Lavauguyon, ambassadeur de France, de même que les ambassadeurs de Hollande, à Paris, l'appuyèrent très-puissamment à cette Cour, où il fut accueilli avec distinction par le prince et la princesse d'Orange, ainsi que par les personnes les plus considérables de ce pays, où il se rendit en 1783. L'indépendance de l'Amérique ayant été reconnue, et la paix ayant mis fin à cette guerre, le baron de Castelnau revint en France, en 1785, et épousa, le 22 novembre de la même année, Salvarde-Angélique de Navailles, fille de puissant seigneur Jean-Louis, baron de Navailles, et de demoiselle N....... de Barrau. L'illustre maison de Navailles a l'honneur d'être alliée à la maison royale, par le mariage de Marguerite d'Albret avec François de Navailles, en 1538, et à la maison de Foix, par Géraude de Navailles, mariée au comte de Foix, devenu roi d'Aragon, du chef de sa mère. Le baron de Castelnau a de son mariage :

1.º Marie-Louise,
2.º Thérèse-Théophile,
3.º Joséphine-Angélique,
4.º Adèle-Louise de Villerase,

{ toutes quatre sans alliance;

Branche des barons de Faura.

X. Guillaume-Raymond DE VILLERASE, chevalier, quatrième fils de Louis Iᵉʳ, et de Castellane de Cabanilles, fut fait conseiller-chambellan de don Carlos, prince de Viane, et occupa la même charge auprès du roi de Navarre, en 1462. Il eut pour fils :

XI. Jean-Louis DE VILLERASE, chevalier, baron de Faura, qui laissa :

1.º Jean Lorenzo, chevalier, seigneur et baron de Faura, gouverneur et vice-roi du royaume de Valence, qui servit avec gloire sur les côtes d'Afrique, où il mourut sans postérité;
2.º Louis, dont l'article suit.

XII. Louis DE VILLERASE, chevalier, eut pour fils :

XIII. Jean DE VILLERASE, chevalier, baron de Faura, institué héritier universel de Jean Lorenzo, son oncle. Il paraît n'avoir eu que des filles, dont l'une porta en mariage la baronnie de Faura, dans la maison de Vivas, une des plus anciennes et des plus illustres d'Espagne, au royaume de Valence.

Branche des seigneurs de la Clastre, de Masqueville et de Vendines.

XIII. Pierre DE VILLERASE, Iᵉʳ du nom de sa branche, chevalier, seigneur de la Clastre et de Vendines, second fils de Jacques II, et de Françoise de Romieu, capitaine de cavalerie au régiment de Mercœur, épousa le 22 mars 1623, Marie de Bernard. Il testa le 9 août 1653, laissant de son mariage :

XIV. Pierre-Scipion DE VILLERASE, écuyer, seigneur de Vendines, de la Clastre et de Masquerville, capitaine de cavalérie, qui épousa, le 27 août 1644, Catherine de Trinquier. Il testa le 20 août 1712, et laissa :

XV. Pierre de VILLERÂSE, II° du nom, seigneur de la Clastre, de Vendines et de Masquerville, chevalier de l'ordre royal et militaire de Saint-Louis, capitaine au régiment de Soissonnais, marié, le 4 janvier 1705, avec Elisabeth de Gleizes de la Roquette. Il testa le 17 janvier 1726, laissant une fille unique, mariée, en 1732, avec Maurice de Villeneuve, de l'ancienne maison de ce nom, seigneur de Crozillac, à qui elle porta les terres de Masquerville, de la Clastre et de Vendines.

COURTARVEL. Maison très-distinguée dans le Maine, et qui compte une suite d'alliances illustres. Elle possède encore l'ancien château et la châtellenie nommés en latin, *curia-ruelli*. Ce qui favorise la tradition qui la fait descendre d'un patrice romain nommé *Rouel*, qui commandait cette province. Quoi qu'il en soit, elle remonte par titres suivis, jusqu'à :

I. Geoffroi de COURTARVEL, premier du nom, chevalier, en 1256 seigneur de Courtarvel, qui épousa Anne d'Aulsi, de laquelle il eut :

II Geoffroy de COURTARVEL II, chevalier, qui épousa en 1278, Marie d'Assigné, fille de N. baron de Sillé-le-Guillaume. Il fut chevalier banneret sous Philippe III, dit le *Hardi ;* son fils fut :

III. André de COURTARVEL, chevalier, qui épousa, en 1301, Yolande de la Verse, dont il eut :

1.° Jean ;
2.° Pierre, dont l'article suit ;
3.° Renaud ;
4.° René.

IV. Pierre de COURTARVEL Ier, chevalier, épousa, 1.° Suzanne d'Angennes (de Rambouillet), dont seulement deux filles, et 2.° Antoinette du Bellay. De ce mariage :

V. Foulques de COURTARVEL Ier, chevalier, qui épousa, en 1377, Jeanne de la Lucassière, qui lui porta la terre de son nom, que possèdent encore ses descendants ; il laissa entre autres enfants :

VI. Foulques de COURTARVEL II, chevalier, gouverneur

de Beaumont, qui épousa en 1406 Jeanne de Boisconnu, de laquelle il eut :

    1.º Foulques III, dont l'article suit ;

    2.º Jeanne, mariée au seigneur de Valsé, etc.

VII. Foulques de Courtarvel III, chevalier, enseigne des gendarmes du duc d'Alençon, épousa : 1º Marguerite d'Arguene ; 2º Catherine de la Tour. Du second mariage naquit :

VIII. Ambroise de Courtarvel Iᵉʳ, chevalier, qui épousa Anne de Pezé, fille de Jean, seigneur de Pezé et de N. Dufresne ; elle lui porta en 1480, cette baronnie, qui a été depuis érigée en marquisat, par lettres du mois d'avril 1658, enregistrées le 3 d'août 1663, en faveur de René II. Du mariage d'Ambroise de Courtarvel et d'Anne de Pezé naquit :

IX. Foulques de Courtarvel IV, chevalier, qui épousa Françoise d'Avangeur, fille de Pierre, grand chambellan de Henri II, et de Mathurine de Saint-Pern, de laquelle il eut les châtellenies du grand Bouchet et de Boursay. Elle avait trois sœurs, dont Jacqueline, l'aînée, femme de Pierre de Montmorency, marquis de Thury, comte de Château-Vilain, et baron de Fosseuse, lui porta les baronnies de Courtalain, d'Arou et Boisenfin ; les deux autres entrèrent dans la maison d'Illiers d'Entragues et Duplessis Châtillon. Foulques de Courtarvel commandait une compagnie d'ordonnance à la bataille de Marignan. Après sa mort, Françoise d'Avangeur, sa veuve, se remaria à un gentilhomme de la maison de Veuilles, qui avait été l'un de ses pages et en eut une fille, qui épousa N. Durouget, dont sont issus MM. Durouget et Duplessis, Bellières, la feue maréchale de Créqui et madame la princesse d'Elbœuf. De son premier mariage avec Foulques de Courtarvel naquirent :

    1.º Jacques, dont l'article viendra ;

    2.º Pierre, qui épousa Antoinette de Courbon, de laquelle il eut Jacques, qui épousa en 1588 Anne d'Estureaux ; de ce mariage, il eut un autre Jacques, qui épousa en 1610, Louise de Regnard, fille de N. seigneur de Courtemblai, de laquelle il eut Joachim, qui épousa Jeanne Desloges, fille de Martin et de Jeanne des Personnes, qui lui donna quatre enfants, dont la postérité est éteinte.

X. Jacques de Courtarvel, chevalier, épousa en 1544 Suzanne de Thoisnon; de ce mariage vinrent :

.1.º Charles, souche de la branche des seigneurs de Pezé, dont l'article suit ;

2.º André, qui forme la deuxième branche rapportée ci-dessous;

3.º Pierre, dont nous rapporterons la descendance plus bas;

4.º Louis, chevalier de Malte ;

5.º Jacques de Courtarvel.

Branche des seigneurs de Pezé.

XI. Charles DE COURTARVEL, fils aîné de Jacques et de Jeanne de Thoisnon, chevalier de l'ordre du roi, épousa en 1575 Guyonne de Trémigon, fille de Gui, et de Bonne de Bellesme, de laquelle il eut :

1.º René, qui suit ;

2.º Guyonne, femme de Louis de la Voue;

3.º Suzanne, femme de N. de Pleucques ;

4.º Jeanne, femme d'Emmeri de Tournebut.

XII. René DE COURTARVEL, chevalier, seigneur DE COURTARVEL et de PEZÉ, épousa en 1621, Marie de Luzignan de Saint-Gelais, fille d'Artles, seigneur de Lansac, et de Françoise de Saüvré; de ce mariage :

XIII. René DE COURTARVEL II, chevalier, DE PEZÉ, gentilhomme de la chambre du roi, qui épousa Jacqueline Le Gros, fille du sénéchal de Beaufort en Anjou, de laquelle il eut :

XIV. Charles, chevalier, marquis DE PEZÉ, par l'érection qui avait été faite de cette terre en marquisat, en faveur de son père. Il épousa Marie-Madeleine de Vasan, de laquelle il eut :

1.º Louis-René, qui suit :

2.º Hubert, dit le marquis de Pezé, colonel du régiment du roi, lieutenant-général de ses armées, chevalier de ses ordres, du 28 octobre 1734, tué en Italie, le 28 novembre suivant, lequel, de son mariage avec Lidie-Nicole Bereinghein, fille de M. le Premier, n'a laissé qu'une fille Louise-Madeleine qui, le 24 mai 1743, a épousé Armand-Mathurin, Vidame de Vassé, colonel du régiment de Picardie ;

3.º N. de Pezé, ci-devant aumônier du roi, et abbé commendataire de Saint-Jean-d'Angely;

4.º Plusieurs filles, l'une abbesse au Mans : une dame de Chanfleur, madame de Montfort le Rotrou, d'où madame la comtesse de Murat de Montfort d'aujourd'hui, mère de M. de Murat, qui a épousé mademoiselle de Mascarani, déjà sa parente par les Courtarvel.

XV. Louis-René DE COURTARVEL, marquis DE PEZÉ, a épousé, N. Thibaut de la Roche-Tulon, veuve du marquis de Montifault; de ce mariage vinrent.

1.º N:... marquis de Pezé, qui suit ;

2.º Deux filles; l'aînée a épousé Joachim de Dreux, marquis de Brezé, lieutenant-général, grand maître des cérémonies de France; et la seconde a épousé M. le comte d'Argouges, père de madame la princesse de Talmont.

XVI. N.. marquis DE PEZÉ, qui fait actuellement ses premières armes.

Seconde branche prise au dixième degré.

XI. André DE COURTARVEL, chevalier, fils de Jacques Iᵉʳ et de Suzanne Toisnon, et frère de Charles, seigneur de Pezé, épousa en 1615, Gabrielle de Fromentières, fille de Réné, et d'Anne de Renti; de ce mariage naquirent :

1.º Jacques, qui suit ;

2.º Charles, chevalier de Malte;

3.º Pierre, capucin;

4.º Gabrielle, qui épousa N. de Puisguion, seigneur de la Grange et de la Flocellière, d'où M. de Puisguion aujourd'hui.

XII. Jacques DE COURTARVEL, chevalier, épousa, 1.º N. de Langand de Boisfévrier, dont une fille qui épousa le marquis de Hautefeuille, à qui elle porta entre autres la terre de Saint-Agil que MM. de Hautefeuille ont depuis vendue à MM. Angrand. Jacques épousa en secondes noces la veuve du chevalier de la Vallière.

Troisième branche prise au dixième dégré.

XI. Pierre DE COURTARVEL, autre fils de Jacques Iᵉʳ et de Suzanne de Toisnon, chevalier, seigneur de Boursai, épouse Charlotte de Coutances de Baillon, de la laquelle il eut:

1.º François, qui suit;
2.º Pierre, qui épousa Renée de Marescot, fille de François et de Jacqueline de Dampierre, d'où Claude de Courtarvel, femme de Denis des Loges, chevalier, fils de Martin et de Jeanne des Personnes.

XII. François DE COURTARVEL, chevalier, seigneur de Boursai, de la Mabiliaire et de Saint-Hilaire, épousa Renée de Fresneau, fille de N. et de Renée de Racine de Villegonblain: de ce mariage, 1.º François, qui suit; 2.º Jacques; 3.º Claude, qui a formé la cinquième branche; 4.º Jean; 5.º René, qui a formé la quatrième branche; 6.º Pierre; 7.º Alexis, docteur en Sorbonne; 8.º Charlotte; 9.º Cécile.

XIII. François DE COURTARVEL, fils aîné du précédent, seigneur de Boursai, épousa, 1.º Marie Ourceau, fille de François, maître des requêtes et de Marie d'Angui; 2.º Renée Le Féron, fille de Jacques et de Nicolle Duchesne. Enfants du premier lit: 1.º César, qui suit; 2.º Pierre; 3.º Gabrielle; 4.º Françoise; 5.º Angélique; 6.º Charlotte, qui épousa Pompone. de Paris, chevalier, seigneur de Guigné.

XIV. César DE COURTARVEL, lieutenant aux Gardes-Françaises, seigneur de Boursai, de Lierville et de Saint-Rémi, épousa Marie de Contancet de Baillon, sa cousine, de laquelle il laissa:

XV. César DE COURTARVEL, dit le marquis de Saint-Rémi, chevalier, seigneur de Lierville, Verdu et Boursai, mort le 8 septembre 1757. Il avait épousé le 10 janvier 1720, Marie-Jeanne de Prunellé, née au mois de décembre 1692, morte au château de Lierville le 28 mai 1733, fille de Jules, marquis de Prunellé, chevalier, baron de Saint-Germain-le-Désiré, lieutenant aux Gardes-Françaises. Ses enfants sont:

1.º Jean-Louis-Hubert, qui suit:
2.º René-César, dit le chevalier de Courtarvel, qui a servi dans le régiment de la Marine;
3.º Une fille, qui demeure aux Grandes-Cordelières de Paris.

XVI. Jean-Louis-Hubert, dit le marquis DE COURTAR-VEL, chevalier, seigneur de Lierville, etc., capitaine au régiment du Roi, infanterie, a épousé 1.º le 9 mai 1757, Marie-Louise, petite-fille unique de Gilbert Petit, vicomte de la Guerche, et d'Anne-Marie de la Mauvoisinière ; 2.º Marie-Anne de Faudras, morte à Munster en 1799.

XVII. César DE COURTARVEL, seigneur de Lierville, Baillon, Souday, Boursai, marié en 1758 à Thérèse-Françoise Deslingeris, a laissé quatre fils, chevaliers de Saint-Louis; le premier, Jean-Louis, maréchal de camp des armées du roi ; le second, Claude-René-César, ancien chevalier de Malte, colonel de cavalerie, marié à demoiselle de Lubersac; le troisième, Jean-Louis-René, chevalier de Malte, capitaine de vaisseau ; et le quatrième, Jules-Honoré-César, ancien capitaine de chasseurs, chevalier de Saint-Louis, marié à mademoiselle de Reverseaux.

Quatrième branche prise au douzième degré.

XIII. René DE COURTARVEL, chevalier, fils de François et de Renée de Fresneau, épousa en 1640 Claude Peschard, fille de Jean, seigneur des Rouaudières, et d'Anne Boutrais, dont sont issus plusieurs enfants, qui ne paraissent pas avoir laissé de lignée ; mais,

XIV. Jean DE COURTARVEL, chevalier, seigneur de Saint-Hilaire, son frère, épousa Marie Peschard des Rouaudières, sœur de la précédente, et en eut :

1.º Jean-François, qui suit ;
2.º Marc-Antoine, qui n'a laissé qu'une fille mariée à N. de Pré, chevalier, seigneur de Louarville ;
3.º Marie de Courtarvel, femme de Pierre Le Breton, seigneur des Bordages, dont la postérité est fondue dans les maisons d'Arlanges de Courcelles et d'Arlès de Corbet.

XV. Jean-François DE COURTARVEL, chevalier, seigneur de Saint-Hilaire, qui a été marié et n'a point laissé d'enfants.

Cinquième branche prise au douzième degré.

XIII. Claude DE COURTARVEL, chevalier, seigneur de Rocheux, et en partie de Boursai ; autre fils de François et de Renée de Fresneau, épousa Marie de Varennes, fille de Henri et de Marie de Rouault, dont il eut plusieurs enfants, entre autres :

  1.º Jean-René, qui suit;

  2.º Marie, femme de N.... de Chenu.

XIV. Jean-René DE COURTARVEL, chevalier, seigneur de Rocheux et en partie de Boursai, qui épousa Marie-Anne de Vernaison, fille d'Etienne de Vernaison, écuyer, seigneur des Forges, exempt des gardes-du-corps de son altesse, et de Marie de Renaulme, dont il a eu :

  1.º Etienne de Courtarvel, abbé commendataire de Vertheuil, vicaire général du diocèse de Blois;

  2.º Marie-Anne de Courtarvel, aujourd'hui veuve d'Etienne d'Aguet, seigneur de Beauvoir, capitaine au régiment de Blaisois, de qui elle n'a qu'une fille mariée au vicomté d'Alès.

Armes : «D'azur au sautoir d'or, cantonné de seize lo-
» zanges de même, 3 et 1. Ces armes sont gravées dans
» plusieurs endroits de l'église, et à la voûte même du
» Mont-Saint-Jean, paroisse de cette châtellenie, dont
» les seigneurs sont les fondateurs et les collateurs, et dont
» l'architecture prouve la plus haute antiquité. »

TOURNON (DE), originaire du Vivarais (1). La maison de Tournon a pris son nom de la ville de ce nom, située en Vivarais, sur le bord du Rhône, avec un château-fort qu'elle a possédé de temps immémorial. On ignore l'origine de cette famille; on trouve déjà, en 1130, un Pons de Tournon, abbé de la Cheze-Dieu, qui fut élu évêque du Puy-en-Velay.

L'Historien de Saint-Hugues, abbé de Bonnevaux, parle d'un Guillaume, comme de l'auteur de cette maison. Son fils, *Guillaume* Lustorgue, vivait encore en 1185, époque où il refusa l'hommage de son château de Tournon à Hugues III, duc de Bourgogne, mari de Béatrix, dauphine de Viennois et comtesse d'Albon, et il lui fit la guerre, ce qui prouve qu'il affectait l'indépendance.

---

(1) Cette généalogie a été textuellement copiée sur le mémoire dressé le 8 février 1774, par M. Chérin, généalogiste du roi.

Son fils *Eudes* ou *Odon* fit, en 1188, hommage de son château de Tournon et de ses terres de Tain, Plas, Vion et de la Roche de Glun, à Philippe-Auguste, lui promettant de ne pas reconnaître d'autre supérieur que le Roi, à condition que l'on ne pourrait le remettre ou donner à moindre seigneur ou prince. Il fut père de *Guignes*, qui confirma à ses vassaux, en 1211, les coutumes et franchises que ses père, aïeul et bisaïeul leur avaient accordées. On trouve ensuite :

Gui, seigneur de Tournon, qui fut appelé, en 1217, au secours de l'évêque de Valence, contre le comte de Valentinois, et suivit le roi Louis-VIII, au siége d'Avignon en 1226. Il eut pour fils *Guillaume*, seigneur de Tournon, qui, sous prétexte de droits de péages, rançonna, en 1268, plusieurs Anglais de la suite d'Edouard, prince, et depuis roi d'Angleterre, à son passage pour aller à la Terre-Sainte, et qui en obtint le pardon à son retour en 1273, par la médiation de la comtesse de Savoye. Il fit en reconnaissance hommage au roi d'Angleterre, d'une terre en Viennois qui ne relevait de personne. Il épousa, en premières noces, une héritière de la maison de Sabran; et en secondes noces, Aymare de la maison d'Adémar, dont vinrent :

I. Eudes, qui fut présent à un accord fait, en 1285, entre Robert II, duc de Bourgogne, et Humbert Ier, dauphin de Viennois ; assista avec les comtes de Genève et de Valentinois à la cession du Dauphiné, faite en 1292, par la dauphine Anne de Bourgogne, à Jean son fils. Il mourut, en 1295, sans enfants de Mahaut de Montgascon.

II. Guillaume, aussi seigneur de Tournon, qui fût pleige, avec Aymar de Poitiers et Guichard, sire de Beaujeu, de la dot de Catherine, fille d'Humbert Ier, dauphin de Viennois, fiancée à Robert VI, comte d'Auvergne.

III. Guy, qui fut seigneur de Tournon, après ses frères, et qui fit hommage à Philippe-le-Long, en 1316, de ses terres de Tournon, Tain, Contanhet et Durutal. Il épousa Alix de la Roche en Reinier, de qui vinrent :

　　1.° Guillaume, dont l'article viendra;
　　2.° Odonet;
　　3.° Aymare, mariée à Hugues de la Tour, seigneur de Vinay;
　　4.° Dauphine, mariée à Béraud de Saint-Priest;
　　5.° Aliénor, religieuse.

IV. GUILLAUME, II⁰ du nom, chevalier, sire ou seigneur de Tournon, exécuteur testamentaire d'Aymar III, comte de Valentinois et de Diois, en 1334. Son testament est du 8 novembre 1353. Il eut trois femmes : Azelmonde de Sabran, fille de Rostaing de Sabran ; Marguerite de Villars et Paule de Montlor. Il eut de la seconde femme :

    1.⁰ Guillaume, dont l'article viendra ;

    2.⁰ Louis ;

    3.⁰ Eléonore.

V. GUILLAUME, III⁰ du nom, chevalier, seigneur de Tournon, et de plusieurs terres considérables sur les deux rives du Rhône. Il servait, en 1369, dans les armées du roi Charles V, avec une compagnie formée d'un autre chevalier et de quatre écuyers. Il donna la même année une quittance scellée de son sceau, représentant un écu au premier semé de fleurs de lys d'or, et au second un lion. Il avait épousé, en 1362, Alix, fille de Decan, seigneur d'Uzès, et d'Agnès de Baux, qui, devenue veuve, épousa Hugues de la Tour, puîné des dauphins de Viennois. Il testa le 10 octobre 1382, laissant :

    1.⁰ Jacques, seigneur de Tournon, de Melhun, de Beauchastel et d'Argental, tué à la bataille de Nicopolis, sans laisser d'enfants de sa première femme Alix de Retourtour, et seulement une fille Jeanne de la seconde femme Catherine de Giac, fille de Pierre de Giac, chancelier de France, laquelle Jeanne épousa le seigneur de Crussol ;

    2.⁰ Guillaume, dont l'article viendra ;

    3.⁰ Odon, seigneur de Servières, qui d'Anne de Corgenon eut Louise, mariée à Antoine de Lévis, seigneur de Vauvert ;

    4.⁰ Guiotte, qui épousa Guillaume de Murol ;

    5.⁰ Simone, mariée à Jean de Coligny ;

    6.⁰ Jeanne, mariée à Armand, seigneur de la Roue ;

    7.⁰ Billete, mariée à Claude de la Roue ;

    8.⁰ Marguerite, mariée à Odel de Chaudée ; et en secondes noces, à Claude de Saint-Amour ;

    9.⁰ Hector, mort jeune.

VI. GUILLAUME de Tournon, IV⁰ du nom, chevalier, seigneur de Tournon, épousa, en 1397, Almonde de Grolée, fille de Archambault, seigneur de Grolée, de Bassalieu, de Quintenas et de la Tour Vinai. Il testa en 1416, laissant :

1.º Guillaume, dont l'article viendra ;
2.º Deux filles, mariées dans les maisons de la Roue et de Chaudieu.

VII. GUILLAUME, V^e du nom, chevalier, seigneur de Tournon, qui épousa en 1422, Anne fille d'Armand, seigneur de la Roue. Il testa en 1463, laissant :

1.º Jacques, dont l'article viendra ;
2.º Imbert, chanoine de Saint-Just, à Lyon ;
3.º Isabeau, mariée à Humbert de Montluel ;
4.º Blanche, mariée à Tanegui, vicomte de Joyeuse, sénéchal de Lyon ;
5.º Joffrine, mariée à Guillaume Louvel, seigneur de Calvisson ;
6.º Jean, abbé ;
7.º Belonde, abbesse ;
8.º Charles, mort sans enfants.

VIII. JACQUES de Tournon, IIe du nom, chevalier, seigneur de Tournon, fut chambellan du roi Charles VIII, chevalier d'honneur de la reine Anne de Bretagne, et sénéchal d'Auvergne. Il épousa, en 1466, Jeanne de Polignac, fille d'Armand de Polignac, et d'Aimée de Saluces; il laissa :

1.º Just, dont l'article viendra ; chef de la branche de Roussillon ;
2.º Antoine, dont l'article viendra ; chef de la branche de Meyres ;
3.º François, cardinal, doyen du Sacré Collége, archevêque de Lyon, évêque d'Ostie, etc. Ce prélat fut ministre d'état, sous les rois François Ier, Henri II et François II. Il se distingua par son zèle pour la religion catholique, et contribua à faire recevoir en France les Jésuites, auxquels il donna le collége de Tournon, bâti de ses propres deniers. Comme homme d'état, il s'est rendu célèbre par ses négociations à Rome, à Londres et à Madrid, où il signa le traité de délivrance du roi François, et par l'habileté avec laquelle il se conduisit pendant son long ministère. Il est enterré dans l'église du collége de Tournon ;
4.º Charles, évêque de Rhodez ;

5.º Gaspard, évêque de Valence ;

6.º Christophe, mort sans enfants ;

7.º Antoinette, mariée à Jacques de Leyres, seigneur de Cornillon ;

8.º Louise, mariée à Jacques de Lévis, baron de Château-Morand ;

9.º Blanche, mariée à Raymond d'Agoult, seigneur de Saulx ; et en secondes noces, à Jacques, seigneur de Coligny.

Il eut en outre Alexandre, bâtard légitimé en 1492, et qui épousa l'héritière de la maison de Meyres.

Branche des seigneurs de Tournon, comtes de Roussillon.

I. Just de Tournon , seigneur de Tournon , épousa Jeanne de Vissac, fille d'Antoine de Vissac, seigneur d'Arlaut, et d'Audance. Il testa en 1523, laissant :

1.º Antoine, chevalier de l'ordre de Saint-Michel, et capitaine de cinquante lances, mort dans l'expédition de Naples ;

2.º Jean, seigneur d'Arlaut, maître d'hôtel du roi ;

3.º Charles, évêque de Viviers ;

4.º Jacques, évêque de Valence ;

5.º Just, dont l'article viendra ;

6.º Antoinette, abbesse d'Autun ;

7.º Hélène, mariée à Jean de la Baume, comte de Montrevel ;

8.º Justine, mariée à François Allemand, seigneur de Champs ;

9.º Anne, mariée à Gaspard de Castellanne, seigneur de Grignan ;

10.º Blanche, mariée à Claude, vicomte de Rochechouart ;

11.º Henri, mort jeune ;

12.º Suzanne, morte jeune.

II. Just II, seigneur de Tournon, comte de Roussillon, chevalier de l'ordre , lieutenant-général en Languedoc, sénéchal d'Auvergne, fonda l'hôpital de Tournon, et testa le 10 mai 1557. Il avait épousé, en 1535, Claudine de la Tour de Turenne, fille de François de la Tour, et d'Anne de la Tour ; il en eut :

1.º Just, capitaine de cent hommes d'armes, qui,

après avoir été ambassadeur à Rome, où il se conduisit avec habileté, mourut en 1571, laissant d'Aliénor de Chabannes, fille de Charles de Chabannes, seigneur de la Palice, et de Catherine de la Rochefoucault, deux filles, savoir : Françoise, mariée à Timoléon, seigneur de Maugiron ; et Anne, mariée à Jean-François de la Guiche, seigneur de Saint-Géran, maréchal de France ;

2.° Just-Louis, dont l'article viendra ;

3.° Claudine, dame de Vassalieu, mariée à Philibert de Rye, comte de Varax, et seigneur de Balaucou ;

4.° Madelaine, mariée à Rostaing d'Ancezune, seigneur de Caderousse ;

5.° Hélène, qui mourut fille à Liége, et dont l'histoire est racontée par la reine Marguerite, dont sa mère était dame d'honneur.

III. Just-Louis de Tournon, comte de Roussillon, baron de Chalançon, seigneur de Vissac, d'Arlaut, de Chambre, baillif du Vivarais, sénéchal d'Auvergne, épousa Madeleine de la Rochefoucault, fille de François, comte de la Rochefoucault, et de Charlotte de Roye. Il en eut :

1.° Just-Henri, dont l'article viendra ;

2.° Claudine, mariée à Gaspard Armand, vicomte de Polignac ;

3.° Isabeau, mariée à Melchior Mitte de Chevrières, seigneur de Saint-Chamond ;

4.° Françoise, mariée à Baltazard d'Hostung de Gadagne, marquis de la Baume ;

5.° Madeleine, mariée à Gaspard d'Alègre, seigneur de Beauvoir.

IV. Just-Henri de Tournon, comte de Tournon et de Roussillon, lieutenant-général en Languedoc, chevalier des ordres, épousa, en premières noces, Charlotte de Lévis, fille d'Anne de Lévis, duc de Vantadour, et de Marguerite de Montmorency ; et en secondes noces, Louise de Montmorency, fille de Louis de Montmorency, seigneur de Bouteville, et de Charlotte de Lusse. De son premier mariage vint :

V. Just-Louis de Tournon, comte de Tournon et de Roussillon, lieutenant-général pour le roi en Dauphiné et Vivarais, sénéchal d'Auvergne, maréchal-de-camp, tué au siége de Philisbourg, en 1644, sans laisser d'enfants de Françoise de Neuville-de Villeroi, fille de Nicolas de Neuville, marquis de Villeroi, maréchal de France.

Les biens considérables que possédait Just-Louis, passèrent à Marguerite de Montmorency, duchesse de Vantadour, sa grand'mère, et ont ensuite été recueillis par la maison de Rohan-Guémenée.

Branche des Tournon, seigneurs de Meyres, en Vivarais.

I. Antoine de Tournon, fils de Jacques, IIe du nom, et de Jeanne de Polignac, épousa, le 6 mai 1502, Marie de Clavière, fille de noble Arthaud de Clavière. Il servit dans les armées de Louis XII, tant en France qu'en Italie. Il reçut, en 1529, la donation de la terre de Meyres d'Alexandre de Tournon de Meyres, bâtard légitimé de Jacques II de Tournon, à la charge de porter le nom de Meyres, alternativement avec celui de Tournon, et d'écarteler les deux écussons. Antoine testa le 17 juillet 1531, et laissa :

> 1.º Gaspard, dont l'article viendra ;
>
> 2.º Jean, marié à Isabeau, dame du Vergier ;
>
> 3.º Jeanne.

II. Gaspard de Tournon, seigneur de Meyres et de Rouveyssoles, épousa, en 1531, Antoinette, fille de Jean Ithier, seigneur de Gurand. Il testa le 15 avril 1567, laissant :

> 1.º François, dont l'article viendra ;
>
> 2.º Jean, mort sans enfants ;
>
> 3.º Gasparde, morte sans enfants.

III. François de Tournon, seigneur de Meyres, de Rouveyssoles, de Desagne, de la Mastre, baron de Retourtour, épousa, le 28 juillet 1572, Marguerite de la Gruterie, fille de Jacques, seigneur de la Gruterie. Il testa en 1574, laissant :

> 1.º François de Tournon, baron de la Mastre, qui épousa, le 16 juin 1619, Anne de Fay, fille d'Hector de Fay, seigneur de la Tour-Maubourg, et de dame Marguerite de Chambleaux. Il mourut sans enfants, en 1630, au retour des guerres d'Italie ;
>
> 2.º François-Christophe, dont l'article viendra ;
>
> 3.º Louis-François, mort sans enfants.

IV. François-Christophe de Tournon, chevalier, seigneur de Meyres, baron de la Mastre et de Retourtour,
épousa, le 26 octobre 1630, Louise-Geneviève de Chanaleilles, fille de François de Chanaleilles. Il en eut :

    1.º Jean-Antoine, dont l'article viendra ;
    2.º Louis-César, baron de Belair, mort sans enfants ;
    3.º Thélise, morte fille.

V. Jean-Antoine de Tournon, chevalier, seigneur de
Meyres, Desagnes, baron de Mastre et de Retourtour,
épousa, le 5 février 1686, Marie de Beaulieu, fille de Thomas de Beaulieu, seigneur du Mazet ; en secondes noces,
le 2 octobre 1691, Marie-Louise le Simiane Moucha de la
Faye, fille d'Edme-Claude de Simiane, comte de Moucha,
lieutenant-général des armées du roi, et de Anne-Claude-
Rénée de Ligniville (1). De la première femme naquit :

    1.º François, dont l'article viendra.

De la seconde femme naquirent :
    1.º François de Paule, dont l'article viendra ;
    2.º Pierre, mort chevalier de Malte ;
    3.º Marc, dont l'article viendra ;
    4.º François, mort abbé ;
    5.º Jacques, dent l'article viendra ;
    6.º Eustache, mort en bas âge.

*Branche des Tournon, seigneur de Meyres du Vergier
et barons de Retourtour, en Vivarais.*

I. François de Tournon, chevalier, seigneur de Meyres,
du Vergier, baron de Retourtour, épousa, le 16 juin 1726,
Hélène de Rostaing. Il mourut en 1762, laissant :

II. Hugues-François, comte de Tournon, chevalier,
baron de Retourtour, seigneur de Conilleux, qui épousa,
le 18 mai 1755, Jeanne-Marie de Souverain de Trelemont.
Il mourut en 1789, laissant :

    1.º Louis-Paul-François, dont l'article viendra ;
    2.º Rose-Marie-Hélène, mariée, en premières noces,
        au vicomte du Barry; et en secondes noces, à Marc-

(1) Christine de Simiane, nièce de Louise de Simiane dont il est
question, épousa en 1720 Emmanuel Théodore, duc de Bouillon, père
de madame la princesse de Rohan Soubise, et grand-père de S. A. S.
madame la princesse de Condé.

Antoine de Tournon, marquis de Claveson, morte
en·1785, sans laisser d'enfants;

4.º Marie-Sophie, mariée au marquis de Montdragon,
maître d'hôtel ordinaire du roi, morte en 1800.

III. Louis-Paul-François, vicomte de Tournon, cheva u-
léger de la garde, mort sans enfants en 1787.

Branche des Tournon, seigneurs du Monteil, en Vivarais.

François de Paule de Tournon, seigneur de Monteil,
épousa, en 1720, Louise de Lestrange, et mourut en 1735,
laissant :

1.º Louis-César, dont l'article viendra ;

2.º Hélène, morte fille. ·

Louis-César de Tournon ; seigneur de Monteil, lieutenant de vaisseau, chevalier de l'ordre royal et militaire de
Saint-Louis, mort sans enfants en 1776.

Branche des Tournon, marquis, de Claveson, en Dauphiné.

Marc de Tournon, chevalier de Malte, marquis de Claveson, épousa, en 1747, Anne-Catherine de Romanet, fille
de Louis-Just, baron de Beaudiné (1).

Jean-Baptiste-Marc-Antoine de Tournon, chevalier,
marquis de Claveson, colonel en second du régiment de
Rohan Soubise, qui épousa Rose-Marie-Hélène de Tournon, veuve du vicomte du Barry. Il mourut en 1786, sans
laisser d'enfants.

Branche des Tournon, barons de Banon, en Provence.

Jacques de Tournon, chevalier, baron de Banos, Sau-
mane et l'Hospitalet, épousa Marie-Anne de Chastan, fille
de Mathieu de Chastan, et de Honorate de Remerville. Il
mourut en 1751, après avoir reçu la donation de tous les
biens de dame Anne de Simiane Montcha, marquise de

---

(1) Le roi Louis XV érigea en sa faveur la terre de Claveson en
marquisat en 1755, *pour le récompenser des services importants rendus
depuis plusieurs siècles à l'Etat par les comtes de Tournon, ses ancêtres du côté paternel, et surtout par le cardinal de Tournon, et par
les marquis de Simiane ses ancêtres maternels.*

Villeneuve, sa tante maternelle, sous la condition de porter le nom de Simiane, conjointement avec celui de Tournon, et d'écarteler les deux écussons. Ses enfants sont :

1.º Alexandre-François-Xavier, dont l'article viendra ;
2.º Marie-Françoise-Delphine, mariée, en 1783, à Jean-Baptiste Carme de la Bruguière.

ALEXANDRE-FRANÇOIS-XAVIER, comte de Tournon-Simiane, marquis de Claveson, baron de Banon et de Retourtour, seigneur du Vergier, la Mastre et Desaignes, officier au régiment des Gardes-Françaises, épousa, en 1774, Alix-Geneviève Aldouce de Seytres Caumont, fille de Joseph-Maurice de Seytres, marquis de Caumont, et de Geneviève de Montboissier Beaufort Canillac. Il mourut en 1810; ses enfants sont :

1.º Claude-Philippe ;
2.º Philippe-Camille-Casimir-Marcellin ;
3.º Alix-Eugène ;
4.º Just-Hippolyte ;
5.º Victor ;
6.º Pauline ;
7.º Mélanie ;
8.º Alix ;
9.º Hélène ;
10.º Hortense ;
11.º Louise.

Armes : « Parti au premier semé de France, contre-» parti de gueules au lion d'or. »

RUEL, famille noble de Normandie, élection d'Alençon, confirmée 1.º par arrêt du conseil d'Etat, tenu à Saint-Germain-en-Laye, le Roi y étant, le 22 mars 1666 ; 2.º par arrêt du conseil, du 14 avril 1670.—Divisée en deux branches :

La première a fourni M. le chevalier RUEL DE LAUNAY, ancien garde-du-corps, chevalier de l'ordre royal et militaire de Saint-Louis, mort sans postérité ;
La seconde a fourni :

1.º Jean-François-Gabriel RUEL DE BELLE-ISLE, chevalier de l'ordre royal et militaire de Saint-Louis, capitaine de cavalerie et gendarme de la garde du roi, marié, le 10 février 1777, avec demoiselle Marie-Anne-Honorée de Lugny, fille de messire René-Honoré, chevalier, décédé doyen des conseillers au grand-conseil, et de Marie-Marguerite de Marconnay ;

2.º Nicolas-Thomas Ruel de Launay, chevalier de Belle-Isle, lieutenant-colonel au corps royal du génie, chevalier de l'ordre royal et militaire de Saint-Louis, marié, le 16 septembre 1777, à Saint-Quentin, à demoiselle Marie-Madeleine-Louise Regnier de Rohaut, fille de messire Jacques-Charles-Hubert Regnier de Rohaut, seigneur de Servais et de Deuillet, chevalier de l'ordre royal et militaire de Saint-Louis, capitaine au corps royal d'artillerie, et de dame Marie-Madeleine de Vassan. De ce mariage :

> Jean-Louis Ruel de Launay, sieur de Belle-Isle, né le 11 novembre 1781, à Château du Loir, membre du collége électoral du département de l'Orne.

Armes : « D'or à quatre aiglons de gueules, posés deux » et deux. Supports, deux licornes. »

RASCAS DE GROS (de), famille originaire du Limousin, établie en Provence et en Languedoc, a toujours été considérée par l'effet de son attachement à sa religion et à ses souverains. Plusieurs chartes et actes de fondation du onzième siècle prouvent son ancienneté et que dans ces temps reculés, elle ajoutait le nom de *Châteauredon* à celui de Rascas. L'on voit dans l'histoire de Languedoc, que, le 20 juin 1209, Raimond de Rascas, seigneur d'Uzès et son fils Decan, comme barons, s'engagèrent personnellement pour l'exécution des promesses de Raimond comte de Toulouse ; et que, conjointement avec les princes d'Orange, les Bermond-de-Sauve, Raimond Pelet, seigneur d'Alais, Rostaing de Posquières, etc. etc., ils remirent entre les mains du vice-légat du pape, six châteaux de leurs domaines, en garantie de ces mêmes promesses.

Dans le quatorzième siècle, Bernard de Rascas gentilhomme, et d'une branche établie en Limousin, se transplanta à Avignon, à raison de sa parenté avec les papes Clément VI et Innocent VI, qui y siégeaient. Vers la fin de sa vie, qui eut lieu en 1353, il y fonda l'hôpital Saint-

Bernard qui subsiste encore, et ses armes étaient sur l'une des portes avant 1789. L'acte de fondation se trouvait aussi à la même époque, dans les archives de cet hospice.

En l'an 1399, au mois de septembre, Antoine de Rascas fut un des gentilshommes de la Provence, qui, dans la ville de Tarascon, prêtèrent hommage au roi Louis II, d'Anjou, comte de Provence.

I. Guillaume DE RASCAS, Ier du nom , fut père de :

    1.º Jean, qui épousa en 1340, Marie Balb, fille de Louis, seigneur de Muy, de laquelle il laissa Monet de Rascas, qui fut seigneur, en partie, de Muy et de Bagarris; il testa le 29 mars 1527, et laissa de Marguerite de Castellane, Eléonore de Rascas, mariée en 1509, à Paulet de Flotte.

    2.º Monet de Rascas, Ier du nom, dont l'article suit :

II. Monet DE RASCAS, Ier du nom, épousa Alayette de Balb, sa belle-sœur, et en eut :

    1.º Guillaume, IIe du nom, qui suit ;

    2.º Roger, officier dans la garde du roi Charles VIII ; il passa avec ce prince en 1491, dans le royaume de Naples, lors de la conquête de ce royaume par les Français. Il est auteur de la branche qui existe à Brinduze, sur le golfe d'Otrante.

III. Guillaume, IIe du nom, co-seigneur de Muy et de Bagarris, fut marié à Magdeleine de Barras , l'une des filles de Louis de Barras, chambellan du roi Charles VIII, et de Marguerite de Vintimille-Montpezat, dont :

IV. François DE RASCAS, Ier du nom, seigneur de Muy et de Bagarris, juge d'Appeaux, ensuite conseiller au parlement de Provence, en 1536, seigneur en partie de la tour du Canet, eut quatre fils, savoir :

    1.º Louis, qui suit ;

    2.º Guillaume, rapporté après son frère ;

    3.º Jean, archidiacre de l'église d'Aix et conseiller de parlement, en 1572 , qui fonda la collégiale de Draguignan ;

    4.º François, chevalier de Malte et commandeur en 1585.

V. Louis, Ier du nom, seigneur de Muy, épousa le 15 juillet 1540, Anne de Pontevès, de laquelle il eut :

VI. Jean, IIIe du nom, père de :

1.° François IIe, qui suit ;

2.° Magdeleine, qui épousa en 1599, Jean de Qui-
queran, seigneur de Ventabren ;

3.° Jeanne, qui fut mariée à Annibal d'Astres.

VII. François, IIe du nom, seigneur de Muy, premier
consul d'Aix, procureur du pays en 1634 et 1646, mourut
sans postérité de son mariage avec Marguerite de Pontevès-
Moufroc.

V. Guillaume DE RASCAS, IIIe du nom, fils puîné de
François Ier, fut premier consul d'Aix, procureur du
pays en 1692 ; il épousa le 16 décembre 1644, Suzanne
d'Isnard, dont il eut :

VI. Gaspard de RASCAS, seigneur du Canet, marié en
premières noces, à Lucrèce de Puget-Fureau ; et en
deuxièmes noces, à Sibille de Cabré-Roquevaire.

Du premier lit viennent :

1.° Honoré, qui suit;

2.° Jeanne, mariée en 1618, à Antoine de Ballon
conseiller au parlement d'Aix ;

Et du second lit :

1.° Henri;

2.° Louis, rapportés ci-après.

VII. Honoré, Ier du nom, seigneur du Canet, conseiller
au parlement d'Aix en 1630, eut deux femmes, savoir :
la première, Alexandrette de Tressemanes-Chasteuil, et
la seconde, Louise de Leidet-Sigoyer. Il n'eut de la
première femme qu'une fille qui épousa Pierre de Leidet,
conseiller au parlement.

VII. HENRI, Ier du nom, frère consanguin d'Honoré Ier,
fut premier consul d'Aix, procureur du pays en 1652,
n'eut point d'enfants de son mariage avec Lucrèce de
Forbin-Soliers, appelée la belle du Canet.

VII. Louis, IIe du nom, frère cadet d'Henri Ier, épousa,
le 3 décembre 1644 Isabeau de Clapier, fille d'Esprit,
baron de Greoux, et de Jeanne de Gaspary. De ce mariage
vinrent :

1.° Honoré II, qui suit;

2.° Jacques, reçu à Malte en 1670.

VIII. Honoré, IIe du nom, seigneur du Canet, grand
sénéchal au siége de Draguignan, épousa l'aînée des filles

d'Hercule de Garnier, seigneur de Julhians, et de marquise de Félix, issue des comtes de la Renarde. De ce mariage, il naquit :

1.º Honoré III, qui suit;
2.º Jacques II, dont l'article suivra;
3.º et 4.º André et Joseph-Hugues, reçus à Malte en 1683 et 1692.

IX. Honoré, IIIᵉ du nom, seigneur du Canet, marié à N........ de Raffelis, dame de Calcan , n'eut de ce mariage qu'une fille, mariée en 1752 à N....... de Colbert de Turgis, chevalier de Saint-Louis, capitaine des vaisseaux au département de Toulon.

X. Jacques , IIᵉ du nom , frère du précédent , capitaine au régiment de Saluces, épousa en Languedoc, en 1573, François de Verdery et mourut en 1695. De ce mariage il naquit, à Béziers où il établit sa résidence :

1.º Jean IV, qui suit;
2.º Guillaume IV, capitaine au régiment de Thiérache, infanterie, qui se maria à la Guadeloupe et est l'auteur de la branche qui existe dans cette île à Basse-Terre.
3.º Bernard II, officier au régiment de Guiscard, tué à la bataille de Malplaquet, en 1709, sous les ordres de M. de Villars.
4.º Hyacinthe I, mort chanoine de l'église de Béziers.
5.º Thérèse, mariée à N..... de Villaraze, duquel mariage il ne provint qu'une fille mariée à Eustache de Baudinelly d'Agde, et morte sans postérité.

XI. Jean, IVᵉ du nom, avocat au parlement de Toulouse, épousa en 1707, Anne de Gros, et laissa en mourant en 1752 :

1.º Jean-François-Xavier, qui suit;
2.º Hyacinthe, IIᵉ du nom, capitaine au régiment de Royal-Roussillon infanterie, chevalier de Saint-Louis, mort célibataire en 1800; ayant préféré renoncer à ses pensions que de prêter les serments exigés par les factieux régicides.
3.º Anne-Chaterine, religieuse.

XII. Jean-François-Xavier DE RASCAS DE GROS, avocat au parlement, épousa le 4 septembre 1764, Marie-Rose Dorothée de Portalon, fille de Jacques, seigneur de Rozis,

Doux, Senas, Lafage, etc., et mourut le 26 octobre 1776,
laissant de ce mariage :

1.º Marie-Joseph-Jean-Augustin, dont l'article viendra;

2.º Joseph-Barthélemy-François-Xavier DE RASCAS DE
PALIGNAN, né en 1771, maire de Vias en 1814;
marié à Gabrielle-Françoise-Victoire de Fabre de
Latude. De ce mariage sont issus : 1.º Joseph-Léon-
Ferdinand de Rascas de Palignan, né en 1809;
2.º Bathilde, née en 1806; 3.º enfin, Amélie née
en 1807.

3.º Joseph-Paul-Hyacinthe-Raimond DE RASCAS, né
en 1776, major du régiment d'Angoulême, infanterie, en 1814, officier de la Légion d'honneur;

4.º Marie-Rose-Marguerite-Victoire, née en 1773,
mariée en 1796 à Pierre de Bousquet, commissaire
de marine avant 1789.

5.º Marie-Rose-Catherine-Félicité, née en 1774,
mariée en 1795 à N..... de Rigaud Lassablière.

XIII. Marie-Joseph-Jean-Augustin de RASCAS DE GROS,
né en 1767, officier d'infanterie en 1782, retiré en 1791,
chef de la cohorte des grenadiers de la ville d'Agde en 1814,
marié en 1796 à Sophie d'Auby, d'Agde. De ce mariage
sont nés :

1.º Joseph-Philippe-Augustin de Rascas de Gros, né
en 1797, nommé par Sa Majesté Louis XVIII, le
16 août 1814, officier dans le régiment d'Angoulême, infanterie;

2.º Joseph-Philippe-Hercule, né en 1800;

3.º Marie-Rose-Joséphine-Sophie, née en 1804;

4.º Enfin Marie-Rose-Victoire-Sophie, née en 1807.

Armes : « D'or, à une croix fleuronnée au pied fiché
« de gueules, au chef d'azur chargé d'une étoile à huit
« raies d'or. »

BARRUEL-BEAUVERT (1), ancienne maison issue
d'Ecosse, dont le premier titre est le testament *de noble et*

---

(1) Cet article n'étant pas traité d'une manière complète dans notre
premier volume, page 60, nous le rétablissons ici.

magnifique Clément de Barruel, *aliàs* de Barwel, vivant en
1350 et en 1390. La descendance en ligne directe et non in-
terrompue, depuis cette époque jusqu'à ce moment, a été
parfaitement établie par divers généalogistes; entre autres par
M. Le Maître, chargé des preuves de noblesse des écuyers,
des pages et de tous les gentilshommes au service de la
chambre et des maisons de leurs altesses royales les frères
de Louis XVI, lorsque le comte Antoine-Joseph de Barruel-
Beauvert, chef actuel de la famille de ce nom, traitait, en
1788, d'une place d'officier supérieur des gardes du corps
d'un des enfants de France. Ces preuves ont été pareillement
confirmées par une commission volontaire qui signa le procès-verbal de la copie littérale des preuves faites devant le
généalogiste des enfants de France, quand le comte Antoine-
Joseph de Barruel-Beauvert se fit admettre dans un chapitre noble d'Allemagne, et pour la décoration de l'Ange-
Gardien. La commission était composée de M. le vicomte
de Toustain-Richebourg, major de cavalerie, chevalier de
Saint-Louis ; de M. le comte de la Gorce, colonel et chevalier de Saint-Louis ; de M. le chevalier de Porte-Lance, capitaine de cavalerie ; de M. de Chaballet-du-Mouchet, capitaine commandant du régiment de Conti, infanterie, et chevalier de S.-Louis ; de M. le chevalier Dubois, ancien capitaine de cavalerie, chevalier de S.-Louis ; de M. de Che-
nisot, maître des requêtes, conseiller au conseil du roi ;
et d'autres gentilshommes.

Depuis la souche de cette maison, qui remonte aux croisades, et le chef actuel de cette famille, il se trouve quatorze rejetons, parmi lesquels on remarque :

Un Barruel-Beauvert, pourvu du brevet honorable de
commandant de cinquante gentilshommes sous Charles IX.

Un Joseph de Barruel-Beauvert, qui épousa une demoiselle de l'illustre maison d'Elbene, descendante de Sénécio
d'Elbene, à qui Pétrarque, en 1200, avait adressé une de
ses plus belles odes.

L'aïeul du comte Antoine-Joseph, douzième rejeton,
avait épousé demoiselle de Sibert-de-Cornillon, fille du
baron de Cornillon, allié aux maisons de Barjac, de Bernis,
de Nicolaï, d'Agoult, et autres personnes de qualité.

Joseph-Barthélemi de Barruel-Beauvert, chevalier et
major du régiment de Forez, eut l'honneur d'être reçu
chevalier de l'ordre royal et militaire de Saint-Louis, par
Louis XV lui-même, sur le champ de bataille à Fontenoi.

Charles-Joseph, comte de Barruel-Beauvert, capitaine au régiment de Forez, et père du comte Antoine-Joseph, fut aussi connu par son zèle et son attachement pour sa patrie et son roi.

En général, l'attachement des Barruel-Beauvert à la religion de leurs pères et à leur souverain, fut cause, pendant les guerres civiles et de religion, que diverses propriétés de cette famille, en Languedoc, du côté des Cévennes, furent incendiées et ravagées.

Antoine-Joseph, comte de Barruel-Beauvert, né au château de Beauvert, le 17 janvier 1756, débuta dans la carrière des armes par servir dans la maison du roi; il obtint une compagnie de réforme dans le régiment de Belzunce, dragons, et fut, quelque tems après, nommé commandant des grenadiers royaux de Bretagne. Elu colonel de la garde nationale de la ville de *Bagnols*, dans les premières années de la révolution, il parvint à sauver, à Avignon, plusieurs victimes de la frénésie populaire. Il avait eu la satisfaction de recevoir un témoignage éclatant de l'estime de ses concitoyens, mentionné dans l'extrait de la délibération qui suit, en date du 16 mars 1790, et signée par le maire, les officiers municipaux, les notables, le procureur de la commune, le greffier, et dont la copie, conforme à l'original, est légalisée actuellement par le sous-préfet d'Uzès et par le préfet du Gard.

Cette délibération porte en substance : « Déclarons que « messire Antoine-Joseph, comte de Barruel-Beauvert, » chevalier, etc., etc., a été élu et proclamé de la manière » la plus flatteuse colonel des volontaires de la ville de « Bagnols à raison de sa valeur, de son courage, de son « expérience en les armes, de l'utilité dont il a toujours » été à ses concitoyens ; et indépendamment de tous les » services signalés que ses ancêtres ont rendus depuis plu- » sieurs siècles à sa patrie, et qui ajoutent en lui une dis- » tinction particulière. » Il commandait environ quatre cent cinquante hommes, au moyen desquels il rendit un grand service à la ville d'Avignon révolutionnée.....

Il aida le comte de Saillans, major des chasseurs du Roussillon, à la formation du camp de Jalès, et fut décoré par Louis XVI de l'ordre royal et militaire de Saint-Louis, après s'être loyalement exposé, le 20 juin 1792, pour la défense du roi. A dater de cette époque, il fut constamment dénoncé, poursuivi, proscrit, condamné à la déportation, contraint à fuir et à se cacher; pour s'être

offert comme otage de Louis XVI et de sa famille, arrêtés
à Varennes en 1791 ; ensuite pour avoir demandé cou-
rageusement la mise en liberté de Madame royale. Il fut
depuis détenu cinq ans à la tour du temple, et condamné
par *Napoléon* à être exilé dans l'île d'Elbe.

Le 23 août 1814, il a été représenté à S. M. Louis XVIII,
et en qualité d'otage. (Voir le *Moniteur* et tous les autres
journaux des 28 et 29 août, pour les choses flatteuses
que le roi eut la bonté d'adresser à la députation de ces
mêmes otages dont le comte de Barruel-Beauvert était
membre.

S. A. S. Mgr. le duc de Bourbon, en récompense de
tant de persécutions et de douleurs occasionnées par un
si noble dévouement à la cause de l'autel et du trône a
écrit lui-même, sur un mémoire du comte de Barruel-
Beauvert, cette apostille très-honorable, et appuyant la
demande d'une préfecture.:

« Les services signalés, rendus par M. le comte de
» Barruel-Beauvert, les dangers qu'il a généreusement
» courus, ses malheurs, son zèle et son affection cons-
» tante pour le service du roi méritent en sa faveur tout
» l'intérêt de M. le ministre de l'intérieur, à qui je recom-
» mande particulièrement l'objet de sa sollicitation. *Signé*
» L.-H.-J de Bourbon. Le 18 juillet 1814.

Le comte de Barruel-Beauvert a épousé en premières
noces, la marquise de Coutances, dame des terres et
chatellenies de la Haie-Maheas, Bouet, la Clartière, etc.
Il n'a point eu d'enfant de ce premier lit ; mais du second
mariage avec demoiselle Doublet-de-Linas, sont issus :

1.º Ferdinand-Paul-Joseph-Eugène *Temple*, né le 27
　　juillet 1802;
2.º Hippolyte-Joseph-Maurice, né le 17 novembre 1804;
3.º Antoinette-Elisabeth-Eugénie née le 22 avril 1800;
　　Tous les trois vivants en 1814.

Armes : « D'or, à la bande d'azur chargée de trois
» étoiles d'argent : couronne ducale, anges pour supports,
» tenant un drapeau herminé. Devise : *Virtuti sideris.* Cri
» d'arme : *Dieu et mon souverain.* »

Nota. Il existe une autre famille noble du nom de Barruel, que l'on ne croit pas issue de la même souche, qui
jouit encore du marquisat de Bavatz, en Vivarais, et qui a
fourni plusieurs officiers au service du roi.

JUCHEREAU, marquis de SAINT-DENYS. Cette famille répandue dans la Normandie, le Maine et la Touraine, jouit d'une haute réputation dans ces provinces, dans lesquelles elle s'est toujours alliée aux principales maisons nobles ; elle était connue dès le commencement du quinzième siècle. Eustache de Juchereau, après s'être illustré, dans la campagne de Naples et à la bataille de Fornoue, sous Charles VIII, étant devenu un des écuyers de l'immortel Gaston de Foix, fut tué à côté de ce prince à la bataille de Ravenne.

Lorsque le régiment de Carignan fut envoyé dans la Nouvelle France, vers la fin du règne de Louis XIII, Antoine de Juchereau, un des chefs de ce corps, obtint du roi la concession d'une des principales seigneuries du Canada, celle de Saint-Denys ; il défendit, à l'âge de quatre-vingts ans, cette colonie importante contre les attaques d'une flotte et d'une armée anglaises, commandées par l'amiral Phips.

Louis XIV, pour récompenser ce service important, accorda à Ignace de Juchereau, fils du précédent, le titre de marquis de Saint-Denys, pour lui et sa postérité.

Après la capitulation de Mont-Réal, les Juchereau de Saint-Denys, établis en Canada, revinrent en France, et ils abandonnèrent de grands biens pour rester fidèles à leur roi et à leur patrie, qu'ils ont continué à servir avec un zèle et un dévoûment inaltérables.

M. Louis Barbe de Juchereau de Saint-Denys, ancien colonel d'infanterie, chevalier de l'ordre royal et militaire de Saint-Louis, chef actuel de cette famille, est fixé en Touraine.

Armes : « De gueules, à une tête de Saint-Denys » d'argent ; couronne de marquis, et supports, deux » sauvages. »

HONNEURS DE LA COUR.

État général des gentilshommes PRÉSENTÉS, *ou qui ont eu l'honneur de monter dans les* CARROSSES DU ROI, *et de suivre* SA MAJESTÉ *à la chasse, ou qui ont obtenu les* ENTRÉES DE LA CHAMBRE, *depuis l'année 1779 jusqu'à 1789.*

Honneurs de la cour : Ces honneurs étaient pour les dames d'être présentées au roi, à la reine, et à la famille royale ; pour les hommes, de monter dans les carrosses du roi, et de chasser avec Sa Majesté, après avoir été *préalablement présentés.*

Il fallait, pour y être admis, faire les preuves de la noblesse la plus ancienne et la moins équivoque.

L'ordonnance du roi, rendue à cet effet le 17 avril 1760, et que je transmets littéralement ici donnera une juste idée de la pureté de la noblesse des familles qui étaient admises aux honneurs de la cour.

« A l'avenir, nulle femme ne sera présentée à S. M.
» qu'elle n'ait préalablement produit devant le généalogiste
» de ses ordres trois titres sur chacun des degrés de la
» famille de son époux, tels que contrat de mariage, tes-
» tament, partage, acte de tutelle, donation, etc., par
» lesquels la filiation sera établie clairement depuis l'an
» 1400. Défend S. M. audit généalogiste d'admettre au-
» cun des arrêts de son conseil, de ses cours supérieures,
» ni de jugements rendus par ses différents commissaires,
» lors de diverses recherches de noblesse faites dans le
» royaume, et de ne recevoir, par quelque considération
» que ce puisse être, que des originaux des titres de fa-
» mille. Et voulant, à l'exemple des rois ses prédécesseurs,
» n'accorder qu'aux seules femmes de ceux qui sont issus
» d'une noblesse de race, l'honneur de lui être présentées.
» S. M. enjoint également à son généalogiste de ne déli-
» vrer aucun certificat, lorsqu'il aura connaissance que la
» noblesse dont on voudra faire preuve aura pris son prin-
» cipe dans l'exercice de quelque charge de robe et d'autres
» semblables offices, ou par des lettres d'annoblissement,

» exceptant toutefois dans ce dernier cas ceux dont de pa-
» reilles lettres auraient été accordées pour des services
» signalés rendus à l'Etat, se réservant au surplus d'ex-
» cepter de cette règle ceux qui seraient pourvus de charges
» de la couronne ou dans sa maison, et les descendants
» par mâles des chevaliers de ses ordres, lesquels seront
» seulement tenus de prouver leur jonction avec ceux qui
» auront été décorés desdits ordres.

Nota. *Ce règlement est le même que celui qui concerne
la preuve des hommes qui aspirent aux honneurs de la
cour.*

NOMENCLATURE GÉNÉRALE.

ANNÉE 1779.

21 *décembre*. Le baron le Tonnelier de Breteuil, les
entrées.

24 *décembre*. Le comte d'Adhémar, premier écuyer de
madame Elisabeth, les entrées.

Décembre. Le marquis de Vérac-Saint-Georges, ministre
plénipotentaire du roi près l'impératrice de Russie, les
entrées.

Le comte de Choiseul-Stainville, depuis maréchal de France,
les entrées.

Le marquis de Jaucourt, maréchal de camp, les entrées.

ANNÉE 1780.

13 *février*. Le comte d'Usson, ambassadeur de Suède,
les entrées.

ANNÉE 1781.

18 *janvier*. Le marquis de Villeneuve.

12 *mars*. Le marquis de Champagne Giffart.

20 *mars*. Le comte de Courtarvel de Pezé, capitaine au
régiment de Guienne.

7 *avril*. Le comte de Chalabre de Bruyères.

Le marquis de Savary, capitaine des carabiniers.

Le comte de Sainte-Croix.

Le marquis de Savonnières.

7 *avril*. Le comte de Marguerie.

31 *mai*. Le marquis de Lordat, baron des états de Languedoc, et gentilhomme d'honneur de MONSIEUR.

16 *octobre.* Le chevalier de Villereau.

4 *novembre.* Le comte d'Abzac de Mayac.

11 *novembre.* Le comte Beziade d'Avaray, ministre de la garde-robe de Monsieur, en survivance.

ANNÉE 1782.

14 *janvier.* Le vicomte de Chambray.

23 *février.* Le vicomte de Tonquedec.

29 *mars.* Le comte de Lage de Volude.

31 *mars.* Le comte de Mailly, depuis maréchal de France, entrées.

3 *avril.* Le comte Louis de Clermont-Tonnerre de Thoury.

10 *avril.* Le marquis de Brunier d'Adhémar.

10 *avril.* Le chevalier de Freslon.

Le comte de Molac de Kercado.

Le baron de Conac.

Le comte de Venevelles.

15 *avril.* Le comte de Sainte Aldegonde.

26 *avril.* Le baron de Pirch, mestre-de-camp, lieutenant commandant du régiment royal de *Hesse-Darmstadt.*

5 *mai.* Le comte de Drée.

11 *mai.* Le baron de Mackau.

22 *mai.* Le baron de Pierrepont.

20 *juin.* Le comte de Rougrave.

21 *juin.* Le comte de Démétrius *de Comnène.*

21 *juin.* Le vicomte de la Myre-Mory.

17 *décembre.* Le marquis d'Asnières-la-Chataigneraye, ancien lieutenant au régiment des gardes-françaises.

17 *décembre.* Le comte de Moléon.

31 *décembre.* Le prince de Tarente de la Trimoille.

Le comte Duhautier.

ANNÉE 1783.

19 *janvier.* Le prince Maximilien-Joseph de Deux-Ponts, entrées.

Le duc Albert de Luynes, entrées.

Le chevalier de Durfort, entrées.

23 *janvier.* Le marquis de Montagu-Lomagne.

26 *janvier.* Le chevalier de Coigny, entrées.

Le comte de Juigné, entrées.

13 *février.* Le marquis de la Cour de Balleroy.

17 *février*. Le comte Charles de Polignac.

21 *février*. Le marquis du Dresnay, enseigne de la compagnie des chevau-légers de la garde ordinaire du roi.

21 *février*. Le comte de Courcy.

28 *février*. Le chevalier de la Moussaye.

3 *avril*. Le marquis d'Haraucourt.

Le marquis de Bonnay, sous-lieutenant des gardes-du-corps du roi.

14 *avril*. Le marquis d'Asnières de Palluau, brigadier de cavalerie.

10 *avril*. Le comte de Croisemare, sous-lieutenant au régiment des gardes-françaises; le marquis de Croisemare, son père, ancien commandant en chef de la petite écurie, avait également eu cet honneur en 1775.

14 *avril*. Le vicomte de la Cropte de Bourzac, et le marquis de la Cropte de Boursac, le 1, le 7 février et le 2, le 14 avril.

28 *avril*. Le comte d'Arclais-de-Montamy.

Le comte de Malet de la Jorie.

3 *mai*. Le comte de Lavaulx, ancien lieutenant des vaisseaux de la marine royale.

4 *mai*. D'Aguesseau de Fresne, entrées.

Feydeau de Brou, entrées.

15 *mai*. Le comte la Doulcet de Pontecoulant, capitaine à la suite des carabiniers.

Le vicomte de Moy.

Le vicomte de Malet Roquefort, lieutenant-colonel commandant le bataillon d'Agénois.

15 *mai*. Le comte Wulgrain de Taillefer.

29 *mai*. Le marquis de Pons, ambassadeur près le roi de Suède, entrées.

25 *octobre*. Le comte Desforges de Parny, capitaine de cavalerie au régiment de la reine.

29 *juin*. Le comte Jourda de Vaux, maréchal de France, entrées.

3 *novembre*. Le comte de Gruel-Gruyère.

Le marquis de Rachais.

Le marquis de la Feronnaye.

3 *novembre*. Le comte O'Germon.

14 *novembre*. Le comte de Liniers.

27 *décembre*. Le comte Louis de Galard-Terraube, capitaine au régiment Royal-Grayattes, cavalerie.

ANNÉE 1784.

17 *janvier*. Le vicomte Gravier de Vergennes, capitaine-colonel des gardes de la porte du roi.

18 *janvier*. De Montmorency, prince de Robec, entrées.

Le marquis de Harcourt de Beuvron, entrées.

L'abbé de Bourbon, entrées.

L'évêque de Saint-Omer, entrées.

Le marquis de Puget de Barbantanne, entrées.

17 *mars*. Le comte de Seytres-Caumont.

Le marquis Duplessis d'Argentré.

6 *avril*. De Suffren, vice-amiral, entrées.

9 *avril*. Le comte de Beaufranchet d'Aya.

17 *avril*. Le baron de Closenphaydenbourg, capitaine au régiment royal Deux-Ponts.

Le comte Victor de Menou.

Le baron de Galifet.

Le comte Raimond de Boisseuil.

Le vicomte de Serrant.

Le marquis de Dauvet.

Le vicomte de Prunelé.

Le marquis de Morard.

21 *avril*. Le comte Ebrard du Chayla.

Le comte de Chauvron.

29 *avril*. Le Comte de Croisemare.

11 *mai*. Le chevalier Duplessis-Châtillon.

Le comte de la Tour-en-Voivre.

Le comte Armand Dulac.

Le marquis de la Vieuville.

Le chevalier de la Porte d'Eydoche.

15 *mai*. Le marquis de Caillebot-la-Salle.

Le comte Patrice Wal.

Le comte de Carvoisin.

Le marquis de Mont-Lezun- Pardiac.

Le vicomte de Bénavent-Rhodes.

Le comte Edouard de Marguerie.

19 *mai*. Le baron de Navailles.

Le marquis de Kerouartz.

27 *mai*. Huchet de la Bédoyère.

15 *juillet*. Le comte de Trévelec.

26 *octobre*. Le comte de Luxembourg.

Le comte Roger de Damas.

Le marquis d'Escoubleau de Sourdis.

12 *novembre.* Le comte de Luppé-Garacé.

Le marquis de Boisseulh.

Le chevalier de Boisseulh.

Le chevalier de Suffren de Saint-Tropez.

Le marquis de Mont-Lezun-Campagne.

Le comte de Cugnac.

Le comte de Murat.

Le vicomte de Vargemont.

Le baron de Gauville.

Le marquis de Montaignac.

Le comte de Dion.

Le comte de Thy.

Le marquis d'Anferné-du-Pont-Belanger.

Le chevalier d'Anferné-du-Pont-Belanger.

Le chevalier de Rooth.

Le commandeur de Marnésia.

Le comte d'Osmont.

Le comte de Poulpry.

16 *novembre.* Le comte d'Aux.

16 *novembre.* Le comte de Sayn, entrées.

24 *novembre.* Le vicomte de Sérent.

1 *décembre.* Le comte d'Estampes.

4 *décembre.* Le vicomte de Tilly.

7 *décembre.* Le vicomte de Briqueville.

ANNÉE 1785.

17 *janvier.* Le comte de Valon-d'Ambrugeac.

Le vicomte Duhoux de Vioménil, maréchal de camp, inspecteur-général de cavalerie.

29 *janvier.* Le comte de Nonant.

Le comte de Capellis.

13 *février.* Le comte de Lur-Saluces.

Le marquis de Castellane-Saint-Maurice.

Le vicomte de Nieuil.

Le comte de Mastin.

Le comte de Broglie.

17 *mars.* Le comte Hippolyte de Livry.

Le comte Charles de Menou.

Le comte Amédée de Calonne-Courtebonne.

30 *mars.* Le comte de Walsh-Sérant.

Le comte de Bouillé.

Le comte de Saintaon.

Le comte de Tournemire.

Le comte de la Marthonie.

Le vicomte de Laigle.

Le chevalier de Laigle.

2 *avril*. Le marquis de Chauvelin, maître de la garde-robe du roi, capitaine au régiment de Noailles.

Le comte de Thy.

16 *avril*. Le comte de Faudoas.

20 *avril*. Le comte de Poret.

Le comte de Lubersac.

Le baron de Lubersac.

Le marquis de Raigecourt.

29 *avril*. Le marquis de Mesnard.

Le comte de Saint-Astier.

Le vicomte de Chevigné.

7 *mai*. Le chevalier de Montesson.

Le chevalier de Launoy-de-Clervaux.

11 *mai*. Le comte de Lucinge.

11 *mai*. Le marquis de Valori.

Le comte de Néel.

21 *mai*. Le marquis d'Ysarn de Valadi.

Armand de Sommery.

Le comte Charles de Roncherolles.

29 *mai*. Le marquis de la Fayette, entrées.

Le vicomte de Lévis, capitaine des gardes de Monsieur, entrées.

Le marquis de Conflans, entrées.

Le vicomte de Narbonne, entrées.

Le marquis de Chabannes, entrées.

Le comte de Thiars, entrées.

Le comte de Clermont-Gallerande, entrées,

8 *juin*. Le chevalier de la Bintinaye.

3 *août*. Le duc Montmorency de Laval, entrées.

Le comte d'Andlau, premier ministre plénipotentiaire près la gouvernante des Pays-Bas, entrées.

14 *octobre*. Le marquis de Pierrecourt.

18 *octobre*. Le comte de Lanoy.

27 *octobre*. Le comte de Rosnivinen de Pire.

Le comte de la Rivierre.

3 *novembre*. Le prince d'Aremberg.

Le marquis de Biencourt-Pontrincourt.

Le comte Hippolyte de Chabrillant.

Le vicomte Henri de Belzunce.

Le chevalier de Belzunce.

Le comte Bruneau de Boisgelin.

Le comte de Grouchy.

Le comte de Boisdenemets.

Le comte de Chananeilles de la Saumés.

Le comte de Roys.

Le comte de Rully.

Le comte Leprestre de Lezonnet.

Le comte de Murat.

Le chevalier de Sariac.

31 *octobre*. Le vicomte de Laval.

Le comte de Volonzac .

Le prince Louis d'Arambert de Lamarck.

Le marquis du Lac.

7 *novembre*. Le comte de Lapallu.

Le comte de la Roche-Lambert.

Le comte de Kergolay.

Le vicomte de Botterel-Quintin.

Le vicomte de Boisdenemets.

14 *novembre*. Le comte d'Angeville.

3 *décembre*. Le baron de Fock.

10 *décembre*. Le comte de Brachet de Florëssac.

ANNÉE 1786.

13 *janvier*. Le comte Antoine de Lévis.

Le vicomte de Melfort.

17. Le comte de Rieux.

23. Le marquis de Fouquet.

Le marquis du Ménil.

Le marquis de Harenc-la-Condamine.

Le marquis de Boisdenemets.

Le comte de Montléard.

Le comte du Roux de Beuil.

Le vicomte de Toustain Richebourg.

Le vicomte de Bouillé.

Le baron d'Assas.

Le baron d'Hunolstein.

Le comte de Verlhac.

26 *janvier*. Le vicomte de Gravier de Vergènnes.

Le comte de la Croix de Castries.

30 *janvier*. Le prince de Broglie de Revèl.

3 *février*. Le vicomte de l'Espinasse, maréchal de camp.

Le chevalier de Laizer.

Le marquis de Villeneuve Flamarens.

3 *février*. Le marquis de Montléart du Rumont.

Le marquis du Roux de Sigy.

Le marquis de Pontévice de Rouffligny.

Le marquis de Beaumont la Balnonie.

Le comte du Chastel.

7 *février*. Le comte d'Aubusson.

15 *février*. Le vicomte d'Albon.

20 *mars*. Le prince de la Trimoille de Talmond.

23 *mars*. Le marquis Alphonse de Durfort Boissières.

Le comte de la Laurencie.

24 *mars*. Le comte de Moussy de la Contour.

Le comte de Méhérenc Saint-Pierre.

Le vicomte de Méhérenc Saint-Pierre.

Le comte de la Roque-Menillet.

Le comte de Pluvié.

Le vicomte de Pardieu.

Le vicomte de Carbonnières.

Le chevalier de Dampierre.

Le chevalier de Lambilly.

Le comte de Guillaumanches du Boscage.

Le marquis de Guillaumanches du Boscage.

28 *mars*. Le comte de Pimodan.

Le marquis de Marconnay.

Le comte de Marconnay.

Le chevalier de Murinais.

31 *mars*. Le comte de Bosc.

Le comte de Montecot.

Le comte de Quatre-Barbes.

Le comte Alexandre de Sainte-Aldegonde.

4 *avril*. Le marquis du Mun.

Le comte d'Esclignac.

Le vicomte Testu de Balincourt.

11 *avril*. Le comte Georges-Constantin *Comnène*.

Le comte de Champagné-Giffart.

Le comte de Renaut-d'Allen.

Le comte de Flotte d'Argençon.

Le comte de Valori.

Le marquis de Villers-la-Faye.

Le vicomte de Villers-la-Faye.

Le marquis de Chevigné.

Le baron de Malet.

Le chevalier de Biencourt.

Le chevalier de Moñtchenu. .

15 *avril.* Le comte de Bonneval.

22 *avril.* De Forges-Parny.

Le viconte de Montchenu.

4 *mai.* Le comte d'Ambly.

Le marquis de Lescure.

Louis de *Ginestous.*

7 *mai.* Le comte Louis-Charles de *Waroquier* de Combles, présenté.

8 *mai.* Le marquis de Linières.

Le marquis de Forbin d'Oppède.

Le comte Savary de Mauléon.

Le comte d'Estut de Solminiac.

Le chevalier de Gallard-Terraube.

14 *mai.* Le comte de Rollat.

20 *mai.* Le marquis de Gestas.

Le marquis de Châteaubrun.

1er *juin.* Henri de Ségur.

19 *juillet.* Le comte de Scey.

17 *octobre.* Le comte Charles de Chabot.

26 *octobre.* Le vicomte de Lalande, major du régiment du roi, dragons.

Le chevalier de Carbonnières, capitaine au même régiment.

De Forges de Parny.

31 *octobre.* Le chevalier de Mesnard.

Le vicomte de Rochelambert.

13 *novembre.* Le comte du Haget de Vernon.

Le comte Schomberg.

Le comte François de la Pallu.

Le marquis de Rigaut.

Le marquis de Mongon.

Le marquis de Mont-Ferrand. .

28 *novembre.* Le marquis de Lasteyrie du Saillant.

2 *décembre.* Le marquis de Caylus.

Le comte François *Esterhazy.*

Le vicomte le Breton de Vannoise.

Le baron d'Esparbés.

15 *décembre.* Le vicomte de Vallon Saint-Hippolyte.

Le marquis du Lyon.

ANNÉE 1787.

Le comte Charles de *Rouault*.

4 *janvier*. Le comte de Gobien.

De Carondelet, colonel au service de Sa Majesté Catholique.

22 *janvier*. Le comte d'Arbouville.

Le comte de la Mousse.

Le baron du Bois d'Aisy.

5 *février*. Le marquis de Dreux de Brezé.

Le vicomte d'Ivonne.

9 *février*. Le prince de Carency.

Le marquis de Chabannes.

Le chevalier d'Abzac.

15 *février*. Le comte Joseph de *Montaut*.

Le vicomte de Clermont-Tonnerre.

Le chevalier de Maulevrier-Colbert.

23 *février*. Le comte Charles d'Hautefeuille.

Le baron de Saint-Marsault.

Le baron de Saint-Marsault Chatelaillon.

Le chevalier de Châteaubrillant.

Le comte du Saillant.

Le chevalier de Grille.

Le chevalier Levicomte de Blangy.

2 *mars*. Le marquis de Gizeux-Contades,

Le comte Théobald de Walsh.

Le comte de Chauvigny de Blot.

Le vicomte Ruffo.

14 *mars*. Le comte François Toustain Viray.

15 *mars*. Le marquis de la Porte Vesins.

Le vicomte de Chaunac Lanzac.

Le marquis de Brossard.

Le vicomte du Houx de Viomenil.

2 *mars*. Le marquis de Gramont.

Le comte de Barbançois.

Le chevalier de Barbançois.

Le comte Henri de Tilly-Blaru.

Le chevalier de Valory.

2 *avril*. Le marquis de Bonfontan, premier capitoul gentilhomme de la ville de Toulouse.

Le marquis de la Ferté-Meun.

Le comte de la Roque Bouillac.

Le baron de la Chatre.

14 *avril*. Le comte Auguste de Lambertye.

21 *avril*. Le comte Falque de Montchenu.

Le comte Alexandre de Parabère.

Le comte de Florian de Kergolay.

Le baron d'Anstrude.

21 *avril*. Le chevalier d'Allonville, maréchal des camps et armées du roi.

Le chevalier du Puget, mestre-de-camp d'artillerie, sous-gouverneur de monseigneur le Dauphin.

9 *mai*. D'Allonville, sous-gouverneur de monseigneur le Dauphin, entrées.

Du Puget, idem.

13 *mai*. Le marquis de Carvoisin.

Le marquis de la Roche Saint-André.

Le chevalier de la Roche Saint-André.

Le marquis de Fontanges.

Le chevalier de Rollat.

Le comte de Durfort de Lorge.

12 *mai*. Le marquis de Saint-Mauris-Chastenois.

Le comte de Paroy.

Le comte de Saint-Pern Ligonyer.

Le chevalier de Bardonenche.

16 *mai*. Le marquis d'Andigné.

Le marquis de Gras-Préville.

Le comte de la Panaouse, capitaine au régiment Dauphin, dragons.

Le vicomte d'Orléans.

Le baron d'Allonville.

24 *mai*. Le comte de la Mote-Paracé.

Le comte de Fussey de Mélay.

Le comte d'Aiguirande.

Le marquis de Sennones.

Le chevalier Duplessis de Grénédan.

Le commandeur de Ferrette.

2 *juin*. Le comte Hyacinthe de Botderu.

Le comte de Mélat.

Le comte de Voisins.

Le comte d'Avaugour de Belouars.

Le marquis de Charry-des-Gouttes.

Le vicomte de Montagu-Favol.

6 *juin*. Le marquis de Barrin.

24 *dudit*. De Montmorency, duc de Luxembourg, entrées.

De Béthunme, duc de Charost, entrées.

Le marquis de Choiseul la Baume, entrées.

Louis-Pierre Quentin, marquis de Champcenets, entrées.

Le marquis de Bouzols, entrées.

Lambert, conseiller d'état, entrées.

28 *juin*. Le prince de Croy.

Le marquis de Custine.

Le baron de Livron.

13 *octobre*. Le comte de Cambis, capitaine au régiment Dauphin, dragons.

12 *décembre*. Guignard, comte de Saint-Priest, entrées.

ANNÉE 1788.

21 *janvier*. Le comte Armand d'Allonville.

Le chevalier Antoine d'Allonville.

Le comte du Boberil de Cherville.

Le comte de Mahony.

Le comte O' Connel.

26 *janvier*. Le marquis Dupuy Montbrun.

Le comte d'Arces.

Le comte de Vaulx.

Le comte de Saint-Ignon.

Le comte de Gibon de Kerisonet.

2 *février*. Le prince de la Trémouille.

Le chevalier de Lamoignon.

Le prince de Montmorency.

10 *février*. Le marquis de Maillé.

Le vicomte d'Assas de Moutardier.

Le comte Charles de Raigecourt.

Le marquis de Traversay.

Le comte Gaspard d'Hoffelize.

Le marquis de Voisins.

Le chevalier de Caillebot-la-Salle.

Le vicomte Armand de Foucauld-Pontbriand, majour des vaisseaux du roi.

16 *février*. Le comte de Loz.

Le comte de Villeneuve-Bargemont.

Le comte de Lussac.

Le vicomte de Mac-Carthy.

21 *dudit*. Le comte de Châteaubriand.

Le comte de Tintiniac.

Le chevalier du Lac.

25 *dudit*. Le comte de Soran.

Le comte de Gourjault.

25 *février*. Victor Hurault, comte de Vibraye.

29 *dudit*. Le comte de Vichy.

Le comte de Laudun.

Le comte de Tourdonnet.

Le comte de Touchimbert.

8 *mars*. Le vicomte de la Rivière-Prédange.

18 *dudit*. Le comte de Raincourt.

Le comte Hardouin de Châlons.

Le marquis de Penfentenio de Cheffontaines.

Le chevalier de Corn.

Le vicomte de Bonne-Lesdiguières, capitaine au régiment de Touraine.

22 *dudit*. De Rosset, marquis de Fleury.

Le vicomte de Romanet.

Le vicomte d'Anneville de Chiffrivast.

Le vicomte Henri de Kenadet.

29 *mars*. Le marquis de Bavalan.

Le comte de Keroniant-Destuer.

7 *avril*. Le Cornu, marquis de Balivière.

De Faydit de Terssac.

11 *avril*. Camille, marquis du Blaisel.

Constantin-Frédéric-Thimoléon; comte du Parc de Barville, officier au régiment du Roi, chef du nom de la maison jadis de la Motte du Parc en Bretagne.

27 *avril*. Le marquis de Saint-Blancard.

Le chevalier de Grave.

15 *septembre*. Le marquis de la Luzerne, ambassadeur près du roi d'Angleterre, entrées.

ANNÉE 1789.

23 *janvier*. Charles, comte de Maillé.

De Caumont, duc de la Force.

Le marquis de Chaponnay de Morancé.

Le vicomte de Pins.

27 *janvier*. Le marquis de Murat de Lestang.

Le comte Dupac de Bellegarde.

Pierre, comte d'Astorg.

Le marquis de Bayly.

31 *janvier*. Le comte de Fontete-Sommery.

Le baron d'Harambure.

Le chevalier de Narbonne.

Jourda, comte de Vaux.

4 *février*. Le marquis de Bonneval.

Riquet, chevalier de Caraman.

Maurice Riquet, chevalier de Caraman.

9 *février*. Le vicomte de Vassan.

Le comte de Faudran.

Le baron Dumerle.

Le baron de Blanc-Buisson.

Louis, comte de Chamissot.

13 *février*. Le vicomte de Moges.

Hippolyte, comte de Toustain-Limesy.

Dubouchet, marquis de Tourzel.

Le marquis d'Haussonville.

17 *février*. Le vicomte de Turpin de Jouhé.

Le baron de Pimodan.

Le marquis de David de Lastours.

De Moreton, chevalier de Chabrillan.

23 *février*. Emmanuel, chevalier de Sainte-Hermine de la Barrière.

La baron de Nédonchel.

3 *mars*. Le vicomte Dupuy-Malgueil.

Le chevalier de la Rivoire-la-Tourette.

16 *mars*. Le vicomte de la Luzerne.

Le baron de Saint-Chamans.

De Croy, prince de Solre.

Le chevalier de la Myre-Mory.

Poilvillain, marquis de Crenay.

Alexandre, comte de Kercado.

Le comte de Belloy.

23 *mars*. Etienne, comte de Ficquelmont.

Le marquis de la Garde-Saint-Angel.

Le comte de la Briffe.

Hector, comte de Monteynard.

27 *mars*. Le marquis d'Isle.

Le comte de Murat de Vernines.

Le marquis de Raffin d'Hauterive.

Le vicomte de la Coudre de la Bretonnière.

Le comte Vasselot.

Mai. Le chevalier de Saint-Simon.

Le vicomte de Sartiges.

Le chevalier de Bataille.

Juin. Le marquis de Vanssay (Charles).

Noms des Dames qui ont eu l'honneur d'être présentées.

ANNÉE 1779.

24 *janvier*. La vicomtesse de Périgord.

11 *février*. La comtesse de Mirepoix.

21 *audit*. La princesse de Vaudemont, a pris tabouret.

La marquise de Lastic.

28 *dudit*. La princesse de Broglie.

7 *mars*. Le vicomtesse de Clermont-Tonnerre.

La marquise de Belzunce.

14 *dudit*. La vicomtesse de Tourdonnet.

23 *dudit*. La marquise d'Estourmel.

23 *mai*. Le Tellier, épouse de N.... de la Rochefoucault, duc Doudauville, a pris tabouret.

La comtesse de Gontaut-Saint-Geniez.

30 *dudit*. La vicomtesse de Rochambeau.

27 *juin*. La comtesse de Tracy.

La marquise de Roquelaure.

24 *juillet*. La comtesse de Genlis, l'une des dames pour accompagner la duchesse de Chartres, présentée en qualité de gouvernante des princesses ses filles.

25 *dudit*. La marquise de Gramont.

La vicomtesse le Veneur.

9 *septembre*. La marquise de la Rochelambert-Thevalle.

5 *décembre*. La marquise du Roure.

La comtesse de Choiseul-Meuse.

La marquise d'Argenteuil.

12 *dudit*. La comtesse de Charles de Damas.

ANNÉE 1780.

23 *janvier*. La marquise de Rouhault, et a pris tabouret.

La marquise de Mortemart.

La marquise de Gaucourt.

La comtesse des Deux-Ponts.

23 *dudit*. La duchesse de la Vauguyon, dame d'honneur de Madame, a eu les grandes entrées.

30 *dudit*. La duchesse de Lorges, dame d'honneur de madame, comtesse d'Artois, a eu les grandes entrées.

La comtesse d'Argenteuil.

Premier février. La comtesse de Mandelot.

13 *février*. La comtesse de Beon.

La comtesse Duplessis-Béliaire.

La comtesse de Busançois, dame d'honneur de madame Sophie de France, a eu les grandes entrées chez le Roi.

20 *dudit*. La duchesse de Sully.

La comtesse de Causans.

27 *dudit*. La maréchale de Richelieu, a pris le tabouret.

La marquise de Saint-Sauveur.

La marquise de la Tour-du-Pin.

5 *mars*. La comtesse de Wittgenstein.

La marquise du Bois de la Motte.

12 *dudit*. La marquise de Chastenet de Puységur.

9 *avril*. La comtesse d'Avaux.

La comtesse de Prunelé.

12 *dudit*. La comtesse d'Osmond, dame pour accompagner madame Adélaïde de France.

La vicomtesse de Virieu, dame pour accompagner madame Sophie de France.

16 *dudit*. La vicomtesse de Praslin, et a pris le tabouret.

La comtesse de Brigos.

7 *mai*. La comtesse de Mailly.

La comtesse de la Ferté-Sénecterre.

La marquise de la Woestine, dame de compagnie de la duchesse de Chartres.

28 *dudit*. La comtesse de Sorans.

La comtesse de Chataigné.

Premier juin. La comtesse Delphine de Sorans, dame de Remiremont.

4 *dudit*. Henriette de Beziade, comtesse d'Avaray, dame de compagnie de la comtesse d'Artois.

11 *dudit*. De Rohan-Rochefort, et a pris le tabouret .

La marquise de Coigny, et a pris le tabouret.

18 *dudit*. La marquise de Saisseval, dame de compagnie de Madame.

9 *juillet*. La comtesse de Balby, nommée dame d'atours de Madame, et présentée le 9.

16 *dudit*. La princesse Charlotte de Rohan-Rochefort, et a pris le tabouret.

30 *dudit*. La princesse de Montbarey, a pris le tabouret, à l'occasion de la grandesse d'Espagne qui a été accordée par le Roi au prince de Montbarey.

6 *août*. La marquise de la Roche-Fontenilles, dame de compagnie de madame Elisabeth de France.

20 *août*. La marquise de Lordat, dame de compagnie de madame Elisabeth de France.

La comtesse de la Ferté de Meun, dame de compagnie de madame Victoire de France.

25 *dudit*. La comtesse du Bois de la Motte, dame de compagnie de Madame.

La vicomtesse de Sourches, dame de compagnie de madame, comtesse d'Artois.

29 *dudit*. La comtesse du Caylar, présentée en qualité de dame pour accompagner la Reine.

24 *septembre*. La duchesse de Polignac, a pris le tabouret.

Lafont de la Plesnoye, épouse de N....

3 *décembre*. La comtesse de Polastron.

La vicomtesse d'Affry.

ANNÉE 1781.

14 *janvier*. La comtesse de Grosberg-Bavière.

La comtesse François d'Escars.

La comtesse de Choiseul-Stainville.

La comtesse Hippolyte de Choiseul.

La baronne de Montesquiou.

La marquise de Coëtlogon.

La marquise de Vintimille.

La comtesse du Dognon.

15 *dudit*. La comtesse de Berghes, dame du palais.

21 *dudit*. La comtesse de Saint-Aulaire.

La baronne de Mackau.

28 *dudit*. La duchesse de Guiche, et a pris le tabouret.

4 *février*. Le vidame de Vassé.

11 *février*. La comtesse d'Harcourt.

La comtesse de Venoix-d'Amfreville.

18 *dudit*. La duchesse Fitzjames, dame du palais.

La princesse de Macéran, a pris le tabouret.

La comtesse de Chatelaillon.

4 *mars*. La comtesse de Virieu.

La comtesse de Gain.

11 *dudit*. La vicomtesse de Vergennes.

25 *dudit*. La marquise de Lordat.

De Forbin.

Premier avril. La comtesse de Sesmaisons.

8 *dudit*. La marquise de Mortagne-la-Tramblaye.

15 *avril*. La duchesse de la Rochefoucault, a pris le tabouret.

La duchesse de Tonnerre, a pris le tabouret.

La comtesse de Jarnac.

La comtesse Louise de Vassy.

La comtesse Alexandre de Vassy.

La comtesse d'Audernade.

31 *mai*. La comtesse de Montmorin.

La comtesse de Castellane.

La marquise de Merle-d'Ambert.

La comtesse de la Tour-du-Pin-Chambly.

10 *juin*. La vicomtesse de Vaudreuil.

La duchesse de Montbazon, a pris le tabouret.

17 *dudit*. La comtesse de Cossé.

La marquise de Morant.

24 *dudit*. La comtesse de Bianchi.

La comtesse Julie de Serent, dame pour accompagner la duchesse de Bourbon.

22 *juillet*. La princesse de Tarente, a pris le tabouret.

La marquise de Thiboutot.

La comtesse de Montmort.

La comtesse de Villefort.

19 *août*. La marquise d'Aumont.

24 *septembre*. La comtesse de Villefort, nommée par le Roi sous-gouvernante des Enfants de France en survivance.

30 *dudit*. La comtesse Eugénie de Gramont.

21 *octobre*. La comtesse de Saint-Sauveur, dame de compagnie de madame Sophie de France.

24 *dudit*. La vicomtesse de Beaumont, présentée en qualité de dame pour accompagner madame Victoire de France.

La comtesse de Geftas, présentée dame pour accompagner madame Elisabeth de France.

16 *décembre*. La marquise de Puységur.

23 *dudit*. La marquise de Broglie, a pris le tabouret.

La comtesse de Gand, a pris la tabouret.

La marquise de la Bourdonnaye.

ANNÉE 1782.

6 *janvier*. La comtesse de Gibertés, dame pour accompagner Madame.

13 *janvier*. La comtesse Louise de Causans.

La baronne de Nédonchel.

19 *dudit*. La comtesse de Ginestous.

La comtesse de Lage de Volude, dame pour accompagner la princesse de Lamballe.

17 *février*. La comtesse de Foudras.

24 *dudit*. La marquise de Lattier.

10 *mars*. La comtesse de Clermont-Tonnerre.

La marquise de Louvois.

17 *dudit*. La baronne de Coetlosquet.

La vicomtesse de Mérinville, présentée en qualité de dame pour accompagner madame Elisabeth de France.

24 *dudit*. La comtesse de Maulevrier.

31 *dudit*. La comtesse d'Agoult.

7 *avril*. La vicomtesse de Breteuil.

Le marquise de Vence.

14 *dudit*. La princesse de Revel.

La marquise de Boisse.

La marquise de Lombellon des Essarts.

18 *avril*. La marquise de Lombellon des Essarts, dame pour accompagner madame Elisabeth de France.

19 *mai*. La vicomtesse d'Ecquivilly.

21 *dudit*. La comtesse de Narbonne.

La comtesse de Valin.

La comtesse de Saisseval.

La comtesse de Janson.

26 *dudit*. La comtesse de Lévis.

La comtesse de Rostain.

2 *juin*. La comtesse de Juigné.

9. La vicomtesse de Buffevent.

La marquisse d'Escayrac.

10 *novembre*. La comtesse Frédéric de Chabannes.

6 *décembre*. La comtesse de Choiseul-Stainville, a pris le tabouret.

La marquise de Lascases, présentée dame d'honneur de madame la princesse de Lamballe.

8 *dudit*. La princesse Josèphe de Monaco, a pris le tabouret.

ANNÉE 1783.

12 *janvier*. La comtesse de Boulainvilliers.

La comtesse de Cherisey.

19 *janvier*. La duchesse Pauline de Mortemart, a pris le tabouret.

26 *dudit*. La comtesse d'Astorg.

22 *janvier*. La comtesse de Canisy.

2 *février*. La marquise de Guerchy.

12 *dudit*. La vicomtesse du Roure, dame pour accompagner Madame.

23 *dudit*. La comtesse de Coucy.

9 *mars*. La duchesse de Charost, a pris le tabouret

La marquise de Brunier d'Adhémar.

La comtesse de Brunier d'Adhémar.

La comtesse Dudresnay-des Roches.

16 *dudit*. La comtesse de Cosnac.

La marquise de la Coste.

16 *mars*. La marquise d'Esquelbec.

La comtesse de Cannouville.

La baronne de Beaumont.

23 *dudit*. La comtesse d'Agoult.

27 *avril*. La vicomtesse d'Hautefort.

4 *mai*. La vicomtesse de Montesquiou.

La comtesse Reymond de Narbonne-Pelet.

La comtesse de Vainerel.

19 *dudit*. La marquise de Montagu.

La baronne d'Escars.

La comtesse Alexandre de Damas.

La vicomtesse de Vaulx.

25 *dudit*. La comtesse de Barbantanne.

15 *juin*. La vicomtesse d'Autichamp.

22 *dudit*. La baronne de Drée.

La vicomtesse de Roncherolles.

13 *juillet*. La vicomtesse de Saint-Simon.

17 *août*. La comtesse de Marcieu.

24 *septembre*. La comtesse de Malet.

28. La comtesse d'Altier.

La marquise de Rachais.

6 *octobre*. La marquise de Fournés.

21 *décembre*. La comtesse de Linières.

28 *dudit*. La marquise de Courtarvel.

La comtesse Gorman.

La comtesse Alexandre de la Tour-du-Pin.

ANNÉE 1784.

11 *janvier*. La vicomtesse de la Bourdonnaye.

18 *dudit*. La princesse de Saint-Mauris.

La comtesse Duluc.

La comtesse de Menou.

25 *dudit*. La comtesse Félix de Pardieu.

Premier février. La duchesse de Castries, a pris le tabouret.

La duchesse de Maillé, a pris le tabouret.

La vicomtesse de Louis de Vergennes.

8 *dudit*. La marquise de Fouquet.

La comtesse de Carcado.

La duchesse de Beuvron, a pris le tabouret.

15 *dudit*. La comtesse de Viella.

La baronne de Jumilhac.

29 *février*. La vicomtesse de Blangy.

14 *mars*. La comtesse de Ruppiere.

21 *dudit*. La vicomtesse de Podenas.

18 *avril*. La comtesse Esterhazy.

9 *mai*. La maréchale de Lévis, a pris le tabouret.

La marquise de Laval.

La comtesse Josèphe de la Ferronnays.

La comtesse de Suffren de Saint-Tropès.

La comtesse de Valon d'Ambrugeac.

La vicomtesse de Vibraye.

16 *dudit*. La comtesse de Lons.

23 *mai*. La duchesse de Caylus, a pris le tabouret.

La vicomtesse de Bethizy.

13 *juin*. La baronne d'Obbakirch.

La vicomtesse de la Bédoyère.

27 *dudit*. La comtesse d'Estampes, grande d'Espagne, a pris le tabouret.

La comtesse Edouard de Marguerie.

4 *juillet*. La marquise de Saint-Hérem.

La marquise de Raigecourt.

11 *dudit*. La vicomtesse de Castellane.

18 *dudit*. La duchesse de Cossé, a pris le tabouret.

La comtesse de Bruyère-Chalabre.

La marquise de Coëtlogon.

Premier août. La baronne de Damas.

24 *octobre*. La vicomtesse de la Luzerne.

31 *octobre*. La comtesse de Trevelec.

5 *novembre*. La comtesse de Fezensac.

21 *dudit*. La comtesse de Langeron.

La comtesse de Balleroy.

27 *novembre*. La comtesse de Poulpry.

La marquise d'Escoubleau de Sourdis.

5 *décembre*. La marquise de Sourdis, dame pour accompagner Madame.

19 *décembre*. La vicomtesse de Thésan.

24 *dudit*. La comtesse de Roucy.

ANNÉE 1785.

9 *janvier*. La comtesse de Sainte-Aldegonde.

La marquise d'Asnières.

16 *dudit*. La comtesse de Serent.

23 *dudit*. La duchesse de Boutteville, a pris le tabouret.

La marquise d'Aguesseau.

La comtesse de Chavagnac.

La comtesse de Walsh.

30 *dudit*. La marquise de Clermont Mont-Saint-Jean.

La marquise de Courtomer.

La comtesse de Bérenger.

6 *février*. La comtesse de Valence.

La comtesse de Saint-Pierre.

La marquise de Moustiers.

20 *dudit*. La princesse de Talmont, a pris le tabouret.

La marquise de Montaignac.

27 *dudit*. La comtesse d'Agénois.

La comtesse d'Oilliamson.

La comtesse de Capelis.

La comtesse Amélie de Lambertye.

La comtesse de Sainte-Aldegonde.

6 *mars*. La comtesse Arthur de Dillon.

La comtesse de Menou.

13 *dudit*. La comtesse d'Estampes.

La marquise de Moustiers.

La comtesse d'Argenteuil.

17 *dudit*. La vicomtesse de Loménie.

La comtesse de Canoé.

La comtesse Charles de Menou.

8 *mai*. La marquise de Lostanges.

La marquise de Valory.

La comtesse de Beaumont.

La comtesse d'Asnières-la-Chataigneraye.

19 *juin*. La comtesse de Chinon.

24 *juillet*. La comtesse de Bermont.

21 *août*. La duchesse d'Agénois, a pris le tabouret.

La marquise de Gerbevillier.

La comtesse de Marbœuf.

La comtesse de Salus.

La comtesse d'Elva.

28 *dudit*. La comtesse de Lur-Salucès, damé pour accompagner Madame.

27 *novembre*. La comtesse Démétrius Comnène.

4 *décembre*. La comtesse de Vérac.

6 *dudit*. La marquise de Saint-Agnan, dâme d'honneur de la princesse de Conty.

La comtesse de Roches, dame pour accompagner la princesse de Conty.

11 *décembre*. La marquise de Piercourt.

18 *dudit*. La comtesse de Roys.

La vicomtesse de Bouillé.

24 *dudit*. La baronne du Nolstein.

25 *dudit*. La baronne de Hunolstein.

ANNÉE 1786.

2 *janvier*. La princesse de Tarente, en qualité de damé du palais.

18 *dudit*. La comtesse de Marnier.

La vicomtesse de Caraman.

29 *dudit*. La comtesse Charles de la Meth.

31 *dudit*. Necker, épouse du baron de Staël de Holstein, ambassadeur de Suède.

3 *février*. La comtesse Hippolyte de Chabrillant.

La comtesse de Tourdonnet.

La marquise de Chastenaye.

19 *dudit*. Le Vavasseur, épouse du baron de Béthune.

La vicomtesse de Nieuil.

13 *mars*. La comtesse de Villefort.

19 *dudit*. La comtesse de Marconnay.

26 *dudit*. La vicomtesse de la Myré-Mory.

La comtesse d'Ourches.

2 *avril*. La comtesse de Pluvié.

La baronne de Saint-Marsault.

23 *avril*. La duchesse de Saulx-Tavannes.

La vicomtesse de Lort.

14 *mai*. La marquise de la Bourdonnaye.

21 *dudit*. La comtesse de Beuil.

28 *dudit*. La vicomtesse de Gand.

La vicomtesse de Lévis.

La marquise de Pimodan.

4 *juin*. La comtesse de Montléart.

21 *dudit*. La marquise de Beaumont de la Bonnière.

La vicomtesse Henri de Ségur.

Premier octobre. La comtesse Christophe-François de Beaumont.

10 *décembre*. La comtesse de Baschy.

La comtesse de Sommeri.

12 *dudit*. La marquise de Circello, ambassadrice de Naples.

17 *dudit*. La marquise de Grammont.

La marquise de Molac.

La marquise de Chambors.

24 *dudit*. La comtesse de Faucigny.

ANNÉE 1787.

7 *janvier*. La comtesse de Grouchy.

14 *dudit*. La marquise d'Aloigny.

29 *dudit*. La vicomtesse de Suffren.

4 *février*. La comtesse de la Roquemenillet.

La marquise de Castellane.

La marquise de Chastellier-Dumesnil.

21 *dudit*. La marquise des Deux-Ponts.

La comtesse de Nonant.

18 *dudit*. La comtesse du Boscage.

La marquise du Causans, pour accompagner madame Elisabeth.

2 *mars*. La princesse de Léon.

7 *dudit*. La comtesse de Carcado.

La marquise de Chabannes.

11 *dudit*. La comtesse Auguste de Lambertye.

La marquise de Marconnay.

La marquise Candide de Sinetty.

18 *dudit*. La comtesse de Juigné.

La comtesse de Lanan.

La marquise de Fontanges.

28 *mars*. La marquise de Brossard.

La marquise de Vintimille-Lascaris.

La comtesse de Carvoisin.

15 *avril*. La marquise de Narbonne.

21 *dudit*. Dame de Lamoignon.

La marquise de Fleury.

30 *dudit*. Le Fourqueux.

9 *mai*. La vicomtesse de Wall.

La comtesse de Néel.

20 *dudit*. De Villedeuil.

27 *dudit*. La vicomtesse du Hautier.

29 *dudit*. La vicomtesse de la Luzerne.

6 *juin*. La comtesse de Gouvernet.

21 *dudit*. La marquise de Montgaillard.

La marquise de Chaumont-Guitry.

La vicomtesse de Sérent.

1-2 *septembre*. La comtesse de Gustave de Sparre.

La comtesse de la Palisse.

La vicomtesse de Briqueville.

14 *octobre*. La marquise de Montholon, pour accompagner madame Victoire.

31 *dudit*. La comtesse de Fernand Nunnès, ambassadrice d'Espagne, fut présentée à Leurs Majestés et à la famille royale, avec les formalités accoutumées.

4 *novembre*. La marquise de Châtellux.

8 *décembre*. La marquise de Maillé.

12 *dudit*. La comtesse de Chinon, entrées.

La comtesse de Kergolai.

La comtesse Charles de Polignac.

ANNÉE 1788.

3 *janvier*. La comtesse de Châteaubriant.

La baronne de Livron.

La comtesse de Ligneville.

La comtesse de Gruel-Gruyère.

7 *janvier*. La duchesse d'Esclignac, a pris en même temps le tabouret.

13 *janvier*. La comtesse de Grammont, en qualité de dame du palais.

La duchesse de la Force, a pris le tabouret.

16 *janvier*. La vicomtesse de Taillerand.

20 *janvier*. La comtesse de Montagu-Lomagne.

20 *janvier*. La marquise de Contades-Gizeux.

La comtesse de Justines.

La comtesse d'Estut de Solminihac.

25 *janvier*. La comtesse de la Galissonnière.

24 *février*. La vicomtesse de Balincourt.

2 *mars*. La comtesse d'Estampes.

La vicomtesse de Wargemont.

La vicomtesse de la Roche-Lambert.

16 *mars*. La comtesse de Poret.

30 *mars*. La vicomtesse de Boursac.

20 *avril*. La comtesse de Gouvello.

27 *avril*. La marquise de Boisgélin.

La marquise de Balivière.

La comtesse de Tavannes.

30 *avril*. La marquise d'Argentré.

Marie-Louise-Henriette-Monique de Gouy d'Arcy, comtesse de Mahony.

2 *mai*. Marie-Claudine de Gaillebot de Salle, épouse de Constantin - Frédéric- Thimoléon, comté du Parc de Barvillé.

La comtesse de Messey.

11 *mai*. La marquise de Charry des Gouttes.

La marquise de Villeneuve-Flayosc.

29 *juillet*. La duchesse de Montmorency, a pris le tabouret.

La princesse de Léon, a pris le tabouret.

27 *août*. La marquise de Bloqueville.

La marquise de Certaines.

La comtesse Robert de Dillon.

24 *août*. La marquise de Maillé.

31 *août*. La comtesse du Dresnay.

12 *octobre*. La comtesse de Navailles.

25 *octobre*. N.. de Barentin, a pris le tabouret.

9 *novembre*. La marquise de Fontanges.

16 *novembre*. La duchesse de Fronsac, a pris le tabouret.

23 *novembre*. La duchesse de Fleury, grandes entrées.

26 *novembre*. La comtesse Amalric de Narbonne.

La marquise de Murat de Lestang.

28 *novembre*. La comtesse de Piré.

La comtesse de Chastenet-Puységur.

ANNÉE 1789.

21 *janvier*. La princesse de Croy, tabouret.

La princesse de Croy-Solre, tabouret.

25 janvier. La vicomtesse de Pont-Bellanger.
La vicomtesse de Moges.

1 février. La marquise d'Esterno.

15 février. La comtesse de Morard d'Arcés.

8 mars. La vicomtesse de Forbin-d'Oppède.
La vicomtesse de Vassan.
La comtesse Edouard de Menards.

11 mars. La comtesse de Barbançois.

13 mars. La comtesse de Montmorency-Luxembourg, tabouret.

29 mars. La comtesse de Chapt de Rastignac.

5 avril. La marquise de David de Lastour.

22 avril. La comtesse de Chauvigny de Blot.
Louise, comtesse de Sainte-Aldegonde.

3 mai. La marquise de la Porte de Ryant.

28 juin. La comtesse de Montmorency.

FIN DU SECOND VOLUME.

TABLE

Du second volume, contenant la Généalogie de cent vingt familles.

A

B

C

D

E

F

K

L

M

N

P

R

S

T

U

V

W

FIN DE LA TABLE.

ERRATA·ET ADDITIONS

DU TOME PREMIER.

Page 19, ligne 9, Hooke-Tounin; *lisez :* Hook-Tower, c'est-à-dire la tour d'Hooke. Cette tour fait aujourd'hui le phare de la ville de Waterford, pour diriger la navigation de l'embouchure de la Suire.

Page 21, ligne 1, Jean Hooke de, etc; *lisez :* Jean Hooke de Tyrrels-Pass, au comté de Westmeath.

Page 23, article Etiènne Claybrooke de Fulham, lisez chevalier banneret, au lieu de chevalier baronnet, attendu que les baronnets n'ont été créés qu'en ·1611 par Jacques Ier.

Page 45, Jean Baptiste de Bonet de la Chapoulie, seigneur de Laygue; *ajoutez :* entré dans les gardes du corps de S. M, compagnie du prince de Poix, en 1814.

Page 46, David-Joseph de Bonet, seigneur de la Chapoulie, frère aîné du précédent; *ajoutez :* est entré dans les mousquetaires noirs en 1814.

Page 72, ligne 4, article Montmorency-Morres, après le mot temps, *ajoutez :* De ce Bouchard le connétable descendait Bouchard, sire de Montmorency, par lequel Duchesne a commencé la généalogie de cette famille. Il vécut sous le roi Lothaire et Hugues-le-Grand, duc de France, père du roi Hugues Capet. Il avait épousé Ildegarde, fille de Thibault, comte de Chartres et de Blois. De ce mariage vinrent, etc. Cri de guerre des Montmorency-Morres d'Irlande : Mor-RÈSABOO et MAC-SLEUIN-ABOO.

Page 147, article Pierres. On doit observer qu'il existe en Angleterre deux maisons également dites en latin *Persus vel Perseus*, quoique d'extraction différente; savoir, celle de Piersy, ou Percy, duc de Northumberland, et celle de Piers, que l'on suppose être descendue de la même souche avec le célèbre Geoffroi Fitz-Piers, comte d'Essex, au temps du roi Jean, dont sir John Piers, baronnet, seigneur de Tristernagh, en Irlande, est le chef actuel.

Page 264, ligne 26, article de M. de Melun, la comtesse de Sancerre; *lisez* comtesse de Sancerre.

Page 267, ligne 38, Marie de Courcelly; *lisez* de Courcelles.

Page 269, ligne 16, Beaumetz; *lisez* Brumetz.

Page 270, ligne 20, éteint; *lisez* éteints.

Page 271, ligne 3, éteint; *lisez* éteints.

Page 272, ligne 18, dame de Bumetz; *lisez* dame de Brumetz.

Page 273, ligne 6, ses enfants furent entre autres; *ajoutez* du second lit.

Même page, ligne 11, du Boulet de Sery; *ajoutez* chevalier.

Même page, ligne 13, *supprimez* Marie.

Page 274, ligne 24, Anatole-Loulis; *lisez* Anatole-Louis.

Page 285. La famille de Bazouges, en Anjou, porte pour armes : Tiercé en fasce, au 1 d'argent, à 2 quintefeuilles de gueules; au 2 d'azur, à 3 étoiles d'or; au 3 de gueules, chargé d'un croissant d'argent. — Les dames de Bazouges ont été présentées au roi le 12 septembre 1814.

Page 294, article de de La Ville, degré XVIII, *au lieu de* Catherine-Thérèse, etc.; *lisez* Caroline-Thérèse-Ferdinande, etc.

Même page, à l'avant dernière ligne, Catherine, née, etc.; *lisez* Jeromia, née, etc.

Page 295. *Ajoutez* : Les armes de la famille de Bardonnet sont : D'azur, à la barre d'argent, accompagnée en chef d'un soleil d'or moüvant de dextre, et en pointe, d'un lys à 3 tiges d'argent, soutenu d'une terrasse de sinople.

Page 311. *Ajoutez* : M. Desmarquette de Crimon a été nommé gendarme de la garde de sa majesté.

Page 373, ligne 8, article de M. le marquis de la Porte, 1319; *lisez* 1309.

Page 374, première ligne, fait en 1387; *lisez* 1383.

Page 377, ligne 32, après comptes du Dauphiné, *ajoutez* : conseiller d'état, ministre plénipotentiaire en Savoie.

Page 383, ligne 6, 1796; *lisez* 1746.

Page 417, article de M. le marquis de Blacas-Carros, novembre 1661; *lisez* 1667.

Page 429, article de la maison de Clinchamp, *ajoutez* : Alexandre de Clinchamp, seigneur de Tranchevilliers, eut un second fils, qui est : — Jean-Baptiste-François-Alexandre de Clinchamp, sieur de Vaux, capitaine d'infanterie, lequel épousa, à Dreux, Hélène Binet, de laquelle il laissa : — Charles-François-Réné de Clinchamp, élève de l'école royale militaire, capitaine d'infanterie, marié à Toulon, à Claire-Victoire-Fortunée Bonnefoi, de laquelle il a : — François-Etienne-Victor de Clinchamp; — 2° Angélique-Rose de Clinchamp.

Page 445, article de Broc : Pierre de Broc passa en Angleterre avec Henri II, comte d'Anjou, surnommé Plantagenet, et y fit la tige des ducs de Broc, en 1186; *lisez* : Pierre de Broc passa en Angleterre avec Geoffroi, dit *Plantagenet*, comte d'Anjou, père du roi Henri II, et y fut la tige des lords de Broc ou Brock dont on fait mention dans l'Histoire de la Grande Bretagne.

Page 454, article de M. Antoine-François-Jacob de Raguet Brancion, *ajoutez* qu'il a servi dans l'armée de monseigneur le prince de Condé.

Et à l'article de M. Louis-François-Henri, comte de Raguet-Brancion son frère, *ajoutez* qu'il est aujourd'hui colonel du régiment d'infanterie de monseigneur le duc de Berry.

Page 493, Bache-Alexandre d'Arband de Jouques, mort sans postérité dans les prisons d'Aix, en novembre 1793; *ajoutez* : où il était détenu pour son attachement à la royauté.

Page 494, article V, n° 3, Marguerite, mariée à César de Fabran; *lisez* de Sabran.

Page 515, ligne 8 et suivantes, article de la maison de Croy : Il est bon d'observer qu'André III, père de Félix, avait habité, pendant sa minorité, le pays de Brastole, voisin des villes de Spalatro et d'Almisum, où Roger de Morosini son beau-frère, commandait pour les Vénitiens; *lisez* : Félix habitait le château de Brastole en Dalmatie, éloigné de huit ou dix lieues des villes de Spalatro et d'Almisum, où Roger de Morosini, son oncle, commandait pour les Vénitiens.

Page 519, ligne 12, même article : 2° Claude-Henri de Hongrie, chevalier de Croy, etc.; *lisez* Claude-Henri de Hongrie, comte de Croy, etc.

Page 522, *supprimez les mots* seigneur d'Oliergues, à dater du degré IX; et page 523, armoiries; *lisez* une bande de gueules sur le tout.

Page 525, article de M. Crestin, Otherin; *lisez* Othenin.

Page 527, Cartaud, *lisez* Cattand; et au lieu de Constantin-François-Gabriel; *lisez* Claude-François-Gabriel.

FIN DE L'ERRATA DU TOME PREMIER.

ERRATA ET ADDITIONS

DU TOME SECOND.

Page 3 1, ligne 33, à la fin de l'article d'Antoine-Louis-Gabriel, vicomte de la Myre, *ajoutez* : a. Alexandrine-Angélique-Gabrielle de la Myre, née le 26 juillet 1802; — b. Caroline-Luce Gabrielle de la Myre, née le 29 novembre 1804.

Page 36, ajoutez à l'article de la maison de Bonardi, que le lieutenant-général comte de Bonardi-Saint-Sulpice, a été nommé grand officier de la légion d'honneur en août 1814.

Page 111, ligne 37, article Philibert-Lyonard de la Girennerie, *ajoutez*: a été nommé chevalier de l'ordre royal et militaire de Saint-Louis en 1814.

Page 111, ligne 43, article Edouard de la Girennerie; *ajoutez* : a été décoré par le roi de l'ordre de la légion d'honneur.

Page 112, ligne 20, Le Bas de Sainte-Croix après les mots à Cherbonrg en 1814; *ajoutez* chevalier de l'ordre royal et militaire de Saint-Louis.

Page 177, article du Vivier de Fay-Solignac, après les armoiries du premier quartier *ajoutez* : C'est ainsi qu'elles étaient à une des voûtes du cloître des frères prêcheurs établis à Grenoble dans le 13e siècle.

Page 280, article de Rodier de la Bruguière, degré II, après Suzanne-Julie-Clarice, née le 30 juin 1784, *ajoutez*: mariée le 22 novembre 1805, à M. Simon-Charles-Barnabé de Boileau, baron de Castelnau.

Nota. Les erreurs qui seront indiquées à l'auteur, se trouveront relevées dans le volume qui suivra.

FIN DE L'ERRATA DU TOME SECOND.

CHATILLON-SUR-SEINE. — IMPRIMERIE E. CORNILLAC.